NCS 국가직무능력표준적용
National Competency Standards

iCUBE-핵심 ERP

2025
ERP 정보관리사
물류
생산
1급

임상종 · 김혜숙 · 김진우 지음

SAMIL 삼일회계법인
삼일인포마인

머리말

　우리나라 대부분의 기업들이 ERP 시스템을 도입하였거나, 도입을 검토하고 있는 현실에서 한국생산성본부(KPC)에서는 ERP 시스템의 운용과 정보관리에 필요한 인력을 확충하기 위하여 국가공인 ERP 정보관리사 자격시험, ERP Master 제도 및 ERP 공인강사 PTE (Professional Trainer for ERP) 제도를 시행하고 있다.

　ERP 정보관리사 자격시험은 국내 최초로 국가가 인정한 비즈니스 전문 자격시험으로 공기업 및 민간기업의 취업에서 가산점이 부여될 만큼 '실무와 취업에 강한 자격증'으로 자리매김 하고 있다.

　본 교재는 산업현장에서 다년간 ERP를 구축한 사례와 오랜 강의 경험을 바탕으로 집필하였기에 실무자에게는 ERP 실무 적응에 도움을 주며, ERP 정보관리사 자격시험을 준비하는 수험생들에게는 합격을 보장하는 지침서가 될 것이다.

　본 교재의 특징은

첫째, 최근 기출문제 분석을 통한 다양한 신규출제 문제 반영!
　　　기출문제를 철저히 분석한 유형별 연습문제와 신규출제 문제를 충실히 반영하였기에 모든 수험생들이 이론 및 실무영역 모두 완벽하게 시험에 대비하도록 구성하였으며, 혼자 공부하는 수험생을 위해서 해설과 풀이를 충실하게 하였다.

둘째, 다양한 사례를 통해 실무 적응 및 응용력 상승!
　　　더존 ICT그룹이 개발하여 보급하고 있는 핵심ERP 실습을 교육현장에서도 쉽게 접근할 수 있도록 다양한 사례를 제공하였으며, 사례실습을 통해 ERP 시스템의 핵심적인 기능과 프로세스를 익혀 실무에서의 적응 및 응용력을 높일 수 있도록 하였다.

셋째, 국가직무능력표준(NCS, National Competency Standards)으로 교재 구성!
　　　NCS에 맞추어 산업현장에서 직무를 성공적으로 수행하기 위해 요구되는 능력을 갖출 수 있도록 내용을 구성하였다.

넷째, 교재 핵심ERP 실무 부분의 백데이터를 장별로 제공하여 원하는 곳부터 실습이 가능!
　　　수험생과 강의하는 분들의 편의를 위해 수강을 못한 경우에도 큰 무리가 없도록 핵심ERP 실무 부분의 내용 중 원하는 곳부터 실습할 수 있도록 백데이터를 구분 제공하였다.

　본 교재를 통해 산업현장의 실무자의 실무적응 능력을 높임과 동시에, ERP 정보관리사 자격시험을 준비하는 수험생들이 자격증 취득을 바탕으로 ERP 전문인력으로 거듭날 수 있기를 바란다.

　끝으로 본 교재를 출간하도록 도와주신 삼일피더블유씨솔루션 이희태 대표이사님을 비롯한 관계자와 바쁘신 일정속에서 시간을 내어 꼼꼼한 감수작업을 해주신 감수자분들께 깊은 감사를 드리고, 앞으로도 계속 노력하여 보다 충실한 교재로 거듭날 것을 약속드리며, 독자들의 충고와 질책을 바라는 바이다.

저자 일동

ERP 정보관리사 자격시험 안내

1. ERP 정보관리사란?

ERP 정보관리사 자격시험은 한국생산성본부가 주관하여 시행하고 있으며, 기업정보화의 핵심인 ERP 시스템을 효율적으로 운용하기 위해 필요한 이론과 실무적 지식을 습득하여 ERP 전문인력 양성을 목적으로 하는 국가공인 자격시험이다.

2. 시험일정

2025년 ERP 정보관리사 자격시험 일정표					
회차	시험일	온라인접수	방문접수	수험표공고	성적공고
제1회	01.25.	24.12.26.~25.01.02.	01.02.	01.16.	02.11.
제2회	03.22.	02.19.~02.26.	02.26.	03.13.	04.08.
제3회	05.24.	04.23.~04.30.	04.30.	05.15.	06.10.
제4회	07.26.	06.25.~07.02.	07.02.	07.17.	08.12.
제5회	09.27.	08.27.~09.03.	09.03.	09.18.	10.14.
제6회	11.22.	10.22.~10.29.	10.29.	11.13.	12.09.

3. 시험시간 및 종목

교시	구분	시험시간	과목	응시자격
1교시	이론	09:00 ~ 09:40 (40분)	회계 1급, 회계 2급 생산 1급, 생산 2급 (위 과목 중 택1)	응시제한 없음
	실무	09:45 ~ 10:25 (40분)		
2교시	이론	11:00 ~ 11:40 (40분)	인사 1급, 인사 2급 물류 1급, 물류 2급 (위 과목 중 택1)	
	실무	11:45 ~ 12:25 (40분)		

- 시험방식: CBT(Computer Based Testing) 및 IBT(Internet Based Testing) 방식
- 같은 교시의 응시과목은 동시신청 불가(예: 회계, 생산모듈은 동시 응시 불가)

4. 합격기준

구분	합격점수	문항 수
1급	평균 70점 이상(단, 이론 및 실무 각 60점 이상 시)	이론 32문항, 실무 25문항 (인사모듈 이론은 33문항)
2급	평균 60점 이상(단, 이론 및 실무 각 40점 이상 시)	이론 20문항, 실무 20문항

5. 응시료 및 납부방법

구분	1과목	2과목	응시료 납부방법
1급	40,000원	70,000원	전자결제
2급	28,000원	50,000원	

- 동일 등급 2과목 응시 시 응시료 할인(단, 등급이 다를 경우 개별적인 응시료 적용)

6. ERP 정보관리사 출제기준

▷ 물류 1급 출제기준(이론 32문항, 실무 25문항)

구분	과목	배점	문항별 점수 × 문항 수
이론	경영혁신과 ERP	10	2점(객관식) × 5문항
	공급망관리(SCM)	23	3점(객관식) × 5문항 / 4점(주관식) × 2문항
	영업관리	27	3점(객관식) × 5문항 / 4점(주관식) × 3문항
	구매관리	20	3점(객관식) × 4문항 / 4점(주관식) × 2문항
	무역관리	20	3점(객관식) × 4문항 / 4점(주관식) × 2문항
	소 계	100	2점(객관식) × 5문항 / 3점(객관식) × 18문항 / 4점(주관식) × 9문항
실무	ERP 물류모듈 기본정보관리	12	4점(객관식) × 3문항
	ERP 영업관리	32	4점(객관식) × 8문항
	ERP 구매/재고관리	32	4점(객관식) × 8문항
	ERP 무역관리	24	4점(객관식) × 6문항
	소 계	100	4점(객관식) × 25문항

▷ 생산 1급 출제기준 (이론 32문항, 실무 25문항)

구분	과목	배점	문항별 점수 × 문항 수
이론	경영혁신과 ERP	10	2점(객관식) × 5문항
	생산계획/통제	26	3점(객관식) × 6문항 / 4점(주관식) × 2문항
	공정관리	27	3점(객관식) × 5문항 / 4점(주관식) × 3문항
	자재소요/생산능력계획	20	3점(객관식) × 4문항 / 4점(주관식) × 2문항
	품질관리	17	3점(객관식) × 3문항 / 4점(주관식) × 2문항
	소 계	100	2점(객관식) × 5문항 / 3점(객관식) × 18문항 / 4점(주관식) × 9문항
실무	ERP 생산모듈 기본정보관리	12	4점(객관식) × 3문항
	ERP 생산관리	52	4점(객관식) × 13문항
	ERP 자재/외주관리	36	4점(객관식) × 9문항
	소 계	100	4점(객관식) × 25문항

※ ERP 정보관리사 자격시험에 대한 세부적인 사항은 홈페이지(http://license.kpc.or.kr/)를 참고하시기 바랍니다.

차례

제1부 경영혁신과 ERP

제1장 경영혁신과 ERP / 13
01 ERP 개념과 등장 / 14
02 ERP 발전과정과 특징 / 17
03 ERP 도입과 구축 / 20
04 확장형 ERP / 26
05 4차 산업혁명과 스마트 ERP / 30

제2부 물류이론

제1장 공급망관리 / 45
01 공급망관리 개요 / 47
02 재고관리 / 58
03 창고관리 / 68
04 운송관리 / 73

제2장 영업관리 / 77
01 수요예측 및 판매예측 / 79
02 판매계획 / 85
03 판매할당 / 86
04 가격전략 / 89
05 수주관리 / 94
06 대금회수 / 96

제3장 구매관리 / 103

01 구매관리 개요 / 105

02 구매전략 / 106

03 구매실무 / 110

제4장 무역관리 / 119

01 무역의 개요 / 121

02 무역계약 / 126

03 무역대금 결제 / 132

04 환어음과 환율 / 141

05 선적서류 / 143

06 수출물품의 확보 / 146

07 수출입통관 실무 / 147

제3부 **생산이론**

제1장 생산계획 및 통제 / 153

01 생산관리의 이해 / 155

02 생산시스템 / 158

03 수요예측 / 163

04 총괄생산계획 / 168

05 기준생산계획 / 169

차례

제2장 공정관리 / 173

01 공정관리 / 175

02 공정관리 기법 / 182

03 JIT(Just In Time) 생산방식 / 192

제3장 자재소요 및 생산능력 계획 / 195

01 재고관리 / 197

02 자재소요계획 / 202

03 생산능력 / 206

04 공급망관리(SCM) / 208

제4장 품질관리 / 211

01 품질관리의 의의 / 213

02 QC 7가지 도구 / 216

03 6시그마 / 218

04 통계적 품질관리 / 221

제4부 핵심ERP 이해와 활용

제1장 핵심ERP Master 환경설정 / 237

01 실습회사 개요 / 239

02 회사등록정보 / 240

CONTENTS

제2장 핵심ERP 물류·생산모듈 기초정보 / 253

01 기초정보관리(공통정보) / 255

02 초기이월관리 / 278

03 마감/데이타관리 / 279

04 영업모듈 기초정보관리 / 284

05 구매/자재모듈 기초정보관리 / 289

06 생산모듈 기초정보관리 / 291

07 기초재고등록 / 298

제3장 핵심ERP 영업프로세스 실무 / 301

01 업무프로세스의 이해 / 303

02 영업관리 / 305

03 영업현황 / 335

04 영업분석 / 336

제4장 핵심ERP 구매/자재프로세스 실무 / 337

01 업무프로세스의 이해 / 339

02 구매관리 / 341

03 구매현황 / 367

04 구매분석 / 368

05 재고관리 / 369

06 재고수불현황 / 378

07 재고평가 / 379

제5장 핵심ERP 무역프로세스 실무 / 383

01 업무프로세스의 이해 / 385

02 MASTER L/C(수출) / 387

03 수출현황 / 401

04 기타(수입) / 402

05 수입현황 / 416

제6장 핵심ERP 생산프로세스 실무 / 417

01 업무프로세스의 이해 / 419

02 생산관리 / 421

03 외주관리 / 439

04 재공관리 / 450

05 생산/외주/재공현황 / 455

제 5 부 | 합격 문제풀이

제1장 유형별 연습문제 / 459

제2장 물류 1급 기출문제 / 559

01 2025년 1회 (2025년 1월 25일 시행) / 561

02 2024년 6회 (2024년 11월 23일 시행) / 575

03 2024년 5회 (2024년 9월 28일 시행) / 588

04 2024년 4회 (2024년 7월 27일 시행) / 602

05 2024년 3회 (2024년 5월 25일 시행) / 616

06 2024년 2회 (2024년 3월 23일 시행) / 630

제3장 생산 1급 기출문제 / 645

01 2025년 1회 (2025년 1월 25일 시행) / 647
02 2024년 6회 (2024년 11월 23일 시행) / 662
03 2024년 5회 (2024년 9월 28일 시행) / 679
04 2024년 4회 (2024년 7월 27일 시행) / 694
05 2024년 3회 (2024년 5월 25일 시행) / 710
06 2024년 2회 (2024년 3월 23일 시행) / 724

제4장 답안 및 풀이 / 741

유형별 연습문제 / 743
기출문제 / 775

제 **1** 부

경영혁신과 ERP

제**1**장

경영혁신과 ERP

01   ERP 개념과 등장

1.1 ERP의 개념

ERP(Enterprise Resource Planning)란 우리말로 '전사적 자원관리', '기업 자원관리', '통합정보시스템' 등 다양한 명칭으로 불리우고 있다. ERP는 선진 업무프로세스(Best Practice)를 기반으로 최신의 IT(Information Technology)기술을 활용하여 영업, 구매, 자재, 생산, 회계, 인사 등 기업 내 모든 업무를 실시간 및 통합적으로 관리할 수 있는 통합정보시스템이다.

ERP라는 용어를 처음으로 사용한 미국의 정보기술 컨설팅회사인 가트너그룹은 ERP를 '제조, 물류, 회계 등 기업 내의 모든 업무기능이 조화롭게 운영될 수 있도록 지원하는 애플리케이션의 집합'이라고 정의하였다. 또한 미국생산관리협회에서는 '기존의 MRP Ⅱ 시스템과는 차별화된 것이며, 최신의 정보기술을 수용하고 고객 주문에서부터 제품 출하 까지의 모든 자원을 효율적으로 관리하는 회계지향적인 정보시스템'으로 정의하고 있다.

1.2 ERP의 구성

ERP는 기업에서 영업, 구매/자재, 생산, 품질, 원가, 회계, 인사 등 정보생성의 단위업무 시스템이 하나의 통합시스템으로 구성되어 있다. 각 모듈에서 발생된 거래내역은 최종적으로 회계모듈로 전송되어 재무제표 작성까지 연결된다.

대부분의 ERP 시스템은 환경설정과 기준정보관리 등을 담당하는 시스템관리 모듈과 영업, 구매, 생산, 회계, 인사 등의 단위업무별 모듈과 경영진 및 관리자들을 위한 경영정보 모듈로 구성되는 것이 일반적이다. ERP의 주요 구성은 다음과 같이 나타낼 수 있다.

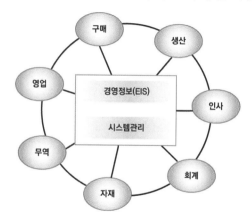

경영혁신과 ERP의 등장

20세기 후반부터 세계 각국의 본격적인 경제개방으로 인해 기업의 경영환경은 급변하게 되었다. 시장은 세계화되고 경쟁이 심화되면서 기업은 생존을 위해 혁신이 필수적인 것으로 이해되고 있으며, 실제로 대부분의 기업 경영자들은 경영혁신을 핵심적인 경쟁전략으로 채택하고 있다.

기업들은 경영혁신을 위해 BPR(Business Process Re-engineering), 다운사이징(Downsizing), JIT(Just in Time), TQM(Total Quality Management) 등 다양한 혁신기법들을 도입하여 실행하고 있다. 그러나 BPR(업무프로세스 재설계)을 실행한 상당수의 기업들이 혁신에 실패하거나 그 성과에 대해 만족하지 못하였다.

그 이유는 업무효율성을 극대화할 수 있도록 업무프로세스를 재설계하였으나, 여전히 부서 간의 커뮤니케이션이 단절되고 일부 반복적인 중복업무의 발생 등으로 인해 큰 성과를 내지 못한 것이다.

이러한 결과를 초래한 가장 큰 이유는 기존의 전통적인 정보시스템은 생산, 물류, 회계, 인사 등 각 시스템이 기능별 단위업무에 초점을 두어 기능별 최적화는 가능하였으나 데이터의 통합성이 결여되어 기업 전체적인 차원에서의 최적화는 어려웠던 것이다. 따라서 이러한 전통적인 정보시스템이 내포하고 있는 한계점을 극복하고 경영혁신의 성과를 극대화하는데 필요한 통합정보시스템 ERP가 등장하게 되었다.

전통적인 정보시스템(MIS)과 ERP는 목표와 업무처리 방식 등 다양한 측면에서 다음과 같은 큰 차이를 보이고 있다.

구 분	전통적인 정보시스템(MIS)	E R P
목 표	부분 최적화	전체 최적화
업무범위	단위업무	통합업무
업무처리	기능 및 일 중심(수직적 처리)	프로세스 중심(수평적 처리)
접근방식	전산화, 자동화	경영혁신 수단
전산화 형태	중앙집중 방식	분산처리 방식
의사결정방식	Bottom-Up(상향식), 상사	Top-Down(하향식), 담당자
설계기술	3GL, 프로그램 코딩에 의존	4GL, 객체지향기술
시스템구조	폐쇄성	개방성, 확장성, 유연성
저장구조	파일시스템	관계형데이터베이스(RDBMS)

개념 익히기

■ **업무프로세스 재설계(BPR: Business Process Re‑engineering)**

비용, 품질, 서비스, 속도와 같은 핵심적 부분에서 극적인 성과를 이루기 위해 기업의 업무프로세스를 기본적으로 다시 생각하고 근본적으로 재설계하는 것으로, BPR은 모든 부분에 걸쳐 개혁을 하는 것이 아니라 중요한 비즈니스 프로세스, 즉 핵심프로세스를 선택하여 그것들을 중점적으로 개혁해 나가는 것이다.

■ **프로세스 혁신(PI: Process Innovation)**

PI는 정보기술을 활용한 리엔지니어링을 의미하며, ERP 시스템이 주요도구로 활용될 수 있다. 기업의 업무처리 방식, 정보기술, 조직 등에서 불필요한 요소들을 제거하고 효과적으로 재설계함으로써 기업의 가치를 극대화하기 위한 경영기법이라 할 수 있다.

■ **업무프로세스 개선(BPI: Business Process Improvement)**

ERP 구축 전에 수행되는 것으로, 단계적인 시간의 흐름에 따라 비즈니스 프로세스를 개선해가는 점증적 방법

02 ERP 발전과정과 특징

2.1 ERP의 발전과정

ERP는 1970년대에 등장한 MRP(Material Requirement Planning: 자재소요계획)가 시초가 되어 경영 및 IT 환경의 변화에 따라 지속적으로 발전하게 되었다.

① 1970년대의 MRP Ⅰ(Material Requirement Planning: 자재소요계획)은 기준생산 계획과 부품구성표, 재고정보 등을 근거로 재고감소를 목적으로 개발된 단순한 자재 수급관리 정보시스템이다. MRP Ⅰ은 종속적인 수요를 가지는 품목의 재고관리시스 템으로 구성 품목의 수요를 산출하고 필요한 시기를 추적하며, 품목의 생산 혹은 구 매에 사용되는 리드타임을 고려하여 작업지시 혹은 구매주문을 하기 위한 재고통제 시스템으로 개발된 것이다.

② 1980년대에 등장한 MRP Ⅱ(Manufacturing Resource Planning: 제조자원계획)는 MRP Ⅰ의 자재수급관리뿐만 아니라 제조에 필요한 자원을 효율적으로 관리하기 위 한 것으로 확대되었다. MRP Ⅱ는 생산에 필요한 모든 자원을 효율적으로 관리하기 위하여 이전 단계의 개념이 확대된 개념으로서 시스템이 보다 확장되어 생산능력이 나 마케팅, 재무 등의 영역과 다양한 모듈과 특징들이 추가된 새로운 개념이다.

③ 1990년대 ERP(Enterprise Resource Planning: 전사적 자원관리)는 MRP Ⅱ의 제 조자원뿐만 아니라 영업, 회계, 인사 등 전사적인 차원의 관리를 위한 시스템이다.

④ 2000년대 이후에는 확장형 ERP(EERP - Extended ERP)라는 이름으로 기존 ERP 의 고유기능 확장뿐만 아니라 e-business 등 다양한 분야의 정보시스템과 연결하 는 등 협업체제의 시스템으로 확장되었다.

ERP의 발전과정과 각 연대별 정보시스템이 추구하는 목표와 관리범위를 요약하면 다 음과 같다.

[ERP의 발전과정과 특징]

MRP Ⅰ (1970년대)	MRP Ⅱ (1980년대)	E R P (1990년대)	확장형 ERP (2000년대)
자재수급관리 (재고의 최소화)	제조자원관리 (원가절감)	전사적 자원관리 (경영혁신)	기업간 최적화 (Win-Win)

2.2 ERP의 기능적 특징

구분	세부내용
글로벌 대응(다국적, 다통화, 다언어)	글로벌 기업이 사용하는 ERP는 국가별로 해당 언어와 통화 등 각국의 상거래 관습, 법률 등을 지원한다.
중복업무의 배제 및 실시간 정보처리체계 구축	조직 내에서 공통적으로 사용하는 거래처, 품목정보 등 마스터데이터는 한 번만 입력하면 되고, 입력된 데이터는 실시간 서로 공유한다.
선진 비즈니스 프로세스 모델에 의한 BPR 지원	선진 업무프로세스(Best Practice)가 채택되어 있기 때문에, ERP의 선진 업무프로세스를 적용함으로써 자동적으로 경영혁신(BPR) 효과를 볼 수 있다.
파라미터 지정에 의한 프로세스 정의	자사의 업무처리 프로세스에 맞도록 옵션설정 등을 할 수 있으며, 조직 변경이나 프로세스 변경이 있을 시에 유연하게 대처할 수 있다.
경영정보 제공 및 경영 조기경보체계 구축	실시간(Real Time) 처리되는 기업의 경영현황을 파악할 수 있으며, 리스크관리를 통해 위험을 사전에 감지할 수 있다.
투명 경영의 수단으로 활용	조직을 분권화하고 상호견제 및 내부통제제도를 강화하여 부정의 발생을 사전에 예방할 수 있다.
오픈-멀티벤더 시스템	특정 하드웨어나 운영체제에만 의존하지 않고 다양한 애플리케이션과 연계가 가능한 개방형 시스템이다.

개념 익히기

■ 선진 업무프로세스(Best Practice)

Best Practice란 업무처리에 있어 여러 방법들이 있을 수 있으나 그 어떤 다른 방법으로 처리한 결과보다 더 좋은 결과를 얻어낼 수 있는 표준 업무처리 프로세스를 의미한다.

■ 파라미터(Parameter)

프로그램 소스에 코딩하는 것이 아니라 프로그램상의 특정 기능을 사용하여 조직의 변경이나 프로세스 변경에 유연하게 대응하기 위한 것이다.

ERP의 기술적 특징

구분	세부내용
4세대 언어로 개발	Visual Basic, C++, Power Builder, Delphi, Java 등과 같은 4세대 언어로 개발되었다.
관계형 데이터베이스 시스템(RDBMS) 채택	원장형 통합데이터베이스 구조를 가지며, 관계형 데이터베이스시스템(RDBMS: Relational DataBase Management System)이라는 소프트웨어를 사용하여 데이터의 생성과 수정 및 삭제 등의 모든 관리를 한다. 대표적으로 MS SQL, Oracle, Sybase 등이 있다.
객체지향기술 사용	객체지향기술(OOT: Object Oriented Technology)은 공통된 속성과 형태를 가진 데이터와 프로그램을 결합하여 모듈화한 후 이를 다시 결합하여 소프트웨어를 개발하는 기술이다. 시스템 업그레이드, 교체 등의 경우에 전체적으로 변경하지 않고 필요한 모듈만 변경이 가능하다.
인터넷 환경의 e-비즈니스를 수용할 수 있는 Multi-Tier 환경 구성	클라이언트서버(C/S) 시스템을 통하여 업무의 분산처리가 가능하며, 웹과의 연동으로 e-비즈니스를 수용한다. 웹서버, ERP 서버 등의 Multi-Tier 환경을 구성하여 운영할 수 있다.

03 ERP 도입과 구축

ERP 도입의 성공여부는 BPR을 통한 업무개선이 중요하며 BPR은 원가, 품질, 서비스, 속도와 같은 주요 성과측정치의 극적인 개선을 위해 업무프로세스를 급진적으로 재설계하는 것이라고 정의할 수 있다. 따라서 ERP를 도입하여 구축 시에는 BPR이 선행되어 있거나 BPR과 ERP 시스템 구축을 병행하는 것이 바람직하며, 기업 내 ERP 시스템 도입의 최종 목적은 고객만족과 이윤의 극대화 이다.

3.1 ERP 도입 시 고려사항

ERP 도입을 원하는 회사에서는 일반적으로 ERP 시스템을 회사의 업무에 적합하도록 자체 또는 외주의뢰를 통해 직접 개발하거나, 시중에서 유통되고 있는 ERP 패키지를 구입하여 도입할 수 있다.

최근에는 ERP 패키지를 도입하는 경우가 대부분을 차지하는데, 그 이유는 ERP 패키지 내에는 선진 비즈니스 프로세스가 내장되어 있어 BPR을 자동적으로 수행하는 효과를 볼 수 있으며, 시간과 비용적인 측면에서도 효율적이기 때문이다. 하지만 ERP 패키지를 도입하는 경우, 다음의 사항들은 반드시 고려되어야 한다.

① 자사에 맞는 패키지 선정(기업의 요구에 부합하는 시스템)
② TFT(Task Force Team)는 최고 엘리트 사원으로 구성
③ 경험이 많은 유능한 컨설턴트를 활용
④ 경영진의 확고한 의지
⑤ 전사적인 참여 유도
⑥ 현업 중심의 프로젝트 진행
⑦ 구축방법론에 의한 체계적인 프로젝트 진행
⑧ 커스터마이징(Customizing)을 최소화 및 시스템 보안성
⑨ 가시적인 성과를 거둘 수 있는 부분에 집중
⑩ 지속적인 교육 및 워크숍을 통해 직원들의 변화 유도

개념 익히기

■ 커스터마이징(Customizing)

'주문제작하다'라는 뜻의 Customize에서 나온 말이다. 사용자가 사용방법과 기호에 맞춰 하드웨어나 소프트웨어를 설정 및 수정하거나 기능을 변경하는 것을 의미한다. ERP 패키지를 도입할 때, 자사의 업무 프로세스와 기능에 부합되도록 ERP 시스템을 회사 실정에 맞게 조정할 수도 있다.

3.2 ERP 도입효과

ERP의 성공적인 구축과 운영은 기업의 다양한 측면에서 그 효과를 찾아볼 수 있다.

1) 통합업무시스템 구축

ERP는 영업, 구매/자재, 생산, 회계, 인사 등 모든 부문에서 발생되는 정보를 서로 공유하여 의사소통이 원활해지며, 실시간 경영체제를 실현하여 신속한 의사결정을 지원한다.

2) 기준정보 표준체계(표준화, 단순화, 코드화) 정립

업무의 표준화는 ERP 구축의 선행요건이다. 예컨대 ERP 시스템 내에서 제품판매를 처리하기 위해서는 거래처와 품목정보 등이 필수적으로 등록되어야 한다. 이러한 거래처와 품목정보 등은 항상 코드화해서 운용되며, 복잡하게 정의하지 않고 단순화하여 정의하는 것이 효율적이다.

3) 투명한 경영

ERP를 사용하면 각 업무영역의 분리와 연계성 등에 의해 자동적으로 조직이 분권화되고, 상호견제 및 내부통제가 강화되어 부정의 발생을 사전에 예방할 수 있다.

4) 고객만족도 향상

ERP를 사용함으로써 실시간 정보를 파악할 수 있기 때문에 고객 피드백 및 응답시간 등의 단축으로 인해 고객만족도가 향상될 수 있다.

5) BPR 수행을 통한 경영혁신 효과

ERP 내에는 다양한 산업에 대한 최적의 업무관행인 베스트 프랙티스(Best Practices)가 채택되어 있기 때문에, ERP의 선진 업무프로세스를 적용함으로써 자동적으로 경영혁신(BPR) 효과를 볼 수 있다.

6) 차세대 기술과의 융합

차세대 ERP는 인공지능 및 빅데이터 분석 기술과의 융합으로 분석도구가 추가되어 선제적 예측과 실시간 의사결정지원이 가능하다.

7) 각종 경영지표의 개선

① 재고 및 물류비용 감소(재고감소, 장부재고와 실물재고의 일치)
② 부서별 및 사업장별 손익관리를 통한 수익성 개선
③ 생산성 향상을 통한 원가절감 및 종업원 1인당 매출액 증대
④ 업무의 정확도 증대와 업무시간 단축(생산계획 수립, 결산작업 등)
⑤ 리드타임(Lead Time) 감소 및 사이클타임(Cycle Time) 단축

개념 익히기

■ **리드타임(Lead Time)**

시작부터 종료까지의 소요된 시간을 의미한다. 일반적으로 제품생산의 시작부터 완성품생산까지 걸리는 시간을 생산리드타임, 구매발주에서부터 입고완료까지 걸리는 시간을 구매리드타임, 주문접수에서부터 고객에게 인도하기까지의 걸리는 시간을 영업리드타임이라고 한다. 리드타임을 단축시킴으로써 납기단축, 원가절감, 생산 및 구매 효율성 증대 등의 효과를 얻어 기업의 경쟁력을 향상시킬 수 있다.

■ **사이클타임(Cycle Time)**

어떤 상황이 발생한 후 동일한 상황이 다음에 다시 발생할 때까지의 시간적 간격을 의미한다.

■ **총소유비용(Total Cost of Ownership)**

ERP 시스템에 대한 투자비용에 관한 개념으로 시스템의 전체 라이프사이클(life-cycle)을 통해 발생하는 전체 비용을 계량화하는 것을 말한다.

■ **ERP 아웃소싱(Outsourcing)**

ERP 시스템의 자체개발은 구축에서 운영 및 유지보수까지 많은 시간과 노력이 필요하므로, 아웃소싱을 통한 개발이 바람직하다. 아웃소싱을 통해서 ERP의 개발과 구축, 운영, 유지보수 등에 필요한 인적 자원을 절약할 수 있고, 기업이 가지고 있지 못한 지식 획득은 물론 자체개발에서 발생할 수 있는 기술력 부족의 위험요소를 제거할 수 있다.

3.3 ERP 구축 방법

ERP 시스템은 일반적으로 다음과 같이 분석(Analysis), 설계(Design), 구축(Construction), 구현(Implementation) 등의 단계를 거쳐 구축되며, ERP를 성공적으로 구축하기 위해서는 ERP 구축 모든 단계에서 전 직원의 교육훈련은 필수적이다.

(1) 분석단계

분석단계에서의 핵심은 현재 업무상태(AS-IS)를 분석하는 것이다. 기준프로세스 설정을 위해 현재의 업무 및 프로세스를 파악하고, 문제점이 무엇인지를 분석하는 단계이다. 분석단계에서 이루어지는 주요 업무범위는 다음과 같다.

① TFT 구성(Kick-off)
② 현재업무(AS-IS) 및 시스템 문제 파악
③ 현업 요구 분석
④ 경영전략 및 비전 도출
⑤ 목표와 범위 설정
⑥ 주요 성공요인 도출
⑦ 세부추진일정 계획 수립
⑧ 시스템 설치(하드웨어, 소프트웨어)

(2) 설계단계

설계단계에서는 이전 단계인 분석단계에서 AS-IS 분석을 통해 파악된 문제점이나 개선사항을 반영하여 개선방안(TO-BE)을 도출하는 것이 핵심이다. 이때 TO-BE 프로세스와 ERP 시스템의 표준 프로세스 간의 차이를 분석하여야 한다. 이를 차이(GAP)분석이라고 한다. GAP 분석의 결과를 토대로 ERP 패키지의 커스터마이징 여부를 결정짓는다.

설계단계에서 이루어지는 주요 업무범위는 다음과 같다.

① TO-BE 프로세스 도출
② GAP 분석(패키지 기능과 TO-BE 프로세스와의 차이)
③ 패키지 설치 및 파라미터 설정
④ 추가 개발 및 수정보완 문제 논의
⑤ 인터페이스 문제 논의
⑥ 사용자 요구 대상 선정(커스터마이징 대상 선정)

(3) 구축단계

구축단계는 이전의 분석 및 설계단계에서 도출된 결과를 시스템으로 구축하여 검증하는 단계이다. 분석 및 설계단계에서 회사의 핵심 업무에 대한 업무프로세스 재설계(BPR) 결과를 ERP 패키지의 각 모듈과 비교하여 필요한 모듈을 조합하여 시스템으로 구축한 후 테스트를 진행한다.

구축단계에서 이루어지는 주요 업무범위는 다음과 같다.

① 모듈 조합화(TO-BE 프로세스에 맞게 모듈을 조합)
② 테스트(각 모듈별 테스트 후 통합 테스트)
③ 추가개발 또는 수정기능 확정
④ 인터페이스 프로그램 연계 테스트
⑤ 출력물 제시

(4) 구현단계

구현단계는 시스템 구축이 완료된 후 본격적인 시스템 가동에 앞서 시험적으로 운영하는 단계이다. 이 단계에서는 실 데이터 입력을 통해 충분한 테스트를 거쳐 발견된 문제점들을 보완하여야 시스템의 완성도를 높일 수 있다. 또한 기존의 데이터를 ERP 시스템으로 전환(Conversion)하는 작업과 추후 시스템 운영에 필요한 유지보수 계획 등을 수립하게 된다.

구현단계에서 이루어지는 주요 업무범위는 다음과 같다.

① 프로토타이핑(Prototyping): 실 데이터 입력 후 시스템을 시험적으로 운영하는 과정
② 데이터 전환(Data Conversion): 기존 시스템 또는 데이터를 ERP 시스템으로 전환
③ 시스템 평가
④ 유지보수
⑤ 추후 일정 수립

개념 익히기

■ ERP 구축절차

분석(Analysis) → 설계(Design) → 구축(Construction) → 구현(Implementation)

① 분석	② 설계	③ 구축	④ 구현
• AS-IS 파악 • TFT 결성 • 현재 업무 및 시스템 문제파악 • 주요 성공요인 도출 • 목표와 범위설정 • 경영전략 및 비전도출 • 현업요구분석 • 세부추진일정 계획수립 • 시스템 설치 • 교육	• TO-BE Process 도출 • 패키지 기능과 TO-BE Process와의 차이 분석 • 패키지 설치 • 파라미터 설정 • 추가개발 및 수정 보완 문제 논의 • 인터페이스 문제논의 • 사용자요구 대상선정 • 커스터마이징 • 교육	• 모듈조합화 • 테스트(각 모듈별 테스트 후 통합 테스트) • 추가개발 또는 수정 기능 확정 • 출력물 제시 • 인터페이스 프로그램 연계 • 교육	• 시스템운영(실데이터 입력 후 테스트) • 시험가동 • 데이터전환 • 시스템 평가 • 유지보수 • 향후 일정수립 • 교육

■ ERP 구축 및 실행의 성공을 위한 제언

• 현재의 업무방식을 그대로 고수하지 말라.
• 업무상의 효과보다 소프트웨어 기능성 위주로 적용대상을 판단하지 말라.
• 단기간의 효과 위주로 구현하지 말라.
• IT 중심의 프로젝트로 추진하지 말라.
• 커스터마이징은 가급적 최소화 한다.
• 업무단위별로 추진하지 않는다.
• BPR을 통한 업무프로세스 표준화가 선행 또는 동시에 진행되어야 한다.

■ 효과적인 ERP 교육 시 고려사항

• 다양한 교육도구를 이용하여야 한다.
• 교육에 충분한 시간을 배정하여야 한다.
• 논리적 작업단위인 트랜잭션이 아닌 비즈니스 프로세스에 초점을 맞추어야 한다.
• 사용자에게 시스템 사용법과 업무처리 방식을 모두 교육하여야 한다.
• 조직차원의 변화관리 활동을 잘 이해하도록 교육을 강화하여야 한다.

04 확장형 ERP

4.1 확장형 ERP란

(1) 확장형 ERP의 개념

확장형 ERP(Extended ERP)란 EERP 또는 ERP Ⅱ라고도 불리며, 기존의 ERP 시스템에서 좀 더 발전된 개념이다. 기존의 ERP 시스템은 기업내부 프로세스의 최적화가 목표였지만, 확장형 ERP는 기업외부의 프로세스까지 운영 범위를 확산하여 다양한 애플리케이션과의 인터페이스, e-비즈니스 등이 가능한 시스템이다.

확장형 ERP는 다음과 같이 전통적인 ERP 시스템의 기능뿐만 아니라 확장에 따른 고유 기능의 추가, 경영혁신 지원, 최신 IT 기술 도입 등으로 기업 내·외부의 최적화를 포괄적으로 지원하는 시스템이라 할 수 있다.

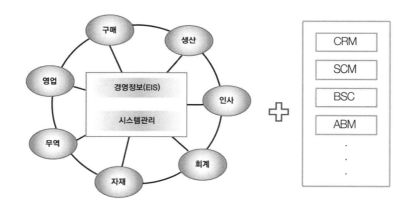

(2) 확장형 ERP의 등장배경과 특징

등장배경	특징
• 기업의 비즈니스 환경의 변화 • 기업 외부 프로세스와의 유연한 통합에 대한 요구 • 협업(Co-work) 상거래의 필요성 • 기존 ERP와 타 솔루션 간의 연계에 대한 요구	• 기업외부 프로세스까지도 웹 환경을 이용하여 지원 • 상거래 지향적인 프로세스로 통합 • 더욱 향상된 의사결정을 지원 • e-비즈니스에 대비할 수 있는 기능 지원

(3) 확장형 ERP에 포함되어야 할 내용

1) 고유기능의 추가

POS(Point of Sales) 시스템, SCM(Supply Chain Management), CRM(Customer Relationship Management) 등 ERP 시스템의 기본적인 기능 이외의 추가기능이 지원되어야 한다.

2) 경영혁신 지원

지식경영, 전략적 의사결정 지원, 전략계획 수립 및 시뮬레이션 기능 등으로 경영혁신을 확대 지원하는 기능이 추가되어야 한다.

3) 선진 정보화 지원기술 추가

IT 기술의 개발 및 도입 시에는 국내·국제적인 표준을 반드시 지원하여야 한다. 그 이유는 추후 무역거래, 기업 간 상거래 및 유사업종 간의 공동구매 등이 더욱 활발해질 것이며, 개방성향이 강한 개방형 시스템의 요구가 늘어나 이종 간의 시스템을 통합하고 지원하는 시스템을 필요로 할 것이다. 기업이 전 세계를 시장으로 삼을 경우 표준을 지향하는 e-비즈니스는 필수적인 부분이다.

4) 전문화 확대 적용

컴퓨터 시스템에 대해 인간 수준의 판단까지 기대하는 것은 아직 어려울 수도 있지만, 인공지능 분야의 발전으로 점차 인간 판단의 역할을 대행할 수 있는 기능이 추가되고, 이러한 기능이 미래의 ERP에도 보완될 것이다. 예컨대 음성인식 기술을 사용하여 거래자료 입력 등을 음성으로 입력할 수도 있다.

5) 산업유형 지원확대

제조업은 ERP를 가장 활발하게 사용하고 있는 업종 중의 하나이다. 금융업, 건설업 등 다양한 분야에서 ERP가 활용되고 있지만, 아직도 일부 산업의 특성은 전혀 고려하지 못하고 있다. 정보기술의 발달과 더불어 산업별로 특화된 전문기능을 추가적으로 개발하여 그 수요에 부응하여야 할 것이다.

4.2 확장형 ERP의 구성요소

(1) 기본 ERP 시스템

기본형 ERP 시스템은 기업에서 반복적이고 일상적으로 발생되는 업무를 처리하기 위해 영업관리, 물류관리, 생산관리, 구매 및 자재관리, 회계 및 재무관리, 인사관리 등의 모듈별 단위시스템으로 구성되어 있다.

(2) e-비즈니스 지원 시스템

e-비즈니스 지원 시스템은 인터넷 환경을 기반으로 기업 및 국가 간의 정보교환은 물론 기술이전, 시장분석, 거래촉진 등의 역할을 담당하고 있다. 주요 e-비즈니스 지원 시스템의 종류는 다음과 같다.

명 칭	주 요 내 용
지식관리시스템(KMS) (Knowledge Management System)	기업의 인적자원들이 축적하고 있는 조직 및 단위 지식을 체계화하여 공유함으로써 핵심사업 추진 역량을 강화하기 위한 정보시스템
의사결정지원시스템(DSS) (Decision Support System)	기업 경영에 당면하는 여러 가지 문제를 해결하기 위해 복수의 대안을 개발하고, 비교 평가하여 최적안을 선택하는 의사결정 과정을 지원하는 정보시스템
경영자정보시스템(EIS) (Executive Information System)	기업 경영관리자의 전략 수립 및 의사결정 지원을 목적으로 주요 항목에 대한 핵심정보만 별도로 구성한 정보시스템
고객관계관리(CRM) (Customer Relationship Management)	기업이 소비자들을 자신의 고객으로 만들고, 이를 장기간 유지하고자 고객과의 관계를 지속적으로 유지·관리하는 광범위한 개념으로 마케팅, 판매 및 고객서비스를 자동화하는 시스템
공급망관리(SCM) (Supply Chain Management)	부품 공급업자로부터 생산자, 판매자, 고객에 이르는 물류의 흐름을 하나의 가치사슬 관점에서 파악하고 필요한 정보가 원활히 흐르도록 지원하는 시스템으로, 수요변화에 대한 신속한 대응 및 재고수준의 감소 및 재고회전율 증가를 위해 공급사슬에서의 계획, 조달, 제조 및 배송 활동 등 통합 프로세스를 지원
전자상거래(EC) (Electronic Commerce)	재화 또는 용역을 거래함에 있어서 그 전부 또는 일부가 전자문서에 의하여 처리되는 방법으로, 상행위를 하는 것을 의미

(3) 전략적 기업경영 시스템

기업의 가치창출과 주주 이익의 증대를 목표로 한 주요 관리 프로세스의 운영을 통해 신속한 성과측정 및 대안 수립을 가능하게 하는 전략적 기업경영(SEM: Strategic Enterprise Management)은 경영자의 전략적 의사결정을 위해 기업운영을 위한 전략적 부분을 지원하고 경영정보를 제공해 준다.

전략적 기업경영 시스템에 속하는 대표적인 단위시스템은 다음과 같다.

명 칭	주 요 내 용
성과측정관리 또는 균형성과표(BSC) (Balanced Scorecard)	기업의 성과를 지속적으로 향상시키기 위해서 재무적인 측정지표뿐만 아니라 고객만족 등 비재무적인 측정지표도 성과평가에 반영시켜 미래가치를 창출하도록 관리하는 시스템
가치중심경영(VBM) (Value-based Management)	주주 가치의 극대화를 위해 지속적으로 가치를 창출하는 고객 중심의 시스템이며, 포괄적인 경영철학이자 경영기법
전략계획 수립 및 시뮬레이션(SFS) (Strategy Formulation & Simulation)	조직의 목표를 달성하고 비전에 도달하기 위해 최선의 전략을 수립하고 선택된 전략을 실행하는 것을 의미함
활동기준경영(ABM) (Activity-based Management)	프로세스 관점에 입각하여 활동을 분석하고 원가동인 및 성과측정을 통해 고객가치 증대와 원가절감을 도모한다. 궁극적으로는 이익을 개선하고자 하는 경영기법

개념 익히기

■ ERP와 확정형 ERP 차이

구 분	ERP	확장형 ERP
목표	기업 내부 최적화	기업 내·외부 최적화
기능	기본 ERP (영업, 구매/자재, 생산, 회계, 인사 등)	기본 ERP + e-비즈니스 지원시스템 또는 SEM 시스템
프로세스	기업내부 통합프로세스	기업 내·외부 통합프로세스
시스템 구조	웹지향, 폐쇄성	웹기반, 개방성
데이터	기업내부 생성 및 활용	기업 내·외부 생성 및 활용

05 4차 산업혁명과 스마트 ERP

5.1 4차 산업혁명

4차 산업혁명은 인공지능(AI: Artificial Intelligence), 사물인터넷(IoT: Internet of Things), 빅데이터(BigData), 클라우드 컴퓨팅(Cloud Computing) 등 첨단 정보통신기술이 경제 및 사회 전반에 융합되어 혁신적인 변화가 나타나는 차세대 산업혁명을 말한다.

4차 산업혁명의 산업생태계는 사물인터넷을 통해 방대한 빅데이터를 생성하고, 이를 인공지능이 분석 및 해석하여 적절한 판단과 자율제어를 수행하여 초지능적인 제품을 생산하고 서비스를 제공한다.

4차 산업혁명의 주요 기술적 특징에는 초연결성(hyper-connectivity), 초지능화(super-intelligence), 융합화(convergence)를 들 수 있다.

구 분	주 요 내 용
초연결성 (hyper-connectivity)	사물인터넷(IoT)과 정보통신기술(ICT)의 진화를 통해 인간과 인간, 인간과 사물, 사물과 사물 간의 연결과정을 의미한다.
초지능화 (super-intelligence)	다양한 분야에서 인간의 두뇌를 뛰어넘는 총명한 지적 능력을 말한다. 초지능화는 인공지능과 빅데이터의 연계·융합으로 기술과 산업구조를 지능화, 스마트화시키고 있다.
융합화 (convergence)	초연결성과 초지능화의 결합으로 인해 수반되는 특성으로 4차 산업혁명 시대의 산업 간 융합화와 기술 간 융합화를 말한다. •산업 간 융합화: IT 활용범위가 보다 확대되고 타 산업 분야 기술과의 접목이 활발해지면서 산업 간 경계가 무너지고 산업지도 재편 및 이종 산업 간 경쟁이 격화되는 현상 •기술 간 융합화: 서로 다른 기술 요소들이 결합되어 개별 기술 요소들의 특성이 상실되고 새로운 특성을 갖는 기술과 제품이 탄생되는 현상

5.2 4차 산업혁명 시대의 스마트 ERP

(1) 스마트 ERP와 비즈니스 애널리틱스

최근의 스마트 ERP 시스템은 인공지능(AI), 빅데이터(BigData), 사물인터넷(IoT), 블록체인(Blockchain) 등의 신기술과 융합하여 보다 지능화된 기업경영이 가능하게 하는 통합정보시스템으로 진화하고 있다.

기업경영 분석에 있어 비즈니스 인텔리전스를 넘어 비즈니스 애널리틱스(Business Analytics)가 회자되고 있다. 비즈니스 인텔리전스가 과거 데이터 및 정형 데이터를 기반으로 무엇이 발생했는지를 분석하여 비즈니스 의사결정을 돕는 도구라면, 비즈니스 애널리틱스는 과거뿐만 아니라 현재 실시간으로 발생하는 데이터에 대하여 연속적이고 반복적인 분석을 통해 미래를 예측하는 통찰력을 제공하는 데 활용된다.

스마트 ERP와 ERP 시스템 내의 빅데이터 분석을 위한 비즈니스 애널리틱스의 특징은 다음과 같다.

① 인공지능 기반의 빅데이터 분석을 통해 최적화와 예측분석이 가능하여 과학적이고 합리적인 의사결정지원이 가능하다.

② 제조업에서는 빅데이터 처리 및 분석기술을 기반으로 생산 자동화를 구현하고 ERP 시스템과 연계하여 생산계획의 선제적 예측과 실시간 의사결정이 가능해진다.

③ 과거 데이터 분석뿐만 아니라, 이를 바탕으로 새로운 통찰력 제안과 미래 사업을 위한 시나리오를 제공할 수 있다.

④ 비즈니스 애널리틱스는 질의 및 보고와 같은 기본적인 분석기술과 예측 모델링과 같은 수학적으로 정교한 수준의 분석까지 지원한다.

⑤ 파일이나 스프레드시트와 데이터베이스를 포함하는 구조화된 데이터와 전자메일, 문서, 소셜미디어 포스트, 영상자료 등의 비구조화된 데이터를 동시에 활용이 가능하다.

⑥ 미래 예측을 지원해주는 데이터 패턴 분석과 예측 모델을 위한 데이터마이닝(Data Mining)을 통해 고차원 분석기능을 포함하고 있다.

⑦ 리포트, 쿼리, 알림, 대시보드, 스코어카드뿐만 아니라 예측 모델링과 같은 진보된 형태의 분석기능도 제공한다.

개념 익히기

■ 스마트 ERP의 특징
- 인공지능, 빅데이터, 블록체인 등의 신기술과 융합하여 지능화된 기업경영 실현이 가능
- 제조실행시스템(MES), 제품수명주기관리(PLM) 등을 통한 생산과정의 최적화와 예측 분석을 통해 합리적인 의사결정지원
- 제조업에서의 생산자동화 구현은 물론 생산계획의 선제적 예측과 실시간 정보공유
- 다양한 비즈니스 간 융합을 지원하는 시스템으로 확대 가능
- 전략경영 등의 분석 도구가 추가되어 상위계층의 의사결정을 지원하는 스마트시스템 구축 가능

5.3 4차 산업혁명의 핵심 원천기술

(1) 인공지능

인공지능(AI)은 인간의 학습능력, 추론능력, 지각능력, 자연어 이해능력 등을 컴퓨터 프로그램으로 실현한 기술이다. 인공지능은 기억, 지각, 이해, 학습, 연상, 추론 등 인간의 지성을 필요로 하는 행위를 기계를 통해 실현하고자 하는 학문 또는 기술의 총칭으로 정의되고 있다.

1) 인공지능 기술의 발전

인공지능 기술의 발전은 계산주의 시대, 연결주의 시대, 딥러닝 시대로 구분된다.

① 계산주의 시대

인공지능 초창기 시대는 계산주의(computationalism) 시대이다. 계산주의는 인간이 보유한 지식을 컴퓨터로 표현하고 이를 활용해 현상을 분석하거나 문제를 해결하는 지식기반시스템을 말한다. 컴퓨팅 성능 제약으로 인한 계산기능(연산기능)과 논리체계의 한계, 데이터 부족 등의 근본적인 문제로 기대에 부응하지 못하였다.

② 연결주의 시대

계산주의로 인공지능 발전에 제약이 생기면서 1980년대에 연결주의(connectionism)가 새롭게 대두되었다. 연결주의는 지식을 직접 제공하기보다 지식과 정보가 포함된 데이터를 제공하고 컴퓨터가 스스로 필요한 정보를 학습한다.

연결주의는 인간의 두뇌를 묘사하는 인공신경망(Artificial Neural Network)을 기반으로 한 모델이다. 연결주의 시대의 인공지능은 인간과 유사한 방식으로 데이터를 학습하여 스스로 지능을 고도화한다.

연결주의는 막대한 컴퓨팅 성능과 방대한 학습데이터가 필수적이나 학습에 필요한 빅데이터와 컴퓨팅 파워의 부족이라는 한계를 극복하지 못해 비즈니스 활용 측면에서 제약이 있었다.

③ 딥러닝의 시대

2010년 이후 GPU(Graphic Processing Unit)의 등장과 분산처리기술의 발전으로 계산주의와 연결주의 시대의 문제점인 방대한 양의 계산문제를 대부분 해결하게 되었다. 사물인터넷과 클라우드 컴퓨팅 기술의 발전으로 빅데이터가 생성 및 수집되면서 인공지능 연구는 새로운 전환점을 맞이하였다.

최근의 인공지능은 딥러닝(deep learning)의 시대이다. 연결주의 시대와 동일하게 신경망을 학습의 주요 방식으로 사용한다. 입력층(input layer)과 출력층(output layer) 사이에 다수의 숨겨진 은닉층(hidden layer)으로 구성된 심층신경망(Deep Neural Networks)을 활용한다. 심층신경망은 인간의 두뇌 구조와 학습방식이 동일하여 뇌 과학과 인공지능 기술의 융합이 가능해지고 있다.

2) 인공지능 규범 원칙

최근에는 인공지능 개발과 사용과정에서 발생하는 위험요소와 오용의 문제에 대해 윤리원칙을 검토 및 채택해야 한다는 움직임이 활발해지고 있다.

2018년 9월 세계경제포럼(World Economic Forum)에서 인공지능 규범(AI code)의 5개 원칙을 발표하였다.

코드명	주 요 내 용
Code 1	인공지능은 인류의 공동 이익과 이익을 위해 개발되어야 한다.
Code 2	인공지능은 투명성과 공정성의 원칙에 따라 작동해야 한다.
Code 3	인공지능이 개인, 가족, 지역 사회의 데이터 권리 또는 개인정보를 감소시켜서는 안 된다.
Code 4	모든 시민은 인공지능을 통해서 정신적, 정서적, 경제적 번영을 누리도록 교육받을 권리를 가져야 한다.
Code 5	인간을 해치거나 파괴하거나 속이는 자율적 힘을 인공지능에 절대로 부여하지 않는다.

(2) 사물인터넷

사물인터넷(IoT)은 인터넷을 통해서 모든 사물을 서로 연결하여 정보를 상호 소통하는 지능형 정보기술 및 서비스를 말한다. 수 많은 사물인터넷 기기들이 내장된 센서를 통해 데이터를 수집하고 인터넷을 통해 서로 연결되어 통신하며, 수집된 정보를 기반으로 자동화된 프로세스나 제어기능을 수행할 수 있으므로 스마트가전, 스마트홈, 의료, 원격검침, 교통 분야 등 다양한 산업분야에 적용되고 있다.

사물인터넷의 미래인 만물인터넷(IoE: Internet of Everything)은 사물, 사람, 데이터, 프로세스 등 세상에서 연결 가능한 모든 것(만물)이 인터넷에 연결되어 서로 소통하며 새로운 가치를 창출하는 기술이다.

(3) 빅데이터

빅데이터(BigData)의 사전적 의미는 디지털 환경에서 생성되는 데이터로 그 규모가 방대하고, 형태도 수치데이터뿐만 아니라 문자와 영상데이터를 포함한 다양하고 거대한 데이터의 집합을 말한다.

IT시장조사기관 가트너(Gartner)는 향상된 의사결정을 위해 사용되는 비용 효율적이며 혁신적인 거대한 용량의 정형 및 비정형의 다양한 형태로 엄청나게 빠른 속도로 쏟아져 나와 축적되는 특성을 지닌 정보 자산이라고 정의하였다. 또한 가트너는 빅데이터의 특성으로 규모(volume), 속도(velocity), 다양성(variety), 정확성(veracity), 가치(value)의 5V를 제시하였다.

구 분	주 요 내 용
규모 (Volume)	• 데이터 양이 급격하게 증가(대용량화) • 기존 데이터관리시스템의 성능적 한계 도달
다양성 (Variety)	• 데이터의 종류와 근원 확대(다양화) • 로그 기록, 소셜, 위치, 센서 데이터 등 데이터 종류의 증가(반정형, 비정형 데이터의 증가)
속도 (Velocity)	• 소셜 데이터, IoT 데이터, 스트리밍 데이터 등 실시간성 데이터 증가 • 대용량 데이터의 신속하고 즉각적인 분석 요구
정확성 (Veracity)	• 데이터의 신뢰성, 정확성, 타당성 보장이 필수 • 데이터 분석에서 고품질 데이터를 활용하는 것이 분석 정확도에 영향을 줌
가치 (Value)	• 빅데이터가 추구하는 것은 가치 창출 • 빅데이터 분석 통해 도출된 최종 결과물은 기업이 당면하고 있는 문제를 해결하는데 통찰력 있는 정보 제공

개념 익히기

■ 빅데이터 처리과정
데이터(생성) → 수집 → 저장(공유) → 처리 → 분석 → 시각화

(4) 클라우드 컴퓨팅

클라우드 컴퓨팅(Cloud Computing)은 인터넷을 통하여 외부사용자에게 IT자원을 제 공하고 사용하게 하는 기술 및 서비스를 의미한다. 사용자들은 클라우드 컴퓨팅 사업자가 제공하는 IT자원(소프트웨어, 스토리지, 서버, 네트워크)을 필요한 만큼 사용하고, 사용 한 만큼 비용을 지불할 수 있다.

클라우드 서비스는 필요한만큼의 IT자원을 빠르게 확장하거나 축소할 수 있고, 어디에 서나 접속할 수 있으며, 기술적인 관리부담이 없다는 장점을 갖고 있다.

1) 클라우드 서비스의 유형

구 분	주 요 내 용
SaaS (Software as a Service)	응용소프트웨어를 인터넷을 통해 제공하여 사용자들이 웹 브라우즈를 통해 접속하여 사용할 수 있도록 서비스로 제공
PaaS (Platform as a Service)	업무용 또는 비즈니스용 응용소프트웨어를 개발하는데 필요한 플랫폼과 도구를 서비스로 제공하여 개발자들이 응용소프트웨어를 개발, 테스트, 배포할 수 있게 지원
IaaS (Infrastructure as a Service)	업무나 비즈니스 처리에 필요한 서버, 스토리지, 데이터베이스 등의 IT 인프라 자원을 클라우드 서비스로 제공하는 형태

2) 클라우드 서비스의 비즈니스 모델

구 분	주 요 내 용
퍼블릭(공개형)	• 전 세계의 소비자, 기업고객, 공공기관 및 정부 등 모든 주체가 클라우드 컴퓨팅을 사용할 수 있음 • 사용량에 따라 사용료를 지불하며 규모의 경제를 통해 경쟁력 있는 서비스 단가를 제공한다는 장점
사설(폐쇄형)	• 특정한 기업의 구성원만 접근할 수 있는 전용 클라우드서비스 • 초기 투자비용이 높으며, 주로 데이터의 보안 확보와 프라이버시 보장이 필요한 경우 사용
하이브리드(혼합형)	• 특정 업무 또는 데이터 저장은 폐쇄형 클라우드 방식을 이용하고 중요도가 낮은 부분은 공개형 클라우드 방식을 이용

5.4 인공지능과 빅데이터 분석기법

(1) 기계학습(머신러닝)

기계학습(machine learning, 머신러닝)이란 방대한 데이터를 분석해 미래를 예측하는 기술로 일반적으로 생성된 데이터를 정보와 지식(규칙)으로 변환하는 컴퓨터 알고리즘을 의미한다.

1) 기계학습의 유형

구 분	주 요 내 용
지도학습	• 학습 데이터로부터 하나의 함수를 유추해내기 위한 방법, 즉 학습 데이터로부터 주어진 데이터의 예측 값을 추측한다. • 지도학습 방법에는 분류모형과 회귀모형이 있다.
비지도학습	• 데이터가 어떻게 구성되었는지를 알아내는 문제의 범주에 속한다. • 지도학습 및 강화학습과 달리 입력값에 대한 목표치가 주어지지 않는다. • 비지도학습 방법에는 군집분석, 오토인코더, 생성적 적대신경망(GAN)이 있다.
강화학습	• 선택 가능한 행동 중 보상을 최대화하는 행동 혹은 순서를 선택하는 방법이다. • 강화학습에는 게임 플레이어 생성, 로봇 학습 알고리즘, 공급망 최적화 등의 응용영역이 있다.

2) 기계학습 워크플로우(6단계)

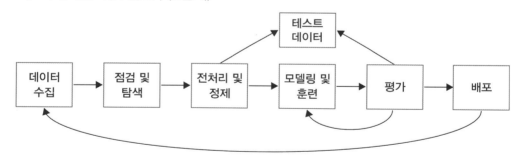

구 분	주 요 내 용
데이터 수집	인공지능 구현을 위해서는 머신러닝·딥러닝 등의 학습방법과 이것을 학습할 수 있는 방대한 양의 데이터가 필요하다.
점검 및 탐색	• 데이터를 점검하고 탐색하는 탐색적 데이터 분석을 수행한다. • 데이터의 구조와 결측치 및 극단치 데이터를 정제하는 방법을 탐색한다. • 독립변수, 종속변수, 변수 유형, 변수의 데이터 유형 등 데이터 특징을 파악한다.

구 분	주 요 내 용
전처리 및 정제	다양한 소스로부터 획득한 데이터 중 분석하기에 부적합하거나 수정이 필요한 경우 데이터를 전처리하거나 정제하는 과정이다.
모델링 및 훈련	• 머신러닝 코드를 작성하는 모델링 단계를 말한다. • 적절한 머신러닝 알고리즘을 선택하여 모델링을 수행하고, 해당 머신러닝 알고리즘에 전처리가 완료된 데이터를 학습(훈련)시킨다. • 전처리 완료된 데이터 셋(data set)은 학습용 데이터와 평가용 데이터로 구성한다.
평가	• 머신러닝 기법을 이용한 분석모델(연구모형)을 실행하고 성능(예측정확도)을 평가하는 단계이다. • 모형평가에는 연구모형이 얼마나 정확한가, 연구모형이 관찰된 데이터를 얼마나 잘 설명하는가, 연구모형의 예측에 대해 얼마나 자신할 수 있는가(신뢰성, 타당성), 모형이 얼마나 이해하기 좋은가 등을 평가하고 만족하지 못한 결과가 나온다면 모델링 및 훈련 단계를 반복 수행한다.
배포	• 평가 단계에서 머신러닝 기법을 이용한 연구모형이 성공적으로 학습된 것으로 판단되면 완성된 모델을 배포한다. • 분석모델을 실행하여 도출된 최종결과물을 점검하고, 사업적 측면에서 결과의 가치를 재평가한다. • 분석모델을 파일럿 테스트(시험작동)를 통해 운영한 다음 안정적으로 확대하여 운영계 시스템에 구축한다.

(2) 데이터마이닝

데이터마이닝(Data Mining)은 축적된 대용량 데이터를 통계기법 및 인공지능기법을 이용하여 분석하고, 이에 대한 평가를 거쳐 일반화시킴으로써 새로운 자료에 대해 예측 및 추측할 수 있는 의사결정을 지원한다.

대규모로 저장된 데이터 안에서 다양한 분석기법을 활용하여 전통적인 통계학 이론으로는 설명이 힘든 패턴과 규칙을 발견한다.

1) 데이터마이닝의 단계

데이터마이닝은 분류, 추정, 예측, 유사집단화, 군집화 등의 다섯 가지 단계로 구분한다.

구 분	주 요 내 용
분류	어떤 새로운 사물이나 대상의 특징을 파악하여 미리 정의된 분류코드에 따라 어느 한 범주에 할당하거나 나누는 것을 의미한다.
추정	결과가 연속형 값을 갖는 연속형 변수를 주로 다루며 주어진 입력변수로부터 수입, 은행잔고, 배당금과 같은 미지의 연속형 변수에 대한 값을 추정(산출)한다.

구 분	주 요 내 용
예측	과거와 현재의 자료를 이용하여 미래를 예측하는 모형을 만드는 것이다.
유사집단화	유사한 성격을 갖는 사물이나 물건들을 함께 묶어주는 작업을 말한다.
군집화	이질적인 사람들의 모집단으로부터 다수의 동질적인 하위 집단 혹은 군집들로 세분화하는 작업이다.

(3) 텍스트마이닝

최근 텍스트, 이미지, 음성데이터 등의 비정형데이터를 다루는 기술이 빠르게 발전하고 있다. 기업에서 생산되는 데이터의 80% 이상은 비정형데이터로 이루어져 있으며, 그 중 텍스트데이터는 가장 대표적인 비정형데이터이다.

온라인 쇼핑몰 이용자는 구매자가 남긴 제품리뷰 텍스트(구매후기)로부터 제품에 대한 정보를 수집한다. 이들 텍스트데이터를 분석하여 구매자의 행동예측과 제품선호도를 분석할 수 있다.

텍스트마이닝(Text Mining)은 자연어 형태로 구성된 비정형 또는 반정형 텍스트데이터에서 패턴 또는 관계를 추출하여 의미 있는 정보를 찾아내는 기법으로 자연어처리(natural language processing, NLP)가 핵심기술이다.

자연어처리(NPL)는 컴퓨터를 이용해 사람의 자연어를 분석하고 처리하는 기술로 자연어 분석, 자연어 이해, 자연어 생성의 기술이 사용된다.

텍스트마이닝 분석을 실시하기 위해서는 불필요한 정보를 제거하고, 비정형데이터를 정형데이터로 구조화하는 작업이 필요한데 이를 위해 데이터 전처리(data preprocessing) 과정이 필수적이다.

5.5 인공지능과 비즈니스 혁신

(1) RPA(로봇 프로세스 자동화)

RPA(Robotic Process Automation, 로봇 프로세스 자동화)는 소프트웨어 프로그램이 사람을 대신해 반복적인 업무를 자동 처리하는 기술을 말한다. 인공지능과 머신러닝을 사용하여 가능한 많은 반복적 업무를 자동화할 수 있는 소프트웨어 로봇 기술이다.

RPA는 반복적인 규칙기반 작업에 특화되어 있으며, RPA와 AI를 통합하는 경우에 RPA로 구현된 로봇은 AI 알고리즘을 사용하여 의사결정을 내릴 수 있고, 기계학습을 통해 작업을 최적화하는 등의 지능적인 자동화가 가능할 수 있다.

1) RPA 적용단계

RPA는 기초프로세스 자동화, 데이터 기반의 머신러닝(기계학습) 활용, 인지자동화의 세 단계 활동으로 구성된다.

구 분	주 요 내 용
기초프로세스 자동화	정형화된 데이터 기반의 자료 작성, 단순 반복 업무 처리, 고정된 프로세스 단위 업무 수행 등이 해당된다.
데이터 기반의 머신러닝 활용	이미지에서 텍스트 데이터 추출, 자연어 처리로 정확도와 기능성을 향상시키는 단계이다.
인지자동화	RPA가 업무 프로세스를 스스로 학습하면서 자동화하는 단계이며, 빅데이터 분석을 통해 사람이 수행하는 더 복잡한 작업과 의사결정을 내리는 수준이다.

(2) 챗봇

채팅(Chatting)과 로봇(Robot)의 합성어인 챗봇(ChatBot)은 로봇의 인공지능을 대화형 인터페이스에 접목한 기술로 인공지능을 기반으로 사람과 상호작용하는 대화형 시스템을 지칭한다.

챗봇은 기업에서 사용하는 메신저에서 채팅을 하듯이 질문을 입력하면 인공지능이 빅데이터 분석을 통해 일상 언어로 사람과 소통하는 대화형 메신저이다.

(3) 블록체인

블록체인(Block Chain)이란 분산형 데이터베이스의 형태로 데이터를 저장하는 연결구조체이며, 모든 구성원이 네트워크를 통해 데이터를 검증 및 저장하여 특정인의 임의적인 조작이 어렵도록 설계된 저장플랫폼이다.

블록(Block)은 거래 건별 정보가 기록되는 단위이며, 이것이 시간의 순서에 따라 체인(chain) 형태로 연결된 데이터베이스를 블록체인이라고 한다.

블록체인은 블록의 정보와 거래내용(거래정보)을 기록하고 이를 네트워크 참여자들에게 분산 및 공유하는 분산원장 또는 공공거래장부이다.

1) 블록체인 기술의 특징

구 분	주 요 내 용
탈중개성	공인된 제3자의 공증 없이 개인 간 거래가 가능하며 불필요한 수수료를 절감할 수 있다.
보안성	정보를 다수가 공동으로 소유하므로 해킹이 불가능하여 보안비용을 절감할 수 있다.
신속성	거래의 승인·기록은 다수의 참여에 의해 자동 실행되므로 신속성이 극대화된다.
확장성	공개된 소스에 의해 쉽게 구축, 연결, 확장이 가능하므로 IT 구축비용을 절감할 수 있다.
투명성	모든 거래기록에 공개적 접근이 가능하여 거래 양성화 및 규제비용을 절감할 수 있다.

개념 익히기

■ 인공지능 비즈니스 적용 프로세스

비즈니스 영역 탐색 → 비즈니스 목표 수립 → 데이터 수집 및 적재 → 인공지능 모델 개발 → 인공지능 배포 및 프로세스 정비

5.6 스마트팩토리

(1) 스마트팩토리

스마트팩토리(smart factory)란 설계·개발, 제조 및 유통·물류 등 생산 과정에 4차 산업의 핵심기술이 결합된 정보통신기술(ICT: Information and Communications Technology)을 적용하여 생산성, 품질, 고객만족도를 획기적으로 향상시키는 지능형 생산공장을 말한다.

스마트팩토리는 사물인터넷(IoT)을 결합하여 공장의 설비(장비) 및 공정에서 발생하는 모든 데이터 및 정보가 센서를 통해 네트워크으로 서로 연결되어 공유되고 실시간으로 데이터를 분석하여 필요한 의사결정을 내릴 수 있도록 지원하여 생산 및 운영이 최적화된 공장이다.

1) 스마트팩토리의 등장배경

세계 각국은 국가경제의 핵심인 제조기업의 경쟁력을 향상시키기 위하여 스마트팩토리 구축을 적극 지원하고 있다. 과거에는 생산원가 절감을 위하여 기업의 제조시설을 해외로 이전하는 경향이 많았으나, 최근에는 국가경쟁력 회복을 위하여 제조시설의 리쇼어링

(reshoring) 경향이 두드러지게 나타나고 있다.

스마트팩토리의 주요 구축목적은 생산성 향상, 유연성 향상을 위하여 생산시스템의 지능화, 유연화, 최적화, 효율화 구현에 있다. 세부적으로는 고객서비스 향상, 비용절감, 납기향상, 품질향상, 인력효율화, 맞춤형제품생산, 통합된 협업생산시스템, 최적화된 동적생산시스템, 새로운 비즈니스 창출, 제품 및 서비스의 생산통합, 제조의 신뢰성 확보 등의 목적을 갖는다고 할 수 있다.

2) 스마트팩토리의 구성영역과 기술요소

스마트팩토리는 제품개발, 현장자동화, 공장운영관리, 기업자원관리, 공급사슬관리영역으로 구성된다.

구 분	주 요 기 술 요 소
제품개발	제품수명주기관리(PLM: Product Lifecycle Management)시스템을 이용하여 제품의 개발, 생산, 유지보수, 폐기까지의 전 과정을 체계적으로 관리
현장자동화	인간과 협업하거나 독자적으로 제조작업을 수행하는 시스템으로 공정자동화, IoT, 설비제어장치(PLC), 산업로봇, 머신비전 등의 기술이 이용
공장운영관리	자동화된 생산설비로부터 실시간으로 가동정보를 수집하여 효율적으로 공장운영에 필요한 생산계획 수립, 재고관리, 제조자원관리, 품질관리, 공정관리, 설비제어 등을 담당하며, 제조실행시스템(MES), 창고관리시스템(WMS), 품질관리시스템(QMS) 등의 기술이 이용
기업자원관리	고객주문, 생산실적정보 등을 실시간으로 수집하여 효율적인 기업운영에 필요한 원가, 재무, 영업, 생산, 구매, 물류관리 등을 담당하며, ERP 등의 기술이 이용
공급사슬관리	제품생산에 필요한 원자재 조달에서부터 고객에게 제품을 전달하는 전체 과정의 정보를 실시간으로 수집하여 효율적인 물류시스템 운영, 고객만족을 목적으로 하며, 공급망관리(SCM) 등의 기술이 이용

(2) 스마트팩토리와 ERP

1) 사이버물리시스템(CPS)과 ERP

사이버물리시스템(CPS: Cyber Physical System)은 실제의 물리적인 제품, 생산설비, 공정, 공장을 사이버 공간에 그대로 구현하고 서로 긴밀하게 통합되어 동작하는 통합시스템이다.

이러한 사이버물리시스템(CPS)은 사물인터넷(IoT) 기술을 활용하여 공장운영 전반의 데이터를 실시간으로 수집하여 공장운영 현황을 모니터링하고 제조 빅데이터를 분석하여 설비와 공정을 제어함으로써 공장운영의 최적화를 수행한다.

사이버물리시스템(CPS)의 데이터를 ERP시스템으로 통합하여 주문처리, 생산계획, 구매관리, 재고관리와 같은 업무프로세스를 지원하는 상호작용이 가능하다.

2) 제품수명주기관리(PLM)와 ERP

제품수명주기관리(PLM: Product Lifecycle Management)는 제품 기획, 설계, 생산, 출시, 유통, 유지보수, 폐기까지의 제품수명주기의 모든 단계에 관련된 프로세스와 관련정보를 통합관리하는 응용시스템이다.

PLM은 제품의 설계, 속성, 관련 문서 등의 정보를 관리하고 제품수명주기에 따른 프로세스를 계획하고 효과적으로 관리하는 제품 중심의 수명주기 관리에 초점을 둔다.

또한 ERP는 기업 전반의 자원 및 프로세스를 통합적으로 관리하는 데 중점을 두고 있으므로 제품의 생산, 유통, 재무프로세스를 효율화 하는데 PLM과 ERP가 상호작용이 가능하다.

제2부

물류이론

제 **1** 장

공급망관리

Ncs 학습을 위한 능력단위 확인하기

능력단위	수준	능력단위 요소
자재 입고관리 (0204010203_20v2)	3	자재품질 기준 파악하기 (0204010203_20v2.1)
		자재 보관 위치 관리하기 (0204010203_20v2.2)
		자재 검수하기 (0204010203_20v2.3)
		자재 입고 부적합품 처리하기 (0204010203_20v2.4)
자재창고 운영관리 (0204010204_20v2)	4	자재 보관조건 설정하기 (0204010204_20v2.1)
		창고 동선 관리하기 (0204010204_20v2.2)
		창고 기기·설비 관리하기 (0204010204_20v2.3)
		창고보관 관리하기 (0204010204_20v2.4)
		창고 보안 안전 관리하기 (0204010204_20v2.5)
재재 운영관리 (0204010205_20v2)	4	재재 운영목표 관리하기 (0204010205_20v2.1)
		재고 실물정보 파악하기 (0204010205_20v2.2)
		운영자재 관리하기 (0204010205_20v2.3)
		불용자재 관리하기 (0204010205_20v2.4)
		장기재고 관리하기 (0204010205_20v2.5)
자재 출고관리 (0204010206_20v2)	3	자재 출고계획 수립하기 (0204010206_20v2.1)
		자재 출고방법 설정하기 (0204010206_20v2.2)
		자재 출고 작업하기 (0204010206_20v2.3)
공급망재고운영 (0204010407_24v3)	3	자재수불 관리하기 (0204010407_24v3.1)
		창고 운영하기 (0204010407_24v3.2)
		안전/적정재고 관리하기 (0204010407_24v3.3)
공급망운송관리 (0204010408_24v3)	3	운송계획 수립하기 (0204010408_24v3.1)
		운송 실행하기 (0204010408_12v3.2)
		운송 실행 통제하기 (0204010408_24v3.3)
유통물류관리 (0201030408_21v2)	3	유통물류센터 관리하기 (0201030408_21v2.1)
		입출고 관리하기 (0201030408_21v2.2)
		재고 관리하기 (0201030408_21v2.3)

01 공급망관리 개요

1.1 공급망관리의 개요

(1) 공급망관리의 개념

공급망관리(SCM: supply chain management)의 개념을 이해하기 위해서는 먼저 물류(physical distribution)와 로지스틱스(logistics)의 개념을 이해할 필요가 있다.

물류란 '제품을 물리적으로 생산자로부터 최종 소비자에게 이전하는 데 필요한 포장·보관·하역·운송·정보 등에 관한 행위'라고 정의하고 판매 물류 활동을 주된 범위로 했다.

로지스틱스는 물류의 개념이 확장 발전되어 '원부자재의 조달에서부터 제품의 생산, 판매, 반품, 회수, 폐기에 이르기까지 구매 조달, 생산, 판매 물류의 통합된 개념의 물류'라고 볼 수 있다.

물류가 상품 지향적이라면 로지스틱스는 고객 만족을 위한 고객 지향 시스템으로 원재료·반제품·완성품 이외에 정보 관리가 포함되어 있다. 로지스틱스는 보관보다는 흐름(flow) 관점을 우선하는 효율화를 촉진한다는 점이 '공급 관점의 물류'와 차이점이다. 공급망관리는 공급망 전체의 불확실성에 대응하는 전략적 관점으로 로지스틱스와 차이가 있다.

미국생산재고관리협회(APICS: American Production and Inventory Control Society)는 공급망관리를 '원재료로부터 시작하여 완제품의 최종 소비에 이르는 프로세스로서 협력사 및 거래처와 서로 연결된 부분을 포함한 전체 프로세스'로 정의한다. 고객에게 제품과 서비스를 제공하는 회사 내외부의 관련 기능을 통합하여 정의한 것이다.

공급망관리의 정의를 종합해 보면 아래의 그림과 같이 '공급자로부터 최종 소비자에 이르기까지 전 과정에서 각 기능 간의 재화·정보·자금의 흐름을 최적화하고 동기화하여 공급망 전체의 경영 효율을 극대화하는 전략'이라고 정의할 수 있다.

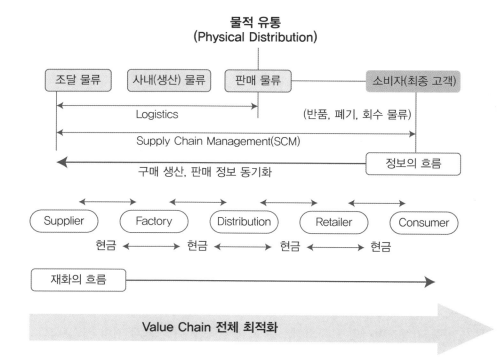

(2) 공급망관리의 필요성

공급망관리의 등장은 단일 기업 내부뿐 아니라 기업 간의 관계와 경영 환경의 복잡성에 기인한다. 이러한 복잡성의 주된 원인은 공급망 전체의 경로상의 복잡성과 함께 관계의 다양성에 따른 불확실성 때문이다.

공급망관리는 경영 의사결정을 주도하는 핵심 요소로 정보 기술 전략과 연계하고 공급자·제조업자·소비자 모두가 파트너십을 기반으로 인터페이스를 통합(integration)하고 협업(collaboration)하여 상호 원원(win-win)하는 것이며, 공급망상의 정보(information)·물자(material)·현금(cash)의 흐름을 최적화하여 경제성·생산성·수익성을 극대화하는 것이 그 본질이라 하겠다.

(3) 채찍효과

채찍효과(Bullwhip effect)는 공급망의 하류(down stream)에 해당하는 소매상에서의 고객수요가 공급망의 상류(up stream)로 소비자·소매상 → 도매상 → 제조기업 → 원재료 공급자까지 이어지면서 수요 예측의 왜곡과 과대한 주문이 확대되고 누적되어 가는 현상을 말한다.

이러한 채찍효과로 인한 수요·공급의 변동은 제품 품절에 의한 고객서비스 수준 하락, 과도한 안전재고, 공급망 상의 비용 상승 등을 초래할 수도 있다.

1) 채찍효과 원인

- 잦은 수요예측 변경: 변동하는 고객 주문을 반영하여 수요예측, 생산, 발주와 일정 계획이 자주 갱신
- 배치 주문방식: 운송비·주문비의 절감을 위하여 대량의 제품을 한꺼번에 발주
- 가격 변동: 불안정한 가격 구조, 가격 할인 행사 등으로 불규칙한 구매 형태를 유발
- 리드타임 증가: 조달 리드타임이 길어지면 수요·공급의 변동성·불확실성이 확대
- 과도한 발주: 공급량 부족으로 주문량보다 적게 할당될 때, 구매자가 실제 필요량 보다 확대하여 발주

2) 채찍효과 대처방안

- 공급망 전반의 수요 정보를 중앙 집중화하여 불확실성을 제거
- 안정적인 가격구조로 소비자 수요의 변동 폭을 조정
- 고객·공급자와 실시간 정보 공유
- 제품 생산과 공급에 소요되는 주문 리드타임과 주문처리에 소요되는 정보리드타임을 단축
- 공급망의 재고관리를 위하여 기업간 전략적 파트너십 구축

1.2 공급망관리 프로세스와 정보시스템

(1) 공급망 프로세스

공급망 프로세스는 고객의 수요를 충족하기 위하여 제품생산에 필요한 원자재의 투입부터 제품생산을 거쳐 그 제품을 고객에게 전달하는 활동의 유기적인 과정을 말한다.
공급망 프로세스 통합을 통해 공급망 전체의 공동 이익을 위하여 비전 공유, 고도의 협업, 실시간 정보공유 등의 상호작용이 가능해 진다.

1) 공급망 프로세스의 구조

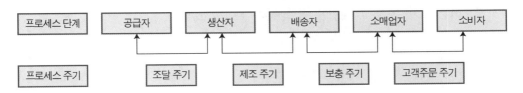

2) 공급망 프로세스의 경쟁능력 요소

구분	세부 내용
비용(cost)	적은 자원으로 제품·서비스를 창출할 수 있는 능력
품질(quality)	고객 욕구를 만족시키는 척도이며 소비자에 의하여 결정
유연성(flexibility)	설계변화와 수요변화에 효율적으로 대응할 수 있는 능력
시간(time)	경쟁사보다 빠른 신제품 개발능력, 신속한 제품 배달능력, 정시 배달능력

(2) 공급망관리 정보시스템의 특징과 기대효과

1) 공급망관리 정보시스템의 특징

- 공급망관리 물류 정보는 정보량이 많으면서도 시간대별 변동 폭이 크며, 정형·비정형 업무가 반복적으로 발생하고, 업무 내용도 다양하여 획일적 처리가 곤란하다. 따라서 공급망관리 정보시스템의 정보는 다종·다양·대량이고, 성수기와 평상시의 정보량 차이가 크다.
- 물류는 광역에 걸쳐 발생하는 물류 정보 외에 상거래 정보나 도로·기상 정보 등도 필요하고, 물류시스템의 중심지는 정보의 중계 전송을 수반하는 경우가 많다. 발생 장소·처리 장소·전달 장소 등이 광역으로 분산되어 있다.
- 물류 정보는 계절이나 지역의 수요 변화, 즉 성수기와 불황기의 차이가 현저하기 때문에 유연한 대응시스템이 필요하다.

2) 공급망관리 정보시스템의 효과

- 고객주문 및 처리 시간의 단축으로 고객서비스 향상
- 재고량 축소로 재고비용 절감
- 신속하고 저렴한 운송방법 탐색으로 운송비용 절감
- 소비자의 구매 성향을 쉽게 파악하여 최적의 제품 구색이 가능

(3) 공급망관리 정보시스템의 유형

1) 창고관리시스템(WMS: warehouse management system)

주문 피킹, 입출고, 재고관리 등의 자동화를 통하여 신속하고 정확한 고객 대응력과 재고 삭감, 미출고 및 오출고 예방을 목적으로 운영되고 있다.

2) 효율적소비자대응(ECR: efficient consumer response) 시스템

ECR 시스템은 유통업체와 제조업체가 효율적인 상품 보충, 점포 진열, 판매 촉진, 상품 개발을 목적으로 고객 만족도를 높이기 위해 원료 공급자로부터 매장까지의 공급망을 재설계하여 POS시스템 도입을 통해 자동적으로 제품을 보충하는 전략을 의미한다.

3) 신속대응(QR: quick response) 시스템

QR 시스템은 미국의 패션의류 산업에서 시작되었으며, 공급망의 상품 흐름을 개선하기 위해 소매업자와 제조업자의 정보 공유를 통해 효과적으로 원재료를 보충하고, 제품을 제조·유통함으로써 효율적인 생산과 공급망 재고량을 최소화하려는 전략이다.

QR 시스템 기대 효과는 다음과 같이 요약할 수 있다.

- 소매업자: 유지비용 절감, 고객서비스 제고, 높은 상품 회전율 및 매출과 이익증대
- 제조업자: 정확한 수요 예측, 주문량에 따른 생산의 유연성 확보, 높은 자산 회전율
- 소비자: 상품의 다양화, 낮은 소비자 가격, 품질 개선 및 소비 패턴의 변화에 대응한 상품 구매가 가능

4) 크로스도킹(CD: cross docking) 시스템

크로스도킹시스템은 물류센터에 보관하지 않고 당일 입고, 당일 출고하는 통과형 운송 시스템으로 24시간 이내 직송하는 공급망 간의 협업 시스템이다.

제조업자로부터 유통업자에 이르는 상품의 물류 체계를 신속하게 유지하고, 채소와 같이 신선도가 급격히 저하되는 제품을 배송하기 위해 EDI·바코드·스캐닝 기술을 통해 자동화된 창고 관리 및 재고 관리를 지원하여 물류체계를 합리화하는 전략이다.

5) 지속적보충프로그램(CRP: continuous replenishment program)

지속적보충프로그램은 제조업자의 효과적인 재고 관리를 통해 유통업자에게 적시 보충이 가능하도록 하여 결품 비율을 낮추고, 상호 협업 기능을 강화해 준다.

6) 공급자관리재고(VMI: vendor managed inventory) 시스템

유통(구매)업체의 물류 센터에 있는 재고 데이터가 제조(공급)업체로 전달되면 제조업체가 물류센터로 제품을 배송하고, 유통업체의 재고를 직접 관리하는 방식으로 재고관리 책임을 공급자에게 위탁하는 성격의 시스템이다.

7) 공동재고관리(CMI: co-managed inventory) 시스템

JMI(jointly managed inventory)라고도 하며, VMI에서 한 단계 더 발전한 개념이다. 소매업자(유통업체)와 공급자(제조업체)가 공동으로 판촉 활동을 하고 지역 여건, 경쟁 상황을 고려하면서 적절하게 재고 수준을 관리하는 것이다.

8) 기타 공급망관리 정보시스템

구분	세부 내용
컴퓨터 지원 주문(CAO) 시스템 (computer assisted ordering)	공급망에서 제조업자의 창고, 유통센터, 소매업자에 이르는 전체 재고를 파악하여 컴퓨터에 의한 자동 주문을 수행하여 효과적인 수·배송 계획을 지원해 물류비용을 감소
전자주문 시스템(EOS) (electronic ordering system)	상품의 부족분을 컴퓨터가 거래처에 자동으로 주문하여 항상 신속하고 정확하게 해당 점포에 배달해 주는 시스템으로, 편의점·슈퍼마켓 등 체인점에서 상품을 판매하면 POS 데이터가 자동적으로 중앙 본부에 있는 컴퓨터에 입력
전자 조달 시스템 (e-procurement)	기업에서 원재료 조달을 위한 파트너 선정, e-카탈로그에 의한 원재료의 물품 수량 결정 및 주문, 전자 대금 지불을 실시간으로 가능하게 해 줌으로써 시간과 비용을 절약
협업적계획예측보충(CPFR) (collaborative planning-forecasting and replenishment)	제조업체가 유통업체와의 협업 전략을 통해 상품 생산을 공동으로 계획하고, 생산량을 예측하며 상품의 보충을 구현하는 방식
카테고리 관리 (category management)	카테고리는 최종 소비자가 사용하는 상품 그룹인 가정용품, 냉동식품, 문구류 및 건강, 기구, 음료와 같은 상품을 그룹화한 것을 의미한다. 카테고리 관리자가 POS 데이터 분석, 인구 통계학적 특성 파악 등 최적의 상품 믹스를 하는 데 도움
SCP(supply chain planning) 시스템	기업 내부의 영업, 재고, 생산, 일정 계획에 대한 정보교환과 연계 프로세스를 지원해 주는 시스템
SCE(supply chain execution) 시스템	공급망 내에 있는 상품의 물리적인 상태나 자재 관리, 관련된 모든 당사자의 재원 정보 등을 관리하는 시스템

1.3 공급망 운영

(1) 공급망 운영 전략

공급망 운영 전략은 공급망이 추구하는 목표를 달성하기 위한 방향 및 계획으로서 어떤 전략을 선택하느냐에 따라 조직의 예산 및 자원 배분 의사결정이 달라지므로 그 전략은 공급망 구조와 운영 등에 영향을 미친다.

공급망 운영 전략의 범위는 영업·생산·조달·물류 기능과 같은 조직 내부 공급망에서 조직 간의 관계까지도 포함한다.

1) 공급망 운영 전략의 유형

① 효율적 공급망 전략

예측 가능한 안정적 수요를 가지고 이익률이 낮은 제품에 대응하는 공급망 전략으로서 낮은 재고 수준과 비용 최소화가 가장 중요한 목적이다.

② 대응적 공급망 전략

혁신적 제품과 같이 수요 예측이 어렵고, 이익률은 높은 제품에 빠르게 대응하는 공급망 전략으로서 고객서비스를 비용적인 측면보다 우선 시 하는 전략이다.

[효율적 공급망 전략과 대응적 공급망 전략 비교]

구분	효율적 공급망 전략	대응적 공급망 전략
목표	가능한 가장 낮은 비용으로 예측 가능한 수요에 대응	품질문제, 가격인하 압력, 불용재고를 최소화하기 위해 예측이 어려운 수요에 신속 대응
생산 전략	높은 가동률을 통한 낮은 비용 유지	불확실성에 대비한 초과 생산능력 유지
재고 전략	공급망에서 높은 재고회전율과 낮은 재고수준을 유지	불확실한 수요를 대비하여 여유 재고를 유지
리드타임 전략	비용을 증가시키지 않는 범위 내에서 리드타임 최소화	리드타임을 단축시키기 위해 공격적인 투자
공급자 선정방식	비용과 품질에 근거하여 선정	스피드, 유연성, 품질을 중심으로 선정
제품설계 전략	성능은 최대, 비용은 최소	모듈화 설계를 통한 경쟁자의 제품 차별화 지연을 유도
운송 전략	낮은 운송비용을 선호	신속하게 대응하는 운송 선호

(2) 공급망 운영시스템

공급망 운영을 위한 시스템은 프로세스·조직·인프라로 구성되어 있으며, 이러한 구성요소는 상호 연계되어 유기적으로 연계되어 있다.

1) 공급망 운영 프로세스

공급망 운영 업무에 따른 프로세스는 공급망운영참고(SCOR: supply chain operations reference) 모델 프로세스 등이 대표적인 기준이다.

공급망운영참고 모델은 공급망 관리의 진단, 벤치마킹과 프로세스 개선을 위한 도구로서 공급망 관리의 전략 및 운영체계를 측정하고, 지속적인 개선에 필요한 가이드라인을 제공하여 공급망 효과의 극대화를 목적으로 한다.

공급망운영참고 모델은 공급망 운영을 계획(plan)·조달(source)·생산(make)·배송(deliver)·반품(return)의 5개 프로세스로 분류한다.

구분	세부내용
계획	• 수요와 공급을 계획하는 단계 • 모든 공장의 모든 제품에 대해 공급자 평가, 수요의 우선순위, 재고계획, 분배 요구량 파악, 생산계획, 자재 조달, 개략적 능력을 계획
조달	• 원료의 공급과 관련된 단계 • 조달처를 개발하여 조달·입고·검사·보관을 수행하고, 조달 계약, 지불, 납입, 수송, 자재의 품질, 공급자 검증·지도 등 조달 기반 구조를 형성
생산	• 조달된 자재를 이용하여 제품을 생산하고 검사·포장·보관하는 단계 • 설비·기계 등의 제조 기반 시설을 관리하고 제품의 품질 검사와 생산 현황 작업 스케줄을 관리
배송	주문을 입력하고 고객 정보를 관리하며, 주문 발송과 제품의 포장, 보관, 발송, 창고관리, 배송 기반 구조 관리 등의 활동
반품	공급자에 대한 원재료의 회수 및 고객 활동에서 완제품의 회수, 영수증 관리 등의 활동

2) 공급망 조직

공급망 운영을 위한 조직은 관리 수준이 높은 기업을 중심으로 별도의 조직으로 존재하고 역할도 정형화되어 있지만, 소규모 조직에서는 기존 조직에서 병행하여 수행하기도 한다.

3) 공급망 인프라

공급망을 효율적으로 운영하기 위해서는 설비와 거점에 대한 구축이 필요하고 제품의 흐름을 추적할 수 있는 공급망 정보 시스템도 구축한다.

1.4 공급망 거점

(1) 공급망 거점의 개요

공급망에서 생산거점은 예측된 수요와 고객의 주문에 효과적으로 대응하기 위하여 건설하는 생산 시설을 의미하며, 물류거점은 공급자와 수요자 간에 배송의 효율화를 목적으로 설치한 제반 물류시설을 의미한다.

1) 공급망 물류거점의 기능

- 장단기적 보관으로 공급과 수요의 완충기능
- 주문에 적기 대응이 가능하도록 집하, 배송기지 기능
- 운송비 절감을 위한 중개기지 기능
- 고객의 다양한 요구에 대응하기 위한 유통가공 및 조립 기능
- 품질과 수량을 확인하는 검품이나 선별기능
- 전시(show room)역할로 판매 전진기지로서의 기능

2) 공급망 물류거점의 구축 시 고려사항

- 공급망 물류거점은 그 수가 많을수록 수주량과 재고량의 불균형을 초래하여 리드타임의 지연 및 안전재고 수준의 증대, 물류거점 설립에 따른 자금의 투자를 야기 시키며, 제비용의 증대를 가져와 총비용의 상승을 유도하여 경쟁력을 약화시키는 원인으로 작용
- 물류거점의 수를 결정할 때에는 총비용의 최저점에서 결정해야 하며, 여러 대안에 대한 질적인 고려도 병행되어야 함
- 질적인 고려사항으로는 고객만족, 참여기업 경쟁력 향상, 수요 창출 등이 있음

(2) 공급망 거점 최적화

물류 및 제조 시설을 어디에 위치할 것인가는 공급망 전략 관점에서 물류 작업의 효과성과 효율성 향상과 직접적인 관련이 있다. 또한 기업의 물류 네트워크 재설계를 통한 거점 최적화는 시장에서 기업을 차별화할 수도 있다.

1) 공급망 거점 최적화 검토 지표

물류 거점을 설계할 때 고려되어야 할 지표로는 크게 고객서비스 지표와 비용 지표가 있다. 기본적으로 물류 거점 설계는 전체 비용을 최소화하며 고객서비스를 최대화하는 것을 목표로 하지만, 어떤 지표를 중점적으로 고려할 것인가에 따라 설계에 큰 영향을 미치게 된다.

① 고객서비스 지표

고객서비스 측면에서 물류 거점 설계에 영향을 미치는 요인은 '고객 대응 납기'가 있다. 고객 대응 납기는 재고 보유 여부와 물류 거점과 수요지 간의 거리에 의해 결정된다.

② 비용 지표

구분	세부 내용
재고비용	• 물류 거점에 보유하게 될 재고에 의해 발생되는 제반 비용 • 물류 거점 수가 증가함에 따라 처음에는 크게 증가하다가 어느 수준 이상이 되면 완만히 증가하는 경향 • 주로 변동에 대비한 안전재고의 증감에 따라 발생
고정 투자비용	• 물류 거점 건설 및 운영에 투입되는 1회성 고정 비용을 의미 • 고정적으로 발생하는 인건비 및 초기 설비 투자비용 등을 포함 • 물류 거점 수에 비례하여 증가하는 경향
변동 운영비용	• 물류 거점 운영에 투입되는 비용으로, 고정 비용 성격이 아닌 운영비용을 모두 포함 • 개별 물류 거점의 규모가 커지면 변동 운영비용도 커짐
수송비용	• 물류 거점과 생산자·소비자 사이를 연결하는 수·배송에 직접적으로 관련되는 비용 • 물류 거점 수가 증가함에 따라 수송비용은 서서히 감소하다가 어느 수준을 넘어서게 되면 오히려 수송비용이 증가

(3) 공급망 물류거점 운영방식

1) 직배송 방식

직배송 방식은 생산자 창고만 보유하고 물류거점을 거치지 않고 소비자에게 직접 물건을 발송하게 된다. 직배송 방식은 물류거점 운영과 관련한 제반비용을 필요로 하지 않아 수송량이 제한적인 경우에 적용된다. 재고비용, 고정 투자비용 등을 최소화할 수 있으나 운송비용과 고객서비스 차원에서는 단점이 될 수 있다.

2) 통합 물류센터 운영방식

통합(중앙) 물류센터 운영방식은 전체 네트워크의 물동량을 통합 운영 관리하는 형태이다. 통합 물류센터는 소비자에게 수송되는 데 걸리는 시간이 긴 반면, 비용을 상당히 절감할 수 있다. 특히 재고비용과 고정 투자비용을 대폭 낮출 수 있는 장점이 있다. 상황에 따라 운송비용도 일부 절감이 가능하다.

3) 지역 물류센터 운영방식

지역 물류센터는 소비자 근처에 위치한 분산 물류거점 방식으로 지역 물류센터를 여러 개 운영할 경우에는 소비자에 대한 서비스 수준은 높은 편이나, 재고비용과 고정 투자비용이 상승하는 단점이 있다.

4) 통합·지역 물류센터 혼합 운영 방식

기업에 따라 중앙 물류센터와 지역 물류센터를 혼합하여 사용하기도 한다. 이 경우는 전체 수요지·공급지가 매우 넓은 지역에 분포된 글로벌 공급 네트워크인 경우가 주로 해당된다.

5) 공급자관리재고(VMI) 운영방식

VMI(vendor managed inventory)는 물류거점의 운영을 자재·부품 공급업체에 일임하고 필요한 경우에 필요한 수량만큼 공급자 운영 재고창고에서 가져오는 방식이다. 주로 유통업체와 제품 공급업체 간의 유통망, 완성품 제조업체와 부품 제조업체 간의 부품 조달망에 활발히 이용된다.

VMI 운영을 하면 공급받는 기업 입장에서는 재고 및 물류거점 운영에 대한 제반비용을 절감하게 되고, 공급업체 입장에서는 정보 공유를 통해 계획 기반 운영체계를 구축할 수 있는 장점이 있다. 다만 정보 공유가 제대로 이루어지지 않고, 공급업체의 물류 운영 능력이 낮은 경우에는 오히려 전체 물류 네트워크에 큰 부담이 될 수 있다.

6) 크로스도킹 운영 방식

크로스도킹(cross-docking) 운영 방식은 물류거점에 재고를 보유하지 않고 물류거점이 화물에 대한 '환적' 기능만을 제공한다는 특징이 있다. 물류 거점 설계 방식은 통합 물류센터나 지역 물류센터와 거의 동일하나, 물류거점이 환적 기능만을 제공하므로 보관 기능보다는 원활한 흐름에 좀 더 초점을 맞추게 된다.

02 재고관리

2.1 재고관리의 개요

(1) 재고관리의 의의

재고란 미래의 생산 또는 판매 수요를 충족시키기 위하여 보유하고 있는 자원이다.

재고관리란 생산부문과 판매부문의 수요에 신속하고 경제적으로 대응하여 안정된 판매활동과 원활한 생산활동을 지원하고, 최적의 재고수준을 유지하도록 관리하는 절차이다. 재고는 불확실한 기업환경에서 완충역할을 위하여 필요할 수 있으나 과다한 재고는 오히려 재고관리비용을 높이는 문제점을 불러온다.

(2) 재고의 분류

1) 예상(비축)재고(anticipation stock)

계절적인 수요 급등, 가격 급등, 파업으로 인한 생산중단 등이 예상될 때, 향후 발생할 수요를 대비하여 미리 생산하여 보관하는 재고이다.

2) 안전재고(safety stock)

기업을 운영함에 있어서 발생할 수 있는 여러 가지 불확실한 상황에 대처하기 위해 미리 확보하고 있는 재고이다. 조달기간의 불확실, 생산의 불확실, 또는 그 기간 동안의 수요량이 불확실한 경우 등 예상외의 소비나 재고부족 상황에 대비한다.

품절 및 미납주문을 예방하고 납기준수와 고객서비스 향상을 위해 필요하나 재고유지비용의 부담이 크므로 재고의 적정수준으로 유지하여야 한다.

3) 순환재고(cycle stock)

비용 절감을 위하여 경제적 주문량(또는 생산량) 및 로트사이즈로 구매(또는 생산)하게 되어 당장 필요한 수량을 초과하는 잔량에 의해 발생하는 재고로서, 다음의 구매(또는 생산)시점까지 계속 보유되는 재고이다.

4) 수송(파이프라인)재고(pipeline stock)

재고비용을 부담하여 물품에 대한 소유권을 가지고 있으며, 수송 중에 있는 재고를 말한다. 수입물품 등과 같이 긴 조달(수송)기간을 갖는 재고, 유통과정의 이동 중인 재고, 정유회사의 수송용 파이프로 이동 중인 재고가 이에 해당된다.

(3) 재고관리 관련비용

재고관리의 목적을 달성하기 위해서는 적정 재고수준을 최저의 비용으로 유지하여야 한다. 재고관련비용을 최소화하기 위해 관리하여야 하는 재고관련비용은 다음과 같다.

재고관련 총비용 = 주문비용(생산준비비용) + 재고유지비용 + 재고부족비용

1) 주문비용(생산준비비용)

품목을 발주할 때 발생되는 비용으로서 주문서류 작성과 승인, 운송, 검사, 입고 등에 소요되는 비용을 의미한다. 직접 생산 시에는 생산을 위해 필요한 생산라인 변경, 기계공구 교체, 기타 준비작업 등에 의해 공정이 지연됨으로써 발생하는 인력과 시간에 대한 손실비용이다. 이 비용은 수량에 관계없이 발주(또는 생산준비)마다 일정하게 발생하는 고정비이므로 1회 주문량(생산량), 즉 로트사이즈를 크게 할수록 재고 한 단위당 비용이 감소한다.

2) 재고유지비용

품목 구입(또는 생산)금액에 대한 자본의 기회비용을 의미한다. 창고시설 이용 및 유지비용, 보험료, 취급 및 보관비용, 도난 감소와 파손에 따른 손실비용 등이 있다.

3) 재고부족비용

재고부족으로 인하여 발생되는 기회비용을 의미한다. 납기지연, 판매기회 상실, 거래처 신용하락, 잠재적 고객 상실 등과 관련되는 비용이다.

(4) 재고관리 기본모형

재고관리와 관련된 비용을 최소화하기 위해서는 1회 발주량(또는 생산량) 결정과 발주(또는 생산)시기를 효과적으로 결정하여야 한다. 이러한 결정은 대표적으로 고정주문량모형(Q system), 고정주문기간모형(P system), 절충형시스템(s, S system) 등의 기법들이 이용되고 있다.

1) 고정주문량모형(Q system)

고정주문량모형(Q system)은 고정주문량(FOQ: fixed order quantity)으로 표현되기도 한다. 재고수준이 정해진 수준, 즉 발주(재주문)점까지 하락하면 사전에 결정되어 있는 수량을 발주하는 방식이다. 매번 동일한 수량을 주문하는 방법으로 공급자로부터 항상 일정한 수량을 공급받는다.

발주(재주문)점(ROP: reorder point)는 품목의 조달시간과 그 기간 동안의 소요량을 고려하여 조달기간 동안 재고부족이 발생하지 않도록 결정한다.

주문량은 재고관련비용이 최소가 되는 경제적 주문량(EOQ: economic order quantity)을 산출하여 결정한다.

① 발주(재주문)점의 결정

발주(재주문)점이란 현재 보유하고 있는 재고가 일정 수준 이하로 떨어졌을 때 재주문을 내는 시점을 말한다. ROP는 다음과 같이 계산될 수 있다.

> 발주(재주문)점(ROP) = 구매 리드타임 동안의 수요(조달기간 × 일평균사용량) + 안전재고

② 경제적 주문량의 결정

경제적 주문량이란 해당 품목의 수급에 차질이 발생하지 않은 범위 내에서 재고관련비용이 최소가 되는 1회 주문량을 의미한다.

$$\text{경제적 주문량(EOQ)} = \sqrt{\frac{2SD}{H}}$$

S = 1회 주문비용
D = 연간 총수요
H = 단위당 연간 재고유지비용

2) 고정주문기간모형(P system)

고정주문기간모형(P system)은 주기적주문량(POQ: periodic order quantity)으로 표현되기도 한다. 해당 품목별로 미래의 수요를 고려하여 사전에 결정한 최대 재고수준까지 정기적으로 미리 정해 놓은 일정한 간격마다 발주하는 방식이다.

발주량은 최대 재고수준에 도달하기 위한 현재 재고수준의 부족량으로 결정되므로 수요가 일정할 경우에는 발주량이 일정하지만 수요가 수시로 변동하면 발주량도 수시로 달라진다. 또한 정기적이고 계획적인 발주는 가능하지만 발주시점에서 재고수준이 매번 달라져 이 시스템의 안정적인 운영을 위해서는 더 많은 안전재고의 유지가 필요하다.

> • 발주량 = 목표재고 − 현재고
> • 목표재고 = 검토 주기 동안의 수요 + 구매 리드타임 동안의 수요 + 안전재고

3) 절충형시스템(s, S system)

고정주문량모형과 고정주문기간모형의 단점을 보완하기 위한 모형으로서, 정기적으로 재고수준을 파악하지만 재고수준이 사전에 결정된 발주점(s)으로 감소하면 최대재고수준 (S)까지 부족량만큼 발주하는 방식이다.

4) 재고관리 기본모형의 특징 비교

구분	고정주문량모형 (Q system)	고정주문기간모형 (P system)	절충형시스템 (s, S system)
주문량	일정	변동	변동
주문시기	변동	일정	변동
재고수준 점검시기	수시	정기(주문시기)	정기(주문시기)
적용	재고파악이 쉽고 조달이 수월한 경우	• 정기적으로 보충하는 저가품 • 재고의 수시파악이 어려운 다품목	

개념 익히기

■ ABC 재고관리

통계적 방법에 의하여 물품의 중요도에 따라 차별적으로 관리하는 방식이다. 관리대상을 A, B, C그룹으로 나누고, A그룹을 가장 중점적으로 관리함으로써 관리의 효율성을 높이려는 재고관리기법이다.

2.2 공급망 재고 보충

(1) 공급망 재고 보충 기법

1) 유통소요계획(DRP: distribution requirements planning)

다단계 유통체계를 갖는 공급망에서 고객·거래처의 수요에 따라 필요한 수량을 필요한 시기에 공급하는 방법으로 유통소요계획은 생산을 위한 자재소요계획(MRP)에 이용될 수도 있다.

2) 지속적보충프로그램(CRP: continuous replenishment program)

공급자가 고객의 수요 및 재고 정보를 공유하여 소매업체나 유통센터의 상품 재고량, 생산 공장의 자재 재고량을 지속적으로 보충 관리하는 방법이다.

3) 공급자관리재고(VMI: vendor managed inventory)

고객의 재고 보충 업무권한을 공급자에게 위탁하여 공급자가 고객의 재고 수준을 파악하고 재고 보충량을 결정하여 공급하는 공급자 주도 재고보충 관리 방법

4) 공동재고관리(CMI: collaborative managed inventory)

공급업체와 거래처가 수요 및 재고 정보를 공유하며, 고객(거래처)의 재고관리 업무를 고객과 공급업체가 공동으로 관리하는 방법

(2) 유통소요계획

유통소요계획(DRP: Distribution Requirement Planning)은 다단계 유통체계를 갖는 공급망에서 고객·거래처의 수요에 따라 필요한 수량을 필요한 시기에 공급이 목적이며, 여러 단계로 구성된 공급망의 하위 물류센터들에서 예측한 수요를 통합하여 상위 물류센터의 수요로 집계하고 그것을 근거로 재고 조달계획을 수립한다.

1) 유통소요계획 수립 절차

① 특정 제품에 대한 독립적인 수요인 고객 수요를 예측
② 현재 보유 재고수준을 고려하여 미래 재고를 예측
③ 입고 예정량을 반영
④ 예측된 미래 재고수준에서 입고가 필요한 시점과 수량을 결정
⑤ 단위 구매량을 고려하여 주문량을 결정
⑥ 리드타임을 고려하여 주문 시점을 결정

2) 유통소요계획 사례

(단위: EA)

구분	이전기간	1주차	2주차	3주차	4주차	5주차	6주차	7주차	8주차
수요예측치		100	130	100	120	110	100	90	90
운송 중 재고									
재고량	450	350	220	120	300	190	390	300	210
입고예정량					300		300		
주문량			300		300				

※ 기초재고 450EA, 리드타임 2주, 안전재고 100EA, 1회 구매량 300EA로 가정

재고조사

(1) 재고조사의 목적

재고조사는 현재고의 품목과 수량을 파악하고, 재고상태를 확인하여 재고관리 활동의 유효성을 확인하는 데 그 의의가 있다.

- 재고대장에 기록된 품목의 수량과 금액이 실제 창고의 재고와 일치하는지 확인
- 창고의 물품 보관 상태를 확인하여 품질저하, 도난 등의 문제점 여부를 파악하고 개선
- 품목별 현재고 수량과 재고보유기간을 파악하여 재고수준의 적정 여부 분석

(2) 재고조사의 시기 및 방법에 따른 분류

분류	구분	내용
시기에 따른 분류	정기재고조사	정기적으로 실시하는 재고조사
	부정기재고조사	부정기적으로 실시하는 재고조사
	일일재고조사	수시 또는 매일 실시하는 일일 재고조사
구역에 따른 분류	일제재고조사	모든 보관구역에 대해 정기적으로 일제히 동시적으로 실시하는 재고조사
	구역재고조사	보관구역을 구분하여 부정기적으로 구역별로 시행하는 재고조사 (주로 소규모 기업에서 채택)
	순환재고조사	구역별로 월간 또는 주간마다 일자를 정하고 순환적으로 재고조사
	상시순환 재고조사	순환재고조사를 상시적으로 시행하며, 순환주기를 분기별, 월별, 주별, 일별로 순차적으로 계획하여 재고조사

(3) 재고기록 조정

1) 재고기록 조정의 개념

재고기록 조정이란 재고조사 결과 발견된 재고기록의 과부족수량을 일정한 절차에 따라 조정하는 과정을 의미한다.

만약 재고기록과 실제 재고가 상이하다면 재고기록을 실제 재고에 맞게 수정하여야 하고, 그 원인을 조사하여 동일한 문제가 재발하지 않도록 조치하여야 한다.

2) 재고기록의 주요 조정사항

재고수량의 과부족은 기록의 오류, 관리의 소홀, 물품 특성에 의한 파손 또는 분실 등 다양한 원인으로 발생한다. 재고기록의 조정은 재고통제 부서와 재고기록 담당자가 정해진 절차에 따라 시행하되 승인권자의 승인을 받아야 한다.

재고기록의 주요 조정사항은 다음과 같다.

- 출납기록 착오: 품목의 입출고 과정에서 담당자가 수량, 품목명, 계정과목 등을 실수로 출납대장에 잘못 기록하여 발생하며, 출납대장을 정정하여야 한다.
- 원인 미상의 오류로 과거의 기록 누락: 과거에 원인을 알 수 없는 이유로 기록이 누락되거나, 발생된 오류에 대해서는 담당자의 귀책사유를 확인하고 승인권자의 조치를 받는다.
- 조립품의 분해 또는 조립에 대한 조정: 어떠한 사유로 조립품을 분해하거나 부품을 조립한 경우 변동된 수량에 대한 재물조정보고서를 작성하여 재고기록을 조정한다.

2.4 재고자산평가

(1) 재고자산평가의 개념

재고자산은 정상적인 경영활동과정에서 판매를 위하여 보유 중인 상품과 제품, 생산 중에 있는 재공품, 반제품, 생산과정에 투입되는 원·부재료, 소모품, 저장품 등으로 구분될 수 있다.

재고자산평가란 재고자산평가 방법에 따라 기말재고자산을 금액으로 환산하는 절차이다. 평가된 기말재고자산금액은 재무제표의 다양한 항목과 연결되며, 재고자산의 당기매입액과 기초 및 기말재고액을 통하여 매출원가를 계산할 수 있다. 따라서 재고자산의 평가는 기말재고의 자산가액과 매출원가를 결정하는데 매우 중요한 활동이라 할 수 있다.

재고자산평가 결과가 이용되는 것을 도식화하면 다음과 같이 나타낼 수 있다.

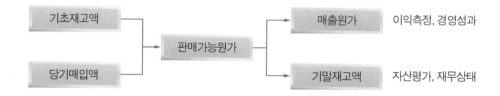

(2) 재고자산의 기록방법

1) 계속기록법

계속기록법은 재고자산의 입출고 시에 재고의 증감수량과 금액을 일일이 계속적으로 장부에 기록하는 방법이다. 거래가 빈번하지 않을 때 적용이 적합하다. 보관과정 중에 발생하는 도난, 분실, 파손 등의 감모손실이 기말재고수량에 포함되지 않아 실제 재고수량보다 기말재고수량이 많을 수 있으며, 매출원가가 과소평가되어 이익이 과대계상될 수 있다.

- 당기매출수량 = 장부상의 매출수량
- 기말재고수량 = 기초재고수량 + 당기매입수량 − 당기매출수량
    = 판매가능재고수량 − 당기매출수량

2) 실지재고조사법

재고자산의 입출고를 일일이 기록하지 않고 재고조사를 통하여 기말재고수량과 당기의 매출수량을 파악한다. 출고기록이 없으므로 기말재고로 파악되지 않는 수량은 당기에 매출된 수량으로 간주하게 된다. 따라서 파악이 곤란한 감모손실 등의 수량도 매출수량에 포함되므로 매출원가가 과대평가되고, 이익이 과소계상될 수 있다.

- 기말재고수량 = 실지재고조사로 파악한 수량
- 당기매출수량 = 기초재고수량 + 당기매입수량 − 기말재고수량
    = 판매가능재고수량 − 기말재고수량

(3) 재고자산 평가방법

재고자산은 매입 및 생산시점별로 단위당 원가가 다르므로 매출원가와 기말재고단가를 결정하기 위해서는 매입원가의 적절한 배분이 필요하다. 재고자산의 평가 방법은 크게 원가법과 저가법으로 구분한다.

원가법은 재고자산의 취득원가를 기준으로 자산가액을 평가하며, 저가법은 재고자산의 현실적인 가치, 즉 순실현가능가치가 취득원가보다 하락한 경우에는 순실현가능가치로 자산가액을 평가하는 방법이다. 따라서 저가법은 취득원가와 순실현가능가치 중 작은 금액으로 자산가액이 평가된다.

한편, 재고자산을 평가할 때는 재고자산별(상품, 제품, 반제품, 재공품, 원재료, 저장품 등)로 구분하고 사업장별로 각각 다른 방법에 의하여 평가할 수도 있다.

원가법에 의한 재고자산 평가방법으로는 개별법, 선입선출법, 후입선출법, 총평균법, 이동평균법 등이 있다.

1) 개별법(specific identification method)

재고자산 품목의 하나하나 단위별로 개별적인 원가를 파악하여 평가하는 방법이다. 가장 이상적이나 현실적으로 적용하기에 어려움이 많아 특정 업종에서만 사용되고 있다. 주로 귀금속이나 특별주문품 등의 고가품에 한하여 제한적으로 적용된다.

2) 선입선출법(first－in first－out method)

먼저 매입한 재고자산을 먼저 매출하는 것으로 가정하여 매입원가를 매출원가에 적용하는 방법이다. 이 방법에서 매출원가는 먼저 매입된 재고자산의 원가가 순차적으로 배분되며, 반면 기말재고자산가액은 나중에 매입된 원가가 적용된다. 매출원가가 과거 매입단가로 결정되므로 매입가격 상승기에는 매출이익이 상대적으로 크게 나타난다.

3) 후입선출법(last－in first－out method)

선입선출법과 반대로 최근에 매입한 재고자산을 먼저 매출하는 것으로 가정하여 매입원가를 매출원가에 적용하는 방법이다. 매출원가는 최근 매입된 재고자산의 원가가 순차적으로 배분된다. 반면 기말재고자산가액은 가장 먼저 매입된 원가가 적용된다. 매입가격 상승기에는 기말재고자산가액이 작게 평가되어 매출이익이 상대적으로 작게 나타난다.

4) 총평균법(total average method)

일정기간 동안의 재고자산가액의 평균을 구하여 매출원가에 적용하는 방법이다. 즉 기초재고자산가액과 당기매입 재고자산가액의 합계액을 그 합계수량으로 나누어 총평균단가를 구하여 매출원가에 적용한다. 계산이 간편하고 매출원가에 총평균단가가 동일하게 적용된다.

> 총평균단가 = (기초재고자산가액 + 당기매입액) ÷ (기초재고수량 + 당기매입수량)

5) 이동평균법(moving average method)

재고자산이 입고될 때마다 재고자산가액의 새로운 평균을 산정하여 매출원가에 적용하는 방법이다. 매출원가는 매입이 있을 때마다 달라지며, 추가 매입이 발생할 때까지는 동일한 매출원가가 유지된다.

> 이동평균단가 = (매입직전재고자산가액 + 신규매입액) ÷ (매입직전재고수량 + 신규매입수량)

(4) 재고자산 평가방법의 비교

다음의 사례 1월 한 달간의 거래내역을 통해 각 재고평가 방법의 기말재고자산가액과 매출원가를 비교해 보자(단, 매입가격 상승기(인플레이션 상황)를 전제로 함).

(단위: 원)

일자	구분	수량	단가
1월 1일	기초재고	300	1,000
1월 10일	입고	200	1,100
1월 15일	출고	300	
1월 20일	입고	500	1,200
1월 25일	출고	400	

(단위: 원)

평가방법	매출원가	기말재고자산가액
선입선출법	760,000	360,000
이동평균법	약 773,714	약 346,286
총평균법	784,000	336,000
후입선출법[1]	820,000	300,000

1) 재고자산 평가는 재고자산의 수량의 흐름이 아닌 원가의 흐름을 가정하는 것이기 때문에 실제 재고의 흐름과는 상관이 없으며, '후입선출'이라는 명칭 그대로 나중에 입고된 것이 먼저 출고되는 재고흐름을 가정한다.

- 기말재고자산가액: 선입선출법 > 이동평균법 > 총평균법 > 후입선출법
- 매출원가: 후입선출법 > 총평균법 > 이동평균법 > 선입선출법
- 매출총이익: 선입선출법 > 이동평균법 > 총평균법 > 후입선출법

03 창고관리

3.1 창고관리 개요

(1) 창고관리의 기본

- 창고(warehouse)란 '물품을 보관하는 시설'로 공급과 사용 시점의 시간적 효용을 증대시키는 데 주기능을 하고 있다.
- 보관(storage)이란 '물품을 물리적으로 보존하여 관리하는 것'으로 '물품을 일정한 장소에서 품질 수량 등의 유지와 적절한 관리 아래 일정 기간 저장 방치'하는 것을 말한다. 보관이라는 용어는 기능적인 면이 강하여 재고관리 · 창고관리 등을 포괄하는 넓은 의미로 사용하고 있다.

창고는 용도와 목적에 따라 여러 가지로 분류할 수 있는데, SCM 유통 중심의 창고는 고객소비자 입장에서 구매 시점에 결품없이 신속 · 정확하게 공급하는 것이 주목적이다.

창고관리의 핵심은 물품의 입출고 효율, 면적 보관 효율, 체적 보관 효율을 높이면서 최소의 재고로 결품없이 공급될 수 있도록 운영의 효율화를 꾀하는 데 있다.

1) 창고의 기능

- 주문 출하 시 신속 대응하는 서비스 기능
- 구매 조달 시점, 생산 시점, 판매 시점의 조정 완충 기능
- 대량 구매, 대량 생산, 대량 수송 등의 대량화에 따른 소량 공급에 대한 완충 기능
- 집하, 분류, 재포장, 검품, 유통 가공 등 유통 판매 지원 기능
- 성수기 · 비수기, 계절적 차이 등의 수급 조정 기능
- 자금 담보 신용 기관적 기능(보관 상품, 건물, 시설, 장비 등)
- 물품을 연결하는 거점적 기능
- 수요 환경 변화에 신속 대응하는 기능

(2) 창고관리시스템

1) 창고관리시스템의 정의

창고관리시스템(WMS: warehouse management system)이란 창고를 관리하는 전문 종합정보시스템으로, 창고 내에서 이루어지는 물품의 입출고 관리, 로케이션(location) 관

리, 재고 관리, 피킹(picking), 분류(sorting), 차량 관리 지원, 인원 관리, 작업 관리, 지표
관리 등을 수행하는 정보시스템이다.

창고관리시스템은 기존 ERP의 한계를 보완한 창고관리 전문 정보시스템으로 창고관리
시스템, 물류센터관리시스템이라고도 한다.

2) 창고관리시스템의 기능과 목적

창고관리시스템은 창고 내의 업무와 정보를 총괄하며, 상위의 정보 시스템과 연계하여
다음 그림과 같은 주요 기능을 수행한다.

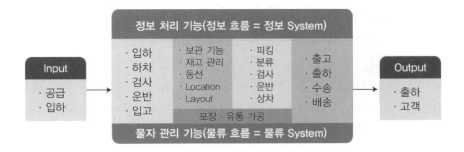

또한 창고관리시스템의 도입 목적은 다음과 같다.
- 창고관리의 효율 향상
- 재고 수량 및 금액 관리의 자동 계산 효율 향상
- 창고 보관 관리의 가시화
- 실물(현장) 재고와 장부(전산) 재고와의 차이 일치화
- 보관 면적, 체적의 효율성 극대화
- 피킹 작업의 정확도 및 효율성 향상
- 선입선출의 정확한 실시
- 창고 내 포장·보관 관리의 정확도 및 효율성 향상
- 다른 시스템과의 효율적인 연계 등

3.2 창고 운영하기

(1) 창고 배치와 위치관리

창고 배치(레이아웃)란 창고 내에 공간을 용도나 목적에 따라 특정한 구역과 장소로 구
분하고 재고의 특성을 고려하여 적절한 구역을 구분하는 것을 의미한다.

창고 위치(로케이션) 관리는 창고 내의 재고를 효율적으로 찾기 쉽고 꺼내기 쉽도록 창고 배치 구역이나 장소에 주소를 부여하는 활동을 의미한다.

1) 창고 배치의 기본 원칙

창고 배치는 창고 내 면적과 공간을 효율적으로 배치하여 출구 쪽으로부터 출하 빈도가 많은 품목 순으로 배치하여 동선 경로가 짧아야 된다. 또한 중량물이나 오염시킬 가능성이 있는 품목은 출구와 가까우면서 아래쪽에 배치하여야 한다.

추가적으로 다음의 사항을 충분히 고려하여야 한다.

- 흐름 방향의 직진성의 원리: 물품, 통로, 운반기기 및 사람 등의 흐름 방향을 직진성에 중점
- 물품, 사람, 운반기기의 역행 및 교차 없애기: 역행이나 통로의 교차는 통로점유율이 높아지는 원인
- 자재 취급 횟수 최소화: 물품의 임시 저장 등으로 취급 횟수가 증가하지 않도록 유의
- 높낮이 차이의 최소화: 물품의 흐름 과정에서 크기 및 높낮이 차이를 최소화
- 모듈화·규격화 고려: 하역 운반기기, 랙, 통로 입구 및 기둥 간격의 모듈화 등을 시도하여 보관 및 작업효율을 높여야 함

2) 창고 위치관리 방식의 선정

① 고정 위치 보관 방식

고정 위치 보관 방식은 보관하게 될 위치가 고정되어 있다는 것으로, 정해진 위치에만 제품을 보관하는 것이다. 이때 문제가 되는 것은 보관할 제품의 수량이 예상보다 많거나 적은 경우이다. 회전율이 높은 A품목에 적합한 방법이다.

② 자유 위치 보관 방식

자유 위치 보관 방식은 보관하게 될 위치가 고정되어 있지 않고 자유롭다는 것이다. 작업자가 직접 설정하거나 자동 창고와 같이 전산에서 일정한 규칙에 의해 빈 공간을 찾아 자동 적재하고 관리한다. 저회전율 물품에 적합하며, 보관 능력과 시스템 유연성이 높다.

③ 고정 자유 병행 위치 방식

고정 위치 보관 방식과 자유 위치 보관 방식을 병행하는 방식으로, 특정 품목군에 대해 일정한 보관 구역을 설정하지만 그 범위 내에서는 자유롭게 채택하는 방법으로, 널리 이용하는 절충식 보관 방법이다.

(2) 보관의 기본 원칙

구분	세부 내용
통로 대면의 원칙	창고 내에서 제품의 입출고 작업이 쉽게 이루어지도록 창고 통로를 서로 대면, 즉 마주보게 보관하는 원칙
높이 쌓기의 원칙	창고 보관 효율, 특히 용적 효율을 높이기 위해 물품을 높게 쌓는 원칙을 말하며, 높이 쌓기 위한 대표적인 보관 설비로는 랙이 있음
선입선출의 원칙	일반적으로 물품의 재고 회전율이 낮은 경우에 많이 적용 형식의 변경이 적지 않은 물품, 라이프사이클이 짧은 물품, 보관할 때 파손·감모가 생기기 쉬운 물품 등
명료성의 원칙	창고에 보관되어 있는 물품을 쉽게 찾고 관리할 수 있도록 명료하게 보관하는 원칙
위치 표시의 원칙	보관 적치한 물품의 로케이션에 주소 번호를 표시하는 원칙으로, 위치를 표시함으로써 작업의 단순화와 재고관리 등의 작업 시 불필요한 작업이나 실수를 줄여 창고 부도 방지
회전 대응의 원칙	보관할 물품의 장소를 회전 정도에 따라 정하는 원칙 출입구가 동일한 창고의 경우 입출고 빈도가 높은 화물은 출입구에 가까운 장소에 보관하고, 낮은 경우에는 먼 장소에 보관하는 것으로 작업 동선을 줄임
동일성 및 유사성의 원칙	동일 물품은 동일 장소에 보관하고, 유사품은 가까운 장소에 보관하는 원칙
중량 특성의 원칙	보관 물품의 중량에 따라 보관 장소를 정하는 원칙으로, 출입구를 중심으로 무겁고 큰 물품은 출입구 가까운 아래쪽에 보관
형상 특성의 원칙	보관 물품의 형상에 따라 보관 장소를 정하는 원칙으로, 표준화된 물품은 랙에 보관하고, 표준화되지 않은 물품은 물건의 모양이나 상태에 따라 보관하는 원칙
네트워크 보관의 원칙	보관 물품의 상호 관련 정도에 따라 연계하여 보관 장소를 정하는 원칙

(3) 입고관리

입고란 '물건을 창고에 넣음'이라는 뜻이고, 적치(pile up)는 '물건을 쌓아 놓는 것'을 뜻하며, 재고 입고 적치는 '창고에 재고를 넣고 쌓아 두는 것'을 말한다.

입고관리란 지정된 보관 장소인 창고에 물품을 넣고 적치하는 입고 업무를 계획하고 통제하는 활동이다.

일반적인 창고 입고 업무 프로세스는 다음과 같다.

구매 · 주문 요청 → 입고 통보 접수 → 입고 계획 수립 → 입하 · 하차 →

검사(검품 · 검수) → 입고 지시 → 입고 작업(적치) → 입고 마감

(4) 출고관리

출고란 '창고에서 물품을 꺼냄'이라는 뜻이고, 재고 출고 이동은 '창고에서 재고를 꺼내어 목적지로 옮기는 것'을 말한다.

출고관리란 '지정된 보관 장소인 창고에서 물품을 피킹, 분류, 검사, 출하하는 출고 업무를 계획하고 통제하는 활동이다.

출고 이동 프로세스는 피킹(picking), 분류(sorting), 검사, 적재, 수 · 배송과 연계되어 이동 출하됨으로써 고객과의 접점으로 연결되고 판매 실적 관리의 중요한 요소가 된다.

일반적인 창고 출고 업무 프로세스는 다음과 같다.

주문 · 출하 요청 → 주문 마감 집계 → 출고 계획 수립 → 출고 지시 →

피킹 → 분류 → 검사(검품 · 검수) → 출하 포장 →

적재 출하 이동

04 운송관리

4.1 운송계획

(1) 운송의 개요

운송은 원재료의 공급자로부터 고객에게 완제품이 인도될 때까지 한 지점에서 다른 지점으로 원자재·반제품·제품 등을 이동시키는 활동을 말한다.

수송은 생산공장, 수입처에서 중앙물류센터 간, 또는 중앙물류센터에서 지역물류센터 간 등의 원거리의 거점 간에 대량의 화물을 이동시키는 활동으로 운송과 동일하게 사용하기도 한다.

배송은 지역물류센터로 부터 소량의 물품을 소형 트럭 등을 이용하여 고객·소비자에게 전달하는 활동이다.

1) 운송계획 수립

운송계획의 목적은 운송과 관련된 총비용을 최소화 하면서 고객 만족도를 극대화 할 수 있는 운송서비스를 제공하는 것이다. 그러나 운송비용과 재고비용은 상충관계에 있으므로 이들 간의 관계를 잘 고려하여 적절한 운송 수단을 선택하여야 한다.

운송서비스 제공은 운송비용과 재고비용 외에도 평균 운송시간(속도)과 운송시간의 변동성(신뢰성) 등이 중요한 요소로 작용된다. 따라서 운송계획 수립 시 운송의 효율화를 도모하기 위해서는 주로 다음의 사항들을 고려하여야 한다.

- 차량회전율 향상
- 적재율 향상
- 복합화물 운송시스템
- 운송수단의 적정화
- 공동 배송화
- 물류경로 단축화
- 운송업자 선택의 적정화
- 요금체계 적정화

2) 운송 방식 결정

- 직배송 방식: 생산지에서 수요지로 하나의 트럭을 할당하여 운영하는 방식으로 1회 운송량이 충분할 경우 매우 효과적인 방식
- 순환 배송 방식: 1회 운송량이 많지 않을 경우 여러 목적지의 화물을 하나의 트럭이 처리하는 방식

• 물류 거점 간 차량 공유 방식: 다수의 물류 거점이 운송 차량을 공유하여 차량의 공차율을 낮추는 방식

4.2 운송수단

(1) 운송수단의 유형

화물 운송수단의 유형은 화물 차량, 철도, 항공, 선박 및 파이프라인 운송 등 다섯 가지로 구분할 수 있다.

운송수단별 특성을 비교하면 다음과 같다.

구분	화물 차량	철도	항공	선박	파이프라인
운송량	중소량 화물	대량·중량 화물	중소량 고가화물	대량·중량 화물	대량 화물
운송거리	단·중거리	원거리	원거리	중·원거리	중·원거리
운임	탄력적	경직적	경직적(비쌈)	탄력적	경직적(저렴)
기후	조금 받음	전혀 받지 않음	많이 받음	많이 받음	전혀 받지 않음
안전성	조금 낮음	높음	낮음	낮음	매우 높음
중량 제한	있음	거의 없음	있음	없음	있음
운송시간	보통	조금 느리다	매우 빠르다	매우 느리다	조금 느리다
화물 수취	편리	불편	불편	불편	불편

(2) 운송수단별 장단점

구분	장점	단점
화물 차량 운송	• 문전 배송(door to door) 가능 • 화물의 파손과 손실이 적음 • 근거리, 소량 운송의 경우 유리 • 일관 운송 가능, 자가 운송이 용이 • 운송 도중 적재 변동이 적음 • 시기에 맞는 배차가 용이 • 하역비·포장비가 비교적 저렴	• 장거리 운행 시 운임 고가 • 교통사고와 공해로 사회적 문제 발생 • 중량 제한이 많아 운송단위가 작음 • 운행 중 사고 발생률이 높음 • 대량 화물 운송에 부적합

구분	장점	단점
철도 운송	• 중·장거리 대량 운송에 적합 • 중·장거리 운송 시 운임이 저렴 • 중량에 제한을 받지 않음 • 비교적 전천후 교통수단 • 계획 운송이 가능 • 철도망을 이용한 전국적인 네트워크 구축 • 사고 발생률이 낮아 안정적임	• 고객별 자유로운 운송 요구에 적용이 곤란 • 운임의 융통성이 낮음 • 차량 운행시간의 사전 계획에 의해 적기 배차의 어려움 • 화주의 문전 수송을 위하여 부가적인 운송수단 필요 • 화차 용적에 대비한 화물의 용적에 제한
항공 운송	• 화물의 운송 속도가 매우 빠름 • 고가, 고부가가치 소형 상품의 운송에 유리 • 화물의 손상이 적고 포장이 간단하여 포장비가 저렴 • 납기가 급한 긴급 화물이나 유행에 민감한 화물, 신선도 유지가 요구되는 품목 운송에 적합	• 운임이 고가이며, 중량에 제한이 있음 • 기상의 영향이 크며, 항공기 이용 가능 지역이 제한됨 • 대량 및 대형 화물의 운송이 곤란 • 운송의 완결성이 부족함
선박 운송	• 대량 운송 시 전용선과 전용 하역 장비를 이용한 신속한 운송 및 하역 작업이 가능 • 화물의 크기나 중량에 제한을 받지 않음 • 화물 운송을 위한 설비의 투자가 불필요(도로, 선로 등) • 대량이나 중량 화물의 장거리 운송에 적합 • 장거리 운송 시 운임이 저렴	• 다른 운송수단에 비해 운항 속도가 느려 운송기간이 많이 소요 • 항구(항만)시설 구축비와 하역비가 비쌈 • 운송 중 기상 상황에 따라 화물 손상 사고가 많이 발생 • 화물 안전 운송을 위한 포장비용이 많이 듦
파이프라인 운송	• 연속하여 대량 운송이 가능 • 용지 확보가 유리하며, 유지비가 저렴 • 컴퓨터 시스템에 의한 완전 자동화로 높은 안전성을 유지 • 환경 친화적인 운송수단으로 평가	• 이용 화물의 제한(유류, 가스 등 액체, 기체 제품) • 송유관 설치 장소 등 특정 장소에 한정 • 용지 확보 및 라인 설치 등 초기시설 투자비가 많이 소요

4.3 운송경로

(1) 운송경로의 결정

경로 형태	장점	단점
공장직영운송방식	발송 화주에서 도착지 화주 직송(원 스톱 운송)	운송 차량의 차량 단위별 운송물동량 확보(대량 화물 운송 적합)
중앙집중거점방식	다수의 소량 발송 화주가 단일 화주에게 일괄 운송	다수의 화주로부터 집하하여 단일 거래처(소비자) 전제
복수거점방식	화주별·권역별·품목별 집하하여 고객처별 공동 운송	물류 거점을 권역별 또는 품목별 운영이 요구됨
다단계거점방식	권역별·품목별 거래처(소비지) 밀착형 물류 거점 운영, 거래처(소비자) 물류 서비스 만족도 향상	물류 거점 및 지역별 창고 운영으로 다수의 물류 거점 확보 및 운영비 가중
배송거점방식	고객처별 물류 거점 운영으로 고객 대응 신속한 대응 가능(물류 서비스 만족도 높음)	고객 밀착형 물류 거점 설치로 다수의 물류 거점 확보 및 운영비 가중

개념 익히기

■ 운송경로 선정 시 고려할 사항
- 운송화물의 특성
- 리드타임
- 운송차량의 적재율
- 운송물동량 파악을 통한 차량 수단 및 필요 대수
- 운송 수단의 선택
- 수·배송 범위와 운송경로
- 수배송의 비율
- 운송료 산정 기준
- 고객서비스 수준

제2장

영업관리

능력단위	수준	능력단위 요소
영업 계약체결관리 (1001010106_20v2)	3	계약조건 검토하기 (1001010106_20v2.1)
		계약 협상하기 (1001010106_20v2.2)
		계약서 작성하기 (1001010106_20v2.3)
		계약 수주 통지하기 (1001010106_20v2.4)
영업 계약이행관리 (1001010107_20v2)	3	계약 변경 사항 관리하기 (1001010107_20v2.1)
		납품 관리하기 (1001010107_20v2.2)
		수금 관리하기 (1001010107_20v2.3)
영업 고객유지관리 (1001010110_20v2)	3	고객 정보 관리하기 (1001010110_20v2.1)
		고객 세분화하기 (1001010110_20v2.2)
		고객유지전략 수립하기 (1001010110_20v2.3)
		고객유지전략 이행하기 (1001010110_20v2.4)
		고객 반응 분석하기 (1001010110_20v2.5)

01 수요예측 및 판매예측

1.1 수요예측 및 판매예측의 개념

(1) 수요

수요란 소비자가 특정 재화나 서비스를 구매하기 위한 의지나 욕구를 의미한다. 수요는 구매능력이 갖추어지지 않아 아직 소비로 결부되지 못하는 잠재수요와 구매력이 뒷받침되어 즉시 구매할 수 있거나 확실한 구매계획이 있는 현재(유효)수요로 구분된다.

(2) 수요예측과 판매예측

수요예측이란 재화나 서비스에 대하여 일정 기간 동안에 발생할 가능성이 있는 모든 수요(잠재＋현재(유효)수요)의 규모를 추정하는 것이다.

또한 판매예측이란 수요예측의 결과를 기초로 하여 미래 일정 기간 동안의 자사 상품이나 서비스의 판매가능액을 구체적으로 예측하는 것이다. 판매예측은 기업 전체의 매출액 목표로도 설정될 수 있기 때문에 예측의 정확도를 높이기 위해 다양한 변수를 고려하여야 한다.

수요예측과 판매예측은 기업 외부환경과 기업내부 생산자원 활용의 관계를 연결시켜주면서 경영계획의 기초가 되므로 경영활동에서 매우 중요하다. 특히 판매에 대한 수요예측은 재고계획의 기초가 되어 생산계획을 세우는 데에 중요한 역할을 한다.

수요예측이 잘못되는 경우는 다음의 도표와 같이 두 가지 측면의 결과를 초래할 수 있다.

실제 수요가 예측보다 적은 경우에는 과잉시설투자가 일어나게 되고 이에 따라 막중한 재고부담을 안게 된다. 그러나 실제 수요가 예측보다 큰 경우에는 재고부족이 일어나 고객을 다른 회사에 빼앗기게 되어 판매기회 손실이 일어날 수 있다.

1.2 수요예측 및 판매예측의 특성

① 예측치는 평균기대치와 예측오차를 포함하여야 한다.

예측치는 언제나 정확하지 않으므로 평균기대치와 예측오차를 포함하여야 한다. 예측오차가 기대치에서 크게 벗어나지 않으면 정확한 예측치가 된다. 예측오차는 수요예측의 정확성에 중요한 역할을 한다.

② 장기예측보다는 단기예측이 더 정확하다.

예측기간이 짧을수록 실제치와 예측치 사이의 오차는 적어진다. 따라서 실제 판매액에 대한 예측오차를 줄이려면 예측기간을 짧게 가져야 한다.

③ 총괄예측이 개별품목예측보다 더 정확하다.

총괄예측은 개별예측보다 더 작은 오차의 변동을 가진다. 일반적으로 기업은 많은 제품을 다루기 때문에, 제품별로 수요예측을 하여 적정수준의 재고를 유지하기 위해 복잡한 정보를 다루게 된다. 점차로 짧아지는 제품수명주기에 따라서 다품종 소량생산이 이루어지는 시대에 품목별로 수요예측을 하는 일은 결코 쉽지 않은 일이다.

④ 인구통계학적인 요소가 장래의 수요 규모를 결정한다.

교육수준이 높은 30세 이상의 소비자 수가 급속하게 증가하는 경우이다. 소득, 교육, 결혼, 연령 등에 대한 계층분석도 인구통계학적인 접근 방법을 이용할 수 있다. 그리고 특정 소비자계층이 구매할 제품이나 서비스의 수량도 성장 전망을 결정하는 주요한 요인이 된다.

⑤ 수요가 안정적인 기간 또는 기존의 상품이나 서비스에 대한 예측은 불안정한 기간 또는 신규 상품이나 서비스에 대한 예측보다는 적중률이 높아진다.

⑥ 영속성이 있는 상품이나 서비스 등은 영속성이 없는 상품이나 서비스의 경우보다 지속적으로 정확한 예측이 어렵다. 그 이유는 경기변동이나 경제환경 등의 외부환경요인에 영향을 받아 수요패턴이 변화하기 때문이다.

1.3 수요예측 및 판매예측 방법

예측방법은 다음의 도표와 같이 크게 정량적 방법과 정성적 방법 두 가지로 구분된다. 정량(계량)적 방법은 계량화된 객관적인 자료를 이용하는 방법이며, 정성적 방법은 객관적인 자료가 없을 경우에 체계적으로 개인의 판단과 의견을 종합하여 분석하는 방법이다.

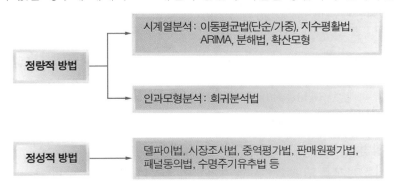

(1) 정량(계량)적 방법

1) 시계열분석

시계열분석 방법은 시간의 흐름에 따라 일정한 간격마다 기록한 시계열 데이터를 분석하여 예측하는 방법으로 주로 단기 및 중기예측에 이용된다. 대표적으로 이동평균법, 지수평활법, ARIMA, 분해법, 확산모형 등의 방법이 있다.

시계열 데이터에는 다음과 같은 변동요인이 포함되어 있으므로 분석과정에서 반드시 고려되어야 한다.

- 경향 및 추세변동: 오랜 기간 동안의 수요 경향 또는 추세적으로 나타나는 장기적인 변동
- 순환변동: 경기변동 등과 같이 1년 이상의 기간에 걸쳐 발생하는 일정한 주기의 변동
- 계절변동: 매년 반복되는 계절 변화에 따른 단기적인 변동
- 불규칙변동: 우발적으로 발생하는 불규칙적인 변동

① 이동평균법

일정 기간 동안의 제품 판매량을 기준으로 장기간의 평균적인 추세를 통해 수요를 예측하는 방법이다. 이동평균법은 과거 일정 기간의 실적치에 동일한 가중치를 부여하여 단순 평균치로 계산되는 단순이동평균법과 일정 기간 중 최근의 실적치에 높은 가중치를 부여해 계산하는 가중이동평균법이 있다.

🔖 실무예제 ○

단순이동평균법과 가중이동평균법의 계산

월간판매량이 다음과 같을 경우, 7월의 판매량 예측결과를 단순이동평균법과 가중이동평균
법을 통해 계산하시오.

월	1월	2월	3월	4월	5월	6월	7월
판매량(개)	25	30	40	46	51	55	?

- 단순이동평균법
  7월의 예측판매량 = $(0.25 \times 40) + (0.25 \times 46) + (0.25 \times 51) + (0.25 \times 55) = 48$개
- 가중이동평균법
  7월의 예측판매량 = $(0.10 \times 40) + (0.20 \times 46) + (0.30 \times 51) + (0.40 \times 55) = 50.5$개

② **지수평활법**

예측대상 제품의 모든 판매량 자료를 이용하여 최근의 자료일수록 더 큰 비중을, 오래된
자료일수록 더 작은 가중치를 부여하여 계산하고 그 추세를 통해 수요를 예측하는 방법이
다. 이때 평활상수(계수) α 값의 범위는 0≤α≤1이며, 평활상수 α 값이 크면 최근의 변동을
더 많이 고려한다는 의미이고, α 값이 작아지면 과거의 변동을 더 많이 고려한다는 의미
이다.

> • 당기예측치 = 지수평활계수(α) × 전기실적치 + (1−지수평활계수(α)) × 전기예측치
> • 차기예측치 = 당기예측치 + 지수평활계수(α) × 최근의 예측오차(당기실적치−당기예측치)

🔖 실무예제 ○

지난 8월은 총 500대의 컴퓨터를 판매하였으며, 8월의 판매예측치는 450대였다. 평활계수는
0.2일 경우에 9월의 예측치는 얼마인가?

당기예측치 = 지수평활계수(α) × 전기실적치 + (1 − 지수평활계수(α)) × 전기예측치
　　　　 = $0.2 \times 500 + (1 - 0.2) \times 450$
　　　　 = 460대

③ **ARIMA(Auto Regressive Integrated Moving Average)**

판매자료 간의 상관관계를 분석하여 상관요인과 이동평균요인으로 구분하고 이를 통해
수요를 예측하는 방법이다. 계절변화에 따른 수요변화 등을 분석하는 데 주로 이용된다.

④ 분해법

과거 판매 자료가 갖고 있는 특성의 변화를 추세변동, 순환(주기)변동, 계절변동, 불규칙변동 등으로 구분하여 예측한 후 이를 종합하여 수요를 예측하는 방법이다. 계절성이 있는 소비재의 경우에는 오랜 기간의 과거자료를 이용하여 분석하는 것이 예측의 정확도를 높일 수 있다.

⑤ 확산모형

제품수명주기이론을 바탕으로 제품이 확산되는 과정을 혁신효과와 모방효과로 구분하여 추정하고 이를 통해 수요를 예측하는 방법이다. 과거 데이터의 수집이 불가능하거나 초기 데이터 일부만 활용이 가능한 상황일 때 제품수명주기 이론을 바탕으로 수요를 예측하며, 주로 신제품이나 신기술에 대한 수요예측에 많이 활용된다.

2) 인과모형분석

인과모형분석 방법에는 수요와 밀접하게 관련되어 있는 변수들과 수요와의 인과관계를 분석하여 선형모형을 만들어 수요를 예측하는 회귀분석법이 있다. 단일회귀분석과 다중회귀분석으로 구분되며, 회귀분석은 단기예측의 정확도는 떨어지나 중·장기예측에는 적합한 분석기법이다.

(2) 정성적 방법

1) 델파이(Delphi)법

예측하고자 하는 대상의 전문가그룹을 설정한 다음, 전문가들에게 여러 차례 질문지를 배부하여 의견을 수렴함으로써 수요를 예측하는 방법이다. 시간과 비용이 많이 드는 단점이 있으나, 예측에 불확실성이 크거나 과거의 자료가 없는 경우에 유용하여 제품수명주기 중 도입기에 적합한 수요예측 방법이다.

2) 시장조사법

설문지, 인터뷰, 전화조사, 시제품 발송 등 다양한 방법을 통해 소비자들의 의견 및 시장조사를 통하여 수요를 예측하는 방법이다.

- 소비자 실태조사에 의한 방법: 특정 지역에서 무작위로 추출된 소비자들에 대한 실태조사 결과를 이용
- 판매점 조사에 의한 방법: 전체 또는 특정지역의 판매점 중에서 일부를 무작위로 추출하여 조사한 결과를 이용

3) 중역 및 판매원평가법

회사의 주요 간부들의 의견을 모으거나, 판매원들의 담당지역별 수요 예측치를 집계하여 전체 수요를 예측하는 방법이다. 특히 판매현장의 경험이 풍부한 영업담당자의 판단에 의한 판매예측은 단기·중기적 예측에 적합하다.

4) 패널동의법

경영자, 판매원, 소비자 등으로 패널을 구성하여 자유롭게 의견을 제시함으로써 예측치를 구하는 방법이다.

5) 수명주기유추법

신제품의 경우와 같이 과거자료가 없을 때 이와 비슷한 기존 제품이 과거 시장에서 도입기, 성장기, 성숙기를 거치면서 어떠한 수요패턴이었는지를 유추하여 수요를 예측하는 방법이다.

(3) 제품의 수명주기(Life Cycle)에 따른 예측 방법

제품의 수명주기 각 단계에 따라 적합한 예측 방법들을 사용하여야 신뢰성이 있는 예측 결과를 도출할 수 있다. 제품수명주기 단계별 적합한 예측 방법은 다음과 같다.

구분	수요예측 방법
도입기	정성적 방법(델파이법, 중역 및 판매원평가법, 전문가 의견 등)
성장기	트랜드(추세)를 고려할 수 있는 예측방법(시장조사법, 추세분석 등)
성숙기	정량적 방법(이동평균법, 지수평활법)
쇠퇴기	트랜드(추세)를 고려할 수 있는 예측방법, 정성적 방법(사업규모 축소 및 철수 여부 결정)

02 판매계획

2.1 판매계획의 개념

판매계획은 기업의 판매목표 및 판매활동에 관한 계획으로서 수요예측과 판매예측의 결과를 이용하여 매출목표액을 구체적으로 수립하는 과정이다. 시장점유율은 매출목표액을 결정하는데 가장 중요한 고려요소이며, 시장점유율의 확대는 다음 사항의 영향을 많이 받는다.

- 과거의 시장점유율(과거의 데이터)
- 경쟁기업에 대한 상대적 가격·품질·기능
- 판촉활동 및 판매경로의 특성

2.2 판매계획의 구분

판매계획의 수립 기간에 따라 판매계획은 단기·중기·장기계획으로 구분된다.

구분	세부 내용
단기계획	판매예측을 이용하여 연간 목표매출액을 설정하고, 목표매출액을 달성하기 위하여 제품별 가격, 판매촉진 방안, 구체적인 판매할당 등을 결정
중기계획	제품별 수요예측과 판매예측을 통하여 제품별로 매출액을 예측하고, 제품별 경쟁력 강화를 위한 계획을 수립한다. 제품별 디자인, 원가, 품질개선, 판촉을 위한 정책 수립, 판매경로 등의 구체적인 계획 수립
장기계획	장기적인 시장분석을 통하여 기업환경의 기회와 위협을 예측하고 신제품 개발, 시장개척, 판매경로 강화 등에 관한 계획 수립

03 판매할당

판매할당은 판매계획에서 설정된 목표매출액을 달성하기 위하여 각 영업사원이나 판매점별, 판매지역별, 제품별 및 사업부문별 등으로 목표매출액을 배분하여 개별 목표매출액을 설정하는 활동이다.

3.1 판매할당의 유형

구분	세부 내용
영업거점별 할당	판매점, 영업소, 영업팀 등 영업활동을 수행하는 영역별로 목표매출액을 배분
영업사원별 할당	영업거점의 목표매출액을 해당 영업사원별로 배분
제품 및 서비스별 할당	해당 제품 및 서비스별로 목표매출액을 할당하며 다음의 사항을 고려할 필요가 있다. • 제품 및 서비스별 시장점유율 고려 • 과거 판매실적의 경향 고려 • 공헌이익 정도 고려 • 교차(주의)비율 고려
지역 및 시장별 할당	세분화된 지역과 시장에 대하여 목표매출액을 적절하게 배분하기 위하여 일반적으로 시장(잠재구매력)지수를 작성하고, 이 지수에 의하여 목표매출액을 할당
거래처(고객)별 할당	각 거래처(고객)별 과거 판매액, 판매(수주)실적 경향, 목표 수주점유율, 고객의 영업전략 등을 고려하여 할당
월별 할당	• 연간 목표매출액을 12개월로 나누어서 1개월당 평균 목표매출액을 할당 • 월별 매출액은 항상 일정하지 않으며, 시계열분석의 계절변동과 불규칙변동 등과 같은 다양한 이유로 변동이 발생하므로 이러한 변동의 영향을 고려한 할당 필요

개념 익히기

■ 교차(주의)비율

교차비율이란 제품 및 상품에 투하한 자본(평균원가재고액)이 어느 정도 매출이익을 올렸는가를 보는 수치이며, 교차비율이 높을수록 이익을 많이 낸다. 다음과 같이 계산된다.

$$교차(주의)비율 = 재고회전율 \times 한계(공헌)이익률$$
$$= \frac{매출액}{평균재고액[(기초재고 + 기말재고)/2]} \times \frac{한계(공헌)이익}{매출액}$$

(3.2) 목표매출액 결정 방법

(1) 성장성지표 활용

1) 판매경향 변동 이용

과거 판매실적의 경향을 분석하여 판매예측을 하고, 그 결과를 바탕으로 다음연도의 목표매출액을 결정한다.

2) 매출액증가율 이용

목표매출액 = 금년 매출실적 × (1 + 전년대비 매출액증가율)
목표매출액 = 금년 매출실적 × (1 + 연평균 매출액성장률)

3) 시장점유율 이용

• 목표매출액 = 당해업계 총수요예측액 × 자사 목표시장점유율
  시장점유율 = (자사매출액 ÷ 당해업계 총매출액) × 100%
• 목표매출액 = 금년도 자사 매출액 × (1 + 시장확대율) × (1 + 시장성장률)
  시장확대율 = 전년대비 자사 시장점유율 증가율
  시장성장률 = 전년대비 당해업계 총매출액 증가율

(2) 수익성지표 활용

- 목표매출액 = 목표이익 ÷ 목표이익률
  이익률 = (이익 ÷ 매출액) × 100%
- 목표매출액 = 목표한계(공헌)이익 ÷ 목표한계(공헌)이익률
  한계(공헌)이익 = 매출액 − 변동비 = 이익 + 고정비
  한계(공헌)이익률 = (한계(공헌)이익 ÷ 매출액) × 100%
- 목표매출액 = (목표매출총이익 + 매출원가) ÷ 목표매출총이익률
  매출총이익 = 매출액 − 매출원가
- 손익분기점 매출액을 목표매출액으로 설정하는 경우
  손익분기점 매출액 = 고정비 ÷ (1 − 변동비율) = 고정비 ÷ 한계(공헌)이익률

(3) 생산성지표 활용

- 판매생산성 활용
  목표매출액 = 영업사원 수 × 영업사원 1인당 평균 목표매출액
  판매생산성 = 총매출액 ÷ 영업사원 수
- 노동생산성 활용
  목표매출액 = 영업사원 수 × 1인당 목표 경상이익 ÷ 1인당 목표 경상이익률
  노동생산성 = 경상이익 ÷ 영업사원 수 = 1인당 평균 경상이익
- 거래처별 수주액 활용
  목표매출액 = 거래처 수 × 거래처별 평균 수주예상액

(4) 기타 방법

1) 부문관리자에 의한 할당액의 합계

2) 영업사원의 자율적 목표매출액의 합계

04 가격전략

  제품 및 서비스의 가격이란 소비자가 그 제품이나 서비스를 한 단위로 구매하기 위해 지불해야 하는 화폐의 양을 말한다. 가격은 소비자가 구매를 결정하는 데 중요한 요인으로 작용하며, 기업의 매출액과 이익에도 큰 영향을 미친다. 가격결정에 영향을 미치는 기업 내·외부적인 요인은 다음과 같다.

구분	요인	세부 내용
내부적 요인	제품특성	생산재/소비재, 필수품/사치품, 표준품/주문품, 계절품
	원가(비용)	제조원가, 직접비/간접비, 고정비/변동비, 손익분기점
	마케팅 목표	생존 목표, 이익극대화 목표, 시장점유율 확대 목표
외부적 요인	고객수요	소비자의 구매능력, 가격탄력성, 품질, 제품이미지, 용도
	유통채널	물류비용, 유통단계의 이익, 여신한도 등
	경쟁환경	경쟁기업의 가격 및 품질, 대체품의 가격 등
	법·규제 환경	독점규제 및 공정거래에 관한 법률, 각종 세금 등

  개념 익히기

■ 가격탄력성
상품에 대한 수요량은 그 상품의 가격이 상승하면 감소하고, 하락하면 증가한다. 가격탄력성이란 가격이 1% 변화하였을 때 수요량은 몇 % 변화하는가를 절대치로 나타낸 크기이다. 탄력성이 1보다 큰 상품의 수요는 탄력적(elastic)이라 하고, 1보다 작은 상품의 수요는 비탄력적(inelastic)이라고 한다.
일반적으로 수요가 지속적으로 유지되는 생필품의 가격탄력성은 사치품보다 작다. 가격탄력성은 다음과 같이 계산된다.

$$|가격탄력성| = 수요변화율 \div 가격변화율$$

4.1 가격결정 방법

(1) 원가가산(코스트 플러스)에 의한 가격결정

원가가산(코스트 플러스) 방식은 원가에 이익을 부가하여 가격을 결정하는 방법으로서 다음의 도표와 같이 생산자－도매업자－소매업자－소비자로 구성되는 유통단계별 생산자가격, 도매가격, 소매가격으로 구분된다.

각 유통단계별로 구입관련 제반비용을 포함한 매입원가에서 목표이익과 세금 등을 포함한 영업비용을 원가에 가산하여 가격이 결정된다.

(2) 시장가격에 의한 가격결정

시장가격에 의한 가격결정 방법은 경쟁기업의 제품가격을 우선적으로 고려하여 자사의 제품가격을 결정하는 방법이다. 일반적으로 시장가격에 의한 가격결정은 다음의 단계를 거쳐 결정된다.

경쟁환경 분석 → 선두기업 가격조사 → 자사의 시장입지도 분석 → 경쟁기업의 가격과 비교 → 전략적 판매가격 설정 → 도소매 유통비용을 고려한 생산자 가격설정

(3) 기타 가격결정 방법

1) 손익분기점 및 목표이익에 의한 가격결정

손익분기점(BEP: Break Even Point)이란 수익과 비용이 같은 상태, 즉 이익이 '0'인 점을 말한다. 손익분기점 및 목표이익에 의한 가격결정의 기초는 다음의 수식에 의해 계산된다.

> • 손익분기점 판매량 = 고정비 ÷ (단위당 판매가격 − 단위당 변동비)
> • 목표이익을 감안한 판매량 = (고정비 + 목표이익) ÷ (단위당 판매가격 − 단위당 변동비)

실무예제

손익분기점(BEP) 그래프

A기업의 고정비는 150,000원, 단위당 판매가격은 100원, 단위당 변동비가 60원일 경우, 손익분기점 그래프는 다음과 같다.

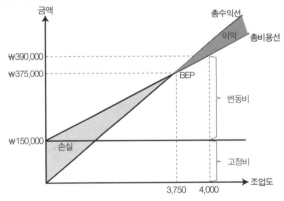

> • 손익분기점 판매량 = 고정비 ÷ (단위당 판매가격 − 단위당 변동비)
>   = 150,000원 ÷ (100원 − 60원) = 3,750개

2) 전략적인 가격결정 방법

① 구매자 특성에 따른 가격차별화

② 구매시기와 시간 특성에 따른 가격차별화

③ 판매지역에 따른 가격차별화

④ 제품 수명주기(Life Cycle)에 따른 가격변화

⑤ 소비자 심리에 따른 가격결정

⑥ 판매조건에 따른 가격결정

4.2 가격유지 정책

시장에서 경쟁기업은 서로 다양한 판매전략을 이용하여 이익을 높이기 위하여 경쟁하며, 대표적인 것이 자사 제품의 가격인하에 의한 시장 확대전략이다. 그러나 완전경쟁 상황의 시장에서는 이미 제품가격이 최저가격을 형성하고 있으며, 과점시장에서의 가격 경쟁은 다른 기업의 보복적 가격인하를 불러오기 쉬우므로 회피하는 경향이 있다. 경쟁 환경 하에서 적정한 이익을 추구하면서 가격을 유지하기 위한 방법으로 다음을 들 수 있다.

(1) 비가격경쟁에 의한 가격유지

비가격경쟁 방법은 광고·판매, 제품차별화, 판매계열화 등 가격 외적인 면에서 행하여지는 경쟁방법이다. 구체적인 방법으로는 브랜드 이미지, 수요에 대응한 신제품 개발력, 강력한 홍보력, 유리한 지급조건, 면밀한 판매망, 수요에 따른 공급능력, 차별화 상품을 통한 틈새시장 공략 등이 있다.

(2) 리베이트 전략에 의한 가격유지

리베이트는 생산업자와 판매업자 간, 또는 도매업자와 소매업자 간에 일정기간의 판매액을 기준으로 판매에 도움을 준 판매업자에게 이익의 일부를 되돌려주는 금액이다. 리베이트는 판매대금의 수금 후 별도로 환불된다는 점에서 판매금액의 일부를 깎아주는 할인과는 다르며, 일반적으로 리베이트 비율은 관습 또는 이익의 정도에 따라 달라진다. 그러므로 리베이트 전략은 가격유지 목적 이외에 판매촉진 기능, 보상적 기능, 통제 및 관리적 기능이 있다.

개념 익히기

■ 경쟁정도에 따른 시장 구분

• 완전 경쟁시장

다수의 거래자들이 참여하고 동질의 상품이 거래되며, 거래자들이 상품의 가격·품질 등에 대한 완전한 정보를 가지고 시장에 자유로이 들어가거나 나갈 수 있는 시장을 말한다.

• 과점시장

소수의 생산자, 기업이 시장을 장악하고 비슷한 상품을 생산하며 같은 시장에서 경쟁하는 시장 형태를 말한다. 우리나라의 경우 이동통신회사가 과점시장의 대표적인 예라고 할 수 있다.

• 독점시장

한 산업을 하나의 기업이 지배하는 시장 형태를 말한다. 높은 진입장벽을 활용해 장기적으로 초과이윤 확보가 가능한 시장이다. 예를 들면 우리나라의 전력 서비스를 제공하는 한국전력공사 등이 해당될 수 있다.

• 독점적 경쟁시장

시장에 다수의 기업들이 참여하고 있지만, 참여 기업들은 각기 디자인, 품질, 포장 등에 있어 어느 정도 차이가 있는 유사 상품을 생산, 공급하여 상호 경쟁하고 있는 시장 형태를 말한다. 예를 들면 미용실, 목욕탕, 병원 등의 시장이 될 수 있다.

05 수주관리

5.1 수주관리의 개념

수주는 고객의 구매의사를 확인하고 구매를 결정한 고객으로부터 구체적인 주문내역을 확인하여 고객이 원하는 조건과 납기에 맞추어 제품이 전달되도록 하기 위한 관리활동이다.

수주관리의 주요 업무와 내용은 다음과 같이 요약할 수 있다.

구분	세부내용
견적	견적은 구매하고자 하는 물품에 대한 사양과 가격을 산출하는 단계이며, 수주 이전단계로서 일반적으로 첫 거래이거나, 거래물품이 시장가격의 변동이 있을 경우에 진행
수주	수주는 구매를 결정한 고객으로부터 구체적인 주문을 받는 과정
수주등록	수주등록은 수주 후에 고객의 주문내역을 관리시스템에 등록하는 과정이다. 수주등록 후 가용재고와 약속 가능(출고예정)재고를 조회하여 고객에게 예정 납기를 통보

5.2 고객(거래처) 중점화 전략

(1) 고객(거래처) 중점화의 개념

우량 거래처나 고객이 시장점유율이나 판매목표 달성에 미치는 영향은 매우 크다. 중점화전략은 이러한 우량 거래처나 고객을 선정하기 위한 방법으로서 거래처나 고객을 일정한 기준에 따라 등급을 부여하고 그 기준에 따라 중점관리 대상이 되는 우량 거래처나 고객을 선정하는 전략이다.

(2) 중점선정 방법

1) ABC 분석(파레토 분석)

ABC 분석은 가장 집중적으로 관리를 하여야 할 거래처나 고객이 어디인지를 결정하는 분석방법으로서, 파레토의 원리에 입각하여 중요한 거래처 및 고객을 집중적으로 관리하는 분석방법이다.

통계적 방법에 의해 관리대상을 A, B, C그룹으로 나누고, 먼저 A그룹을 고객관리의 주요 대상으로 하여 집중관리 방안을 수립하고, 다음으로 B그룹과 C그룹으로 옮겨 간다.

2) 매트릭스(이원표) 분석

ABC 분석은 중점관리 대상인 우량 거래처나 고객을 선정하는 과정에서 거래처나 고객에 대한 과거 판매실적만을 가지고 분류하고 있으며, 우량 거래처나 고객으로서의 다른 조건들, 즉 기업경쟁력, 판매능력 또는 성장가능성 등의 다양한 요인들을 고려하지 못한다는 단점이 있다.

이러한 점을 보완한 분석방법이 매트릭스 분석이다. 우량 거래처나 고객을 선정하기 위해 고려해야 할 서로 다른 2개의 요인을 가로축과 세로축의 기준으로 이용하여 매트릭스(이원표)를 구성한다. 이 방법은 대상 거래처나 고객의 특성을 평가기준에 따라 분명하게 범주화할 수 있어 중점화 목표에 대한 전략을 수립하기 쉽다는 장점이 있다.

3) 거래처 포트폴리오 분석

거래처 포트폴리오 분석이란 대상 거래처나 고객의 가치를 종합적으로 검토하여 핵심 거래처나 고객을 효과적으로 분류하기 위한 분석 방법이다. ABC 분석이나 매트릭스 분석 등과 같이 1~2개의 요인만을 분석하지 않고 3개 이상의 요인을 가중치를 이용하여 결합하고 다면적으로 분석하여 일정한 기준에 따라 범주화함으로써 범주별로 최적의 전략을 적용하기 위한 방법이다.

개념 익히기

■ 파레토 원리

파레토 원리는 흔히 80 : 20 공식이라고도 한다. 이탈리아 경제학자 파레토(Pareto)에 의해 정립된 법칙이다. 파레토는 때때로 양적으로 작은 항목들의 가치가 큰 항목들의 가치보다 중요하다는 사실을 발견했다. 예컨대, '회사 전체의 매출 80%가 20%의 고객으로부터 달성된다.'라는 이야기는 파레토 원리 적용의 사례이다.

06 대금회수

기업은 고객에게 제품을 많이 판매하는 것도 중요하지만 매출대금의 회수 또한 매우 중요하다. 매출대금의 회수가 원활하지 않으면 운전자금의 확보가 어려워져 유동성이 악화되고 차입금 의존도가 높아져 경영위기를 맞이할 수도 있다. 따라서 적절한 매출채권의 관리를 위하여 고객의 신용도 파악, 신용(여신)한도 설정, 매출채권 회수계획 및 관리 등의 활동이 중요하다.

6.1 신용거래와 신용(여신)한도

신용거래란 물품을 먼저 인도하고 물품대금은 일정기간 후에 결제하는 외상거래를 말한다. 기업은 매출채권의 원활한 회수관리를 위하여 거래처마다 외상매출을 허용할 수 있는 금액의 한도, 즉 신용(여신)한도를 부여하고 있다. 신용한도는 거래처에 외상으로 매출할 수 있는 최고한도액으로서, 신용한도와 지급보증 받은 적격어음의 합계액을 의미하나 대체로 신용한도와 동일하게 사용된다.

신용한도를 설정하는 것은 대금회수가 안전한 외상매출 금액의 상한과 허용기간을 정하는 것이다. 신용한도는 상한 범위의 금액까지는 외상매출을 하더라도 안전하다는 소극적인 의미와 이 금액까지는 판매가능하다는 적극적인 의미가 있다.

6.2 신용한도 설정법

(1) 회사의 자금운용상의 설정법

자사의 연간 총여신한도액을 설정하기 위하여 회사의 자금조달기간을 이용하는 방법이다. 다음의 예시를 통해 총여신한도 설정방법을 살펴본다.

구분	금액	비고
매출액	365,000,000원	
매출채권잔액	100,000,000원	외상매출금잔액 + 받을어음잔액
매입액	182,500,000원	
매입채무잔액	40,000,000원	외상매입금잔액 + 지급어음잔액
평균재고잔액	16,500,000원	

- 매출채권회전율 = 매출액 ÷ 매출채권잔액 = 3.65회
- 매출채권회수기간 = 매출채권잔액 ÷ 매출액 × 365일 = 100일
  = 365일 ÷ 매출채권회전율 = 100일
- 매입채무회전율 = 매입액 ÷ 매입채무잔액 = 4.5625회
- 매입채무지급기간 = 매입채무잔액 ÷ 매입액 × 365일 = 80일
  = 365일 ÷ 매입채무회전율 = 80일
- 재고회전율 = 매출액 ÷ 평균재고액 ≒ 22.1212회
- 재고회전기간 = 평균재고잔액 ÷ 매출액 × 365일 = 16.5일
  = 365일 ÷ 재고회전율 ≒ 16.5일
- 자금조달기간 = 매출채권회수기간 − 매입채무지급기간 + 재고회전기간 = 36.5일
- 자금고정율 = 자금조달기간 ÷ 365일 = 0.1
- 매출채권 한도액 = 매출액 × 자금고정율 = 36,500,000원

개념 익히기

■ **매출채권 잔액을 구하는 방법**
평균적인 매출채권의 수준은 월별이동평균치 또는 기초잔액과 기말잔액의 평균치를 이용하며, 편의상 기말잔액을 그대로 사용하는 경우도 있다.

매출채권회전율이 높다는 것은 매출채권회수기간이 짧아 매출채권이 순조롭게 회수되고 있음을 나타내며, 반대로 이 회전율이 낮게 되면 매출채권의 회수기간이 길어지므로, 그에 따른 대손발생의 위험이 증가하고 수익감소의 원인이 된다.

유동자산의 총액에서 유동부채의 총액을 차감한 것을 순운전자본(유동자산 − 유동부채)이라고 한다. 순운전자본은 단기간에 상환을 고려하지 않고 운용할 수 있는 자본으로 자금의 유동성(지불능력)을 나타내므로 기업의 자금관리 측면에서 순운전자본의 관리를 매우 중시하고 있다. 만약 여신한도액이 순운전자본 보다 많아지는 경우에는 다음과 같은 방법으로 운전자본을 확보하여야 한다.

- 현금회수 가능 거래처 증대
- 상품재고 감소
- 장기회수기간 거래처 감소
- 지급어음 기일연장
- 외상매출금이나 어음의 회수기간 단축
- 외상매출금 감소
- 현금지급을 어음지급으로 변경

---

(2) 거래처(고객)별 여신한도 설정법

거래처별 여신한도는 고객의 신용도, 판매능력, 담보 등을 종합적으로 판단하여 설정하여야 하며 정해진 한도는 반드시 지켜져야 한다. 거래처별 여신한도는 다음과 같은 방법으로 설정할 수 있다.

1) 타사 한도액의 준용법

타사 한도액의 준용법은 같은 업종의 다른 기업이 설정한 한도액에 준하여 설정한다. 이 방법은 다른 기업의 설정한도액을 구체적이고 충분하게 파악하기 곤란하다는 단점이 있다. 때로는 자사의 거래처나 고객 중에서 표준적인 거래처를 선정하여 그 거래처의 여신한도 설정액을 기준으로 하고 다른 거래처의 신용도나 판매능력 등을 비교평가하여 여신한도액을 정하기도 한다.

2) 과거 총이익액의 실적 이용법

이 방법은 해당 거래처에 대한 과거 3~5년간의 총이익액의 누계실적을 구하여 여신한도로 설정하는 방법이다.

- 여신한도액 = 과거 3년간의 회수누계액 × 평균총이익률
- 여신한도액 = 과거 3년간의 (총매출액 − 외상매출채권잔액) × 평균총이익률

3) 매출액 예측에 의한 방법

해당 거래처에 대한 매출예측액을 해당 거래처의 신용능력으로 보고 여신한도를 설정하는 방법이다.

- 여신한도액 = 거래처의 총매입액 × 자사 수주점유율 × 여신기간
- 거래처의 총매입액 = 거래처의 예상매출액 × 매입원가율

실무예제

다음의 정보를 참고하여 거래처의 매출액 예측에 의한 방법을 이용하여 A거래처에 대한 여신한도액을 계산하면 얼마인가?

- A거래처의 예상매출액: 1,000만 원
- A거래처에 대한 자사의 수주점유율: 20%
- A거래처의 매입원가율: 50%
- A거래처에 대한 여신기간: 90일

 - A거래처의 총매입액 = 1,000만 원 × 50% = 500만 원
 - A거래처의 여신한도액 = 500만 원 × 20% × 90일 = 9,000만 원

4) 매출목표와 회수기간에 의한 방법

기존의 계속 거래처에 대하여 영업사원이 목표매출액과 목표회수액을 설정하고 부서의 상사와 협의하여 승인을 받아 여신한도를 설정하는 방법이다.

5) 경영지표에 의한 방법

거래처의 신용능력을 평가하기 위하여 수익성, 안전성, 유동성, 회수성, 성장성 등에 관련된 경영지표의 측정치를 고려하여 여신한도액을 설정한다. 재무제표의 유무에 따라 관련 경영지표는 다음과 같다.

지표	재무제표가 있는 경우	재무제표가 없는 경우
수익성	총자본대비 경상이익률 매출액대비 총이익률 매출액대비 경상이익률	수익의 정도
안전성	자기자본비율	차입금비율
유동성	상품회전율 유동비율	지급상황, 자금수지 상황
회수성	매출채권회전율	–
성장성	–	매출액, 총이익액의 신장

6.3 대금회수 관리

일반적으로 기업은 외상거래를 전제로 하며, 거래처마다 일정한 날을 정하여 대금을 결제한다. 하지만 거래처마다 대금결제일과 회수조건이 다르므로 단순하게 관리하기는 어렵다. 대금회수 관리는 각 거래처별로 대금회수 계획을 작성하고 세분화된 기준에 의해 관리할 필요가 있다.

(1) 대금회수 계획 시 고려사항

거래처 및 거래내역별에 따라 회수조건 등이 다르기 때문에 대금회수 계획을 수립하기가 쉽지는 않다. 하지만 일반적으로 거래처별로 다음 사항을 확인한 후에 대금회수 계획을 수립하게 된다.

> - 당월 마감일
> - 지급일이 동일한 거래처의 지역분포
> - 당월 매출액
> - 수금 내용(현금, 약속어음)
> - 여신한도액
> - 당월 지급예정일
> - 당월말 외상매출금 잔액
> - 당월 청구액(회수목표)
> - 상쇄(상계)액(매입금과 매출금과의 차액)
> - 받을어음 지급예정기간

(2) 대금회수 관리법

매출대금의 회수는 주로 대금회수율이나 회수기간을 기준으로 관리한다. 대금회수의 기본적인 목표는 완전한 대금회수를 통해 기업의 자금운용을 원활하게 하고 수익성을 향상시키는 것이므로 회수율의 향상과 받을어음 회수기간의 관리를 위한 노력이 필요하다.

1) 회수율 계산방법

① 일반적인 경우(수시 회수)

> 회수율 = 당월 회수액 ÷ (전월말 외상매출금잔액 + 당월 매출액) × 100

② 월차마감의 차월회수

> 회수율 = 당월 회수액 ÷ (전전월말 외상매출금잔액 + 당월 매출액) × 100

③ 전월 마감일부터 당월 마감일까지의 회수(예: 전월 20일 마감의 당월 20일 회수)

> 회수율 = 전월 21일~당월 20일 회수액 ÷ (전월 20일 현재 외상매출금잔액
> + 전월 21일~당월 20일 매출액) × 100

④ 월중 마감일이 있고 차월말에 회수(예: 당월 20일 마감의 차월말 회수)

> 회수율 = 당월 회수액 ÷ (전월 20일 현재 외상매출금잔액 + 전월 21일~당월 20일 매출액)
> × 100

이 경우 21일~월말까지의 매출액은 차월 20일 마감의 청구이므로 회수율은 100%가 되지 않는다.

2) 회수기간 계산방법

① 받을어음의 회수기간

받을어음은 거래처별로 발행어음의 금액과 기간이 서로 다르므로 여신한도액을 고려한 자금의 원활한 운용을 위하여 매출액을 기준으로 받을어음의 회수기간을 측정할 필요가 있다.

> 회수기간 = (각 받을어음 금액 × 각 어음기간)의 합계 ÷ 매출총액

② 현금 및 받을어음의 회수기간

대금회수는 어음이외의 일부는 현금으로 회수하는 경우가 있으므로 회수기간을 산출하는 과정에서 현금의 어음기간은 '0'으로 하고 계산한다. 현금이 포함된 회수기간의 계산방법은 다음과 같다.

회수유형	금액	어음기간	금액 × 어음기간
현금	50만 원	0일	0만 원
90일 어음	100만 원	90일	9,000만 원
120일 어음	150만 원	120일	18,000만 원
계	300만 원		회수기간 = (0+9,000+18,000) ÷ 300 = 90일

③ 여신잔액에 맞추어 어음기간 조정

받을어음의 회수기간이 길수록 회사의 자금운용은 비효율적일 수밖에 없다. 따라서 여신한도를 고려하여 현재 보유하고 있는 받을어음의 기간을 조정하거나 추후 받을어음을 수취할 때 여신잔액 범위 내에서 받을어음의 금액이나 회수기간을 조정할 필요가 있다.

여신잔액에 맞추어 어음기간을 조정할 경우, 어음기간은 다음과 같이 계산된다.

> 어음기간 = [(여신한도액×여신기간) − (현재까지 회수된 각 어음금액 × 각 어음기간)의 합계]
> ÷ 외상매출금잔액

3) 회수관리 방법

① 회수율 관리

매출채권의 회수율이 낮으면 매출채권의 회수기간이 길어지므로, 그에 따른 대손발생의 위험이 증가하고 수익감소의 원인이 된다. 또한 부실채권 발생의 원인이 되며 여신한도의 증가를 초래한다. 따라서 회수율을 항상 확인하여야 하며, 회수율이 낮을 경우 거래처별로 다음 항목을 조사할 필요가 있다.

• 외상매출금 잔액   • 입금일 불규칙성   • 당월의 미입금처   • 반품 수량   • 전액 중 일부금액 지급처

② 회수기간 단축

받을어음의 회수기간을 여신기준 내로 단축하기 위해서는 현금회수 비율을 높이거나, 어음기간의 단축이 필요하다.

③ 기타 과실

외상매출금 잔액이 실제와 장부상의 차이가 발생하거나, 외상매출금의 회수가 지연되는 경우에는 거래처의 사정 이외에 영업담당자의 과실에 의한 경우가 많다. 이때에는 다음 항목을 확인하여 적절히 조치할 필요가 있다.

• 에누리의 미처리   • 단가수정의 미처리   • 상품교환 또는 반품의 미처리   • 거래처의 기장 오류의 미수정   • 크레임 수량(금액)의 미처리   • 강제판매에 의한 회수곤란   • 위탁상품대금의 미회수

제3장

구매관리

NCS 학습을 위한 능력단위 확인하기

능력단위	수준	능력단위 요소
구매 발주관리 (0204010104_23v3)	3	구매 발주 사전정보 분석하기 (0204010104_23v3.1)
		구매품 발주하기 (0204010104_23v3.2)
		구매 발주 진척 관리하기 (0204010104_23v3.3)
구매품 품질관리 (0204010105_23v3)	4	구매품 품질 보증체계 수립하기 (0204010105_23v3.1)
		구매품 품질 검사하기 (0204010105_23v3.2)
		구매 부적합품 조치하기 (0204010105_23v3.3)
구매 계약 (0204010109_23v3)	4	구매 협상 전략 계획 수립하기 (0204010109_23v3.1)
		구매 협상 실시하기 (0204010109_23v3.2)
		구매 계약 체결하기 (0204010109_23v3.3)

물류이론

01 구매관리 개요

(1.1) 구매관리의 의의

구매는 생산과 판매 등 기업의 활동에 필요한 품목을 매입하는 활동이다. 구매의 주요 대상은 원·부재료, 소모성자재, 부품, 외주가공품, 기계설비, 상품 등이 있으며, 기타 생산 및 판매와 관련된 활동을 지원하기 위한 용역도 포함한다. 구매관리는 경영계획과 활동을 추진하기 위하여 구매조직 관리, 구매계획 및 전략, 구매실행, 구매분석 등의 구매기능에 대한 조정 및 통제활동이다.

최근에는 자재의 유리한 조달에 필요한 모든 시장정보를 수집하고 분석하여 그 결과를 생산 및 판매계획에 반영할 뿐만 아니라 제품설계 과정에도 참여하여 원가경쟁력을 가진 제품의 설계가 가능하도록 하는 등 구매관리의 영역이 경영전반에 걸쳐 확장되어가고 있다. 이러한 측면에서 구매관리의 목적(5R)은 다음과 같다.

- 좋은 품질의 물품구매(Right quality)
- 적당량의 구매(Right quantity)
- 적당한 시기의 구매(Right time)
- 적절한 가격의 구매(Right price)
- 적절한 구매처의 선정(Right vendor or supplier)

(1.2) 구매관리의 영역과 기능

전략적 구매를 중시하는 현대적 시각에서 볼 때 구매관리는 과거의 구매업무를 포함하면서 구매전략, 구매실무, 구매분석으로 구분되며 각 영역별로 세부내용은 다음과 같다.

구매전략	구매실무	구매분석
• 구매방침 설정 • 구매계획 수립 • 구매방법 결정	• 시장조사 및 원가분석 • 구매가격 결정 • 공급자 선정 및 평가 • 계약 및 납기관리 • 규격 및 검사관리	• 구매활동의 성과평가 • 구매활동의 감사

과거의 구매관리는 생산활동이 중단되지 않도록 적정 품질의 자재를 조달하는 지원기능이 중시되어 왔으나, 최근에는 전략적 구매를 중시함으로써 기업이익을 적극적으로 창출하는 이익창구로서의 기능이 강조되고 있다.

전통적 시각		현대적 시각
• 단기간의 성과중시 • 획득비용(구입가격) 중심 • 비용관리센터 • 요청에 지원하는 업무(수동)	⇒	• 장기간의 전략적 구매중시 • 총원가에 집중 • 이익관리센터 • 사전 계획적인 업무(능동)

02 구매전략

2.1 구매방침

구매관리활동은 광범위한 경영활동과 관련되어 있으므로 효율적인 구매목적을 달성하기 위하여 아래의 구매활동 기준에 대한 사전 결정이 필요하다.

(1) 자체생산과 구매(외주) 결정

1) 기술적 권리 측면

자사가 고유기술을 보호해야 하는 경우에는 특허권을 취득할 때까지는 자체생산을 필요로 한다. 반면 특허가 없는 품목에 대해서는 위탁 가공하거나, 특허된 부품에 맞추어 설계를 수정하여 해당 부품을 구매하여야 한다.

2) 제조기술 측면

제품의 구성에서 전략적인 중요성을 가진 부품이라면 자체생산이 필요하며, 주요 부품이나 중요기술이 포함되지 않는다면 외주생산이 바람직하다. 자사와 타사의 제조기술능력 차이가 없는 경우에는 원가를 비교하여 결정한다.

3) 원가절감 측면

생산제품 모델변경이 잦은 경우, 다품종 소량생산인 경우, 기술진부화가 예측되는 경우 등에는 외주생산이 바람직하다. 그리고 제조시설에 대한 신규투자와 유지 등의 고정비를 고려하면 구매(외주)를 선택하는 것이 원가절감 측면에서 유리하며, 계절적 수요를 갖는 품목의 경우에도 외주가 유리한 경우가 많다.

지속적으로 대량생산을 해야 하는 경우에는 자체생산이 바람직할 것이다. 자체 생산시설이 있는 경우에는 시설의 감가액까지도 고려하여 한계비용을 평가한 후 결정하여야 한다.

4) 생산능력 측면

자체 보유시설과 생산인력 등의 생산능력을 초과하는 수요에 대해서도 외주생산이 필요하다. 또한 납기 단축요구, 긴급주문, 일시적 주문, 불규칙한 수요에 대해서도 외주생산을 고려할 수 있다.

(2) 집중구매와 분산구매 결정

1) 본사 집중구매와 사업장별 분산구매

기업이 여러 사업장을 가지고 있는 경우에는 본사에서 기업전체의 구매를 통합하여 진행할 수 있으며, 각 사업장별로 스스로 구매하거나 본사와 사업장이 협력하여 품목에 따라 분리하여 구매하는 경우가 있다.

본사 집중구매가 유리한 품목은 대량구매품목, 고가품목, 공통 또는 표준품목 등이며, 사업장별 분산구매가 유리한 품목은 지역성 품목, 소량구매품목 등을 들 수 있다.

본사 집중구매와 사업장별 분산구매의 장점은 다음과 같이 요약될 수 있다.

본사 집중구매	사업장별 분산구매
• 대량구매로 가격이나 거래조건을 유리하게 정할 수 있음 • 공통자재를 일괄 구매하므로 단순화, 표준화하기가 쉽고 재고량이 감소 • 전문적인 구매지식과 구매기능을 효과적으로 활용 • 구매절차의 일관성 확보 및 구매비용 절감 • 구매가격 조사, 공급자 조사, 구매효과 측정 등 구매분석 용이	• 각 사업장별 구매진행으로 구매수속이 간단하고 구매기간 단축 • 긴급수요의 경우에는 유리 • 지역구매가 많으므로 물류비가 절감 • 해당 지역과 호의적인 관계를 유지

2) 거래처 집중구매와 분산구매

소수의 거래처로부터 집중구매하는 장점은 가격과 구입조건을 유리하게 결정할 수 있다는 것이며, 구입절차가 복잡한 구매의 경우 소수 거래처와 거래하는 것이 구매시간을 단축할 수 있다. 반면 분산구매는 구매기회를 안정적으로 유지할 수 있으며, 거래처간 감시와 경쟁에 의하여 구매효율과 구매윤리를 유지할 수 있다.

2.2 구매계획

구매계획을 수립할 때는 가격추세, 대용자재, 생산계획, 재고수량, 구매량 및 구매시기, 조달소요시간, 납기 등을 고려한다. 구매수량은 경제적 주문량(EOQ) 등을 이용하여 구매단가의 절감을 목표로 결정하여야 한다. 구매물품의 특성에 대하여 설계자, 구매자, 생산자, 공급자 간의 견해가 다른 경우가 많으므로 품질 규격을 표준화하고 측정 가능하도록 객관화하여 품질규격을 사전에 결정할 필요가 있다.

(1) 구매절차

구매계획의 실행을 위하여 구매과정은 구매담당자의 다양한 전문지식을 필요로 한다. 일반적인 구매절차는 다음의 과정으로 진행된다.

> 구매청구 → 공급자파악 → 견적 → 내부검토 및 승인 → 계약 → 발주서 → 물품납입
> → 검수 및 입고 → 구매결과 내부통보 → 구매대금 결제

발주서에는 발주과정에서 관리하여야 할 사항을 포함하여야 한다. 중점적인 내용은 공급업체, 가격(단가), 납기일자, 수량, 기타 공급계약사항 등이며, 공급계약사항으로는 품질, 대금지불조건, 결제기간, 추가지원사항 등을 들 수 있다.

(2) 구매방법

구매방법은 구매시기와 구매목적 등에 따라 다음과 같이 구분된다.

1) 수시구매

구매청구가 있을 때마다 수시로 구매하여 공급하는 방식이며, 과잉구매를 방지하고 설계변경 등에 대응하기가 용이한 장점이 있다. 계절품목 등 일시적인 수요품목 등에 적합하다.

2) 예측구매(또는 시장구매)

미래 수요를 예측하여 시장상황이 유리할 때 일정한 양을 미리 구매하여 재고로 보유하였다가 생산계획이나 구매청구에 따라 재고에서 공급하는 방식이며, 계획구매로 조달비용을 절감하고 수량할인, 수송비의 감소 등 경제적인 구매가 가능하다. 생산시기가 일정한 품목 또는 항상 비축이 필요한 상비 저장품목 등에 적합하다.

3) 투기구매

가격인상을 대비하여 이익을 도모할 목적으로 가격이 낮을 때 장기간의 수요량을 미리 구매하여 재고로 보유하는 구매방식이다. 계속적인 가격상승이 명백한 경우에는 유리하지만 가격동향의 예측이 부정확하면 손실의 위험이 크다.

4) 장기계약구매

특정 품목에 대해 수립된 장기 생산계획에 따라 필요한 자재의 소요량을 장기적으로 계약하여 구매하는 방법이다. 자재의 안정적인 확보가 중요할 때 적용가능하며 계약방법에 따라 낮은 가격이나 충분한 수량의 확보가 가능하다.

5) 일괄구매

소량 다품종의 품목을 구매해야 하는 경우 품목별로 구매처를 선정하는데 많은 시간과 노력이 소모된다. 이 경우 품종별로 공급처를 선정하여 구매 품목을 일괄 구매함으로써 구매시간과 비용을 절감하고 구매절차를 간소화하는 방법이다.

03 구매실무

3.1 시장조사와 원가분석

(1) 시장조사

시장조사는 구매시장의 정보를 수집하고 분석하는 과정이며, 공급자 선정 및 구매계약 과정에서 주도적인 협상과 적극적인 구매활동을 가능하게 하는 매우 중요한 기능이다. 시장조사는 구매가격, 품질, 조달기간, 구매수량, 공급자, 지불조건 등을 결정하기 위한 정보를 수집하여 합리적으로 구매계획을 수립하도록 하는 목적을 갖는다.

시장조사 방법은 직접조사와 간접조사가 있다. 직접조사는 해당 기업이나 판매시장에서 각종 자재의 시세와 변동에 대하여 직접 조사하는 것이며, 간접조사는 신문, 관련 잡지, 협회 및 조합 등 정부기관에서 발간되는 간행물을 통하여 파악할 수 있다.

(2) 원가분석

1) 원가분석의 목적

구매품목에 대한 구매원가의 분석은 시장가격의 적정성을 판단하고 적정한 구매가격을 결정하기 위해서 필요하다. 나아가 구매원가는 구매예산 편성, 매출원가 산정, 판매이익 계산, 재무제표 작성 등에 많은 영향을 미친다.

2) 원가의 구분

① 원가의 3요소

    ㉠ 재료비: 제품 제조를 위하여 투입되는 재료의 원가로서 원·부재료, 매입부품, 소모품 등이 대표적이다.

    ㉡ 노무비: 제품 제조에 투입된 노동력의 대가로서 임금, 급료, 잡급 등이다.

    ㉢ 경비: 제품 제조를 위하여 재료비와 노무비 이외에 계속적으로 지출된 비용으로서 전력비, 운반비, 감가상각비, 보험료, 연구개발비, 세금과공과, 지급수수료 등이다.

② 직접비와 간접비

    ㉠ 직접비: 제조과정에서 단위제품에 직접 투입된 비용으로서 제품단위 원가로 추적이 가능해 직접 배분할 수 있어 직접원가라고도 한다. 직접재료비, 직접노무비, 직접경비로 구분된다.

ⓛ 간접비: 다수 제품의 제조과정에 공통적으로 소비된 비용으로 생산된 제품에 인위적으로 적당하게 배분하는 간접원가이다. 간접재료비, 간접노무비, 간접경비로 구분된다.

③ 변동비와 고정비

㉠ 변동비: 생산량 또는 판매량, 즉 조업도의 증감에 따라 비례적으로 증감하는 비용이다. 직접재료비, 직접노무비 등이 대표적이다.

ⓛ 고정비: 생산량 또는 판매량, 즉 조업도의 증감과는 상관없이 항상 일정하게 지출되는 비용이다. 감가상각비, 보험료, 지급임차료 등이 대표적이다.

3) 원가의 구성

① 직접원가 = 직접재료비 + 직접노무비 + 직접경비
② 제조원가 = 직접원가 + 제조간접비
③ 판매원가(총원가) = 제조원가 + 판매비와 관리비
④ 매출가(판매가) = 판매원가 + 이익

(3) 원가의 분류

1) 표준원가

표준원가는 공정상에서의 어떠한 원가손실도 가정하지 않으며, 최적의 제조환경에서 설계도에 따라 가장 이상적으로 제조과정이 진행된 경우에 구성되는 이론적인 원가이다.

2) 예정원가

예정원가는 과거 제조경험을 고려하고 향후 제조환경을 반영하여 미래에 산출될 것으로 기대하는 추정원가이다. 공급자가 입찰 또는 견적에서 제시하는 가격은 이 예정원가를 기초로 한다.

3) 실제원가

실제원가는 완제품의 제조과정에서 실제로 발생한 원가이다. 예정원가는 예상원가이나 실제원가는 확정원가이다. 또한 실제원가는 표준원가와 비교 및 분석되어 원가개선활동의 평가요소로 활용된다.

3.2 구매가격

(1) 가격결정 영향요인

구매가격은 매입원가의 대부분을 차지하므로 원가절감을 위하여 구매가격의 결정방식과 할인방법 등의 이해가 반드시 필요하다. 구매가격은 항상 변동되므로 구매가격의 결정을 위해서는 품목에 따라 기준가격을 설정하는 것이 필요한데, 시장에서 구매하는 시장품목의 기준가격은 시장조사를 통해 가격을 확인하고 가격변동 추세를 통계적으로 분석하여 기준가격을 설정할 수 있다. 외주품목의 기준가격은 재료비, 노무비, 경비, 관리비, 적정이익을 분석하고 적정가격을 추정하여 설정할 수 있다.

구매가격의 결정에 직접 영향을 주는 요인은 품질, 구매시점, 납기, 공급자, 구매방법, 유통경로, 지불조건 등이며, 발주 긴급성, 발주 반복성, 발주수량 등에 따라서도 구매단가가 변동된다.

(2) 가격결정 방식

구매가격은 판매가격 결정에 큰 영향을 미치므로 공급자의 판매가격결정 방법의 적정성을 평가하여 구매가격 협상에 반영하여야 한다.

1) 비용(원가) 중심적 가격결정

제품의 생산 또는 판매에 지출되는 총비용을 포함하고 목표이익을 달성할 수 있는 수준에서 가격을 결정하는 방식이다.

구분	내용
코스트 플러스 방식	제품원가에 판매비와 관리비, 목표이익을 가산함으로써 가격을 결정하는 방식
가산이익률 방식	제품단위당 매출원가에 적정이익이 가능한 가산이익률을 곱하여 가격을 결정하는 방식
목표투자이익률 방식	기업이 목표로 하는 투자이익률을 달성할 수 있도록 가격을 결정하는 방식
손익분기점분석 방식	손익분기점의 매출액 또는 매출수량을 기준으로 가격을 결정하는 방식

2) 구매자 중심적 가격결정

생산원가보다는 소비자의 제품에 대한 평가나 소비자들의 수요를 바탕으로 가격을 결정하는 방식이다.

구분	내용
구매가격 예측 방식	소비자의 구매의도, 구매능력 등을 고려하여 소비자가 기꺼이 지불할 수 있는 가격수준으로 결정하는 방식
지각가치 기준방식	소비자들이 직접 지각하는 제품의 가치를 물어보는 방법으로 소비자가 느끼는 가치를 토대로 가격을 결정하는 방식

3) 경쟁자 중심적 가격결정

경쟁환경을 고려하여 시장점유율을 높이기 위해 경쟁기업의 가격을 기준으로 가격을 결정하는 방식이다.

구분	내용
경쟁기업 가격기준 방식	자사의 시장점유율, 이미지, 제품경쟁력 등을 고려하여 판매이익보다는 경쟁기업의 가격을 기준으로 전략적으로 판매가격을 결정하는 방식
입찰경쟁 방식	입찰경쟁에서 경쟁자를 이기기 위하여 전략적으로 가격을 결정하는 방식

(3) 가격의 유형

1) 시중가격

시중가격이란 판매자와 구매자의 판단에 좌우되지 않고 시장에서 수요와 공급의 균형에 따라 가격이 변동하는 것으로, 시기나 환경에 따라 수요 또는 공급의 변동이 심한 야채, 어류, 꽃, 철광 등이다. 가격이 수시로 변동하므로 가격동향을 통하여 구입 시기를 결정하는 것이 유리하다.

2) 개정가격

개정가격이란 가격 그 자체는 명확히 결정되어 있지는 않으나 업계의 특수성이나 지역성 등으로 자연히 일정한 범위의 가격이 정해져 있는 것으로 판매자가 그 당시의 환경과 조건에 따라 가격을 정한다는 성격이 있다. 예컨대 자동차 업계에서 모델 변경 전·후의 판매가격 등이 해당된다.

3) 정가가격

정가가격이란 판매자가 자기의 판단으로 결정하는 가격이며, 서적, 화장품, 약국, 맥주 등과 같이 전국적으로 시장성을 가진 상품에 주로 적용한다.

4) 협정가격

협정가격이란 판매자 다수가 서로 협의하여 일정한 기준에 따라 가격을 결정하는 것으로서 일반적으로 공공요금 성격을 갖는 교통비, 이발료, 목욕료 등 공정거래를 위해 설정된 각종 업계의 협정가격이 있다.

5) 교섭가격

교섭가격이란 거래당사자 간의 교섭을 통하여 결정되는 가격으로 건축공사, 주문용 기계설비, 광고료 등이 이에 해당한다. 거래품목, 거래조건, 기타 거래환경에 따라 가격이 차이가 날 수 있으므로 교섭기술이 가격결정에 크게 영향을 미친다.

(4) 가격할인 방식

가격할인이란 고객을 확보하고 판매를 증진시키기 위한 차별적 가격정책의 한 유형이다. 효과적인 구매를 위해서는 다양한 가격할인 방식을 이해하고 적절한 구매조건을 제시하여 가격 교섭력을 높여야 한다.

1) 현금할인 방식

매매계약 시 연불(대금지급일을 연기) 또는 어음지불을 대금결제 조건으로 하거나 장기결제 등이 관례화되어 있는 경우에 지불기일 이전에 판매대금을 현금으로 지불하는 거래처에게 판매가의 일부를 차감해주는 방식이다. 할인폭의 결정은 일반적으로 이자, 수금비용, 대손손실 예측비 등에 해당하는 금액이며, 현금지불 거래처를 우대하고 자본회전율을 높이는 장점이 있다.

① 선일부현금할인(advanced dating)

거래일자를 늦추어 기입하여 대금지불 일자를 연기하여 현금할인의 기산일을 실제 거래일보다 늦추어 잡게 되는 방식이다. 예컨대 거래일이 10월 1일인 경우 거래일자를 10월 15일로 기입하고 '3/10 advanced'를 결제조건으로 하면 할인기산일로부터 10일 이내, 즉 10월 25일까지만 지불이 되면 3%의 현금할인이 적용되도록 하는 방식이다.

② 특인(특별)기간현금할인(extra dating)

할인판매 등의 특별히 인정된 기간 동안 현금할인기간을 추가로 적용하는 방식이다. 예컨대 '4/10 – 30 days extra'로 결제조건이 표시되는 경우는 거래일로부터 10일 이내의 현금지불에 대하여 4% 할인을 인정하며, 특별히 추가로 30일간 할인기간을 연장한다는 의미로서 거래일로부터 총 40일간 현금할인이 적용되는 방식이다.

③ 구매당월락현금할인(EOM : End of Month dating)

구매당월은 할인기간에 산입하지 않고 익월부터 시작하는 방식이다. 예컨대 3월 25일 거래일의 결제조건이 '3/10 EOM'인 경우 3%의 할인을 받으려면 4월 10일까지 대금을 지불하면 된다. 관습상 25일 이후의 구매는 익월에 행해진 것으로 간주되어 그 할인기간이 익월의 1일부터 기산되어지는 것이 보통이다.

④ 수취일기준현금할인(ROG : Receipt of Goods dating)

할인기간의 시작일을 거래일로 하지 않고 송장(invoice)의 인수일을 기준으로 할인하는 방식이다. 무역거래 등의 원거리 수송이 필요할 때 구매거래처의 대금지급일을 연기해주는 효과가 있다. 예컨대 '4/10 ROG'인 경우 선적화물 수취일로부터 10일 이내에 현금지급일 경우 4% 할인이 적용되는 방식이다.

⑤ 선불기일현금할인(anticipation)

현금할인 이외에도 현금할인 만기일 이전에 선불되는 기일에 비례하여 이자율을 차감해주는 방식이다. 예컨대 30일 이내에 현금지불 시 2%의 현금할인과 더불어 이자율 1%의 선불금 할인을 적용하는 방식이다.

2) 수량할인 방식

일정 거래량 이상의 대량구매자에 대한 할인방식으로서, 대량판매의 경우 상품회전율이 높아져서 보관비용과 재고투하자본비용이 절감되므로 그 비용의 절감분을 고객에게 환원시키는 할인방식이다. 수량할인은 실질적인 판매가격 할인효과가 있어 대량구매와 계속구매를 권장하는 판매효과가 나타날 수 있다.

① 비누적수량 할인과 누적수량 할인

비누적수량 할인은 1회 구매량을 기준으로 기준수량 이상을 일시에 구입할 때 판매금액의 일부를 할인하는 방식이다. 반면 누적수량 할인은 일정기간 동안의 총 구매량이 기준수량 이상일 때 적용하는 수량할인이다. 누적수량 할인에 비하여 비누적수량 할인이 비용의 절감효과가 크므로 비누적수량 할인 방식이 수량할인의 본래 목적에 더욱 적합한 방법이라고 할 수 있다.

② 품목별 할인과 총합적 할인

품목별 할인은 어떤 품목이 부피, 무게, 성질, 취급방법 등의 그 특성 때문에 판매과정에서 많은 비용이 발생할 때 판매비 절감효과가 큰 특정 품목에 대하여 수량할인을 적용하는 방법이다. 반면 총합적 할인은 판매비절감 차이가 품목별로 구분하기 어려운 유사한 품목으로 구성된 경우 적용하는 총 판매량에 대한 수량할인 방식이다.

③ 판매금액별 할인과 판매수량별 할인

판매금액 또는 판매수량의 단계별로 할인율을 다르게 적용하는 방식이다. 예를 들면 판매금액별 할인은 100만 원 미만까지는 할인율 0%, 100~200만 원 2%, 200만 원 이상은 3% 적용 등이다. 판매수량별 할인은 판매금액 대신 판매수량을 적용하는 방법이다. 한편 판매수량별 할인방식은 판매금액별 할인방식에 비하여 상품가격이 변화에 따라 할인금액 단계와 할인율을 조정할 필요가 없으므로 보다 적용이 수월할 뿐만이 아니라 할인율의 판매이익 기여효과에 대한 분석도 분명해지는 장점이 있다.

3.3 공급자 선정

효율적인 구매를 위해서는 구매목적에 적합한 공급자를 선정하는 것이 매우 중요한 전제 조건이 된다. 최적의 공급자는 가격·품질·납기·거래조건 등에서 구매자가 요구하는 기대수준 이상의 조건, 즉 낮은 가격, 불량률, 납기준수율, 결제조건, 기타 사후관리 등을 충족하는 공급자라고 할 수 있다. 공급자를 선정하는 방법은 평점 방식과 경쟁 방식이 있다.

(1) 평점 방식

평점 방식은 공급자에 대한 여러 가지 평가요소를 마련하고 각 평가기준을 측정할 수 있는 평가항목과 평가기준이 포함된 평가표에 의하여 평가대상 기업들을 평가한 후, 최고의 평가점수를 받은 기업을 공급자로 선정하는 방식이다. 이 방식은 다양한 평가요소를 이용하여 평가하므로 종합적이고 객관적인 평가가 가능하다는 장점을 가진다.

(2) 경쟁 방식

1) 일반경쟁 방식

구매대상 물품의 규격, 시방서, 구매조건 등의 내용을 널리 공고하여 일정한 자격을 가진 불특정 다수인의 입찰 희망자를 모두 경쟁 입찰에 참여시켜 구매에 가장 유리한 조건을 제시하는 공급자를 선정하는 방법이다. 입찰이란 다수의 경쟁자가 낙찰희망 예정가격을 기입한 신청서를 각자 제출하게 하여 그 중에서 최저 판매가 등을 제시한 입찰자를 선정하는 방법이다.

2) 지명경쟁 방식

구매담당자가 과거의 신용과 실적 등을 기준으로 하여 공급자로서 적합한 자격을 갖추었다고 인정하는 다수의 특정한 경쟁참가자를 지명하여 경쟁 입찰에 참가하도록 하는 방법이다. 이 방식은 신용, 실적, 경영상태가 우량한 공급자를 지명할 수 있으므로 구매 계약이행에 대한 신뢰성을 확보하고 구매계약에 소요되는 비용과 절차를 간소화할 수 있는 장점이 있으며, 특히 긴급구매에 적합하다. 한편 입찰참가자를 지명함에 있어 공정성을 염두에 두고 지명에 신중을 기하여야 한다.

3) 제한경쟁 방식

입찰참가자의 자격을 제한하지만 자격을 갖춘 모든 대상자를 입찰참가자에 포함시키는 방법이다. 일반경쟁 방식과 지명경쟁 방식의 중간적 성격으로서 두 방식의 단점을 보완하고 경쟁의 장점을 유지시켜 구매 목적을 효과적으로 달성하기 위한 방법이다.

4) 수의계약 방식

수의계약은 경쟁 입찰 방법에 의하지 않고 특정 기업을 공급자로 선정하여 구매계약을 체결하는 방법이다. 구매 품목을 제조하는 공급자가 유일한 경우, 구매조건을 이행할 수 있는 능력을 갖춘 경쟁자가 없는 경우, 구매금액이 소액인 경우, 또는 경쟁 입찰을 할 수 없는 특별한 상황인 경우 등의 특수한 사정이 있는 경우에 한하여 적용할 수 있다.

수의계약의 장·단점을 요약하면 다음과 같다.

장점	단점
• 절차가 간편하고 구매계약 과정에서 발생하는 비용과 인원을 절감할 수 있다. • 신용이 확실하고 안정적인 공급자를 선정할 수 있다. • 공급금액에 대하여 협의가 가능하므로 공급단가가 시중물가 급등에 크게 영향을 받지 않는다.	• 공급자를 선정할 때 공정성을 잃기 쉽고 정실계약이 될 수 있다. • 계약과정에 대한 의심을 받기 쉽다. • 불합리한 가격으로 계약이 체결될 수 있다. • 좋은 조건을 제시하는 다른 공급자를 선정할 기회가 상실된다.

3.4 구매계약

구매계약은 매매당사자간에 매매의사를 합의함으로 성립되는 법률적 행위이다. 모든 구매에서 구매계약을 반드시 해야 하는 것은 아니지만 거래금액이 클 경우, 장기간의 포괄적 거래내용을 정해야 할 필요가 있을 경우, 혹은 특별한 계약내용을 추가해야 하는 경우에는 계약의 근거를 확인하고 분쟁의 발생을 방지하기 위하여 매매계약서를 작성하는 것이 바람직하다.

(1) 구매계약의 성립

일반적으로 매매당사자가 매매계약서를 서로 교환하거나 계약서가 상대방에게 전달되면 계약이 성립된다. 또한 구매담당자의 구매통지나 주문서 전달만으로도 매매상대방이 매매를 승낙한다면 계약이 성립된 것으로 법률에 의해 규정되고 있다. 따라서 구매승낙 후의 계약서의 작성은 이미 성립한 계약내용을 문서화하는 형식적인 행위에 불과하지만 향후 거래과정에서 수량, 품질, 납기, 기타 거래조건에 대하여 문제가 발생할 가능성이 있을 경우에는 구매계약서를 작성하여 두는 것이 바람직하다. 한편 구매계약에 대한 해제는 이미 발생된 행위를 소급하여 무효로 함을 의미하며, 해지는 미래에 대해서만 법률적 효력을 무효로 함을 말한다.

(2) 거래조건

구매계약에서 구매조건은 다양한 내용을 포함할 수 있으며, 대표적인 거래조건에는 다음과 같은 사항을 들 수 있다.

- 대금지급 방법
- 가격인하 또는 할인내용
- 선급금 또는 전도금
- 물품 인도장소
- 하역·수송 방법 등

구매계약 시 총 계약금액을 결정할 때 총액 방식, 개별가격 방식, 희망수량 가격 방식 등을 이용하며, 계약수량을 기준으로 할 때에는 확정수량 방식이나 개산수량(수량을 계략적으로 계산) 방식에 의하여 계약금액을 결정하기도 한다.

제**4**장

무역관리

NCS 학습을 위한 능력단위 확인하기

능력단위	수준	능력단위 요소
수출입사전준비 (0204030201_24v2)	3	국내외 무역규범 파악하기 (0204030201_24v2.1)
		수출입계획 수립하기 (0204030201_24v2.2)
		수출입요건 구분하기 (0204030201_24v2.3)
		거래당사자 구분하기 (0204030201_24v2.4)
		수출입프로세스 정립하기 (0204030201_24v2.5)
		수출입서식 준비하기 (0204030201_24v2.6)
수출입계약 (0204030204_24v2)	5	국제계약규범 활용하기 (0204030204_24v2.1)
		계약체결방법 구분하기 (0204030204_24v2.2)
		수출입계약서 작성하기 (0204030204_24v2.3)
수출통관 (0204030210_24v3)	3	수출통관 준비하기 (0204030210_24v3.1)
		수출신고서 작성하기 (0204030210_24v3.2)
		수출신고하기 (0204030210_24v3.3)
		관세환급 받기 (0204030210_24v3.6)
수입통관 (0204030211_24v3)	3	해상화물 통관하기 (0204030211_24v3.1)
		항공화물 통관하기 (0204030211_24v3.2)
		수입신고하기 (0204030211_24v3.4)
		관세 등 제세 납부하기 (0204030211_24v3.5)
수출대금결제 (0204030212_24v3)	3	물품구매하기 (0204030212_24v3.1)
		해외로부터 물품확보하기 (0204030212_24v3.2)
		송금결제방식에 의한 대금수령하기 (0204030212_24v3.3)
		추심결제방식에 의한 대금수령하기 (0204030212_24v3.4)
		신용장 선적서류 매입하기 (0204030212_24v3.5)
수입대금결제 (0204030213_24v3)	3	무신용장방식 결제하기 (0204030213_24v3.1)
		신용장방식으로 결제하기 (0204030213_24v3.2)
		결제방식별 위험관리하기 (0204030213_24v3.3)

01 무역의 개요

1.1 무역의 의의

무역이란 국가 간에 재화와 서비스를 거래하는 활동과 자본의 이동까지 포함한다.

어떤 국가에서 비교우위의 상품을 생산하는 경우, 즉 다른 국가보다 효율적으로 생산할 수 있는 상품을 가지고 있다면 그 상품을 다른 국가에 판매하여 이익을 얻을 수 있으며, 반대로 다른 국가보다 효율적인 생산이 어려운 국가에서는 자체 생산보다 오히려 그 국가로부터 구매하는 것이 효율적일 것이다. 따라서 비교우위의 상품을 국가 간에 거래하는 국제 분업이 상호이익이 되며, 이것이 바로 무역 발생의 근본적인 이유이다.

무역은 재화의 수출입을 대상으로 하는 유형무역과 주로 서비스의 수출입과 기술의 대가를 받는 특허권, 상표권, 저작권 등을 대상으로 하는 무형무역으로 구별한다.

1.2 무역의 유형

무역은 거래주체, 거래방향과 방법 등에 의해 다양하게 구분될 수 있다.

(1) 국가의 간섭 정도에 따른 구분

1) 자유무역(free trade)

국가가 무역업자의 수출입행위에 대하여 일체의 간섭을 하지 않고 무역업자의 자유에 맡겨두는 무역이다.

2) 보호무역(protective trade)

국가가 자국의 유치산업과 성숙산업의 보호, 덤핑방지, 국제수지의 개선이나 군사 및 외교상의 이유로 외국물품의 수입을 제한하여 무역행위를 보호하는 무역이다.

3) 관리무역(controlled trade)

국가가 무역의 전체 또는 일부에 대하여 규제하고, 민간무역업자의 자유거래를 허가하지 않고 국가 또는 그 대행기관의 관리 하에 이루어지는 무역이다.

4) 협정무역(trade by agreement)

두 나라 또는 여러 국가 간에 무역을 증진시키거나 무역의 균형을 유지하기 위하여 무역거래에 관한 협정을 체결하고 이 협정에 따른 거래방식으로 국제수지의 불균형이 없도록 하기 위한 수단으로 사용되고 있다.

(2) 매매형태에 따른 구분

1) 직접무역

수출국과 수입국의 거래당사자가 제3자, 즉 제3국의 상인을 통하지 않고 직접적인 매매계약에 의하여 직접수출 및 직접수입을 하는 형태의 무역이다.

2) 간접무역

수출국과 수입국의 거래당사자 간의 직접적인 매매계약에 의하여 이루어지지 않고 제3자, 즉 제3국의 상인을 통하여 무역거래가 이루어지는 경우를 말한다.

구분	내 용
중계무역 (intermediary trade)	화물이 제3국에 도착한 후 원형 그대로 또는 약간의 가공만을 거쳐 수입국가에서 재수출함으로써 소유권을 이전시키는 형태
통과무역 (passing or transit trade)	수출물품이 수출국에서 수입국에 직접 인도되지 않고, 제3국을 통과하여 수입국가에 인도되는 경우에 제3국의 입장에서 본 무역거래 형태
중개무역 (merchandising trade)	수출국과 수입국 사이의 무역거래에 제3의 무역업자가 개입해서 중개인은 수출국 또는 수입국 상인으로부터 거래의 알선·중개에 따른 중개수수료를 받는 형태
스위치무역 (switch trade)	매매계약은 수출국과 수입국 사이에 체결되고 화물도 수출국에서 수입국으로 직행하지만, 대금결제만 제3국의 무역업자가 개입하여 제3국의 결제통화나 계정을 이용하는 무역거래 형태

1.3 무역에 관한 국제규범

(1) 무역관계 국제규칙

① 국제상업회의소(ICC)가 제·개정한 '화환신용장에 관한 통일규칙 및 관례'(Uniform Customs and Practice for Documentary Credits: UCP 600, 2007)
② 국제상업회의소(ICC)가 제·개정한 'Incoterms 2020(무역거래조건의 해석에 관한 국제규칙)'(International Rules for the Interpretation of Trade Terms, 2020)
③ 국제상업회의소(ICC)가 제·개정한 '추심에 관한 통일규칙'(Uniform Rules for the Collections: URC522, 1995)
④ 국제상업회의소(ICC)와 UN무역개발회의(UNCTAD)에서 공동으로 제정한 '복합운송증권에 관한 UNCTAD/ICC 규칙'(UNCTAD/ICC Rules for Multimodal Transport Document, 1992)

(2) 보험약관

해상보험에 관한 국제법규는 없으며 세계 각국이 거의 영국의 런던보험업자협회(ILU: Institute of London Underwriters)에서 제정하여 1963년에 개정한 협회적하약관(Institute Cargo Clause)과 1982년에 개정한 ICC(A)(B)(C) 약관을 사용하고 있으며, 영국 해상보험법(MIA: Marine Insurance Act)이 사실상 국제적 해상보험법의 역할을 하고 있다.

1.4 무역에 관한 국내법률

(1) 기본 법규

우리나라의 무역거래에 관한 법률 중 가장 기본적인 법은 대외무역법, 외국환거래법, 관세법 등이 있다. 대외무역법은 무역 전반에 걸쳐 사람과 물품에 대한 관리를 규정한 법이다. 그리고 외국환거래법은 이에 필연적으로 부수될 수밖에 없는 자본의 흐름에 대해 규정한 법이다. 관세법은 수출입 통관 및 제세부과와 징수의 요건 및 절차 등을 규정한 법이다.

1) 대외무역법

대외무역법은 대외무역 진흥, 공정한 거래질서 확립, 국제수지의 균형, 통상의 확대를 목적으로 제정되었으며, 우리나라 대외무역거래의 전반을 기본적으로 관리하고 조정하기 위한 일반법이며 기본법이다. 따라서 대외무역법은 우리나라의 무역정책과 밀접한 관련을 가지고 있다.

대외무역법은 무역업 및 무역대리업 등의 주체에 대한 관리, 수출입공고, 통합공고, 전략물자수출입공고 등의 대상에 대한 관리, 수출입승인제도 산업피해조사, 무역분쟁의 해결 등의 행위에 대한 관리, 수출입 질서유지, 벌칙 등의 행정관리로 구성되어 있다.

2) 외국환거래법

외국환거래법은 외국환거래체계에 관한 기본법규이다. 외국환거래와 그 밖의 대외거래의 자유를 보장하고 시장기능을 활성화하여 대외거래의 원활화 및 국제수지의 균형과 통화가치의 안정을 목적으로 한다.

주요 내용으로는 거주자와 비거주자의 구분, 외국환의 집중, 결제방법의 제한, 현지 금융 및 해외직접투자에 대한 제한 등이다.

3) 관세법

관세법은 관세의 부과와 징수, 수출입 물품의 통관을 적정하게 하여 관세수입의 확보를 목적으로 제정된 무역관련 법규이다. 관세법의 주요 내용으로는 과세와 징수, 국제 관세 협력, 보세구역, 통관 등에 대하여 규정하고 있으며, 관세제도는 관세감면제도, 관세환급 제도, 관세평가제도 등이 있다.

(2) 기타 법규

1) 전자거래기본법

전자거래기본법은 전자무역과 관련된 제반문제를 다루는 무역관련 법규로서 전자문서에 의한 거래의 법적효력을 규정함으로써 전자거래를 촉진하고 거래의 안전성, 신뢰성, 공정성을 확보하기 위하여 제정되었다.

2) 기타 무역법규

기타로 수출보험법, 수출검사법, 농수산물 수출진흥법, 관세 등 환급에 관한 특례법, 군납에 관한 법률, 수출지원 금융에 관한 제규정, 수출산업 공업단지 개발 조성법, 수출자유지역설치법 등의 다양한 무역관계법규가 있다.

1.5 무역관련 국내 기관

우리나라에는 대외무역법에 의거하여 등록 및 승인권한을 각 무역기관장에게 위임하고 있기 때문에 다음과 같이 다양한 무역관련 관계기관이 있다.

구분	기관	내용
무역업 및 무역대리점 신고기관	한국무역협회 (KITA)	무역업 및 무역대리점의 신청은 한국무역협회에 등록신청을 하여야 한다. 업체의 소재지와 관계없이 편리한 곳에서 신청이 가능
수출입관계 금융기관	갑종 외국환은행	갑종 외국환은행은 신용장개설, 신용장통지 및 확인, 화환어음의 매입, 송금 등 외국환업무를 취급
무역운송 및 보험관계기관	선박·항공회사 보험회사	선박회사, 운송주선인, 항공회사, 항공화물대리점, 해상보험회사 등이 해당
무역거래 알선 및 조사기관	대한상공회의소 (KCCI) 등	대한상공회의소(원산지증명서 발행), 공업연구소(수출검사증 취급), 대한무역투자진흥공사(KOTRA) 및 한국무역협회(수출입관계조사, 무역거래알선, 무역상담)
기타 무역 관계기관	세관 등	통관을 담당하는 세관, 수출품검사소, 공업연구소 등

개념 익히기

■ 무역관련 국제기구

구분	내용
세계무역기구(WTO) (World Trade Organization)	스위스 제네바에 본부를 두고 있으며, 무역자유화를 통한 전 세계적인 경제발전을 목적으로 하는 국제기구
국제상업회의소(ICC) (International Chamber of Commerce)	프랑스 파리에 본부를 두고 있으며, 제1차 세계대전 후 세계경제 부흥을 도모하기 위하여 세계 각국의 기업 및 사업자 대표들로 조직된 국제기관
UN무역개발회의(UNCTAD) (United Nations Conference on Trade and Development)	스위스 제네바에 본부를 두고 있으며, 선진국과 후진국 사이의 무역 불균형을 시정하여 개발도상국의 산업화 및 국제무역을 지원하고 심화된 남북문제를 해결하기 위해 1964년에 설치된 UN 총회의 상설기관으로 국제연합통상개발회의라고도 함

02 무역계약

2.1 무역계약의 의의

무역계약은 국제상거래 관습이 적용되고, 원격지에 있는 거래처간의 거래계약이며, 국가별 무역관리에 수반되는 내용과 절차상의 여러 제약이 있다는 측면에서 국내거래와는 차이가 있다. 그러나 금전적 대가를 지급하며, 계약에 의해 서로 책임과 의무가 발생한다는 점은 국내거래와 다를 바가 없다.

무역계약의 체결은 수출자의 청약(Offer)에 대하여 수입자의 승낙(Acceptance)이 있거나, 또는 수입자의 주문(Purchase Order: P/O)에 대하여 수출자의 주문승락(Acknowledgement)이 있는 경우에 성립된다.

(1) 무역계약의 중요성

무역계약의 중요한 목적은 양 거래당사자의 거래내용을 명확히 하고 계약당사자가 따라야 하는 기준을 설정해서 거래과정에서 불필요한 분쟁이 발생하지 않도록 하는 데 있다. 계약서가 잘 작성되어 있으면 그 계약서에 정한 바에 따라서 이행하면 분쟁의 여지가 없으며, 설사 분쟁이 발생한다고 하여도 중재조항에 따라 합리적으로 해결이 가능하다. 그러므로 무역거래에 있어서는 국제규칙에 따르는 정비된 계약서가 반드시 필요하게 된다.

(2) 무역계약의 종류

1) 개별계약(case by case contract)

매매거래마다 작성하며, 거래 당사자가 거래조건에 합의하면 계약이 성립된다. 매도계약서나 매입주문서 등이 있다.

2) 포괄계약(master contract)

포괄계약은 일반거래조건을 협의한 후 상호 합의점에 도달하였을 경우 그 내용을 문서화하여 교환하는 '일반적 거래조건 협정서'이다. 이것은 매거래시마다 여러 거래조건을 재확인하거나 재계약하는 번거로움을 없애는 장점이 있다.

3) 독점계약(exclusive contract)

수출입을 전문으로 하는 특정기업 간의 매매를 제약하는 계약으로, 독점계약서를 작성하여 교환한다.

(3) 무역계약의 기본조건

구분	세부사항
기본사항	• 무역거래 당사자 및 서명 • 계약확정 문언 • 계약체결일 및 계약의 유효기간(Validity) 등
상품자체사항	• 품질조건(Terms of Quality) • 수량조건(Terms of Quantity) • 가격조건(Terms of Price) • 포장조건(Terms of Packing)
계약이행사항	• 선적조건(Terms of Shipment) • 결제조건(Terms of Payment) • 보험조건((Terms of Insurance)
계약불이행사항	• 불가항력조항(Force Majeure Clause) • 클레임조항(Claim Clause) • 중재조항(Arbitration Clause)
정형거래조건 등	• 정형거래조건(Trade Terms) • 준거법(Governing Laws)

(4) 일반거래조건협정서의 개념

일반거래조건협정서(Agreement on General Terms and Conditions)는 무역거래의 어떤 상황에서도 공통적으로 적용될 수 있는 기본적이고 일반적인 거래조건을 거래 당사자 간에 합의하여 결정한 후, 이것을 문서화하고 서로 서명하여 교환하는 문서이다. 이 문서는 합리적이고 신속한 무역거래를 위해 간결한 표현을 사용하여 거래기준이 되는 조건을 정리하고 있다.

당사자 간 무역거래를 최초로 거래할 때는 미래의 다양한 거래상황을 대비하여 거래방법의 일관성을 유지하고 발생 가능한 클레임(Claim)을 예방하고 해결하기 위하여 일반거래조건협정서를 작성하는 것이 바람직하다.

무역매매계약이 성립되면 수출자는 매도계약서 또는 매매계약서 등을 작성하여 수입자에게 발송하며, 이때 이 협정서는 별도로 인쇄되거나 매도계약서의 이면 또는 하단에 인쇄된다.

2.2 무역조건에 대한 국제규칙

(1) 정형적 무역조건에 대한 국제규칙의 필요성

무역계약서에는 가격, 비용부담, 물품인도장소, 소유권, 위험의 이전 등에 관련된 여러 가지 약호를 사용하고 있으며, 정형적 무역조건이 관습적으로 사용된다. 그러나 이러한 약호나 관습적 조건들이 실제 무역거래에 있어서 표준화되거나 통일되지 않으므로 인해 오해와 분쟁을 일으키는 경우가 많았다. 이러한 분쟁을 회피하기 위하여 국제적으로 무역 조건의 해석에 관한 통일된 규칙이 요구되었으며, 현재 Incoterms가 국제적으로 가장 널리 통용되고 있다.

(2) Incoterms의 의의

Incoterms는 무역거래조건의 해석에 관한 국제규칙(International Rules for the Interpretation of Trade Terms)이라고 불린다. 국제상업회의소(ICC)가 무역계약에 있어 각국의 거래조건을 통일할 목적으로 1936년 제정한 국제규칙으로서 무역계약 시 화물 인수도의 일시 및 장소, 소유권의 이전, 위험의 이전, 운송계약, 운임지급, 보험계약, 통관 절차 및 관세지급 등에 대하여 매매계약 당사자의 권리와 의무에 관한 것을 구분해 주는 국제 통일규칙이다.

현재는 개정된 Incoterms 2020이 사용되고 있으며, Incoterms의 적용범위는 컴퓨터 소프트웨어와 같은 무형의 재화는 포함하지 않고, 유형의 물품거래에 관하여 매매계약 당 사자의 권리와 의무에 관련된 것에 한정된다.

(3) Incoterms 2020의 구조

1) 인도조건에 따른 분류

Incoterms 2020은 무역거래조건을 물품인도장소와 운임부담의 영역에 따라 4개 그룹, 11개 조건으로 분류하고 있다.

그룹	약호	정형거래조건
Group E: Departure (선적지인도조건)	EXW	Ex Works: 공장인도조건
Group F: Main Carriage Unpaid (운송비미지급인도조건)	FCA	Free Carrier: 운송인인도조건
	FAS	Free Alongside Ship: 선측인도조건
	FOB	Free on Board: 본선인도조건
Group C: Main Carriage Paid (운송비지급인도조건)	CFR	Cost and Freight: 운임포함인도조건
	CIF	Cost, Insurance, and Freight: 운임보험료포함인도조건
	CPT	Carriage Paid to: 운송비지급인도조건
	CIP	Carriage & Insurance Paid to: 운송비보험료지급인도조건
Group D: Arrival (도착지인도조건)	DAP	Delivered at Place: 지정목적지인도조건
	DPU	Delivered at Place Unloaded: 도착지양하인도조건
	DDP	Delivered Duty Paid: 관세지급인도조건

2) 운송수단에 따른 분류

① 해상운송조건

인도지점과 물품이 매수인에게 운송되는 장소가 모두 항구일 경우에 사용되는 조건이다.

정형거래조건	주요 설명
FAS (선측인도조건)	매도인은 물품을 선적이 가능한 상태로 선적항의 현측(선박의 곁)에 인도하면 비용과 위험부담이 종료되는 조건
FOB (본선인도조건)	매도인은 물품을 본선에 선적하고 그 물품이 본선의 난간(ship's rail)을 통과하였을 때, 인도의무를 이행한 것을 의미하는 조건 매도인의 비용부담은 본선의 적재비용까지이고 위험부담은 선적항 본선의 난간임

정형거래조건	주요 설명
CFR (운임포함인도조건)	매도인이 물품의 선적비용과 지정된 목적항까지의 운임을 지급하며, 선적항 본선의 난간을 통과하였을 때부터 위험부담 및 추가발생 비용은 매수인이 부담하는 조건
CIF (운임보험료포함인도 조건)	매도인은 CFR 조건과 동일한 의무를 부담하며, 운송 중 발생할 수 있는 물품의 손상 등에 대비한 보험료를 추가로 지급하는 조건

② 복합운송조건

운송수단에 상관없이 하나 또는 두 가지 이상의 운송수단을 이용하여 사용할 수 있는 조건이며, 해상운송을 이용하지 않을 경우나 운송의 일부 구간에 선박이 이용될 경우에도 사용이 가능한 조건이다.

정형거래조건	주요 설명
EXW (공장인도조건)	매도인의 공장 등에서 매수인에게 인도하는 조건으로 매수인이 운임, 보험료, 관세, 통관 등 목적지까지의 모든 비용과 위험을 부담하는 조건
FCA (운송인인도조건)	매도인이 수출통관을 한 후 물품을 매수인이 지명한 수출국의 운송인에게 인도하면 위험과 비용부담이 종료되는 조건
CPT (운송비지급인도조건)	매도인이 수출통관을 한 후 물품을 매수인이 지명한 수출국의 운송인에게 인도하면 위험부담은 종료되지만, 매수인이 지정한 수입국의 목적지까지 운송비용을 매도인이 부담하는 조건
CIP (운송비보험료지급 인도조건)	매도인이 수출통관을 한 후 물품을 매수인이 지명한 수출국의 운송인에게 인도하면 위험부담은 종료되지만, 매수인이 지정한 수입국의 목적지까지 운송비 및 보험료 매도인이 부담하는 조건
DAP (지정목적지인도조건)	매도인은 수입국의 지정 목적지에서 도착운송수단에 실린 채 양하 준비된 상태로 매수인의 처분 하에 놓이는 때에 매도인이 인도한 것으로 보는 조건이며, 양하 준비상태가 되었을 때 위험과 비용부담 의무가 종료되며 수입통관은 매수인의 부담
DPU (도착지양하인도조건)	매도인은 수입국의 지정 목적지에 양하를 한 후 인도가 이루어지는 조건이며, 양하가 완료되었을 때 위험과 비용부담 의무가 종료되며 수입통관은 매수인의 부담
DDP (관세지급인도조건)	매도인은 매수인이 지정한 장소에서 인도하는 조건으로 관세, 통관, 운임, 보험료 등의 비용과 위험을 매도인이 부담하는 조건

3) 정형거래조건별 비용 및 위험분기점

매도인을 기준으로 정형거래조건별 비용 및 위험분기점을 요약하면 다음과 같다.

정형거래조건	비용분기점	위험분기점	비고
EXW (공장인도조건)	매도인의 작업장	매도인의 작업장	매도인 최소의무
FCA (운송인인도조건)	수출국 지정장소	수출국 지정장소	EXW + 인도장소까지의 운송비용 + 수출통관비용
FAS (선측인도조건)	선적항 현측	선적항 현측	
FOB (본선인도조건)	선적항 본선	선적항 본선	
CFR (운임포함인도조건)	수입국 목적항(운임)	선적항 본선	FOB + 목적항까지의 운임
CIF (운임보험료포함 인도조건)	수입국 목적항(운임, 보험료)	선적항 본선	FOB + 목적항까지의 운임, 보험료
CPT (운송비지급인도조건)	수입국 지정목적지(운임)	수출국 지정장소	FCA + 목적지까지의 운임
CIP (운송비보험료지급 인도조건)	수입국 지정목적지(운임, 보험료)	수출국 지정장소	FCA + 목적지까지의 운임, 보험료
DAP (지정목적지인도조건)	수입국 지정목적지	수입국 지정목적지	양하하지 않고 매수인의 임의처분 상태 하에 둠
DPU (도착지양하인도조건)	수입국 지정목적지	수입국 지정목적지	매도인에게 물품 양하 의무 있음
DDP (관세지급인도조건)	수입국 지정목적지	수입국 지정목적지	매도인 최대의무

03 무역대금 결제

무역거래에서의 결제방식은 크게 신용장에 의한 결제와 무신용장방식의 결제로 구분한다. 신용장에 의한 방식은 취소불능화환신용장을 통한 결제방식을 말하며, 무신용장 방식은 다시 추심 방식과 송금 방식으로 구분될 수 있다.

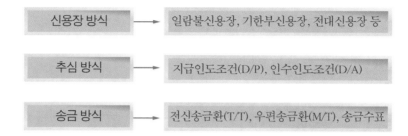

신용장 방식	→	일람불신용장, 기한부신용장, 전대신용장 등
추심 방식	→	지급인도조건(D/P), 인수인도조건(D/A)
송금 방식	→	전신송금환(T/T), 우편송금환(M/T), 송금수표

3.1 신용장 결제방식

(1) 신용장의 개념

신용장(L/C: Letter of Credit)이란 수출대금지급에 대한 은행의 확약서로서 신용장을 발행한 개설은행이 수출자에게 신용장의 여러 조건에 일치되고 약정기간 내에 신용장에서 요구하는 서류가 제시되었을 때 수출대금을 지급하겠다고 약속한 지불보증서를 말한다.

수입자는 거래은행에 자신의 신용보증을 위한 증서를 요청하여 이것을 수출업자에게 보내고 수출업자는 이 신용장에 근거를 두고 어음을 발행하게 된다. 신용장 발행은행이 수입자의 신용을 보증하게 되므로 수출자의 거래은행은 안심하고 수출자가 발행한 환어음을 매입할 수 있으며, 수출자는 수입자의 신용상태를 직접 조사하지 않더라도 확실하게 대금을 받을 수 있게 된다.

신용장은 신용장 개설은행이 신용장에 명시된 조건에 일치되고 약정기간 이내에 신용장상에 요구하는 서류가 제시되었을 때 수출자에게 대금을 지급하는 조건부 지급확약이다.

(2) 신용장의 분류

신용장은 그 목적과 용도에 따라 다양한 분류기준을 갖는다. 신용장의 사용대상자를 기준으로 할 때, 일반신용장은 비상업적 거래용이며, 무역거래의 결제를 위해 사용되는 신용장을 통칭하여 상업신용장(Commercial Credit)이라 한다.

상업신용장은 다음과 같이 무담보신용장(Clean L/C)과 화환신용장(Documentary L/C), 특수신용장으로 구분한다. 무역대금의 결제수단으로 주로 이용되는 것은 화환신용장이다.

1) 무담보신용장

무담보신용장은 선적서류의 첨부를 지급조건으로 하지 않는다. 이 경우에는 수출자가 선적서류를 수입자에게 직송하고 은행에는 환어음만 제출하여 대금회수를 한다. 이러한 무담보신용장은 운임, 보험료, 수수료 등의 무역외 거래의 결제에 주로 이용된다.

2) 화환신용장

화환신용장은 수출업자가 수출대금 회수를 위하여 발행한 환어음의 지급, 인수 매입을 요청할 때에는 반드시 물권증서로서 선하증권, 보험증권, 상업송장 등의 선적서류를 첨부하여 은행에 제시할 것을 요구하는 신용장을 말한다. 즉 개설은행이 수출자가 발행한 환어음을 선적서류의 첨부를 조건으로 대금지급 및 매입을 약속하는 취소불능신용장이다. 화환신용장에 의한 결제방식은 다시 다음과 같은 방법으로 구분할 수 있다.

① 일람불신용장(Sight Credit)

신용장에 의해 발행된 환어음이 일람불(요구불)인 신용장이다. 따라서 개설은행에 환어음을 제시하는 즉시 대금이 지불되는 방식이다.

② 기한부신용장(Usance Credit)

신용장에 의해 발행되는 환어음의 기간이 일람불이 아니라 기한부인 신용장이다. 대금의 결제는 어음상의 약정기간(Usance)이 경과한 후에 대금을 결제 받는 방식이다. 결제대금이 부족한 수입자는 기한부신용장을 발행함으로써 약정기간 동안 수입품을 매각하여 대금을 상환할 수 있다는 장점이 있기 때문에 실제로 많이 이용되고 있다.

③ 전대신용장(Red Clause or Packing Credit)

신용장 개설은행이 수출자에게 선적서류를 받기 전에 미리 수출대금 중 일부 금액을 지급할 수 있도록 보증한 신용장이다. 수출하기 위해 많은 자금을 필요로 하는 수출자가 신용장을 담보로 거래은행으로부터 수출금액의 일부를 미리 지급받아 수출대금에 충당하기 위한 방법이다.

3) 특수신용장

특정 은행만이 선적서류의 매입을 취급할 수 있는 신용장을 말한다. 매입은행 지정 신용장과 매입은행 제한 신용장이 이에 속한다. 일반적으로 통지은행만이 매입을 취급할 수 있고 지정되지 않은 은행은 매입을 취급할 수 없다.

(3) 신용장의 효용

신용장은 무역거래에서 가장 많이 이용되고 있는 결제수단이며, 그 이유는 다음과 같은 효용을 가지고 있기 때문이다.

1) 수출자에 대한 효용

① 수출대금 회수보장: 개설은행의 신용으로 물품대금 지급이 약속되므로 대금회수가 확실하다.

② 매매계약 이행보장: 신용장이 개설되면 체결된 계약의 일방적인 취소 또는 변경 등을 할 수 없어 거래가 확정된다.

③ 외환변동위험 회피: 수입국의 외환시장 악화에 따른 대외지불 중지 등 환결제 위험을 회피할 수 있다.

④ 수출대금 신속회수: 물품이 선적되면 수입자 소재지의 은행이 신용장을 매입하므로, 즉시 수출대금 회수가 가능하다.

⑤ 무역금융 활용가능: 입수한 신용장을 담보로 은행으로부터 무역금융 지원을 받을 수 있으며, 이것을 활용하여 자기자금이 부족하더라도 수출이 가능하다.

2) 수입자에 대한 효용

① 상품인수 보장: 수출자는 대금회수를 위해 신용장에서 요구한 운송서류를 정확히 제시해야 하므로 계약상품이 제대로 선적될 것이라는 확신을 가질 수 있다.

② 상품인수시기 예측가능: 신용장에는 최종선적일과 유효기간이 명시되어 있어 계약상품이 적기에 도착할 것이라고 확신할 수 있다.

③ 대금결제 연기효과: 선적서류보다 수입물품이 먼저 도착하는 경우에는 화물을 선취하여 상품을 판매하는 기간 동안 대금결제를 연기할 수 있는 효과를 얻을 수 있다. 또한 기한부신용장을 개설한 경우에는 환어음에 대한 인수와 함께 선적서류를 찾을 수 있으므로, 수입상품을 판매한 후 만기일에 수입대금을 상환할 수 있어 자기자금이 부족하여도 수입이 가능하다.

(4) 신용장에 의한 거래과정

수입자와 수출자가 매매계약을 체결하면서 대금결제를 신용장 방식에 의하기로 합의하면 무역거래는 신용장을 이용하여 거래가 진행된다. 일반적으로 신용장 방식에 의한 거래과정을 살펴보면 다음과 같다.

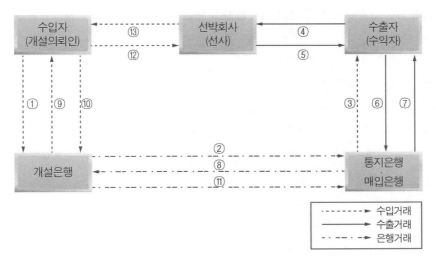

📄 상세설명

① L/C개설: 수입자가 개설은행에 L/C 개설 요청

② L/C통지: L/C 개설 후 개설은행에서 통지은행으로 L/C 통지

③ L/C통지: 통지은행에서 수출자에게 L/C 통지

④ 선적: 수출자는 선사에게 화물 인도

⑤ B/L인도: 화물인수 후 선사는 수출자에게 B/L 인도

⑥ NEGO: 수출자는 매입은행에게 선적서류(B/L포함)를 제시하고 대금지불 요청

⑦ 대금결제: 매입은행은 L/C와 선적서류 확인 후 수출자에게 대금지불

⑧ 추심: 매입은행은 L/C와 선적서류를 개설은행에 발송하여 대금지불 요청

⑨ 상환청구: 개설은행은 L/C와 선적서류를 수입자에게 제시하고 대금상환 요청

⑩ 상환: 수입자는 개설은행에 대금상환하고 선적서류 인수

⑪ 상환: 개설은행은 매입은행에게 대금지불

⑫ B/L제시: 수입자는 선사에 B/L 원본을 제시하고 화물인도 요청

⑬ 화물인도: 선사는 화물인도지시서를 교부하여 본선에서 화물인도

3.2 추심 결제방식

추심 결제방식은 신용장 없이 수출자가 물품을 선적한 후 수출지에 있는 추심의뢰은행을 통해 수입업자에게 대금을 청구하고 수입지에 있는 추심은행을 통해 대금을 회수하는 결제방식이다. 이 결제방식은 은행의 지급확약이 없으므로 상호 성실한 계약이행에 의존하여 결제가 진행된다.

수출자는 매매계약서를 작성한 후 물품을 먼저 선적하고, 화환추심어음을 발행하여 추심은행을 통해 수입자로부터 수출대금을 회수하게 된다. 여기에서 추심은행과 추심의뢰은행은 수출대금을 추심하거나 송금해주는 역할을 할뿐 대금지급에 대한 책임을 지지 않기 때문에 무역거래 당사자 간에 서로 신뢰가 있는 경우에만 가능하며, 어음발행은 대금지급과 물품인수의 근거로서 반드시 필요한 요소이다.

> **개념 익히기 ○**
>
> ■ **추심의뢰은행(remitting bank)**
>   수출자를 대신하여 수출지에서 수입자 거래은행에게 대금지급청구서(환어음)와 선적서류(선하증권, 보험증권, 상업송장 등)를 발송하는 은행
> ■ **추심은행(collecting bank)**
>   수입자에게 수출자의 환어음과 선적서류를 제시하여 수출대금을 받아주는 은행

(1) 추심 결제방식의 유형

이 방식은 결제시기에 따라 지급인도조건(D/P: Document against Payment)과 인수인도조건(D/A: Document against Acceptance)으로 구분한다.

1) 지급인도조건(D/P: Document against Payment)

수입자가 대금지급을 해야 추심은행이 선적서류를 인도하는 방식으로 추심의뢰은행의 지시대로 대금을 송금한다. D/P는 일람불(요구불) 거래방식으로 추심은행과 수입업자가 환어음과 선적서류를 현금과 교환하는 것이 특징이다.

이 방식은 수출자가 선적완료 후 일람불 환어음을 발행하여 추심의뢰은행을 거쳐 수입자의 추심은행에 수출대금의 추심을 요구하면 추심은행은 수입자에게 어음을 제시하여 일람지급을 받고 선적서류를 인도하게 되는 방식이기 때문에 수출업자가 수출대금의 지급을 보장받을 수 있다.

2) 인수인도조건(D/A: Document against Acceptance)

D/A는 수입자가 기한부 환어음을 인수하면서 추심은행이 제시하는 인수증에 수입업자가 'accepted'라고 기입하고 서명날인을 하면 추심은행이 수입자에게 선적서류를 넘겨주게 되고 어음만기일에 현금을 추심하는 방식이다. 따라서 결제시기로 볼 때 D/A는 기한부 (Usance) 거래이고, D/P는 일람불 거래에 해당한다.

(2) 추심 결제방식의 거래과정

추심 결제방식에 의한 거래과정을 살펴보면 다음과 같다.

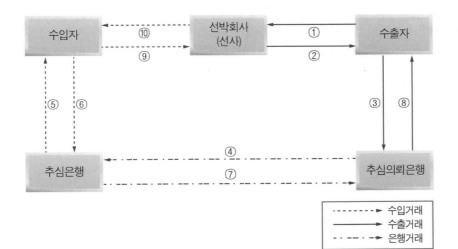

상세설명

① 선적: 수출자는 선사에게 화물 인도
② B/L 인도: 화물 인수 후 선사는 수출자에게 B/L 인도
③ 추심의뢰: 수출자는 추심의뢰은행에게 선적서류(B/L포함)를 제출하고 추심의뢰
④ 추심의뢰: 추심의뢰은행은 선적서류를 추심은행에 발송하여 추심의뢰
⑤ 서류제시: 추심은행은 선적서류를 수입자에게 제시하고 D/P 또는 D/A 요청
⑥ D/P 또는 D/A 이행: 수입자는 추심은행에게 D/P 또는 D/A 이행하고 선적서류 인수
⑦ D/P 또는 D/A 통지: 추심은행은 추심의뢰은행에게 수입자의 D/P 또는 D/A 사실통지
⑧ D/P 또는 D/A 통지: 추심의뢰은행은 수출자에게 수입자의 D/P 또는 D/A 사실통지(D/P 시에는 대금결제)
⑨ 서류제시: 수입자는 선사에 선적서류를 제시하고 화물인도 요청
⑩ 화물인도: 선사는 화물인도지시서를 교부하여 본선에서 화물인도

3.3 송금 결제방식

송금을 통한 결제방식은 추심 방식과 같이 무신용장 방식이다. 송금방식에서는 수출자가 선적서류를 수입자에게 직접 송부하고 수입자는 수입대금을 수출자에게 직접 송금하므로 신용장 방식이나 추심 방식에 비하여 은행에 지급하는 수수료 등의 금융비용이 적게 들고 결제과정이 단순하다. 반면에 거래에서 은행의 지급보증이 없으므로 대금회수의 보장이나 상품입수 보장이 불가능하다. 따라서 이 방식은 거래 당사자 간에 깊은 신뢰가 전제되어야 하며, 본사와 해외지사간의 거래에서 많이 볼 수 있는 형태이다.

추심 방식은 수출자가 수입자에게 지급을 요청하여 결제가 이루어지나, 송금 방식은 수입자로부터 결제행위가 진행된다는 특징이 있다. 또한 송금 방식은 준수해야 할 국제규범이 없기 때문에 거래당사자는 필요한 경우 자신에게 유리하도록 얼마든지 거래조건을 변형하여 운영할 수도 있다.

(1) 송금의 형태

송금거래에 사용되는 송금환의 형태는 전신송금환, 우편송금환, 송금수표 등이 있다.

1) 전신송금환(T/T: Telegraphic Transfer)

우편송금환과 방법은 동일하나 지급지시서(payment order)를 우편 대신 전신으로 보내는 방식이다. 신속하게 통보되고 즉시 결제되므로 수출자는 전신송금환을 선호하게 되며, 반면 수입자는 전신료 부담을 갖게 된다.

2) 우편송금환(M/T: Mail Transfer)

수입자가 거래은행에 수입대금을 위탁하고, 수출자에게 지급해주도록 요청하고, 수입자 거래은행은 수출자 거래은행으로 지급지시서(payment order)를 우편으로 보내는 방식이다. 지급지시서를 접수한 지급은행은 수출자에게 통보한 후 수출자의 신분을 확인하고 수출대금을 지급하며, 지급지시를 한 수입자의 거래은행의 예금계정에서 대금을 인출한다.

3) 송금수표(Demand Draft)

은행수표가 보편적으로 이용되며, 수입자가 거래은행에서 교부받아 수출자에게 송부하고 수출자는 지급은행에 수표를 제시하여 수출대금을 회수하여 대금결제가 이루어진다.

(2) 송금 방식의 유형

송금 방식의 결제는 송금시기에 따라 사전송금 방식과 사후송금 방식으로 구분한다.

1) 주문불(CWO: Cash with Order) 방식

사전송금 방식으로서 선불(CIA: Cash in Advance) 방식이라고도 한다. 미리 물품대금이 결제되지 않으면 수출자가 선적을 하지 않는 방식이며, 수출자가 대금회수를 확실히 보장받는 방법이다. 수입자의 신용을 파악하기 어려운 경우에 주로 사용한다.

2) 일부선불(Advance Money) 방식

수입자는 주문과 동시에 대금의 일부를 선지급하고 잔금은 선적이 완료되어 선적서류를 인수할 때 지급하는 방법이다. 일부 사전송금 방식의 성격을 포함하고 있다.

3) 누진불(Progressive Payment) 방식

수입자가 무역물품의 선적 진행단계에 따라 대금을 분할하여 지급하는 방식이다. 일반적으로 선적이 완료된 후에 대금을 지급하는 방식이 많지만 주로 선박, 기계류, 설비 등과 같이 제작기간이 오래 소요되는 경우에 주문체결 시 1/3, 선적 시 1/3, 화물이 도착한 후 잔액을 지급하는 것과 같은 방법이 이용된다. 일부 사전송금 방식의 성격을 포함하고 있다.

4) 연불(Deferred Payment) 방식

사후송금 방식으로서 선적서류가 수입지에 도착하더라도 거래당사자가 사전에 합의한 약정기간이 경과된 후에 대금이 지급되는 방법이다. 수입자는 대금지급 전에 먼저 상품을 판매하여 수입대금을 상환할 수 있다는 특징이 있다. 수출대리점이거나 또는 수입자의 신용이 확실하고 수출대금의 회수가 시급하지 않을 때 적용된다.

5) 현물상환불(COD: Cash on Delivery) 방식

사후송금 방식으로서 수입물품이 수입지에 도착하면 선적서류를 가진 수출자 대리인과 수입자가 함께 수입통관을 한 후 수입자가 직접 품질검사를 하여 물품과 상환하여 수입대금을 지급하고 물품을 인수해가는 방식이다. 귀금속 등의 고가품과 같이 사전 품질검사가 필요한 경우 주로 사용되며, 대금회수의 위험은 없으나 수입자가 인수를 거절하면 물품을 반송하거나 현지에서 다른 구매자를 찾아야 하는 어려움이 있다.

6) 서류상환불(CAD: Cash against Documents) 방식

사후송금 방식으로서 현물 대신에 B/L 등의 선적서류와 상환하여 수입자가 수입대금을 지급하는 방식이다. 수출자가 선적 후 수입자 대리인에게 선적서류를 제시하면 대금을 결제하게 된다. 이 방식에서는 수입자 대리인이 수출지에서 제품의 제조과정이나 품질을 선적 전에 확인할 수 있다.

7) 청산결제(O/A: Open Account) 방식

무역거래에서 물품은 계속 선적하고 대금은 일정 기간에 한 번씩 누적된 것을 결제하는 방식이다. 수출자가 물품을 선적하고 '선적통지'를 하면, 매 선적통지일로부터 일정기간이 경과한 후에 해당 물품대금을 수출자에게 송금하여 결제하는 선적통지 조건의 기한부 사후송금 결제 방식이다.

수출상의 입장에서 볼 때 수입상의 신용에만 의존하는 불안한 방식의 거래이므로, 주로 대기업의 본지사간에 발생하는 빈번한 거래의 결제나 대금회수의 위험이 없는 확실한 고정거래처와의 결제방식으로 이용된다.

8) 상호계산(Current Account) 방식

본사와 지사 등 무역거래 당사자가 서로 특수한 거래관계에 있을 때, 무역물품을 선적할 때마다 대금을 결제하지 않고 장부에 기입하여 두었다가 일정기간마다 서로 지급 금액을 상계하고 잔액만을 결제하는 방식으로 장부상 결제를 의미한다. 무역거래가 서로 빈번하여 매번 결제를 하면 금융비용이 많이 들기 때문에 금융비용을 절감하려는 데 목적이 있다.

04 환어음과 환율

4.1 환어음

오늘날 무역거래에서 수출자들은 수출대금의 회수를 위해 대부분 환어음을 발행하고 있다. 수출물품을 선적한 수출자는 선적서류를 첨부하고 수입자 앞으로 환어음을 발행하여 수출대금의 지급을 요청하게 된다.

환어음(bill of exchange)이란 어음상의 지급금액을 지급기일에 어음상의 권리자(수취인 또는 지시인)에게 무조건 지급할 것을 어음의 발행인이 어음의 지급인에게 위탁하는 유가증권이다.

무역거래에서 사용되는 환어음과 관련하여 문제가 발행할 때에는 환어음의 효력에 대한 준거법으로 행위지 국가의 법을 따르고 있다. 즉 발행에 관해서는 발행지 국가의 법이 적용되고 지급에 관한 행위에 대해서는 지급지 국가의 어음법이 적용된다.

개념 익히기 ●

■ 환어음(bill of exchange)의 발행인과 지급인
- 발행인: 환어음의 발행인은 수출자
- 지급인: 수입자 또는 수입자가 지정한 거래은행
- 수취인: 환어음의 지급금액을 지급받는 자이며, 발행인이 발행인 스스로를 지명할 수 도 있고 제3자가 될 수도 있다.

---

1) 무담보환어음과 화환어음

무담보환어음(clean bill of exchange)은 환어음 그 자체만으로 결제가 될 수 있는 어음이며, 주로 운임, 수수료, 보험료 지급 등에 이용되지만 최근에는 거의 사용되지 않는다. 화환어음(documentary bill of exchange)은 선적서류가 첨부된 어음으로 수출대금의 결제용으로 사용된다.

2) 일람불환어음과 기한부환어음

일람불환어음(sight bill of exchange)은 지급인에게 제시된 날에 즉시 금액이 지급되는 어음이며, 기한부환어음(usance bill of exchange)은 제시된 날부터 일정기간이 지난 후에 지급이 이루어지는 어음이다. 기한부환어음의 지급유형은 일람 후 정기출급, 일부 후 정

기출급, 확정일 출급으로 구분된다.

일람 후 정기출급의 경우는 지급인에게 환어음이 제시된 날로부터 지정된 기간 후에 지급되며, 일부 후 정기출급의 경우는 발행일로부터 지정된 기간 후에 지급되고, 확정일 출급의 경우는 환어음 상에 구체적인 지급일이 명시되어 있다.

4.2 환율의 유형

환율(exchange rate)이란 서로 다른 국가의 통화 간의 교환비율을 말한다. 이 교환비율은 각국 통화의 대외적인 가치와 상품구매력을 나타내고 있다. 환율에 따라 수출입 대금결제와 관세의 세액결정 과정에서 비용과 이익이 달라지므로 환율변동은 매우 중요한 의미를 갖는다.

환율은 외환에 대한 수요와 공급에 의하여 결정되므로 외환에 대한 시장가격의 성격을 갖는다. 따라서 각 외국환은행은 외국환거래에 적용할 환율을 매일 고시하게 된다.

환율에는 다양한 유형이 있으며, 그 중 대표적으로 외환시장의 매매율, 외국환은행간 매매율, 매매기준율, 외국환은행 대고객매매율 등을 들 수 있다.

이 중에서 외국환은행 대고객매매율(customer rate)은 외국환은행이 고객과 외환거래를 할 때 적용하는 환율로서 매 영업일마다 외국환은행장이 외국환은행간 매매율을 기준으로 하여 자율적으로 정하여 적용한다. 외국환은행 대고객매매율의 세부적인 유형은 다음과 같다.

- 전신환(T/T: Telegraphic Transfer)매매율: 환어음의 결제를 전신으로 행하는 경우 적용되는 환율로서 환어음의 송달이 1일 이내에 완료되므로 우송기간 동안의 금리가 환율에 영향을 미치지 않는 순수한 의미의 환율이며, 타 매매율 결정의 기준이 된다.
- 현찰매매율: 외국환은행이 고객과 외화현찰거래를 할 때 적용하는 환율이다.
- 일람출급환어음 매매율: 일람출급환어음의 매매에 적용되는 환율로서 환어음의 우송 기간에 대한 금리를 전신환매매율에서 가감하여 정한다.
- 기한부어음 매입률: 기한부환어음을 매입할 때 적용하는 환율로 일람출급환어음 매입률에서 어음기간 동안의 금리를 차감한 것이다.

05 선적서류

선적서류(shipping documents)란 수출화물의 선적을 증명하는 제 서류를 말하며, 신용 장통일규칙에서는 그냥 서류(documents)라고 부른다. 수출자는 화환어음의 담보로 선적 서류를 이용하게 되며, 수입자는 수입물품의 인수를 위하여 사용하게 된다. 신용장에 기 입된 내용에 따라 서류의 종류가 달라지지만 일반적으로 필수적인 서류와 기타 부속서류로 구분하고 있다.

- 필수서류: 선하증권(또는 운송서류), 보험증권, 상업송장
- 부속서류: 포장명세서, 원산지증명서, 품질증명서, 검사증, 용적 및 중량증명서 등

5.1 운송서류

선하증권이나 항공화물운송장 등이 있으며, 운송물품의 인수확인 또는 영수증으로의 역할뿐만 아니라 소유권 증명으로서의 역할도 하게 된다.

(1) 선하증권

선하증권(B/L: Bill of Lading)은 운송위탁인(화주)과 운송회사(선박회사) 간에 체결한 해상운송계약을 근거로 선박회사가 발행하는 유가증권이다. 이 증권은 운송화물 수령을 확인하고 운송목적지에서 선하증권의 정당한 소지인에게 운송화물을 인도할 것을 약속하는 유가증권으로서 선적된 화물을 대표하는 증서로서의 역할을 한다. 따라서 선하증권의 소 지자는 선박회사에 대하여 화물의 인도를 청구할 수 있으므로 화물에 대한 소유권리 증뿐만 아니라 채권으로서의 효력을 가지며, 배서 또는 인도하여 소유권을 양도할 수 있는 특성을 갖고 있다.

(2) 항공화물운송장

항공운송은 선박운송에 비하여 수송기간이 단축된다는 장점을 갖는다. 항공화물운송장 (AWB: Air Waybill)은 항공운송 계약에 화물의 수령확인, 영수증, 세관신고서로서의 역 할 등을 한다. 항공화물운송장은 선하증권과 성격이 유사하지만 항공화물운송장은 운송 목적지에서 명기된 수하인에게만 전달되며, 다음과 같은 몇 가지 차이점이 있다.

구분	선하증권	항공화물운송장
작성인	선박회사	운송의뢰인
발행시기	선적완료 후	창고반입 후
수하인	무기명 또는 지시식	기명식
양도성(유통성)	있음	없음

(3) 기타

기타 신용장에서 이용되며, 선하증권과 유사한 성격을 가진 운송서류는 철도화물상환증, 트럭화물상환증 등이 있다.

5.2 보험증권

(1) 보험증권의 의의

보험이란 운송과정에 발생하는 사고로 인한 피보험자의 손해를 보험회사가 보상하여 줄 것을 약속하고 피보험자는 그 대가로 보험료를 지불하는 제도이다. 운송화물에 대한 보험성립을 증명하는 서류는 보험증권(Insurance Policy)이며, 이외에 보험증명서(Insurance Certificate)나 보험승인서(Cover Note)가 간혹 사용된다.

보험증권은 운송거래마다 보험계약이 체결되어 개별보험증권이 발행된다. 보험증권은 유통성 증권이어야 하며, 보험조건의 확인을 위하여 보험증권에 보험약관이 첨부되어야 한다. 선적서류로서의 보험증권은 해상보험증권을 의미한다.

보험증명서는 동일 물품이 반복적으로 운송될 때마다 사전에 발급받은 포괄보험증권에서 보장하는 물품임을 증명하는 서류이며, 보험승인서는 보험가입이 완료된 사실에 대한 보험영수증 수준의 역할만 하고 있다.

(2) 해상보험증권

해상보험(Marine Insurance)이란 해상운송사고로 발생하는 손해의 보상을 위한 손해보험의 일종이다. 해상보험계약의 당사자는 보험계약을 체결하고 보험료를 지불하는 보험계약자, 보험료를 받아 해상위험을 부담하는 보험자, 그리고 보험대상물품에 손해가 발생한 경우 보상을 받는 피보험자로 구성된다. 수출입 매매계약의 조건에 따라 보험계약자와 피보험자에 차이가 있다. FOB 계약에서는 수입자가 보험계약자인 동시에 피보험자가 된다. 반면 CIF 계약에서는 수출자가 보험계약자가 되고, 수입자가 피보험자가 된다.

해상보험증권은 1981년 UNCTAD가 채택한 신양식을 적용하며, 주요 기재사항으로는 피보험자 성명, 선적항과 도착항, 선박명, 출항예정일, 보험금액, 보험목적물 등이다.

5.3 상업송장

송장(Invoice)은 원거리에 떨어진 매도인이 매수인에게 발송하는 선적화물의 계산서 및 내용명세서이며, 상업송장과 공용송장으로 구분한다. 무역거래에서의 송장은 상업송장을 의미하며, 수출자가 작성하여 환어음 및 다른 선적서류들과 함께 수입자에게 보내는 필수적인 서류이다.

상업송장(Commercial Invoice)은 거래물품의 단가, 부대비용, 보험료, 총금액, 지불방식, 지불시기 등을 표기하고 있으며, 거래계산서 및 대금청구서의 역할을 한다. 따라서 환어음의 발행금액과 상업송장의 총액이 일치하여야 한다. 또한 수입상품의 내용과 그 정확성을 입증할 수 있으므로 수입통관 시 세관신고의 증명자료로서도 중요하다.

5.4 기타 서류

기타 서류로는 포장명세서, 원산지증명서, 품질증명서, 검사증, 용적 및 중량증명서 등이 있다. 포장명세서(Packing List)는 기타 서류 중 하나이며, 외관상 구분하기 어려운 포장된 운송물품의 구분을 위하여 발행되는 서류이다. 기재내용은 포장단위번호, 포장단위별 명세, 포장단위별 순중량 및 총중량, 포장단위별 수량과 일련번호, 용적 등이다.

06 수출물품의 확보

수출자는 수출물품 생산을 위하여 자체 생산하거나 또는 국내 협력기업과 생산계약을 체결하게 된다. 이 때 수출물품의 생산에 필요한 원자재나 완제품을 국내에서 조달할 경우에 내국신용장이나 구매확인서가 이용된다.

6.1 내국신용장

내국신용장(Local L/C)은 원신용장(Master L/C)을 소지한 수출자가 수출용 완제품 또는 그 제조에 필요한 원자재를 국내에서 조달하기 위하여 원신용장을 근거로 국내공급자를 수익자로 하여 국내에서 다시 개설하는 신용장이다.

내국신용장의 개설의뢰인은 수출신용장, 즉 원신용장을 소지한 수출자이며, 국내에서는 수출용 완제품이나 원자재에 대한 구매자가 된다. 내국신용장의 개설은행은 일반적으로 수출자의 거래은행이며, 내국신용장의 수익자에게 대금의 지급을 약속하게 된다. 따라서 내국신용장의 개설의뢰인인 수출자는 무역금융과 개설은행의 지급보증을 통하여 수출용 완제품이나 원자재를 국내에서 쉽게 조달할 수 있다는 이점을 갖는다.

한편 내국신용장의 수익자인 수출용 완제품(원자재) 공급자도 국내의 구매자에게 판매하는 것이지만 수출로 인정되므로 무역금융 혜택을 받을 수 있다. 또한 매출액을 수출실적으로 인정받으므로 관세환급도 받을 수 있게 되며, 부가가치세 영세율이 적용되어 매출에 따른 세금부담이 없는 장점이 있다. 뿐만 아니라 원수출자인 구매자의 수출 여부에 상관없이 내국신용장 개설은행으로부터 판매대금을 확실하게 회수할 수 있다는 장점을 갖는다.

> **개념 익히기**
>
> ■ 무역금융
> 무역금융은 신용장(L/C)을 받은 수출자에게 수출품 생산에 필요한 원자재나 완제품의 조달자금에 대하여 거래은행이 낮은 이자로 지원하는 대출이다.

6.2 구매확인서

구매확인서는 내국신용장 개설한도가 부족하거나 내국신용장 개설대상이 아닌 경우에 국내에서 외화획득용 원료 등의 구매를 원활하게 지원할 목적으로 내국신용장 취급규정에 의하여 외국환은행장이 발급하는 증서이다.

내국신용장과 마찬가지로 수출용 원자재를 공급하는 업체에게 수출실적으로 인정을 해주거나 부가가치세를 영세율로 적용하지만, 내국신용장은 개설은행의 대금지급 보증을 받을 수 있는 데 반해 구매확인서는 발급은행이 지급보증을 하지 않는다는 차이점이 있다.

07 수출입통관 실무

7.1 수출통관 절차

수출통관이란 수출용 물품을 외국으로 반출하는 것을 허용하는 세관장의 처분을 말한다. 수출통관은 관세법의 규정에 따르며, 세관에서는 수출통관절차를 통해서 관세법은 물론 대외무역법, 외국환관리법 등 각종의 수출규제에 관한 법규의 이행사항을 최종적으로 확인할 수 있다.

수출통관절차는 수출하고자 하는 물품을 세관에 수출신고하고 필요한 검사 및 심사를 거쳐 수출신고가 수리되면 수출신고필증을 교부받아 적합한 운송수단에 적재하기까지의 절차를 의미한다. 수출품에 대한 수출통관절차는 다음과 같다.

> 수출신고 → 수출신고심사 → (수출검사) → 수출신고수리 → 수출신고필증교부

1) 수출신고

생산이 완료된 수출물품은 수출자의 제조공장 또는 제품창고 등 세관검사를 받고자 하는 장소에 보관하고 물품소재지의 관할세관장에게 수출신고를 한다. 수출물품의 제조가 완료되기 이전이라도 수출신고가 가능하며, 수출물품의 보세구역 반입의무는 폐지되었다.

수출신고는 전자데이터교환(EDI: Electronic Data Interchange)방식 또는 인터넷에 의한 무서류(P/L: Paperless)방식을 원칙으로 한다. 수출신고는 적합한 운송수단의 적재단위(B/L 또는 AWB 등)별로 해야 한다.

2) 수출신고심사 및 수리

세관에서는 수출신고서의 관세법, 대외무역법, 외환관리법의 성실이행 여부를 심사한 후 원칙적으로 수출검사를 생략하고 수출신고를 수리한다.

신고서의 수리방법은 자동수리, 즉시수리, 검사 후 수리, 선적 전 검사 조건부 수리 등이 있다. 수출검사는 실제 수출되는 물품이 수출신고 된 물품과 규격, 수량, 성질 등이 동일한지 여부를 확인하는 과정이다. 일반적으로 수출검사를 생략하는 경우가 많고, 특별히 지정된 경우에만 검사를 실시한다.

3) 수출신고필증

수출신고를 하여 심사가 수리된 수출물품에 대하여 세관장은 수출신고필증을 발행하여 수출신고자에게 교부한다. 수출신고가 수리된 수출물품은 수리일로부터 30일 이내에 적합한 운송수단에 선적하여야 한다.

7.2 수입통관 절차

우리나라로 들어오는 모든 외국물품은 관세법에서 규정하고 있는 수입통관절차를 마쳐야만 내국물품이 되어 국내로 들어올 수 있다. 수입통관이란 수입신고를 받은 세관장이 신고사항을 확인하여 수입신고 사항과 수입물품이 동일하고 수입과 관련된 법규정을 충족하였는지 여부를 확인한 후 외국물품을 내국물품으로 허가하는 행정행위이다.

수입물품에 대한 수입통관절차는 다음과 같다.

> 수입신고 → 수입신고서류심사 → (물품검사) → 수입신고수리 → 수입신고필증교부

1) 수입신고

수입물품을 선적한 선박은 입항한 후에 부두에 물품을 하역하고 하역된 물품은 원칙적으로 보세구역에 장치한다. 단, 수입신고가 이미 수리된 경우에는 보세구역에 장치할 필요가 없다. 수입자는 수입물품에 대하여 수입신고서, 선하증권 또는 항공화물운송장, 기타 필요서류를 해당 세관에 제출하여 수입신고를 한다.

수입신고의 시기는 운송상황 등의 사정에 따라 출항 전 신고, 입항 전 신고, 입항 후 보세구역도착 전 신고, 보세구역 장치 후 신고 등으로 구분되어 진다.

2) 수입신고서류심사

수입신고서를 접수한 세관은 즉시수리, 심사 및 현품확인, 물품검사 중 한 가지 방법을 선택하여 수입신고서를 처리한다.

- 즉시수리: 신고서와 제출 서류의 형식적 요건만 확인한 후 서류심사나 수입물품에 대한 검사를 생략하고 즉시 수입신고를 수리하는 방법이다.
- 심사 및 현품확인: 심사는 신고된 과세가격의 적정 여부, 법규 충족 여부 등을 확인하기 위하여 서류를 검토하고 필요하면 현품을 확인하는 절차를 거친다.
- 물품검사: 수입물품과 신고물품의 일치여부를 확인하기 위하여 일부 발췌검사 또는 전량검사를 실시한다.

3) 수입신고수리 및 수입신고필증교부

세관장은 관세법 규정을 적법하게 이행한 수입신고를 지체 없이 수리하고 수입신고필증을 교부해야 한다. 수입신고필증을 교부받은 수입자는 수입물품을 반출할 수 있다.

(7.3) 관세

관세(customs duty, tariff)란 한 나라의 경제적 경계, 즉 관세선(customs line)을 통과하는 물품에 대하여 부과되는 조세이다. 관세선은 일반적으로 정치적인 국경선과 일치하지만 완전한 자유항의 경계 또는 관세동맹을 체결한 동맹국의 국경까지 확대할 수 있다.

관세의 부과와 징수에 관한 사항은 관세법을 따른다. 관세법은 관세의 부과, 징수, 수출입물품의 통관, 관세수입의 확보를 목적으로 하며 세율 및 품목분류, 보세구역, 운송수단 등을 정의하고 있다.

(1) 관세의 산정과 납부

1) 관세의 산정

관세를 과세하기 위해서는 과세요건인 과세물건, 납세의무자, 세율, 과세표준이 정해져야 한다. 과세물건은 과세 부과대상으로서 수입신고 시 신고 된 수입물품이다. 납세의무자는 원칙적으로 수입자이며 세율은 우리나라의 경우 관세율표를 따른다. 과세표준은 세액을 결정하는 데 기준이 되는 과세물건의 가격 또는 수량을 말한다. 과세가격 결정방법은 총 6가지가 있는데 일반적으로 제1방법인 수입물품에 대한 CIF 가격조건을 적용하며, 관세는 원화로 환산된 과세가격에 관세율을 곱하여 결정한다.

2) 관세의 납부

우리나라는 수입신고수리 후 관세 납부제를 도입하여 통관절차와 과세절차를 분리하고 있다. 또한 현행 수입신고제는 수입신고수리 후에 관세를 납부하는 사후납부제도이다.

관세의 납부방식은 납세액을 산출하여 자진신고하고 납부하는 신고납부제도와 세관장이 납세액을 결정하여 납부고지서로 발급하고 이에 따라 납부하는 부과고지방식이 있다. 각 납부방식에 따른 납부기한은 다음과 같다.

- 납세의무자가 관세를 결정하여 자진 신고한 경우: 수입신고가 수리된 날로부터 15일 이내
- 세관장이 납부세액을 결정하여 납부고지서를 발부한 경우: 납세고지서를 받은 날로부터 15일 이내

(2) 관세환급

관세환급제도는 수출용 원자재를 수입할 때 납부한 관세와 내국세를 환급해 주는 제도이다. 이 제도는 수입된 원재료를 이용하여 만든 물품을 수출할 때 수출자에게 환급해 주며, 물품의 수출가격을 낮춤으로써 가격경쟁력을 높여 수출을 촉진하기 위한 목적을 갖고 있다.

환급액을 산출하기 위해 방식과 제도는 다음과 같다.

- 개별 환급 제도: 수출 물품 제조에 소요된 원재료의 품명·규격·수량과 동 원재료의 수입 시 납부세액을 원재료 품목별로 확인하여 환급금을 산출하는 방법
- 간이 정액 환급 제도: 수출 물품별로 사전에 정해 놓은 간이 정액 환급율표에 의한 산출방식으로 개별 환급을 받을 능력이 없는 중소기업의 수출을 지원하고 환급 절차를 간소화하기 위하여 도입된 제도

제3부

생산이론

제**1**장

생산계획 및 통제

NCS 학습을 위한 능력단위 확인하기

능력단위	수준	능력단위 요소
작업계획수립 (0204010304_23v3)	5	작업 투입계획 수립하기 (0204010304_23v3.1)
		작업부하 조정하기 (0204010304_23v3.2)
		작업 진도관리하기 (0204010304_23v3.3)

01 생산관리의 이해

1.1 생산관리의 의의

(1) 생산관리의 개념

생산관리란, 생산시스템의 생산효율을 극대화할 수 있도록 생산활동이나 생산과정을 관리하는 것이다. 즉 생산시스템을 계획·지휘·조정·통제함으로써 생산효율을 극대화시키는 일련의 관리활동을 의미한다.

여기서 생산(production)이란 생산 요소(투입물)를 유·무형의 경제제(산출물)로 변환시킴으로써 효용을 산출하는 과정이다.

기업은 이와 같이 생산·운영관리 활동을 통해서 고객의 요구를 충족시킬 수 있도록 특정의 제품을 적정하게 만들어야 하며, 나아가 얼마의 원가로 만들 것인지에 관한 기업 내부적 요구를 동시에 충족시켜야 한다.

이러한 일련의 생산관리를 통해 기업은 보다 양질의 제품을 보다 신속하고 저렴하게 생산할 수 있게 된다.

(2) 생산관리의 목표

생산관리의 목표는 생산성과 경제성의 향상에 있다. 생산시스템은 일종의 투입-산출 시스템이다.

생산·운영관리는 이러한 시스템을 효율적으로 관리함으로써 투입에 대한 산출의 비율을 극대화하고자 하며, 산출물을 물량으로 표현할 때에는 생산성이 되지만 가치액으로 표현하면 경제성의 향상이 된다.

생산·운영관리의 구체적 목표는 다음과 같이 원가(비용), 품질, 시간(납기), 유연성으로 구분할 수 있다.

1) 원가(비용) - 최소의 원가 목표이다.

생산에 투입되는 재료비, 노무비, 제조경비를 적절하게 통제하며, 생산효율화를 위해 완제품과 원자재의 재고는 최소한으로 유지한다.

2) 품질 - 최고의 품질 목표이다.

높은 품질이란 경쟁업체의 품질보다 월등히 높고 비싼 가격에도 불구하고 잘 팔릴 수 있을 만큼 충분히 좋은 품질로 정의된다.

3) 시간(납기) - 최단의 시간 목표이다.

고객이 원하는 시간과 장소에 제품이나 서비스를 인도할 수 있는 생산의 능력을 의미한다.

4) 유연성 - 최대의 유연성이다.

수요의 변동에 따라 생산수량을 신속히 조절할 수 있고, 소비자의 요구나 취향에 맞추어 신속하게 신제품을 개발하거나 제품디자인을 다양하게 변경할 수 있는 능력을 말한다.

 생산성

(1) 생산성의 개념

생산성(productivity)이란 제품 생산이나 서비스 제공에 있어 투입대비 얼마만큼의 산출이 이루어졌는지를 나타내는 지표, 즉 생산을 위해서 투입된 재화와 용역에 대한 생산효과 또는 산출액의 비율로서 생산활동에 투입된 모든 경제적 자원의 효율성을 의미한다.

> 생산성 = 산출량 ÷ 투입량

(2) 생산성의 측정

생산성 측정은 단일의 투입요소로 측정되는 부분생산성, 두 가지 이상의 투입요소로 측정되는 다요소생산성, 모든 투입요소로 측정되는 총요소생산성 등으로 측정될 수 있다. 생산성 척도는 주로 측정목적에 따라 다음의 예와 같이 다르게 선택된다. 예컨대 측정목표가 노동생산성이라면 노동력이 주된 투입척도가 된다.

┃생산성 측정 유형의 예┃

부분 척도	산출량 ÷ 노동, 산출량 ÷ 기계, 산출량 ÷ 자본, 산출량 ÷ 에너지
다요소 척도	산출량 ÷ (노동 + 기계), 산출량 ÷ (노동 + 기계 + 자본)
총요소 척도	제품 혹은 서비스 ÷ 생산활동에 사용된 모든 투입량 생산된 모든 산출물 ÷ 사용된 모든 투입물

▮부분생산성 척도의 예▮

노동생산성	• 노동 시간당 산출량 • 교대 횟수당 산출량 • 노동 시간당 부가가치 • 노동 시간당 산출물의 화폐가치
기계생산성	• 기계작동 시간당 산출량 • 기계작동 시간당 산출물의 화폐가치
자본생산성	• 투자된 화폐 단위당 산출량 • 투자된 화폐 단위당 산출물의 화폐가치
에너지생산성	• 전력사용 시간당 산출량 • 전력사용 단위당 산출물의 화폐가치

실무예제

[생산성]
1) 3명의 작업자가 8시간 동안 페인트 공사 1,200㎡를 완성하였다.
   노동생산성 = 페인트 공사 규모 / 작업시간
   = 1,200㎡ / (3명 × 8시간)
   = 50㎡ / 시간
2) 2대의 기계가 5시간 동안 1,000개의 부품을 생산하였다.
   기계생산성 = 부품생산량 / 생산시간
   = 1,000개 / (2대 × 5시간)
   = 100개 / 시간

실무예제

[생산성 향상]
10시간의 작업시간을 들여 제품 10개를 만들었는데, 공정을 개선하여 제품 1개당 작업시간을 20% 단축시켜 같은 양의 제품을 생산할 수 있다면 이 회사의 생산성은 얼마나 향상되었는가?
• 10시간에 10개 생산하면 시간당 1개 생산
• 8시간(작업시간 20% 단축)에 10개 생산하면 시간당 1.25개 생산
   생산성 향상 = (1.25 − 1) ÷ 1 = 0.25(25% 향상)

02 생산시스템

2.1 생산시스템의 기본구조

생산시스템은 생산목표를 달성하기 위해 각종 자원을 효율적으로 결합하여 제품이나 서비스를 만들어 내는 것을 의미한다. 다음의 도표와 같이 생산시스템은 기본적으로 투입, 변환과정, 산출, 피드백이라는 구조이다.

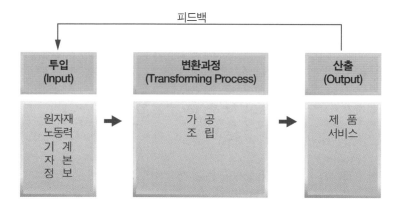

2.2 생산시스템의 설계

생산시스템 설계는 다음과 같이 제품설계, 공정설계, 생산능력 결정, 입지선정, 설비배치, 작업설계 및 측정의 단계로 진행되며, 때로는 다음 단계의 결정이 앞의 단계에 영향을 미치기도 한다.

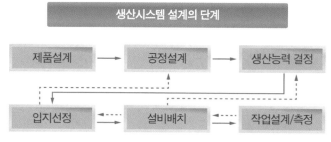

생산시스템 설계의 단계

※ 실선은 단계를 나타낸다. 그러나 점선과 같이 뒷 단계의 결정이 앞의 단계에 영향을 미치기도 한다.

① 제품설계: 고객의 요구사항, 경쟁제품, 시장상황 등을 분석하여 무엇을 생산할 것인 가를 결정한다.

② 공정설계: 제조방식을 결정하는 것으로 어떻게 생산할 것인가를 결정한다. 생산공정 은 프로젝트 공정, 배치생산 공정, 대량생산 공정, 연속생산 공정 등으로 구분된다.

③ 생산능력 결정: 일정기간 동안 특정한 조직이 만들어낼 수 있는 최대의 생산량을 결 정한다.

④ 입지선정: 제품을 생산하는 물리적 공간의 결정은 생산투입요소의 공급비용을 최소 화하여야 한다.

⑤ 설비배치: 제품생산을 위한 자재의 흐름, 고객에게 서비스를 제공하기 위한 업무흐 름에 따라 시설을 배치한다.

⑥ 작업설계 및 측정: 각 공정 내에서 개별 작업 하나에 대하여 작업내용과 작업방법을 결정한다. 작업시간 측정은 동작연구(motion study)에 의해 특정 작업에 필요한 미 세한 동작을 분해한 다음, 시간연구(time study)에 의해 동작에 소요되는 시간을 측 정하여 표준작업시간을 도출한다.

(2.3) 생산시스템의 유형

생산시스템의 기본구조를 바탕으로 생산시스템과 공정을 설계할 때, 생산방식이나 제 조전략에 따라 다음과 같이 분류할 수 있다.

(1) 생산방식에 따른 분류

1) 프로젝트(Project Shop) 생산방식

건물이나 교량, 선박 등의 경우에 생산 장소의 제한을 받으며, 제품은 고정되어 있고 자재 투입 및 생산공정이 시기별로 변경되는 이들은 제조의 개념보다는 구축의 개념이 적합한 제품들이다.

제품구조를 중심으로 한 BOM을 만들 수는 있으나, 한번밖에 사용되지 않기 때문에 MRP를 적용하기에는 비효율적이다.

이 방식에서는 작업분류체계(WBS: Work Breakdown Structure)에 기초하여 각 행위 의 전후관계와 소요기간을 활용한 전통적 스케줄링 방식인 PERT/CPM 기법이 주로 사용 된다.

2) 개별(Job Shop) 생산방식

항공기, 치공구, 가구, 기계장비 등 개별주문에 의한 방식이다. 소량생산이 이루어지므로 공장의 구성이 유동적이다.

작업장은 여러 종류의 부품을 가공해야 하므로 범용성 있는 장비가 사용되며, 비슷한 기술이나 장비를 기준으로 만들어진다. 작업 대상물이 필요한 작업장으로만 이동되며 제품이나, 생산량의 변경이 비교적 용이하나 재공 재고가 많다.

3) 반복 생산방식

자동차, 텔레비전, 카메라, 컴퓨터 등 주로 반복생산이 이루어지고 있는 제품으로써 대량데이터 처리, 시간단축 등으로 효율화시킨 MRP가 적용되고 있으며, 부품조달과 절차개선에 JIT 기법이 광범위하게 이용되고 있다.

4) 흐름(Flow Shop) 생산방식

액체, 기체, 혹은 분말 성질을 가진 석유, 화학, 가스, 음료수, 주류, 철강 등의 제품에 적용된다.

즉 한두 종류의 원자재가 파이프라인을 통해 공정으로 이동되고, 각 공정의 옵션에 따라 몇 가지의 제품을 생산하는 방식이다. 반복생산보다 더 많은 자동화가 이루어져 거의 작업자의 손을 거치지 않는다.

개념 익히기

Job Shop, Flow Shop, Project Shop의 특징

Job Shop(개별생산)	Flow Shop(흐름생산)	Project Shop
• 단속생산 • 주문에 의한 생산 • 범용기계 • 공정별 기계배치 • 큰 유연성 • 숙련공 • 공장 내의 물자이송(물류)량이 큼	• 연속생산 • 특수기계의 생산라인 • 적은 유연성 • 물자이송(물류)량이 적음 • 전용기계 • 제품별 배치 • 비숙련공도 투입 • 대량 및 재고생산 (make-to-stock)	• 제품은 고정 • 설비나 작업자가 이동

(2) 제조전략에 따른 분류

1) 계획생산(MTS: Make-To-Stock)

Make-To-Stock은 주로 생산계획에 의해 운영되는 Push System으로 완제품을 재고로 가지고 있다가 고객의 주문에 맞추어 공급하는 전략이다. 대부분의 공산품은 이러한 전략으로 생산된다.

Make-To-Stock으로 생산되는 제품들은 일반적으로 저가품이며, 소품종 대량생산 제품으로 다양한 옵션을 가지고 있지 않다.

2) 주문생산(MTO: Make-To-Order)

Make-To-Order는 고객의 주문에 의해 운영되는 Pull System으로 고객의 주문이 들어오면 원자재의 가공, 반제품의 생산 및 완제품의 조립이 이루어지는 형태이다. 고객의 주문이 접수되기 전에는 고객의 요구사항을 정확하게 파악할 수 없기 때문에 주문접수 후 일정, 수량, 자재 등이 결정된다.

따라서 다품종 소량생산 형태를 띠게 된다.

3) 주문조립생산(ATO: Assemble-To-Order)

Assemble-To-Order는 주문생산(MTO)의 일종으로 반제품을 재고로 보관하고 있다가, 고객의 주문에 맞추어 조립한 후에 제품을 공급하는 전략이다.

주로 자동차와 같이 옵션의 종류가 많고 고가인 제품의 생산전략으로 이용된다.

4) 주문설계생산(ETO: Engineer-To-Order)

Engineer-To-Order는 주문생산(MTO)의 일종으로 고객의 주문이 들어오면, 설계부터 시작해서 자재의 구입, 생산 및 조립을 하는 생산전략이다.

주로 항공기, 선박 그리고 금형 등 고가제품이면서 고객의 요구사항이 설계단계에 반영되어야 하는 제품의 생산에 이용된다.

이러한 생산전략은 해당 업체가 생산 제품별로 다르게 선택할 수도 있으며, 복수의 전략을 선택할 수도 있고, 제품의 수명주기 상에서 어떤 위치에 있는가를 기준으로 시점에 따라 생산전략을 다르게 선택할 수도 있다.

개념 익히기

계획생산(MTS)과 주문생산(MTO)의 비교

구분	계획생산(MTS)	주문생산(MTO)
운영방식	수요예측	고객주문
운영시스템	Push System	Pull System
주요 관심대상	수요예측, 생산계획, 재고관리	납기준수

(3) 제품의 수명주기(Life Cycle)에 따른 구현전략

신제품이 출시되면서 서서히 성장하다가 성숙기를 거쳐 쇠퇴기에 접어들게 된다. 제품의 출시부터 생산 및 판매중단까지를 제품의 수명주기(life cycle)라고 한다.

제품의 수명주기는 도입기, 성장기, 성숙기, 쇠퇴기로 구분되는데, 생산되고 있는 제품이 현재 수명주기 상에서 어떤 위치에 있는가를 기준으로 각 시점에 따른 전략을 구현하여야 한다.

구분	구현전략
도입기(Introduction)	• R&D, 제품과 공정설계(비용, 일정관리) • 공급자를 고려한 공급망 설계
성장기(Growth)	• 예측(예측오차, 시간과 비용의 최소화) • 생산능력의 전략적 결정
성숙기(Maturity)	• 경쟁기업의 출현 • 기술과 제품의 혁신이 필요 • 원가와 품질의 경쟁력 확보
쇠퇴기(Decline)	• 제품의 단종이 타 제품군에 미치는 영향 분석 후 생산규모 축소 및 철수를 전략적으로 판단

03 수요예측

수요예측은 기업 외부환경과 기업내부 생산자원 활용의 관계를 연결시켜 주면서 경영계획의 기초가 되므로 경영활동에서 매우 중요하다. 특히 판매에 대한 수요예측은 재고계획의 기초가 되어 생산계획을 세우는 데에 중요한 역할을 한다.

수요예측이란 재화나 서비스에 대하여 일정 기간 동안에 발생할 가능성이 있는 모든 수요(잠재＋현재(유효)수요)의 규모를 추정하는 것이다.

3.1 수요예측 방법

예측방법은 다음의 도표와 같이 크게 정량적 방법과 정성적 방법 두 가지로 구분된다. 정량(계량)적 방법은 계량화된 객관적인 자료를 이용하는 방법이며, 정성적 방법은 객관적인 자료가 없을 경우에 체계적으로 개인의 판단과 의견을 종합하여 분석하는 방법이다.

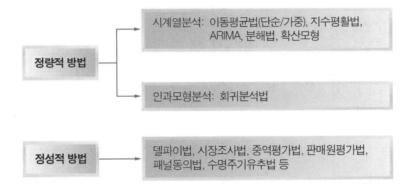

(1) 정량(계량)적 방법

1) 시계열분석

시계열분석 방법은 시간의 흐름에 따라 일정한 간격마다 기록한 시계열 데이터를 분석하여 예측하는 방법으로, 주로 단기 및 중기예측에 이용된다. 대표적으로 이동평균법, 지수평활법, ARIMA, 분해법, 확산모형 등의 방법이 있다.

시계열 데이터에는 다음과 같은 변동요인이 포함되어 있으므로 분석과정에서 반드시 고려되어야 한다.

- 경향 및 추세변동: 오랜 기간 동안의 수요 경향 또는 추세적으로 나타나는 장기적인 변동
- 순환변동: 경기변동 등과 같이 1년 이상의 기간에 걸쳐 발생하는 일정한 주기의 변동
- 계절변동: 매년 반복되는 계절 변화에 따른 단기적인 변동
- 불규칙변동: 우발적으로 발생하는 불규칙적인 변동

① 이동평균법

일정 기간 동안의 제품 판매량을 기준으로 장기간의 평균적인 추세를 통해 수요를 예측하는 방법이다. 이동평균법은 과거 일정 기간의 실적치에 동일한 가중치를 부여하여 단순평균치로 계산되는 단순이동평균법과 일정 기간 중 최근의 실적치에 높은 가중치를 부여해 계산하는 가중이동평균법이 있다.

> **실무예제**
>
> **단순이동평균법과 가중이동평균법의 계산**
> 월간판매량이 다음과 같을 경우, 7월의 판매량 예측결과를 단순이동평균법과 가중이동평균법을 통해 계산하시오.
>
> | 월 | 1월 | 2월 | 3월 | 4월 | 5월 | 6월 | 7월 |
> |---|---|---|---|---|---|---|---|
> | 판매량(개) | 25 | 30 | 40 | 46 | 51 | 55 | ? |
>
> - 단순이동평균법
>   7월의 예측판매량 $= (0.25 \times 40) + (0.25 \times 46) + (0.25 \times 51) + (0.25 \times 55) = 48$개
> - 가중이동평균법
>   7월의 예측판매량 $= (0.10 \times 40) + (0.20 \times 46) + (0.30 \times 51) + (0.40 \times 55) = 50.5$개

② 지수평활법

예측 대상제품의 모든 판매량 자료를 이용하여 최근의 자료일수록 더 큰 비중을, 오래된 자료일수록 더 작은 가중치를 부여하여 계산하고 그 추세를 통해 수요를 예측하는 방법이다. 이때 평활상수(계수) α값의 범위는 $0 \leq \alpha \leq 1$이며, 평활상수 α값이 크면 최근의 변동을 더 많이 고려한다는 의미이고, α값이 작아지면 과거의 변동을 더 많이 고려한다는 의미이다.

- 당기예측치 = 지수평활계수(α) × 전기실적치 + (1 − 지수평활계수(α)) × 전기예측치
- 차기예측치 = 당기예측치 + 지수평활계수(α) × 최근의 예측오차(당기실적치 − 당기예측치)

실무예제

지수평활법
지난 8월은 총 500대의 컴퓨터를 판매하였으며, 8월의 판매예측치는 450대였다. 평활계수는 0.2일 경우에 9월의 예측치는 얼마인가?
당기예측치 = 지수평활계수(α) × 전기실적치 + (1 – 지수평활계수(α)) × 전기예측치
= 0.2 × 500 + (1 – 0.2) × 450
= 460대

③ ARIMA(Auto Regressive Integrated Moving Average)

판매자료 간의 상관관계를 분석하여 상관요인과 이동평균요인으로 구분하고, 이를 통해 수요를 예측하는 방법이다. 계절변화에 따른 수요변화 등을 분석하는데 주로 이용된다.

④ 분해법

과거 판매 자료가 갖고 있는 특성의 변화를 추세변동, 순환(주기)변동, 계절변동, 불규칙변동 등으로 구분하여 예측한 후 이를 종합하여 수요를 예측하는 방법이다. 계절성이 있는 소비재의 경우에는 오랜 기간의 과거자료를 이용하여 분석하는 것이 예측의 정확도를 높일 수 있다.

⑤ 확산모형

제품수명주기이론을 바탕으로 제품이 확산되는 과정을 혁신효과와 모방효과로 구분하여 추정하고 이를 통해 수요를 예측하는 방법이다. 과거 데이터의 수집이 불가능하거나 초기 데이터 일부만 활용이 가능한 상황일 때 제품수명주기 이론을 바탕으로 수요를 예측하며, 주로 신제품이나 신기술에 대한 수요예측에 많이 활용된다.

2) 인과모형분석

인과모형분석 방법에는 수요와 밀접하게 관련되어 있는 변수들과 수요와의 인과관계를 분석하여 선형모형을 만들어 수요를 예측하는 회귀분석법이 있다. 단일회귀분석과 다중회귀분석으로 구분되며, 회귀분석은 단기예측의 정확도는 떨어지나 중·장기예측에는 적합한 분석기법이다.

(2) 정성적 방법

1) 델파이(Delphi)법

예측하고자 하는 대상의 전문가그룹을 설정한 다음, 전문가들에게 여러 차례 질문지를 배부하여 의견을 수렴함으로써 수요를 예측하는 방법이다. 시간과 비용이 많이 드는 단점

이 있으나, 예측에 불확실성이 크거나 과거의 자료가 없는 경우 유용하여 제품수명주기 중 도입기에 적합한 수요예측 방법이다.

2) 시장조사법

설문지, 인터뷰, 전화조사, 시제품 발송 등 다양한 방법을 통해 소비자들의 의견 및 시장조사를 통하여 수요를 예측하는 방법이다.

- 소비자 실태조사에 의한 방법: 특정 지역에서 무작위로 추출된 소비자들에 대한 실태 조사 결과를 이용
- 판매점 조사에 의한 방법: 전체 또는 특정지역의 판매점 중에서 일부를 무작위로 추출하여 조사한 결과를 이용

3) 중역 및 판매원평가법

회사의 주요 간부들의 의견을 모으거나 판매원들의 담당지역별 수요 예측치를 집계하여 전체 수요를 예측하는 방법이다. 특히 판매현장의 경험이 풍부한 영업담당자의 판단에 의한 판매예측은 단기·중기적 예측에 적합하다.

4) 패널동의법

경영자, 판매원, 소비자 등으로 패널을 구성하여 자유롭게 의견을 제시함으로써 예측치를 구하는 방법이다.

5) 수명주기유추법

신제품의 경우와 같이 과거자료가 없을 때 이와 비슷한 기존 제품이 과거 시장에서 도입기, 성장기, 성숙기를 거치면서 어떠한 수요패턴이었는지를 유추하여 수요를 예측하는 방법이다.

(3) 제품의 수명주기(Life Cycle)에 따른 수요예측 방법

제품의 수명주기 각 단계에 따라 적합한 예측 방법들을 사용하여야 신뢰성이 있는 예측 결과를 도출할 수 있다. 제품수명주기 단계별 적합한 예측 방법은 다음과 같다.

구분	수요예측 방법
도입기	정성적 방법(델파이법, 중역 및 판매원평가법, 시장실험법, 전문가 의견 등)
성장기	트랜드(추세)를 고려할 수 있는 예측방법(시장조사법, 추세분석 등)
성숙기	정량적 방법(이동평균법, 지수평활법)
쇠퇴기	트랜드(추세)를 고려할 수 있는 예측방법, 정성적 방법(사업규모 축소 및 철수여부 결정)

3.2 예측과정과 채찍효과

(1) 예측의 과정

일반적으로 예측은 다음의 7단계를 거치면서 진행된다.
① 예측의 목적과 용도
② 예측 대상 품목과 단위 결정
③ 예측 기간의 선정
④ 적합한 예측 기법의 선정
⑤ 필요한 자료의 수집
⑥ 예측의 시행
⑦ 예측치에 대한 검증(타당성, 정확성)

(2) 채찍효과(Bullwhip Effect)

1) 채찍효과의 개념

유통경로 상의 공급자들은 불규칙적인 주문량과 판매량 등의 경험으로 소비자들의 주문이 약간 늘면 소매상들은 소비자의 주문증가량 이상으로 도매상에게 주문을 하고, 도매상 역시 그 이상으로 주문하여 제조업체는 결국 엄청난 양을 생산한다는 것이다.

다시 말하면 소비자로부터 시작된 변화가 소매상과 도매상을 거쳐 제조업체로 넘어오면서 상당량이 부풀려진다는 것이다.

채찍효과는 구체적으로 다음의 두 가지 현상을 말한다.

- 공급망에 있어서 소매상 – 도매상 – 제조업체의 주문현상이 실제 소비자가 구매하는 소매점에서의 실제수요보다 더 큰 규모의 변화를 유도하는 현상(수요왜곡)
- 주문량의 변화가 공급망을 따라가면서 증대하는 현상(변화확산)

2) 채찍효과에 대한 대처방안

- 공급망 전반의 수요 정보를 중앙 집중화하여 불확실성을 제거
- 안정적인 가격구조로 소비자 수요의 변동 폭을 조정
- 고객 및 공급자와 실시간 정보 공유
- 제품생산과 공급에 소요되는 주문리드타임과 주문처리에 소요되는 정보리드타임 단축
- 공급망의 재고관리를 위하여 기업 간 전략적 파트너십 구축

04 총괄생산계획

총괄생산계획(APP: Aggregate Production Plan)은 연간 예측수요를 만족시키기 위해 제품군별로 월별 생산수준, 인력수준, 재고수준 등을 결정하는 것이다. 즉 총괄생산계획은 기업이 수요나 주문의 시간적·수량적 요건을 만족시키기 위하여 생산 및 재고시스템의 능력을 전체의 입장에서 파악하여 조정해 나가는 계획이라 할 수 있다.

4.1 총괄생산계획의 전략

총괄생산계획이란 향후 약 1년(12개월)에 걸친 계획 대상기간 동안 변화하는 수요를 가장 경제적으로 충족시킬 수 있도록 월별로 기업의 전반적인 생산수준, 고용수준, 잔업수준, 하청수준, 재고수준 등을 결정하는 중기계획에 해당된다.

생산 및 재고시스템을 위한 총괄계획의 수립에 있어서 변화하는 수요에 어떻게 대처할 것인가를 전략적으로 결정하여야 한다. 수요변동에 능동적으로 대처하기 위해 대표적으로 다음과 같은 전략 변수들을 효과적으로 운용하여야 한다.

구 분	주 요 내 용
고용수준 변동	수요에 맞추어 인력의 규모를 조정해 나가는 전략이다. 고용의 불안정으로 숙련자의 채용이 어려울 수 있고, 사기저하로 능률이 떨어진다.
생산율 조정	인력의 규모는 일정하게 유지하되, 생산(이용)율을 조정하여 수요의 변동에 대비하는 전략이다. 조업단축 시 유휴에 따른 유휴비용 발생할 수 있다.
재고수준 조정	수요의 변동을 극복하기 위해 재고수준을 조정하는 전략이다. 과잉 시에는 재고유지비용, 폐기비용 등이 발생되고, 부족 시에는 납기지연에 따른 고객이탈과 기회비용 등이 발생될 수 있다.
하청(외주)	반제품 등의 공급을 외주업체에 의뢰하여 조달하는 전략이다. 외주업체의 품질 및 납기 일정을 통제하기가 힘들다.
설비확장	설비확장을 통해 생산량 증대를 도모하는 전략이다. 수요가 감소될 경우 유휴설비가 발생한다.

05 기준생산계획

기준생산계획(MPS: Master Production Scheduling)은 주생산계획, 주생산일정계획이라고도 하며, 총괄생산계획을 수립한 후에 보다 구체적으로 각 제품에 대한 생산시기와 수량을 나타내기 위해 수립하는 생산계획이다.

총괄생산계획은 수요예측과 생산능력을 고려하여 중장기적으로 제품군에 대한 총괄적 단위로 종합적인 생산계획을 수립한 것이다. 그러나 MPS는 총괄생산계획을 실제 생산할 제품단위로 일정을 분해한 결과이다. MPS는 적정재고수준 유지, 생산준비시간 단축, 생산원가 절감을 위해서 완제품의 납기와 부품의 조달기간을 세밀하게 분석하여 일정을 효과적으로 수립하여야 한다.

5.1 MPS 수립 요소

1) 기간별 수요량(예측치)

2) 현재고량

3) 주문정책

① Lot for Lot(LFL, L4L)
필요한 만큼만 생산 및 구매하며, 재고를 최소화하는 방법이다.

② FOQ(Fixed Order Quantity)
고정주문량, 매번 동일한 양을 주문하는 방법으로 공급자로부터 항상 일정한 양만큼 공급받는 경우이다.

③ EOQ(Economic Order Quantity)
경제적 주문량, 주문비용과 재고유지비용 간의 관계를 이용하여 가장 합리적인 주문량을 결정하는 방법이다.

④ ROP(Reorder Point System)
재주문점, 재고가 일정수준에 이르면 주문하는 방법이다.

> 발주점(ROP) = 조달기간(리드타임) 동안의 수요 + 안전재고(안전계수 × 표준편차)

고정주문량(FOQ) 모형 하에서의 발주점
고정주문량(FOQ) 모형 하에서 A 품목의 조달기간 동안 평균 수요량은 2,000단위, 신뢰수준 95% 수준에서 표준편차가 100단위인 정규분포를 따른다고 가정하자. 안전계수가 1.5라고 할 때, 발주점(ROP)은 얼마인가?
발주점(ROP) = 2,000단위 + (1.5 × 100) = 2,150단위

⑤ POQ(Periodic Order Quantity)

주기적 주문량, 해당 품목별로 미래의 수요를 고려하여 사전에 결정한 최대 재고수준까지 정기적으로 미리 정해 놓은 일정한 간격마다 발주하는 방식이다.

5.2 MPS 계산

다음의 자료를 참고하여 MPS 수립절차에 따라 ① 배치생산에 의한 MPS 및 납품가능수량(ATP: Available to Promise) 계산과 ② Lot For Lot(LFL) 생산에 의한 MPS 및 ATP 계산을 해보자.

▌MPS 및 ATP 계산의 기초정보 ▌

현재고=1,600	1주	2주	3주	4주	5주	6주	7주	8주
예측량	1,000	1,000	1,000	1,000	2,000	2,000	2,000	2,000
실제주문량	1,200	800	300	200	100	0	0	0

* 단, 생산에 따른 리드타임은 0이고 안전재고는 고려하지 않는다. 그리고 배치생산의 크기(Lot Size)는 2,500단위로 가정한다.

(1) 기말재고와 MPS 계산

배치생산에 의한 MPS 및 ATP 계산
① 1주의 기말재고와 MPS 계산
　㉠ 기말재고 계산
　　　1주의 기말재고 = 현재고 − max{1주의 예측량, 주문량}
　　　　　　　　　　 = 1,600 − max{1,000, 1,200} = 400
　　　이때 기말재고가 '0'보다 크거나 같으면 MPS는 '0'이고, '0'보다 작으면 MPS가 배치생산의 크기인 2,500이 된다.
　㉡ MPS 계산
　　　기말재고가 '0'보다 크므로 1주의 생산계획은 없다.

② 2주의 기말재고와 MPS 계산

2주의 기말재고 = 1주의 기말재고 − max{2주의 예측량, 주문량}
= 400 − max{1,000, 800} = −600

기말재고가 '0'보다 작기 때문에 MPS는 배치생산의 크기인 2,500단위가 수립된다. MPS 수립 후 기말재고를 계산하면 다음과 같다.

2주의 기말재고 = (1주의 기말재고 + 2주의 MPS) − max{2주의 예측량, 주문량}
= (400 + 2,500) − 1,000 = 1,900

이와 같은 방법으로 8주까지의 기말재고와 MPS를 계산한 결과는 다음과 같다.

현재고 = 1,600	1주	2주	3주	4주	5주	6주	7주	8주
예측량	1,000	1,000	1,000	1,000	2,000	2,000	2,000	2,000
실제주문량	1,200	800	300	200	100	0	0	0
기말재고	400	1,900	900	2,400	400	900	1,400	1,900
MPS		2,500		2,500		2,500	2,500	2,500

(2) ATP 계산

① 1주의 ATP

현재고 + MPS − 1주의 주문량 = 1,600 + 0 − 1,200 = 400

② 2주의 ATP

2주의 MPS − (2주의 주문량 + 3주의 주문량) = 2,500 − (800 + 300) = 1,400

즉, 2주의 MPS로 2주·3주의 주문량을 채우고도 1,400단위의 추가적인 납품이 가능하다는 의미이다. ATP는 양의 값만 가질 수 있다.

③ 3주의 ATP

2주의 ATP에 의해 충분하다.

④ 4주의 ATP

4주의 MPS − (4주의 주문량 + 5주의 주문량) = 2,500 − (200 + 100) = 2,200

이와 같은 방법으로 8주까지의 ATP를 계산한 결과는 다음과 같다.

현재고＝1,600	1주	2주	3주	4주	5주	6주	7주	8주
예측량	1,000	1,000	1,000	1,000	2,000	2,000	2,000	2,000
실제주문량	1,200	800	300	200	100	0	0	0
기말재고	400	1,900	900	2,400	400	900	1,400	1,900
MPS		2,500		2,500		2,500	2,500	2,500
ATP	400	1,400		2,200		2,500	2,500	2,500

실무예제

Lot for Lot(LFL) 생산에 의한 MPS 및 ATP 계산

Lot for Lot(LFL) 생산방식은 예측량이나 주문량 중 큰 것을 기준으로 필요한 것만을 생산하는 방식으로, 기말재고를 보유하지 않는다.

① 1주의 MPS와 ATP

1주의 기말재고 = 1,600 − 1,200 = 400

기말재고가 '0'보다 크기 때문에 MPS는 수립되지 않는다.

1주의 ATP = 400

② 2주의 MPS와 ATP

2주의 MPS = max{2주의 예측량, 주문량} − 1주의 기말재고

= 1,000 − 400 = 600

2주의 ATP = (1주의 기말재고 + 2주의 MPS) − 2주의 주문량

= (400 + 600) − 800 = 200

③ 3주의 ATP

3주의 MPS = max{3주의 예측량, 주문량} − 2주의 기말재고

= 1,000 − 0 = 1,000

3주의 ATP = (2주의 기말재고 + 3주의 MPS) − 3주의 주문량

= (0 + 1,000) − 300 = 700

이와 같은 방법으로 8주까지의 MPS와 ATP를 계산한 결과는 다음과 같다.

현재고＝1,600	1주	2주	3주	4주	5주	6주	7주	8주
예측량	1,000	1,000	1,000	1,000	2,000	2,000	2,000	2,000
실제주문량	1,200	800	300	200	100	0	0	0
기말재고	400							
MPS		600	1,000	1,000	2,000	2,000	2,000	2,000
ATP	400	200	700	800	1,900	2,000	2,000	2,000

제**2**장

공정관리

NCS 학습을 위한 능력단위 확인하기

능력단위	수준	능력단위 요소
공정편성 (0204010303_23v3)	5	공정 편성효율 산정하기 (0204010303_23v3.1)
		작업장 구성하기 (0204010303_23v3.2)
		작업자 배치하기 (0204010303_23v3.3)

01 공정관리

공정관리란 공정에 있어서 원재료로부터 최종제품에 이르기까지의 자재, 부품의 조립 및 완제품 조립의 흐름을 순서 정연하게 능률적인 방법으로 계획하고, 공정을 결정하고(routing), 일정을 세워(scheduling), 작업을 할당하고(dispatching), 신속하게 처리하는(expediting) 절차로 정의할 수 있다.

1.1 공정관리의 목표와 기능

(1) 공정관리의 목표

1) 대내적인 목표

생산과정에 있어서 작업자의 대기나 설비의 유휴에 의한 손실시간을 감소시켜서 ① 가동률을 향상시키고, 또한 자재의 투입에서부터 제품이 출하되기까지의 시간을 단축함으로써 ② 재공품의 감소와 ③ 생산속도의 향상을 목적으로 한다.

2) 대외적인 목표

주문생산의 경우는 물론이고, 시장예측생산의 경우에도 수요자의 요구에 따라 생산을 해야 하므로 주문자 또는 수요자의 요건을 충족시켜야 한다. 따라서 대외적으로 납기 또는 일정기간 중에 필요로 하는 생산량 등의 요구조건을 준수하기 위해 생산과정을 합리화하는 것이다.

(2) 공정관리의 기능

1) 계획기능

생산계획을 통칭하는 것으로서 공정계획을 행하여 작업의 순서와 방법을 결정하고, 일정계획을 통해 공정별 부하를 고려한 각 작업의 착수시기와 완성일자를 결정하며 납기를 유지하게 한다.

2) 통제기능

계획기능에 따른 실제과정의 지도, 조정 및 결과와 계획을 비교하고 측정, 통제하는 기능이다.

3) 감사기능

계획과 실행의 결과를 비교 및 검토하여 차이를 찾아내고, 그 원인을 분석하여 적절한 조치를 취하며, 문제점을 개선해 나감으로써 생산성을 향상시키는 기능이다.

(1.2) 공정계획

(1) 공정(절차)계획

공정(절차)계획(Routing)이란 원재료를 어떻게 사용하여 어떤 공정에서 가공할 것인가를 계획하는 것이다. 즉 작업의 순서, 표준시간, 각 작업이 행해질 장소를 결정하고, 할당한다. 리드타임 및 소요되는 자원의 양을 계산하고 원가계산 시 기초자료로 활용된다.

(2) 공수계획

주어진 생산예정표에 의해 결정된 생산량에 대해서 작업량을 구체적으로 결정하고, 이것을 현재의 인원과 기계설비능력을 고려하여 양자를 조정하는 기능이다.

1) 부하계획

부하(load)는 일반적으로 할당된 작업이라 할 수 있으며, 부하계획이란 최대작업량과 평균작업량의 비율인 부하율을 최적으로 유지할 수 있는 작업량의 할당계획이다.

2) 능력계획

능력(capacity)이란 작업수행상의 능력을 말하며, 능력계획은 부하계획과 더불어 기준조업도와 실제조업도와의 비율을 최적으로 유지하기 위한 계획이다.

(1.3) 일정계획

일정계획(Scheduling)이란 절차계획 및 공수계획에 기초를 두고 생산에 필요한 원재료의 조달, 반입으로부터 제품을 완성하기까지 수행될 모든 작업을 구체적으로 할당하고 각 작업이 수행되어야 할 시기를 결정하는 것을 말한다.

(1) 대일정계획(Master Scheduling)

종합적인 장기계획으로 주일정계획 또는 대강일정계획이라고도 한다. 이는 납기에 따른 월별생산량이 예정되면 기준일정표에 의거한 각 직장별 또는 제품별, 부분품별로 작업개시일과 작업시간 및 완성기일을 지시하는 것이다.

(2) 중일정계획(Operation Scheduling)

대일정계획에 준해 제작에 필요한 세부작업, 즉 공정별 또는 부품별 일정계획이다. 따라서 중일정계획은 일정계획의 기본이 되는 것으로, 작업공정별 일정계획 또는 제조계획이라고도 한다.

(3) 소일정계획(Detailed Scheduling)

중일정계획의 지시일정에 따라 특정기계 내지 작업자에게 할당될 작업을 결정하고 그 작업의 개시일과 종료일을 나타낸 것이다. 이 소일정계획을 통해서 진도관리와 작업분배가 이루어진다.

개념 익히기

일정계획 수립 시 방침
- 작업흐름의 신속화: 가공로트 수를 작게 할 것, 이동로트 수를 작게 할 것, 공정계열의 병렬화
- 생산기간의 단축
- 작업의 안정화와 가동률 향상
- 애로공정의 능력 증대
- 생산활동의 동기화

1.4 공정분석

공정분석이란, 작업 대상물이 순차적(작업, 운반, 검사, 정체 등)으로 가공되어 제품이 완성되기까지의 작업 경로의 전체를 시간적·공간적으로 명백하게 설정하고, 작업의 전체적인 순서를 표준화하는 것으로 작업관리에 있어서 매우 중요하다. 공정분석 기호를 이용해 프로세스 형태로 나타냄으로써 공정 합리화를 위한 개선방안을 모색할 때 유용하다.

(1) 공정의 분류

공정분석은 소재가 가공되어 부품이 되고 부품이 조립되어 제품으로 되기까지의 생산과정을 다음과 같이 가공공정, 운반공정, 검사공정 및 정체공정으로 분석하게 된다.

1) 가공공정(Operation)

제조의 목적을 직접적으로 달성하는 공정으로 그 내용은 변질, 변형, 변색, 조립, 분해 등을 통하여 대상물을 목적에 접근시키는 공정이다. 즉 부가가치를 창출하는 공정이다.

2) 운반공정(Transportation)

특정 작업영역에서 다른 작업영역으로 이동시키기 위해 적재, 이동, 하역 등을 하고 있는 상태를 말한다. 가공을 위해 가까운 작업대에서 재료를 가져온다든지, 제품을 쌓아둔다든지 하는 경우는 가공의 일부를 하고 있는 것으로 보며, 독립된 운반으로는 볼 수 없다.

3) 검사공정(Inspection)

양적 검사와 질적 검사가 있는데 양적 검사는 수량, 중량의 측정 등이다. 질적 검사는 설정된 품질표준에 대해서 가공부품의 가공정도를 확인하거나 가공 부품을 품질 및 등급별로 분류하는 공정이다.

4) 정체공정(Delay)

대기와 저장의 상태에 있는 것이다. 대기는 제품이나 부품이 다음의 가공 및 조립을 하기 위해 일시적으로 기다리는 상태이며, 저장은 계획적인 보관이며 다음의 가공 및 조립으로 허가 없이 이동하는 것이 금지되어 있는 상태이다.

(2) 공정분석 기호

1) 길브레스 기호와 ASME 기호

길브레스(Gilbreth) 기호는 공정분석에 있어 네 가지 기호를 활용하였으나, 그 후 미국기계학회(ASME: American Society of Mechanical Engineers)에서는 길브레스 기호의 운반을 작은 원 대신에 화살표를 쓰고 대기(정체) 기호를 추가하여 다섯 가지를 표준으로 설정하여 사용하고 있다.

길브레스 기호		ASME 기호	
기호	명칭	기호	명칭
○	가공	○	가공
○	운반(가공의 절반크기)	⇨	운반
□	검사	□	검사
▽	저장 또는 대기(정체)	D	대기(정체)
		▽	저장

다음은 공정의 기본분석 기호 및 보조기호, 복합기호의 표시와 의미 등을 나타내고 있다.

요소 공정	기호의 명칭	기호	의미
가공	가공	○	원료, 재료, 부품 또는 제품의 형상, 품질에 변화를 주는 과정을 나타낸다.
운반	운반	⇨	원료, 재료, 부품 또는 제품의 위치에 변화를 주는 과정을 나타낸다.
검사	수량검사	□	원료, 재료, 부품 또는 제품의 양이나 개수를 세어 그 결과를 기준과 비교하여 차이를 파악하는 과정을 나타낸다.
	품질검사	◇	원료, 재료, 부품 또는 제품의 품질특성을 시험하고 그 결과를 기준과 비교해서 로트의 합격, 불합격 또는 제품의 양, 불량을 판정하는 과정을 나타낸다.
정체	저장	▽	원료, 재료, 부품 또는 제품을 계획에 의해 쌓아두는 과정을 나타낸다.
	대기	D	원료, 재료, 부품 또는 제품이 계획의 차질로 체류되어 있는 상태를 나타낸다.
보조 기호	관리구분	⋀⋀⋀	관리구분 또는 책임구분을 나타낸다.
	담당구분	─┼─	담당자 또는 작업자의 책임구분을 나타낸다.
	생략	╪	공정계열의 일부 생략을 나타낸다.
	폐기	⊥	원재료, 부품 또는 제품의 일부를 폐기하는 것을 나타낸다.

복합기호	의미
◈	품질검사를 주로 하면서 수량검사도 한다.
◨	수량검사를 주로 하면서 품질검사도 한다.
⬭	가공을 주로 하면서 수량검사도 한다.
⬭⇨	가공을 주로 하면서 운반도 한다.

1.5 공수계획

공수계획이란 생산예정표에 의해 결정된 생산량에 대하여 작업량을 구체적으로 결정하고, 그것을 현재 보유하고 있는 사람이나 기계의 능력을 고려하여 공정별 또는 기계별로 작업부하가 균등히 걸리도록 작업량을 할당하기 위한 것이다.

(1) 공수 단위

공수란 작업량을 시간으로 표현한 것으로, 아래와 같이 세 가지의 단위가 있다.

① 인일(Man Day): 작업자 1인이 1일 동안 하는 작업량

② 인시(Man Hour): 작업자 1인이 1시간 동안 하는 작업량

③ 인분(Man Minute): 작업자 1인이 1분 동안 하는 작업량

🔖 실무예제 ●

1개월 동안의 필요한 작업량(공수) 계산

• 작업소요 시간: 3.3시간/개

• 생산요구량: 300개/월

• 불량률: 1%

• 작업량(공수) = 단위당 작업소요 시간 × 생산량 ÷ (1-불량률)

                 = 3.3시간 × 300개 ÷ (1-0.01)

                 = 1,000시간

---

(2) 능력계산

1) 인적능력

인적능력 공수 인시(M/H)는 일반적으로 아래와 같이 계산된다.

> 인적능력(Cp) = 환산인원(M) × 실제가동시간(T) × 가동률(A)

① 환산인원: 환산인원이란 실제 인원에 환산계수를 곱하여 표준능력의 인원으로 환산한 인원이다. 예컨대 남자숙련공 1명을 1로 보고, 남자비숙련공 1명은 0.6명, 여자숙련공 1명은 0.8명, 여자비숙련공 1명은 0.4명으로 계산하는 것이다.

② 실제가동시간: 정규 휴식시간을 제외한 업무시간이다. 예컨대 1개월의 근무일수를 20일, 1일 실제가동시간은 8시간이라고 한다면 실제가동시간은 160시간이 된다.

③ 가동률: 가동률이란 전체 작업자가 실제가동시간 중에서 정미작업(작업에만 투입)을 하는 시간의 비율이다. 가동률은 다음과 같이 계산한다.

가동률(A) = 출근율 × (1 - 간접작업률)

2) 기계능력

기계능력 = 기계대수 × 1일 실제가동시간 × 1개월 가동일수 × 기계의 가동률

(3) 공수계획의 기본적 방침

① 부하와 능력의 균형화: 특정된 공정에 부하가 과도하게 집중되지 않도록 조정한다.
② 가동률의 향상: 사람이나 기계가 유휴상태가 되지 않도록 알맞은 작업량을 할당한다.
③ 일정별 부하변동 방지: 일정계획과 대비하여 시간에 따라 부하의 변동방지 및 부하의 조정
④ 적성배치와 전문화 촉진: 작업의 성질이 작업자의 특성과 기계의 성능에 맞도록 할당한다.
⑤ 여유성: 부하와 능력 두 측면에 적당한 여유를 둔다.

(4) 공수체감곡선(학습곡선)

인간은 경험을 쌓아감에 따라 작업의 수행능력이 향상되며, 생산시스템에서 생산을 반복하거나 생산량을 늘림에 따라 작업능률 내지 생산능력이 향상된다. 따라서 작업을 반복함에 따라 작업소요시간, 즉 공수(man hour)가 체감되는데 이와 같은 현상을 가리켜 공수체감현상이라 한다.

작업의 반복과 생산량을 더해감에 따라 기대되는 공수체감현상 내지 능률 개선율을 그래프나 수식으로 나타낸 것을 가리켜 학습곡선(learning curve) 또는 공수체감곡선이라 하는데, 이 경우 능률개선을 가리켜 학습률(rate of learning)이라 하고, 능률 내지 생산성 향상의 성과를 가리켜 학습효과(learning effect)라고 한다.

02 공정관리 기법

2.1 간트차트

간트차트(Gantt Chart)는 일정관리를 위한 바(bar) 형태의 도구로서, 각 업무별로 일정의 시작과 끝을 그래픽으로 표시하여 전체 일정을 한눈에 볼 수 있는 차트이다. 계획된 실제의 작업량을 작업일정이나 시간(이정표)으로 구분하여 가로선으로 표시함으로써, 계획과 통제의 기능을 동시에 수행하는 전통적인 일정관리 기법이다.

(1) 간트차트의 분류

간트차트는 사용목적에 따라 다음의 네 가지로 분류될 수 있다.

사용목적	유형	설명
작업기록	작업자 및 기계기록 도표 (Man and Machine Record Chart)	각 기계나 작업자별로 계획 작업량과 실제 작업량의 관계를 표시하는 것으로, 작업자나 기계의 유휴상태와 그 원인 파악
작업계획	작업할당 도표 (Layout Chart)	작업의 실제 상황을 기록함과 동시에 신규 작업 계획을 작업자와 기계설비에 할당할 수 있게 하는 도표
능력활용	작업부하 도표 (Load Chart)	작업자 특히 기계별로 현재 능력에 대해 어느 정도의 작업량이 부하되어 있는가를 보여주는 도표
진도관리	작업진도 도표 (Progress Chart)	작업공정이나 제품별로 계획된 작업이 실제로 어떻게 진행되고 있는가를 보여주는 도표

(2) 간트차트 정보의 유용성

① 간트차트를 이용하여 각 작업의 전체 공정시간을 알 수 있다.
② 각 작업의 완료시간을 알 수 있다.
③ 다음 작업의 시작시간을 알 수 있다.

(3) 간트차트 작성에 사용되는 기호

기호	주요 의미
└──────────	작업개시의 일자 및 시간
───────────┘	작업개시의 완료예정일 및 시간
└──────────┘	예정된 작업시간
│ 20 │	일정기간에 대하여 계획된 작업량
│ 30 │	일정기간까지 완료할 작업량
√	체크된 일자(검토일)
▨	작업지연의 회복에 예정된 시간(수리, 정비 등)
▰▱	완료된 작업(굵은 선)

(4) 간트차트 작성을 위해 필요한 정보

① 작업 오더에 대한 정보와 현재 진행된 작업의 위치정보
② MRP 시스템으로부터 발행된 계획오더에 대한 정보
③ 이용 가능한 능력(capacity)에 대한 정보
④ 공정(routing) 데이터로부터의 표준시간
⑤ 각 작업의 시간을 알 수 있는 작업정보

(5) 간트차트의 한계

간트차트는 프로젝트 작업 진행 사항들을 달력에 대비시켜 표시하는 단순한 형태의 가로막대 차트로서 간단하고 사용하기 쉬워 여러 활동의 일정계획과 통제에 널리 사용되는 기법이지만, 다음과 같은 한계가 있다.

① 일정계획의 변경을 유연하게 수용할 수 없다.
② 복잡하고 세밀한 일정계획에 적용하기 힘들다.
③ 작업들 간의 유기적인 관련성을 파악하기 어렵다.
④ 문제점을 사전에 파악하는데 적절하지 않다. 따라서 주요 위험요소의 중점관리 및 사전 통제를 효율적으로 할 수 없다.

2.2 네트워크 계획기법

네트워크 계획기법이란 간트차트의 결점을 보완하기 위하여 개발된 것으로, 프로젝트를 구성하는 각 분야를 보다 세분화된 작업으로 분할하여 작업의 순서, 소요기간, 기타 제반사항들을 네트워크 형태로 표시함으로써 일차적 주공정 및 여유공정을 산출하여 중점관리 대상 작업을 명확히 하는 방법이다.

PERT(Program Evaluation & Review Technique)와 CPM(Critical Path Method) 기법이 대표적이다.

(1) PERT

프로젝트를 시간적으로 관리하기 위하여 [PERT/Time]이 개발되었고, 비용절감도 동시에 고려할 수 있는 [PERT/Cost]로 개량되었다. PERT는 활동들의 소요시간에 대한 추정이 불확실한 경우에 주로 사용된다. 간트차트의 단점을 효과적으로 보완하고 있으며, 과거의 경험이 없는 불확실한 산업에서 많이 이용되고 있다.

(2) CPM

공장건설 및 설비보전에 소요되는 자원(자금, 시간, 비용 등)의 효율향상을 위하여 개발되었다. 프로젝트 내 활동들의 소요시간이 확정적인 경우에 사용되며, 주로 안정적인 산업에서 많이 이용되고 있다.

(3) 네트워크 기법의 표시 기호

기호 및 약어	주요 의미
◯	작업의 완료와 새로운 작업의 시작 표시(node)
⟶	작업 간의 선후관계를 표시(arc)
┄┄┄▶	가상의 작업 간 선후관계를 점선으로 표시
d_{i-j}	i단계에서 j단계로 소요되는 기간
S(Slack)	여유시간을 의미하며, 단계여유 = TL − TE
TE(Earliest Expected Date)	각 단계에서 가장 빠른 예정일
TL(Latest Allowable Date)	각 단계에서 가장 늦은 완료일

(4) 활동 소요시간의 추정

1) PERT/Time(3점 견적법)

작업기간이 불확실한 프로젝트를 관리하기 위해 작업활동에 소요되는 시간을 비관적일 경우, 낙관적일 경우, 일반적인 경우로 구분하여 각 시간추정치의 가중평균치를 통해 작업일정을 결정하는 형태가 PERT 기법이다. 이를 3점 견적법 또는 3점 추정법이라고도 한다.

① 낙관시간치(Optimistic Time: to): 최상의 조건으로 예정대로 진행될 때의 소요시간을 의미하며, 최소시간 또는 최단시간 추정치이다.

② 정상(최빈)시간치(Most Likely Time: tm): 일반적인 조건, 즉 가장 흔하게 발생되는 정상적인 경우일 때 최선의 시간치(최빈값)이다.

③ 비관시간치(Pessimistic Time: tp): 최악의 조건, 뜻대로 되지 않을 때 소요되는 시간으로 최대시간 또는 최장시간 추정치이다.

④ 기대시간치(Expected Time: te): 일반적으로 기대되는 시간치이다.

- 기대시간치(te) = (낙관시간치(to) + 4(정상(최빈)시간치(tm) + 비관시간치(tp)) ÷ 6
  (단, to, tm, tp는 β 분포를 따른다는 가정)
- 표준편차 = $(tp - to) ÷ 6$
- 분산 = $(tp - to)2 ÷ 6$

---

(5) 네트워크의 계획기법의 일정계산

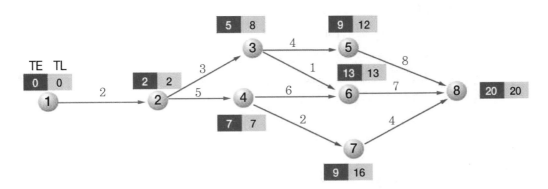

1) 후속단계 TE 계산(Forward Pass)

후속단계의 TE는 전단계의 TE에서 소요기간(d_{i-j})을 더하는 전진계산이다.

즉, $TE_j = TE_i + d_{i-j}$이다.

> ### 실무예제 ○
>
> **후속단계 TE 계산**
>
> ㉠ 단계 5의 TE 계산
>
> $TE_5 = TE_3 + d_{3-5} = 5 + 4 = 9$
>
> ㉡ 네트워크에서 단계 8의 TE는 아래의 계산 중에서 최대치인 20을 선택한다.
>
> $TE_8 = TE_5 + d_{5-8} = 9 + 8 = 17$
>
> $TE_8 = TE_6 + d_{6-8} = 13 + 7 = 20$ ← 최대치 선택
>
> $TE_8 = TE_7 + d_{7-8} = 9 + 4 = 13$

2) 전단계 TL 계산(Backward Pass)

전단계의 TL은 후속단계의 TL에서 소요기간(d_{i-j})을 빼는 후진계산이다.

즉, $TL_i = TL_j - d_{i-j}$이다.

> ### 실무예제 ○
>
> **전단계 TL 계산**
>
> ㉠ 단계 5의 TL 계산
>
> $TL_5 = TL_8 - d_{5-8} = 20 - 8 = 12$
>
> ㉡ 단계 3의 TL 계산
>
> $TL_3 = TL_5 - d_{3-5} = 12 - 4 = 8$ ← 최소치 선택
>
> $TL_3 = TL_6 - d_{3-6} = 13 - 1 = 12$

3) 단계여유 S(Slack)

각 단계의 단계여유 S는 각 단계의 TL에서 TE를 뺀다. 즉, $S = TL - TE$이다.

$TL - TE > 0$, 즉 $S > 0$ 인 경우: 정여유(Positive Slack)

$TL - TE < 0$, 즉 $S < 0$ 인 경우: 부여유(Negative Slack)

$TL - TE = 0$, 즉 $S = 0$ 인 경우: '0' 여유(Zero Slack)

> ### 실무예제 ○
>
> **단계여유 S 계산**
>
> ㉠ 단계 5의 여유 $S = TL_5 - TE_5 = 12 - 9 = 3$

4) 주경로의 발견

주경로(Critical Path: CP)란 네트워크상 시작단계에서 완료단계까지 가는데 시간이 가장 오래 걸리는 활동들의 경로를 주경로라고 한다.

주경로는 단계여유를 '0'으로 만드는 패스를 이으면 된다. 위의 네트워크에서는 굵은 검정색 화살표로 나타내었다.

실무예제

주경로 결정

주경로: 1 - 2 - 4 - 6 - 8

개념 익히기

네트워크 계획기법의 일정계산 형태

- 전진패스(Forward Pass): 후속단계의 TE를 계산하는 방식이며, 최대치를 선택한다.
- 후진패스(Backward Pass): 전단계의 TL을 계산하는 방식이며, 최소치를 선택한다.

2.3 작업의 우선순위 결정

일정계획(scheduling)은 생산계획을 완수하기 위해 필요한 활동들의 세부적인 단기계획 수립 및 실행과 감독기능을 포함하고 있다.

수립된 일정계획은 작업인원, 설비, 시설의 효율적인 활용도를 높일 수 있어야 하며, 고객대기시간, 재고보유, 처리시간 등을 최소화 시킬 수 있어야 한다.

따라서 효율적 생산을 위해서는 작업의 우선순위를 결정하는 기준이 마련되어야 하며, 그 기준에 따라 작업의 우선순위를 결정하여야 한다.

(1) 작업의 우선순위 결정 고려원칙

- 납기 우선순위: 납기가 가장 급박한 순서로 작업을 진행한다.
- FIFO(First In First Out): 먼저 작업지시가 내려진 순서대로 작업을 진행한다.
- 전체 작업시간이 가장 짧은 순서로 진행한다.
- 최소공정수를 가지는 작업순서로 진행한다.
- 여유(slack)시간이 가장 작은 순서로 작업을 진행한다.
  최소여유시간(S) = 납기 - 잔여작업일수

• 긴급률(CR: Critical Ratio)이 가장 작은 순서로 작업을 진행한다.

$$긴급률(CR) = \frac{잔여납기일수}{잔여작업일수} = \frac{납기일 - 현재일}{잔여작업일수}$$

* 긴급률이 1보다 작으면 생산을 빨리 진행하여야 하며, 1보다 크면 납기에 여유가 있다는 것이다.

(2) 존슨 알고리즘에 의한 작업할당

n개의 작업을 동일한 순서로 2대의 기계로 가공하는 경우의 완료시간을 최소화 하는 작업의 우선순위를 구하는 방법이다.

① 1단계: 기계 M_1, M_2 순서로 작업하는 작업들을 나열한다.

작업	M_1	M_2
1	4	6
2	9	3
3	2	7
4	6	8
5	1	4
6	8	2
7	7	9
8	3	6

② 2단계: 기계 M_1, M_2에서 가장 짧은 작업을 찾는다.

M_1 기계에 속하는 작업은 맨 앞으로 보내고, M_2 기계에 속하는 작업은 맨 뒤로 보낸다. M_1 기계의 가장 작은 값 1의 작업 5는 맨 앞으로, M_2 기계의 가장 작은 값 2의 작업 6은 맨 뒤로 보내진다. 또 M_1 기계의 두 번째로 작은 값 2의 작업 3은 맨 앞 다음으로 보내진다.

(5, 3, · · · · · 2, 6)

③ 3단계: 단계 2에서 순위가 결정된 작업은 제외시킨다.

④ 4단계: 나머지 작업이 없어질 때까지 2단계를 반복한다.

(5, 3, 8, 4, 7, 1, 2, 6)

실무예제

존슨 알고리즘에 의한 작업순서 결정 및 총작업완료시간

어느 제과점에서 다섯 종류(A~E)의 케이크를 만들려고 한다. 케이크는 두 단계를 거쳐 완성되는데, 먼저 작업장 A에서 밀가루 반죽 등 기본작업을 한 후 작업장 B에서 최종적으로 케이크를 완성한다.

각 케이크에 대한 작업시간이 다음과 같을 경우 총작업시간을 최소화하기 위한 작업순서를 결정하고 총작업완료시간을 구하여라.

구분	A	B	C	D	E
작업장 A	5	2	5	2	3
작업장 B	5	1	4	3	4

1) 작업순서

'작업장 A'와 '작업장 B'에서 작업시간(일)이 가장 짧은 작업이 '작업장 A'에 속하면 그 작업을 제일 앞으로 보내고, 만일 '작업장 B'에 속하면 그 작업을 맨 뒤로 보낸다. 순위가 결정된 작업은 제외시키면서 계속 반복한다.

구분	A	B	C	D	E
작업장 A	5	2	5	2	3
작업장 B	5	1	4	3	4
순위	3	5	4	1	2

따라서 작업순서는 D - E - A - C - B로 결정된다.

2) 총작업완료시간

시간	0	2	5	10	15 17	20
작업장 A	D	E	A	C	B	유휴
작업장 B	유휴	D	E	유휴 / A	C	B
시간	0 2	5	9 10	15	19 20	

따라서 총작업완료시간은 20시간이 소요된다.

개념 익히기

공정리드타임 구성시간

- Queue Time: 해당 공정에서 작업을 기다리는 시간
- Setup and Run Time: 실제 작업과 관련된 공구의 준비시간과 가공시간
- Wait Time: 작업이 완료된 후 다음 공정으로 이동하기 위해 대기하는 시간
- Move Time: 작업장 간 이동시간

2.4 애로공정과 라인밸런싱

(1) 애로공정

애로공정(Bottleneck Operation)이란 특정한 작업장에 능력이상의 부하가 적용되어 전체공정의 흐름을 막고 있는 것을 말한다. 즉 병목현상이라고도 말하는데 전체라인의 생산속도를 좌우하는 작업장을 말하기도 한다.

이러한 애로공정을 해결하여야 생산성을 극대화할 수 있으며, 이를 위해 작업방법의 개선과 각 공정의 작업시간을 균일하게 하는 라인밸런싱(Line Balancing) 기법이 사용되고 있다.

(2) 라인밸런싱

라인밸런싱(Line Balancing)이란 생산가공 내지는 조립라인에서 공정 간에 균형을 이루지 못하여 상대적으로 시간이 많이 소요되는 애로공정으로 인하여 공정의 유휴율이 높아지고 능률이 떨어지는 경우에 각 공정의 소요시간이 균형이 되도록 작업장이나 작업순서를 배열하는 것이다.

1) 피치다이어그램에 의한 라인밸런싱

피치다이어그램(Pitch Diagram)이란 작업순서에 의한 각 공정의 소요시간을 공정순서대로 나열해 놓은 도표로서, 애로공정의 파악이나 공정에 소요되는 시간의 불균형을 제거하여 작업장의 균형을 유지하는 것이 목적이다.

① 라인밸런스 효율(Eb)

1인당 생산수량과 비례하여 흐름작업의 생산성을 표시하는 지수이다. 라인밸런스 효율(Eb)은 다음과 같이 계산된다.

$$\text{라인밸런스 효율(Eb)} = \frac{\text{라인(작업)의 순 작업시간 합계}(\sum_{ti})}{\text{작업장 수}(n) \times \text{애로공정의 시간}(t_{max})} \times 100$$

② 불균형률(d)

대표적으로 생산라인의 비능률을 나타내는 불균형률(d)은 다음과 같이 라인밸런스 효율(Eb)의 역수나 생산라인의 유휴율로 구할 수 있다.

$$불균형률(d) = 1 - Eb = \frac{라인의\,유휴시간(n \times t_{max} - \Sigma_{ti})}{작업장\,수(n) \times 애로공정의\,시간(t_{max})} \times 100$$

실무예제

라인밸런스 효율(Eb)과 불균형률(d)

각 작업장의 작업시간이 다음과 같을 때, 라인밸런스 효율과 불균형률을 구하여라.

작업장	분 쇄	용 해	조 립	포 장
작업시간	25분	45분	30분	35분

1) 라인밸런스 효율(Eb) $= \dfrac{라인(작업)의\,순\,작업시간\,합계(\Sigma_{ti})}{작업장\,수(n) \times 애로공정의\,시간(t_{max})} \times 100$

$$= \frac{135}{4 \times 45} \times 100 = 75\%$$

2) 불균형률(d) $= 1 - Eb = 1 - 0.75 = 0.25(25\%)$

생산이론

03 JIT(Just In Time) 생산방식

JIT 생산방식은 적시생산시스템 또는 칸반(Kanban)시스템이라고도 불리며, 일각에서는 린 생산(Lean Production)방식으로도 불린다. 이 시스템은 도요타 자동차 회사의 자동차 생산방식으로서 제조공정에서 후행공정의 작업자가 필요한 자재만을 선행공정에서 가져가도록 하고, 선행공정에서는 후행공정에 인계한 자재 수량만큼만 제조하도록 하여 필요한 품목을, 필요한 양만큼, 필요한 시간에 보유함으로써 재고를 최소화하는 방식이다.

JIT 시스템은 재고를 모든 문제점의 근원으로 보고 원가절감을 위하여 불필요한 낭비요인인 과잉재고 제거, 준비교체시간의 축소, 과다한 노동력과 실수의 최소화 그리고 지속적인 개선활동에 집중함으로써 궁극적으로는 제품의 생산단가가 줄어들게 된다.

3.1 JIT 생산방식

(1) JIT 생산방식의 특징

구분	내용
칸반(Kanban)시스템	부품을 사용하는 작업장이 요구할 때까지 부품을 공급하는 작업장에서 어떤 부품도 생산해서는 안되는 당기기(Pull)식의 생산방식
소규모 로트크기	최소한의 로트사이즈로 생산하며, 철저하게 낭비를 제거하여 생산성을 높이고 원가를 절감
생산의 표준화	부품과 작업방식 및 공정의 표준화 요구
노동력의 유연성 (다기능공)	작업자가 한 가지 일 이상을 수행하는 다기능 작업자 요구
공급자와의 유대강화	외부 공급업체와 긴밀한 관계를 유지하며, 신뢰를 바탕으로 한 장기적으로 거래
생산공정의 신축성 요구	생산공정의 신축성을 요구한다. 여기서 신축성은 생산제품을 변경할 때 필요한 설비, 공구의 교체 등에 소요되는 시간을 단축시킴

(2) JIT 생산방식 실현을 위한 11가지 개선사항

① 흐름생산 ② 다공정담당 ③ 칸반(kanban)
④ 소인화 ⑤ 눈으로 보는 관리 ⑥ 평준화
⑦ 준비교체작업 ⑧ 품질보증 ⑨ 표준작업
⑩ 자동화 ⑪ 보건·안전

(3) 칸반(Kanban)의 역할과 종류

생산시스템은 크게 생산해서 밀어내는 Push System과 후공정에서 필요한 양만큼 끌어당기는 후공정 인수방식, 즉 Pull System으로 나눌 수 있다. 칸반시스템은 JIT를 실현하기 위하여 Pull System을 채택하면서 칸반이란 관리도구를 활용하고 있다.

1) 칸반의 정의

칸반시스템(Kanban System)이란 JIT를 실현시키기 위한 일종의 정보시스템이자 눈으로 보는 관리도구이다. 칸반은 '결품 방지와 과잉생산의 낭비 방지를 목적으로 1매의 종이에 현품표의 기능, 운반지시의 기능, 생산지시의 기능을 포함시킨 것'이라 할 수 있다.

2) 칸반의 종류

① 외주품 납품 칸반: 외주처로부터의 인수부품에 사용

② 공정인수 칸반: 공정간 부품의 인수를 위해 사용되는 칸반으로 통상 '인수칸반'이라 부른다.

③ 칸반(협의): 공정 내에서 작업을 위해 쓰이는 칸반이며, 일반적으로 칸반이라 하면 이 칸반을 의미한다.

④ 신호칸반: 프레스 등과 같이 설비금액이 많이 들어 준비교체시간이 다소 걸리는 경우, 큰 로트를 만드는 생산지시가 필요할 때 사용하는 칸반

3) 칸반시스템의 운영규칙

① 불량품은 절대로 후공정에 보내지 않는다.

② 후공정이 필요한 만큼 선행공정에 가지러 간다.

③ 선행공정은 후공정이 인수해 간 양만큼만 생산한다.

④ 생산을 평준화한다.

⑤ 칸반은 미세조종의 수단이다.

⑥ 공정을 안정화하여 합리화한다.

(4) JIT 실행을 위한 5S

5S란 JIT 생산방식을 달성하기 위한 현장개선의 기초로서 정리(SEIRI), 정돈(SEITON), 청소(SEISO), 청결(SEIKETSU), 마음가짐(SHITSUKE)의 일본어의 첫 발음 'S'를 따서 5S라 한다.

1) 정리(SEIRI)

필요한 물품과 불필요한 물품을 구분하여 불필요한 물품은 처분한다. 현장에 존재하는 불필요한 물품은 직장을 그만큼 협소하게 하여 비능률과 재해의 원인이 된다(사용하지 않는 예비품·치공구의 오사용에 의해 품질불량 및 기계고장을 일으킨다).

2) 정돈(SEITON)

필요한 물품은 즉시 끄집어 낼 수 있도록 만든다. 필요한 물품을 사용빈도에 맞게 놓는 장소를 정하고(정위치), 표시한 후 사용목적을 고려하여 놓는 방법을 표준화 한다(능률의 향상, 가공불량의 방지, 재해방지).

3) 청소(SEISO)

먼지와 더러움을 없애 직장 및 설비를 깨끗한 상태로 만든다. 기분 좋게 일할 수 있는 직장환경을 조성하여 능률을 향상시킨다(설비의 열화, 이물혼입에 의한 불량, 측정오차의 유인과 위험을 방지한다).

4) 청결(SEIKETSU)

직장을 위생적으로 하여 작업환경을 향상시킨다. 1), 2), 3)항의 3S를 유지하는 것이다.

5) 마음가짐(SHITSUKE)

4S(정리, 정돈, 청소, 청결)를 실시하여 사내에서 결정된 사항, 표준을 준수해 나가는 태도를 몸에 익힌다.

(5) JIT의 7가지 낭비

JIT 시스템은 철저한 낭비배제 방식이라고 할 수 있다. 낭비를 없앰으로써 결과적으로 생산성을 높이게 된다. 제조현장의 낭비란 '원가만을 높이는 생산의 요소'를 말한다. 제조방법 속에서 작업인가 낭비인가를 분별하는 능력이 필요하며 JIT 시스템은 낭비에 대한 인식이 가장 중요하다. JIT 시스템에서는 낭비를 다음과 같이 일곱 가지로 나누고 있다.

① 과잉 생산의 낭비: 낭비의 뿌리　　② 재고의 낭비
③ 운반의 낭비　　　　　　　　　　④ 불량의 낭비
⑤ 가공의 낭비　　　　　　　　　　⑥ 동작의 낭비
⑦ 대기의 낭비

제**3**장

자재소요 및 생산능력 계획

NCS 학습을 위한 능력단위 확인하기

능력단위	수준	능력단위 요소
자재 입고관리 (0204010203_20v2)	3	자재품질 기준 파악하기 (0204010203_20v2.1)
		자재 보관 위치 관리하기 (0204010203_20v2.2)
		자재 검수하기 (0204010203_20v2.3)
		자재 입고 부적합품 처리하기 (0204010203_20v2.4)
자재 출고관리 (0204010206_20v2)	3	자재 출고계획 수립하기 (0204010206_20v2.1)
		자재 출고방법 설정하기 (0204010206_20v2.2)
		자재 출고 작업하기 (0204010206_20v2.3)
사내물류관리 (0204010207_20v2)	5	공정재고 기준 확인하기 (0204010207_20v2.1)
		자재 공급회수 방법 선정하기 (0204010207_20v2.2)
		자재운반 설비 관리하기 (0204010207_20v2.3)
		적기공급 평가 개선하기 (0204010207_20v2.4)

01 재고관리

재고관리란 생산 및 판매부문의 수요에 신속하고 경제적으로 대응하여 안정된 판매활동과 원활한 생산활동을 지원하고 최적의 재고수준을 유지하도록 관리하는 절차이다. 재고는 불확실한 기업환경에서 완충역할을 위하여 필요할 수 있으나 과다한 재고는 오히려 재고관리비용을 높이는 문제점을 불러온다. 따라서 필요한 품목을, 필요한 수량만큼, 필요한 시기에 최소의 비용으로 공급할 수 있도록 재고를 관리하는 것이 재고관리의 목적이라 할 수 있다.

(1) A. J. Arrow의 재고보유 동기

A. J. Arrow는 기업이 재고를 보유하는 이유를 다음과 같이 거래동기, 예방동기, 투기동기로 분류하였다.

구분	내용
거래동기	수요량을 미리 알고 있다. 즉 시장수요는 매일 반복되나 납품은 한 달에 한 번 한다면 대량으로 구매 후 조금씩 팔리는 동안 재고로 보유하게 됨
예방동기	수요에 대한 품절의 위험에 대비하여 보유하는 것으로서, 오늘날 많은 기업의 주된 재고보유 동기임
투기동기	가격변동을 예측하고 재고를 보유하는 것으로서, 가격 인상을 대비하여 농산물 등을 비축하는 재고 등이 해당

(2) 재고의 분류

1) 예상(비축)재고

예상(비축)재고(anticipation stock)란 계절적인 수요 급등, 가격 급등, 파업 등으로 인해 생산중단이 예상될 때, 향후 발생할 수요를 대비하여 미리 생산하여 보관하는 재고이다.

2) 안전재고

안전재고(safety stock)란 기업을 운영함에 있어서 발생할 수 있는 여러 가지 불확실한 상황에 대처하기 위해 미리 확보하고 있는 재고이다.

조달기간의 불확실, 생산의 불확실, 또는 그 기간 동안의 수요량이 불확실한 경우 등 예상외의 소비나 재고부족 상황에 대비한다.

3) 순환재고

순환재고(cycle stock)란 일시에 필요한 양보다 더 많이 주문하는 경우에 생기는 재고를 말한다. 이와 같은 유형의 재고는 주문비용이나 생산준비비용을 줄이거나 할인혜택을 얻을 목적으로 한꺼번에 많은 양을 주문할 때 발생한다.

4) 수송(파이프라인)재고

수송(파이프라인)재고(pipeline stock)란 유통과정 중에 있는 제품이나 생산 중에 있는 재공재고를 말한다. 즉 공급업체로부터 또는 작업장에서 다른 작업장으로 이동 중에 있는 재고이다.

(3) 재고비용의 분류

1) 구매/발주비용
- 주문과 관련된 비용(신용장 개설비용, 통신료)
- 가격 및 거래처 조사비용(물가조사비, 거래처 신용조회비용)
- 물품수송비, 하역비용, 입고비용
- 검사 · 시험비, 통관료

2) (생산)준비비용
- 생산공정의 변경이나 기계 · 공구의 교환 등으로 인한 비용
- 준비시간 중의 기계유휴비용
- 준비요원의 직접노무비 · 사무처리비 · 공구비용 등

3) 재고유지비용
- 자본비용: 재고자산에 투입된 자금의 금리
- 보관비용: 창고의 임대료, 유지경비, 보관료, 재고관련 보험료 · 세금
- 재고감손비: 보관 중 도난 · 변질 · 진부화 등으로 인한 손실
- 재고유지비(H) = 가격(P) × 재고유지비율(i)

(4) 경제적 발주(주문)량(EOQ)

경제적 발주(주문)량(EOQ: Economic Order Quantity)이란 해당 품목의 수급에 차질이 발생하지 않은 범위 내에서 재고관련비용이 최소가 되는 1회 주문량을 결정하는 것이다. EOQ 모형을 사용하기 위해서는 다음과 같은 가정이 필요하다.
- 구매량에 관계없이 단위당 구입가격은 일정하다.
- 구매비용은 구매량의 크기에 관계없이 항상 일정하다.

- 수요량과 조달기간이 확정적이다.
- 재고유지비는 구매량의 증가와 함께 비례적으로 증가한다.
- 단일품목을 대상으로 하며, 재고부족은 없다.
- 단위당 재고유지비용과 1회 주문비용은 항상 일정하다.
- 주문량은 전량 일시에 입고된다.
- 연간 자재사용량이 일정하고 연속적이다.

$$\text{경제적 발주(주문)량(EOQ)} = \sqrt{\frac{2SD}{H}} = \sqrt{\frac{2SD}{P_i}}$$

S = 1회 주문비용 D = 연간 총수요
H = 단위당 연간 재고유지비용 P = 구입단가
i = 연간 재고유지비율

🔖 실무예제 ○

경제적 발주(주문)량(EOQ)

A 부품의 연간 수요량이 20,000개이고 1회 주문비용이 80,000원이며, 판매단가가 4,000원이고 연간 재고유지비율이 0.2일 경우 경제적 발주(주문)량은 몇 개인가?

$$\text{경제적 발주(주문)량(EOQ)} = \sqrt{\frac{2SD}{H}} = \sqrt{\frac{2SD}{P_i}}$$

$$= \sqrt{\frac{2 \times 80,000 \times 20,000}{4,000 \times 0.2}} = 2,000\text{개}$$

(5) 경제적 생산량(EPQ)

경제적 발주(주문)량(EOQ) 모형에서 확장되었으며, 총비용이 최소가 되는 1회 생산량을 경제적 생산량(EPQ: Economic Production Quantity)이라고 한다. ELS(Economic Lot Size)라고도 한다. EPQ 모형을 사용하기 위해서는 다음과 같은 가정이 필요하다.

- 연간 생산율(p)은 연간 수요율(d)보다 항상 크다.
- 수요량과 조달기간이 확정적이다.
- 생산이 시작된 후에 수요가 이루어지며 수요량은 생산량보다 작다.
- 생산은 일정 기간 동안 점진적으로 쌓이고 어느 정도 재고 수준에 이르면 생산을 중단하게 된다.
- 생산이 중단되면 쌓였던 재고량은 일정량씩 없어지면서 바닥이 난다.
- 재고가 모두 없어지면 즉시 생산 작업이 반복 된다.

- 재고유지비는 생산량의 크기에 정비례하여 발생한다.
- 생산단가는 생산량의 크기와 관계없이 일정하다.

$$경제적\ 생산량(EPQ) = \sqrt{\frac{2SD}{H(1-\frac{d}{p})}} = \sqrt{\frac{2SD}{P_i(1-\frac{d}{p})}}$$

S = 1회 준비비
D = 연간 총생산량
H = 단위당 연간 재고유지비용
P = 생산단가
i = 연간 재고유지비율
d = 수요율
p = 생산율

- 최소총비용(TC) = $\frac{1}{2}(1-\frac{d}{p}) \times Q \times H + \frac{D}{Q} \times S$

- 최적 사이클타임(생산주기)(T_0) = $\frac{Q}{d}$

- 최적 생산기간(일)(T_1) = $\frac{Q}{p}$

실무예제

경제적 생산량(EPQ)

㈜삼일은 스마트폰을 제조하는 데 1년에 48,000개의 6인치 액정이 필요하다. 이 액정은 자체 생산 품목으로 하루에 800개를 생산할 수 있다. 이 액정은 매일 일정한 수량을 소비한다. 액정의 단위당 재고유지비는 100원, 1회 작업 준비비는 4,500원이다. 이 회사의 연간 가동일수는 240일이다.

1) 최적의 생산로트를 결정하라.

$$경제적\ 생산량(EPQ) = \sqrt{\frac{2SD}{H(1-\frac{d}{p})}} = \sqrt{\frac{2 \times 4,500 \times 48,000}{100(1-\frac{200}{800})}}$$

$$= 2,400개$$

  * 1년에 48,000개, 가동일수 240일이므로 수요율(d)은 200개/일

2) 최소총비용(TC)은 얼마인가?

$$최소총비용(TC) = \frac{1}{2}(1-\frac{d}{p}) \times Q \times H + \frac{D}{Q} \times S$$

$$= \frac{1}{2}(1-\frac{200}{800}) \times 2,400 \times 100 + (\frac{48,000}{2,400}) \times 4,500$$

$$= 180,000원$$

3) 최적 사이클타임(생산주기)(T_0)은 몇일인가?

최적 사이클타임(생산주기)$(T_0) = \dfrac{Q}{d} = \dfrac{2,400}{200} = 12$일

4) 최적 생산기간(일)(T_1)은 몇일인가?

최적 생산기간(일)$(T_1) = \dfrac{Q}{p} = \dfrac{2,400}{800} = 3$일

개념 익히기

ABC 재고관리

통계적 방법에 의하여 물품의 중요도에 따라 차별적으로 관리하는 방식이다. 관리대상을 A, B, C그룹으로 나누고, A그룹을 가장 중점적으로 관리함으로써 관리의 효율성을 높이려는 재고관리기법이다.

02 자재소요계획

2.1 MRP의 개념

자재소요계획(MRP: Material Requirement Planning)은 주생산일정계획을 토대로 하여 제품생산에 필요한 원자재의 종류, 수량, 주문시기 등을 결정하는 과정을 말한다. 다시 말해 자재소요계획은 재료, 부품, 반제품 등의 종속적 수요를 갖는 자재의 소요량 및 조달시기에 대한 관리를 통하여 주문과 생산계획을 효율적으로 처리하도록 만들어진 자재관리 기법이다.

자재소요계획을 효과적으로 수립하기 위해서는 주생산일정계획, 자재명세서, 재고기록철, 조달기간을 지속적으로 확보하고 검토하여야 한다.

2.2 MRP의 특징

MRP는 자재관리뿐만 아니라 일정계획과 통제를 동시에 진행시킬 수 있는 관리기법이다. MRP는 완제품의 수량과 납기가 정해지면 BOM 등을 이용하여 필요한 자재를 적시·적량 공급할 수 있도록 주문시기와 주문량을 자동적으로 계산해내며, 이에 따라 발주가 진행된다.

MRP는 재고수준을 감소시켜 자재 재고비용이 절감되고, 자재부족 최소화로 생산공정의 가동효율이 높아지고 생산소요시간이 단축되며, 납기준수를 통하여 고객에 대한 서비스가 개선되는 효과가 있다.

MRP의 입력요소

MRP산출을 위해서는 주생산일정계획(MPS: Master Production Scheduling), 자재명세서(BOM: Bill of Material) 그리고 재고기록철(IRF: Inventory Record File) 등의 세 가지 주요 입력요소가 반드시 필요하다.

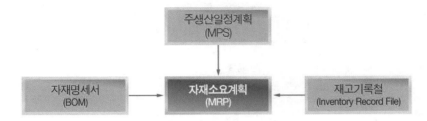

(1) 주생산일정계획(MPS)

주생산일정계획(MPS: Master Production Scheduling)은 주생산계획 또는 기준생산계획이라고도 하며, 총괄생산계획을 수립한 후에 보다 구체적으로 각 제품에 대한 생산시기와 수량을 나타내기 위해 수립하는 생산계획이다.

총괄생산계획은 수요예측과 생산능력을 고려하여 중장기적으로 제품군에 대한 총괄적 단위로 종합적인 생산계획을 수립한 것이다. 그러나 MPS는 총괄생산계획을 실제 생산할 제품단위로 일정을 분해한 결과이다. MPS는 적정재고수준 유지, 생산준비시간 단축, 생산원가 절감을 위해서 완제품의 납기와 부품의 조달기간을 세밀하게 분석하여 일정을 효과적으로 수립하여야 한다.

(2) 자재명세서(BOM)

자재명세서(BOM: Bill of Material)는 제품구조정보(Product Structure), Part List 등으로 불리며, 모품목(제품, 반제품) 한 단위를 생산하기 위해 필요한 자품목(재료, 부품, 반제품 등)의 품목, 규격, 소요량 등에 대한 명세서이다.

모품목과 자품목의 상호관계를 계층적으로 나타내며, 최상위 완제품의 계층을 'Level 0'으로 설정하고 각 계층의 부품이 더 이상 독립품목으로 분리가 어려운 최종단계까지의 자품목의 구성관계를 나타내면서 자품목의 구성수량, 변경이력, 유효일자 등의 정보가 기록된다.

BOM을 활용하여 자재소요량을 계산하는 방식은 다음과 같다. 여기서 'Level 0'은 A제품(완성품)이며, 그 아래로 모품목에 대한 자품목의 구성관계를 나타낸다.

각 수준 품목의 괄호 안 숫자는 상위품목(모품목) 한 단위 제조에 필요한 자품목의 소요
수량을 나타낸다.

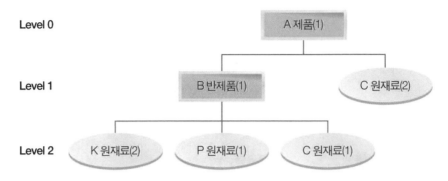

개념 익히기

BOM 종류

- Engineering BOM: 설계자의 시각에서 본 제품의 형상으로 설계의 편이성을 반영
- Manufacturing BOM 또는 Production BOM: MRP 시스템에서 사용하는 BOM으로
  생산관리 및 생산현장에서 사용하며 생산공정의 순서를 담고 있다. 필요할 때 가상의
  품번을 정의하여 사용하기도 한다.
- Planning BOM: Manufacturing BOM 또는 Production BOM을 근거로 주생산일정
  계획(MPS) 등에서 사용된다.
- Modular BOM: Option과 밀접한 관계가 있으며, 방대한 양의 BOM 데이터관리가 용
  이하며, MPS 수립 시에도 Option을 대상으로 생산계획을 수립한다.
- Percentage BOM: Planning BOM의 일종으로 제품을 구성하는 부품의 양을 정수로
  표현하지 않고 백분율로 표현한다.
- Inverted BOM: 화학이나 제철과 같은 산업에서의 소수의 종류 또는 단일 부품(원료)
  을 가공하여 여러 종류의 최종제품을 만드는 데 이용된다. 나무가 뒤집힌 형태, 즉 역
  삼각형 형태의 BOM을 Inverted BOM이라고 한다.
- Common Parts BOM: 제품에 공통적으로 사용되는 부품들을 모아 놓은 BOM, 최상
  위 Item은 가상의 Item Number를 갖는다.
- Multilevel BOM: 모품목과 자품목의 관계뿐만 아니라 자품목의 자품목까지 보여준다.
- Bill of Activity: 부품정보뿐만 아니라 Routing 정보까지 포함하고, 제조·설계·구
  매 등의 활동까지 표현하고 있는 BOM이며, 주로 금형산업에서 많이 사용된다.
- Phantom BOM: 실제로 존재하는 품목은 아니며 포장자재 등 관리상의 중요도가 떨어
  지는 품목들을 모아서 가상의 품목으로 BOM을 구성하여 BOM 구조를 좀 더 간단하게
  관리하고자 할 경우에 주로 이용된다.

(3) 재고기록철(IRF)

재고기록철(IRF: Inventory Record File)은 자재관리 대상품목의 입출고에 관한 내역, 재고보유품목, 발주품목, 생산품목에 관한 사항을 기록하고 있다.

재고기록은 생산예정 품목의 순소요량 등을 파악하는 데 사용되므로 품목의 재고에 대한 최신 정보를 유지하여야 하며, 입출고 및 반품 등에 관한 사항이 모두 기록되어야 한다.

또한 재고기록에는 리드타임(lead time), 로트크기(lot size), 안전재고 및 기타 특별한 사항에 대한 정보도 포함되어야 한다.

개념 익히기

로트(Lot)

로트는 제조단위 또는 배치(Batch)라고도 하며, 동일한 제조 조건하에서 제조되고 균일한 특성 및 품질을 갖는 완제품, 구성부품 및 원자재의 단위를 말한다.

일반적으로 로트번호는 쉽게 식별할 수 있도록 숫자·문자 또는 이들을 종합한 것을 사용하며, 4M(Method(작업방법), Man(작업자), Material(자재), Machine(기계)) 중 하나의 항목만 변경 및 교체되어도 그 번호를 달리 부여한다.

2.4 MRP 전개 사례

A제품의 수요예측치와 그에 따른 주생산일정계획(MPS)을 수립하였으며, MRP 전개와 관련된 정보는 다음과 같다(단, B원재료는 A제품 한 단위 생산에 3EA가 소요된다).

	주	1	2	3	4	5
Level 0 제품 A (리드타임＝2주) (안전재고＝10개)	수요예측치	–	15	25	20	30
	입고예정량	0	0	10	20	30
	현재고	40	25	10	10	10
	생산계획	10	20	30	25	40

※ 1~5주차 수요예측치, 1주차 현재고, 4~5주차 생산계획은 임의 부여한 수치임.

	주	1	2	3	4	5
Level 1 원재료 B (리드타임=1주) (안전재고=30개) (로트크기=100개)	수요예측치	30	60	90	75	120
	입고예정량	0	100	100	0	200
	현재고	60	100	110	35	115
	발주계획	100	100	0	200	–

※ 1~5주차 수요예측치는 제품 A의 생산계획에 의해 산출된 총소요량이며, 1주차 입고예정량과 현재고
는 임의 부여한 수치임.

03 생산능력

생산능력(Production Capacity)이란 작업자, 기계, 작업장, 공정 또는 조직이 단위시
간당 산출물을 생산할 수 있는 능력을 의미한다.

기업의 생산능력이 너무 작은 경우에는 시장수요를 충족하지 못해 고객 상실 우려가
있으며, 또한 고객이 원하는 서비스를 적시에 공급할 수 없어 결국 경쟁력을 잃게 될 수도
있다.

따라서 생산계획이 달성될 수 있도록 기업의 상황에 맞는 적절한 생산능력계획 등이
필요하다.

3.1 개략생산능력계획(RCCP)

개략생산능력계획(RCCP: Rough Cut Capacity Planning)이란 기준생산계획(MPS)이
주어진 제조자원의 용량을 넘어서는지를 계산하는 모듈이다. 즉, 기준생산계획과 제조자
원 간의 크기를 비교하여 자원요구량을 계산해내는 것이다.

자재소요계획 관련 활동 중에서 MRP 전개에 의해 생성된 발주계획량(Planned Order
Release)들이, 기간별로 주어진 제조 자원의 용량을 넘어서는지 아닌지를 계산하는 개략
생산능력계획(RCCP)은 MPS에서 수립된 생산 일정이 부하가 걸리지 않도록 계획되어 있
는지를 검토하여 MPS를 조정하는 기능을 하고 있다.

3.2 능력소요계획(CRP)

자재소요계획(Material Requirement Planning)과 제조자원계획(Manufacturing Resource Planning)의 큰 차이 중의 하나가 제조 자원의 제약사항을 생산계획에 반영할 수 있는 가였다.

능력소요계획(CRP: Capacity Requirement Planning)이란 자재소요계획 또는 생산계획 활동 중에서 MRP 전개에 의해 생성된 계획이 얼마만큼의 제조 자원을 요구하는지를 계산하는 모듈이다.

개념 익히기 ●

능력소요계획(CRP)의 입력정보
- MRP에서 산출된 발주계획 정보
- 확정주문 정보
- 작업장 상태 정보
- 절차계획 정보
- 작업공정표 정보

3.3 RCCP와 CRP의 차이

계략생산능력계획(RCCP)과 능력소요계획(CRP)의 대표적인 차이를 요약하면 다음과 같다.

① RCCP의 주요 입력데이터는 MPS이지만, CRP의 주요 입력데이터는 MRP Record이다. MPS는 최종 제품과 주요 핵심 부품에 한해 작성되기 때문에, 자원요구량을 계산하는 과정에서도 CRP가 RCCP보다 정확하다.

② CRP를 계산할 때에는 생산오더가 내려간(즉, 현장에서 작업 중인) 작업도 현장의 자원을 필요로 한다는 것을 고려한다. 이러한 점은 RCCP에서는 고려하지 않는다. 따라서 CRP는 RCCP보다 더 현실적인 자원요구량계획을 생성할 수 있다.

생산이론

04 공급망관리(SCM)

공급망관리(SCM: Supply Chain Management)란 기업이 제품 생산을 위한 원재료 수급에서 최종 고객에게 제품을 전달하기까지 공급망에서 일어나는 모든 행위들(구매/조달, 제조, 유통, 판매, 재고관리 등)을 정보기술(Information Technology)을 활용해서 재고를 최적화하고 리드타임을 대폭 감축하여 양질의 제품 및 서비스를 제공하는 시스템으로 정의된다.

4.1 공급사슬과 SCM의 주요 흐름

다음의 도표에서 나타나듯이 공급망(Supply Chain)은 공급자(Supplier), 제조업자(Manufacturer), 창고업자(Warehouser), 소매상(Retailers), 고객(Customer)과 같은 거래 파트너들로 구성되어 있다. SCM이란, 이러한 모든 거래 파트너들의 협력을 바탕으로 일부업무를 통합 관리하여 불확실성을 줄이고 전체적인 최적화를 달성하여 궁극적으로는 최소 비용으로 고객만족을 극대화하려는 경영전략기법이다.

SCM은 공급사슬을 기반으로 업무의 흐름을 다음의 세 가지로 구분하고 있다.

① 제품/서비스의 흐름(Product/Service Flow): 공급자들로부터 고객으로의 상품 이동, 물품반환, 애프터서비스 등으로 구성된다.
② 정보의 흐름(Information Flow): 주문전달과 배송상황의 갱신 등으로 구성된다.
③ 재정의 흐름(Funds Flow): 신용조건, 지불계획, 위탁판매, 권리소유권의 합의 등으로 구성된다.

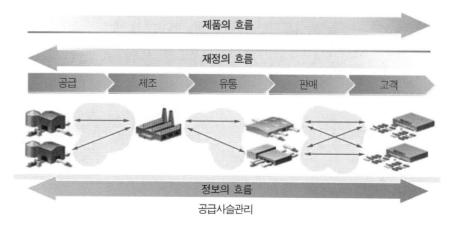

공급사슬관리

 SCM의 기능

SCM의 기능은 내재적 기능과 외재적 기능으로 구분한다.

(1) 내재적 기능

- 공급자 네트워크에 의해 공급된 원자재 등을 변형시키는데 사용하는 여러 프로세스
- 고객의 주문을 실제 생산 작업으로 투입하기 위한 생산일정계획

(2) 외재적 기능

- 올바른 공급자 선정
- 공급자와의 긴밀한 파트너십 유지

SCM 추진효과

SCM은 최근 기업들에게 높은 서비스 수준과 낮은 비용을 동시에 달성시킬 수 있는 경영 패러다임뿐만 아니라 새로운 기회를 창출할 수 있는 도구로 각광받고 있다.

SCM의 대표적인 추진효과는 다음과 같이 정리할 수 있다.

- 통합적 정보시스템 운영
- 물류비용 절감
- 고객만족, 시장변화에 대한 대응
- 구매비용 절감
- 생산효율화
- 총체적 경쟁우위 확보

생산이론

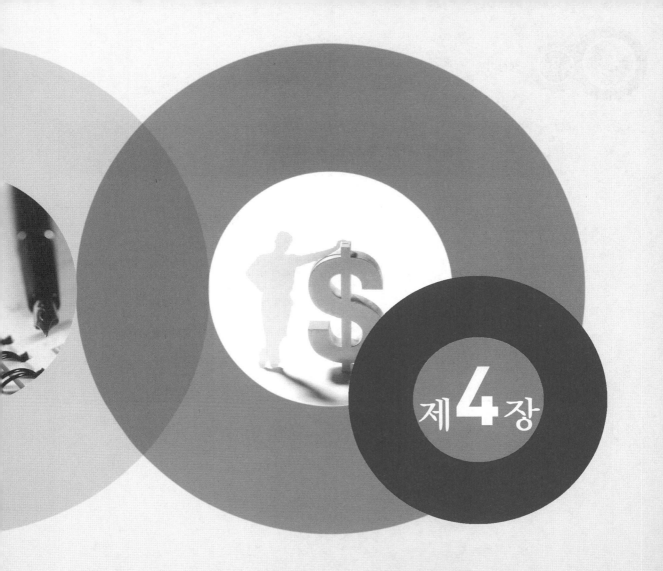

제**4**장

품질관리

N CS 학습을 위한 능력단위 확인하기

능력단위	수준	능력단위 요소
구매품 품질관리 (0204010105_23v3)	4	구매품 품질 보증체계 수립하기 (0204010105_23v3.1)
		구매품 품질 검사하기 (0204010105_23v3.2)
		구매 부적합품 조치하기 (0204010105_23v3.3)
공정품질관리 (0204010306_23v3)	3	공정품질 관리항목 설정하기 (0204010306_23v3.1)
		자주 검사 실시하기 (0204010306_23v3.2)
		검사 결과 활용하기 (0204010306_23v3.3)

01 품질관리의 의의

1.1 품질의 정의

품질(quality)이란 제품 또는 서비스가 그것의 사용 또는 적용목적을 만족시키고 있는지의 여부를 결정하기 위한 평가의 대상이 되는 고유의 성질, 성능의 전부를 말한다. 품질에 대한 정의는 다음과 같이 연구자 또는 조직마다 다양하게 정의한다.

구분	정의
쥬란 (J. M. Juran)	품질은 용도에 대한 적합성(Fitness for use), 즉 제품의 필수적 요건은 그 제품을 사용하는 사람들의 요구(needs)를 충족시켜 주는 것
페젠바움 (A. V. Feigenbaum)	제품이나 서비스의 사용에서 소비자의 기대에 부응하는 마케팅, 기술·제조 및 보전에 관한 여러 가지 특성의 전체적인 구성
크로스비 (P. B. Crosby)	품질은 좋은 것이라든가 고급스러움 또는 화려함이 아닌 요구사항에 대한 일치성(Conformance to requirement)
한국산업규격(KS)	물품 또는 서비스가 사용목적을 만족시키고 있는지의 여부를 결정하기 위한 평가 대상이 되는 고유의 성질·성능의 전체

1.2 품질의 분류

① 요구(목표)품질: 소비자의 요구품질이라 할 수 있다. 당연히 있어야 할 품질로서 고객의 요구를 정확하고 객관적으로 파악하여 고객의 입장에서 평가하는 것이 중요하다.

② 설계품질: 요구품질을 실현하기 위해 제품을 기획하고 그 결과를 상세히 정리하여 도면화한 품질이다.

③ 제조(적합)품질: 실제로 제조된 품질이다. 일반적으로 4M(Man, Method, Machine, Material)에 많은 영향을 받는다.

④ 시장(사용)품질: 소비자가 원하는 기간 동안 제품의 품질이 지속적으로 유지될 때 소비자가 만족하는 품질이다.

생산이론

1.3 품질관리와 품질경영

(1) 품질관리

품질관리(QC: Quality Control)는 소비자가 요구하는 품질의 제품이나 서비스를 경제적으로 만들어내기 위한 관리활동이다. 과거의 품질관리는 주로 생산현장에서 규격과 요건을 충족시키기 위한 것이었다. 제품과 공정의 불량 감소를 위하여 품질표준을 설정하고, 간단한 통계적 기법을 사용하였다.

(2) 품질경영

현대의 품질관리는 품질경영(QM: Quality Management)으로 변환되면서, 그 초점은 생산자로부터 소비자로 바뀌게 되었다. 품질경영은 제품과 서비스를 소비자에게 제공할 때 우수한 품질을 유지하는 것이며, 이를 위한 업무 프로세스에서 발생하는 문제를 해결하는 개념이다.

품질경영은 예방차원의 원칙에서 이루어져야 하는데, 이것은 특정 부서, 예컨대 품질관리부서의 단독적인 검사활동으로 관리되는 품질관리와는 다르다. 원자재 구매부터 시작하여 설계, 기술, 제조, 검사, 고객서비스 등에 이르기까지 가치사슬 상에서 전사적인 종합적 품질경영이 이루어져야 한다.

따라서 품질관리에서 품질경영으로의 변화되는 패러다임을 다음과 같이 볼 수 있다.

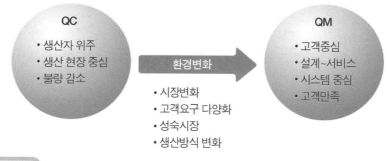

개념 익히기

품질관리의 발전과정
품질관리(QC: Quality Control) → 통계적 품질관리(SQC: Statistical Quality Control) → 종합적 품질관리(TQC: Total Quality Control) → 종합적 품질경영(Total Quality Management)

1.4 TQM의 개념

품질관리(Quality Control)는 품질경영(Quality Management)에 내포되는 개념으로 품질경영 패러다임의 변화에 따라 TQM에 이르게 되었다. TQM(Total Quality Management) 활동을 단일 개념으로 정의 내리기는 힘들지만, 품질 향상을 위한 실천적 행동양식과 기술의 집합으로 이루어진 조직의 경영혁신기법으로 이해되고 있다. TQM은 고객의 니즈 (needs)를 정확히 충족시킬 필요성과 작업을 처음부터 바르게 해야 하는 중요성을 강조하는 경영철학이라고 할 수 있다.

TQM은 1980년대 초반 미국을 중심으로 조직의 경쟁우위를 확보하고, 품질위주의 조직문화를 창출함으로써 조직 구성원의 의식을 개혁하고, 궁극적으로 조직의 경쟁력을 향상하고자 최고경영자를 중심으로 조직의 경영을 고객위주의 관리시스템으로 하는 경영혁신 운동이다.

이와 같이 TQM은 전통적인 현장중심의 품질관리와 달리 전략적인 것으로 품질경영 위에 조직문화의 혁신을 통한 구성원의 의식과 태도 등에 중점을 두고, 조직 및 구성원의 사회참여 확대를 목적으로 추진되는 전략경영시스템의 일부분으로 볼 수도 있다.

개념 익히기 ○

TQM의 4대 기본원칙
- 고객중심(고객만족)
- 총체적 참여
- 품질문화 형성
- 지속적인 개선(공정개선 등)

1.5 품질관련 비용

(1) 예방비용(Prevention Cost)

예방비용은 제품이나 서비스의 불량이 처음부터 발생하지 않도록 소요되는 비용으로 품질교육 및 훈련, 분임조활동, 공정관리비용 등이 해당된다.

(2) 평가비용(Appraisal Cost)

평가비용은 제품의 품질을 정식으로 평가하는 데 사용되는 비용으로 측정, 평가, 검사에 수반되어 발생되는 비용으로 수입검사, 제품검사, 공정검사, 출하검사, 신뢰성 평가비용 등이 있다.

(3) 실패비용(Failure Cost)

① 내부 실패비용: 내부 실패비용은 제품의 출하나 서비스가 고객에게 전달되기 이전에 발생한 비용으로서 스크랩비용, 수리비용, 설계변경비용, 폐기비용 등이 해당된다.

② 외부 실패비용: 외부 실패비용은 제품의 출하나 서비스가 고객에게 전달된 이후에 발생한 비용으로서 무상수리비용, 클레임처리비용 등이 해당된다.

02 QC 7가지 도구

2.1 특성요인도

특성요인도(Cause and Effect Diagram)란 결과(제품의 특성)에 대하여 원인(특성의 요인)이 어떠한 관계로 영향을 미치게 되었는지를 한눈에 보아 알아볼 수 있도록 표시한 그림이다. 결과(특성)에 대하여 어떤 요인이 어떤 관계로 영향을 미치고 있는지 명확하게 하여 원인규명을 쉽고 빠르게 할 수 있는 분석기법이다. 그림 모양이 생선뼈와 비슷하여 Fishbone Diagram이라고도 불리며, 품질관리 도구로 많이 사용되고 있다.

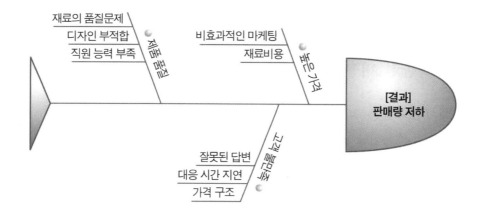

2.2 파레토도

파레토도(Pareto Diagram)는 자료들이 어떤 범주에 속하는가를 나타내는 계수형 자료일 때 각 범주에 대한 빈도를 나타낸다. 즉, 불량, 결점, 고장 등의 발생건수 또는 손실금액을 분류항목별로 나누어 큰 순서대로 나열해 놓은 도표이다. 파레토도는 공정에서 불량의 주된 원인을 찾는 중요한 도구로 많이 사용되고 있다.

2.3 히스토그램

히스토그램(Histogram)이란 길이, 무게, 시간, 경도 등을 측정하는 데이터의 계량치가 어떠한 분포를 하고 있는지를 한눈에 알아보기 쉽게 나타낸 도표이다. 즉 어떤 조건하에서 주어진 데이터를 몇 개의 구간으로 나누어 각 구간에 포함되는 데이터의 분포를 쉽게 파악하기 위한 용도로 작성한다.

2.4 산점도

산점도(Scatter Diagram)는 산포도라고도 하며, 한 대상에 나타나는 두 가지가 서로 상관이 있는지 없는지를 점의 흩어진 상태를 그려봄으로써 상관의 경향을 파악하고 필요한 조치를 취하도록 하는 방법이다. 산점도는 주로 문제해결을 위한 사전 원인조사 단계에서 쓰이며, 자료의 수치가 얼마나 떨어져 있는지를 나타내는 값으로 분산, 표준편차, 편차 등이 있다.

2.5 층별

층별(Stratification)기법은 데이터를 몇 개의 범주에 의하여 구분함으로써 문제의 원인을 파악하려는 기법으로 수집된 데이터를 특성 항목별로 분류함으로써 각 항목별 장·단점을 분석할 수 있다.

결과에 영향을 미칠 것으로 예상되는 이질적 항목이 있을 때에는 자료를 수집하는 단계에서부터 층별하여 관찰할 필요가 있다. 층별 이전의 전체 품질분포와 층별 후의 작은 그룹의 품질분포를 비교함으로써 품질에 영향을 끼치는 원인을 찾아내거나 그 원인의 품질에 대한 영향의 정도를 알아볼 수 있다.

2.6 관리도

슈하트(Shewhart)가 개발한 관리도(Control Chart)는 품질관리 기법 중 가장 기본적이며, 정상적으로 작업해도 어쩔 수 없이 발생하는 산포(우연 원인에 의한 산포)와 그대로 보아 넘길 수 없는 산포(이상 원인에 의한 산포)를 구별함으로써 공정이 안정상태에 있는지의 여부를 알 수 있다. 관리도는 공정의 이상상태 여부를 신속하게 알아내고 대책을 강구하기 위한 기법이다.

2.7 체크시트

체크시트(Check Sheet)는 현장에서 확인된 일련의 데이터에 대하여 일정한 양식을 이용하여 간단히 표기함으로써 쉽게 도수분포를 구하고, 이로부터 여러 가지 정보를 얻어 검사용, 관리용, 해석용 등으로 활용할 수 있도록 만든 양식 시트이다. 즉 체크해야 할 항목이 미리 기입되어 있어 간단히 기록할 수 있도록 만들어진 시트이다.

① **기록용 체크시트**

데이터를 몇 개의 항목별로 분류하여 기록용지에 기록하여 살핌으로써 기록이 끝난 뒤에는 데이터가 전체에서 어느 항목에 집중되어 있는가를 확인할 수 있도록 하는 기록시트이다.

② **점검용 체크시트**

확인해 두어야 할 사항을 사전에 나열해 두고, 이를 점검함으로써 추후 업무의 내용 파악이나 사고 또는 착오를 예방하기 위한 점검시트이다.

03 6시그마

3.1 6시그마의 의의

6시그마(Six Sigma)는 1987년 미국의 모토로라에서 품질을 획기적으로 개선시키기 위해 통계적인 기법을 활용하여 개발되었다. 6시그마란 제품의 설계와 제조뿐만 아니라 사무간접 지원 등을 포함하는 모든 종류의 프로세스에서 결함을 제거하고, 목표로부터의 이탈을 최소화하여 조직의 이익창출과 함께 고객만족을 극대화하고자 하는 혁신전략을 의미한다.

3.2 6시그마 경영

6시그마 경영은 시그마(σ)라는 통계적 척도로서 모든 프로세스의 품질수준이 6σ를 달성하여 불량률을 3.4PPM(parts per million: 제품 백만 개당 불량품 수) 또는 결함발생수 3.4DPMO(defects per million opportunities) 이하로 하고자 하는 기업의 품질경영전략이다.

6시그마 수준이란 다음과 같이 각각 고객의 요구에 도달하지 못한 결함의 발생 가능성을 뜻한다. 시그마(σ) 수준이 높을수록 높은 요구수준을 만족시킨다는 의미이다.

σ 관리수준	양품률	DPMO
6	99.99966%	3.4
5	99.97674%	233.0
4	99.37903%	6,210.0
3	99.31928%	66,807.0

3.3 6시그마의 활동 단계

6시그마는 고객의 관점에서 출발하여 프로세스의 문제를 찾아서 통계적 사고로 문제를 해결할 수 있는 과정을 제시하고 있다.

이를 문제점 해결을 위한 품질혁신 단계라고 부르는데, 모토로라나 GE 등에서 채택하고 있는 방법을 4단계로 나누어 MAIC(Measurement, Analysis, Improvement, Control) 문제해결 과정이라고 부른다.

(1) 1단계: Measurement(측정)

주요 제품 특성치(종속변수)를 선택하고, 필요한 측정을 실시하여 품질수준을 조사하며, 그 결과를 공정관리 카드에 기록하고 단기 또는 장기 공정능력을 추정한다.

(2) 2단계: Analysis(분석)

주요 제품의 특성치와 최고수준의 타 회사 특성치를 벤치마킹한다. 차이분석을 통하여 최고 수준의 제품이 성공적인 성능을 내기 위한 요인이 무엇인가를 조사하여 목표를 설정한다. 경우에 따라서는 제품이나 공정을 재설계할 필요가 있다.

(3) 3단계: Improvement(개선)

설정된 목표를 달성하기 위하여 개선되어야 할 성능 특성치를 먼저 선택한다. 그리고 이 특성치에 대한 변동의 주요 요인을 진단한다. 그 다음으로 실험계획법, 회귀분석 등의 통계적 방법을 통하여 공정변수를 찾고, 이들의 최적조건(새로운 공정조건)을 구한다. 그리고 각 공정변수가 특성치에 영향을 주는 영향 관계를 알아내고 각 공정변수에 대한 운전 규격을 정한다.

(4) 4단계: Control(관리)

새로운 공정조건을 표준화시키고 통계적 공정관리 방법으로 그 변화를 탐지하고 새 표준으로 공정이 안정되면 공정능력을 재평가한다. 이러한 사후 분석결과에 따라 필요하면 1, 2단계 또는 3단계로 다시 돌아갈 수도 있다.

3.4 DMAIC 추진 절차

제조부문의 6시그마 경영혁신 활동은 DMAIC 방법론을 적용하여 프로젝트를 진행하고 있고, 연구부문은 DFSS(Design for Six Sigma) 방법론에 적용하여 프로세스를 진행한다. 제조업 중심의 DMAIC의 추진절차는 다음과 같다.

구분	내용
정의(Define)단계	테마선정 단계로서, CTQ(Critical to Quality) 및 현 수준평가를 통한 개선 영역을 확인하고 테마의 우선순위를 설정
측정(Measure)단계	프로젝트 범위와 성과지표를 구체화하고, 측정시스템의 유효성 확인을 통한 현 시그마 수준을 평가
분석(Analyze)단계	잠재인자 및 근본 원인을 파악하고 검증함으로써 개선의 우선순위를 명확히 함
개선(Improve)단계	개선안 도출 및 최적안 선정으로 파일럿 테스트(Pilot Test)를 실시함으로써 개선효과를 파악
관리(Control)단계	개선내용을 유지관리를 위한 관리 계획을 수립하고, 이를 전 사원의 확산 및 공유화로 연결

04 통계적 품질관리

통계적 품질관리(SQC: Statistical Quality Control)란, 고객이 요구하는 모든 품질을 확보 및 유지하기 위하여 모든 프로세스 단계에서 통계적 원리와 기법을 이용하여 제품과 서비스의 품질을 관리하는 기법이라고 정의할 수 있다.

4.1 검사

한국산업규격(KS)에 의하면 검사(Inspection)란 물품을 어떤 방법으로 측정한 결과를 판정기준과 비교하여 개개의 물품에 양호, 불량 또는 로트의 합격, 불합격의 판정을 내리는 것이라 정의하고 있다.

(1) 검사의 분류

1) 검사가 행해지는 공정에 의한 분류

구분	내용
수입검사	재료, 반제품 또는 제품을 받아들이는 경우 제출된 로트에 대하여 행하는 검사
구입검사	외부에서 구입하는 경우의 검사를 말하는데, 이 경우 구입자는 관청, 상점, 일반 대형소비자, 공장 내의 소비자 등
공정검사와 중간검사	제조공정이 끝나고 다음 제조공정으로 이동하는 사이에 행해지는 검사
최종검사	제조공정의 최종단계에서 행해지는 검사로 완성품에 대하여 행하는 검사
출하검사	제품을 출하할 때 행하는 검사
기타검사	입고검사, 출고검사, 인수인계검사 등

2) 검사가 행해지는 장소에 의한 분류

구분	내용
정위치검사	검사가 특수한 장치가 필요하거나 특별한 장소에서 물품을 운반하여 행하는 검사
순회검사	도중에 검사공정을 넣지 않고 검사원이 적시에 현장을 순회하여서 행하는 검사
출장검사	외주업체에 출장하여 행하는 검사

3) 검사 성질에 의한 분류

구분	내용
파괴검사	물품을 파괴하거나, 상품가치가 떨어지는 시험을 하지 않으면 검사의 목적을 달성할 수 없는 검사(예: 전구 수명시험, 멸균시험 등)
비파괴검사	물품을 시험하여도 상품가치가 떨어지지 않고 검사의 목적을 달성할 수 있는 검사(예: 전구 점등시험, 도금판의 핀홀 검사 등)

4) 판정대상에 의한 분류(검사방법)

구분	내용
전수검사	개개의 물품에 대하여 그 전체를 검사하는 것
로트별 샘플링검사	로트별로 시료를 샘플링하고, 샘플링한 물품을 조사하여 로트의 합격·불합격을 결정하는 검사
관리 샘플링검사	제조공정관리, 공정검사의 조정, 검사의 체크를 목적으로 하여 행하는 검사
무검사	제품의 품질을 간접적으로 보증해 주는 방법
자주검사	작업자 자신이 스스로 하는 검사

(2) 전수검사와 샘플링검사

1) 전수검사가 필요한 경우

① 전수검사를 쉽게 할 수 있을 때

• 검사에 수고와 시간이 별로 들지 않고 검사비용에 비해서 얻어지는 효과가 크다고 생각할 때(예: 자동검사기, 간단한 게이지로 검사하는 경우, 전구 점등시험 등)
• 로트의 크기가 작고 또 파괴검사가 아니므로 전수검사를 할 수 있을 때

② 불량품이 조금이라도 섞여 들어가면 안 되는 경우

• 불량품이 조금이라도 섞여 들어가면 안전면에서 중대한 영향을 미칠 때(예: 브레이크 작동시험, 고압용기의 내압시험 등)
• 불량품이 조금이라도 섞여 들어가면 경제적으로 더 큰 영향을 미칠 때(예: 보석류 등 값이 비싼 물품)
• 불량품을 넘겼을 경우 다음 공정에 커다란 손실을 줄 경우

2) 샘플링 검사가 유리한 경우

- 다수 다량의 것으로 어느 정도 불량품이 섞여도 괜찮을 경우
- 검사항목이 많은 경우
- 불완전한 전수검사에 비하여 신뢰성이 높은 결과가 얻어지는 경우
- 검사비용을 적게 하는 편이 이익이 되는 경우
- 생산자에게 품질향상의 자극을 주고 싶을 경우

3) 샘플링검사의 분류

구분	내용
계수 샘플링검사	불량률에 의한 샘플링검사
	결점수에 의한 샘플링검사
계량 샘플링검사	특성치에 의한 샘플링검사

(3) 품질의 변동요인

우연원인(피할 수 없는 원인)	이상원인(피할 수 있는 원인)
• 작업자의 숙련도 차이 • 작업환경의 변화 • 식별되기 어려운 원자재나 생산설비 등의 특성에 의한 차이 • 종업원 사기와 같은 사회 및 기술적 요인	• 작업자의 부주의 • 불량자재의 사용 • 자재의 변경 • 생산설비의 이상 • 생산조건의 급격한 변경 등

4.2 관리도

관리도(Control Chart)는 슈하트(Shewhart)가 개발한 통계적 품질관리기법 중에서 최초로 개발된 기법으로 품질특성의 변화를 그래프로 나타낸 것이다. 관리도는 공정이 안정 상태 또는 관리 상태에 있는지의 여부를 판별하고 공정을 안정 상태로 유지함으로써 제품의 품질을 균일화하기 위한 목적이다.

(1) 관리도의 구성

관리도의 구성은 다음과 같이 관리상태의 품질 특성치의 평균을 나타내는 중심선(CL: Center Line)과 관리상한선(UCL: Upper Control Limit) 및 관리하한선(LCL: Lower Control Limit)으로 구성된다.

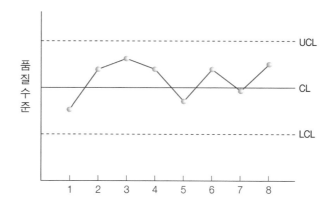

(2) 관리도의 원리

다음 도표의 자료는 정규분포의 구간확률을 나타내고 있다. 공정이 안정된 상태에 있을 때, 제품의 품질특성은 정규분포를 나타내는 바, 품질의 관측치가 평균값(중심선)을 중심으로 ±3σ 내에 포함될 경우, 안정된 공정으로 간주된다는 슈하트(Shewhart)의 주장 원리를 슈하트의 3σ법이라고도 부른다.

구간	구간 내에 들어가는 비율	구간 밖으로 나가는 비율
μ ± 1σ	68.27%	31.73%
μ ± 2σ	95.45%	4.55%
μ ± 3σ	99.73%	0.27%

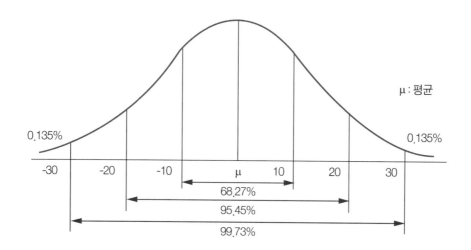

(3) 관리도의 종류

관리도는 데이터의 성질에 따라 계량형 관리도와 계수형 관리도의 두 가지로 구분할 수 있다. 계량형 관리도는 측정기구로 측정이 가능하며 측정치를 그대로 품질자료 값으로 사용하면서 길이, 무게, 온도와 같은 연속변량(계량치)으로 된 품질특성을 관리하기 위한 것이고, 계수형 관리도는 불량개수, 불량률, 결점수 등의 이산치(계수치)로 파악되는 품질특성을 관리하기 위한 것이다.

1) 계량치 관리도

명칭	특징	
$\overline{X} - R$ 관리도	• 검출력이 좋고 사용하기에 용이하여 많이 쓰임 • $\overline{X}$ 관리도는 평균치의 변화를 보는데 사용하고, R 관리도는 군내의 산포의 변화를 알아내기 위해 사용	정규 분포
$\widetilde{X} - R$ 관리도	• 계산이 간단하나 $\overline{X} - R$ 관리도에 비해 검출력이 다소 떨어짐	
$X - Rs$ 관리도	• 합리적으로 군을 나누기 어렵고, 데이터 수가 적을 때 사용	
X 관리도	• 데이터 군을 나누지 않고 한 개의 측정치를 그대로 사용하여 공정을 관리할 때 사용 • 데이터의 발생간격이 긴 공정관리나 데이터 측정에 시간과 비용이 많이 소요될 때 사용	
R 관리도	• 공정분산, 즉 공정의 변동폭을 관리하는 데 사용	

2) 계수치 관리도

명칭		특징	
p	불량률 관리도	• 시료의 크기가 일정하지 않을 경우에 사용 • 불량률을 통제하기 위해 사용	이항 분포
pn	불량개수 관리도	• p관리도와 비슷하지만 군마다 시료의 크기가 일정할 때 사용	
c	결점수 관리도	• 일정한 크기의 시료에서 나타나는 결점수에 의해 공정을 관리할 때 사용	포아송 분포
u	단위당 결점수 관리도	• c관리도와 동일하지만, 시료의 크기가 일정하지 않은 경우에 사용 • 일정하지 않는 크기의 시료일 경우에는 결점수를 일정 단위당으로 바꾸어서 관리	

제**4**부

핵심ERP 이해와 활용

알고가자! **핵심ERP 설치와 DB관리**

❶ 시스템 운영환경

구 분	권장사항
설치 가능 OS	Microsoft Windows 7 이상의 OS (Window XP, Vista, Mac OS X, Linux 등 설치 불가)
CPU	Intel Core2Duo / i3 1.8Ghz 이상의 CPU
Memory	3GB 이상의 Memory
DISK	10GB 이상의 C:₩ 여유 공간

※ 위 최소 요구 사양에 만족하지 못하는 경우 핵심ERP 설치 진행이 불가능합니다.

❷ 핵심ERP 설치

(1) i cube 핵심ERP$_{v2.0}$ 설치 파일 폴더에서 [CoreCubeSetup.exe]를 더블클릭하면 설치가 시작된다.

(2) 진행을 하면 아래와 같이 [핵심ERP 설치 전 사양 체크] 프로그램이 자동으로 실행 된다. 설치 전 사양체크가 완료되면 바로 핵심 ERP설치가 진행된다.

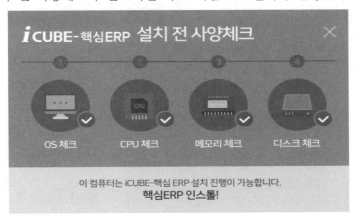

※ ①단계 ~ ④단계까지 모두 충족하지 않으면 핵심ERP 설치 진행이 불가능하다. 모두 만족하면 하단에 '이 컴퓨터는 iCUBE-핵심 ERP 설치 진행이 가능합니다. 핵심ERP 인스톨!'을 확인할 수 있다.

(3) i cube 핵심ERP$_{v2.0}$ 사용권 계약의 동의를 위해 [예]를 클릭한다.

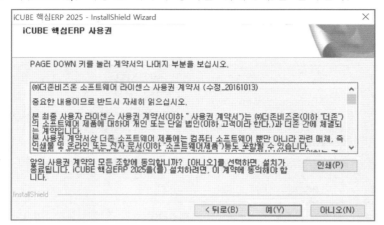

(4) DBMS(SQL Server 2008 R2)의 설치는 시스템 환경에 따라 몇 분간 소요된다. 만약 SQL Server 2008 R2가 설치되어 있다면 i cube – 핵심ERP$_{v2.0}$ DB 및 Client 설치단계로 자동으로 넘어간다.

(5) i cube 핵심ERP$_{v2.0}$ DB 및 Client 설치가 진행된다.

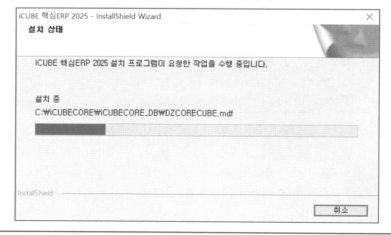

(6) i cube 핵심ERP$_{v2.0}$ DB 및 Client 설치가 완료되면 [완료]를 클릭한다.

(7) i cube 핵심ERP$_{v2.0}$ 프로그램 로그인 화면이 실행되는지 확인한다.

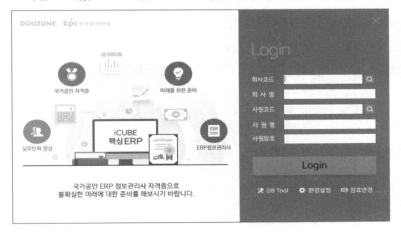

핵심ERP실무

❸ 핵심ERP 실행오류 처리 방법

(1) 로그인 화면에서 회사코드 찾기 아이콘(🔍)을 클릭했을 때 아래의 오류메세지 확인

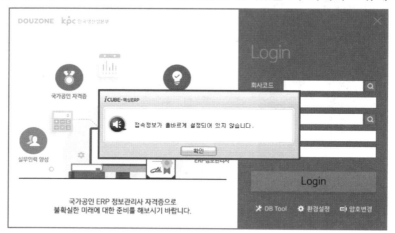

(2) i cube 핵심ERP_{v2.0} 설치 파일 폴더 내 [UTIL] 폴더의 [CoreCheck.exe] 파일을 더블클릭한다. [×] 아이콘을 클릭해 모두 [○] 아이콘으로 변경한 후 프로그램을 실행하면 로그인이 가능하다.

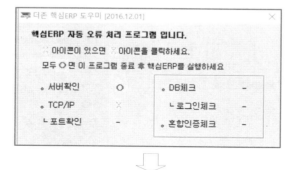

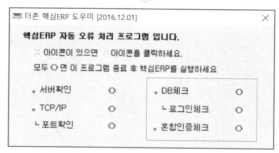

❹ 핵심ERP DB관리

(1) DB 백업 방법

① 로그인 창에서 [DB TOOL]을 클릭하여 [DB백업]을 선택한다.

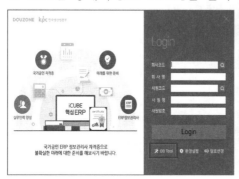
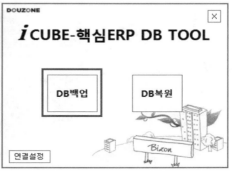

② 백업 경로와 폴더명이 나타나며 [확인]을 클릭하면, 백업이 진행된다.

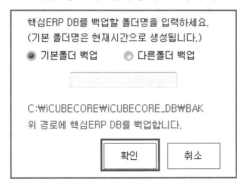
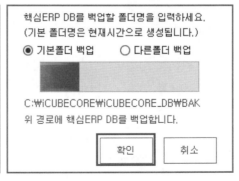

③ DB 백업이 완료된 후 [확인]을 클릭하면 백업폴더로 이동할 수 있다.

(2) DB 복원 방법

① 로그인 창에서 [DB TOOL]을 클릭하여 [DB복원]을 선택한다.

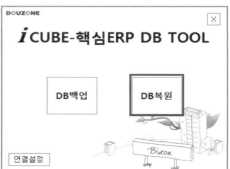

② 복원폴더 지정 및 파일명을 선택하고 [확인]을 클릭한다. 현재 연결중인 DB는 삭제된다는 경고 창이 나타난다.

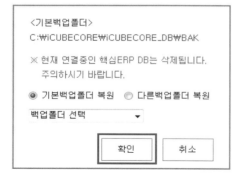
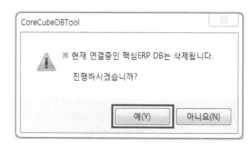

③ DB 복원 진행한 후 DB복원 완료 창이 나타나면 [확인]을 클릭한다.

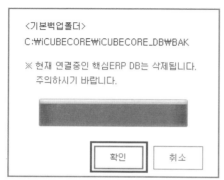

알고가자! **핵심ERP 구성**

❶ 핵심ERP 모듈 구성

한국생산성본부에서 주관하는 ERP 정보관리사 자격시험의 수험용 프로그램인 i cube – 핵심ERP$_{v2.0}$은 (주)더존비즈온에서 개발하여 공급하고 있다.

교육용 버전인 i cube – 핵심ERP$_{v2.0}$은 실무용 버전과 기능상의 차이는 다소 있지만 모듈별 프로세스 차이는 거의 없기 때문에 혼란을 야기하지는 않는다.

i cube – 핵심ERP$_{v2.0}$은 아래의 그림과 같이 물류, 생산, 회계, 인사모듈로 구성되어 있으며 각 모듈의 업무프로세스와 기능들은 모듈 간 유기적으로 서로 연계되어 있다.

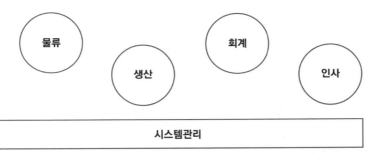

❷ 핵심ERP 화면 구성

i cube – 핵심ERP$_{v2.0}$의 화면구성은 사용자의 관점에서 매우 편리하도록 구성되어 있다. 메인화면 좌측에는 전체 메뉴리스트와 함께 최근메뉴보기, 메뉴찾기 등 편의기능들이 위치하며, 우측 상단부에는 데이터를 검색할 수 있는 다양한 조회조건들이 존재한다. 그리고 데이터의 입력화면은 대부분 헤드(상단)부분과 디테일(하단)부분으로 나누어진다.

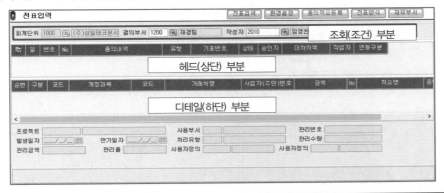

❸ 아이콘 설명

명 칭	아이콘	단축키	기능 설명
닫기	닫기	Esc	화면을 닫는다.
코드도움	코드도움	F2	해당코드 도움창이 열린다.
삭제	삭제	F5	선택한 라인을 삭제한다.
조회	조회	F12	조회조건에 해당하는 데이터를 불러온다.
인쇄	인쇄	F9	선택한 정보를 인쇄하기 위해 인쇄 도움창이 열린다.
화면분할	화면분할		현재 화면만 별도의 화면으로 분리한다.
정보	정보		현재 화면에 대한 프로그램 정보를 보여준다.

❹ 기타 특이사항

(1) 입력데이터 저장방법

핵심ERP는 몇몇 메뉴를 제외하고는 별도의 [저장] 아이콘을 찾아볼 수가 없다. 메뉴를 실행하였을 때 우측 상단에 [저장] 아이콘이 있을 경우에는 [저장] 아이콘을 클릭하여 저장할 수 있지만 대부분의 메뉴에서 입력된 데이터를 저장하는 방법은 다음과 같다.

① 마지막 입력 항목에서 엔터나 마우스를 이용해 다음 필드로 넘어가면 자동 저장된다.

② 데이터 입력 후 상단의 [조회]를 클릭하면 저장의 유무를 묻는 팝업창이 띄워진다.

(2) R-Click 기능

핵심ERP 대부분의 메뉴 실행 상태에서 마우스 오른쪽 버튼을 누르면 데이터 변환, 클립보드 복사 등 다양한 편의기능이 제공된다. 이것을 R-Click 기능이라고 한다.

제1장

핵심ERP Master 환경설정

01 실습회사 개요

(주)삼일테크는 2012년 5월에 설립되어 주로 스마트폰을 제조하여 전 세계적으로 판매하면서 스마트폰과 관련된 각종 액세서리를 판매하는 기업이다.

본점은 서울 용산구에 위치하고 있으며, 본점에서는 생산업무를 제외한 대부분의 경영활동이 이루어지고 있으며, 대구지사에서는 주로 생산업무를 담당하고 있다.

이 회사의 세부 조직구성은 다음의 그림과 같이 구성되어 있다. 조직의 구성도는 본서에서의 실습을 위한 중요한 정보이기 때문에 반드시 이해하여야 한다.

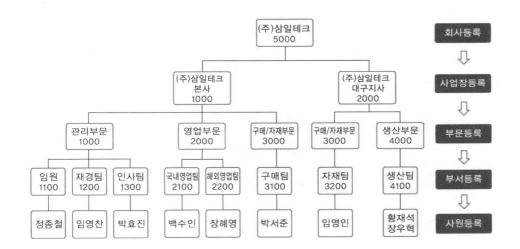

꼭! 알아두기

핵심ERP의 조직구성 프로세스는 반드시 다음의 순서대로 진행하여야 한다.

회사등록 → 사업장등록 → 부문등록 → 부서등록 → 사원등록

핵심ERP실무

02 회사등록정보

2.1 회사등록

핵심ERP 설치 후 최초의 회사등록을 위해서는 우선적으로 다음과 같이 시스템관리자로 로그인하여야 한다.

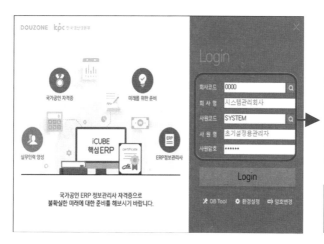

시스템관리회사 로그인

바탕화면 을 더블클릭한다.

❶ 회사코드: '0000'
❷ 사원코드: 대문자 'SYSTEM'
❸ 사원암호: 대문자 'SYSTEM'
　　입력 후 Login을 클릭한다.

프로그램에 최초 로그인하기 위해서 0000, 시스템관리회사의 시스템관리자로 로그인하여야 한다.

꼭 알아두기

핵심ERP 설치 후 최초 회사등록의 경우에만 회사코드 '0000'으로 로그인이 가능하다. 시스템관리자는 관리자 권한의 계정으로서 핵심ERP 운용을 위한 초기설정 등을 담당한다.

실무예제

시스템관리　➡　회사등록정보　➡　회사등록

(주)삼일테크는 전자부품 제조업을 영위하는 법인으로서 회계기간은 제14기(2025년 1월 1일 ~ 2025년 12월 31일)이다. 다음의 사업자등록증을 참고하여 회사등록을 하시오.

ㅇ 회사코드: 5000
ㅇ 대표자 주민등록번호: 750914 – 1927313
ㅇ 설립연월일과 개업연월일은 동일하다.

사업자 등록증
(법인 사업자)
등록번호: 106 - 81 - 11110

법인명(단체명): (주)삼일테크
대　　표　　자: 정종철
개 업 연 월 일: 2012년 5월 1일
법 인 등 록 번 호: 100121 - 2711413
사 업 장 소 재 지: 서울 용산구 녹사평대로11길 30(서빙고동)
사 업 의 종 류: 업태 제조, 도소매 　종목 전자제품 외
교　부　사　유: 정정교부

2016년 1월 4일
용산 세무서장 (인)

입력하기

❶ 핵심ERP 메인화면 좌측 상단의 시스템관리 모듈을 클릭한 후 회사등록정보 폴더의 회사등록 메뉴를 실행한다.

❷ 사업자등록증을 참고하여 [기본등록사항] TAB의 해당 항목에 입력한다.

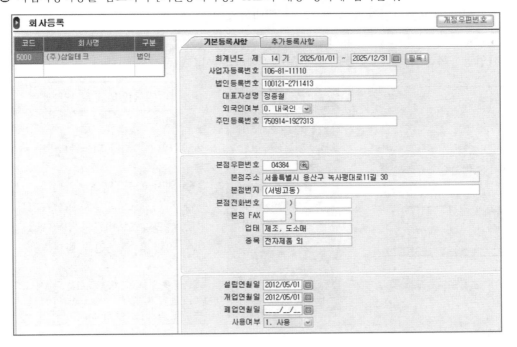

🔖 주요항목 설명

❶ 회사코드: 0101~9998 범위 내에서 숫자 4자리를 입력할 수 있다.

❷ 회계년도: 회사를 설립한 해가 1기이며, 그 다음 해는 2기로 매년 1기씩 증가한다.

❸ 사업자등록번호: 사업자등록번호 자동체크 기능이 있어 오류입력 시 빨간색으로 표시된다.

❹ 주민등록번호: 주민등록번호 자동체크 기능이 있어 오류입력 시 빨간색으로 표시된다.

> **꼭 알아두기**
>
> • 회사등록 정보를 저장하기 위해서는 입력화면 마지막(사용여부) 항목까지 Enter↵ 를 하여 5000번 다음 라인으로 넘어가야 자동저장이 된다. 그렇지 않으면 입력된 데이터가 저장되지 않고 사라진다.
> • 저장 후 회사명 등 다른 내용은 수정이 가능하지만, 회사코드는 수정이 불가능하다.
> • 핵심ERP 입력항목 중 배경색상이 노란색인 경우는 필수입력 항목에 해당한다.

②② 사업장등록

법인은 사업장 소재지가 다른 복수 사업장을 운영할 수 있다. 다양한 법률이나 기업환경 등에 따라 법인의 통합관리 또는 사업장별 분리관리가 필요하다. 예컨대 우리나라 부가가치세법에서는 사업장별 과세제도를 채택하고 있다. 따라서 법인은 사업장별 사업자등록증을 근거로 핵심ERP에 사업장을 별도로 등록하여야 한다.

사업장등록을 위해 로그아웃 후 (주)삼일테크의 시스템관리자로 다시 로그인한다.

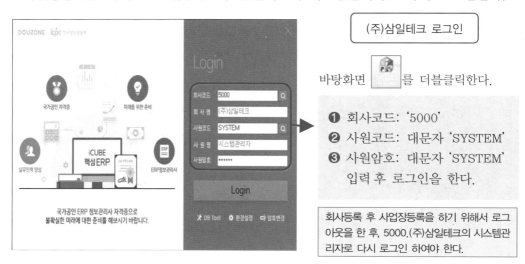

(주)삼일테크 로그인

바탕화면 🖥 를 더블클릭한다.

❶ 회사코드: '5000'

❷ 사원코드: 대문자 'SYSTEM'

❸ 사원암호: 대문자 'SYSTEM' 입력 후 로그인을 한다.

회사등록 후 사업장등록을 하기 위해서 로그아웃을 한 후, 5000.(주)삼일테크의 시스템관리자로 다시 로그인 하여야 한다.

실무예제

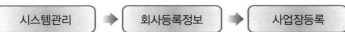

```
시스템관리  ➡  회사등록정보  ➡  사업장등록
```

(주)삼일테크는 서울에 본사를 두고 대구에 지사가 있다. 대구지사(사업장코드 2000)의 사업자등록증과 아래의 사항을 참고하여 사업장을 등록하시오.

사업자 등록증
(법인 사업자)
등록번호: 514 - 85 - 27844

법인명(단체명): (주)삼일테크 대구지사
대　　표　　자 : 정종철
개 업 연 월 일 : 2013년 8월 1일
법 인 등 록 번 호 : 100121 - 2711413
사 업 장 소 재 지 : 대구 달서구 선원로10길 11(신당동)
사 업 의 종 류 : 업태 제조　종목 전자제품 외
교 부 사 유 : 신규

2013년 8월 1일
남대구 세무서장 (인)

입력하기

❶ (주)삼일테크 시스템관리자로 로그인 후 사업장등록 메뉴를 실행하면 기본적으로 본사 사업장 코드는 '1000'번으로 부여된다. 추가적으로 본사 관할세무서 코드를 조회하여 입력한다.

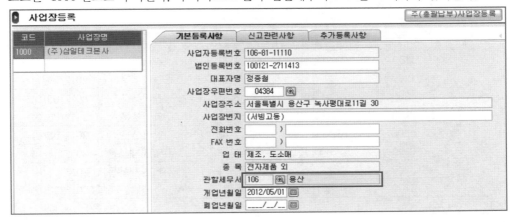

❷ 대구지사의 사업장코드를 '2000'번으로 부여한 후 사업자등록증을 참고하여 입력한다.

사업장등록   주(총괄납부)사업장등록

코드	사업장명
1000	(주)삼일테크본사
2000	(주)삼일테크 대구지사

기본등록사항   신고관련사항   추가등록사항

사업자등록번호 514-85-27844
법인등록번호 100121-2711413
대표자명 정종철
사업장우편번호 42609
사업장주소 대구광역시 달서구 선원로10길 11
사업장번지 (신당동)
전화번호)
FAX 번호)
업 태 제조
종 목 전자제품 외
관할세무서 514 남대구
개업년월일 2013/08/01
폐업년월일 ___/__/__

2.3 부서등록

부서는 회사 업무의 범주를 구분하는 중요한 그룹단위라고 할 수 있다. 핵심ERP에서 등록된 부서는 추후 부서별 판매 및 구매현황, 부서별 손익계산서 등 다양한 형태의 보고서로 집계될 수 있다.

실무예제

시스템관리 ➡ 회사등록정보 ➡ 부서등록

다음의 사항을 참고하여 (주)삼일테크의 부문과 부서를 등록하시오.

구분	부문코드	부문명	사용기간
부문	1000	관리부문	2012/05/01~
	2000	영업부문	2012/05/01~
	3000	구매/자재부문	2012/05/01~
	4000	생산부문	2013/08/01~

구분	부서코드	부서명	사업장	부문명	사용기간
부서	1100	임원실	본사	관리부문	2012/05/01~
	1200	재경팀	본사	관리부문	2012/05/01~
	1300	인사팀	본사	관리부문	2012/05/01~
	2100	국내영업팀	본사	영업부문	2012/05/01~
	2200	해외영업팀	본사	영업부문	2012/05/01~
	3100	구매팀	본사	구매/자재부문	2012/05/01~
	3200	자재팀	대구지사	구매/자재부문	2013/08/01~
	4100	생산팀	대구지사	생산부문	2013/08/01~

입력하기

❶ 부서등록 메뉴의 화면 우측 상단 [부문등록] 클릭하여 부문을 등록하고 확인을 누른다.

❷ 부문을 등록한 후 부서를 등록한다.

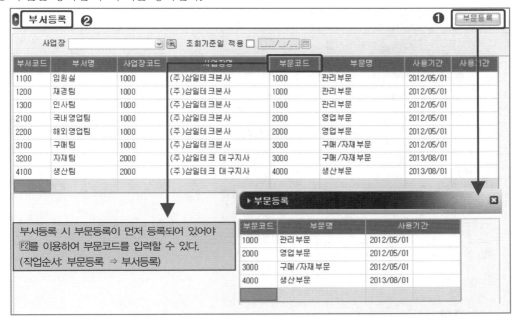

알아두기

- 핵심ERP에서 등록된 부문명 및 부서명, 사원명, 품목명 등의 명칭은 언제든지 수정할 수 있지만, 이에 따른 코드는 수정할 수 없으며, 관련 데이터가 발생한 후에는 삭제할 수도 없다.
- 저장 후 관련 데이터가 발생한 상태에서 삭제가 필요하다면, 진행되었던 프로세스의 역순으로 삭제 및 취소 후 저장한 데이터를 삭제할 수 있다.

2.4 사원등록

사원등록은 회사에 소속된 직원을 등록하는 메뉴이며, 모든 직원을 등록하여야 한다. 핵심ERP 인사모듈에서 인사관리, 급여관리 등의 업무는 사원등록 정보를 기초로 이루어지기 때문이다. 사원등록 시 소속부서, 입사일, 핵심ERP의 사용여부와 조회권한, 입력방식 등을 결정하여 등록할 수 있다.

실무예제

시스템관리 ➡ 회사등록정보 ➡ 사원등록

다음의 사항을 참고하여 (주)삼일테크의 사원을 등록하시오.

사원코드	사원명	부서명	입사일	사용자여부	인사입력방식	회계입력방식	조회권한
1010	정종철	임원실	2012/05/01	여	미결	미결	회사
2010	임영찬	재경팀	2012/05/01	여	승인	수정	회사
2020	박효진	인사팀	2012/05/01	여	승인	미결	회사
3010	백수인	국내영업팀	2013/07/01	여	미결	미결	사업장
3020	장혜영	해외영업팀	2013/07/01	여	미결	미결	사업장
4010	박서준	구매팀	2014/12/01	여	미결	미결	회사
4020	임영인	자재팀	2014/12/01	여	미결	미결	회사
5010	황재석	생산팀	2015/08/01	여	미결	미결	회사
5020	장우혁	생산팀	2015/08/01	부	미결	미결	미사용

※ 품의서권한과 검수조서권한은 '미결'로 설정

입력하기

❶ 화면상단의 부서검색 조건을 비워두고 조회한 후 사원등록 정보를 입력한다.

주요항목 설명

❶ 사용자여부: ERP운용자는 '여', ERP운용자가 아니면 '부'로 설정한다.

❷ 퇴사일: 퇴사일은 시스템관리자만 입력할 수 있으며, 퇴사일 이후에는 시스템 접근이 제한된다.

❸ 암호: ERP로그인 시 필요한 암호이다.

❹ 인사입력방식: 급여마감에 대한 통제권한이다. 승인권자는 최종급여를 승인 및 해제할 수 있다.

❺ 회계입력방식: 회계모듈 전표입력 방식에 대한 권한을 설정한다.

❻ 조회권한: ERP 데이터 조회권한을 설정한다.

❼ 품의서 및 검수조서권한: 실무에서 사용되는 그룹웨어나 자산모듈 운용과 관련된 기능으로서 교육용 핵심ERP에서는 활용되지 않는 기능이다.

꼭 알아두기

• 회계입력방식

구분	세부 내용
미결	회계모듈 전표입력 시 자동으로 미결전표가 생성되며, 승인권자의 승인이 필요
승인	회계모듈 전표입력 시 자동으로 승인전표가 생성되며, 전표를 수정 및 삭제하고자 할 경우 승인해제 후 수정이 가능
수정	회계모듈 전표입력 시 자동으로 승인전표가 생성되며, 승인해제를 하지 않아도 전표를 수정 및 삭제 가능

• 조회권한

구분	세부 내용
미사용	ERP 로그인이 불가능하여 접근이 통제된다.
회사	회사의 모든 데이터를 입력 및 조회할 수 있다.
사업장	로그인한 사원이 속한 사업장의 데이터만 입력 및 조회할 수 있다.
부서	로그인한 사원이 속한 부서의 데이터만 입력 및 조회할 수 있다.
사원	로그인한 사원 자신의 정보만으로 입력이 가능하며, 그 데이터만 조회할 수 있다.

핵심ERP실무

2.5 시스템환경설정

시스템환경설정 메뉴는 핵심ERP를 본격적으로 운용하기 전에 회사의 상황에 맞도록 각 모듈 및 공통적인 부문의 옵션(파라미터)을 설정하는 메뉴이다. 예컨대 본·지점회계 사용여부의 결정, 유형자산의 감가상각비 계산방식, 수량 소수점 자릿수 등 다양한 항목들에 대하여 설정하는 부분이다.

시스템환경설정에서 설정된 항목은 추후 ERP 운용프로세스에도 영향을 미치므로 신중하게 고려하여야 한다. 시스템환경설정을 변경한 후 적용을 위해서는 반드시 재 로그인을 하여야 한다.

실무예제

다음을 참고하여 (주)삼일테크의 ERP시스템 운용을 위한 적절한 환경설정을 하시오.

구분	코드	설정 내용
공통	01	본점과 지점의 회계는 구분하지 않고 통합적으로 관리하고 있다.
	10	끝전 단수처리는 반올림으로 처리하고 있다.
물류	41, 45	제품·상품출고 전에 출고의뢰와 출고검사를 실시하겠다.
	44	구매 시에는 청구요청 후 품의 및 승인절차를 거치고 있다.
	42, 46	원부재료 등 구매품 입고 전에 입고의뢰와 입고검사를 시행하고 있다.
	51	생산팀에서는 제품 생산 후 실적검사를 시행하고 있다.
	52	외주품 입고 시에는 반드시 검사를 하고 있다.
	55	사원별로 단가, 창고 및 공정에 대한 통제를 시행하고 있다.
	62, 63	자체생산과 외주생산에서 재공을 운영하고 있다.

입력하기

시스템환경설정

조회구분 [1. 공통 ▼]   환경요소 [   ]

구분	코드	환경요소명	유형구분	유형설정	선택범위	비고
공통	01	본지점회계여부	여부	0	0.미사용1.사용	
공통	02	수량소숫점자리수	자리수	2	선택범위:0-6	
공통	03	원화단가소숫점자리수	자리수	2	선택범위:0-6	
공통	04	외화단가소숫점자리수	자리수	2	선택범위:0-6	
공통	05	비율소숫점자리수	자리수	3	선택범위:0-6	
공통	06	금액소숫점자리수	자리수	0	선택범위:0-4	
공통	07	외화소숫점자리수	자리수	2	선택범위:0-4	
공통	08	환율소숫점자리수	자리수	3	선택범위:0-6	
공통	10	끝전 단수처리 유형	유형	0	0.반올림, 1.절사, 2 절상	
공통	11	비율%표시여부	여부	0	여:1 부:0	
공통	14	거래처코드도움창	유형		0. 표준코드도움 1.대용량코드도움	

시스템환경설정

조회구분 [4. 물류 ▼]   환경요소 [   ]

구분	코드	환경요소명	유형구분	유형설정	선택범위	비고
물류	41	출고의뢰운영여부	여부	1	0.운영안함 1.운영함	
물류	42	입고의뢰운영여부	여부	1	0.운영안함 1.운영함	
물류	44	품의등록운영여부	여부	1	0.운영안함 1.운영함	
물류	45	출고검사운영여부	여부	1	0.운영안함 1.운영함	
물류	46	입고검사운영여부	여부	1	0.운영안함 1.운영함	
물류	51	실적검사 운영여부	여부	1	0.운영안함 1.운영함	
물류	52	외주검사 운영여부	여부	1	0.운영안함 1.운영함	
물류	53	실적별 자재사용보고 기준	유형	1	1.자재청구기준 2.실적기준 3.지시기준	
물류	55	사원별 창고및단가입력 통제…	여부	1	0.부 1.여	
물류	59	청구요청등록(주문별) 전개…	유형	1	1.품목개별 2.품목합산	
물류	60	미수금원장 집계기준	유형	1	1.품목개별 2.품목군별	
물류	61	회계전표처리시 부가세 소수…	여부	0	0. 부(권장사항) 1. 여	
물류	62	생산운영여부	여부	0	0.운영안함 1.운영함	
물류	63	외주운영여부	여부	1	0.운영안함 1.운영함	
물류	65	외화채권/채무관리기준	유형	0	0.환종별 1.B/L번호별	
물류	66	구매 포장단위수량적용여부	여부	0	0.부 1.여	
물류	67	판매 포장단위수량적용여부	여부	0	0.부 1.여	
물류	68	생산에서 자재출고 권한체크…	여부	0	0.부 1.여	
물류	71	공사관리회계연동	여부	1	0.부 1.여	
물류	72	건설자재관리 회계연동	여부	1	0.부 1.여	
물류	73	건설자재관리 구매/자재관리…	여부	0	0.부 1.여	
물류	75	구매모듈-회계처리증빙연동…	여부	0	0.연동안함 1.연동함	
물류	76	품목계정구분 수정통제	여부	1	0.통제안함 1.통제함	
물류	81	생산수량 단수처리 유형	유형	0	0.반올림, 1.절사, 2 절상	
물류	85	수정세금계산서 수정재발행	여부	0	0.부 1.여	
물류	87	채권(외화)/채무(외화)관리…	여부	0	0.운영안함 1.운영함	

2.6 사용자권한설정

사용자권한설정 메뉴는 핵심ERP 사용자들의 권한을 설정하는 메뉴이다. 사원등록에서 등록한 입력방식과 조회권한을 토대로 사용자별로 접근 가능한 세부 메뉴별 권한을 부여한다.

사용자별로 핵심ERP 로그인을 위해서는 반드시 사용자별로 권한설정이 선행되어야 한다.

실무예제

시스템관리 ➡ 회사등록정보 ➡ 사용자권한설정

다음은 (주)삼일테크의 업무영역을 고려하여 사원별로 ERP 시스템 사용권한을 부여하고자한다. 사원별로 사용자권한설정을 수행하시오.

사원코드	사원명	사용권한	조회권한
1010	정종철	전체모듈(전권)	회사
2010	임영찬	전체모듈(전권)	회사
2020	박효진	인사/급여관리(전권), 시스템관리(전권)	회사
3010	백수인	영업관리(전권), 무역관리(전권)	사업장
3020	장혜영	영업관리(전권), 무역관리(전권)	사업장
4010	박서준	영업관리(전권), 구매/자재관리(전권), 무역관리(전권)	회사
4020	임영인	영업관리(전권), 구매/자재관리(전권), 생산관리공통(전권)	회사
5010	황재석	영업관리(전권), 구매/자재관리(전권), 생산관리공통(전권)	회사

입력하기

❶ 사용자권한설정 메뉴의 모듈구분에서 권한을 부여하고자 하는 모듈을 선택한다.

❷ 권한부여 대상 사원명을 선택한다.

❸ [MENU] 항목에 나타난 메뉴가 선택한 모듈의 전체메뉴를 보여주고 있다. 부여할 권한이 '전권'이라면 [MENU] 항목의 왼쪽 체크박스를 선택하면 전체가 동시에 선택된다.

❹ 화면 우측 상단의 권한설정 아이콘을 클릭한다.

❺ 권한부여 대상자의 조회권한을 확인한 후 권한을 설정한다.

 알아두기

- 사용자권한은 모듈별·사원별로 부여하며, 전권을 부여할 수도 있지만 세부 메뉴별로 부여할 수도 있다.
- 권한복사
  위의 예제에서 정종철과 임영찬은 사용권한과 조회권한이 동일하다. 권한이 동일한 사원은 기 부여된 사원의 권한을 다음의 순서에 의해 복사할 수 있다.

  > 정종철 선택 → 오른쪽마우스 클릭 → 권한복사 → 임영찬 선택 → 오른쪽 마우스 클릭 → 권한붙여넣기(전체모듈) 클릭

- 권한해제
  회사에서는 종종 인사이동, 직무변경 등으로 인하여 ERP시스템 운용의 담당영역도 변경될 수 있다. 권한해제 방법은 해제대상 모듈과 세부 메뉴를 선택한 후 권한일괄삭제 또는 권한해제 아이콘을 클릭하여 해제할 수 있다.
- 시스템환경설정과 사용자권한설정에 대한 권한은 시스템관리자만 가지고 있도록 해야 한다. 만약 다수의 사용자가 이 메뉴에 접근한다면 ERP시스템의 통제가 어려워질 수도 있다.

핵심ERP실무

제2장

핵심ERP 물류 · 생산모듈
기초정보

01 기초정보관리(공통정보)

핵심ERP의 물류·생산모듈 프로세스 진행에 앞서 이에 필요한 다양한 기초정보 자료를 입력하여야 한다. 이러한 기초정보 자료는 데이터의 일관성 유지 측면에서 잦은 변경을 삼가해야 한다. 또한 추후 물류·생산모듈의 각 프로세스 진행에 있어 기초정보 자료는 큰 영향을 미치게 되므로 자료의 수집 및 분류, 이용방식 등을 결정할 때 신중을 기하여야 한다.

핵심ERP의 각 모듈별 기초정보관리 세부 메뉴 구성은 다음과 같다.

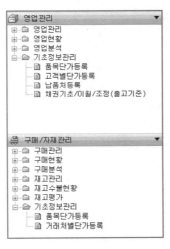

★

본 장의 물류·생산모듈 기초정보 자료의 입력은 시스템관리자 계정으로 로그인하지 않고 [조회권한]이 '회사'이면서 핵심ERP 전 모듈 사용이 가능한 '임영찬' 사원으로 로그인하여 입력한다.

(1.1) 거래처등록

거래과정에서 발생되는 매입처, 매출처, 금융거래처 등을 등록하여 관리하는 메뉴이다. 핵심ERP에서 거래처등록은 매입과 매출처를 등록하는 [일반거래처등록]과 금융기관, 카드사 등을 등록하는 [금융거래처등록] 메뉴로 구분된다.

제4부 핵심ERP 이해와 활용

실무예제

시스템관리 ➡ 기초정보관리 ➡ 거래처등록

다음은 (주)삼일테크의 일반거래처와 금융거래처현황이다. 거래처를 등록하시오.

구분	코드	거래처명	구분	사업자번호	업태	주소
				대표자명	종목	
일반거래처	00001	(주)영재전자	일반	217-81-15304	도소매	서울 강북구 노해로 100 (수유동)
				임영재	전자제품 외	
	00002	(주)한국테크	일반	101-81-11527	도소매, 서비스	서울 종로구 성균관로 10 (명륜2가)
				황재원	전자제품 외	
	00003	(주)화인알텍	일반	502-86-25326	제조, 도소매	대구 동구 신덕로5길 12(신평동)
				박정우	컴퓨터 외	
	00004	IBM CO., LTD.	무역			Bennelong Point, Sydney
				LIMSANG		
	00005	(주)수민산업	일반	104-81-39257	제조, 도매	서울 중구 남대문로 11 (남대문로4가)
				임수민	전자부품 외	
	00006	(주)이솔전자	일반	122-85-11236	제조, 도매	인천 남동구 남동대로 140(고잔동)
				최이솔	전자부품 외	
	00007	(주)형진상사	일반	209-85-15510	제조, 도소매	서울 성북구 길음로 10 (길음동)
				민경진	전자기기 외	
	00008	(주)대한해운	일반	125-86-22229	운수업	경기도 평택시 가재길 100(가재동)
				장상윤	운송	
	00009	BOSH CO., LTD.	무역			
				JAKE		
	00010	인천세관	일반	109-83-02763		인천 중구 서해대로 339 (항동7가, 인천세관)
				박세관		

구분	코드	거래처명	구분	계좌/가맹점/카드번호
금융거래처	10001	기업은행	금융기관	542-754692-12-456
	10002	Citi Bank	금융기관	
	10003	국민은행	정기예금	214654-23-987654
	10004	비씨카드	카드사	0020140528
	10005	신한카드(법인)	신용카드	카드번호: 4521-6871-3549-6540 카드구분: 1. 법인 사업자등록번호: 106-81-11110 카드회원명: (주)삼일테크

입력하기

| 일반거래처등록 화면 |

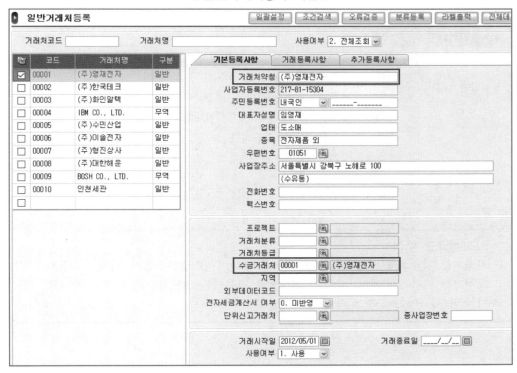

| 금융거래처등록 화면 |

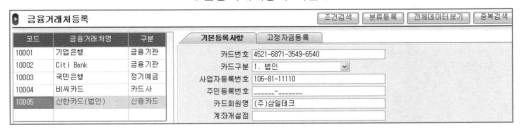

주요항목 설명

❶ 거래처약칭: 거래처명을 입력 및 조회할 때 이용되는데 동일한 상호를 가진 회사가 있을 경우에 유용하게 사용된다. 거래처명에 대한 별명 개념이다.

❷ 수금거래처: 거래처명을 입력하면 자동으로 수금거래처에 반영되지만, 매출처와 수금처가 다를 경우 변경하여 관리할 수 있다.

 알아두기

- 거래처 구분

거래처	구분	세부내용
일반거래처	1. 일반	세금계산서(계산서) 수취 및 발급 거래처, 사업자등록번호 입력필수
	2. 무역	무역거래와 관련된 수출 및 수입거래처
	3. 주민	주민등록번호 기재분, 주민등록번호 입력필수
	4. 기타	일반, 무역, 주민이외의 거래처
금융거래처	5. 금융기관	보통예금 등 금융기관
	6. 정기예금	정기예금
	7. 정기적금	정기적금
	8. 카드사	카드매출 시 카드사별 신용카드 가맹점
	9. 신용카드	구매를 위한 신용카드

- 거래처코드 부여

거래처코드는 최대 10자리까지 부여할 수 있다. [시스템환경설정] 메뉴 '회계 25. 거래처코드 자동부여'에서 '사용'을 선택했을 경우에는 코드가 자동으로 부여되고, '미사용'인 경우에는 수동으로 부여할 수 있다.

품목군등록

품목군등록 메뉴는 하위단위인 품목을 그룹화하여 관리하고자 할 때 사용된다. 품목군별로 매입 또는 매출을 집계하거나 재고를 분석할 때 사용되며 품목등록에 앞서 선행되어야한다.

실무예제 ○

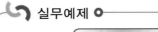

(주)삼일테크는 일부 품목을 그룹화하여 관리하고자 한다. 다음을 참고하여 품목군을 등록하시오.

품목군코드	품목군명	사용 여부
S10	CPU	사용
S20	액정	사용
S30	카메라	사용
S40	기타	사용

입력하기

품목군등록

| 검색조건 | 1. 포합문자열 ▼ | 품목군코드 | | 품목군명 | | 사용여부 | 전체 ▼ |

	품목군 코드	품목군명	사용여부	품목군설명
☐	S10	CPU	사용	
☐	S20	액정	사용	
☐	S30	카메라	사용	
☐	S40	기타	사용	
☐				

 알아두기

품목군등록은 선택사항이며 반드시 등록해야 하는 것은 아니다. 품목을 그룹별로 관리하고자 할 때만 품목군을 등록하여 사용하면 된다.

1.3 품목등록

품목등록 메뉴는 회사에서 입출고 또는 재고관리를 하고 있는 모든 품목들을 등록하는 메뉴이다. 품목등록은 핵심ERP의 물류모듈과 생산모듈을 운용하기 위해서는 필수적으로 선행되어야 하는 중요한 기초정보이다.

✎ 실무예제 ○

```
[ 시스템관리 ] ➡ [ 기초정보관리 ] ➡ [ 품목등록 ]
```

(주)삼일테크의 품목정보는 다음과 같다. 품목을 등록하시오.

품번	품목명	계정	조달	재고 단위	관리 단위	환산 계수	품목군	LEAD TIME	안전 재고량	주 거래처	표준 원가	실제 원가
AE01	무선충전기	상품	구매	EA	EA	1		1일	100	(주)형진상사		
AE02	셀카봉	상품	구매	EA	EA	1		1일	20	(주)형진상사		
AE03	액정보호필름	상품	구매	EA	BOX	100		1일		(주)형진상사		
CR01	갤럭시 노트	제품	생산	EA	EA	1		3일			240,000	250,000
CR02	갤럭시 엣지	제품	생산	EA	EA	1		3일			360,000	350,000
DH01	평판 디스플레이	반제품	생산	EA	EA	1		1일			120,000	125,000
DH02	커브드 디스플레이	반제품	생산	EA	EA	1		1일			180,000	170,000
EM01	듀얼 CPU	원재료	구매	EA	EA	1	CPU	1일		(주)수민산업		
EM02	쿼드 CPU	원재료	구매	EA	EA	1	CPU	1일		(주)수민산업		
FK01	6인치 액정	원재료	구매	EA	EA	1	액정	1일		(주)이솔전자		
FK02	8인치 액정	원재료	구매	EA	EA	1	액정	1일		(주)이솔전자		
GT01	1500만화소 카메라	원재료	구매	EA	EA	1	카메라	2일	30	(주)수민산업		
GT02	1800만화소 카메라	원재료	구매	EA	EA	1	카메라	2일	30	(주)수민산업		
HE01	메모리	원재료	구매	EA	EA	1	기타	1일		(주)이솔전자		
KA01	배터리	원재료	구매	EA	EA	1	기타	1일		(주)수민산업		
LH01	터치펜	원재료	구매	EA	EA	1	기타	1일		(주)이솔전자		
SET1	여행세트	상품	구매	EA	EA	1		1일				

※ 여행세트(SET1) 품목은 SET품목에 해당됨

입력하기

❶ 위 예제의 항목 중 품번에서부터 품목군까지는 [MASTER/SPEC] TAB에서 입력하고 LEAD TIME부터는 [ORDER/COST] TAB에서 등록한다.

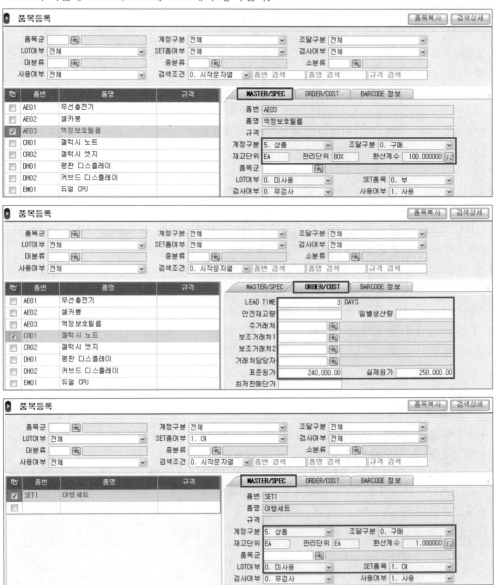

🔏 주요항목 설명

❶ 품번: 품목코드의 길이는 최대 30Byte이며, 고유한 값을 가지므로 중복된 품목코드는 있을 수 없다. 숫자/영문/한글을 혼용하여 입력이 가능하다.

❷ 계정구분: 원재료, 부재료, 제품, 반제품, 상품, 저장품, 비용, 수익으로 구성되며 회계처리 시 해당계정으로 분개된다.

❸ 조달구분: 청구등록 품목 중 구매품은 발주 대상이 되고, 생산품은 작업지시 또는 외주발주 대상이다.

❹ 재고단위: 재고관리 등 사내에서 사용되는 단위

❺ 관리단위: 영업의 수주나 구매의 발주 시 사용되는 단위

❻ 환산계수: 재고단위 ÷ 관리단위로 계산되며, 재고단위와 관리단위가 서로 다른 경우 사용된다.

❼ LOT여부: LOT 관리대상 품목 여부를 결정(LOT는 1회에 최소 생산되는 특정수의 단위)

❽ SET품목: 2가지 이상의 품목을 묶어서 판매하는 경우에 사용하는 기능이다.

❾ HS CODE: Harmonized System의 약자로서 무역거래 시 품목에 대한 국제적 상품분류코드이다.

❿ LEAD TIME: 조달구분이 '구매'인 경우에는 발주에서 입고까지 소요되는 일자를 의미하고, '생산'인 경우에는 작업지시에서 생산완료까지 소요되는 일자를 의미한다.

⓫ 안전재고량: 불확실성 또는 수요와 공급을 대비한 재고량

⓬ 표준원가: 사전(미리 정해놓은)원가의 개념으로서 기업이 이상적인 제조활동을 하는 경우 소비되는 원가를 말한다. 이는 주로 판매단가 결정이나 성과평가의 기준이 된다.

⓭ 실제원가: 사후(결과 집계)원가의 개념으로서 제조업무가 완료되고 제품이 완성된 후에 그 제품의 제조를 위해 발생된 가치의 소비액을 산출한 원가이다.

꼭 알아두기

- 품목등록은 물류 · 생산모듈 운용을 위한 필수입력 정보이다.
- 계정구분 중 재고자산에 포함되는 계정(원재료－저장품)은 입출고를 통해 재고관리가 이루어진다. 그러나 수익과 비용계정으로 등록한 품목은 재고관리와는 무관하며, 주로 소모품 구매집계 등의 관리목적으로 사용되고 있다.
- 재고자산의 구분

구분	조달구분	개념
제품	생산	판매를 목적으로 제조과정을 거쳐 완성된 물품
반제품	생산 또는 구매	판매가 가능한 상태이나 완성되지 않고 제조과정 중에 있는 물품
원재료	구매	외부에서 구매하여 반제품 및 제품을 생산하는데 소요되는 물품

구분	조달구분	개념
부재료	구매	외부에서 구매하여 반제품 및 제품을 생산하는데 부수적으로 소요되는 물품
상품	구매	판매를 목적으로 구매한 물품

- 재고단위와 관리단위를 명확하게 이해하고 환산계수를 계산할 수 있어야 된다.
- 추후 학습을 통하여 품목등록 메뉴의 항목 중 LEAD TIME, 안전재고량, 주거래처, 표준원가, 실제원가 항목의 정보를 이용하는 기능을 반드시 이해하여야 한다.

1.4 창고/공정(생산)/외주공정등록

핵심ERP는 사업장별로 창고, 생산 및 외주공정에 관한 정보를 입력하여야 한다. 모든 수불데이터는 창고, 생산 및 외주공정마다 각각 발생되며, 추후 재고평가작업 시 중요한 기준정보가 된다.

① 창고 및 장소: 제품이나 상품, 반제품, 원재료, 부재료, 저장품 등을 보관하는 물리적 공간을 말한다.

② 생산공정 및 작업장: 생산공정이란 원료 및 재료 상태에서 제품이 완성되기까지의 제조과정에서 행해지는 일련의 작업을 말한다. 이러한 작업공간을 물리적 또는 논리적으로 구분한 것이 작업장이다.

③ 외주공정 및 작업장: 회사의 자체 생산공정을 이용하지 않고 타사의 생산공정을 이용하여 제품이나 반제품을 생산하는 작업을 말한다.

핵심ERP실무

실무예제 ○

| 시스템관리 | ➡ | 기초정보관리 | ➡ | 창고/공정(생산)/외주공정등록 |

(주)삼일테크의 물류창고와 창고별 장소 정보는 다음과 같다. 창고 및 장소를 등록하시오.

사업장	창고		사용여부	위치(장소)		적합여부	가용재고여부	사용여부
	창고코드	창고명		위치코드	위치명			
본사	A100	제품창고(본사)	사용	A100	양품장소(제품)	적합	여	사용
				A101	불량품장소(제품)	부적합	부	사용
	A200	부품창고(본사)	사용	A200	양품장소(부품)	적합	여	사용
				A201	불량품장소(부품)	부적합	부	사용
대구지사	B100	제품창고(지사)	사용	B100	양품장소(제품)	적합	여	사용
				B101	불량품장소(제품)	부적합	부	사용
	B200	부품창고(지사)	사용	B200	양품장소(부품)	적합	여	사용
				B201	불량품장소(부품)	부적합	부	사용

입력하기

❶ 사업장을 선택하여 조회 후 각 창고에 따른 위치(장소)를 등록한다.

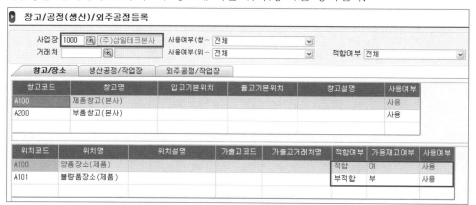

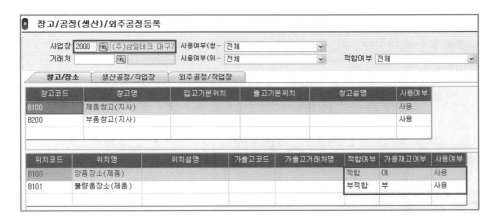

주요항목 설명

❶ 입고 및 출고기본위치: 입출고 시 창고를 선택했을 때 기 입력된 기본위치정보가 자동으로 반영된다.

❷ 가출고코드: 핵심ERP에서는 활용되지 않는 기능이다.

❸ 적합여부: 양품은 '적합', 불량품은 '부적합'

❹ 가용재고여부: 가용재고(창고의 현재고+입고예정량−출고예정량) 포함 여부를 결정한다.

꼭 알아두기

입고기본위치 및 출고기본위치는 선택사항이며 반드시 등록해야 하는 것은 아니다. 한 창고에 여러 위치를 구분할 경우에는 기본위치를 입력해 놓으면 오히려 오류를 범할 가능성이 높아진다.

실무예제

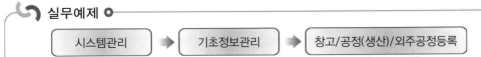

(주)삼일테크의 생산공정에 따른 작업장 정보는 다음과 같다. 생산공정 및 작업장을 등록하시오.

사업장	생산공정		사용 여부	작업장		적합 여부	사용 여부
	공정코드	공정명		작업장 코드	작업장명		
대구지사	M100	작업공정	사용	M100	제품작업장	적합	사용
				M150	반제품작업장	적합	사용

입력하기

❶ '2000'번 사업장을 선택하고 [생산공정/작업장] TAB을 클릭하여 조회 후 입력한다.

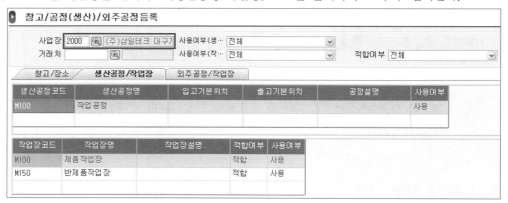

실무예제

시스템관리 ➡ 기초정보관리 ➡ 창고/공정(생산)/외주공정등록

(주)삼일테크의 외주공정에 따른 작업장 정보는 다음과 같다. 외주공정 및 작업장을 등록하시오.

사업장	외주공정		사용여부	작업장			적합여부	사용여부
	공정코드	공정명		작업장코드	외주거래처	작업장명		
대구지사	P100	외주공정	사용	P100	(주)수민산업	수민산업 반제품작업장	적합	사용

입력하기

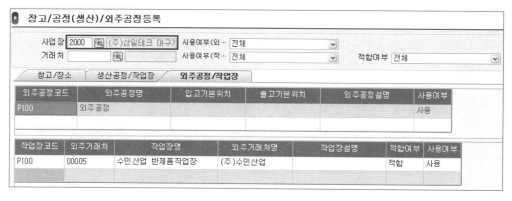

1.5 프로젝트등록

사업장과 부서 및 부문 등과 같은 조직 외에 특정한 임시 조직, 프로모션 행사 등을 별도로 관리하고자 할 때 프로젝트를 등록한다. 등록된 프로젝트는 회계모듈에서 프로젝트별 손익관리와 함께 물류모듈에서도 프로젝트별로 데이터를 집계하여 조회할 수 있다.

실무예제

시스템관리 ➡ 기초정보관리 ➡ 프로젝트등록

(주)삼일테크의 프로젝트 정보는 다음과 같다. 프로젝트를 등록하시오.

코드	프로젝트명	구분	프로젝트기간	원청회사	원가구분	프로젝트유형
S600	e-book 스마트패드 개발	진행	2025/03/01 ~ 2026/12/31	(주)화인알텍	제조	직접

입력하기

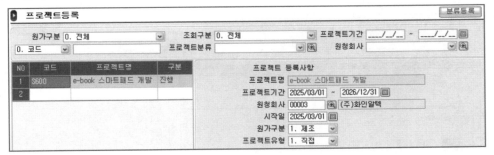

1.6 관리내역등록

관리내역등록 메뉴에서는 회사에서 주로 관리하는 항목들을 '공통'과 '회계'로 구분하여 조회하거나 변경할 수 있다. 핵심ERP 물류 · 생산모듈과는 관련이 없고 회계모듈에서만 사용되고 있다.

1.7 관련계정등록

관련계정등록 메뉴는 회계모듈에서 특정 여러 계정과목을 통합계정으로 등록하여 자금관리, 매출채권 관리 등을 목적으로 사용하는 메뉴이다. 핵심ERP 물류 · 생산모듈과는 관련이 없고 회계모듈에서만 사용되고 있다.

1.8 회계연결계정과목등록

핵심ERP 물류·생산모듈, 인사모듈에서는 경상적으로 발생되는 거래에 대하여 자동으로 회계전표를 발생시킨다. 이렇게 각 모듈에서 회계모듈로 자동으로 자료를 이관할 수 있도록 회계처리(분개) 과정을 미리 설정해 놓은 메뉴가 [회계연결계정과목등록]이다.

실무예제

시스템관리 ➡ 기초정보관리 ➡ 회계연결계정과목등록

영업관리, 구매/자재관리, 무역관리, 생산관리, 인사/급여관리 모듈의 세부 전표코드별로 회계연결계정과목을 초기설정 하시오.

입력하기

❶ 회계연결계정과목등록 메뉴 실행 후 화면 우측 상단의 [초기설정] 아이콘을 클릭해서 전체 선택 후 '연결계정을 초기화 하시겠습니까?'라는 메시지가 뜨면 [예]를 선택한다.

꼭 알아두기

• 회계연결계정이 설정되어 있지 않다면 자동 회계전표 발행이 불가능하다. 초기설정으로 적용된 차·대변 계정과목은 회사의 상황에 맞추어 변경이 가능하다.
• 초기 설정된 항목은 삭제가 되지 않으므로 회사에서 사용하지 않는 항목이 있을 경우에는 '사용' 항목을 '미사용'으로 설정한다.

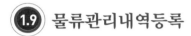 **물류관리내역등록**

물류관리내역등록 메뉴는 물류모듈과 생산모듈에서 사용하는 관리항목을 관리하는 메뉴이다. 핵심ERP의 물류관리 항복은 시스템에서 자동으로 제공되며 관리항목의 수정 및 삭제는 불가능하다. 다만 항목별 관리내역은 입력 및 수정, 삭제가 가능하다.

실무예제

```
시스템관리  ➡  기초정보관리  ➡  물류관리내역등록
```

(주)삼일테크의 물류관리항목별 관리내역은 다음과 같다. 물류관리내역을 등록하시오.

코드	관리항목명	관리내역코드	관리내역명	사용여부
LE	수입 제비용구분	100	수입관세	사용
		200	보관료	사용
		300	하역료	사용
LQ	품질검사구분	100	성능검사	사용
		200	외관검사	사용
LS	영업관리구분	100	정상판매	사용
		200	할인판매	사용
Z1	품목 대분류	100	스마트폰	사용
		200	스마트패드	사용

입력하기

❶ 수입 제비용구분 입력

❷ 품질검사구분 입력

❸ 영업관리구분 입력

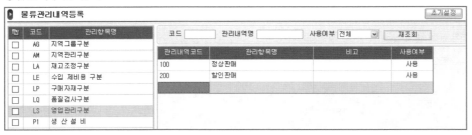

❹ 품목 대분류 입력

꼭 알아두기

• 화면 우측 상단의 ⌈초기설정⌋ 아이콘을 클릭하면 기 등록된 관리내역은 모두 삭제되어 초기화되기 때문에 주의하여야 한다.
• 물류관리내역등록 메뉴는 핵심ERP에서 반드시 등록할 필요는 없다. 관리항목별 별도의 관리가 필요한 회사만 적용하면 된다.

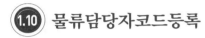 물류담당자코드등록

대부분의 회사는 경영상황에 따라 사원별 업무의 영역도 변경될 수 있다. 즉 인사이동 등으로 인해 현재 사원의 업무가 다른 사원으로 변경되므로 업무실적관리는 사원코드가 아닌 별도의 담당자코드를 부여하여 관리하는 것이 바람직하다.

 실무예제 ○

시스템관리 ➡ 기초정보관리 ➡ 물류담당자코드등록

(주)삼일테크의 물류담당 그룹과 물류담당자 내역은 다음과 같다. 물류담당자코드를 등록하시오. (기준일자 2013/08/01)

그룹코드	담당그룹	시작일	종료일	사용여부
10	영업	2013/08/01	9999/12/31	사용
20	구매/자재	2013/08/01	9999/12/31	사용
30	생산	2013/08/01	9999/12/31	사용

담당자코드	담당자코드명	사원명	담당그룹	시작일	종료일	사용여부
100	국내영업담당	백수인	영업	2017/01/01	9999/12/31	사용
200	해외영업담당	장혜영	영업	2017/01/01	9999/12/31	사용
300	구매담당	박서준	구매/자재	2018/01/01	9999/12/31	사용
400	자재담당	임영인	구매/자재	2018/01/01	9999/12/31	사용
500	생산담당	황재석	생산	2018/01/01	9999/12/31	사용

입력하기

❶ 먼저 화면 우측 상단의 담당그룹등록 아이콘을 클릭하여 담당그룹을 등록한다.

❷ 물류담당자코드 등록

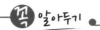

	담당자코드	담당자코드명	사원코드	사원명	전화번호	팩스번호	휴대폰	담당그룹	시작일	종료일	사용여부
☐	100	국내영업담당	3010	백수인					2017/01/01	9999/12/31	사용
☐	200	해외영업담당	3020	장혜영					2017/01/01	9999/12/31	사용
☐	300	구매담당	4010	박서준					2018/01/01	9999/12/31	사용
☐	400	자재담당	4020	임영인					2018/01/01	9999/12/31	사용
☐	500	생산담당	5010	황재석					2018/01/01	9999/12/31	사용
☐											

꼭 알아두기

물류담당자코드 등록은 핵심ERP에서 반드시 진행하여야 하는 프로세스는 아니다.

1.11 물류실적(품목/고객)담당자등록

물류실적담당자등록은 물류담당자코드등록 메뉴에서 등록한 코드를 조회하여 거래처나 품목별로 실적담당자를 등록하는 메뉴이다.

[거래처] TAB에서는 거래처별로 영업, 구매, 외주담당자를 등록하고 지역과 지역그룹, 거래처분류 등은 물류관리내역에서 등록된 데이터를 조회하여 선택한다. [품목] TAB에서는 품목별로 영업, 구매, 자재, 생산담당자를 등록한다.

실무예제

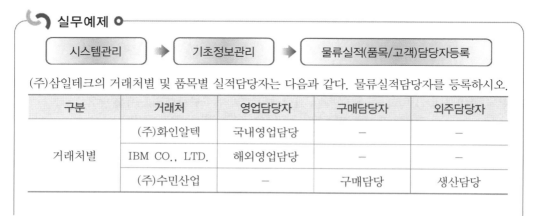

시스템관리 ➡ 기초정보관리 ➡ 물류실적(품목/고객)담당자등록

(주)삼일테크의 거래처별 및 품목별 실적담당자는 다음과 같다. 물류실적담당자를 등록하시오.

구분	거래처	영업담당자	구매담당자	외주담당자
거래처별	(주)화인알텍	국내영업담당	–	–
	IBM CO., LTD.	해외영업담당	–	–
	(주)수민산업	–	구매담당	생산담당

구분	품명	영업담당자	구매담당자	자재담당자	생산담당자
품목별	셀카봉	–	구매담당	자재담당	–
	평판 디스플레이	–	–	자재담당	생산담당

입력하기

❶ 물류실적담당자 등록(거래처별)

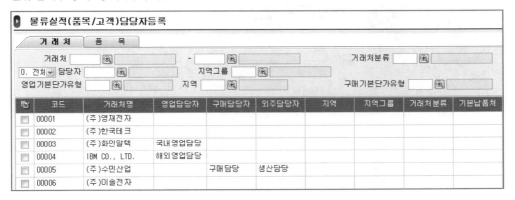

❷ 물류실적담당자 등록(품목별)

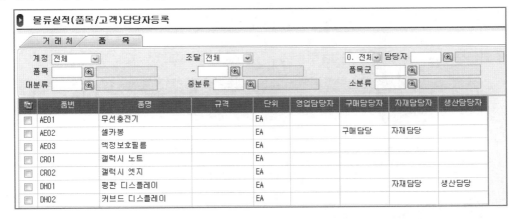

 알아두기

물류실적담당자 등록은 핵심ERP에서 반드시 등록할 필요는 없다.

1.12 품목분류(대/중/소)등록

세부 품목을 그룹화하여 데이터를 관리하기 위하여 품목군을 등록하였지만 보다 더 세
분화된 분류를 위하여 품목분류를 등록한다. 품목의 특성에 따라 대분류, 중분류, 소분류
별로 데이터를 관리할 수 있다.

실무예제

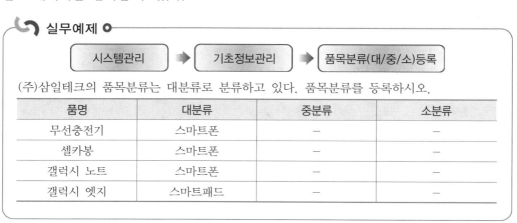

시스템관리 ➡ 기초정보관리 ➡ 품목분류(대/중/소)등록

(주)삼일테크의 품목분류는 대분류로 분류하고 있다. 품목분류를 등록하시오.

품명	대분류	중분류	소분류
무선충전기	스마트폰	–	–
셀카봉	스마트폰	–	–
갤럭시 노트	스마트폰	–	–
갤럭시 엣지	스마트패드	–	–

입력하기

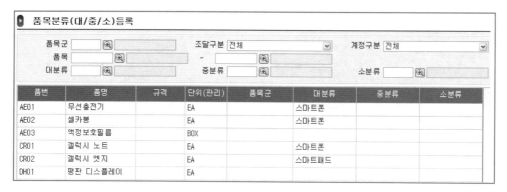

품목분류(대/중/소)등록

품목군		조달구분	전체		계정구분	전체	
품목		~					
대분류		중분류			소분류		

품번	품명	규격	단위(관리)	품목군	대분류	중분류	소분류
AE01	무선충전기		EA		스마트폰		
AE02	셀카봉		EA		스마트폰		
AE03	액정보호필름		BOX				
CR01	갤럭시 노트		EA		스마트폰		
CR02	갤럭시 엣지		EA		스마트패드		
DH01	평판 디스플레이		EA				

알아두기

품목분류 등록은 핵심ERP에서 반드시 등록할 필요는 없다.

검사유형등록

검사유형등록 메뉴는 물류·생산모듈의 프로세스를 진행함에 있어 검사구분(구매검사, 외주검사, 공정검사, 출하검사)별 검사유형과 그에 따른 항목을 등록하는 메뉴이다.

실무예제

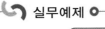

시스템관리 ➡ 기초정보관리 ➡ 검사유형등록

(주)삼일테크의 검사구분별 검사유형과 그에 따른 확인사항은 다음과 같다. 검사유형을 등록하시오.

검사구분	코드	검사유형명	사용여부	검사유형질문	입력필수
구매검사	100	입고검사	사용	1. 입고수량은 정확한가?	필수
				2. 포장상태는 이상이 없는가?	선택
외주검사	100	품질검사	사용	1. 파손되거나 긁힘은 없는가?	필수
				2. 식별표가 잘 부착되어 있는가?	선택
공정검사	100	성능검사	사용	1. 세부기능은 모두 작동되는가?	필수
				2. 조립상태는 이상이 없는가?	선택
출하검사	100	외관검사	사용	1. 구성품의 누락은 없는가?	필수
				2. 식별표가 잘 부착되어 있는가?	선택

입력하기

검사유형등록

검사구분 11. 구매검사 사용여부 입력필수

NO		코드	검사유형명	비고	사용여부
1	☐	100	입고검사		사용
2	☐				

	NO.	검사유형질문	비고	입력필수
☐	1	입고수량은 정확한가?		필수
☐	2	포장상태는 이상이 없는가?		선택
☐				

알아두기

핵심ERP에서 검사구분은 '구매검사', '외주검사', '공정검사', '출하검사'로 구분된다. 검사유형별로 검사할 항목을 등록한 후 각 모듈 검사 프로세스에서 합격 또는 불합격을 판정한다.

 SET구성품등록

SET구성품등록메뉴는 단품이 아닌 둘 이상의 상품 또는 제품을 묶음으로 구성하여 판매하고자 할 경우, SET구성품별 구성품 수량을 등록하여 관리하는 메뉴이다.

실무예제

시스템관리 ➡ 기초정보관리 ➡ SET구성품등록

(주)삼일테크의 SET구성품의 구성내역은 다음과 같다. SET 구성내역을 등록하시오.

SET 품목	구성품명	수량(재고)	수량(관리)	시작일	종료일
여행세트(SET1)	무선충전기	1EA	1EA	2020/01/01	9999/12/31
	셀카봉	1EA	1EA	2020/01/01	9999/12/31

입력하기

고객별출력품목등록

고객별출력품목등록 메뉴는 동일한 상품 또는 제품을 판매할 경우에도 고객별로 품명이나 단위 등의 표시를 다르게 요청할 수도 있다. 이 경우 회사 내부에서는 동일한 품목으로 관리되지만 대외적인 거래명세서, 세금계산서 등에는 고객이 원하는 표기사항으로 출력될 수 있도록 설정하는 메뉴이다.

품번	품명	고객명	출력품번	출력품명	단위	출력환산계수	사용여부
AE02	셀카봉	(주)영재전자	AE02	블루투스 셀카봉	EA	1	사용
		(주)한국테크	KTS-147	인공지능 셀카봉	EA	1	사용

입력하기

고객별출력품목등록   출력품목 복사

품목군	🔍		0. 품번 ▼		0.대분류 ▼	🔍
계정구분	전체 ▼	조달구분	전체 ▼	고객	▼ 🔍
고객분류	🔍	0.출력품번		출력품번유무	0. 전체조회 ▼
사용여부	전체 ▼				

	품번	품명	규격	관리단위	재고단위
	AE01	무선충전기		EA	EA
	AE02	셀카봉		EA	EA
	AE03	액정보호필름		BOX	EA

	고객코드	고객명	출력품번	출력품명	출력규격	단위	출력환산계수	사용여부
☐	00001	(주)영재전자	AE02	블루투스 셀카봉		EA	1.000000	사용
☐	00002	(주)한국테크	KTS-147	인공지능 셀카봉		EA	1.000000	사용
☐								

핵심ERP실무

02 초기이월관리

2.1 회계초기이월등록

회계초기이월등록 메뉴는 회계모듈과 관련성이 있으며, 회계단위별 전기분 재무상태표, 전기분 손익계산서, 전기분 원가보고서를 입력하는 메뉴이다. ERP 운용을 시작하는 회계연도에만 전기분 재무제표 자료를 수동으로 입력하고 그 후부터는 마감 및 연도이월 메뉴를 통해 자동으로 이월작업이 이루어진다.

2.2 재고이월등록

당해 기말재고 정보를 차기년도의 기초재고 정보로 이월작업을 수행하는 메뉴이다. 본서의 실습은 기초재고 정보를 수동으로 입력한 후 당해 거래자료를 입력하기 때문에 재고이월등록 메뉴를 활용할 필요는 없다.

꼭 알아두기

이월작업 후에는 대상년도의 재고가 수정되지 않도록 영업·자재마감/통제등록 메뉴에서 물류의 흐름을 통제하여야 한다. 만약 이월작업 후 대상년도의 재고가 변경되었을 경우에는 당해 기말재고와 차기 기초재고의 일치를 위해 이월작업을 다시 수행한다.

03 마감/데이타관리

3.1 영업마감/통제등록

영업마감/통제등록 메뉴는 핵심ERP의 영업모듈에 대한 마감 및 입력통제일자, 판매단가 정책 등과 관련된 주요한 사항을 회사의 상황에 맞도록 설정하는 메뉴이다.

실무예제

시스템관리 ➡ 마감/데이타관리 ➡ 영업마감/통제등록

(주)삼일테크의 판매단가 정책 등 영업모듈 운용을 위한 주요한 사항을 영업마감/통제등록 메뉴에서 등록하시오.

사업장	판매단가	일괄마감 후 출고변경 통제	마감일자	입력통제일자
본사	품목단가	통제	2024/12/31	2024/12/31
대구지사	품목단가	통제	2024/12/31	2024/12/31

※ 본 예제에서 제시되지 않는 항목은 기본 설정 값으로 유지함

입력하기

❶ 사업장별로 예제에서 제시된 항목들을 적절하게 선택한 후 반드시 화면 우측 상단의 저장 아이콘을 클릭하여 저장하여야 한다.

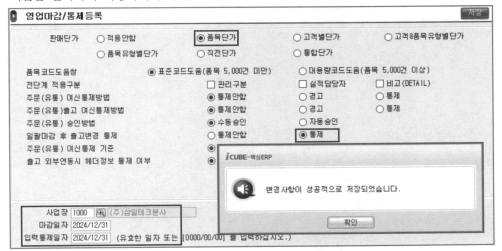

주요항목 설명

❶ 판매단가: 견적 또는 수주등록 시 자동으로 적용할 단가의 유형을 선택한다. 단가유형이 선택되었더라도 영업모듈에서 판매단가 정보가 등록되어 있어야 견적 또는 수주등록 시 해당 단가가 자동으로 적용된다. 교육용 핵심ERP 버전에서는 품목단가와 고객별단가만 적용되고 나머지 단가유형은 적용되지 않는다.

❷ 품목코드 도움창: 조회속도를 빠르게 하기 위하여 품목 수 5,000건을 기준으로 선택구분

❸ 전단계 적용구분: 전 단계(전 프로세스)에서 입력한 관리구분, 실적담당자, 비고 사항을 다음 단계(후 프로세스)에도 복사되도록 하는 기능이다.

❹ 주문(유통) 여신통제방법, 주문(유통)출고 여신통제방법, 주문(유통) 승인방법, 주문(유통) 여신통제기준 기능은 교육용 핵심ERP 버전에서는 적용되지 않는다.

❺ 일괄마감 후 출고변경 통제: 출고처리 시 마감구분은 '일괄'과 '건별'로 구분되는데, 이미 '일괄'로 매출마감 처리된 내역과 관계없이 전 단계(전 프로세스)인 출고처리에서 수량 및 금액의 변경가능 여부를 결정하는 기능이다.

❻ 마감일자: 마감일자를 포함한 그 이전 일자로 품목의 입출고(수불)를 발생시키는 매출이나 매출반품 등의 입출고(수불)를 통제한다.

❼ 입력통제일자: 입출고(수불)와 관련이 없는 메뉴(견적등록, 수주등록, 출고의뢰등록 등)에 대하여 입력통제일자를 포함한 그 이전 일자로의 입력, 수정 및 삭제를 통제한다.

꼭 알아두기

- 마감일자는 품목의 입출고(수불)를 통제하며, 입력통제일자는 품목의 입출고(수불)와 관련이 없는 일부 입력메뉴에 대하여 통제한다.
- 마감일자는 직접 변경할 수도 있지만, 구매/자재모듈에서 재고평가를 수행하였을 경우 재고평가 기간 내의 입출고(수불) 정보를 통제하기 위해 마감일자는 자동으로 재고평가 기간 종료 월의 말일자로 변경된다.

자재마감/통제등록

자재마감/통제등록 메뉴는 핵심ERP의 구매/자재모듈에 대한 마감 및 입력통제일자, 구매단가 정책, 재고평가방법 등과 관련된 주요한 사항을 회사의 상황에 맞도록 설정하는 메뉴이다.

실무예제

(주)삼일테크의 구매단가 정책 등 구매/자재모듈 운용을 위한 주요한 사항을 자재마감/통제 등록 메뉴에서 등록하시오.

사업장	구매단가	재고평가방법	사업장 이동평가	재고(−) 통제여부	일괄마감 후 입고변경 통제	마감일자	입력통제 일자
본사	품목단가	총평균	표준원가	통제안함	통제	2024/12/31	2024/12/31
대구지사	품목단가	총평균	표준원가	통제안함	통제	2024/12/31	2024/12/31

※ 본 예제에서 제시되지 않는 항목은 기본 설정 값으로 유지함

입력하기

❶ 사업장별로 예제에서 제시된 항목들을 적절하게 선택한 후 반드시 화면 우측 상단의 저장 아이콘을 클릭하여 저장하여야 한다.

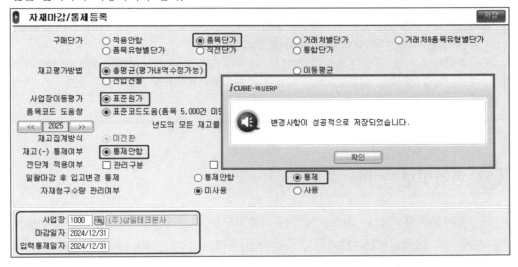

🗡 주요항목 설명

❶ **구매단가**: 발주등록 시 자동으로 적용할 단가의 유형을 선택한다. 단가유형이 선택되었더라도 구매/자재모듈에서 구매단가 정보가 등록되어 있어야 발주등록 시 해당 단가가 자동으로 적용된다. 교육용 핵심ERP 버전에서는 품목단가와 거래처별단가만 적용되고 나머지 단가유형은 적용되지 않는다.

❷ **재고평가방법**: 핵심ERP에서는 총평균, 이동평균, 선입선출, 후입선출 네 가지의 평가방법을 지원한다.

❸ **사업장이동평가**: 핵심ERP는 기본적으로 재고평가가 사업장별로 이루어지기 때문에 사업장별 재고이동 시 적용되는 단가유형을 선택한다.

❹ **품목코드 도움창**: 조회속도를 빠르게 하기 위하여 품목 수 5,000건을 기준으로 선택구분

❺ **재고(−) 통제여부**: 실물재고는 있는데 장부(ERP)상의 재고가 없을 경우, 출고처리를 할 것인지에 대한 통제 여부이다.

❻ **전단계 적용구분**: 전 단계(전 프로세스)에서 입력한 관리구분, 실적담당자, 비고 사항을 다음 단계(후 프로세스)에도 복사되도록 하는 기능이다.

❼ **일괄마감 후 입고변경 통제**: 입고처리 시 마감구분은 '일괄'과 '건별'로 구분되는데, 이미 '일괄'로 매입마감 처리된 내역과 관계없이 전 단계(전 프로세스)인 입고처리에서 수량 및 금액의 변경가능 여부를 결정하는 기능이다.

❽ **마감일자**: 마감일자를 포함한 그 이전 일자로 품목의 입출고(수불)를 발생시키는 매입이나 매입 반품 등의 입출고(수불)를 통제한다.

❾ **입력통제일자**: 입출고(수불)와 관련이 없는 메뉴(발주등록, 청구등록, 입고의뢰등록 등)에 대하여 입력통제일자를 포함한 그 이전 일자로의 입력, 수정 및 삭제를 통제한다.

> 꼭 알아두기
>
> - 마감일자는 품목의 입출고(수불)를 통제하며, 입력통제일자는 품목의 입출고(수불)와 관련이 없는 일부 입력메뉴에 대하여 통제한다.
> - 마감일자는 직접 변경할 수도 있지만, 구매/자재모듈에서 재고평가를 수행하였을 경우 재고평가 기간 내의 입출고(수불) 정보를 통제하기 위해 마감일자는 자동으로 재고평가 기간 종료 월의 말일자로 변경된다.

3.3 마감및년도이월

마감및년도이월 메뉴는 회계모듈에서 최종적으로 결산작업이 마무리되고 재무제표 확정 후 차기로 이월시키는 메뉴이다. 마감작업 후에는 회계전표의 추가 입력이나 수정 및 삭제가 불가능해 자료의 일관성과 안정성을 확보할 수 있다.

3.4 사원별단가/창고/공정통제설정

사원별단가/창고/공정통제설정 메뉴는 보다 민감한 일부 메뉴 항목들에 대해 ERP 사용자별로 조회 및 입력/변경의 권한을 통제 설정하는 메뉴이다.

예를 들면 동일한 메뉴에 대해 팀장과 팀원의 권한을 다르게 부여할 때도 이용될 수 있다. 그리고 입고 및 출고 시의 창고담당자를 각각 지정할 수도 있으며, 생산공정의 담당자를 각각 지정하여 관리할 수도 있다.

✨ 실무예제

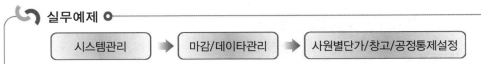

시스템관리 ➡ 마감/데이타관리 ➡ 사원별단가/창고/공정통제설정

(주)삼일테크 본사는 일부 ERP 사용자에 대해 단가통제를 하고 있다. 사원별단가/창고/공정통제설정 메뉴에 등록하시오.

구분	사업장	모듈	메뉴	사원	단가통제
단가통제	본사	영업	세금계산서처리	정종철	입력/변경통제
				박서준	조회통제
				임영인	조회통제
				황재석	조회통제

🦅 입력하기

❶ 단가통제

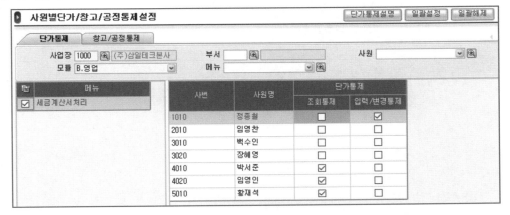

제4부 핵심ERP 이해와 활용

04 영업모듈 기초정보관리

4.1 품목단가등록

품목등록에서 등록한 판매대상(제품, 반제품, 상품) 품목에 대해 판매단가를 입력하는 메뉴이다. 판매단가유형 중 품목단가는 단일 품목에 대해 모든 고객에게 동일 단가를 적용하는 경우이며, 영업마감/통제등록의 단가유형에서 '품목단가'로 설정되어 있어야 견적 및 수주등록 등에 단가가 자동으로 반영된다.

실무예제

(주)삼일테크의 품목별 판매단가를 등록하시오.

(세액별도)

계정구분	품명	최저 판매가	판매단가
상품	무선충전기	85,000	90,000
	셀카봉	45,000	50,000
	여행세트	130,000	140,000
제품	갤럭시 노트	530,000	560,000
	갤럭시 엣지	750,000	780,000
반제품	평판 디스플레이	220,000	240,000
	커브드 디스플레이	350,000	370,000

입력하기

❶ [판매단가] TAB에서 해당 품목별로 예제에서 주어진 단가를 입력한다.

☐	품번	품명	재고단위	관리단위	환산계수	환산표준원가	구매단가	최저판매가	판매단가	판매부가세단가
☐	AE01	무선충전기	EA	EA	1.000000	0.00	0.00	85,000.00	90,000.00	99,000.00
☐	AE02	셀카봉	EA	EA	1.000000	0.00	0.00	45,000.00	50,000.00	55,000.00
☐	AE03	액정보호필름	EA	BOX	100.000000	0.00	0.00	0.00	0.00	0.00
☐	CR01	갤럭시 노트	EA	EA	1.000000	240,000.00	0.00	530,000.00	560,000.00	616,000.00
☐	CR02	갤럭시 엣지	EA	EA	1.000000	360,000.00	0.00	750,000.00	780,000.00	858,000.00
☐	DH01	평판 디스플레이	EA	EA	1.000000	120,000.00	0.00	220,000.00	240,000.00	264,000.00
☐	DH02	커브드 디스플레이	EA	EA	1.000000	180,000.00	0.00	350,000.00	370,000.00	407,000.00
☐	EM01	듀얼 CPU	EA	EA	1.000000	0.00	0.00	0.00	0.00	0.00
☐	EM02	쿼드 CPU	EA	EA	1.000000	0.00	0.00	0.00	0.00	0.00
☐	FK01	6인치 액정	EA	EA	1.000000	0.00	0.00	0.00	0.00	0.00
☐	FK02	8인치 액정	EA	EA	1.000000	0.00	0.00	0.00	0.00	0.00
☐	GT01	1500만화소 카메라	EA	EA	1.000000	0.00	0.00	0.00	0.00	0.00
☐	GT02	1800만화소 카메라	EA	EA	1.000000	0.00	0.00	0.00	0.00	0.00
☐	HE01	메모리	EA	EA	1.000000	0.00	0.00	0.00	0.00	0.00
☐	KA01	배터리	EA	EA	1.000000	0.00	0.00	0.00	0.00	0.00
☐	LH01	터치펜	EA	EA	1.000000	0.00	0.00	0.00	0.00	0.00
☐	SET1	여행세트	EA	EA	1.000000	0.00	0.00	130,000.00	140,000.00	154,000.00

주요항목 설명

❶ 환산표준원가: 품목등록 메뉴 [ORDER/COST] TAB에서 입력된 표준원가에서 환산계수를 곱해 환산된 표준원가이다.

❷ 구매단가: 구매품(원재료, 부재료, 상품, 저장품)인 경우 [구매단가] TAB 또는 구매/자재모듈 기초정보관리에서 등록한 품목단가가 조회된다.

❸ 최저판매가: 품목등록 메뉴 [ORDER/COST] TAB에서 입력된 최저 판매단가가 조회된다. 본 메뉴에서 수동으로 입력할 수도 있다.

꼭 알아두기

• 판매단가는 표준원가, 구매단가, 최저판매가 대비 마진율을 입력하여 일괄적으로 수정할 수 있다.
• 구매/자재모듈 기초정보관리의 [품목단가등록] 메뉴와 동일한 메뉴이다.

핵심ERP실무

 고객별단가등록

품목등록에서 등록한 판매대상(제품, 반제품, 상품) 품목에 대해 판매단가를 입력하는 메뉴이다. 단가유형 중 고객별단가는 단일 품목에 대해 고객에게 상이한 단가를 적용하는 경우이며, 영업마감/통제등록의 단가유형에서 '고객별단가'로 설정되어 있어야 견적 및 수주등록 등에 단가가 자동으로 반영된다.

(주)삼일테크의 판매단가 정책은 '품목단가'이므로 고객별단가등록 메뉴의 실습은 생략하기로 한다.

> **꼭 알아두기**
>
> 구매/자재모듈 기초정보관리의 [거래처별단가등록] 메뉴와 동일한 메뉴이다.

4.3 납품처등록

납품처등록 메뉴는 판매 후 세금계산서는 핵심ERP 일반거래처등록 메뉴에 등록된 사업자와 주소지로 발급하나, 납품장소가 등록된 거래처의 주소지가 아닌 다른 장소로 납품하는 경우에 실제 납품하는 장소를 등록하는 메뉴이다.

실무예제

(주)삼일테크의 매출처 중 (주)화인알텍의 납품처를 등록하시오.

코드	납품처명	주소	담당자명	사용여부
10	부산 전시장	부산 해운대구 해운대로 105(재송동)	박민영	사용
20	일산 물류창고	경기도 고양시 일산서구 구산로 110 (구산동)	정상호	사용

입력하기

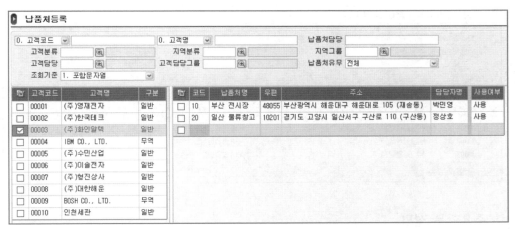

4.4 채권기초/이월/조정(출고기준)

이 메뉴는 사업장별로 기초 미수채권과 채권조정 및 채권을 차기로 이월시키는 메뉴이다. 미수채권은 '출고기준'과 '마감기준'에 의한 차이가 발생하기 때문에 일반적으로 많은 회사들이 회계부서와 영업부서에서 별도로 관리하고 있다. 그리고 영업모듈의 미수채권과 관련된 데이터는 회계모듈과 공유되지는 않는다.

실무예제

영업관리 → 기초정보관리 → 채권기초/이월/조정(출고기준)

(주)삼일테크의 거래처별 기초 미수채권은 다음과 같다. 기초 미수채권을 등록하시오.

거래처명	담당자	기초 미수채권
(주)영재전자	국내영업담당	8,000,000
(주)한국테크	국내영업담당	12,000,000
(주)화인알텍	국내영업담당	6,000,000

입력하기

채권기초/이월/조정(출고기준)

사업장	1000	(주)삼일테크본사	부서	1200	재경팀	사원	2010	임영찬
해당년도	2025		고객			고객분류		
지역			지역그룹			담당자		
담당그룹			프로젝트			비고		

	채권기초	채권이월	채권조정					

	코드	고객	No.	프로젝트	담당자	기초미수채권	비고
☐	00001	(주)영재전자	1		국내영업담당	8,000,000	
☐	00002	(주)한국테크	1		국내영업담당	12,000,000	
☐	00003	(주)화인알텍	1		국내영업담당	6,000,000	
☐							

주요항목 설명

❶ [채권기초] TAB: 핵심ERP 영업모듈에서 최초 채권관리를 시작하는 시점에만 입력한다.

❷ [채권이월] TAB: 해당년도의 미수채권 금액을 차기년도로 이월할 때 사용된다.

❸ [채권조정] TAB: 거래처의 실제 미수채권과 장부(ERP)상의 미수채권이 차이가 있을 때 조정한다. 조정미수채권 금액을 '+'로 입력하면 장부(ERP)상의 금액이 증가되고, '-'로 입력하면 장부(ERP)상의 금액이 감소된다.

05 구매/자재모듈 기초정보관리

5.1 품목단가등록

품목등록에서 등록한 구매대상(원재료, 부재료, 상품, 저장품) 품목에 대해 구매단가를 입력하는 메뉴이다. 구매단가유형 중 품목단가는 단일 품목에 대해 모든 구매처에게 동일 단가로 구매하는 경우이며, 자재마감/통제등록의 단가유형에서 '품목단가'로 설정되어 있어야 발주등록 등에 단가가 자동으로 반영된다.

실무예제

구매/자재관리 ➡ 기초정보관리 ➡ 품목단가등록

(주)삼일테크의 품목별 구매단가를 등록하시오.

(세액별도)

계정구분	품명	구매단가
상품	무선충전기	50,000
	셀카봉	30,000
	액정보호필름	8,000
원재료	듀얼 CPU	50,000
	쿼드 CPU	70,000
	6인치 액정	60,000
	8인치 액정	80,000
	1500만화소 카메라	70,000
	1800만화소 카메라	90,000
	메모리	30,000
	배터리	50,000
	터치펜	15,000

입력하기

❶ 품목단가등록 메뉴 검색조건에서 '조달구분'을 '구매'로 설정하고 상단의 ▨ 조회 아이콘을 클릭하면 [구매단가] TAB에 구매 대상품만 조회된다.

❷ 해당 품목별로 예제에서 주어진 단가를 입력한다.

품목단가등록

품번		~		계정구분	전체
품목군		조달구분	0. 구매		
대분류		중분류		소분류	

구매단가 | 판매단가

	품번	품명	규격	재고단위	관리단위	환산계수	환산표준원가	구매단가
☐	AE01	무선충전기		EA	EA	1.000000	0.00	50,000.00
☐	AE02	셀카봉		EA	EA	1.000000	0.00	30,000.00
☐	AE03	액정보호필름		EA	BOX	100.000000	0.00	8,000.00
☐	EM01	듀얼 CPU		EA	EA	1.000000	0.00	50,000.00
☐	EM02	쿼드 CPU		EA	EA	1.000000	0.00	70,000.00
☐	FK01	6인치 액정		EA	EA	1.000000	0.00	60,000.00
☐	FK02	8인치 액정		EA	EA	1.000000	0.00	80,000.00
☐	GT01	1500만화소 카메라		EA	EA	1.000000	0.00	70,000.00
☐	GT02	1800만화소 카메라		EA	EA	1.000000	0.00	90,000.00
☐	HE01	메모리		EA	EA	1.000000	0.00	30,000.00
☐	KA01	배터리		EA	EA	1.000000	0.00	50,000.00
☐	LH01	터치펜		EA	EA	1.000000	0.00	15,000.00
☐	SET1	여행세트		EA	EA	1.000000	0.00	0.00

알아두기

영업모듈 기초정보관리의 [품목단가등록] 메뉴와 동일한 메뉴이다.

5.2 거래처별단가등록

품목등록에서 등록한 구매대상(원재료, 부재료, 상품, 저장품) 품목에 대해 구매단가를 입력하는 메뉴이다. 구매단가유형 중 거래처별단가는 단일 품목에 대해 구매처마다 상이한 단가를 적용하는 경우이며, 자재마감/통제등록의 단가유형에서 '거래처별단가'로 설정되어 있어야 발주등록 등에 단가가 자동으로 반영된다.

(주)삼일테크의 구매단가 정책은 '품목단가'이므로 거래처별단가등록 메뉴의 실습은 생략하기로 한다.

알아두기

영업모듈 기초정보관리의 [고객별단가등록] 메뉴와 동일한 메뉴이다.

06 생산모듈 기초정보관리

6.1 BOM등록

BOM(Bill of Materials: 자재명세서)등록은 특정 제품이 어떠한 부품으로 구성되어 있는지에 대한 정보를 등록하는 메뉴이다. 즉 모품목을 만들기 위해 소요되는 자품목들의 구성과 소요량을 나타내어 준다. 이러한 BOM 정보는 자재소요량전개(MRP) 시 중요한 입력항목 중 하나이다.

실무예제

생산관리공통 ➡ 기초정보관리 ➡ BOM등록

다음은 (주)삼일테크의 제품과 반제품에 대한 자재명세서이다. BOM을 등록하시오.

1) 제품 갤럭시 노트(CR01)의 BOM 구조

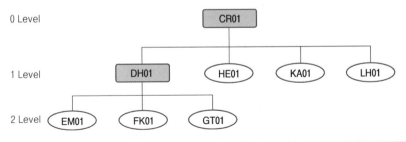

구분	품번	품명	정미수량	LOSS(%)	필요수량	사급구분	외주구분	사용여부
제품 (CR01)	DH01	평판 디스플레이	1	10	1.1	자재	무상	사용
	HE01	메모리	1	0	1	자재	무상	사용
	KA01	배터리	2	0	2	자재	무상	사용
	LH01	터치펜	1	0	1	자재	무상	사용
반제품 (DH01)	EM01	듀얼 CPU	1	0	1	자재	무상	사용
	FK01	6인치 액정	1	0	1	자재	무상	사용
	GT01	1500만화소 카메라	1	0	1	자재	무상	사용

※시작일자와 종료일자는 1111/11/11 ~ 9999/12/31

2) 제품 갤럭시 엣지(CR02)의 BOM 구조

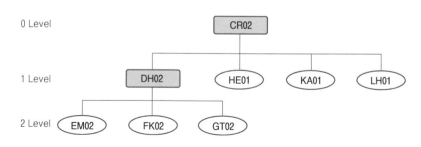

구분	품번	품명	정미수량	LOSS(%)	필요수량	사급구분	외주구분	사용여부
제품 (CR02)	DH02	커브드 디스플레이	1	10	1.1	자재	무상	사용
	HE01	메모리	1	0	1	자재	무상	사용
	KA01	배터리	2	0	2	자재	무상	사용
	LH01	터치펜	1	0	1	자재	무상	사용
반제품 (DH02)	EM02	쿼드 CPU	1	0	1	자재	무상	사용
	FK02	8인치 액정	1	0	1	자재	무상	사용
	GT02	1800만화소 카메라	1	0	1	자재	무상	사용

※ 시작일자와 종료일자는 1111/11/11 ~ 9999/12/31

🐟 입력하기

❶ 화면 검색조건에서 모품목을 입력한 후 상단의 [조회] 아이콘을 클릭한다.

❷ 모품목에 해당하는 제품과 반제품의 자품목을 각각 등록한다.

▌제품(CR01) BOM등록 화면 ▌

┃ 반제품(DH01) BOM등록 화면 ┃

┃ 제품(CR02) BOM등록 화면 ┃

┃ 반제품(DH02) BOM등록 화면 ┃

	순번	품번코드	품명	단위	정미수량	LOSS(%)	필요수량	시작일자	종료일자	사급구분	외주구분	사용여부
☐	1	EM02	쿼드 CPU	EA	1.000000	0.000000	1.000000	1111/11/11	9999/12/31	자재	무상	사용
☐	2	FK02	8인치 액정	EA	1.000000	0.000000	1.000000	1111/11/11	9999/12/31	자재	무상	사용
☐	3	GT02	1800만화소 카메라	EA	1.000000	0.000000	1.000000	1111/11/11	9999/12/31	자재	무상	사용
☐												

🖋 주요항목 설명

❶ 정미수량: 이론적인 소요수량을 의미하며, 로스(Loss)를 감안하지 않은 수량이다.

❷ LOSS(%): 자품목 1단위를 투입하였을 때 모품목에 반영되지 않고 유실되는 비율

❸ 필요수량: 로스율을 감안한 실제 필요한 수량(정미수량×(100+로스율)/100)

❹ 사급구분: 임가공작업의 경우 자재의 사급구분을 나타낸다. 해당 품목이 당사 재고이면 '자재'로 선택하며, 타사 재고이면 '사급'으로 선택한다.

❺ 외주구분: 외주작업의 경우 자재의 사급구분을 나타낸다. 외주처에 자재를 공급할 때 금전을 수취할 경우에는 '유상'으로 선택하며, 무상으로 공급할 경우에는 '무상'으로 선택한다.

알아두기

- BOM 구성 시 원재료, 부재료, 상품, 저장품은 모품목이 될 수 없다.
- BOM등록 정보는 소요량전개(MRP) 시에 반드시 필요한 입력정보이며, 소요량계산 시에는 BOM등록 화면의 '필요수량' 항목을 참조하여 계산된다.
- 유상사급과 무상사급
  발주회사에서 외주처로 원재료 및 부재료 등의 자재 반출(사급) 시 유상으로 제공하는 것을 유상사급이라고 하며, 무상으로 공급하는 것을 무상사급이라고 한다. 무상으로 공급한 자재는 당사의 재고자산에 포함되어야 한다.

6.2 BOM정전개

BOM정전개는 모품목을 기준으로 자품목을 계층적으로 전개하는 것이다. 즉 모품목을 생산하기 위해 투입되는 자품목의 소요량 등을 구성 Level별로 보여준다.

알아두기

BOM 정전개 [BOM] TAB의 'LEVEL' 항목에 '+' 표시가 있으면 그 품목은 하위 자품목이 있음을 의미한다.

(6.3) BOM역전개

BOM역전개는 자품목을 기준으로 모품목을 전개하는 것이다. BOM역전개는 자품목의 조달문제, 모델변경 등으로 인해 어떠한 모품목들에게 영향을 미치는지에 대한 정보를 쉽게 파악하고자 할 때 사용된다.

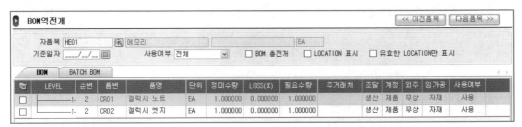

(6.4) 외주단가등록

외주단가등록 메뉴는 외주대상 품목에 대하여 외주공정에 따른 외주처별로 외주단가를 입력하는 메뉴이다. 입력된 외주단가는 외주발주등록 시 외주처별 해당 품목의 단가가 자동으로 반영된다.

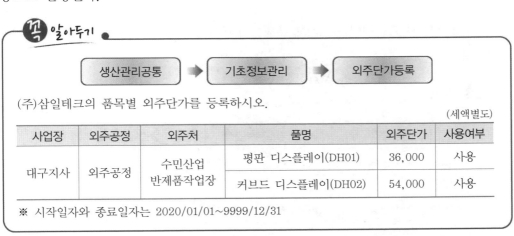

꼭 알아두기

생산관리공통 ➡ 기초정보관리 ➡ 외주단가등록

(주)삼일테크의 품목별 외주단가를 등록하시오.

(세액별도)

사업장	외주공정	외주처	품명	외주단가	사용여부
대구지사	외주공정	수민산업 반제품작업장	평판 디스플레이(DH01)	36,000	사용
			커브드 디스플레이(DH02)	54,000	사용

※ 시작일자와 종료일자는 2020/01/01~9999/12/31

입력하기

꼭 알아두기

- 표준원가와 실제원가는 품목등록 메뉴의 [ORDER/COST] TAB에서 입력한 데이터가 자동으로 반영된다.
- 외주단가의 변경은 개별품목마다 수동으로 변경할 수 있지만, 표준원가 또는 실제원가대비 적용비율을 입력하여 일괄변경도 가능하다.

6.5 불량유형등록

핵심ERP 생산모듈의 실적검사 시에 품질판정 결과에 따라 선택할 불량유형을 등록하는 메뉴이다.

꼭 알아두기

(주)삼일테크의 생산실적 및 외주실적검사 시 구분되는 불량유형은 다음과 같다. 불량유형을 등록하시오.

불량군코드	불량군명	사용여부	불량코드	불량유형명	사용여부
100	성능불량	사용	101	화면불량	사용
			102	전원불량	사용
200	외관불량	사용	201	도색불량	사용
			202	조립불량	사용

🦅 입력하기

❶ 화면 우측 상단 불량군등록 아이콘을 클릭한 후 불량군부터 등록하고 불량유형을 등록한다.

기초재고등록

★

우선적으로 핵심ERP 물류 · 생산모듈 프로세스 실습을 위하여 품목별로 임의의 수량을 기초재고로 등록하고자 한다.

7.1 기초재고/재고조정등록

기초재고/재고조정등록 메뉴는 핵심ERP 물류 · 생산모듈을 운용하기 전에 대상품목 전체의 기초수량을 입력하거나 ERP시스템 운용 중에 전산(장부)재고와 실물재고를 일치시키기 위한 재고조정을 처리하는 메뉴이다.

실무예제

| 구매/자재관리 | ➡ | 재고관리 | ➡ | 기초재고/재고조정등록 |

다음은 (주)삼일테크 본사와 대구지사의 창고별 기초재고 수량이다. 기초재고를 등록하시오.

사업장	조정일자	창고명	장소명	품번	품명	조정수량	단가
본사	2025/01/01	제품창고 (본사)	양품장소 (제품)	CR01	갤럭시 노트	500	250,000
				CR02	갤럭시 엣지	700	350,000
	2025/01/01	부품창고 (본사)	양품장소 (부품)	AE01	무선충전기	200	50,000
				AE02	셀카봉	1,000	30,000
				SET1	여행세트	250	80,000
대구 지사	2025/01/01	부품창고 (지사)	양품장소 (부품)	DH01	평판 디스플레이	30	125,000
				DH02	커브드 디스플레이	20	170,000
				EM01	듀얼 CPU	150	50,000
				EM02	쿼드 CPU	230	70,000
				FK02	8인지 액정	180	80,000
				GT01	1500만화소 카메라	30	70,000
				GT02	1800만화소 카메라	250	90,000
				HE01	메모리	170	30,000
				KA01	배터리	350	50,000
				LH01	터치펜	200	15,000

입력하기

❶ 화면의 검색조건에서 '조정기간'을 입력한 후 상단의 🔍 아이콘을 클릭한다.

❷ 위의 예제정보를 입력한 후 상단(헤드)입력부분의 다음 라인을 클릭하거나 상단의 🔍 아이콘을 클릭하면 '조정번호'가 자동으로 부여되면서 저장이 완료된다.

▌ 본사 기초재고 등록화면 ▌

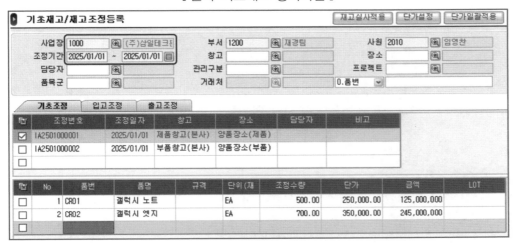

▌ 대구지사 기초재고 등록화면 ▌

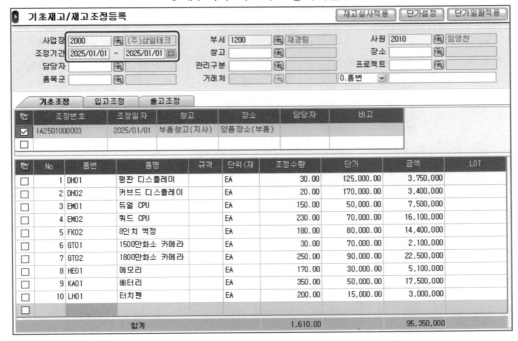

제**3**장

핵심ERP 영업프로세스 실무

01 업무프로세스의 이해

핵심ERP의 영업프로세스는 크게 두 가지로 구분할 수 있다. 고객으로부터 견적을 요청받아 출고하는 정상적인 매출프로세스와 이미 매출하였던 품목이 다양한 이유로 반품될 경우에 처리하는 반품프로세스로 구분된다.

1.1 매출프로세스

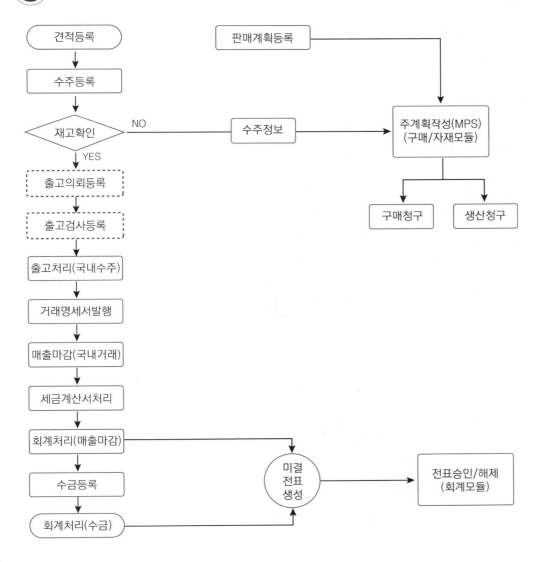

> 꼭 알아두기
>
> • '출고의뢰등록'과 '출고검사등록'은 시스템환경설정 메뉴에서 '출고의뢰운영여부'와 '출고전검사운영여부'가 '사용'으로 설정되어 있어야 처리가 가능한 프로세스이다.
> • 매출프로세스 중 '판매계획등록'과 '견적등록'은 반드시 수행하여야 하는 프로세스가 아니며, 회사 자체적으로 탄력적인 운영이 가능하다.

1.2 반품프로세스

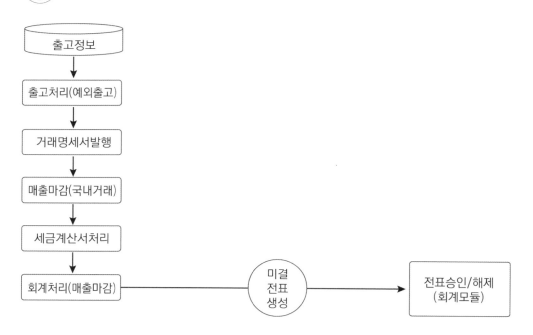

02 영업관리

★

핵심ERP 영업프로세스 진행을 위하여 본사의 국내영업팀 '백수인' 사원으로 로그인하여 진행하고자 한다.

2.1 판매계획등록

월별 판매계획을 품목을 기준으로 수량과 예상단가를 등록한다. [기초계획] TAB에서는 최초의 판매계획 수립내역을 등록하며, [수정계획] TAB에서는 기초계획에서 수량이나 단가의 변동이 있는 경우에 수정 등록한다.

🔖 **실무예제** ○

(주)삼일테크는 다음과 같이 당초 8월 20일 월간회의에서 9월 판매계획이 수립되었으나, 며칠 후 시장상황의 변동으로 9월 판매계획이 수정되었다.

구분	품번	품명	계획수량	환종	예상단가
기초계획	CR01	갤럭시 노트	700EA	KRW	560,000
	CR02	갤럭시 엣지	900EA	KRW	780,000
수정계획	CR01	갤럭시 노트	<u>800EA</u>	KRW	560,000
	CR02	갤럭시 엣지	<u>1,000EA</u>	KRW	780,000

※ 계획수량이 수정되었다.

입력하기

❶ [기초계획] TAB에서 당초계획 정보를 입력한다.

❷ [수정계획] TAB에서 수정계획 정보를 입력한다.

주요항목 설명

❶ 단가설정 : 판매단가는 수동으로 입력할 수도 있으며, 우측 상단 단가설정 아이콘을 클릭하여 반영할 단가의 유형을 선택할 수 있다.

 알아두기

판매계획과 관련된 다양한 조회현황이나 주계획작성(MPS) 시에는 기초계획에 등록된 데이터가 조회되지 않고, 수정계획에 등록된 데이터가 기준이 된다.

판매계획등록(고객별상세)

판매계획을 고객별로 상세하게 등록할 경우에 사용할 수 있으며, 매출예상액과 수금예상액까지 판매계획에 포함하여 관리할 수 있는 메뉴이다.

실무예제

| 영업관리 | ➡ | 영업관리 | ➡ | 판매계획등록(고객별상세) |

(주)삼일테크는 일부 매출처에 대해 9월 판매계획을 품목별로 상세하게 수립하였다. 매출처별 판매계획을 등록하시오.

고객	실적담당	계획부서	품번	수량	단가	수금예상금액
(주)영재전자	국내영업담당	국내영업팀	CR01	300	530,000	159,000,000
			CR02	450	750,000	337,500,000
(주)한국테크	국내영업담당	국내영업팀	AE01	100	90,000	9,000,000
			AE02	150	50,000	7,500,000

입력하기

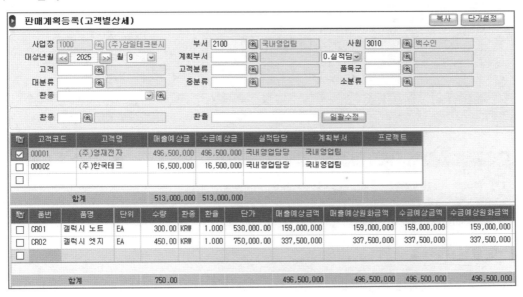

2.3 견적등록

견적등록은 고객으로부터 요청받은 품목에 대하여 수량, 단가, 납품일정 등의 견적조건을 등록하여 고객에게 전달하고 관리하는 메뉴이다.

🐾 실무예제 ○

| 영업관리 | ➡ | 영업관리 | ➡ | 견적등록 |

(주)삼일테크 본사에서 (주)영재전자로부터 요청받은 제품의 견적을 작성하여 전달하시오.

견적일자	고객	과세 구분	단가 구분	품번	납기일	견적 수량	단가
2025/09/05	(주)영재전자	매출 과세	부가세 미포함	CR01	2025/09/10	400	560,000
				CR02	2025/09/10	600	780,000

🖋 입력하기

❶ 예제를 참고하여 견적과 관련된 항목을 입력 후 상단의 🔍조회 아이콘을 클릭하면 견적번호가 자동으로 생성되면서 저장이 완료된다.

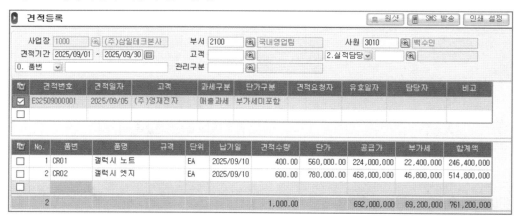

견적등록 후 견적을 적용받아 수주등록을 수행한 경우에는 견적내역을 수정·삭제할 수 없으며, 만약 데이터의 수정·삭제를 원한다면 진행한 프로세스 역순으로 삭제처리 후 견적을 수정·삭제할 수 있다.

 **수주등록**

수주등록은 고객으로부터 주문받은 내역을 등록하는 메뉴이다. 견적을 근거로 수주하였을 경우에는 등록된 견적내역을 적용받아 처리하며, 견적 절차 없이 수주하였을 경우에는 수주등록에서 그 내역을 직접 등록할 수도 있다. 수주등록 데이터는 구매/자재모듈 주계획작성(MPS) 시에도 참고한다.

🎣 **실무예제** ○

영업관리 ➡ 영업관리 ➡ 수주등록

(주)영재전자에 발송한 견적과 같이 주문이 확정되었다. 견적내역을 적용받아 수주를 등록하시오.

주문일자	고객	과세구분	단가구분	품번	납기일/출하예정일	주문수량	단가	검사
2025/09/05	(주)영재전자	매출과세	부가세 미포함	CR01	2025/09/10	400	560,000	검사
				CR02	2025/09/10	600	780,000	무검사

※ 품목별 검사대상 유무를 선택한다.

🌿 **입력하기**

❶ 주문기간 입력 후 상단의 🔍조회 아이콘을 클릭한 후 우측 상단 [견적적용 조회] 아이콘을 클릭하여 견적내역을 조회한 후 선택하여 견적정보를 적용받는다.

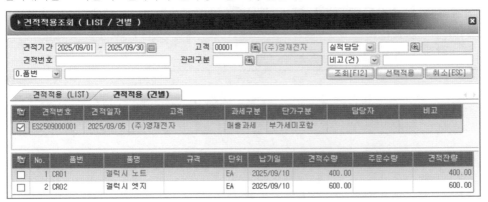

❷ 주문일자와 납기일 및 출하예정일을 추가로 입력하고, 품목별 검사대상 유무를 선택한다.

 알아두기

• 수주등록 절차 없이 출고처리는 할 수 있으나, 미납관리가 필요하다면 반드시 수주를 등록하여야 한다.

• 특정 품목을 선택한 후 화면 우측 상단의 재고확인 아이콘을 클릭하면, 화면 하단에 그 품목의 현재고, 가용재고, 입고예정량이 조회된다.

• 등록된 수주를 적용받아 출고처리를 수행한 경우에는 수주 내역을 수정·삭제할 수 없다. 만약 데이터의 수정·삭제를 원한다면 진행한 프로세스 역순으로 삭제처리 후 수주 내역을 수정·삭제할 수 있다. 핵심ERP의 프로세스 기능 메뉴는 이전 프로세스 데이터를 적용받아 다음 프로세스가 진행된 경우에는 이전 프로세스의 데이터는 수정·삭제할 수 없다.

 수주등록(유상사급)

수주등록(유상사급) 메뉴는 생산모듈 외주관리 프로세스와 관련되어 있으며, 외주생산 시에 사용될 자재(원재료, 부재료 등)를 외주처에 유상(판매)으로 공급하는 경우에 사용되는 메뉴이다.

사급자재란 외주발주 시 외주처에 제공하는 자재를 말한다. 이러한 사급자재는 채권·채무발생 유무에 따라 유상사급자재와 무상사급자재로 구분된다.

핵심ERP에서 사급자재의 구분이 '유상사급'일 경우에는 영업모듈 수주등록(유상사급) 메뉴에서 그 내역을 등록 후 출고처리(국내수주) 메뉴 [유상사급] TAB에서 출고처리한다.

2.6 출고의뢰등록

출고의뢰등록은 옵션설정 메뉴로서 수주받은 품목에 대하여 출고담당자에게 출고를 요청하는 메뉴이다. 수주등록 또는 수주등록(유상사급) 메뉴에서 등록한 주문내역을 적용받아 출고의뢰를 할 수 있다. 시스템환경설정 메뉴에서 '출고의뢰운영여부'가 '사용'으로 설정되어 있어야 된다.

🔖 **실무예제** ⚪

(주)영재전자로부터 주문받은 내역을 적용받아 출고담당에게 다음과 같이 출고의뢰 하시오.

의뢰일자	고객	의뢰창고	의뢰담당자	품번	납기일/출하예정일	의뢰수량	검사
2025/09/08	(주)영재전자	제품창고 (본사)	자재담당	CR01	2025/09/10	350	검사
				CR02	2025/09/10	500	무검사

※ 수주대비 출고의뢰수량을 확인한다.

입력하기

❶ 의뢰기간을 입력하고 상단의 조회 아이콘을 클릭한 후 우측 상단 주문적용 조회 아이콘을 클릭하여 해당 주문내역을 조회하여 체크한 후 수주정보를 적용받는다.

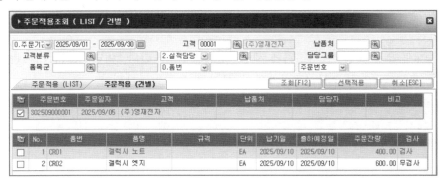

❷ 의뢰일자와 의뢰창고, 의뢰담당자 등을 추가로 입력하고, 출고의뢰내역이 주문내역과 다를 경우에는 수정입력 후 저장한다.

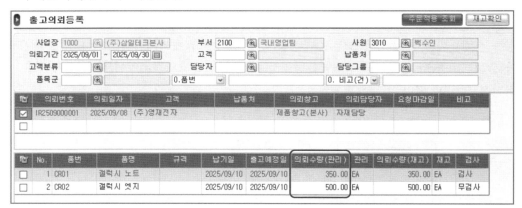

 알아두기

핵심ERP에서 출고의뢰등록 프로세스는 업무처리 시 반드시 수행하여야 하는 것은 아니다. 각 회사의 상황에 맞도록 시스템환경설정 메뉴에서 사용여부를 설정하여 운영할 수 있다.

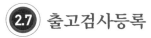 출고검사등록

출고검사등록은 옵션설정 메뉴로서 수주받은 품목을 고객에게 출고하기 전에 출고검사를 실시한 후 검사결과를 등록하는 메뉴이다. 수주등록 또는 출고의뢰등록 내역을 적용받아 검사결과를 등록한다. 시스템환경설정 메뉴에서 '출고전검사운영여부'가 '사용'으로 설정되어 있어야 된다.

실무예제

| 영업관리 | ➡ | 영업관리 | ➡ | 출고검사등록 |

출고의뢰한 내역을 적용받아 다음과 같이 출고검사결과를 등록하시오.

검사일자	고객	출고창고	품번	검사유형	검사구분	합격여부	합격수량
2025/09/09	(주)영재전자	제품창고 (본사)	CR01	외관검사	전수검사	합격	350

입력하기

❶ 의뢰기간을 입력하고 상단의  아이콘을 클릭한 후 우측 상단 [출고의뢰 적용] 아이콘을 클릭하여 출고의뢰내역을 조회하면 검사대상 품목만 조회되며, 출고의뢰정보를 적용받는다.

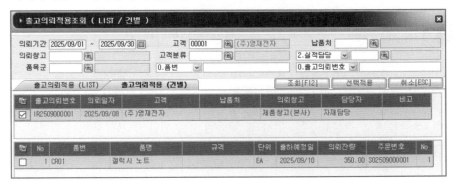

❷ 검사일자와 출고창고, 검사유형, 검사구분 등 출고검사 결과를 입력한 후 저장한다.

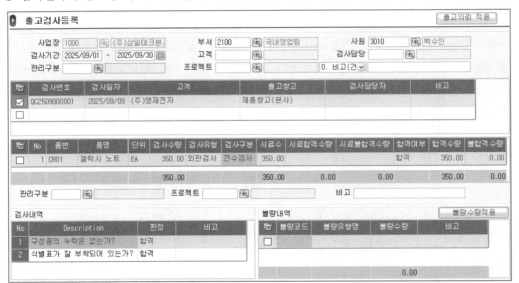

🗘 주요항목 설명

❶ 검사유형: 시스템관리 모듈 검사유형등록 메뉴에서 '출하검사'에 해당하는 검사유형이 조회되며, 검사유형에 등록된 '검사유형질문'이 좌측 하단 검사내역에 조회된다.

❷ 검사구분: 검사구분에는 '전수검사'와 '샘플검사'가 있다. 검사구분을 '샘플검사'로 선택했을 때에는 '시료수'에 샘플 수량을 입력하고, '전수검사'를 선택하면 '시료수'는 전량이 자동으로 반영된다.

꼭 알아두기

핵심ERP에서 출고검사등록 프로세스는 업무처리 시 반드시 수행하여야 하는 프로세스는 아니다. 각 회사의 상황에 맞도록 시스템환경설정에서 사용여부를 설정하여 운영할 수 있다. '출고전검사운영여부'가 '사용'으로 설정되어 있더라도 수주등록 또는 출고의뢰등록 시 각 품목별로 검사유무를 '검사'로 선택한 경우에만 출고검사를 수행한다.

2.8 출고처리(국내수주)

출고처리(국내수주)는 고객에게 납품 또는 반품처리 시 등록하는 메뉴이다. 출고처리 시점에 재고 및 수불관리에 실질적인 영향을 미치며 재고증감이 발생된다.

수주 내역을 적용받아 출고처리하는 경우에는 [주문출고] TAB을 이용하며, 수주 없이 샘플출고, 긴급출고 등을 처리할 경우와 반품처리의 경우에는 [예외출고] TAB에서 처리한다. 또한 [유상사급] TAB은 수주등록(유상사급)에 등록한 내역을 적용받아 출고처리할 때 이용된다.

✎ 실무예제 ●

영업관리 ➡ 영업관리 ➡ 출고처리(국내수주)

다음 자료를 참고하여 출고의뢰정보와 출고검사결과 정보를 적용받아 출고처리등록을 하시오.

출고일자	고객	출고창고	장소	마감	의뢰(검사) 일자	검사 유무	품번	수량	단가
2025/09/09	(주)영재전자	제품창고 (본사)	양품장소 (제품)	일괄	2025/09/08	무검사	CR02	500	780,000
2025/09/10	(주)영재전자	제품창고 (본사)	양품장소 (제품)	일괄	2025/09/09	검사	CR01	350	560,000

🖋 입력하기

❶ 출고기간과 출고창고를 선택하고 상단의 조회 아이콘을 클릭한 후 우측 상단 의뢰적용 아이콘을 클릭하여 [주문출고] TAB에서 출고의뢰내역을 조회한 후 출고의뢰정보를 적용받는다. '무검사' 품목일 경우에만 의뢰적용 아이콘을 클릭하여 조회할 수 있다.

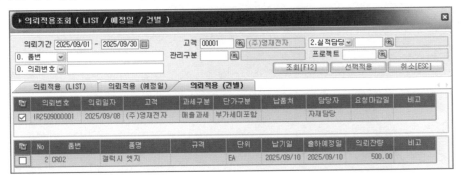

❷ 출고일자와 마감구분, 장소 등을 입력한 후 저장한다.

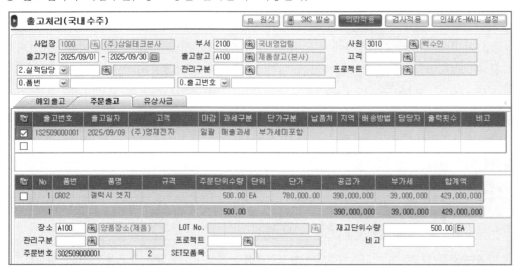

❸ 우측 상단 검사적용 아이콘을 클릭하여 [주문출고] TAB에서 출고검사등록내역을 조회한 후 출고
검사정보를 적용받는다. '검사' 품목일 경우에만 검사적용 아이콘을 클릭하여 조회할 수 있다.

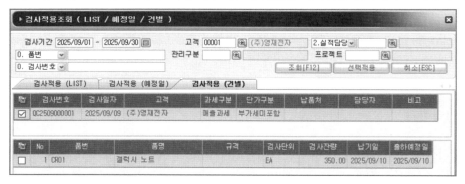

❹ 출고일자와 마감구분, 장소 등을 입력한 후 저장한다.

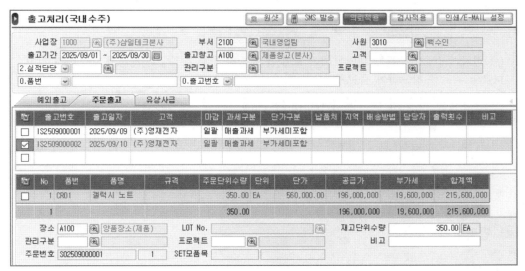

🥽 주요항목 설명

❶ [의뢰적용] : 출고의뢰등록 시 검사유무를 '무검사'로 설정한 품목의 출고처리를 위해 출고의뢰등록 데이터를 조회한다.

❷ [검사적용] : 수주등록 또는 출고의뢰등록 시 품목 검사유무를 '검사'로 설정한 경우에 출고검사 정보를 적용받아 출고처리 한다.

꼭 알아두기

• [예외출고] TAB에서는 수주 없이 출고할 경우와 반품처리 시에 이용된다.

• 예외출고 시에는 수주에 대한 잔량관리가 이루어지지 않는다.

• 마감구분

구분	주요 사항
일괄	• 거래가 빈번하여 1개월 내의 마감기간을 정하여 마감하는 방식이며, 매출마감 메뉴에서 별도의 마감처리가 필요 • 영업마감/통제등록 메뉴에서 '일괄마감 후 출고변경 통제' 항목이 '통제'로 설정되어 있고, 매출마감이 되어 있다면 출고처리 데이터의 수정·삭제는 불가능하다. 그러나 '통제안함'으로 설정되어 있다면 출고처리 데이터의 수정은 가능하나 삭제는 불가
건별	• 출고처리와 동시에 건별마다 자동으로 매출마감이 이루어짐 • 매출마감의 수정·삭제를 위해서는 출고처리 내역을 수정·삭제하여야 한다.

⤷ 실무예제 ○──

| 영업관리 | ▶ | 영업관리 | ▶ | 출고처리(국내수주) |

(주)한국테크에서 주문한 내역이 누락된 것을 발견하였다. 수주등록 정보를 이용하지 않고 다음의 자료를 참고하여 출고처리를 등록하시오.

출고일자	고객	출고창고	장소	마감	과세 구분	단가 구분	품번	수량	단가
2025/09/13	(주)한국테크	부품창고 (본사)	양품장소 (부품)	건별	매출 과세	부가세 미포함	AE01	50	90,000
							AE02	100	50,000

📑 입력하기

❶ 출고기간과 출고창고를 선택하고 상단의 [조회] 아이콘을 클릭한 후 [예외출고] TAB에서 예제의 항목을 참고하여 수동으로 입력 후 저장한다.

실무예제

영업관리 ➡ 영업관리 ➡ 출고처리(국내수주)

9월 13일 (주)한국테크에 판매하였던 상품 중 일부의 파손으로 인해 반품되었다. 다음의 자료를 참고하여 반품을 처리하시오.

반품출고일자	고객	출고창고	장소	마감	과세구분	단가구분	품번	수량	단가
2025/09/25	(주)한국테크	부품창고 (본사)	불량품장소 (부품)	건별	매출과세	부가세미포함	AE02	−5	50,000

※ 반품수량을 반드시 확인한다.

입력하기

❶ 출고기간과 출고창고를 선택하고 상단의 [조회] 아이콘을 클릭한 후 [예외출고] TAB에서 우측 상단 [출고적용] 아이콘을 클릭하여 반품대상 품목의 과거 출고정보를 조회한 후 선택적용 한다.

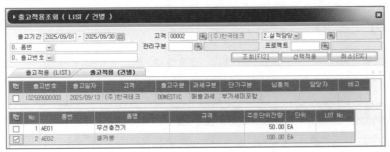

❷ 출고(반품)일자와 주문단위수량(반품수량)을 반드시 재입력 후 저장한다.

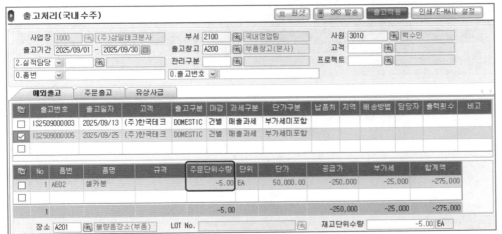

2.9 매출마감(국내거래)

매출마감은 출고에 대한 수량과 금액을 확정하는 작업으로 출고처리 정보를 적용받아 마감처리 한다. 매출마감이 이루어져야 세금계산서를 발급할 수 있으며, 재고평가의 대상이 된다.

실무예제

```
영업관리  ➡  영업관리  ➡  매출마감(국내거래)
```

(주)영재전자의 9월 한 달간 출고처리내역을 적용받아 매출마감을 하시오.

마감일자	고객	창고	거래구분	과세구분	품번	마감수량
2025/09/30	(주)영재전자	제품창고 (본사)	DOMESTIC	매출과세	CR02	500
					CR01	350

입력하기

❶ 마감기간을 입력하고 상단의 [조회] 아이콘을 클릭한 후 우측 상단 [출고적용] 아이콘을 클릭하여 출고처리내역을 조회한 후 출고처리정보를 적용받는다.

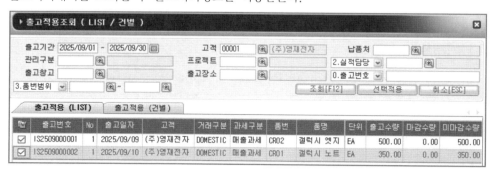

❷ 마감일자를 입력하고 마감수량을 수정한 후 저장한다.

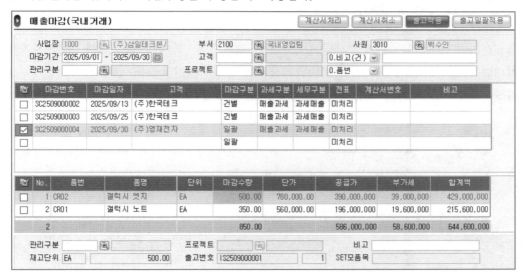

알아두기

- 매출마감이 되지 않은 출고 데이터는 '매출미마감현황' 메뉴에서 조회할 수 있으며, 재고의 감소에는 영향을 미치지만 재고평가 시에는 제외되고 세금계산서발행 대상도 아니다.
- 출고처리 시 '마감구분'을 '일괄'로 처리한 자료에 대해서만 매출마감 작업이 가능하며, 여러 건의 출고처리 건을 1건으로 매출마감하거나 1건의 출고 건에 대해 마감수량을 분할하여 여러 건으로 매출마감을 할 수 있다.

2.10 세금계산서처리

매출마감 된 내역을 근거로 세금계산서 또는 계산서를 발급하는 메뉴이다. 현행 부가가치세법상 법인은 의무적으로 전자세금계산서를 발급하여야 하지만 교육용 버전인 핵심 ERP는 전자세금계산서 발급 기능을 지원하지 않고 있다.

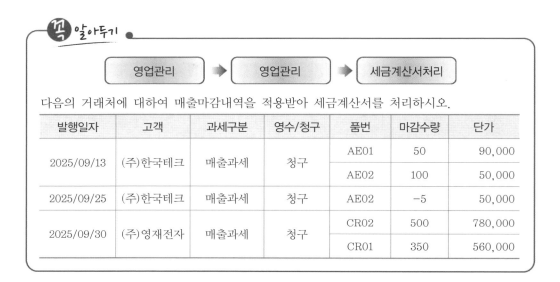

꼭 알아두기

영업관리 ➡ 영업관리 ➡ 세금계산서처리

다음의 거래처에 대하여 매출마감내역을 적용받아 세금계산서를 처리하시오.

발행일자	고객	과세구분	영수/청구	품번	마감수량	단가
2025/09/13	(주)한국테크	매출과세	청구	AE01	50	90,000
				AE02	100	50,000
2025/09/25	(주)한국테크	매출과세	청구	AE02	-5	50,000
2025/09/30	(주)영재전자	매출과세	청구	CR02	500	780,000
				CR01	350	560,000

입력하기

❶ 발행기간을 입력하고 상단의 조회 아이콘을 클릭한 후 우측 상단 마감적용 아이콘을 클릭하여 매출마감내역을 조회한 후 건별로 매출마감정보를 적용받는다.

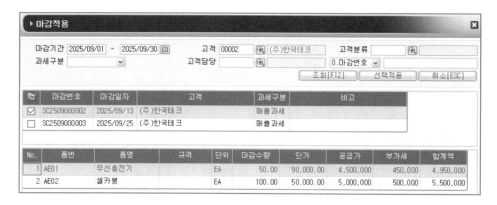

❷ 발행일자 입력과 영수/청구 구분을 입력하고 저장한다.

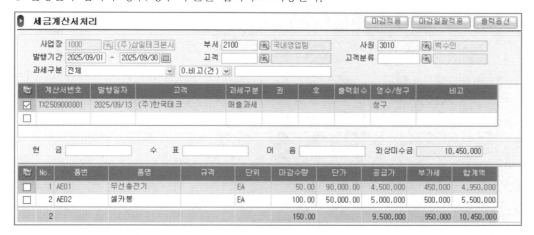

❸ 9월 25일 (주)한국테크 [세금계산서처리]

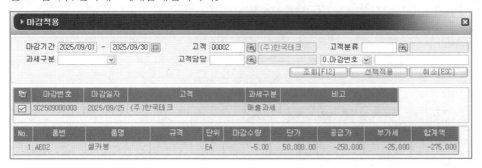

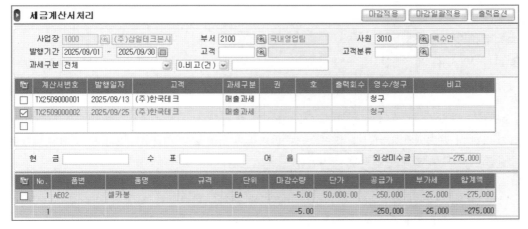

❹ 9월 30일 (주)영재전자 [세금계산서처리]

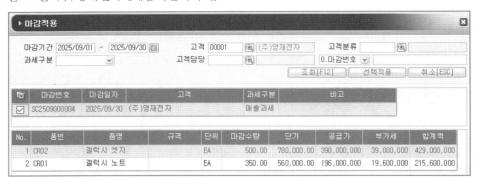

🌿 주요항목 설명

❶ 마감일괄적용: 세금계산서를 일괄 발행할 조건을 입력하고 [확인]을 클릭하면 해당 매출마감 내역이 일괄적으로 세금계산서처리가 된다.

❷ 권/호: 세금계산서 우측 상단에 표시하는 세금계산서 번호이다. 사용자가 직접 입력해야 하며, '마감일괄적용' 기능을 사용할 경우에는 시작번호를 입력해 놓으면 자동으로 번호가 입력된다.

❸ 출력회수: 세금계산서 처리를 한 후 인쇄 및 발송을 하지 않으면 매출누락 등의 문제가 발생할 수도 있으므로 인쇄한 횟수를 관리한다.

❹ 영수/청구: 세금계산서 발행일자를 기준으로 대금회수가 완료되었다면 '영수', 아니면 '청구'를 선택한다. '영수'일 경우에는 현금/수표/어음란에 금액을 입력하고 '청구'일 경우에는 외상미수금란에 금액이 자동으로 반영된다.

2.11 회계처리(매출마감)

매출마감 내역을 근거로 회계전표를 생성하는 메뉴이다. 본 메뉴에서 회계전표의 생성을 위해서는 먼저 회계전표연결계정과목등록 메뉴의 회계연결계정이 설정되어 있어야 한다.

🔖 실무예제

영업관리 ➡ 영업관리 ➡ 회계처리(매출마감)

다음의 매출마감 데이터를 참고하여 회계전표를 생성하시오.

마감일자	고객	과세구분	세무구분	품번	마감수량
2025/09/13	(주)한국테크	매출과세	과세매출	AE01	50
2025/09/13	(주)한국테크	매출과세	과세매출	AE02	100
2025/09/25	(주)한국테크	매출과세	과세매출	AE02	-5
2025/09/30	(주)영재전자	매출과세	과세매출	CR02	500
2025/09/30	(주)영재전자	매출과세	과세매출	CR01	350

🐾 입력하기

❶ 검색기간을 입력하고 상단의 조회 아이콘을 클릭하여 [매출마감] TAB에서 매출마감내역을 조회한다. 마감번호 앞 체크박스를 선택하고 우측 상단 전표처리 아이콘을 클릭하면 전표처리 팝업화면이 뜬다. 부가세사업장 등을 선택하고 회계전표를 생성한다.

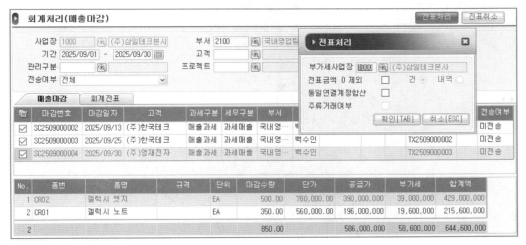

❷ [회계전표] TAB을 선택하여 상단의  아이콘을 클릭하면 매출마감 건별로 '미결' 상태인 회계전표가 발행되어 있는 것을 확인할 수 있다.

꼭 알아두기

- 물류·생산모듈에서 생성된 회계전표는 모두 '미결' 상태이며, 회계모듈 전표승인해제 메뉴에서 승인권자가 확인 후 전표를 승인하여야 한다.
- [매출마감] TAB에서 생성된 전표가 회계모듈에서 승인이 되면 [매출마감] TAB의 전표취소 아이콘을 이용하여 삭제할 수 없다. 삭제가 필요하다면 회계모듈 전표승인해제 메뉴에서 전표승인해제 후 미결전표 상태에서 삭제를 하여야 한다.

 수금등록

고객으로부터 받은 수금(정상수금, 선수금) 내역을 등록하는 메뉴이다. 일반적으로 수금은 매출인식 후 수금이 이루어지는 정상수금과 매출인식 전에 계약금 형태 등으로 받은 선수금으로 구분된다.

실무예제

9월에 출고한 매출대금 중 일부를 다음과 같이 회수하였다. 수금등록을 하시오.

수금일자	고객	실적담당	수금구분	관리번호	정상수금	금융기관
2025/10/10	(주)영재전자	국내영업담당	제예금	기업은행	300,000,000	기업

입력하기

❶ 수금기간을 입력하고 상단의 조회 아이콘을 클릭하여 수금정보를 입력한다.

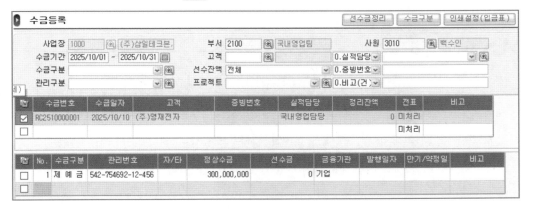

주요항목 설명

❶ 선수금정리 : 선수금내역을 선택한 후 우측 상단 선수금정리 아이콘을 클릭하여 선수금 정리금액을 입력한다. 선수금 정리잔액은 화면 상단의 정리잔액에 표시된다.

❷ 수금구분 : 화면 하단의 '수금구분'에서 선택할 구분이 등록되어 있으며, 현금~잡손실까지는 수금구분명을 수정할 수 없으나 기타 1~기타 4는 수정이 가능하다. 회계연결계정과목등록 메뉴와 연계되어 회계처리가 이루어진다.

❸ 전표: 회계처리(수금) 메뉴에서 전표생성 여부에 따라 '처리'와 '미처리'로 표시된다.

❹ 관리번호: 수금구분이 현금일 경우에는 기록하지 않고, 제예금 등일 경우에는 계좌번호를 선택한다.

❺ 자/타: 받을어음, 당좌, 가계수표의 경우에 자수 및 타수를 선택하며, 배서가 있으면 '타수', 배서가 없으면 '자수'로 선택한다.

❻ 금융기관: 제예금, 받을어음, 당좌, 가계수표일 경우에 금융기관을 선택한다.

❼ 발행일자, 만기/약정일: 받을어음, 당좌, 가계수표의 경우에 해당일자를 입력한다.

꼭 알아두기

수금등록 화면 하단의 '수금구분'에 항목이 조회되지 않을 경우에는 우측 상단 수금구분 아이콘을 한 번 클릭해주면 해결된다.

2.13 회계처리(수금)

수금등록 내역을 근거로 회계전표를 생성하는 메뉴이다. 본 메뉴에서 회계전표의 생성을 위해서는 먼저 회계전표연결계정과목등록 메뉴의 회계연결계정이 설정되어 있어야 한다.

실무예제

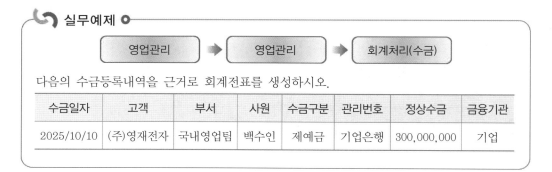

영업관리 ➡ 영업관리 ➡ 회계처리(수금)

다음의 수금등록내역을 근거로 회계전표를 생성하시오.

수금일자	고객	부서	사원	수금구분	관리번호	정상수금	금융기관
2025/10/10	(주)영재전자	국내영업팀	백수인	제예금	기업은행	300,000,000	기업

🦅 입력하기

❶ 검색기간을 입력하고 상단의 [조회] 아이콘을 클릭하여 [수금] TAB에서 수금내역을 확인하고 '수금번호' 앞 체크박스를 선택한 후 우측 상단 [전표처리] 아이콘을 클릭하여 회계전표를 생성한다.

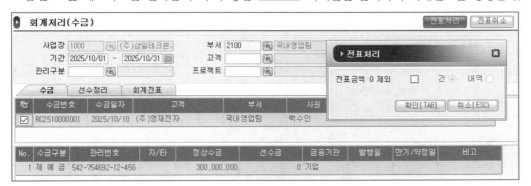

❷ [회계전표] TAB을 선택하여 상단의 [조회] 아이콘을 클릭하면 수금내역이 '미결' 상태인 회계전표로 발행되어 있는 것을 확인할 수 있다.

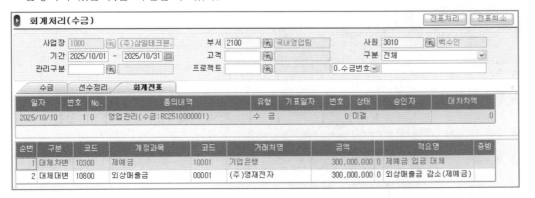

🔖 꼭 알아두기

- 물류·생산모듈에서 생성된 회계전표는 모두 미결상태이며, 회계모듈 전표승인해제 메뉴에서 승인권자가 확인 후 전표를 승인하여야 한다.
- [수금] 및 [선수정리] TAB에서 생성된 전표가 회계모듈에서 승인이 되면 [수금] 및 [선수정리] TAB의 [전표취소] 아이콘을 이용하여 삭제할 수 없다. 삭제가 필요하다면 회계모듈 전표승인해제 메뉴에서 전표승인해제 후 미결전표 상태에서 삭제를 하여야 한다.

2.14 선수금 등록 및 정리

선수금은 추후 매출이 발생되면 매출금액과 대체되며, 핵심ERP에서의 선수금처리 프로세스는 다음과 같다.

계약금 등 수취 시		매출발생 시
선수금 등록	⇒	선수금 정리
회계처리(수금)		회계처리(선수정리)

실무예제

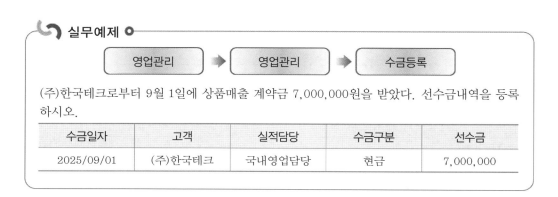

(주)한국테크로부터 9월 1일에 상품매출 계약금 7,000,000원을 받았다. 선수금내역을 등록하시오.

수금일자	고객	실적담당	수금구분	선수금
2025/09/01	(주)한국테크	국내영업담당	현금	7,000,000

입력하기

❶ 수금기간을 입력하고 상단의 📷 아이콘을 클릭하여 선수금정보를 입력한다.

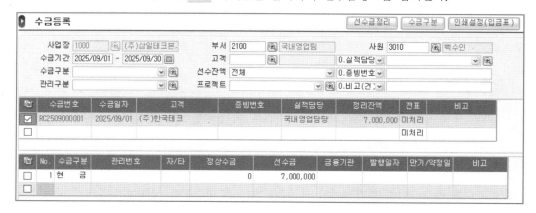

실무예제

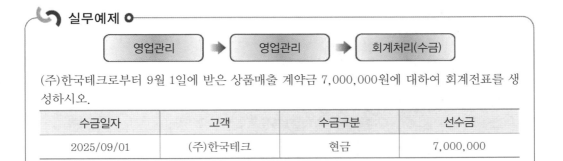

(주)한국테크로부터 9월 1일에 받은 상품매출 계약금 7,000,000원에 대하여 회계전표를 생성하시오.

수금일자	고객	수금구분	선수금
2025/09/01	(주)한국테크	현금	7,000,000

입력하기

❶ 검색기간을 입력하고 상단의 🔍조회 아이콘을 클릭하여 [수금] TAB에서 선수금내역을 확인하고 '수금번호' 앞 체크박스를 선택한 후 우측 상단 전표처리 아이콘을 클릭하여 회계전표를 생성한다.

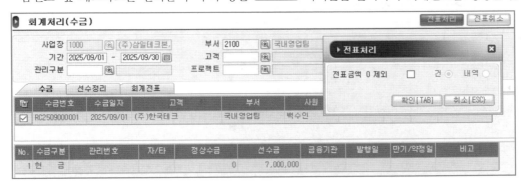

❷ [회계전표] TAB을 선택하여 상단의 🔍조회 아이콘을 클릭하면 매출마감 건별로 '미결' 상태인 회계전표가 발행되어 있는 것을 확인할 수 있다.

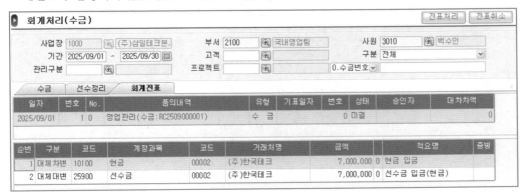

↘ 실무예제 ●

(주)한국테크의 9월 매출대금 중 일부를 계약금으로 받았던 선수금으로 정리하고자 한다. 다음을 참고하여 선수금을 정리하시오.

수금일자	고객	선수금	정리일자	정리금액
2025/09/01	(주)한국테크	7,000,000	2025/09/13	7,000,000

입력하기

❶ 수금기간을 입력하고 상단의 조회 아이콘을 클릭하여 이전의 선수금내역을 선택한 후 우측 상단 선수금정리 아이콘을 클릭하여 팝업창이 뜨면 정리일자와 정리금액을 입력한다. 입력이 완료되면 선수금 정리 잔액이 감소된 것을 확인할 수 있다.

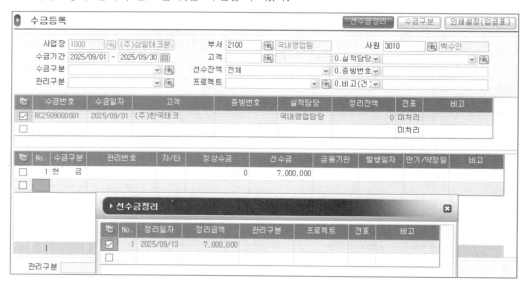

실무예제

(주)한국테크의 선수금 정리내역을 근거로 회계전표를 생성하시오.

정리일자	고객	정리금액
2025/09/13	(주)한국테크	7,000,000

입력하기

❶ 검색기간을 입력하고 상단의 [조회] 아이콘을 클릭하여 [선수정리] TAB에서 선수금 정리내역을 확인하고 '정리일자' 앞 체크박스를 선택한 후 우측 상단 [전표처리] 아이콘을 클릭하여 회계전표를 생성한다.

❷ [회계전표] TAB을 선택하여 상단의 [조회] 아이콘을 클릭하면 선수금 정리내역이 '미결' 상태인 회계전표로 발행되어 있는 것을 확인할 수 있다.

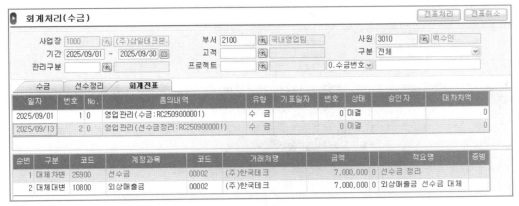

2.15 수주마감처리

　수주 등록된 내역 중 수주잔량이 남아 있는 상태에서 주문취소 등의 사유로 더 이상 진행되지 않는 내역을 선택하여 마감처리하는 메뉴이다. 이미 마감처리된 내역에 대하여 고객의 재 납품요청이 있다면, 수주마감을 취소할 수도 있다.

실무예제

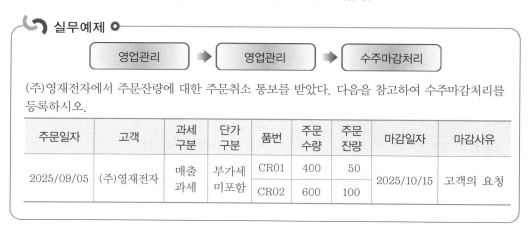

(주)영재전자에서 주문잔량에 대한 주문취소 통보를 받았다. 다음을 참고하여 수주마감처리를 등록하시오.

주문일자	고객	과세 구분	단가 구분	품번	주문 수량	주문 잔량	마감일자	마감사유
2025/09/05	(주)영재전자	매출 과세	부가세 미포함	CR01	400	50	2025/10/15	고객의 요청
				CR02	600	100		

입력하기

❶ 수주마감처리 메뉴 화면에서 주문기간과 고객을 입력하고 상단의 　조회　 아이콘을 클릭한 후 주문 정보를 조회한다. '주문번호' 앞 체크박스를 선택한 후 우측 상단 　일괄마감처리　 아이콘을 클릭하여 마감일자와 마감사유를 입력한 후 마감처리 한다.

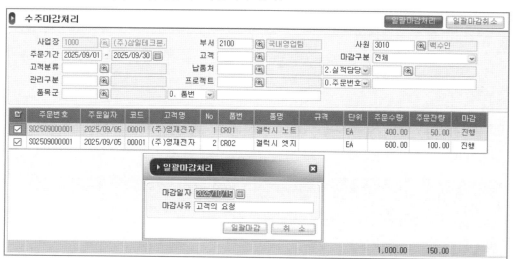

03 영업현황

[조회메뉴 설명]

메뉴명	주요 내용
판매계획현황	월별 판매계획 등록 정보를 품목별, 품목군별, 월별로 조회하는 메뉴
판매계획대비출고현황	판매계획 대비 출고내역을 품목, 품목군, 월별로 조회하는 메뉴
견적현황	견적등록 내역을 견적일자, 고객별 등의 조건으로 조회하는 메뉴
견적대비수주현황	견적을 근거로 수주를 받은 경우에 견적 대비 수주내역을 조회하는 메뉴
수주현황	수주등록 내역을 근거로 다양한 조회기준에 따라 수주현황을 조회하는 메뉴
수주대비출고현황	수주등록 정보를 적용받아 출고처리한 경우에 수주 대비 출고현황을 조회하는 메뉴
수주미납현황	수주는 받았으나 기타 사유로 인해 기준일자 현재 출고되지 않은 품목의 미납수량, 경과일수 등의 정보를 조회하는 메뉴
출고현황	출고처리 된 내역을 다양한 정렬조건에 따라 조회하는 메뉴
출고반품현황	출고 후 반품처리된 내역을 조회하는 메뉴
매출마감현황	출고 또는 반품처리 후 매출마감 내역을 조회하는 메뉴
매출미마감현황	출고 또는 반품처리는 되었으나, 매출마감이 되지 않은 내역을 조회하는 메뉴
세금계산서발행대장	매출마감 후 세금계산서처리가 이루어진 내역을 조회하는 메뉴
수금현황	정상수금 및 선수금으로 등록된 내역을 조회하는 메뉴
받을어음현황	대금회수 시 어음으로 회수한 경우에 받을어음 내역을 조회하는 메뉴
미수채권집계	미수채권 내역을 고객별, 담당자, 프로젝트별 등으로 조회할 수 있는 메뉴
미수채권상세현황	미수채권 내역을 고객별, 담당자, 프로젝트별 등으로 조회할 수 있으며, 일자별 세부 거래내역을 상세하게 조회할 수 있는 메뉴

꼭 알아두기

[미수채권집계]

미수채권의 조회기준 중 '국내(출고기준)'은 매출마감을 하지 않아도 출고처리 기준으로 조회되며, '국내(마감기준)'은 매출마감 후 마감기준으로 조회된다.

04 영업분석

[조회메뉴 설명]

메뉴명	주요 내용
수주미납집계	수주는 받았으나 기타 사유로 인해 기준일자 현재 출고되지 않은 품목의 미납수량, 미납금액 등의 정보를 조회하는 메뉴
출고실적집계표(월별)	출고실적을 월별로 수량, 원화금액, 외화금액 형태로 조회하는 메뉴
매출현황(부서별)	매출현황을 입력부서, 담당부서별 등으로 조회하는 메뉴
매출집계표(월별)	매출실적을 월별로 수량, 원화금액, 외화금액 형태로 조회하는 메뉴
매출집계표(관리분류별)	매출실적을 관리분류별(고객분류 등)로 수량, 원화금액, 외화금액 형태로 조회하는 메뉴
매출순위표(마감기준)	매출마감 내역을 근거로 다양한 기준에 따라 순위를 상세하게 조회하는 메뉴
매출채권회전율	고객별로 평균매출채권과 매출액, 매출채권회전율을 조회하는 메뉴
추정매출원가보고서	매출액에 대한 추정원가를 계산하여 이익과 점유율 등을 추정하는 메뉴
미수채권연령분석표	미수채권의 연령을 출고기준 또는 마감기준으로 조회하는 메뉴

꼭 알아두기

[매출채권회전율]

매출채권회전율이란 매출채권(외상매출금, 받을어음)의 회수속도를 측정하는 지표이다. 매출채권회전율과 관련된 항목별 계산방법은 다음과 같다.

- 일평균매출액 = 순매출액 ÷ 대상일수
- 매출채권회전율 = 순매출 ÷ 평균매출채권
- 회수기간 = 평균매출채권 ÷ 순매출액 × 대상일수

[추정매출원가보고서]

추정매출원가 계산 시 추정매출원가보고서 메뉴 우측 상단 [OPTION]을 클릭하여 원가계산에 적용되는 단가를 선택하여 적용할 수 있다.

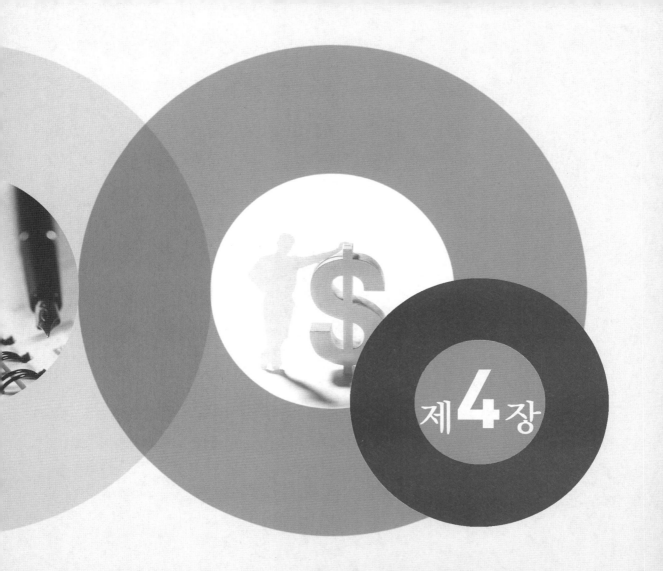

제**4**장

핵심ERP
구매/자재프로세스 실무

01 업무프로세스의 이해

핵심ERP의 구매프로세스는 크게 두 가지로 구분할 수 있다. 당사가 공급처에게 발주하여 입고되는 정상적인 구매프로세스와 이미 매입이 완료된 품목을 공급처에게 반품할 경우에 처리하는 반품프로세스로 구분된다.

1.1 구매프로세스

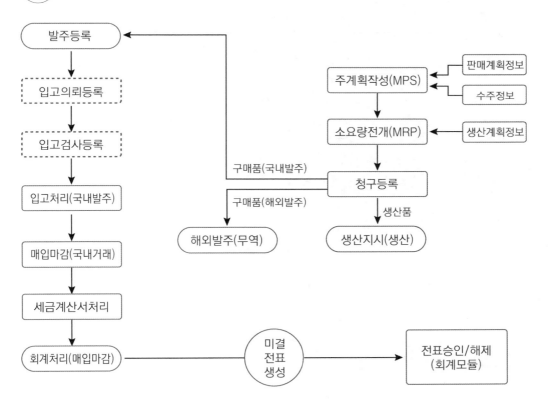

1.2 반품프로세스

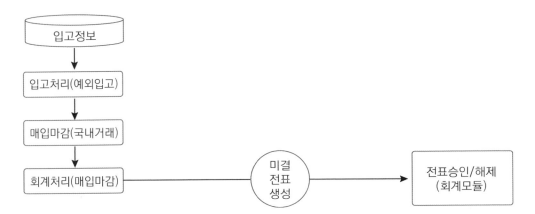

02 구매관리

구매/자재모듈 실습을 위해 영업모듈에서 주문을 등록하여 그 주문 건에 따른 주계획작성(MPS), 소요량전개(MRP), 발주등록 등에 대해 학습할 것이다.

★

핵심ERP 구매/자재프로세스 진행을 위하여 본사의 구매팀 '박서준' 사원으로 로그인하여 진행하고자 한다.

🌱 실무예제 ●

```
영업관리  ➡  영업관리  ➡  수주등록
```

(주)삼일테크 본사는 별도의 견적절차 없이 다음과 같은 주문을 접수하였다. 수주를 등록하시오.

주문일자	고객	과세구분	단가구분	품번	납기일/출하예정일	주문수량	단가	검사
2025/11/01	(주)화인알텍	매출과세	부가세미포함	CR02	2025/11/20	200	780,000	무검사

🦅 입력하기

❶ 수주등록 메뉴 화면에서 주문기간을 입력하고 상단의 [조회] 아이콘을 클릭한 후 주문정보를 입력 후 저장한다.

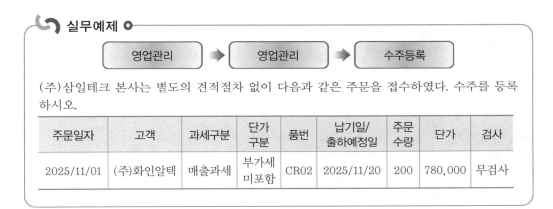

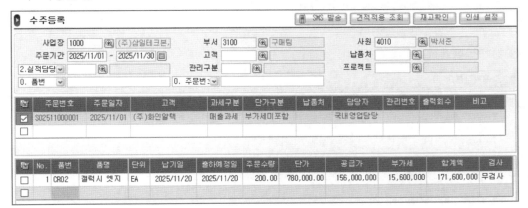

2.1 주계획작성(MPS)

핵심ERP에서 주계획작성(MPS)은 판매계획, 주문정보, 모의계획(simulation)을 근거로 해당 품목의 수급량을 산출하여 생산일정과 수량을 등록하는 메뉴이다. MPS(Master Production Scheduling)란 일반적으로 1주일 단위의 구체화된 생산계획이라는 의미이다.

실무예제

| 구매/자재관리 | ➡ | 구매관리 | ➡ | 주계획작성(MPS) |

(주)화인알텍의 주문과 관련하여 정상적인 납품을 위한 해당 품목의 재고량을 파악하여 주생산계획(MPS)을 등록하시오.

사업장	계획구분	계획일	품번	품명	계획수량	고객
본사	주문	2025/11/10	CR02	갤럭시 엣지	200	(주)화인알텍

입력하기

❶ 계획기간과 계획구분 등을 선택하고 상단의 [조회] 아이콘을 클릭한 후 우측 상단 [주문적용] 아이콘을 클릭하여 해당 주문내역을 조회하여 선택한다.

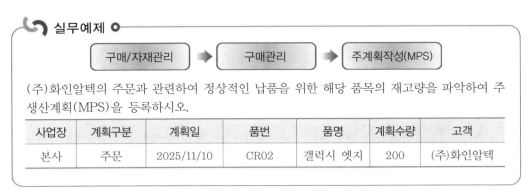

❷ 계획일과 계획수량을 확인한다.

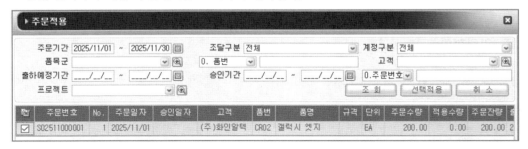

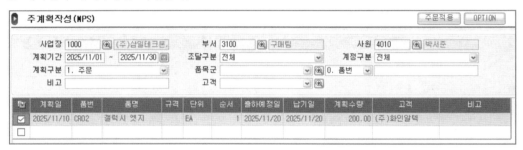

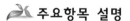 **주요항목 설명**

❶ 계획구분: 주생산계획(MPS)은 판매계획, 주문정보, 모의계획(simulation)을 근거로 해당 품목의
수급량을 산출하여 생산일정과 수량을 결정한다.

(2.2) 소요량전개(MRP)

소요량전개(MRP)는 주생산계획(MPS)에서 작성된 정보 또는 생산모듈에서 수립된 생
산계획 정보를 근거로 각 품목의 소요일자, 발주 예정시기 및 예정수량 등을 산출하는 메
뉴이다.

소요량전개(MRP) 결과정보를 이용하여 생산품 및 구매품 청구를 각각 할 수 있다.

실무예제

```
구매/자재관리  ➡  구매관리  ➡  소요량전개(MRP)
```

다음과 같이 주생산계획(MPS)에 등록된 제품 CR02(갤럭시 엣지)에 대한 소요량을 산출하
시오.

사업장	전개구분	계획기간	전개기준
본사	주문전개	2025/11/10 ~ 2025/11/10	• 일반 BOM • 현재고량 적용 • 안전재고량 적용

꼭 알아두기

소요량전개(MRP) 시 계획기간이 현재 컴퓨터의 시스템일자보다 빠르면 전개결과의 '예
정발주일'이 모두 동일한 일자로 표시된다. 이러한 결과는 소요량전개를 하는 목적이
미래의 결과를 예측하기 위함이므로 계획기간이 컴퓨터 시스템일자보다 빠르면 정상적
으로 계산되지 않는다.

입력하기

❶ 전개구분을 '주문전개'로 선택하고 계획기간은 주생산계획(MPS) 일자와 동일하게 입력한다.

❷ 우측 상단 전개기준 아이콘을 클릭하여 예제에서 주어진 전개기준을 선택한다.

❸ 우측 상단 소요량전개 아이콘을 클릭하면 품목별 소요량이 산출된다.

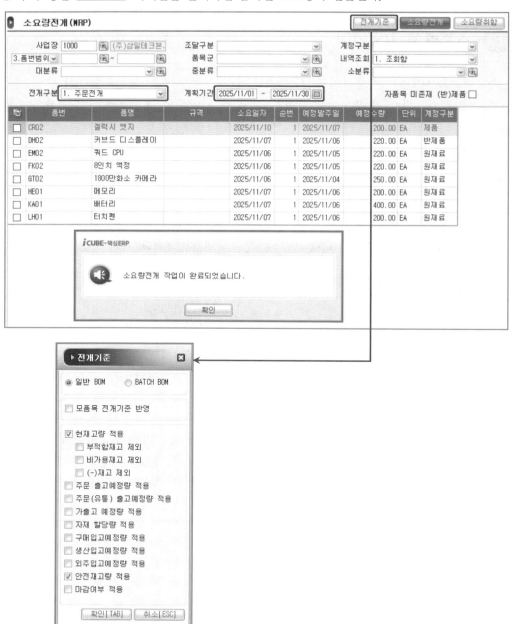

주요항목 설명

❶ 전개기준 : 총소요량이 아닌 순소요량 방식으로 전개기준을 설정하여 소요량을 산출할 때 이용한다.

❷ 소요량전개 : 주생산계획(MPS) 또는 생산계획에 등록된 정보를 근거로 BOM과 품목별 리드타임을 감안하여 계획된 품목을 생산하기 위해 필요한 품목, 소요일자, 예정발주일, 예정수량을 산출한다.

❸ 소요량취합 : 소요량전개 후 품목이 같으면 소요량을 합산한다. 이때 소요일자와 예정발주일은 빠른 일자로 처리된다.

❹ 전개구분

구 분	내 용
판매계획	영업모듈 판매계획등록 정보를 근거로 작성된 주생산계획(MPS)
주문전개	영업모듈 수주등록 정보를 근거로 작성된 주생산계획(MPS)
모의전개	특정한 정보에 근거하지 않고 임의로 작성된 주생산계획(MPS)
생산계획	생산모듈의 생산계획등록 정보

❺ 소요일자: 품목의 조달구분이 '생산'이면 작업완료일을 의미하고, '구매'이면 납기일을 의미한다.

❻ 예정발주일: 품목의 조달구분이 '생산'이면 작업시작일을 의미하고, '구매'이면 발주일을 의미한다.

❼ 예정수량: 주생산계획(MPS) 또는 생산계획에 등록된 품목의 수량을 근거로 BOM에 의한 필요수량을 산출한다. 산출된 수량은 우측 상단의 전개기준 의 설정에 의해 변경될 수 있다.

꼭! 알아두기

- 소요량전개(MRP) 시 참조하는 리드타임은 품목등록 메뉴 [ORDER/COST] TAB에 등록되어 있다.
- 소요량전개(MRP) 시에는 자재명세서(BOM) 정보를 근거로 총소요량이 산출되는 총소요량 방식과 현재고, 입고예정량, 출고예정량, 안전재고 등을 감안한 순소요량 방식이 있다.

2.3 청구등록

청구등록은 제품 생산 및 상품의 판매 시 필요한 품목과 각 품목별 수급량을 작업지시 또는 외주발주, 구매발주 할 수 있도록 청구하는 메뉴이다. 소요량전개(MRP) 결과정보를 적용받아서 입력할 수도 있고, 수동으로 직접 청구등록도 가능하다.

실무예제

구매/자재관리 ➡ 구매관리 ➡ 청구등록

11월의 소요량전개(MRP) 결과를 적용받아 구매품에 대하여 청구등록을 하시오.

사업장	청구일자	청구구분	품번	소요량	조달구분	주거래처
본사	2025/11/03	구매	EM02	220	구매	(주)수민산업
			FK02	220	구매	(주)이솔전자
			GT02	250	구매	(주)수민산업
			HE01	200	구매	(주)이솔전자
			KA01	400	구매	(주)수민산업
			LH01	200	구매	(주)이솔전자

입력하기

❶ 요청일자를 입력하고 상단의 🔍조회 아이콘을 클릭한 후 우측 상단 소요량적용 아이콘을 클릭하여 소요예정일 입력과 조달구분을 '구매'로 선택한 후 소요량전개 내역을 적용받아 선택적용 한다.

❷ 청구일자와 청구구분을 입력 후 저장한다.

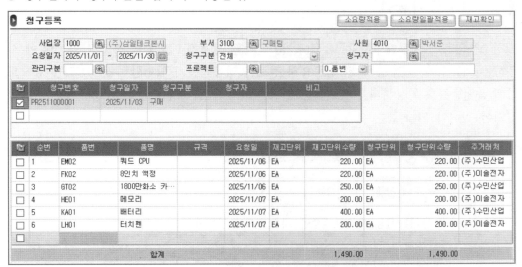

📎 주요항목 설명

❶ 청구구분: '구매'로 입력하면 화면 하단의 품목들이 발주등록 메뉴와 연계되고, '생산'으로 입력
하면 화면 하단의 품목들이 작업지시등록 또는 외주발주등록 메뉴와 연계된다.

> 🔖 알아두기
>
> 소요량 적용을 받은 화면 하단의 품목별 청구수량과 주 거래처는 변경할 수도 있다.

(2.4) 청구품의등록

청구품의등록은 구매발주 시 품의(결재) 단계를 거쳐 구매발주를 하고자 할 경우에 사용하는 메뉴이다. 청구등록 된 청구요청 정보를 적용받아서 입력할 수도 있고, 수동으로 직접 품의등록도 가능하다. 시스템환경설정 메뉴에서 '품의등록운영여부'가 '사용'으로 설정되어 있어야 된다.

실무예제

11월의 청구내역을 적용받아 구매품에 대한 청구품의등록을 하시오.

사업장	청구일자/품의일자	과세구분	품의자	입고예정일	품번	소요량	조달구분	주거래처
본사	2025/11/03	매입과세	박서준	납기일과 동일	EM02	220	구매	(주)수민산업
					GT02	250	구매	(주)수민산업
					KA01	400	구매	(주)수민산업
본사	2025/11/03	매입과세	박서준	납기일과 동일	FK02	220	구매	(주)이솔전자
					HE01	200	구매	(주)이솔전자
					LH01	200	구매	(주)이솔전자

꼭 알아두기

• 핵심ERP에서 청구품의와 관련된 프로세스는 업무처리 시 반드시 수행하여야 하는 프로세스는 아니다. 각 회사의 상황에 맞도록 시스템환경설정에서 사용여부를 설정하여 운영할 수 있다.
• 청구품의등록 시 청구수량과 품의수량, 승인수량은 모두 다를 수도 있다. 다를 경우에는 수정입력이 가능하다.

입력하기

❶ 품의기간을 입력하고 상단의 🔍 조회 아이콘을 클릭한 후 우측 상단 청구적용 아이콘을 클릭하여
청구기간 입력 후 일괄적용 아이콘을 클릭하여 '과세구분, 품의자, 입고예정일'을 입력한 후
확인하여 청구내역을 적용 받는다.

❷ 구매처별 품의일자와 품의수량, 승인수량을 확인한 후 저장한다.

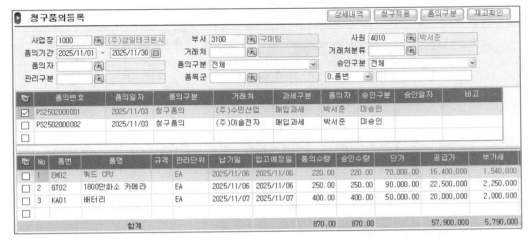

2.5 청구품의승인등록

청구품의등록된 자료를 조회하여 구매발주를 위해 승인을 처리하는 메뉴이다.

실무예제

구매/자재관리 ➡ 구매관리 ➡ 청구품의승인등록

11월의 청구품의내역을 적용받아 구매품에 대한 청구품의승인등록을 하시오.

사업장	품의일자	거래처	과세구분	품의자	품번	품의수량	승인수량	승인자	승인일자
본사	2025/11/03	(주)수민산업	매입과세	박서준	EM02	220	220	정종철	2025/11/03
					GT02	250	250		
					KA01	400	400		
본사	2025/11/03	(주)이솔전자	매입과세	박서준	FK02	220	220	정종철	2025/11/03
					HE01	200	200		
					LH01	200	200		

입력하기

❶ 품의기간을 입력하고 상단의 [조회] 아이콘을 클릭한 후 해당 데이터를 조회한다. 품의수량과 승인수량을 확인하고 해당 품의 건을 선택 후 우측 상단 [승인처리] 아이콘을 클릭하여 승인처리 한다.

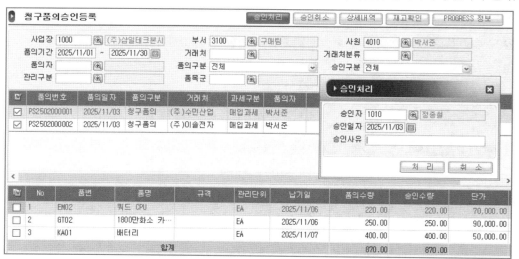

청구품의마감등록

청구품의승인등록 된 내역 중 승인잔량이 남아 있거나 청구취소 등의 사유로 더 이상 진행되지 않는 내역을 선택하여 마감처리 하는 메뉴이다.

실무예제 ◑

구매/자재관리 ➡ 구매관리 ➡ 청구품의마감등록

다음의 청구품의 승인잔량에 대하여 청구품의마감등록을 하시오.

품의일자	거래처	품번	승인잔량	마감일자	마감사유
2025/11/03	(주)이솔전자	HE01	200	2025/11/03	재고수량 확보로 인한 청구 취소

입력하기

❶ 품의기간을 입력하고 상단의  아이콘을 클릭한 후 품의승인 정보를 조회한다. '품의번호' 앞 체크박스를 선택한 후 우측 상단 ⌈일괄마감처리⌋ 아이콘을 클릭하여 마감일자와 마감사유를 입력한 후 마감처리 한다.

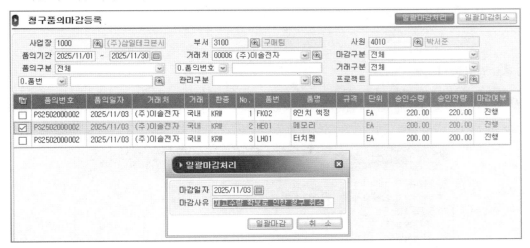

 알아두기

청구품의 승인잔량에 대해 마감처리를 하면 발주등록 프로세스에서 조회되지 않는다. 추후 필요 시 마감취소도 가능하다.

2.7 발주등록

발주등록은 상품, 원재료, 부재료, 저장품 등을 다양한 공급처에서 구매하기 위하여 핵심ERP에 등록하는 메뉴이다.

발주등록은 청구등록 내역을 적용받아 등록하거나 직접 발주등록을 할 수도 있다. 청구등록 내역을 적용받아 발주등록을 하면 청구내역에 대한 잔량을 관리할 수 있다.

실무예제

구매/자재관리 ➡ 구매관리 ➡ 발주등록

구매품에 대한 품의승인 정보를 이용하여 '품의승인일괄적용'을 통한 발주등록을 하시오.

사업장	발주일자/ 품의승인일자	거래처	과세구분	품번	발주수량	단가	검사
본사	2025/11/03	(주)수민산업	매입과세	EM02	220	70,000	검사
				GT02	250	90,000	검사
				KA01	400	50,000	검사
본사	2025/11/03	(주)이솔전자	매입과세	FK02	220	80,000	무검사
				LH01	200	15,000	무검사

※ 납기일과 입고예정일은 동일하며, (주)수민산업 구매품은 '검사'로 지정

입력하기

❶ 발주기간을 입력하고 상단의 [조회] 아이콘을 클릭한 후 우측 상단 [품의승인일괄적용] 아이콘을 클릭하여 '발주일자, 품의승인일자, 과세구분' 등을 입력하고 확인한다.

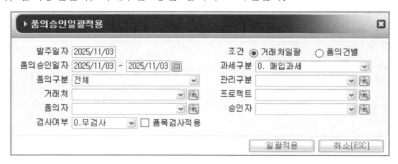

❷ 발주수량을 확인하고 검사품에 해당하는 품목은 검사유무를 '검사'로 지정한 후 저장한다.

🦫 주요항목 설명

❶ 청구적용 조회 : 청구등록 메뉴에서 등록한 내역을 선택하여 발주등록을 할 수 있다.

❷ 품의승인적용 조회 : 청구품의승인등록 메뉴에서 등록한 내역을 선택하여 발주등록을 할 수 있다.

❸ 주문적용 조회 : 수주등록 메뉴에서 등록한 내역을 선택하여 발주등록을 할 수 있다.

꼭! 알아두기

- 일괄적용 기능을 이용하여 주문내역을 일괄적으로 발주등록하려면 각 품목에 주 거래처가 등록되어 있어야 된다.
- 발주등록 없이 입고처리 할 수는 있으나, 발주에 대한 미납관리를 하고자 한다면 발주등록을 반드시 하여야 한다.

2.8 입고의뢰등록

입고의뢰등록은 옵션설정 메뉴로서 구매처에 발주한 품목을 납품받아 창고에 입고시키기 위하여 물류담당자에게 입고요청을 등록하는 메뉴이다. 발주등록에서 등록한 발주내역을 적용받아 입고의뢰를 할 수 있다. 시스템환경설정 메뉴에서 '입고의뢰운영여부'가 '사용'으로 설정되어 있어야 된다.

실무예제

```
구매/자재관리  ▶  구매관리  ▶  입고의뢰등록
```

발주내역을 적용받아 물류담당자에게 입고요청을 하려고 한다. 입고의뢰등록을 하시오.

사업장	의뢰일자	거래처	의뢰창고	의뢰담당자	품번	의뢰수량	검사
본사	2025/11/06	(주)수민산업	부품창고 (본사)	자재담당	EM02	220	검사
					GT02	250	검사
					KA01	400	검사
본사	2025/11/06	(주)이솔전자	부품창고 (본사)	자재담당	FK02	220	무검사
					LH01	200	무검사

입력하기

❶ 발주기간을 입력하고 상단의 [조회] 아이콘을 클릭한 후 우측 상단 [발주적용조회] 아이콘을 클릭하여 발주기간과 거래처를 입력하여 검색한다. '발주번호' 앞 체크박스를 선택하여 적용한다.

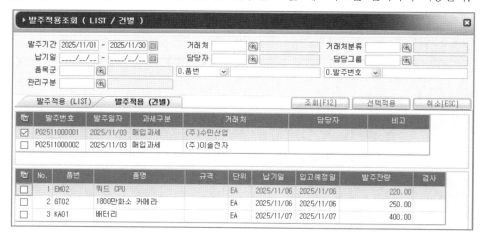

❷ 의뢰일자와 의뢰창고, 의뢰담당자 등의 정보를 입력한 후 저장한다.

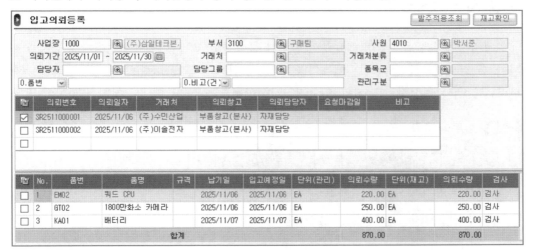

- 핵심ERP에서 입고의뢰등록 프로세스는 업무처리 시 반드시 수행하여야 하는 프로세스는 아니다. 각 회사의 상황에 맞도록 시스템환경설정에서 사용여부를 설정하여 운영할 수 있다.
- 입고의뢰등록 시 발주수량과 의뢰수량은 다를 수도 있다. 다를 경우에는 수정입력이 가능하다.

2.9 입고검사등록

입고검사등록은 옵션설정 메뉴로서 발주한 품목을 창고에 입고하기 전에 입고검사를 실시한 후 검사결과를 등록하는 메뉴이다. 입고의뢰등록 내역을 적용받아 검사결과를 등록한다. 시스템환경설정 메뉴에서 '입고전검사운영여부'가 '사용'으로 설정되어 있어야 된다.

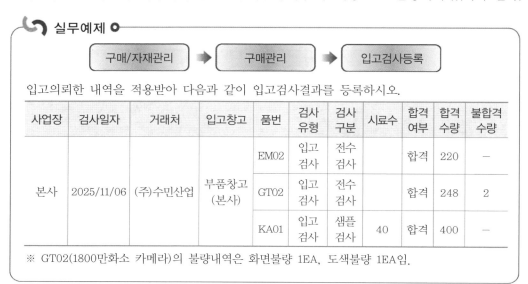

실무예제

구매/자재관리 ➡ 구매관리 ➡ 입고검사등록

입고의뢰한 내역을 적용받아 다음과 같이 입고검사결과를 등록하시오.

사업장	검사일자	거래처	입고창고	품번	검사유형	검사구분	시료수	합격여부	합격수량	불합격수량
본사	2025/11/06	(주)수민산업	부품창고(본사)	EM02	입고검사	전수검사		합격	220	–
				GT02	입고검사	전수검사		합격	248	2
				KA01	입고검사	샘플검사	40	합격	400	–

※ GT02(1800만화소 카메라)의 불량내역은 화면불량 1EA, 도색불량 1EA임.

입력하기

❶ 검사기간을 입력하고 상단의 [조회] 아이콘을 클릭한 후 우측 상단 [입고의뢰 적용] 아이콘을 클릭하여 [입고의뢰적용(건별)] TAB에서 '의뢰번호' 앞 체크박스를 선택하여 적용한다.

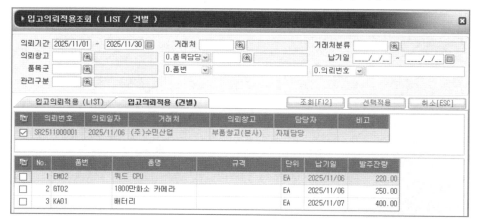

❷ 검사일자와 입고창고, 검사유형, 검사구분, 합격/불합격 수량 등의 정보를 입력한 후 저장한다.
불합격 수량의 입력은 우측 하단 불량내역에서 불량유형에 따른 불량수량을 입력한 후 '불량수량적용'을 클릭하여 입력할 수도 있다.

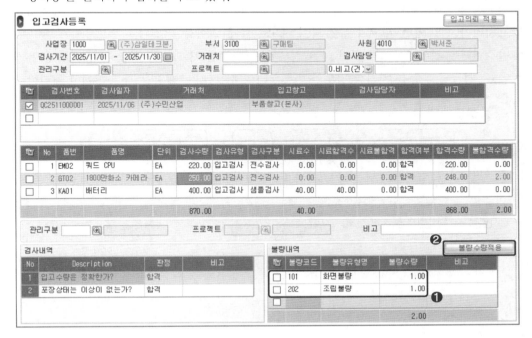

주요항목 설명

❶ 검사유형: 시스템관리 모듈 검사유형등록 메뉴에서 '입고검사'에 해당하는 검사유형이 조회되며, 검사유형에 등록된 '검사유형질문'이 좌측 하단 검사내역에 조회된다.

❷ 검사구분: 검사구분에는 '전수검사'와 '샘플검사'가 있다. 검사구분을 '샘플검사'로 선택했을 때에는 '시료수'에 샘플 수량을 입력하고, '전수검사'를 선택하면 '시료수'는 전량이 자동으로 반영된다.

꼭! 알아두기

핵심ERP에서 입고검사등록 프로세스는 업무처리 시 반드시 수행하여야 하는 프로세스는 아니다. 각 회사의 상황에 맞도록 시스템환경설정 메뉴에서 사용여부를 설정하여 운영할 수 있다.

'입고전검사운영여부'가 '사용'으로 설정되어 있더라도 입고의뢰등록 시 각 품목별로 검사유무를 '검사'로 선택한 경우에만 입고검사를 수행한다.

2.10 입고처리(국내발주)

입고처리(국내발주)는 발주한 품목이 입고처리 되어 물품을 창고에 입고시키는 메뉴이다. 입고처리가 완료되면 재고가 증감되어 재고수불에 영향을 미친다.

발주내역을 적용받아 입고처리 하는 경우에는 [발주입고] TAB을 이용하며, 발주 없이 샘플입고, 긴급입고 등을 처리할 경우와 반품처리의 경우에는 [예외입고] TAB에서 처리한다.

 실무예제

구매/자재관리 ➡ 구매관리 ➡ 입고처리(국내발주)

다음의 자료를 참고하여 입고의뢰정보와 입고검사결과 정보를 적용받아 입고처리등록을 하시오.

사업장	입고일자	거래처	마감	과세구분	입고창고	장소	품번	입고수량	단가
본사	2025/11/06	(주)수민산업	일괄	매입과세	부품창고(본사)	양품장소(부품)	EM02	220	70,000
							GT02	248	90,000
							KA01	400	50,000
본사	2025/11/06	(주)이솔전자	건별	매입과세	부품창고(본사)	양품장소(부품)	FK02	220	80,000
							LH01	200	15,000

입력하기

❶ 입고기간과 입고창고를 선택하고 상단의 [조회] 아이콘을 클릭한 후 우측 상단 [검사적용] 아이콘을 클릭하여 [검사적용(건별)] TAB에서 입고검사등록내역을 조회한 후 입고검사정보를 적용받는다. '검사' 품목일 경우에만 [검사적용] 아이콘을 클릭하여 조회할 수 있다.

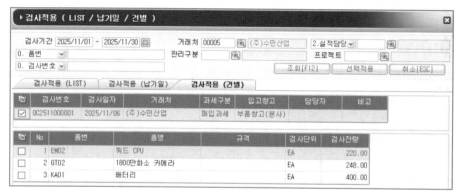

❷ 입고일자와 마감구분, 장소 등을 입력한 후 저장한다.

❸ 우측 상단 `의뢰적용` 아이콘을 클릭하여 [의뢰적용(건별)] TAB에서 입고의뢰내역을 조회한 후 입고의뢰정보를 적용받는다. '무검사' 품목일 경우에만 `의뢰적용` 아이콘을 클릭하여 조회할 수 있다.

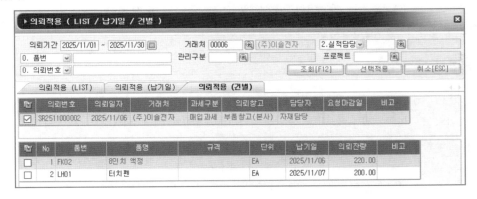

❹ 입고일자와 마감구분, 장소 등을 입력한 후 저장한다.

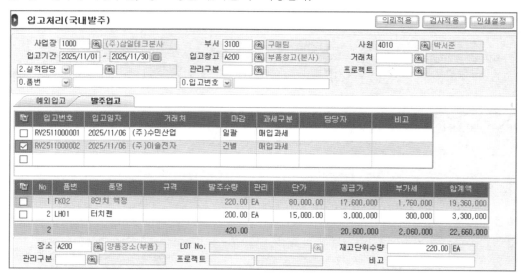

주요항목 설명

❶ 의뢰적용 : 입고의뢰등록 시 검사유무를 '무검사'로 설정한 품목의 입고처리를 위해 입고의뢰등록 데이터를 조회한다.

❷ 검사적용 : 발주등록 또는 입고의뢰등록 시 품목 검사유무를 '검사'로 설정한 경우에 입고검사 정보를 적용받아 입고처리를 한다.

꼭 알아두기

• [예외입고] TAB에서는 발주 없이 입고할 경우와 반품처리 시에 이용된다.

• 예외입고 시에는 발주에 대한 잔량관리가 이루어지지 않는다.

• 마감구분

구분	주요 사항
일괄	• 거래가 빈번하여 1개월 내의 마감기간을 정하여 마감하는 방식이며, 매입마감 메뉴에서 별도의 마감처리가 필요하다. • 자재마감/통제등록 메뉴에서 '일괄마감 후 입고변경 통제' 항목이 '통제'로 설정되어 있고, 매입마감이 되어 있다면 입고처리 데이터의 수정 · 삭제는 불가능하다. 그러나 '통제안함'으로 설정되어 있다면 입고처리 데이터의 수정은 가능하나 삭제는 할 수 없다.
건별	• 입고처리와 동시에 건별마다 자동으로 매입마감이 이루어진다. • 매입마감의 수정 · 삭제를 위해서는 입고처리 내역을 수정 · 삭제하여야 한다.

실무예제

| 구매/자재관리 | ➡ | 구매관리 | ➡ | 입고처리(국내발주) |

(주)수민산업에서 11월 6일 구매하였던 원재료 중 일부가 품질이상으로 판정되어 반품하였다. 입고정보를 적용받아 반품을 처리하시오.

입고(반품)일자	거래처	입고창고	장소	마감	과세구분	품번	수량	단가
2025/11/16	(주)수민산업	부품창고 (본사)	양품장소 (부품)	일괄	매입과세	KA01	-4	50,000

입력하기

❶ 입고기간과 입고창고를 선택하고 상단의 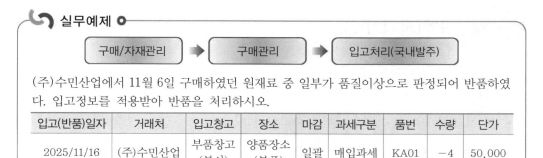 아이콘을 클릭한 후 [예외입고] TAB에서 우측 상단 `입고적용` 아이콘을 클릭하여 반품대상 품목의 과거 입고정보를 조회한 후 선택적용 한다.

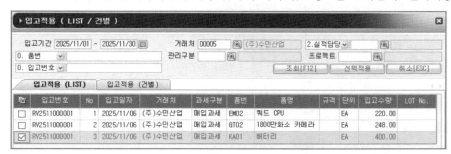

❷ 입고(반품)일자와 발주수량(반품수량)을 반드시 확인하고 수정입력 후 저장한다.

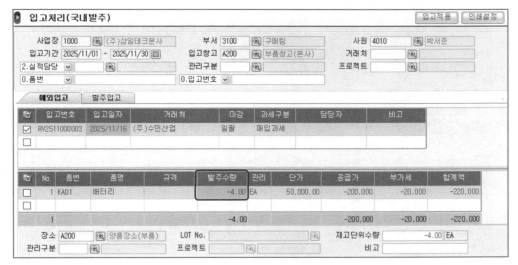

핵심ERP실무

211 매입마감(국내거래)

매입마감은 입고에 대한 수량과 금액을 확정하는 메뉴로서 입고처리 정보를 적용받아 마감처리한다. 입고처리는 되었으나 매입마감이 이루어지지 않았다면 재고수불의 증감은 발생하지만 재고평가의 대상은 되지 않는다.

실무예제

구매/자재관리 ➡ 구매관리 ➡ 매입마감(국내거래)

11월의 입고처리내역을 적용받아 매입마감을 하시오.

마감일자	거래처	마감구분	과세구분	세무구분	입고일자	품번	마감수량	단가
2025/11/30	(주)수민산업	일괄	매입과세	과세매입	2025/11/06	EM02	220	70,000
					2025/11/06	GT02	248	90,000
					2025/11/06	KA01	400	50,000
					2025/11/16	KA01	-4	50,000

입력하기

❶ 마감기간을 입력하고 상단의 [조회] 아이콘을 클릭한 후 우측 상단 [입고적용] 아이콘을 클릭하여 입고처리내역을 조회한 후 입고처리정보를 적용받는다.

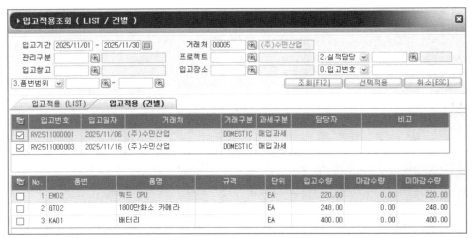

❷ 마감일자를 입력하고 마감수량을 수정한 후 저장한다.

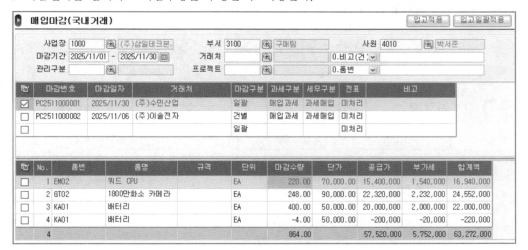

- 매입마감이 되지 않은 입고 데이터는 재고의 증가에는 영향을 미치지만 재고평가 시에는 제외된다.
- 입고처리 시 '마감구분'을 '일괄'로 처리한 자료에 대해서만 매입마감 작업이 가능하며, 여러 건의 입고처리 건을 1건으로 매입마감하거나 1건의 입고처리 건을 여러 건으로 매입마감을 할 수 있다.

2.12 회계처리(매입마감)

매입마감 내역을 근거로 회계전표를 생성하는 메뉴이다. 본 메뉴에서 회계전표의 생성을 위해서는 먼저 회계전표연결계정과목등록 메뉴의 회계연결계정이 설정되어 있어야 한다.

실무예제

구매/자재관리 ➡ 구매관리 ➡ 회계처리(매입마감)

11월의 매입마감 내역을 참고하여 회계전표를 생성하시오.

마감일자	거래처	과세구분	세무구분	품번	마감수량
2025/11/06	(주)이솔전자	매입과세	과세매입	FK02	220
				LH01	200
2025/11/30	(주)수민산업	매입과세	과세매입	EM02	220
				GT02	248
				KA01	400
				KA01	−4

입력하기

❶ 검색기간을 입력하고 상단의 🗒️ 아이콘을 클릭하여 [매입마감] TAB에서 매입마감내역을 조회한다. 마감번호 앞 체크박스를 선택하고 우측 상단 전표처리 아이콘을 클릭하면 전표처리 팝업화면이 뜬다. 부가세사업장 등을 선택하고 회계전표를 생성한다.

❷ [회계전표] TAB을 선택하여 상단의 아이콘을 클릭하면 매입마감 건별로 '미결' 상태인 회계전표가 발행되어 있는 것을 확인할 수 있다.

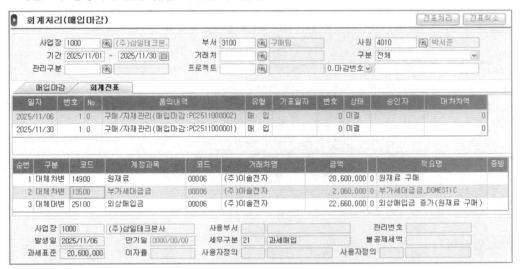

꼭! 알아두기

• 물류·생산모듈에서 생성된 회계전표는 모두 미결상태이며, 회계모듈 전표승인해제 메뉴에서 승인권자가 확인 후 전표를 승인하여야 한다.
• [매입마감] TAB에서 생성된 전표가 회계모듈에서 승인이 되면 [매입마감] TAB의 [전표취소] 아이콘을 이용하여 삭제할 수 없다. 삭제가 필요하다면 회계모듈 전표승인해제 메뉴에서 전표승인해제 후 미결전표 상태에서 삭제를 하여야 한다.

2.13 발주마감처리

발주 등록된 내역 중 발주 잔량이 남아 있는 상태에서 구매취소 등의 사유로 더 이상 진행되지 않는 내역을 선택하여 마감처리하는 메뉴이다.

실무예제

구매/자재관리 ➡ 구매관리 ➡ 발주마감처리

다음의 발주 잔량에 대하여 발주마감처리를 하시오.

발주일자	거래처명	품번	발주수량	발주잔량	마감일자	마감사유
2025/11/03	(주)수민산업	GT02	250	2	2025/11/30	발주 마감

입력하기

❶ 발주기간을 입력하고 상단의 조회 아이콘을 클릭한 후 발주정보를 조회한다. '발주번호' 앞 체크박스를 선택한 후 우측 상단 일괄마감처리 아이콘을 클릭하여 마감일자와 마감사유를 입력한 후 마감처리 한다.

03 구매현황

[조회메뉴 설명]

메뉴명	주요 내용
소요량전개현황	전개구분(판매계획, 주문전개, 모의전개, 생산계획)별로 적용받아 소요량전개(MRP) 작업 후 산출된 소요량을 조회하는 메뉴
청구현황	소요량전개(MRP) 작업 후 구매품 또는 생산품 청구현황을 조회하는 메뉴
발주현황	발주등록 내역을 근거로 다양한 조회기준에 따라 발주현황을 조회하는 메뉴
발주대비입고현황	발주등록 정보를 적용받아 입고처리한 경우에 발주대비입고현황을 조회하는 메뉴
발주미납현황	발주는 하였으나 기타 사유로 인해 기준일자 현재 입고되지 않은 품목의 미납수량, 경과일수 등의 정보를 조회하는 메뉴
입고현황	입고처리 된 내역을 다양한 정렬조건에 따라 조회하는 메뉴
매입마감현황	입고 또는 반품처리 후 매입마감 내역을 조회하는 메뉴
매입미마감현황	입고 또는 반품처리는 되었으나, 매입마감이 되지 않은 내역을 조회하는 메뉴

핵심ERP실무

04 구매분석

[조회메뉴 설명]

메뉴명	주요 내용
발주미납집계	발주는 하였으나 기타 사유로 인해 기준일자 현재 입고되지 않은 품목의 미납수량, 미납금액 등의 정보를 조회하는 메뉴
입고집계표(월별)	입고실적을 월별로 수량, 원화금액, 외화금액 형태로 조회하는 메뉴
매입집계표(월별)	매입실적을 월별로 수량, 원화금액, 외화금액 형태로 조회하는 메뉴
매입집계표(관리분류별)	매입실적을 관리분류별(거래처분류 등)로 수량, 원화금액, 외화금액 형태로 조회하는 메뉴
매입순위표(마감기준)	매입마감 내역을 근거로 다양한 기준에 따라 순위를 상세하게 조회하는 메뉴

05 재고관리

5.1 재고이동등록(창고)

재고이동등록(창고)은 동일 사업장 내의 다른 창고와 장소로 품목의 이동을 등록하는 메뉴이다.

★

> 프로세스 진행을 위하여 대구지사 자재팀 '임영인' 사원으로 로그인하여 진행한다.

실무예제

구매/자재관리 ➡ 재고관리 ➡ 재고이동등록(창고)

(주)삼일테크 대구지사는 다음과 같이 창고 간 재고이동을 실시하였다. 재고이동을 등록하시오.

이동일자	출고창고	출고장소	입고창고	입고장소	품번	이동수량
2025/11/30	부품창고 (지사)	양품장소 (부품)	제품창고 (지사)	양품장소 (제품)	KA01	10

입력하기

❶ 이동기간을 입력하고 상단의  아이콘을 클릭한 후 재고이동 정보를 입력한다.

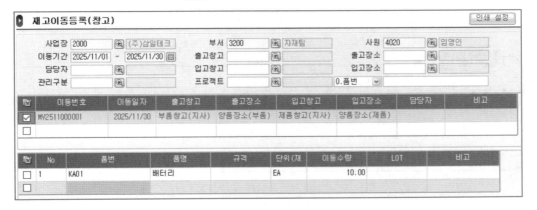

5.2 재고이동등록(사업장)

다른 사업장의 창고와 장소로 품목의 이동을 등록하는 메뉴이다.

🔖 실무예제 ⦿

| 구매/자재관리 | ➡ | 재고관리 | ➡ | 재고이동등록(사업장) |

(주)삼일테크는 다음과 같이 사업장 간 재고이동을 실시하였다. 재고이동을 등록하시오.

이동일자	출고 사업장	출고창고	출고장소	입고 사업장	입고창고	입고장소	품번	이동수량	이동단가
2025/11/30	본사	부품창고 (본사)	양품장소 (부품)	대구 지사	제품창고 (지사)	양품장소 (제품)	AE01	50	50,000

🏹 입력하기

❶ 이동기간을 입력하고 상단의 🔲조회 아이콘을 클릭한 후 재고이동 정보를 입력한다.

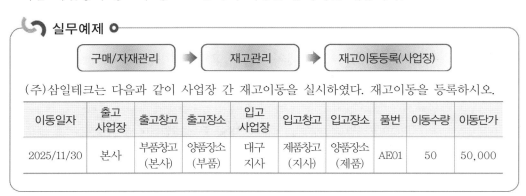

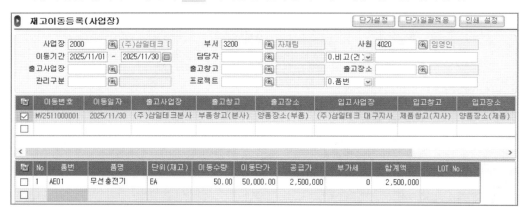

🧷 꼭 알아두기 ●

- 자재마감/통제등록의 '마감일자'를 포함한 이전 일자로는 재고이동을 할 수 없으며, 데이터의 수정·삭제도 불가능하다.
- 사업장 간 재고이동 시에는 이동단가를 입력하여야 추후 사업장별 재고평가 결과에 해당 품목의 금액이 반영된다.

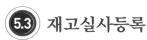 재고실사등록

재고실사등록을 통하여 실제창고에 있는 수량과 전산(장부)상 수량의 차이를 확인할 수 있다. 실물재고와 전산재고의 차이가 있을 경우에는 실물재고를 기준으로 조정되어야 한다.

실무예제 ○

구매/자재관리	→	재고관리	→	재고실사등록

(주)삼일테크 대구지사는 다음과 같이 재고실사를 실시하였다. 재고실사 자료를 등록하시오.

사업장	부서	사원	실사/재고 기준일	창고	장소	실사 구분	품번	전산 재고	실사 재고
대구 지사	자재팀	임영인	2025/ 12/31	부품창고 (지사)	양품장소 (부품)	정기	DH01	30	30
							DH02	20	20
							EM01	150	150
							EM02	**230**	**228**
							FK02	180	180
							GT01	30	30
							GT02	250	250
							HE01	170	170
							KA01	340	340
							LH01	200	200
							합계	1,600	1,598

입력하기

❶ 실사기간과 창고 등을 입력하고 상단의 🔍조회 아이콘을 클릭한 후 헤더 부분의 정보를 입력한다.

❷ 디테일에 커서가 위치하면 우측 상단 일괄전개 아이콘을 클릭하여 전산재고를 불러온다.

❸ 실사재고를 수동으로 입력하면서 차이수량을 확인하고 저장한다.

주요항목 설명

❶ 일괄전개 : 선택한 실사창고의 실사장소에 있는 품목을 화면 하단에 일괄적으로 나타낸다.

❷ 재고전개 : 일괄전개 기능을 사용하지 않고 각 품목별로 실사재고를 등록하여 차이수량을 계산한다.

기초재고/재고조정등록

기초재고/재고조정등록 메뉴는 핵심ERP 물류·생산모듈을 운용하기 전에 대상품목 전체의 기초수량을 입력하거나 ERP시스템 운용 중에 전산(장부)재고와 실물재고를 일치시키기 위한 재고조정을 처리하는 메뉴이다.

실무예제

사업장	부서	사원	조정일자	창고	장소	품번	조정수량	단가
대구 지사	자재팀	임영인	2025/12/31	부품창고 (지사)	양품장소 (부품)	EM02	2	70,000

(주)삼일테크 대구지사의 정기 재고실사의 차이수량을 조정처리하시오.

입력하기

❶ 조정기간과 창고 등을 입력하고 상단의 [조회] 아이콘을 클릭한 후 [출고조정] TAB을 선택해 우측 상단 [재고실사적용] 아이콘을 클릭하여 재고실사 결과 차이수량 내역을 조회하여 선택한다.

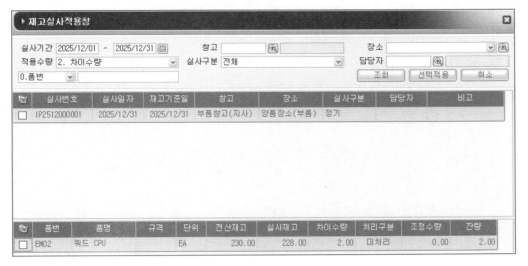

❷ 조정일자, 단가 등을 입력한 후 저장한다.

| 기초재고/재고조정등록 | | | | | | 재고실사적용 | 단가설정 | 단가일괄적용 | 인쇄 설정 |

사업장	2000	(주)삼일테크	부서	3200	자재팀	사원	4020	임영인
조정기간	2025/12/01 ~ 2025/12/31		창고			장소		
담당자			관리구분			프로젝트		
품목군			거래처		0.품번		

기초조정   입고조정   **출고조정**

☑	조정번호	조정일자	창고	장소	담당자	거래처	비고
☑	IA2512000001	2025/12/31	부품창고(지사)	양품장소(부품)			
☐							

☐	No	품번	품명	규격	단위(재	조정수량	단가	금액	LOT
☐	1	EM02	쿼드 CPU		EA	2.00	0.00	0	
☐									

꼭 알아두기

재고조정은 [입고조정] TAB 또는 [출고조정] TAB 모두에서 등록이 가능하다.
[출고조정] TAB에서 조정수량이 양수(+)이면 전산재고를 감소시키고, 음수(−)이면 전
산재고를 증가시킨다. [입고조정] TAB에서는 [출고조정] TAB과 반대로 조정된다.

5.5 SET품 수불조정등록

SET품목에 대해 SET모품의 입고수량 조정과 SET구성품의 출고수량 조정을 등록하는 메뉴이다.

★
> 프로세스 진행을 위하여 본사 구매팀 '박서준' 사원으로 로그인하여 진행한다.

🏷 실무예제

(주)삼일테크 본사는 SET품목 구성을 다음과 같이 실시하였다. SET품 수불조정등록을 하시오.

사업장	부서	사원	입고창고 /출고창고	입고장소 /출고장소	조정 일자	SET 모품목	입고 수량	단가	구성 품번	출고 수량
본사	구매팀	박서준	부품창고 (본사)	양품장소 (부품)	2025/ 12/31	SET1	10	80,000	AE01	10
									AE02	10

📝 입력하기

❶ 조정기간과 창고 및 장소 등을 입력하고 상단의 [조회] 아이콘을 클릭한 후 조정일자, SET모품목의 입고조정수량과 단가 등을 입력한다.

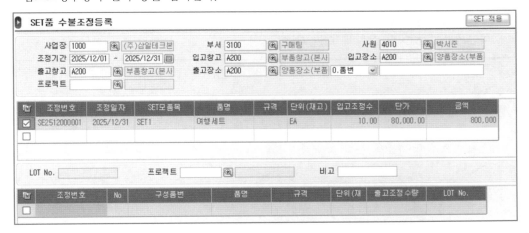

❷ 저장된 SET모품목 선택 후 우측 상단의 SET 적용 아이콘을 클릭하여 SET품목의 구성품을 조회
한 후 확인한다.

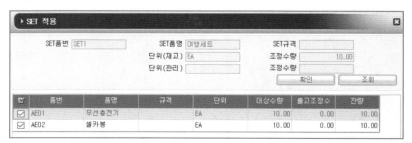

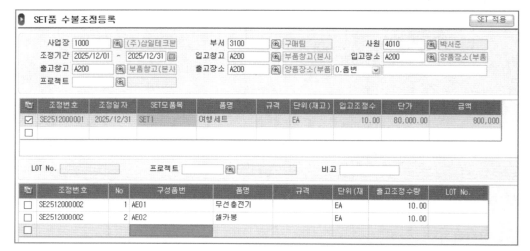

꼭! 알아두기

SET품 수불조정등록을 완료하면 SET모품은 해당 창고 및 장소에 입고되며, SET 구성
품목은 해당 창고 및 장소에서 출고된다.

[조회메뉴 설명]

메뉴명	주요 내용
재고이동현황(창고)	동일 사업장 내에서 창고 간 재고이동현황을 조회하는 메뉴
재고이동현황(사업장)	사업장 간 재고이동현황을 조회하는 메뉴
SET품수불조정현황	SET품목에 대한 입고조정 수량과 금액을 확인할 수 있는 메뉴
재고실사현황	재고실사를 통해 등록된 재고현황을 조회하며, 전산재고와 실물재고의 차이수량을 확인하는 메뉴
기초재고/재고조정현황	기초조정등록 또는 입고·출고조정등록에서 처리한 내역을 조회하는 메뉴

• **재고이동현황(창고)**
  동일 사업장 내에서 창고 간 재고이동은 재고평가 시 대체 입출고에 적용되지 않는다.
• **재고이동현황(사업장)**
  사업장 간 재고이동은 재고평가 시 대체 입출고의 적용대상이 된다.

핵심ERP실무

06 재고수불현황

[조회메뉴 설명]

메뉴명	주요 내용
현재고현황 (전사/사업장)	연도별로 전사(회사전체) 또는 사업장별 재고현황을 조회하는 메뉴
재고수불현황(일자별)	특정기간 동안의 사업장별 입출고현황 및 재고를 일계와 누계로 조회하는 메뉴
재고수불현황(유형별)	일자별로 선택된 사업장의 입출고현황을 수불유형 및 입출고유형별로 조회하는 메뉴
재고수불상세현황 (일자별)	사업장, 창고 및 장소의 일자별 재고와 입출고 상세현황을 조회하는 메뉴
과다재고명세서	재고평가 후 평가배수에 따른 재고자산 과다 및 과소 수량을 계산하는 메뉴
부동재고명세서 (사업장)	기준일자를 기준으로 사업장별 부동재고자산을 조회하는 메뉴
부동재고명세서 (창고/장소)	기준일자를 기준으로 창고 및 장소별 부동재고자산을 조회하는 메뉴
사업장/창고/장소별재고(금액)현황	사업장, 창고, 장소별 입출고에 따른 수량과 금액을 상세하게 조회하는 메뉴
현재고현황(LOT) (전사/사업장)	전사 또는 사업장별로 품목의 LOT별 입출고 및 재고수량을 조회하는 메뉴
현재고현황(LOT) (창고/장소)	창고 또는 장소별로 품목의 LOT별 입출고 및 재고수량을 조회하는 메뉴

꼭! 알아두기

- 재고수불현황(일자별), 재고수불상세현황(일자별)
  수불기간의 시작일자는 누계기간의 일자보다 빠른 일자가 입력되어서는 안 된다.
- 과다재고명세서
  과다수량 = 마감수량 − (평균사용량 × 평가배수)

07 재고평가

7.1 생산품표준원가등록

재고평가를 수행하기 위해 생산품의 표준원가를 등록하는 메뉴이다. 상품 및 원재료 등과 같은 구매품의 경우에는 매입금액을 원가로 처리하지만 제품이나 반제품과 같은 생산품은 입고금액(생산원가)이 명확하지 않기 때문이다.

실무예제

구매/자재관리 ➡ 재고평가 ➡ 생산품표준원가등록

(주)삼일테크 본사에서 보유 중인 생산품의 표준원가이다. 생산품표준원가를 등록하시오.

사업장	해당년월	품번	표준원가(품목등록)	실제원가(품목등록)	표준원가
본사	2025/01	CR01	240,000	250,000	240,000
		CR02	360,000	350,000	360,000

입력하기

❶ 사업장과 해당년월을 선택한 후 상단의 [조회] 아이콘을 클릭하여 하단에서 직접 품목을 선택하여 입력할 수도 있고 [일괄전개] 아이콘을 클릭하여 품목전개와 표준원가를 동시에 입력할 수 있다.

알아두기

생산품표준원가등록에 등록된 표준원가는 생산품에 대한 생산원가로 사용되고 사업장별 재고이동 시 입고사업장의 매입원가로 사용된다.

(7.2) 재고평가작업

재고자산에 대해 설정된 재고평가방법을 적용하여 재고평가를 실시하여 매출원가와 재고금액 등을 산출하는 메뉴이다.

실무예제

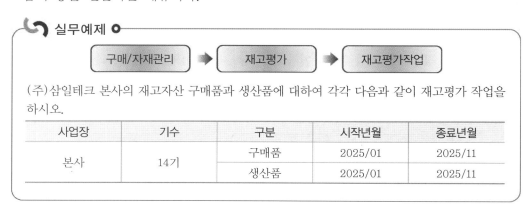

구매/자재관리 ➡ 재고평가 ➡ 재고평가작업

(주)삼일테크 본사의 재고자산 구매품과 생산품에 대하여 각각 다음과 같이 재고평가 작업을 하시오.

사업장	기수	구분	시작년월	종료년월
본사	14기	구매품	2025/01	2025/11
		생산품	2025/01	2025/11

입력하기

❶ 사업장과 기수를 선택하고 [구매품] 및 [생산품] TAB을 선택한 후 상단의 [조회] 아이콘을 클릭하여 재고평가 대상기간을 입력하고 우측 상단의 [재고평가] 아이콘을 클릭하면 재고평가가 완료된다.

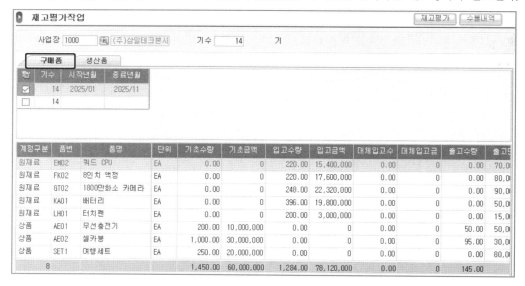

계정구분	품번	품명	단위	기초수량	기초금액	입고수량	입고금액	대체입고수	대체입고금	출고수량	출고단
원재료	EM02	쿼드 CPU	EA	0.00	0	220.00	15,400,000	0.00	0	0.00	70,0
원재료	FK02	8인치 액정	EA	0.00	0	220.00	17,600,000	0.00	0	0.00	80,0
원재료	GT02	1800만화소 카메라	EA	0.00	0	248.00	22,320,000	0.00	0	0.00	90,0
원재료	KA01	배터리	EA	0.00	0	396.00	19,800,000	0.00	0	0.00	50,0
원재료	LH01	터치펜	EA	0.00	0	200.00	3,000,000	0.00	0	0.00	15,0
상품	AE01	무선충전기	EA	200.00	10,000,000	0.00	0	0.00	0	50.00	50,0
상품	AE02	셀카봉	EA	1,000.00	30,000,000	0.00	0	0.00	0	95.00	30,0
상품	SET1	여행세트	EA	250.00	20,000,000	0.00	0	0.00	0	80.0
8				1,450.00	60,000,000	1,284.00	78,120,000	0.00	0	145.00	

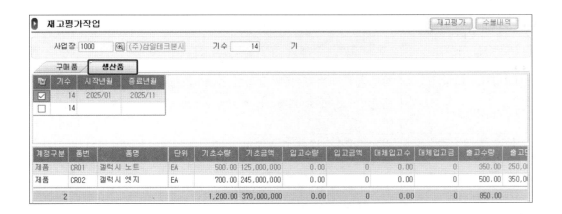

꼭 알아두기

- 재고평가 작업을 수행하면 영업마감/통제등록 및 자재마감/통제등록 메뉴의 마감일이 평가기간 종료년월로 자동 변경되어 재고의 입출고가 통제된다.
- 재고평가는 매입·매출마감이 이루어진 품목만을 대상으로 한다.
- 재고평가는 반드시 회계기간 초월이 포함되고 특정 월이 누락되어서는 안 된다. 예컨대 7월 재고평가를 하려고 한다면 1월에서 6월까지의 재고평가 작업이 이루어져 있어야 된다는 것이다.

[조회메뉴 설명]

메뉴명	주요 내용
재고평가보고서	재고평가 작업 후 세부 품목별 재고평가내역을 조회하는 메뉴
재고자산명세서	재고평가 작업 후 계정구분별 재고수량과 단가, 재고금액을 조회하는 메뉴
재고자산수불부	재고평가기간 내의 각 품목별 수불(입출고)내역을 상세하게 조회하는 메뉴
대체출고내역현황	조정대체/계정대체/사업장대체별로 재고평가에 나타난 대체출고 내역을 조회할 수 있다.

[대체출고내역현황]

- 조정대체: 기초재고/재고조정등록 메뉴 [출고조정] TAB에서 출고조정한 내역이 조회된다.

- 계정대체: 계정의 본래 목적을 사용하지 않은 경우의 내역이 조회된다. 판매용으로 구입한 상품을 생산공정에 투입하여 원재료로 사용한 경우이다.

- 사업장대체: 사업장 간 재고이동을 수행하였을 때 발생한다.

- SET조정대체: SET 품목에 대해 재고를 조정한 내역이 조회된다.

제**5**장

핵심ERP 무역프로세스 실무

01 업무프로세스의 이해

1.1 수출프로세스

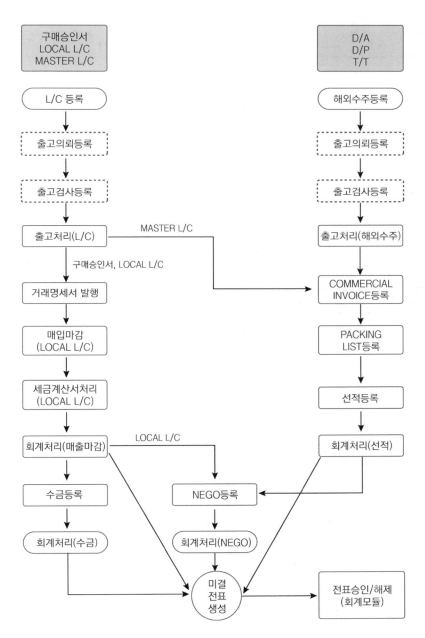

핵심ERP실무

1.2 수입프로세스

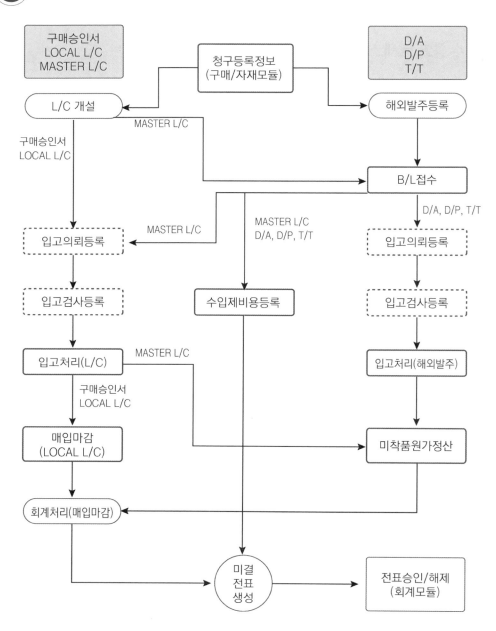

02 MASTER L/C(수출)

핵심ERP 무역프로세스 진행을 위하여 본사의 해외영업팀 '장혜영' 사원으로 로그인하여 진행하고자 한다.

2.1 L/C등록

신용장(L/C)을 등록하는 메뉴이다. L/C(Letter of Credit)란 재화의 수입을 위해 수입자가 자신의 거래은행에 요청하여 개설하는 것으로 신용장에서 요구하는 서류가 신용장의 제반조건과 일치하게 제시되는 경우 개설은행이 지급을 보증하는 조건부 지급확약서이다.

L/C등록 메뉴에서는 무역거래조건이 MASTER L/C, 구매승인서, LOCAL L/C일 경우에만 등록한다.

실무예제

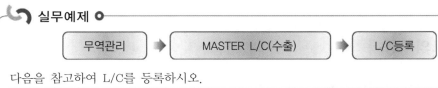

다음을 참고하여 L/C를 등록하시오.

L/C구분	L/C번호	L/C주문일	고객	환종	개설은행	통지은행
MASTER L/C	MB4GE505	2025/12/01	IBM CO., LTD.	USD	Citi Bank	기업은행

인도장소	선적항	도착항	최종목적지	S/D	E/D	인도기일
인천	인천	롱비치	캘리포니아	2025/12/15	2025/12/20	2025/12/15

품번	납기일	출하예정일	주문수량	외화단가	외화금액	검사
CR01	2025/12/20	2025/12/10	40	$700	$28,000	무검사

입력하기

❶ L/C구분과 주문기간을 입력하고 우측 상단 `L/C추가` 아이콘을 클릭하여 데이터 입력 가능 상태로 만든다. 예제 정보를 입력한 후 반드시 우측 상단 `저장` 아이콘을 클릭하여 저장한다.

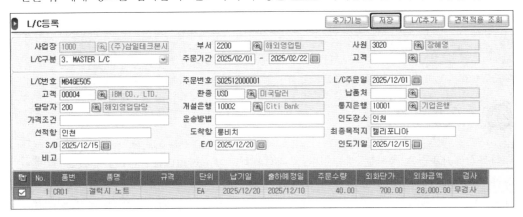

주요항목 설명

❶ S/D(Shipment Date): 선적을 완료하는 선적기일을 의미한다.
❷ E/D(Expiry Date): 신용장의 만기일, 즉 유효기일을 의미한다.

(2.2) 출고의뢰등록

출고의뢰등록은 옵션설정 메뉴로서 수주 받은 품목에 대하여 출고담당자에게 출고를 요청하는 메뉴이다. L/C등록 메뉴에서 등록한 주문내역을 적용받아 출고의뢰를 할 수 있다. 시스템환경설정 메뉴에서 '출고의뢰운영여부'가 '사용'으로 설정되어 있어야 된다.

실무예제 ●

무역관리 ➡ MASTER L/C(수출) ➡ 출고의뢰등록

L/C등록의 주문내역을 적용받아 다음과 같이 출고의뢰를 등록하시오.

의뢰일자	고객	의뢰창고	담당자	품번	납기일	출고예정일	의뢰수량	검사
2025/12/03	IBM CO., LTD.	제품창고 (본사)	해외영업 담당	CR01	2025/12/20	2025/12/10	40	무검사

입력하기

❶ 의뢰기간을 입력하고 상단의 [조회] 아이콘을 클릭한 후 우측 상단 [주문적용 조회] 아이콘을 클릭하여
   [주문적용(건별)] TAB에서 해당 주문내역을 조회하여 적용받는다.

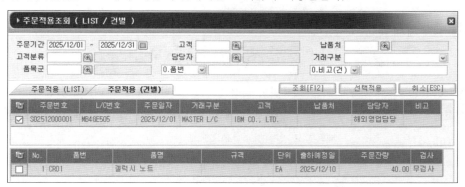

❷ 의뢰일자와 의뢰창고, 담당자 등을 입력한 후 저장한다.

No	품번	품명	규격	납기일	출고예정일	의뢰수량(관	관리	의뢰수량(재	재고	검사
1	CR01	걸럭시 노트		2025/12/20	2025/12/10	40.00 EA		40.00 EA		무검사

꼭! 알아두기

핵심ERP에서 출고의뢰등록 프로세스는 업무처리 시 반드시 수행하여야 하는 프로세스는
아니다. 각 회사의 상황에 맞도록 시스템환경설정에서 사용여부를 설정하여 운영할 수
있다.

2.3 출고처리(L/C)

L/C등록이 완료된 주문내역을 근거로 고객에게 납품을 위해 출고처리 하는 메뉴이다. 출고처리 시점에 재고 및 수불관리에 실질적인 영향을 미치며 재고증감이 발생된다.

실무예제

| 무역관리 | ➡ | MASTER L/C(수출) | ➡ | 출고처리(L/C) |

12월 3일 출고의뢰등록 정보를 적용받아 다음의 자료를 참고하여 출고처리를 등록하시오.

출고일자	고객	출고창고	장소	거래구분	환종	환율	마감	품번	수량	외화단가
2025/12/05	IBM CO., LTD.	제품창고(본사)	양품장소(제품)	MASTER L/C	USD	1,320	일괄	CR01	40	$700

입력하기

❶ 출고기간과 출고창고를 입력하고 상단의 [조회] 아이콘을 클릭한 후 우측 상단 [의뢰적용] 아이콘을 클릭하여 [의뢰적용(건별)] TAB에서 의뢰내역을 조회한 후 선택 적용한다.

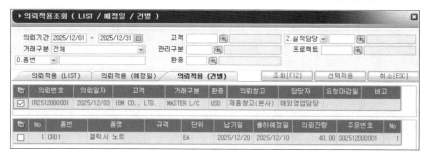

❷ 출고일자와 환율, 장소 등을 입력한 후 저장한다.

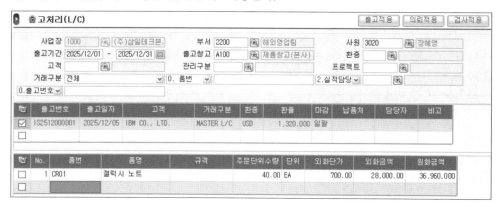

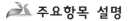 주요항목 설명

❶ 출고적용 : 출고의뢰등록과 출고검사 프로세스 진행에 해당되지 않는 주문정보를 적용받아 출고 처리 한다.

❷ 의뢰적용 : 출고의뢰등록 시 검사유무를 '무검사'로 설정한 품목의 출고처리를 위해 출고의뢰등록 데이터를 조회한다.

❸ 검사적용 : 수주등록 또는 출고의뢰등록 시 품목 검사유무를 '검사'로 설정한 경우에 출고검사 정보를 적용받아 출고처리 한다.

2.4 COMMERCIAL INVOICE 등록

COMMERCIAL INVOICE 등록은 수출하는 물품의 세부적인 내용명세를 등록하는 메뉴로서 상업송장으로 불린다.

실무예제

무역관리 ➡ MASTER L/C(수출) ➡ COMMERCIAL INVOICE 등록

12월 5일 출고처리 내역을 적용받아 다음을 참고하여 상업송장을 등록하시오.

INVOICE No.	INVOICE DATE	고객	품번	수량	외화단가
SI-1004	2025/12/05	IBM CO., LTD.	CR01	40	$700

입력하기

❶ 화면 우측 상단의 출고조회 아이콘을 클릭하여 [출고적용(건별)] TAB에서 해당 출고내역을 조회하여 선택 적용한다.

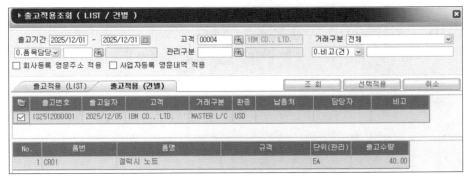

❷ 자동으로 반영된 출고정보에서 INVOICE 번호와 일자를 입력한 후 우측 상단 저장 아이콘을
클릭하여 저장한다.

COMMERCIAL INVOICE(상업송장)는 거래물품의 주요사항을 상세하게 명기한 것으로
수출자에게는 대금청구서로서의 역할을 하고, 수입자에게는 매입명세서로서의 역할을
하여 수입신고 시 과세가격의 증명자료가 된다.

2.5 PACKING LIST 등록

PACKING LIST 등록에서는 수량, 순중량, 총중량, 포장단위 등 포장에 관한 세부사항을
등록한다. PACKING LIST는 포장명세서라고 불리며, 무역계약 물품의 선적을 증명하기
위한 운송서류 중에서 선하증권이나 상업송장과 같이 필수적 서류는 아니지만, 원산지증
명서 등과 함께 중요한 부속서류이다.

실무예제

무역관리 ➡ MASTER L/C(수출) ➡ PACKING LIST 등록

12월 5일 상업송장 내역을 적용받아 다음을 참고하여 PACKING LIST를 등록하시오.

품명	출고수량	NET-WEIGHT	UNIT	GROSS-WEIGHT	UNIT
갤럭시 노트	40	30	KG	32	KG
ITEM	C/T No. From	C/T No. To	C/T QUANTITY	PCS/QUANTITY	
SMART PHONE	1	8	8	5	

입력하기

❶ 화면 우측 상단 송장조회 아이콘을 클릭하여 송장내역을 조회한 후 해당 송장을 선택 적용한다.

❷ 예제를 참고하여 순중량, 총중량 등 PACKING LIST를 등록한 후 우측 상단 저장 아이콘을 클릭하여 저장한다.

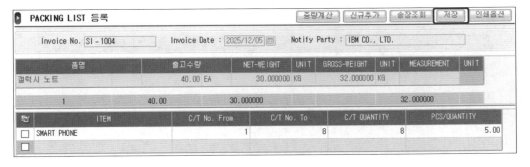

주요항목 설명

❶ NET-WEIGHT: 포장무게를 제외한 물품의 순중량을 의미
❷ GROSS-WEIGHT: 포장무게를 포함한 물품의 총중량을 의미
❸ MEASUREMENT: 선적물품의 부피를 의미
❹ C/T No. From 및 C/T No. To: 카튼(상자)의 시작번호와 종료번호를 의미
❺ C/T QUANTITY 및 PCS/QUANTITY: 카튼(상자)의 수량 및 상자 당 입수량을 의미

2.6 선적등록

선적등록은 선적한 물품에 관한 세부사항을 등록하는 메뉴이다. 출고처리 내역을 적용
받아 등록한다.

실무예제

무역관리 ➡ MASTER L/C(수출) ➡ 선적등록

출고처리 내역을 적용받아 다음을 참고하여 선적등록을 하시오.

선적일자	고객	거래구분	환종	환율
2025/12/06	IBM CO., LTD.	MASTER L/C	USD	1,300
신고번호	선사	발행일자	도착예정일	선적항
4567-001	(주)대한해운	2025/12/06	2025/12/15	인천
도착항	VESSEL명	품명	선적수량	외화단가
롱비치	DAEHAN-007	갤럭시 노트	40	$700

※ 출고처리 시의 환율이 아니고 선적일 시점의 환율을 반영하여야 함

입력하기

❶ 선적기간을 입력하고 상단의 [조회] 아이콘을 클릭한 후 우측 상단 [출고적용] 아이콘을 클릭하여
[출고적용(건별)] TAB에서 출고내역을 조회한 후 해당 출고 건을 선택 적용한다.

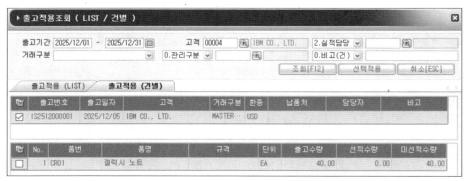

❷ 환율은 추후 매출 회계처리를 위해 반드시 입력되어야 하며 선사, 선적항, 도착항 등 기타 필요한 정보를 입력한 후 저장한다.

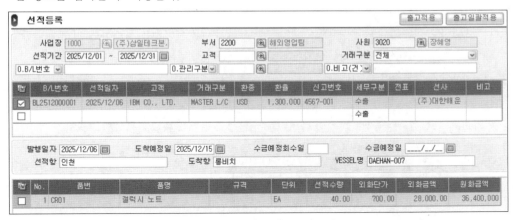

주요항목 설명

❶ VESSEL명: 선적 선박의 선명을 의미

②.⑦ 회계처리(선적)

선적등록 내역을 근거로 회계전표를 생성하는 메뉴이다.

실무예제 ●

무역관리 → MASTER L/C(수출) → 회계처리(선적)

다음의 선적등록 내역을 근거로 회계전표를 발행하시오.

선적일자	고객	거래구분	세무구분	품번	수량	외화단가
2025/12/06	IBM CO., LTD.	MASTER L/C	수출매출	CR01	40	$700

📖 입력하기

❶ 검색기간을 입력하고 상단의 [🔍조회] 아이콘을 클릭하여 [수출선적] TAB에서 선적내역을 조회한다. B/L번호 앞 체크박스를 선택하고 우측 상단 [전표처리] 아이콘을 클릭하면 전표처리 팝업화면이 뜬다. 부가세사업장 등을 선택하고 회계전표를 생성한다.

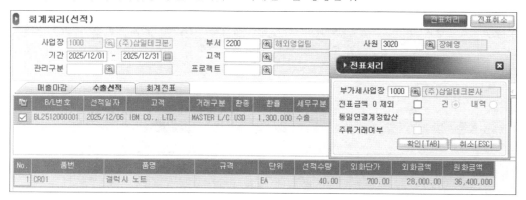

❷ [회계전표] TAB을 선택하여 상단의 [🔍조회] 아이콘을 클릭하면 '미결' 상태인 회계전표가 발행되어 있는 것을 확인할 수 있다.

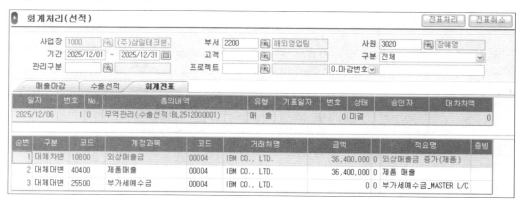

🏅 꼭 알아두기

- 물류·생산모듈에서 생성된 회계전표는 모두 미결상태이며, 회계모듈 전표승인해제 메뉴에서 승인권자가 확인 후 전표를 승인하여야 한다.
- [수출선적] TAB에서 생성된 전표가 회계모듈에서 승인이 되면 [수출선적] TAB의 [전표취소] 아이콘을 이용하여 삭제할 수 없다. 삭제가 필요하다면 회계모듈 전표승인해제 메뉴에서 전표승인해제 후 미결전표 상태에서 삭제를 하여야 한다.

 **NEGO등록**

NEGO 등록은 거래구분이 MASTER L/C, D/A, D/P, T/T인 무역거래조건에서 NEGO 처리한 내역을 등록하는 메뉴이다. NEGO란 Negotiation의 줄인 말로서 선적서류의 매입을 의미하는데, 수출자가 환어음 및 선적서류를 거래은행(매입은행)에 제시하고 매입은행은 이자(환가료)를 차감한 후 수출자에게 미리 결제해 주고 개설은행이나 수입자의 거래은행에 이 서류를 제시하여 상환 받는 절차를 말한다.

◥ 실무예제 ○

| 무역관리 | ➡ | MASTER L/C(수출) | ➡ | NEGO등록 |

(주)삼일테크 본사는 IBM사와의 무역거래에서 NEGO를 위한 절차를 진행하고 있다. 다음을 참고하여 NEGO등록을 하시오.

NEGO일자	고객	유형	환종	형태
2025/12/07	IBM CO., LTD.	MASTER L/C	USD	원화CONVERT
선적(B/L)번호	매입은행	NEGO환율	수수료	외환차손익
BL2512000001	기업은행	1,310	78,000	280,000

🔖 입력하기

❶ NEGO기간을 입력하고 상단의 [조회] 아이콘을 클릭하여 [NEGO등록] TAB을 선택한 후 NEGO 일자, 고객, 유형, 환종, 형태 등의 항목을 직접 입력한다.

❷ 화면 하단 선적번호를 조회하여 해당 선적번호를 선택적용 하고 매입은행과 NEGO환율, 수수료 등을 입력하고 외환차손익을 확인한다. 상단의 NEGO번호가 생성되면서 저장된다.

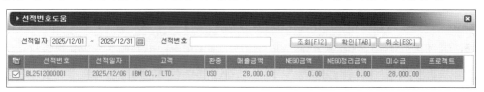

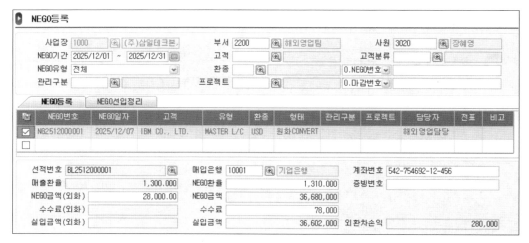

➤ 주요항목 설명

❶ T/T 선입: 물품선적 전에 미리 대금을 받는 사전 송금방식. T/T 선입의 경우 선적이 발생하면 NEGO 선입정리를 하여야 한다.

❷ T/T 후입: 물품선적 후 대금을 나중에 받는 사후 송금방식

❸ 원화 CONVERT: NEGO 당시의 환율로 NEGO 금액을 환산하여 원화금액으로 처리하는 방법

❹ 외화순대체: NEGO 당시의 환종으로 처리하는 방법

❺ 수수료: '원화 CONVERT'인 경우에 '수수료' 항목이 활성화되며, '외화순대체'인 경우에는 '수수료(외화)'가 활성화된다.

꼭 알아두기

• [NEGO등록] TAB에서는 NEGO등록(정상수금)을 수행하고 [NEGO선입정리] TAB에서는 T/T 선입에 의한 선수금정리 작업을 수행한다.

• 외환차손익은 형태항목이 '원화 CONVERT'인 경우에 발생하며 선적등록(매출마감) 시의 환율과 NEGO 당시의 환율 차이로 발생하는 금액이다.

회계처리(NEGO)

NEGO 등록 내역을 근거로 회계전표를 생성하는 메뉴이다. 본 메뉴에서 회계전표의 생성을 위해서는 먼저 회계전표연결계정과목등록 메뉴의 회계연결계정이 설정되어 있어야 한다.

실무예제

다음을 참고하여 NEGO 등록 내역에 대해 회계전표를 발행하시오.

NEGO일자	고객	유형	형태	NEGO금액(외화)	NEGO금액
2025/12/07	IBM CO., LTD.	MASTER L/C	원화CONVERT	$28,000	36,680,000

입력하기

❶ 검색기간을 입력하고 상단의 조회 아이콘을 클릭하여 [NEGO] TAB에서 NEGO 내역을 조회한다. NEGO번호 앞 체크박스를 선택하고 우측 상단 전표처리 아이콘을 클릭하면 전표처리 팝업 화면이 뜨면 확인 후 회계전표를 생성한다.

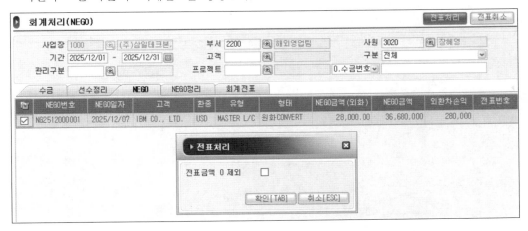

❷ [회계전표] TAB을 선택하여 상단의 아이콘을 클릭하면 NEGO를 근거로 '미결' 상태인 회계전표가 발행되어 있는 것을 확인할 수 있다.

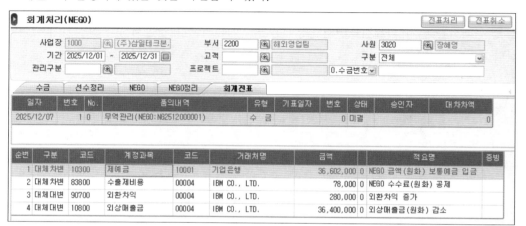

꼭 알아두기

• 물류·생산모듈에서 생성된 회계전표는 모두 미결상태이며, 회계모듈 전표승인해제 메뉴에서 승인권자가 확인 후 전표를 승인하여야 한다.

• [NEGO] TAB에서 생성된 전표가 회계모듈에서 승인이 되면 [NEGO] TAB의 전표취소 아이콘을 이용하여 삭제할 수 없다. 삭제가 필요하다면 회계모듈 전표승인해제 메뉴에서 전표승인해제 후 미결전표 상태에서 삭제를 하여야 한다.

[조회메뉴 설명]

메뉴명	주요 내용
해외수주현황	해외수주 내역을 근거로 다양한 기준에 의하여 수주현황을 조회하는 메뉴
선적현황	선적이 완료되어 B/L을 인수한 선적현황을 조회하는 메뉴
NEGO현황(수출)	NEGO금액, 외환차손익, 수수료, 실입금액 등 NEGO현황을 조회하는 메뉴

04 기타(수입)

4.1 해외발주등록

해외발주등록은 수입물품의 매입을 위해 해외구매처로 발주 내역을 등록하는 메뉴이다. 구매품 청구정보를 적용하여 등록하거나 직접 발주내역을 등록할 수도 있다. 구매품 청구정보를 적용하여 발주하면 청구내역에 대한 잔량관리를 할 수 있다.

이 메뉴에서는 무역거래 구분이 신용장(L/C) 기반이 아닌 D/A, D/P, T/T 거래유형만을 등록한다.

실무예제 O

무역관리 ➡ 기타(수입) ➡ 해외발주등록

(주)삼일테크 본사는 스마트폰의 부품 중 일부를 해외에서 조달하고자 다음과 같이 해외구매 발주를 등록하고자 한다.

발주일자	거래처	거래구분	환종	품번	납기일/입고예정일	발주수량	외화단가	검사
2025/12/10	BOSH CO., LTD.	T/T	USD	EM01	2025/12/25	100	$50	무검사
				EM02	2025/12/25	200	$70	무검사

입력하기

❶ 발주기간을 입력하고 상단의 [조회] 아이콘을 클릭하여 발주정보를 입력 후 저장한다.

주요항목 설명

❶ [청구적용 조회] : 구매품 청구내역을 조회하여 해외발주를 등록할 수 있다.

❷ [주문적용 조회] : 수주내역을 조회하여 해외발주를 등록할 수 있다.

꼭 알아두기

- 해외발주등록 후 발주를 적용받아 입고처리를 하였다면, 해외발주 내역을 수정 및 삭제할 수 없다. 만약 입고처리한 발주 건에 대하여 수정 및 삭제하고자 하는 경우에는 입고처리 정보를 삭제하고 처리하여야 한다.

- 발주구분

구 분	내 용
T/T (Telegraphic Transfer)	전신환이라고 하며, 무역거래 당사자 거래은행 간 전신을 통해 대금을 지불하는 방법
D/A (Documents Against Acceptance)	인수인도조건이라고 하며, 수입자가 만기일에 대금지급을 약속하고 수입서류를 인수하는 방법
D/P (Documents Against Payment)	지급인도조건이라고 하며, 수입자가 대금결제를 하고 수입서류를 인수하는 방법

4.2 B/L접수

B/L접수 메뉴는 수입과 관련된 발주내역 중에서 LOCAL L/C를 제외한 MASTER L/C, D/A, D/P, T/T 거래유형에 대해 선적이 완료되었음을 통보받았을 때 그 내용을 등록하는 메뉴이다. B/L(Bill of Landing)이란 선하증권이라고도 하며, 운송인이 수출자의 화물을 인수 또는 선적완료를 증명하는 서류로 선박회사가 발행하는 유가증권이다. 무역거래의 운송에 있어 가장 중요한 서류이며 상업송장, 포장명세서 등과 함께 수입물품 인수, NEGO 등에 반드시 필요한 서류이다.

실무예제

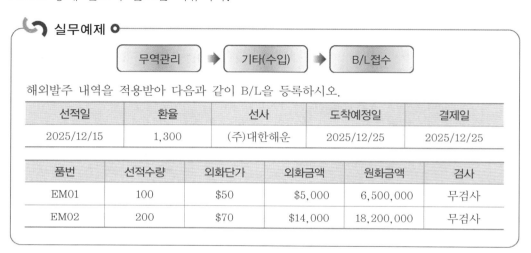

해외발주 내역을 적용받아 다음과 같이 B/L을 등록하시오.

선적일	환율	선사	도착예정일	결제일
2025/12/15	1,300	(주)대한해운	2025/12/25	2025/12/25

품번	선적수량	외화단가	외화금액	원화금액	검사
EM01	100	$50	$5,000	6,500,000	무검사
EM02	200	$70	$14,000	18,200,000	무검사

입력하기

❶ 선적기간을 입력하고 상단의 [조회] 아이콘을 클릭하여 우측 상단 [L/C-발주적용] 아이콘을 클릭한 후 [L/C-발주적용(건별)] TAB에서 해외발주 내역을 조회한 후 선택 적용한다.

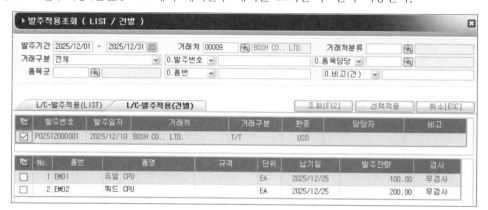

❷ B/L번호, 선적일, 환율, 선사 등 예제에서 주어진 항목을 참고하여 입력 후 [저장] 아이콘을 클릭하여 저장한다.

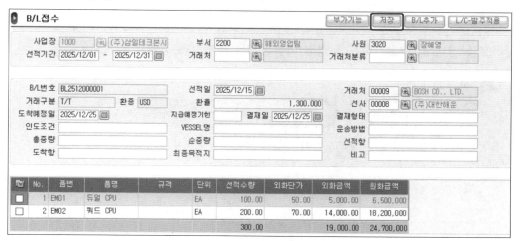

주요항목 설명

❶ [B/L추가] : 새로운 B/L을 접수하고자 할 때 사용된다.

> **꼭 알아두기**
>
> 입고처리 메뉴에서는 B/L접수 시 등록한 환율로 B/L 결제금액(물품대)을 계산한다. 만약 물품대를 수입신고필증 환율로 처리하고자 한다면 입고처리 시에 환율을 수정하여 입력해야 한다.

4.3 수입제비용등록

수입거래 시 발생한 B/L결제대금(물품대) 및 수입제비용을 등록하여 미착품에 대한 미착전표를 발행하는 메뉴이다. 생성된 미착전표는 미결전표 상태로 회계모듈로 전송된다.

실무예제

무역관리 ➡ 기타(수입) ➡ 수입제비용등록

B/L접수 내역을 적용받아 다음과 같이 수입과 관련된 부대비용을 등록하고 회계전표를 발행하시오.

등록일자	선적일자	B/L번호	거래처	거래구분	배부여부
2025/12/22	2025/12/15	BL2512000001	BOSH CO., LTD.	T/T	미배부

발생일자	거래처	원가구분	과세구분	공급가	부가세	합계액	비용명	지급구분	세무구분
2025/12/15	BOSH CO., LTD.	물품대	수입영세	24,700,000	0	24,700,000	B/L결제대금	현금	수입
2025/12/16	인천세관	관세	매입기타	3,050,000	0	3,050,000	수입관세	현금	–
2025/12/16	(주)형진상사	기타	매입과세	400,000	40,000	440,000	보관료	현금	과세매입
2025/12/18	(주)대한해운	기타	매입과세	600,000	60,000	660,000	하역료	현금	과세매입

입력하기

❶ 등록기간을 입력하고 상단의 [조회] 아이콘을 클릭하여 화면 상단에서 선적기간 입력 후 B/L번호를 조회한다. 선적일자 확인 후 B/L번호를 선택 적용한다.

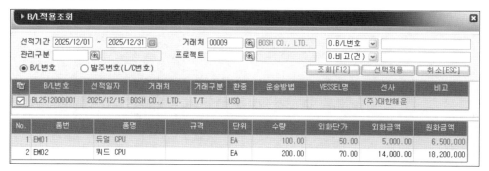

❷ 화면 하단에서 적용받은 B/L의 결제대금(물품대)은 자동으로 반영되며 수입관세, 보관료, 하역료 등 수입과 관련된 부대비용을 직접 입력 후 저장한다.

❸ 등록된 수입제비용에 대한 회계전표를 생성하기 위해 항목들을 선택한 후 우측 상단 [전표생성] 아이콘을 클릭하여 부가세사업장 확인 후 회계전표를 발행한다.

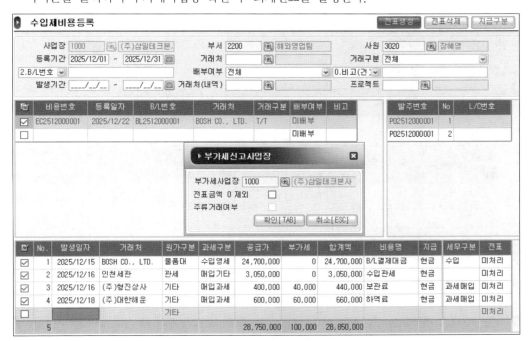

꼭 알아두기

• 화면 하단의 수입제비용등록 시 '지급구분' 항목이 조회되지 않을 경우에는 우측 상단 [지급구분] 아이콘을 한번 클릭해주면 해결된다.

• 화면 상단의 '배부여부' 항목은 미착품원가정산 메뉴에서 원가를 배부처리하면 '미배부'에서 '배부'로 변경된다.

• 발행된 회계전표는 물류 · 생산모듈에서는 확인할 수 없으며 회계모듈에서만 확인할 수 있다. 또한 회계처리는 비용항목을 구분하지 않고 운송 중인 자산을 처리하는 임시계정인 '미착품'으로 처리되어 추후에 미착품원가정산 후 회계처리를 하면 미착품 계정이 원재료 등의 재고자산과 대체된다.

4.4 입고의뢰등록

입고의뢰등록은 옵션설정 메뉴로서 구매처에 발주한 품목을 납품받아 창고에 입고시키기 위하여 물류담당자에게 입고요청을 등록하는 메뉴이다. B/L접수에서 등록한 내역을 적용받아 입고의뢰를 할 수 있다. 시스템환경설정 메뉴에서 '입고의뢰운영여부'가 '사용'으로 설정되어 있어야 한다.

실무예제

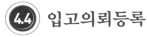

무역관리 ➡ 기타(수입) ➡ 입고의뢰등록

B/L접수 내역을 적용받아 물류담당자에게 입고요청을 하려고 한다. 입고의뢰등록을 하시오.

거래구분	의뢰일자	거래처	의뢰창고	의뢰담당자	납기일/입고예정일	품번	의뢰수량	검사
T/T	2025/12/22	BOSH CO., LTD.	부품창고(본사)	해외영업담당	2025/12/25	EM01	100	무검사
						EM02	200	무검사

입력하기

❶ 의뢰기간과 거래구분을 선택하고 상단의 🔍조회 아이콘을 클릭한 후 우측 상단 선적적용 아이콘을 클릭하여 [선적적용(건별)] TAB에서 '선적번호' 앞 체크박스를 선택하여 적용한다.

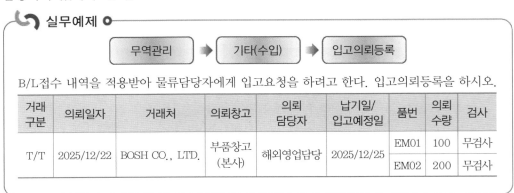

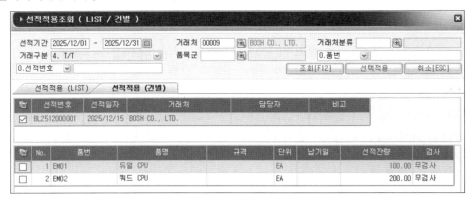

❷ 의뢰일자와 의뢰창고, 의뢰담당자, 의뢰수량의 변경 등의 정보를 입력한 후 저장한다.

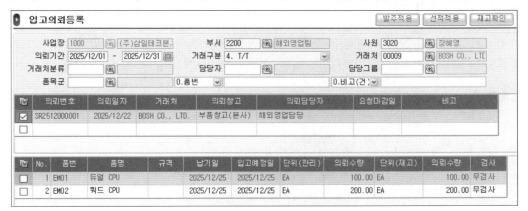

🔒 **알아두기**

핵심ERP에서 입고의뢰등록 프로세스는 업무처리 시 반드시 수행하여야 하는 프로세스는 아니다. 각 회사의 상황에 맞도록 시스템환경설정에서 사용여부를 설정하여 운영할 수 있다.

4.5 입고검사등록

입고검사등록은 옵션설정 메뉴로서 발주한 품목을 창고에 입고하기 전에 입고검사를 실시한 후 검사결과를 등록하는 메뉴이다. 입고의뢰등록 내역을 적용받아 검사결과를 등록한다. 시스템환경설정 메뉴에서 '입고전검사운영여부'가 '사용'으로 설정되어 있어야 된다.

본 수입프로세스 실습자료에서는 매입품목이 모두 '무검사' 품목으로 분류되었기 때문에 입고검사등록 프로세스는 생략하기로 한다.

🔒 **알아두기**

- 핵심ERP에서 입고검사등록 프로세스는 업무처리 시 반드시 수행하여야 하는 프로세스는 아니다. 각 회사의 상황에 맞도록 시스템환경설정에서 사용여부를 설정하여 운영할 수 있다.
- '입고전검사운영여부'가 '사용'으로 설정되어 있더라도 B/L접수 또는 입고의뢰등록 시 각 품목별로 검사유무를 '검사'로 선택한 경우에만 입고검사를 수행한다.

4.6 입고처리(해외발주)

입고처리(해외발주)는 해외발주 품목의 입고를 처리하며 물품이 창고에 입고되는 시점에 등록하는 메뉴이다. 입고처리가 완료되면 재고가 증감되어 재고수불에 영향을 미친다.

🪝 **실무예제** ○

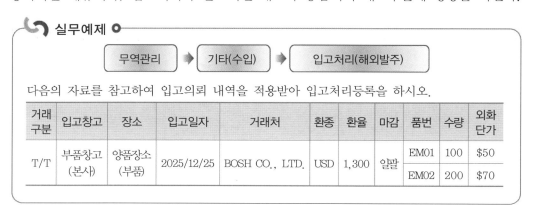

다음의 자료를 참고하여 입고의뢰 내역을 적용받아 입고처리등록을 하시오.

거래구분	입고창고	장소	입고일자	거래처	환종	환율	마감	품번	수량	외화단가
T/T	부품창고 (본사)	양품장소 (부품)	2025/12/25	BOSH CO., LTD.	USD	1,300	일괄	EM01	100	$50
								EM02	200	$70

🗡 **입력하기**

❶ 입고기간과 입고창고, 거래구분을 선택하고 상단의 📑 조회 아이콘을 클릭한 후 우측 상단 의뢰적용 아이콘을 클릭하여 [의뢰적용(건별)] TAB에서 입고의뢰내역을 조회한 후 입고의뢰정보를 적용 받는다. '무검사' 품목일 경우에만 의뢰적용 아이콘을 클릭하여 조회할 있다.

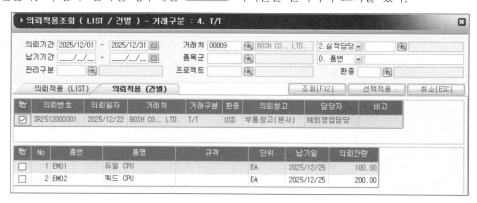

❷ 입고일자와 환율, 마감구분, 장소 등을 입력한 후 저장한다.

| 입고처리(해외발주) | | | | | | | | 의뢰적용 검사적용 인쇄설정 |

사업장	1000	(주)삼일테크본,	부서	2200	해외영업팀	사원	3020	장혜영
입고기간	2025/12/01 ~ 2025/12/31		입고창고	A200	부품창고(본사)	환종		
거래처			관리구분			프로젝트		
거래구분	4. T/T		0. 품번					

☑	입고번호	입고일자	거래처	환종	환율	마감	담당자	비고
☑	RV2512000001	2025/12/25	BOSH CO., LTD.	USD	1,300.000	일괄		
☐								

☐	No	품번	품명	규격	발주단위수량	단위	외화단가	외화금액	원화금액
☐	1	EM01	듀얼 CPU		100.00	EA	50.00	5,000.00	6,500,000
☐	2	EM02	쿼드 CPU		200.00	EA	70.00	14,000.00	18,200,000
☐									
	2				300.00			19,000.00	24,700,000

장소	A200	양품장소(부품)	LOT No.		재고단위수량	100.00	EA
관리구분			프로젝트		비고		

🗡 주요항목 설명

❶ 의뢰적용 : 입고의뢰등록 시 검사유무를 '무검사'로 설정한 품목의 입고처리를 위해 입고의뢰등록 데이터를 조회한다.

❷ 검사적용 : 해외발주등록 또는 입고의뢰등록 시 품목 검사유무를 '검사'로 설정한 경우에 입고검사 정보를 적용받아 입고처리 한다.

핵심ERP실무

4.7 미착품원가정산

미착품원가정산은 수입물품의 매입원가를 결정하며 수입거래의 마감을 처리하는 메뉴이다. 수입제비용 등록과 입고처리가 완료된 상태에서 수입제비용을 각 품목의 물품대 기준으로 배부처리 하여 매입원가를 결정한다.

실무예제

무역관리 ➡ 기타(수입) ➡ 미착품원가정산

해외발주를 통해 입고처리된 내역을 근거로 수입제비용을 배부처리 하시오.

선적일자	거래처	거래구분	입고여부	정산일자
2025/12/15	BOSH CO., LTD.	T/T	처리	2025/12/25

거래처	발생일자	비용명	공급가
BOSH CO., LTD.	2025/12/15	B/L결제대금	24,700,000
인천세관	2025/12/16	수입관세	3,050,000
(주)형진상사	2025/12/16	보관료	400,000
(주)대한해운	2025/12/18	하역료	600,000

입력하기

❶ 입고기간을 입력하고 상단의 [조회] 아이콘을 클릭하면 수입제비용등록 내역이 조회된다.

❷ 화면 상단 해당 B/L의 '선적일자' 앞 체크박스를 선택한 후 우측 상단 [배부처리] 아이콘을 클릭하여 '정산일자' 입력 팝업 창에 정산일자를 입력하고 확인한다.

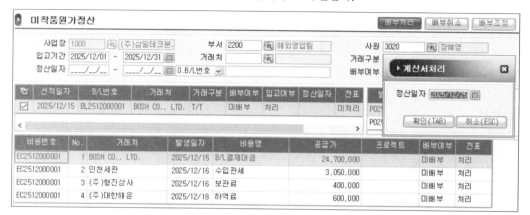

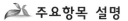 주요항목 설명

❶ 배부여부: 수입제비용의 배부처리가 완료되면 '배부', 배부되지 않았다면 '미배부'로 나타낸다.

❷ 배부조정 : 배부처리 된 수입품목의 원가를 재조정하는 경우에 사용된다. 배부금액 또는 배부비율로 조정할 수 있다.

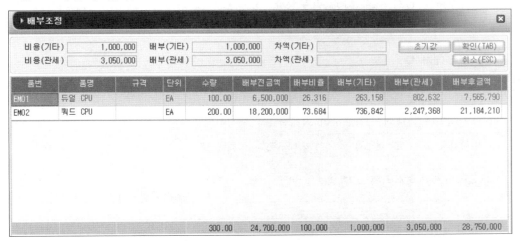

품번	품명	규격	단위	수량	배부전금액	배부비율	배부(기타)	배부(관세)	배부후금액
EM01	듀얼 CPU		EA	100.00	6,500,000	26.316	263,158	802,632	7,565,790
EM02	쿼드 CPU		EA	200.00	18,200,000	73.684	736,842	2,247,368	21,184,210
				300.00	24,700,000	100.000	1,000,000	3,050,000	26,750,000

비용(기타) 1,000,000　배부(기타) 1,000,000　차액(기타)　초기값　확인(TAB)
비용(관세) 3,050,000　배부(관세) 3,050,000　차액(관세)　취소(ESC)

꼭 알아두기

- 핵심ERP에서 수입제비용의 배부는 수입 물품의 품목별 금액기준으로 배부한다. 만약 이러한 기준으로 배부한 금액을 수정하려면 화면 우측 상단 '배부조정' 아이콘을 클릭하여 수정할 수 있다.
- 정산일자는 수입 건의 마감일자이다. 입력된 정산일자에 따라 회계전표 생성, 재고평가 시 등에 반영된다.

4.8 회계처리(매입마감)

미착품원가정산 내역을 근거로 회계전표를 생성하는 메뉴이다. 본 메뉴에서 회계전표의 생성을 위해서는 먼저 회계전표연결계정과목등록 메뉴의 회계연결계정이 설정되어 있어야 한다.

실무예제

다음의 매입마감 내역을 참고하여 회계전표를 생성하시오.

마감일자	거래처	거래구분	세무구분	품번	마감수량
2025/12/25	BOSH CO., LTD.	T/T	수입	EM01	100
				EM02	200

입력하기

❶ 검색기간을 입력하고 상단의 조회 아이콘을 클릭하여 [매입마감] TAB에서 매입마감내역을 조회한다. '마감번호' 앞 체크박스를 선택하고 '세무구분'을 '수입'으로 변경한 후 우측 상단 전표처리 아이콘을 클릭하면 전표처리 팝업화면이 뜬다. 부가세사업장 등을 선택하고 회계전표를 생성한다.

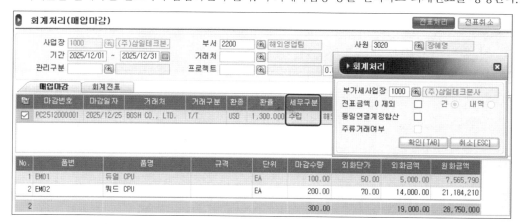

❷ [회계전표] TAB을 선택하여 상단의  아이콘을 클릭하면 '미결' 상태인 회계전표가 발행되어
있는 것을 확인할 수 있다.

순번	구분	코드	계정과목	코드	거래처명	금액	적요명	증빙
1	대체차변	14900	원재료	00009	BOSH CO., LTD.	28,750,000 0	미착품 원재료 계정 대체	
2	대체대변	15600	미착품	00009	BOSH CO., LTD.	24,700,000 0	정산대체(B/L결제대금)	
3	대체대변	15600	미착품	00010	인천세관	3,050,000 0	정산대체(수입관세)	
4	대체대변	15600	미착품	00007	(주)형진상사	400,000 0	정산대체(보관료)	
5	대체대변	15600	미착품	00008	(주)대한해운	600,000 0	정산대체(하역료)	

꼭! 알아두기

• 물류 · 생산모듈에서 생성된 회계전표는 모두 미결상태이며, 회계모듈 전표승인해제
메뉴에서 승인권자가 확인 후 전표를 승인하여야 한다.

• [매입마감] TAB에서 생성된 전표가 회계모듈에서 승인이 되면 [매입마감] TAB의
전표취소 아이콘을 이용하여 삭제할 수 없다. 삭제가 필요하다면 회계모듈 전표승인
해제 메뉴에서 전표승인해제 후 미결전표 상태에서 삭제를 하여야 한다.

05 수입현황

[조회메뉴 설명]

메뉴명	주요 내용
L/C개설및해외발주현황	신용장 개설 및 해외발주 현황을 다양한 정렬조건에 따라 조회하는 메뉴
수입선적현황	수입과 관련된 선적현황을 검색조건에 따라 조회하는 메뉴
미착품원가정산현황	미착품원가정산 메뉴에서 B/L별 수입제비용을 배부하였고, 그 결과를 상세하게 조회하는 메뉴
품목별배부현황	품목별로 미착품원가정산 현황을 상세하게 조회하는 메뉴
B/L결제예정일별조회	수입 건에 대하여 B/L 결제예정일별로 상세내역을 조회할 수 있는 메뉴
B/L수금예정일별수금반제현황	선적등록(수출)의 수금예정일이 등록된 선적 건에 대하여 NEGO등록(수출)의 NEGO금액과 외화 및 원화금액을 조회하는 메뉴
선적대비입고현황(수입)	선적등록 한 내역 중 입고된 내역의 입고수량을 확인하는 메뉴
선적대비입고집계(수입)	수입 건에 대하여 선적번호별로 선적수량, 입고수량, 선적잔량을 조회하는 메뉴
미착정산배부현황(수입)	미착정산배부등록에 입력된 내역을 조회하는 메뉴
미착정산배부현황 (수입_품목별)	미착정산배부등록에 입력된 내역을 품목별로 조회하는 메뉴
선급금지급대비정리현황(INCOME)	지급등록(수입)에서 등록한 지급 내역 중 선급금 정리내역을 확인하는 메뉴
수입진행현황	수입 건에 대하여 발주번호별, 거래처별, 품목별로 선적수량과 입고수량 등의 상세내역을 조회할 수 있는 메뉴

제**6**장

핵심ERP 생산프로세스 실무

01 업무프로세스의 이해

1.1 생산프로세스(자체생산)

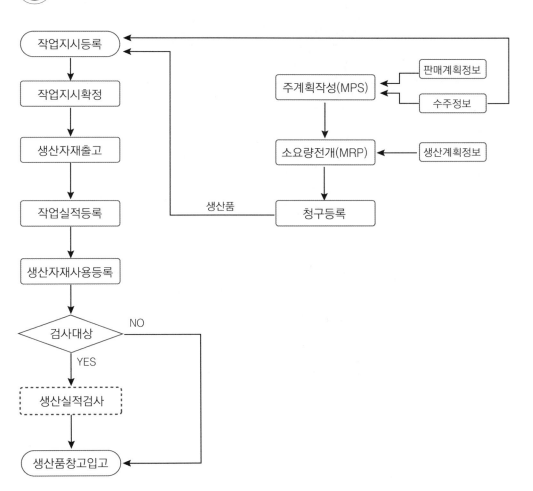

1.2 외주프로세스(외부생산)

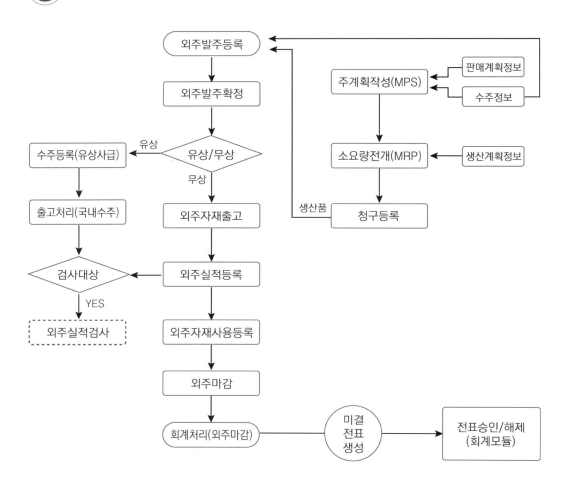

02 생산관리

 ★
핵심ERP 생산프로세스 진행을 위하여 대구지사의 생산팀 '황재석' 사원으로 로그인하여 진행하고자 한다.

2.1 생산계획등록

생산계획등록은 생산할 제품 및 반제품에 대한 생산계획을 등록하는 메뉴이다. 생산계획등록 메뉴에서 등록된 생산계획 정보는 판매계획이나 수주정보에 의해 작성되는 주생산계획(MPS)과 함께 소요량전개(MRP) 시 산출근거로 이용된다.

🔸 실무예제 ○

생산관리공통 ➡ 생산관리 ➡ 생산계획등록

(주)삼일테크 대구지사는 제품 및 반제품에 대한 생산계획을 자체적으로 수립하였다. 품목별 생산계획을 등록하시오.

사업장	품번	품명	작업예정일	수량
대구지사	CR02	갤럭시 엣지	2025/11/02	100
	DH02	커브드 디스플레이	2025/11/02	90

🦅 입력하기

❶ 사업장 확인 후 상단의 아이콘을 클릭하여 해당 품목을 선택한 후 작업예정일과 수량을 입력하면 작업순서가 부여된다.

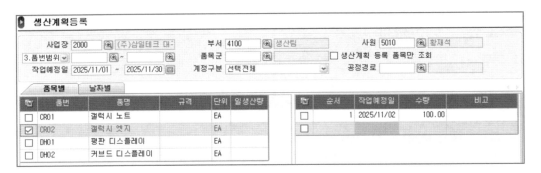

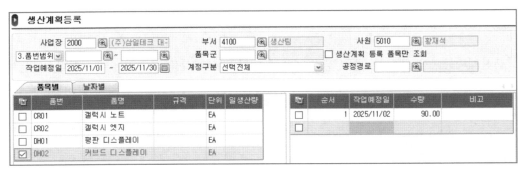

2.2 작업지시등록

작업지시등록은 생산할 품목과 수량, 생산완료일을 등록하는 메뉴이다. 생산품 청구정보, 수주정보, 생산계획정보를 적용받아 등록할 수 있으며, 직접 입력할 수도 있다.

실무예제

생산관리공통 ➡ 생산관리 ➡ 작업지시등록

11월의 생산계획 정보를 적용받아 다음을 참고하여 작업지시를 등록하시오.

사업장	공정	작업장	지시일	납기일	품번	수량	검사
대구지사	작업공정	반제품작업장	2025/11/02	2025/11/02	DH02	90	검사

입력하기

❶ 사업장, 공정과 작업장을 입력하고 상단의 아이콘을 클릭한 후 우측 상단 ⌜생산계획조회⌟ 아이콘을 클릭한다.

❷ 팝업 창에서 계획기간을 입력하고, 생산계획 정보를 조회하여 해당 품목 선택 후 적용한다.

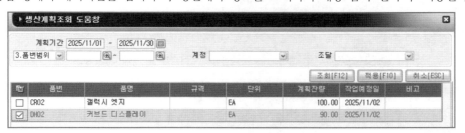

❸ 적용된 품목의 수량과 검사유무를 확인 후 저장한다. 생산계획 정보를 적용받은 지시수량은 변경이 가능하다.

주요항목 설명

❶ ⌜청구조회⌟ : 구매/자재모듈 청구정보에 의한 작업지시등록 시에 적용한다.
❷ ⌜주문조회⌟ : 영업모듈 수주정보에 의한 작업지시등록 시에 적용한다.
❸ ⌜생산계획조회⌟ : 생산모듈 생산계획정보에 의한 작업지시등록 시에 적용한다.

알아두기

[작업지시 상태]

구분	설명
계획	작업지시등록 후 확정되지 않은 등록 상태
확정	작업지시등록 후 작업지시를 확정한 상태
마감	강제적으로 작업지시를 마감처리한 상태

작업지시등록은 수주나 청구정보, 생산계획정보를 적용받지 않고 직접 입력하는 것도 가능하다.

(2.3) 작업지시확정

계획상태의 작업지시를 확정하는 메뉴이다. 작업지시 확정과 동시에 BOM등록 정보를 근거로 모품목에 대한 자품목의 필요수량이 자동으로 산출된다.

실무예제

생산관리공통 ➡ 생산관리 ➡ 작업지시확정

등록된 작업지시를 확정하고, 작업지시서를 생산현장에 배포하시오.

사업장	지시일	납기일	품번	지시수량	상태	검사	사용일
대구지사	2025/11/02	2025/11/02	DH02	90	확정	검사	2025/11/02

입력하기

❶ 공정과 작업장, 지시기간을 입력하고 상단의 〔조회〕 아이콘을 클릭한 후 작업지시 내역을 확인한다.

❷ 해당 작업지시를 선택하고 우측 상단 〔확정〕 아이콘을 클릭하여 청구일자 입력 팝업 창에서 자재사용일자를 입력 후 확인하면, 자품목의 소요정보가 자동으로 전개된다.

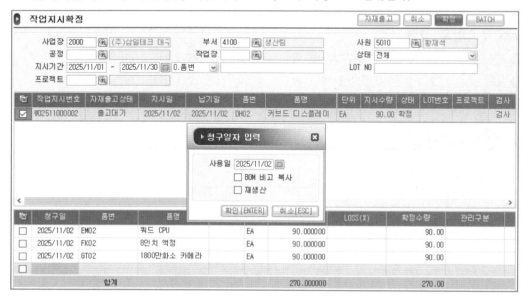

주요항목 설명

❶ 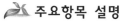 : 작업지시 확정 후 자재출고 아이콘을 클릭하여 출고일자와 출고장소를 입력한 후 생산자재 출고처리를 할 수 있다.

❷ BATCH : 교육용 핵심ERP에서는 활용되지 않는 기능이다.

꼭 알아두기

• 작업지시 확정 후 BOM 정보에 근거하여 자동으로 전개된 자품목의 LOSS율과 수량은 변경할 수도 있다.
• 생산자재출고 또는 생산실적등록 데이터가 발생된 작업지시는 '확정' 상태를 '취소'할 수 없다.

2.4 생산자재출고

생산자재출고는 제품 및 반제품을 생산하기 위해 필요한 자재를 공정으로 출고처리하는 메뉴이다. 작업지시확정 메뉴에서 자재를 출고처리 하였다면, 이 메뉴에서는 조회만 가능하다.

실무예제

작업지시가 확정된 건에 대해 다음을 참고하여 생산자재를 출고 처리하시오.

사업장	출고일자	출고창고	출고장소	공정	작업장
대구지사	2025/11/02	부품창고(지사)	양품장소(부품)	작업공정	반제품작업장

모품목	품번	요청수량	출고수량
커브드 디스플레이 (DH02)	EM02	90	90
	FK02	90	90
	GT02	90	90

입력하기

❶ 출고기간을 입력하고 상단의 🔍조회 아이콘을 클릭한 후 우측 상단 [출고요청] 아이콘을 클릭하여 자재출고요청 내역을 조회한다. 해당 요청품목을 선택하여 적용한다.

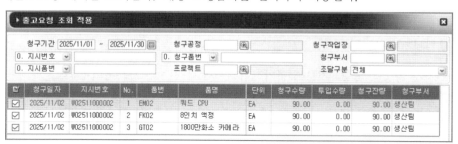

❷ 출고일자, 출고창고 및 출고장소를 입력하고 출고수량의 변경여부를 확인 후 저장한다.

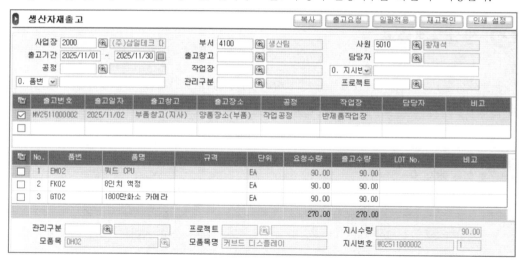

🔖 꼭 알아두기

- 작업지시 확정을 통해 산출된 자품목의 소요량을 기준으로 출고처리를 하며, 출고처리 시 품목 및 수량을 변경할 수도 있다.
- 자재출고처리가 완료되면 창고의 재고는 출고수량만큼 감소하고, 공정의 재공은 그 수량만큼 증가한다.

2.5 **작업실적등록**

작업실적등록은 작업지시로 인한 제품 및 반제품의 생산이 일부 또는 전부가 완료된 실적을 등록하는 메뉴이다. 작업실적이 등록되더라도 생산품에 대해 창고입고처리가 되지 않았기 때문에 작업공정에 머물러 있는 재공으로 인식된다.

🍃 실무예제 ●

생산관리공통 ➡ 생산관리 ➡ 작업실적등록

대구지사에서 생산이 완료된 커브드 디스플레이(DH02)의 작업실적을 등록하시오.

지시공정	지시일	품번	실적일	공정	작업장
작업공정	2025/11/02	DH02	2025/11/02	작업공정	반제품작업장

구분	실적구분	실적수량	검사	입고창고	입고장소
입고	적합	70	검사	부품창고(지사)	양품장소(부품)

※ 재작업은 하지 않는다.

🐟 입력하기

❶ 지시기간과 지시공정을 선택한 후 상단의 🔍조회 아이콘을 클릭하면 화면 상단에 작업지시 내역이 조회된다. 예제의 실적정보를 참고하여 입력 후 저장한다.

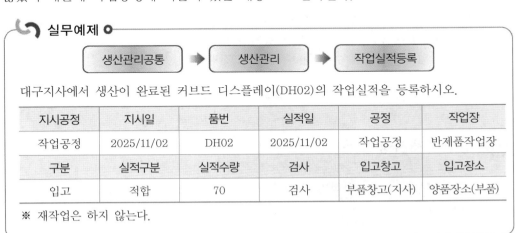

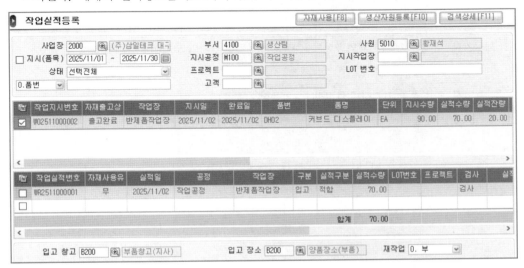

핵심ERP실무

🗡 주요항목 설명

❶ 자재사용[F8] : 작업실적별로 사용자재를 보고하는 기능이다.

❷ 생산자원등록[F10] : 해당 작업실적에 대해 자원사용량을 등록하는 기능이다.

> **꼭 알아두기**
>
> • 작업실적이 등록되면 제품 및 반제품의 재공이 증가된다. 그 후 생산품 창고입고처리가
>   이루어지면 제품 및 반제품의 재고는 증가하고 재공은 감소하게 된다.
> • 한 건의 작업지시에 대해 수차례 나누어 실적 잔량관리를 하면서 작업실적을 등록할
>   수 있다.

2.6 생산자재사용등록

생산자재사용등록은 작업실적별 제품 및 반제품의 생산에 투입된 자재의 사용량을 등
록하는 메뉴이다.

🖐 실무예제

반제품 커브드 디스플레이(DH02)의 생산에 사용된 자재를 등록하시오.

사업장	실적일	실적공정	품번	실적수량	사용일자	품번	사용수량
대구지사	2025/11/02	작업공정	DH02	70	2025/11/02	EM02	70
						FK02	70
						GT02	70

※ 출고창고: 부품창고(지사), 출고장소: 양품장소(부품)

입력하기

❶ 실적공정과 실적작업장, 실적기간을 입력하고 상단의 [조회] 아이콘을 클릭하면 작업실적 내역이 조회된다. 우측 상단 [일괄적용[F7]] 아이콘을 클릭하여 사용정보와 출고정보를 입력한 후 확인한다.

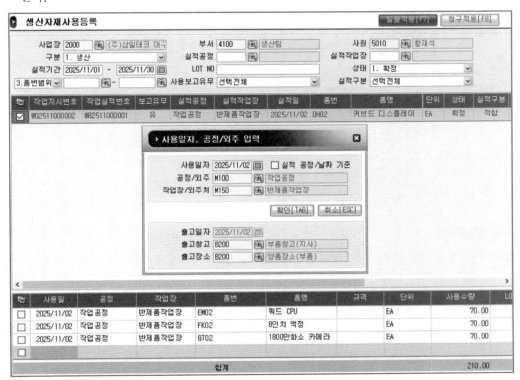

주요항목 설명

❶ [일괄적용[F7]] : 자재의 사용정보와 출고정보를 입력 후 일괄적으로 적용한다.

❷ [청구적용[F8]] : 작업지시 확정을 통해 청구한 자재내역을 적용받는 기능이다.

> 꼭 알아두기
>
> 생산자재 출고된 자재는 재공으로 남아 있다가 생산자재사용등록을 하면 자재의 재공은 감소된다.

2.7 생산실적검사

생산실적검사는 옵션설정 메뉴로서 생산실적 품목에 대한 검사결과를 등록하는 메뉴이다. 시스템환경설정 메뉴에서 '실적검사운영여부'가 '운영함'으로 설정되어 있어야 된다.

실무예제

생산관리공통 ➡ 생산관리 ➡ 생산실적검사

반제품 커브드 디스플레이(DH02)의 생산실적검사 결과를 등록하시오.

공정	작업장	품번	검사일	검사구분	검사유형	합격여부	합격수량	불합격 수량
작업공정	반제품 작업장	DH02	2025/11/02	성능검사	전수검사	합격	69	1

※ 불합격 수량 1EA는 조립불량으로 판정되었다.

입력하기

❶ 실적일, 공정 및 작업장을 선택하고 상단의 조회 아이콘을 클릭하면 화면 상단에 작업실적 내역이 조회된다. 화면 하단에서 검사일자, 검사구분, 합격여부 등을 입력한 후 저장한다.

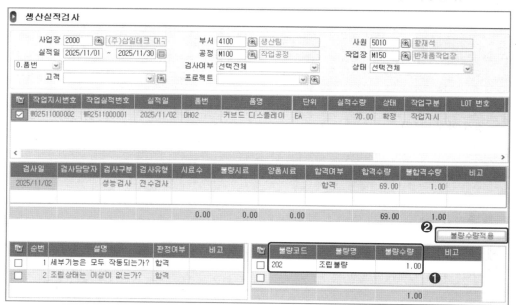

생산품창고입고처리

생산품창고입고처리는 재공을 운영하는 경우에 생산품을 창고에 입고처리하는 메뉴이다.

실무예제

생산관리공통 → 생산관리 → 생산품창고입고처리

실적검사가 완료된 반제품 커브드 디스플레이(DH02)를 창고에 입고처리 하시오.

사업장	공정	작업장	실적일	품번
대구지사	작업공정	반제품작업장	2025/11/02	DH02

입고일자	입고창고	입고장소	입고수량
2025/11/02	부품창고(지사)	양품장소(부품)	69

입력하기

❶ 실적기간과 공정을 입력하고 상단의 [조회] 아이콘을 클릭하면 화면 상단에 작업지시 내역이 조회된다. 화면 하단에서 입고정보를 입력 후 저장한다.

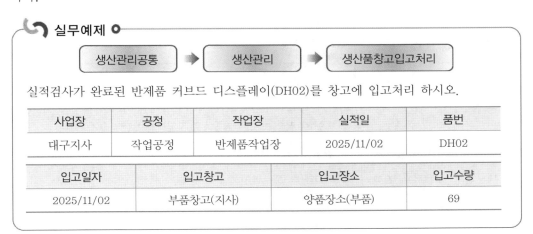

 알아두기

생산품을 창고에 입고처리하면 재공은 감소하고, 재고는 증가한다.

㉙ 작업지시마감처리

작업지시 잔량이 남아 있는 상태에서 작업을 더 이상 진행하지 않는 경우에 작업지시마감처리를 하면 생산대상으로 관리되지 않는다. 필요하다면 마감처리하였다가 취소할 수도 있다.

실무예제

| 생산관리공통 | ➡ | 생산관리 | ➡ | 작업지시마감처리 |

반제품 커브드 디스플레이(DH02)의 작업지시 수량보다 작업실적 수량이 부족하지만, 고객의 요청에 의한 주문량 변동으로 인해 작업지시 건을 다음과 같이 마감하고자 한다.

사업장	지시일	완료일	품번	지시수량	실적수량	실적잔량
대구지사	2025/11/02	2025/11/02	DH02	90	70	20

입력하기

❶ 지시를 입력하고 상단의 🔍 조회 아이콘을 클릭하면 화면 상단에 작업지시 내역이 조회된다. 해당 작업지시 건을 선택하여 우측 상단 [마감처리[F6]] 아이콘을 클릭하여 마감처리 한다.

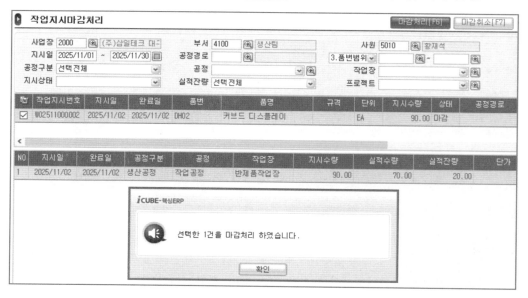

제품생산 실습

🍃 실무예제 ●━━━━━━━━━━━━━━

생산관리공통 ➡ 생산관리 ➡ 작업지시등록

11월의 생산계획 정보를 적용받아 다음을 참고하여 작업지시를 등록하시오.

사업장	공정	작업장	청구일/지시일	납기일	품번	수량	검사
대구지사	작업공정	제품작업장	2025/11/02	2025/11/05	CR02	100	무검사

📝 입력하기

❶ 공정과 작업장, 지시기간을 입력하고 상단의 [조회] 아이콘을 클릭한 후 우측 상단 [생산계획조회] 아이콘을 클릭한다.

❷ 팝업 창에서 계획기간을 입력하고, 생산계획 정보를 조회하여 해당 품목 선택 후 적용한다.

❸ 적용된 품목의 수량과 검사유무를 확인 후 저장한다. 청구정보를 적용받은 지시수량은 변경이 가능하다.

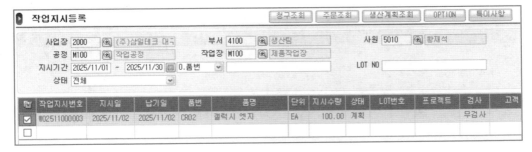

실무예제

$$\boxed{\text{생산관리공통}} \Rightarrow \boxed{\text{생산관리}} \Rightarrow \boxed{\text{작업지시확정}}$$

등록된 작업지시를 확정하고, 작업지시서를 생산현장에 배포하시오.

공정	작업장	지시일	품번	지시수량	상태	검사	사용일
작업공정	제품작업장	2025/11/02	CR02	100	확정	무검사	2025/11/02

입력하기

❶ 공정과 작업장, 지시기간을 입력하고 상단의 [조회] 아이콘을 클릭한 후 작업지시 내역을 확인한다.

❷ 해당 작업지시를 선택하고 우측 상단 [확정] 아이콘을 클릭하여 청구일자 입력 팝업 창에서 자재청구일자를 입력 후 확인하면, 자품목의 소요정보가 자동으로 전개된다.

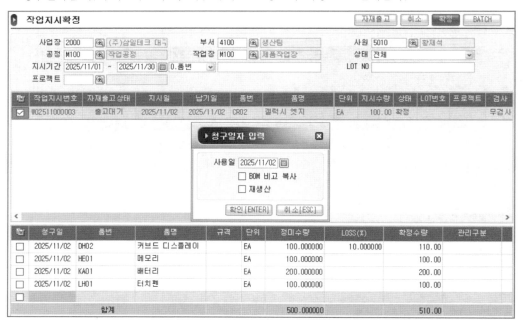

실무예제

작업지시가 확정된 갤럭시 엣지(CR02)건에 대해 다음을 참고하여 작업지시확정 메뉴에서 생산자재를 출고처리 하시오.

출고일자	출고창고	출고장소	품번	확정수량
2025/11/02	부품창고(지사)	양품장소(부품)	DH02	110
			HE01	100
			KA01	200
			LH01	100

입력하기

❶ 작업지시확정 메뉴에서 공정, 작업장, 지시기간 등을 입력하고, 상단의 [조회] 아이콘을 클릭한 후 우측 상단 [자재출고] 아이콘을 클릭하여 출고일자 등을 입력한다.

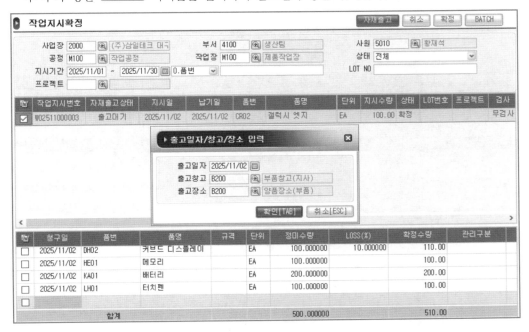

🔙 **실무예제** ○

┌─────────────┐ ┌─────────────┐ ┌─────────────┐
│ 생산관리공통 │ ➡ │   생산관리   │ ➡ │ 작업실적등록 │
└─────────────┘ └─────────────┘ └─────────────┘

생산이 완료된 갤럭시 엣지(CR02)의 작업실적 등록과 창고에 입고 처리하시오.

지시공정	지시일	품번	실적일	공정	작업장
작업공정	2025/11/02	CR02	2025/11/04	작업공정	제품작업장
구분	실적구분	실적수량	검사	입고창고	입고장소
입고	적합	<u>50</u>	무검사	제품창고(지사)	양품장소(제품)

※ 재작업은 하지 않는다.

📑 **입력하기**

❶ 지시기간과 지시공정을 선택한 후 상단의  아이콘을 클릭하면 화면 상단에 작업지시 내역이 조회된다. 예제의 실적정보를 참고하여 입력 후 저장한다.

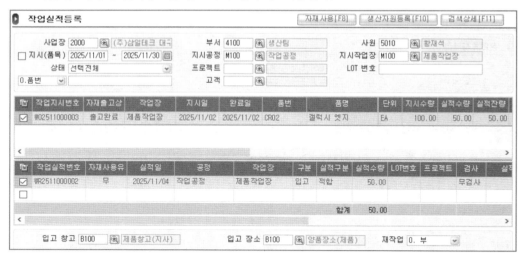

❷ 생산품창고입고처리 메뉴에서 정상적으로 처리되었는지 확인한다.

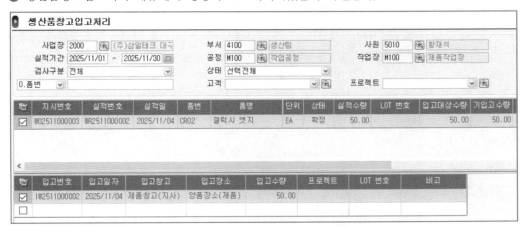

검사여부가 '무검사'인 품목은 작업실적이 등록되면서 지정한 창고 및 장소로 즉시 입고 처리된다. 즉 생산품창고입고처리 메뉴에서 별도로 입고처리를 하지 않는다.

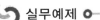

생산관리공통 ➡ 생산관리 ➡ 작업실적등록

갤럭시 엣지(CR02)의 생산에 사용된 자재를 작업실적등록 메뉴에서 사용등록 하시오.

실적일	실적공정	품번	실적수량	사용일자	품번	사용수량
2025/11/04	작업공정	CR02	50	2025/11/04	DH02	55
					HE01	50
					KA01	100
					LH01	50

※ 공정/외주: 작업공정, 작업장/외주처: 제품작업장

🖈 입력하기

❶ 실적공정과 실적작업장, 실적기간을 입력하고 상단의 🔍 조회 아이콘을 클릭하면 작업실적 내역이 조회된다. 우측 상단 자재사용[F8] 아이콘을 클릭하여 사용일자와 출고정보를 입력한 후 확인한다.

❷ 생산자재사용등록 메뉴에서 정상적으로 처리되었는지 확인한다.

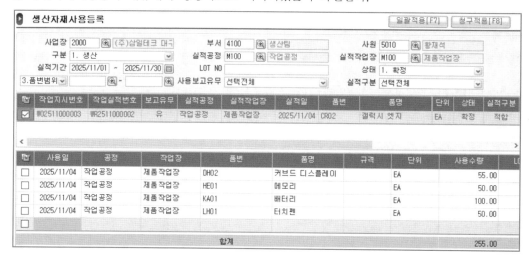

03 외주관리

3.1 외주발주등록

외주발주등록은 반제품 생산을 외부에 요청하는 경우 발주를 등록하는 메뉴이다. 외주란 외부 업체에 자재를 유상 또는 무상으로 공급하여 반제품의 생산을 의뢰하는 것이다. 청구내역과 수주내역, 생산계획 정보를 적용받아 발주를 등록할 수 있으며, 직접 입력할 수도 있다.

🎣 실무예제 ⚬

생산관리공통 ➡ 외주관리 ➡ 외주발주등록

반제품 평판 디스플레이(DH01)의 외주발주를 등록하시오.

공정	외주처	발주일	납기일	품번	지시수량	단가	검사
외주공정	수민산업 반제품작업장	2025/11/15	2025/11/20	DH01	30	36,000	무검사

⚡ 입력하기

❶ 공정 및 외주처, 지시기간을 입력하고 상단의 [조회] 아이콘을 클릭한 후 발주일, 검사여부 등을 입력한 후 저장한다.

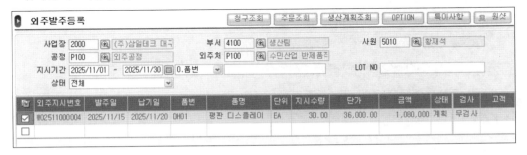

(3.2) 외주발주확정

계획상태의 외주발주를 확정하는 메뉴이다. 외주발주 확정과 동시에 BOM등록 정보를 근거로 모품목에 대한 자품목의 필요수량이 자동으로 산출된다.

실무예제

생산관리공통 ➡ 외주관리 ➡ 외주발주확정

외주발주 내역을 확정하고, 외주처에 발주서를 발송하시오.

공정	외주처	발주일	납기일	품번	지시수량	상태	검사	사용일
외주공정	수민산업 반제품작업장	2025/11/15	2025/11/20	DH01	30	확정	무검사	2025/11/15

※ 1500만화소 카메라(GT01)는 본 건에 한해서 유상 사급자재로 분류하며, 외주자재출고 대상 품목이 아니고 추후 수주등록(유상사급) 대상 품목임

입력하기

❶ 공정과 외주처, 지시기간을 입력하고 상단의 조회 아이콘을 클릭한 후 외주발주 내역을 확인한다.

❷ 해당 발주내역을 선택하고 우측 상단 확정 아이콘을 클릭하여 청구일자 입력 팝업 창에서 자재 청구일자를 입력 후 확인하면, 자품목의 소요정보가 자동으로 전개된다.

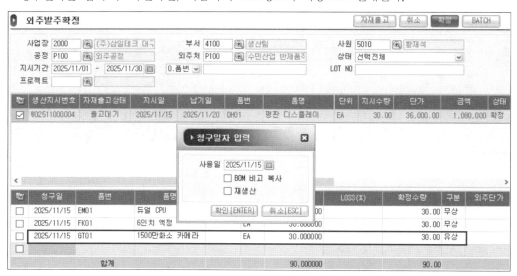

주요항목 설명

❶ `자재출고` : 외주발주 확정 후 자재출고 아이콘을 클릭하여 출고일자와 출고장소를 입력한 후 외주자재 출고처리를 할 수 있다.

❷ `BATCH` : 교육용 핵심ERP에서는 활용되지 않는 기능이다.

> **꼭 알아두기**
>
> 외주발주 확정 후 BOM 정보에 근거하여 자동으로 전개된 자품목의 LOSS율과 수량은 변경할 수도 있다.

3.3 외주자재출고

외주자재출고는 외주처에서 반제품을 생산하기 위해 무상 사급자재를 외주공정으로 출고처리하는 메뉴이다. 외주발주확정 메뉴에서 자재를 출고처리 하였다면, 이 메뉴에서는 조회만 가능하다.

실무예제

반제품 평판 디스플레이(DH01)의 생산에 따른 외주자재를 출고처리 하시오.

출고일자	출고창고	출고장소	외주공정	외주처
2025/11/15	부품창고(지사)	양품장소(부품)	외주공정	수민산업 반제품작업장

모품목	품번	요청수량	출고수량
DH01	EM01	30	30
	FK01	30	30

📑 입력하기

❶ 출고기간을 입력하고 상단의 🔍 조회 아이콘을 클릭한 후, 우측 상단 출고요청 아이콘을 클릭하여
자재출고요청 내역을 조회한다. 해당 요청품목을 선택하여 적용한다.

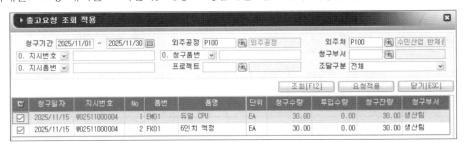

❷ 출고일자, 출고창고 및 출고장소를 입력하고 출고수량의 변경 여부를 확인 후 저장한다.

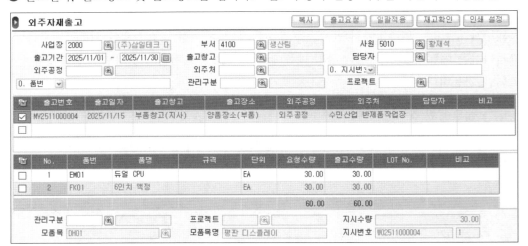

꼭 알아두기

- 외주발주 확정을 통해 산출된 자품목의 소요량을 기준으로 출고처리를 하며, 출고처리
  시 품목 및 수량을 변경할 수도 있다.
- 자재출고처리가 완료되면 창고의 재고는 출고수량만큼 감소하고, 외주공정의 재공은
  그 수량만큼 증가한다.
- 사급자재의 구분이 '무상'인 품목은 외주자재출고 메뉴에서 출고처리하며, '유상'인 품
  목은 영업모듈 수주등록(유상사급) 메뉴에서 자재청구 내역을 적용받아 영업프로세스를
  따라야 한다.

수주등록(유상사급)

외주자재 청구내역 중 유상 사급자재를 적용받아 주문을 등록하는 메뉴이다.

실무예제

| 영업관리 | ➡ | 영업관리 | ➡ | 수주등록(유상사급) |

(주)수민산업에 유상으로 공급할 외주자재를 적용받아 수주를 등록하시오.

주문일자	외주처	과세구분	단가구분	품번	납기일/출하예정일	주문수량	단가
2025/11/15	(주)수민산업	매출과세	부가세미포함	GT01	2025/11/15	30	80,000

입력하기

❶ 주문기간 입력 후 상단의 🔍조회 아이콘을 클릭한 후 우측 상단 [요청적용 조회] 아이콘을 클릭하여
외주자재 청구내역을 조회한 후, 자재청구 정보를 적용받는다.

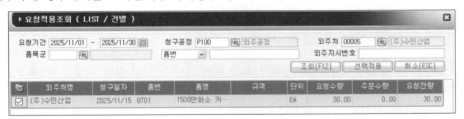

❷ 주문일자와 납기일 및 출하예정일을 추가로 입력하고, 수주내역이 변경되거나 다를 경우에는
수정입력 후 저장한다.

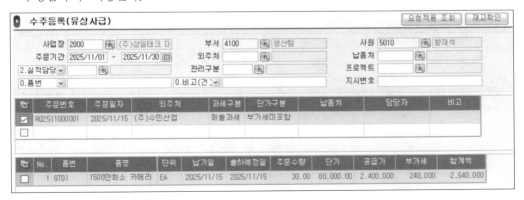

443

핵심ERP실무

③.5 외주실적등록

외주처에서 생산한 반제품의 실적을 등록하는 메뉴이다. 별도의 창고입고처리 프로세스 없이 실적등록과 동시에 창고로 입고처리 된다.

실무예제

생산관리공통 ➡ 외주관리 ➡ 외주실적등록

외주처에서 생산된 반제품 평판 디스플레이(DH01)의 생산실적을 등록하시오.

외주공정	지시일	품번	실적일	공정	작업장
외주공정	2025/11/15	DH01	2025/11/20	외주공정	수민산업 반제품작업장

구분	실적구분	실적수량	검사	입고창고	입고장소
입고	적합	30	무검사	부품창고(지사)	양품장소(부품)

※ 재작업은 하지 않는다.

입력하기

❶ 지시기간과 외주공정을 선택한 후 상단의 [조회] 아이콘을 클릭하면 화면 상단에 외주발주 내역이 조회된다. 예제의 외주실적정보를 참고하여 입력 후 저장한다.

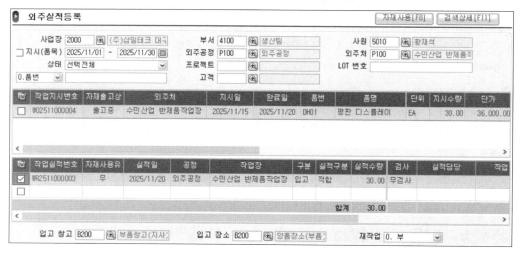

주요항목 설명

❶ [자재사용[F8]] : 외주실적별로 사용자재를 보고하는 기능이다.

> **꼭 알아두기**
>
> - 외주실적등록 결과 재공은 감소하고, 재고는 증가한다.
> - 한 건의 외주발주에 대해 수차례 나누어 실적 잔량관리를 하면서 외주실적을 등록할 수 있다.

(3.6) 외주자재사용등록

외주자재사용등록은 외주실적별 반제품의 생산에 투입된 무상 사급자재의 사용량을 등록하는 메뉴이다.

실무예제

반제품 평판 디스플레이(DH01)의 생산에 사용된 자재를 등록하시오.

실적일	외주공정	외주처	품번	실적수량	사용일	품번	사용수량
2025/11/20	외주공정	수민산업 반제품작업장	DH01	30	2025/11/20	EM01	30
						FK01	30

※ 출고창고: 부품창고(지사), 출고장소: 양품장소(부품)

입력하기

❶ 구분 항목을 '외주'로 설정하고 외주공정과 실적기간을 입력하고 상단의 아이콘을 클릭하면 외주실적 내역이 조회된다. 우측 상단 ﹇일괄적용[F7]﹈ 아이콘을 클릭하여 사용정보와 출고정보를 입력한 후 확인한다.

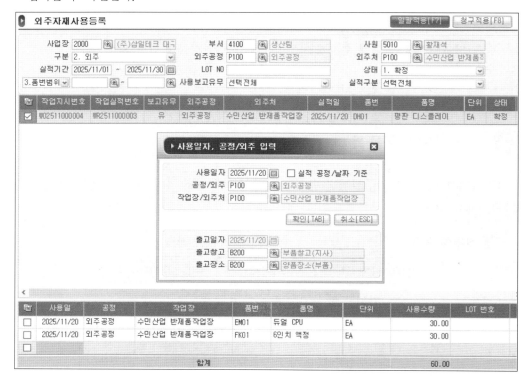

주요항목 설명

❶ ﹇일괄적용[F7]﹈ : 자재의 사용정보와 출고정보를 입력 후 일괄적으로 적용한다.
❷ ﹇청구적용[F8]﹈ : 외주발주 확정을 통해 청구한 자재내역을 적용받는 기능이다.

꼭! 알아두기

외주처에 무상으로 출고된 자재는 재공으로 남아 있다가 외주자재 사용등록을 하면 자재의 재공은 감소된다.

외주실적검사

외주실적검사는 옵션설정 메뉴로서 외주실적 품목에 대한 검사결과를 등록하는 메뉴이다. 시스템환경설정 메뉴에서 '외주검사운영여부'가 '운영함'으로 설정되어 있어야 된다.

외주프로세스 진행 예제에서 검사여부를 '무검사'로 등록하였기 때문에 본 외주실적검사 메뉴의 입력요령은 생략하기로 한다.

3.8 외주마감

외주마감은 외주처에 지급하여야 할 외주가공비를 마감하는 메뉴이다.

실무예제

생산관리공통 ➡ 외주관리 ➡ 외주마감

반제품 평판 디스플레이(DH01)의 11월 외주생산에 대한 마감처리를 하시오.

마감일자	외주공정	외주처	과세구분	세무구분	품번	수량	단가
2025/11/30	외주공정	수민산업 반제품작업장	매입과세	과세매입	DH01	30	36,000

입력하기

❶ 마감일, 외주공정을 입력하고 상단의 [조회] 아이콘을 클릭한 후 우측 상단 [실적적용[F9]] 아이콘을 클릭하여 마감대상 외주실적 정보를 조회하여 선택 적용한다.

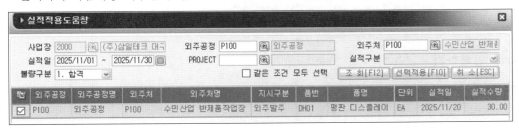

❷ 마감일자, 외주처, 과세구분 등을 입력 및 확인하고 저장한다.

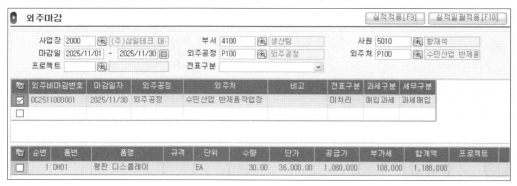

(3.9) 회계처리(외주마감)

외주마감 내역을 근거로 회계전표를 생성하는 메뉴이다. 본 메뉴에서 회계전표의 생성을 위해서는 먼저 회계전표연결계정과목등록 메뉴의 회계연결계정이 설정되어 있어야 한다.

🌀 **실무예제** ●─────

생산관리공통 ➡ 외주관리 ➡ 회계처리(외주마감)

외주마감 데이터를 참고하여, 다음의 마감 건에 대하여 회계전표를 생성하시오.

마감일자	외주공정	외주처	과세구분	품번	수량	합계액
2025/11/30	외주공정	수민산업 반제품작업장	매입과세	DH01	30	1,188,000

🗡 입력하기

❶ 검색기간을 입력하고 상단의 🔍조회 아이콘을 클릭하여 [외주마감] TAB에서 매출마감내역을 조회한다. 마감번호 앞 체크박스를 선택하고 우측 상단 전표처리 아이콘을 클릭하면 전표처리 팝업화면이 뜬다. 부가세사업장 등을 선택하고 회계전표를 생성한다.

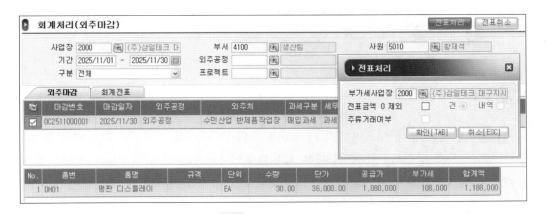

❷ [회계전표] TAB을 선택하여 상단의 [조회] 아이콘을 클릭하면 '미결' 상태인 회계전표가 발행되어 있는 것을 확인할 수 있다.

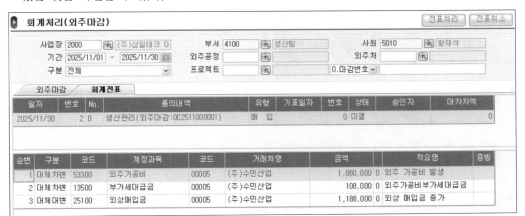

꼭 알아두기

- 물류·생산모듈에서 생성된 회계전표는 모두 미결상태이며, 회계모듈 전표승인해제 메뉴에서 승인권자가 확인 후 전표를 승인하여야 한다.
- [외주마감] TAB에서 생성된 전표가 회계모듈에서 승인이 되면 [외주마감] TAB의 [전표취소] 아이콘을 이용하여 삭제할 수 없다. 삭제가 필요하다면 회계모듈 전표승인해제 메뉴에서 전표승인해제 후 미결전표 상태에서 삭제하여야 한다.

핵심ERP실무

04 재공관리

4.1 기초재공등록

재공품이란 완성품에 이르기까지 제조공정 중의 각 단계에서 가공대상이 되는 원재료 등의 재고자산을 말한다. 기초재공등록 메뉴는 ERP시스템을 도입하거나 차기년도로 재공을 이월할 때 사용되는 메뉴이다.

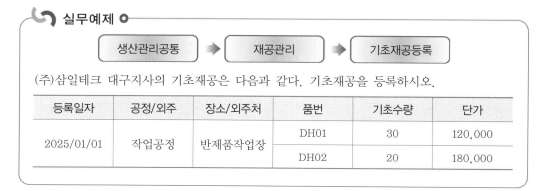

🐾 **실무예제** ⦿

생산관리공통 ➡ 재공관리 ➡ 기초재공등록

(주)삼일테크 대구지사의 기초재공은 다음과 같다. 기초재공을 등록하시오.

등록일자	공정/외주	장소/외주처	품번	기초수량	단가
2025/01/01	작업공정	반제품작업장	DH01	30	120,000
			DH02	20	180,000

🦅 입력하기

❶ 등록기간을 입력하고 상단의 📇조회 아이콘을 클릭한 후, 예제 항목을 참고하여 입력 후 저장한다.

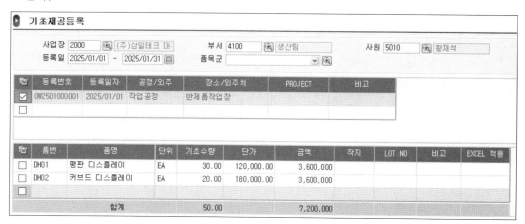

기초재공등록

사업장 2000 🔍 (주)삼일테크 대 부서 4100 🔍 생산팀 사원 5010 🔍 황재석
등록일 2025/01/01 ~ 2025/01/31 📅 품목군 ▼🔍

	등록번호	등록일자	공정/외주	장소/외주처	PROJECT	비고
☑	0W2501000001	2025/01/01	작업공정	반제품작업장		
☐						

	품번	품명	단위	기초수량	단가	금액	작자	LOT NO	비고	EXCEL 적용
☐	DH01	평판 디스플레이	EA	30.00	120,000.00	3,600,000				
☐	DH02	커브드 디스플레이	EA	20.00	180,000.00	3,600,000				
☐										
	합계			50.00		7,200,000				

4.2 재공창고입고/이동/조정등록

재공창고 입고는 공정에 남아 있는 재공을 창고로 입고처리하는 기능이며, 재공이동은 공정에 남아 있는 재공을 다른 공정 또는 작업장으로 이동할 경우에 입력한다. 그리고 재공조정 등록은 공정에 남아 있는 재공을 실제 수량으로 조정하는 경우에 사용된다.

실무예제

대구지사 작업공정에 있는 재공재고 중 일부를 입고하려고 한다. 다음의 자료를 참고하여 재공을 입고처리 하시오.

입고일자	출고공정	출고작업장	입고창고	입고장소	품번	입고수량
2025/11/07	작업공정	반제품작업장	부품창고(지사)	양품장소(부품)	DH01	15

입력하기

❶ 사업장 선택 후 상단의 [조회] 아이콘을 클릭하여 조회한 후, [재공입고] TAB에서 예제 항목을 참고하여 입력 후 저장한다.

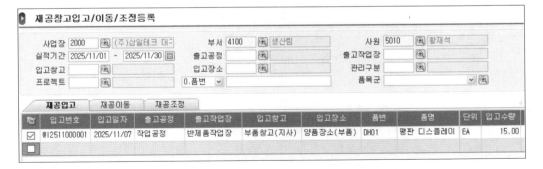

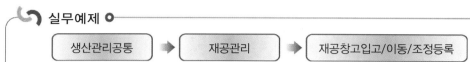

대구지사 작업공정에 있는 재공을 외주공정으로 이동하려고 한다. 다음의 자료를 참고하여 재공을 이동처리 하시오.

이동일자	출고공정	출고작업장	입고공정	입고작업장	품번	이동수량
2025/11/09	작업공정	반제품작업장	외주공정	수민산업 반제품작업장	DH01	7

입력하기

❶ 사업장 선택 후 상단의 🔍 아이콘을 클릭하여 조회한 후, [재공이동] TAB에서 예제 항목을 참고하여 입력 후 저장한다.

실무예제 ●

```
생산관리공통  ➡  재공관리  ➡  재공창고입고/이동/조정등록
```

대구지사의 실제 재공재고가 장부(ERP)상 재고보다 많은 것으로 파악되었다. 다음의 자료를 참고하여 재공을 조정하시오.

조정일자	조정공정	조정작업장	품번	조정수량
2025/11/30	작업공정	반제품작업장	DH02	2

입력하기

❶ 사업장 선택 후 상단의 조회 아이콘을 클릭하여 조회한 후, [재공조정] TAB에서 예제 항목을 참고하여 입력 후 저장한다.

꼭 알아두기

- 재공품(work in process)이란 제조 공정라인에 대기하고 있는 재고자산을 의미한다.
- 완성된 제품이라 하더라도 창고에 입고되기 전까지는 재공으로 분류되며, 제품을 생산하기 위해 필요한 자재를 생산공정으로 출고하면 해당 자재의 재고는 감소되고, 재공은 증가한다. 또한 완성된 제품을 창고에 입고처리하면 제품의 재공은 감소하고, 재고는 증가하게 되는 것이다.

4.3 부산물실적등록

실무예제

대구지사 제품작업장에서 제품을 생산하는 과정에 추가적인 확인이 필요한 부산물이 발생되었다. 다음의 자료를 참고하여 부산물실적을 등록하시오.

공정	작업장	실적일	품명	상태	실적수량
작업공정	제품작업장	2025/11/04	갤럭시 엣지	확정	50

실적일	실적구분	품명	수량	검사	입고창고	입고장소
2025/11/05	적합	쿼드 CPU	1	검사	부품창고(지사)	양품장소(부품)

입력하기

❶ 사업장, 공정, 작업장 선택 후 상단의 _{조회} 아이콘을 클릭하여 조회한 후, 해당 작업지시 건을 선택한 후 예제 항목을 참고하여 입력 후 저장한다.

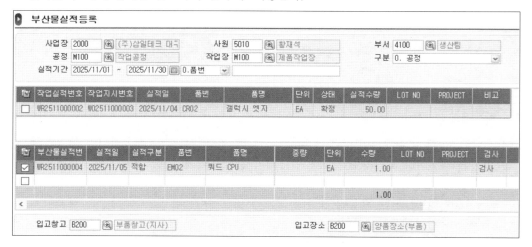

05 생산/외주/재공현황

[조회메뉴 설명]

메뉴명	주요 내용
작업지시/외주발주현황	작업지시 및 외주발주 건별로 지시정보와 실적정보 등의 진행상황을 조회하는 메뉴
수주대비지시현황	수주대비 작업지시 현황을 조회하는 메뉴이다. 수주 정보를 적용받지 않고 작업지시가 이루어졌다면 조회되지 않는다.
청구대비지시현황	생산품목에 대한 청구내역 대비 작업지시 및 외주발주 현황과 이에 따른 진행상황을 조회하는 메뉴
지시대비실적현황	작업지시와 외주발주 대비 실적수량, 잔량 등의 현황을 조회할 수 있는 메뉴
자재청구대비투입/사용현황	작업지시 및 외주발주별로 지시확정을 통해 청구된 자재수량과 자재출고, 사용내역을 확인할 수 있는 메뉴
실적현황	자체 생산에 따른 작업실적과 외주실적 현황 모두를 조회할 수 있는 메뉴
생산계획대비실적현황 (월별)	생산계획대비실적현황을 월별로 조회할 수 있는 메뉴
실적대비입고현황	작업실적 또는 외주실적대비 창고 및 장소 입고현황을 조회하는 메뉴
자재사용현황(작업별)	작업지시 또는 외주발주별로 생산품의 생산에 사용된 자재의 사용내역을 조회하는 메뉴
자재사용현황(제품별)	작업지시 또는 외주발주별 및 품목별로 생산에 사용된 자재의 사용내역을 조회하는 메뉴
부산물실적현황	부산물실적등록 메뉴에서 입력된 내역을 조회하는 메뉴
품목별품질현황(전수검사)	실적검사 내역 중 '전수검사'에 해당하는 품목의 합격수량 및 불량수량 등을 확인할 수 있는 메뉴
품목별품질현황(샘플검사)	실적검사 내역 중 '샘플검사'에 해당하는 품목의 합격수량 및 불량수량 등을 확인할 수 있는 메뉴
자재사용현황(모품목별)	모품목별로 자재사용 등록한 내역을 조회할 수 있는 메뉴

메뉴명	주요 내용
생산일보	품목별로 특정기간(일별)동안 생산이 완료된 수량 및 금액현황을 '실적기준' 또는 '실적검사기준'으로 조회할 수 있는 메뉴이다. 조회 시 반영되는 단가는 품목등록의 표준원가가 자동으로 반영된다.
생산월보	품목별로 특정기간(월별)동안 생산이 완료된 수량현황을 월별로 '실적기준' 또는 '실적검사기준'으로 조회할 수 있는 메뉴
현재공현황(전사/사업장)	전사 및 사업장별 생산 중인 재공현황을 수량기준으로 조회하는 메뉴
현재공현황(공정/작업장)	공정 및 작업장별 생산 중인 재공현황을 수량기준으로 조회하는 메뉴

제5부

합격 문제풀이

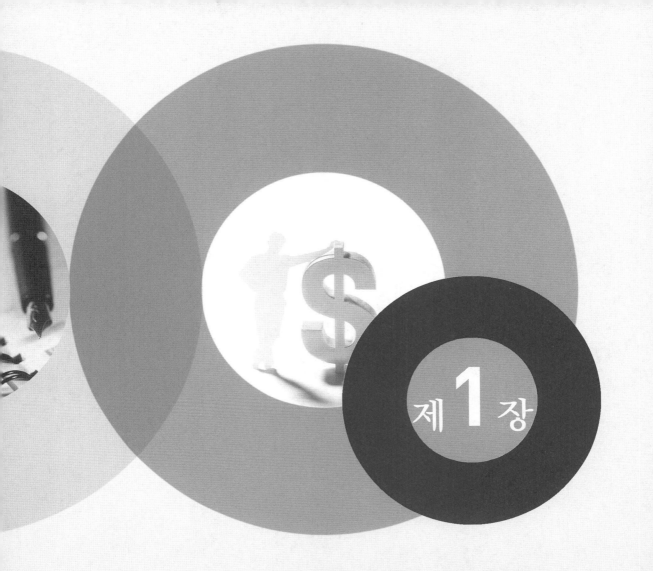

제**1**장

유형별 연습문제

01 ERP 시스템의 이해

1.1 ERP 개념과 등장

01 ERP에 대한 아래 설명 중 가장 적절하지 않은 것은?

① ERP라는 용어는 가트너 그룹에서 최초로 사용하였다.
② ERP는 생산, 회계, 인사 등의 업무프로세스를 지원하는 각각의 개별시스템이다.
③ ERP를 통해 BPR이 이루어져 프로세스 개선이 효율적으로 수행될 수 있다.
④ ERP 소프트웨어는 경영혁신의 도구이다.

02 ERP에 대한 설명으로 틀린 것은?

① 인사, 영업, 구매, 생산, 회계 등 기업의 업무가 통합된 시스템이다.
② 기능 최적화에서 전체 최적화를 목표로 한 시스템이다.
③ 모든 사용자들은 쉽게 기업의 정보에 접근할 수 있다.
④ 신속한 의사결정을 지원하는 경영정보시스템이다.

03 다음 중 ERP에 대한 설명으로 옳지 않은 것은?

① 투명경영의 수단으로 쓰인다.
② '전사적 자원관리시스템'이라고 불린다.
③ 전산시스템은 회계, 인사, 자재관리 등의 각 시스템이 분야별로 개발 및 운영된다.
④ 모든 자원의 흐름을 기업 전체의 흐름에서 최적관리를 가능하게 하는 통합시스템이다.

04 다음 중 ERP에 대한 설명으로 바르지 않은 것은?

① 경영혁신 환경을 뒷받침하는 새로운 경영업무 시스템 중 하나이다.
② 기업의 전반적인 업무과정이 컴퓨터로 연결되어 실시간 관리를 가능하게 한다.
③ 기업 내 각 영역의 업무프로세스를 지원하고 단위별 업무처리의 강화를 추구하는 시스템이다.
④ 전통적 정보시스템과 비교하여 보다 완벽한 형태의 통합적인 정보인프라 구축을 가능하게 해주는 신경영혁신의 도구이다.

05 ERP에 대한 다음 설명 중 타당하지 않은 것은?

① ERP란 전사적 자원관리로 선진업무프로세스(Best Practice)와 최신 IT기술을 기반으로 한다.
② 기업 내 모든 업무를 실시간, 통합적으로 수행할 수 있다.
③ 전사적 자원의 최적 활용이 가능하여 업무생산성 증대, 고객서비스 개선, 투명성이 제고된다.
④ 효율적이고 효과적인 기업경영을 위하여 인사급여, 재무회계, 생산, 유통 등 주요 기능별로 최적화된 시스템이다.

06 ERP(Enterprise Resource Planning)와 관련된 다음의 설명 중 가장 거리가 먼 것은?

① 판매, 생산, 재고관리 등의 시스템들이 상호 연동하여 사용자가 요청하는 작업을 즉시 수행할 수 있도록 해주는 통합시스템이다.

② 업무의 표준화, 자료의 표준화에 의한 시스템 통합으로 전사차원에서 통합된 데이터베이스를 구축하여 정보의 일관성 유지는 가능하나 관리의 중복을 배제할 수는 없다.

③ 기업으로 하여금 글로벌 환경에 쉽게 대응할 수 있도록 한다.

④ 정보시스템을 통해 회사의 경영에 필요한 조기경보체제를 구축할 수 있다.

07 다음 중 BPR(업무 재설계)의 필요성이라고 볼 수 없는 것은?

① 기존업무 방식의 고수

② 경영 환경 변화에의 대응

③ 조직의 복잡성 증대와 효율성 저하에의 대처

④ 정보기술을 통한 새로운 기회의 모색

08 다음 설명 중 가장 적합하지 않은 것은?

① ERP에 내장되어 있는 Best Practice를 자사의 업무 프로세스에 맞추어 가는 것 자체가 기업이 추구하는 프로세스 혁신(PI: Process Innovation)이기 때문에 기업업무 전반에 걸친 Business Process Model을 제대로 검토하는 것이 매우 중요하다.

② ERP 시스템 도입 전 PI를 실행함으로써 ERP 시스템에 대한 적응기간을 단축하는 효과를 가져올 수 있다.

③ BPR은 경쟁우위 확보를 위해 기업의 핵심 부문에 대한 비용, 품질, 서비스, 속도와 같은 요인을 획기적으로 향상시킬 수 있도록 업무 프로세스를 근간으로 경영시스템을 근본적으로 재설계하여 극적인 성과를 추구하는 것이다.

④ ERP 시스템을 도입하여 업무에 적용함으로써 BPR이 저절로 수행되는 효과를 기대할 수 있다.

09 다음 중 ERP와 기존의 정보시스템(MIS) 특성 간의 차이점에 대한 설명으로 가장 적절하지 않은 것은?

① 기존 정보시스템(MIS)의 업무범위는 단위업무이고, ERP는 통합업무를 담당한다.

② 기존 정보시스템(MIS)의 전산화 형태는 중앙집중식이고, ERP는 분산처리구조이다.

③ 기존 정보시스템(MIS)은 수평적으로 업무를 처리하고, ERP는 수직적으로 업무를 처리한다.

④ 기존 정보시스템(MIS)의 데이터베이스 형태는 파일시스템이고, ERP는 관계형 데이터베이스 시스템(RDBMS)이다.

10 다음 [보기]의 (   ) 안에 공통적으로 들어갈 용어는 무엇인가?

┤ 보기 ├

- (   )은 정보기술을 활용한 리엔지니어링을 의미하며, ERP 시스템은 이것을 추진하기 위한 핵심 도구로 활용될 수 있다.
- (   )은 기업의 업무처리 방식, 정보기술, 조직 등에서 불필요한 요소들을 제거하고 효과적으로 재설계함으로써 기업 가치를 극대화하기 위한 경영기법이다.
- (   )은 1992년에 하버드 비즈니스 스쿨의 토마스 데이븐포트(Thomas H. Davenport) 교수가 출간한 책의 제목에서 사용된 용어이다.

① BPR
② 리스트럭처링(Restructuring)
③ 프로세스 혁신(PI, Process Innovation)
④ 전사적 품질경영(TQM, Total Quality Management)

1.2 ERP 발전과정과 특징

01 다음은 ERP의 발전과정을 나타낸 것이다. [보기]의 (   ) 안에 들어갈 단계를 가장 알맞게 나타낸 것은?

┤ 보기 ├

$$MRP \rightarrow (\quad) \rightarrow ERP \rightarrow (\quad)$$

① SCM, 확장형 ERP
② MRP II, 확장형 ERP
③ CRM, 확장형 ERP
④ MIS, 확장형 ERP

02 다음의 용어와 설명이 맞지 않는 것은?

① MRP Ⅰ－Material Requirement Planning(자재소요계획)
② MRP Ⅱ－Man Resource Planning(인적자원계획)
③ ERP－Enterprise Resource Planning(전사적 자원관리)
④ EERP－Extended ERP(확장형 ERP)

03 다음은 ERP의 발전과정을 도표로 정리한 것이다. 빈칸에 들어갈 말로 올바른 것은?

┤ 보기 ├

1970년대	1980년대	1990년대	2000년대
MRP1	(A)	ERP	(B)
(C)	제조자원관리	(D)	기업간 최적화
재고최소화	원가절감	경영혁신	WIN－WIN－WIN

	(A)	(B)	(C)	(D)
①	MRP Ⅱ	확장형 ERP	자재수급관리	전사적 자원관리
②	MRP Ⅱ	CRM	자재공급관리	고객관계관리
③	MIS	확장형 ERP	고객관계관리	공급사슬망관리
④	MIS	SCM	자재수급관리	제조자원관리

04 다음 [보기]의 (   )에 들어갈 적당한 용어는 무엇인가?

> **┤ 보기 ├**
>
> (   )는 생산현장의 실제 데이터와 제조자원의 용량제한을 고려하고, 자동화된 공정데이터의
> 수집, 수주관리, 재무관리, 판매주문관리 등의 기능이 추가되어 실현 가능한 생산계획을 제시하면서
> 제조활동을 더 안정된 분위기에서 가장 효율적인 관리를 위해 탄생되었다.

① MRP Ⅰ   ② MRP Ⅱ   ③ ERP   ④ 확장형 ERP

05 다음 중 ERP의 기능적 특징에 해당하지 않는 것은?

① 다국적, 다통화, 다언어 지원
② 통합업무 시스템 – 중복업무의 배제 및 실시간 정보처리체계 구축
③ Best Practice Business Process를 공통화, 표준화
④ 불투명 경영의 수단으로 활용

06 다음 중 ERP의 기능적 특징으로 바르지 않은 것은?

① 중복적, 반복적으로 처리하던 업무를 줄일 수 있다.
② 실시간으로 데이터 입·출력이 이루어지므로 신속한 정보사용이 가능하다.
③ ERP를 통해 기업의 투명회계 구현이라는 성과를 가져올 수 있다.
④ 조직의 변경이나 프로세스의 변경에 대한 대응은 가능하나 기존 하드웨어와의 연계에 있어서는
   보수적이다.

07 ERP의 특징 중 기술적 특징에 해당하지 않는 것은?

① 다국적, 다통화, 다언어 지원
② 관계형 데이터베이스(RDBMS) 채택
③ 4세대 언어(4GL) 활용
④ 객체지향기술(Object Oriented Technology) 사용

08 ERP 시스템이 갖는 특징을 기능적 특징과 기술적 특징으로 구분할 수 있는데, 그중에서 기술적 특징
에 해당되는 것은?

① 경영정보제공 및 경영조기경보체계를 구축
② 객체지향기술 사용
③ 표준을 지향하는 선진화된 최고의 실용성을 수용
④ 투명경영의 수단으로 활용

09 다음은 ERP의 특징을 설명한 것이다. 특징과 설명을 잘못 연결한 것은?

① 다국적, 다통화, 다언어: 각 나라의 법률과 대표적인 상거래 습관, 생산방식이 시스템에 입력되어 있어서 사용자는 이 가운데 선택하여 설정할 수 있다.

② 통합업무시스템: 세계 유수기업이 채용하고 있는 Best Practice Business Process를 공통화, 표준화시킨다.

③ Open Multi-Vendor: 특정 H/W 업체에 의존하는 Open 형태를 채택, C/S형의 시스템 구축이 가능하다.

④ Parameter 설정에 의한 단기간의 도입과 개발이 가능: Parameter 설정에 의해 각 기업과 부문의 특수성을 고려할 수 있다.

10 다음 [보기]의 (   )에 들어갈 가장 적절한 용어는 무엇인가?

┤ 보기 ├

- ERP 시스템은 범용패키지로 각 프로세스나 기능별로 다양한 선택 가능한 조건들인 (   )을 (를) 포함하고 있어서 회사의 실정에 맞도록 시스템을 설정할 수 있다.
- (   )설정을 통한 도입 방식은 기존의 S/W 자체개발 방식에 비해 상대적으로 시스템의 구축 기간이 짧고, 유지보수 비용이 적다는 장점이 있다.

① 파라미터(Parameter)

② 미들웨어(Middleware)

③ 그래픽 유저 인터페이스(GUI, Graphic User Interface)

④ 기업애플리케이션통합(EAI, Enterprise Application Integration)

1.3 ERP 도입과 구축

01 ERP 도입의 효과로 가장 바람직한 것은 무엇인가?

① 비즈니스 프로세스 혁신　　　　② 자동화

③ 매출증대 및 인원절감　　　　　④ 불량품 감소

02 ERP 도입의 예상효과로 볼 수 없는 것은?

① 투명한 경영　　　　　　　　　② 고객서비스 개선

③ 결산작업의 증가　　　　　　　④ 재고물류비용 감소

03 다음 중 ERP 도입의 예상 효과로 적절하지 않은 것은?

① 업무효율성의 증가　　　　　　② 정보체계의 표준화, 단순화, 코드화

③ 투명한 경영환경 구축　　　　　④ 리드타임(Lead Time) 증가

유형별연습문제

04 다음 중 ERP 도입 효과로 가장 적합하지 않은 것은?

① 불필요한 재고를 없애고 물류비용을 절감할 수 있다.
② 업무의 정확도가 증대되고 업무 프로세스가 단축된다.
③ 업무시간을 단축할 수 있고 필요인력과 필요자원을 절약할 수 있다.
④ 의사결정의 신속성으로 인한 정보 공유의 공간적, 시간적 한계가 있다.

05 다음은 ERP 도입 의의를 설명한 것이다. 가장 올바르지 않은 것은?

① 기업의 프로세스를 재검토하여 비즈니스 프로세스를 변혁시킨다.
② ERP 도입의 가장 큰 목표는 업무효율화를 통해 새로운 비즈니스 모델을 창출하며, 이를 통해 사업을 다각화 시키는 데 있다.
③ 기업의 입장에서 ERP 도입을 통해 업무 프로세스를 개선함으로써 업무의 비효율을 줄이는 것이다.
④ 고객의 입장에서 ERP 도입은 공급사슬의 단축, 리드타임의 감소, 재고절감 등을 이룩한다.

06 다음 중 'Best Practice' 도입을 목적으로 ERP 패키지를 도입하여 시스템을 구축하고자 할 경우 가장 바람직하지 않은 방법은?

① 기존 업무처리에 따라 ERP 패키지를 수정하는 방법
② BPR을 실시한 후에 이에 맞도록 ERP 시스템을 구축하는 방법
③ BPR과 ERP 시스템 구축을 병행하는 방법
④ ERP 패키지에 맞추어 BPR을 추진하는 방법

07 다음 중 ERP의 장점 및 효과에 대한 설명으로 가장 적절하지 않은 것은?

① ERP는 다양한 산업에 대한 최적의 업무관행인 Best Practices를 담고 있다.
② ERP 시스템 구축 후 업무재설계(BPR)를 수행하여 ERP 도입의 구축성과를 극대화할 수 있다.
③ ERP는 모든 기업의 업무 프로세스를 개별 부서원들이 분산처리 하면서도 동시에 중앙에서 개별 기능들을 통합적으로 관리할 수 있다.
④ 차세대 ERP는 인공지능 및 빅데이터 분석기술과의 융합으로 선제적 예측과 실시간 의사결정지원이 가능하다.

08 다음 중 ERP 시스템 구축의 장점으로 볼 수 없는 것은?

① ERP 시스템은 비즈니스 프로세스의 표준화를 지원한다.
② ERP 시스템의 유지보수비용은 ERP 시스템 구축 초기보다 증가할 것이다.
③ ERP 시스템은 이용자들이 업무처리를 하면서 발생할 수 있는 오류를 예방한다.
④ ERP 구현으로 재고비용 및 생산비용의 절감효과를 통한 효율성을 확보할 수 있다.

09 다음 중 ERP시스템에 대한 투자비용에 관한 개념으로 시스템의 전체 라이프사이클(life-cycle)을 통해 발생하는 전체 비용을 계량화하는 것을 무엇이라 하는가?

① 유지보수 비용(Maintenance Cost)
② 시스템 구축비용(Construction Cost)

③ 소프트웨어 라이선스비용(Software License Cost)

④ 총소유비용(Total Cost of Ownership)

10 다음 중 ERP가 성공하기 위한 요건으로 볼 수 없는 것은?

① 경영자의 관심과 기업 구성원 전원이 참여하는 분위기 조성

② 경험과 지식을 겸비한 최고의 인력으로 TFT(Task Force Team)를 구성

③ 업무환경에 맞는 우수한 ERP package 선정

④ 도입 초기에만 집중적으로 교육 및 훈련 실시

11 기업에 ERP 시스템이 성공적으로 도입되고 운영되기 위해서는 많은 요소들을 고려해야 한다. 다음 중 ERP 시스템 도입을 위한 성공요인으로 적절하지 않은 것은?

① 업무 단위별 추진　　　　　　　　　② 경영진의 확고한 의지

③ 지속적인 교육 및 훈련　　　　　　　④ 현업 중심의 프로젝트 진행

12 다음 중에서 ERP를 도입할 때 선택기준으로 가장 적절하지 않은 것은?

① 경영진의 확고한 의지가 있어야 한다.

② 경험 있는 유능한 컨설턴트를 활용하여야 한다.

③ 전사적으로 전 임직원의 참여를 유도하여야 한다.

④ 다른 기업에서 가장 많이 사용하는 패키지이어야 한다.

13 상용화 패키지에 의한 ERP 시스템 구축 시, 성공과 실패를 좌우하는 요인으로 보기 어려운 것은?

① 시스템 공급자와 기업 양쪽에서 참여하는 인력의 자질

② 기업환경을 최대한 고려하여 개발할 수 있는 자체개발인력 보유 여부

③ 제품이 보유한 기능을 기업의 업무환경에 얼마만큼 잘 적용하는지에 대한 요인

④ 사용자 입장에서 ERP 시스템을 충분히 이해하고 사용할 수 있는 반복적인 교육훈련

14 ERP의 구축단계를 순서대로 바르게 나타낸 것은?

① 분석 → 설계 → 구현 → 구축　　　　② 설계 → 구현 → 분석 → 구축

③ 분석 → 설계 → 구축 → 구현　　　　④ 설계 → 분석 → 구축 → 구현

15 ERP 구축절차에 대한 설명으로 가장 바르지 않은 것은?

① 구현단계에서 전 직원을 상대로 요구분석을 실시한다.

② 패키지를 설치한 후 각 모듈별 및 통합테스트를 실시한다.

③ 초기단계에서 AS-IS를 파악한 후 TO-BE PROCESS를 도출한다.

④ 최종적으로 시험가동 및 데이터 전환을 실시하고 실제로 운영해 본 후의 유지보수 과정이 필요하다.

16 ERP 구축절차 중 모듈조합화, 테스트 및 추가개발 또는 수정기능 확정을 하는 단계는 다음 중 어느 단계에 해당하는가?

① 구현단계   ② 분석단계
③ 설계단계   ④ 구축단계

17 다음 ERP의 4단계 구축 과정 중 분석단계에 해당하지 않는 것은 무엇인가?

① 모듈의 조합화 및 GAP 분석   ② 목표와 범위 설정
③ 경영전략 및 비전 도출   ④ 현재 시스템의 문제 파악

18 다음 중 ERP 구축 전에 수행되는 단계적으로 시간의 흐름에 따라 비즈니스 프로세스를 개선해가는 점증적 방법론을 무엇이라 하는가?

① BPI(Business Process Improvement)
② BPR(Business Process Re-Engineering)
③ ERD(Entity Relationship Diagram)
④ MRP(Material Requirement Program)

19 다음 중 ERP 도입전략으로 ERP 자체개발 방법에 비해 ERP 패키지를 선택하는 방법의 장점으로 가장 적절하지 않은 것은?

① 검증된 방법론 적용으로 구현 기간의 최소화가 가능하다.
② 검증된 기술과 기능으로 위험 부담을 최소화할 수 있다.
③ 시스템의 수정과 유지보수가 주기적이고 지속적으로 단시간에 이루어질 수 있다.
④ 향상된 기능과 최신의 정보기술이 적용된 버전(version)으로 업그레이드(upgrade)가 가능하다.

20 다음 중 ERP 구축 시 컨설턴트를 고용함으로써 얻는 장점으로 가장 적절하지 않은 것은?

① 프로젝트 주도권이 컨설턴트에게 넘어갈 수 있다.
② 숙달된 소프트웨어 구축방법론으로 실패를 최소화할 수 있다.
③ ERP 기능과 관련된 필수적인 지식을 기업에 전달할 수 있다.
④ 컨설턴트는 편견이 없고 목적 지향적이기 때문에 최적의 패키지를 선정하는데 도움이 된다.

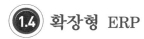 확장형 ERP

01 다음 중 확장형 ERP 시스템에 포함되어야 할 내용으로 적절하지 않은 것은?

① 산업유형 지원 확대   ② 그룹웨어기능의 포함
③ 전문화 확대 적용   ④ 고유기능의 축소

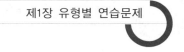

02 확장형 ERP 시스템은 기업의 핵심기능인 기본형 ERP 시스템과 경영에 필요한 정보를 제공해 주는 전략적 기업경영(SEM: Strategic Enterprise Management) 시스템으로 구성된다. 그 외 인터넷 기반의 정보교환, 제품거래 역할을 담당하는 e-비즈니스 지원시스템도 포함된다. 다음의 단위시스템 중 e-비즈니스 지원 시스템에 포함되지 않는 것은?

① 공급망관리(SCM) 시스템
② 생산자원관리(MRP Ⅱ) 시스템
③ 지식경영시스템(KMS)
④ 고객관계관리(CRM) 시스템

03 전략적 기업경영(SEM) 시스템은 기업운영을 위한 전략적인 부분을 지원하고, 경영에 필요한 정보를 제공해 주는 것으로 단위시스템들로 구성될 수 있다. 이 중 가장 적합하지 않은 것은?

① 성과측정관리(BSC, Balanced Score Card)
② 부가가치경영(VBM, Valued-Based Management)
③ 활동기준경영(ABM, Activity-Based Management)
④ 제조자원계획(MRP II, Manufacturing Resource Planning)

04 다음 중 확장된 ERP 시스템의 공급망관리(SCM) 모듈을 실행함으로써 얻는 장점으로 가장 적절하지 않은 것은?

① 공급사슬에서의 가시성 확보로 공급 및 수요변화에 대한 신속한 대응이 가능하다.
② 정보투명성을 통해 재고수준 감소 및 재고회전율(inventory turnover) 증가를 달성할 수 있다.
③ 공급사슬에서의 계획(plan), 조달(source), 제조(make) 및 배송(deliver) 활동 등 통합 프로세스를 지원한다.
④ 마케팅(marketing), 판매(sales) 및 고객서비스(customer service)를 자동화함으로써 현재 및 미래 고객들과 상호작용할 수 있다.

05 다음 [보기]의 (   )에 들어갈 용어로 맞는 것은 무엇인가?

> ┤ 보기 ├
>
> 확장된 ERP 시스템 내의 (   )모듈은 공급자부터 소비자까지 이어지는 물류, 자재, 제품, 서비스, 정보의 흐름 전반에 걸쳐 계획하고 관리함으로써 수요와 공급의 일치를 최적으로 운영하고 관리하는 활동이다.

① ERP(Enterprise Resource Planning)
② SCM(Supply Chain Management)
③ CRM(Customer Relationship Management)
④ KMS(Knowledge Management System)

06 다음 중 ERP 아웃소싱(Outsourcing)의 장점으로 가장 적절하지 않은 것은?

① ERP 아웃소싱을 통해 기업이 가지고 있지 못한 지식을 획득할 수 있다.
② ERP 개발과 구축, 운영, 유지보수에 필요한 인적 자원을 절약할 수 있다.
③ IT 아웃소싱 업체에 종속성(의존성)이 생길 수 있다.
④ ERP 자체개발에서 발생할 수 있는 기술력 부족의 위험요소를 제거할 수 있다.

07 다음 중 ERP와 CRM 간의 관계에 대한 설명으로 가장 적절하지 않은 것은 무엇인가?

① ERP와 CRM 간의 통합으로 비즈니스 프로세스의 투명성과 효율성을 확보할 수 있다.
② ERP시스템은 비즈니스 프로세스를 지원하는 백오피스 시스템(Back-Office System)이다.
③ CRM시스템은 기업의 고객대응활동을 지원하는 프런트오피스 시스템(Front-Office System)이다.
④ CRM시스템은 조직 내의 인적자원들이 축적하고 있는 개별적인 지식을 체계화하고 공유하기 위한 정보시스템으로 ERP시스템의 비즈니스 프로세스를 지원한다.

08 ERP시스템의 SCM 모듈을 실행함으로써 얻는 장점으로 가장 적절하지 않은 것은?

① 공급사슬에서의 가시성 확보로 공급 및 수요변화에 대한 신속한 대응이 가능하다.
② 정보투명성을 통해 재고수준 감소 및 재고회전율(inventory turnover) 증가를 달성할 수 있다.
③ 공급사슬에서의 계획(plan), 조달(source), 제조(make) 및 배송(deliver) 활동 등 통합 프로세스를 지원한다.
④ 마케팅(marketing), 판매(sales) 및 고객서비스(customer service)를 자동화함으로써 현재 및 미래 고객들과 상호작용할 수 있다.

1.5 4차 산업혁명과 스마트 ERP

01 다음 중 클라우드 ERP와 관련된 설명으로 가장 적절하지 않은 것은?

① 클라우드를 통해 ERP 도입에 관한 진입장벽을 높일 수 있다.
② IaaS 및 PaaS 활용한 ERP를 하이브리드 클라우드 ERP라고 한다.
③ 서비스형 소프트웨어 형태의 클라우드로 ERP를 제공하는 것을 SaaS ERP라고 한다.
④ 클라우드 ERP는 고객의 요구에 따라 필요한 기능을 선택·적용한 맞춤형 구성이 가능하다.

02 다음 중 클라우드 서비스 기반 ERP와 관련된 설명으로 가장 적절하지 않은 것은?

① ERP 구축에 필요한 IT 인프라 자원을 클라우드 서비스로 빌려 쓰는 형태를 IaaS라고 한다.
② ERP 소프트웨어 개발을 위한 플랫폼을 클라우드 서비스로 제공받는 것을 PaaS라고 한다.
③ PaaS에는 데이터베이스 클라우드 서비스와 스토리지 클라우드 서비스가 있다.
④ 기업의 핵심 애플리케이션인 ERP, CRM 솔루션 등의 소프트웨어를 클라우드 서비스를 통해 제공받는 것을 SaaS라고 한다.

03 클라우드 서비스 사업자가 클라우드 컴퓨팅 서버에 ERP 소프트웨어를 제공하고, 사용자가 원격으로 접속해 ERP 소프트웨어를 활용하는 서비스를 무엇이라 하는가?

① IaaS(Infrastructure as a Service)   ② PaaS(Platform as a Service)
③ SaaS(Software as a Service)   ④ DaaS(Desktop as a Service)

04 다음 중 차세대 ERP의 인공지능(AI), 빅데이터(BigData), 사물인터넷(IoT) 기술의 적용에 관한 설명으로 가장 적절하지 않은 것은?

① 현재 ERP는 기업 내 각 영역의 업무프로세스를 지원하고, 단위별 업무처리의 강화를 추구하는 시스템으로 발전하고 있다.

② 제조업에서는 빅데이터 분석기술을 기반으로 생산자동화를 구현하고 ERP와 연계하여 생산계획의 선제적 예측과 실시간 의사결정이 가능하다.

③ 차세대 ERP는 인공지능 및 빅데이터 분석기술과의 융합으로 상위계층의 의사결정을 지원할 수 있는 지능형시스템으로 발전하고 있다.

④ ERP에서 생성되고 축적된 빅데이터를 활용하여 기업의 새로운 업무개척이 가능해지고, 비즈니스 간 융합을 지원하는 시스템으로 확대가 가능하다.

05 다음 [보기]의 (   )에 들어갈 용어로 가장 적절한 것은 무엇인가?

┤ 보기 ├

ERP 시스템 내의 데이터 분석 솔루션인 (   )은(는) 구조화된 데이터(structured data)와 비구조화된 데이터(unstructured data)를 동시에 이용하여 과거 데이터에 대한 분석뿐만 아니라, 이를 통한 새로운 통찰력 제안과 미래 사업을 위한 시나리오를 제공한다.

① 리포트(Report)

② SQL(Structured Query Language)

③ 비즈니스 애널리틱스(Business Analytics)

④ 대시보드(Dashboard)와 스코어카드(Scorecard)

06 다음 중 차세대 ERP의 비즈니스 애널리틱스(Business Analytics)에 관한 설명으로 가장 적절하지 않은 것은?

① 비즈니스 애널리틱스는 구조화된 데이터(structured data)만을 활용한다.

② ERP 시스템 내의 방대한 데이터 분석을 위한 비즈니스 애널리틱스가 ERP의 핵심요소가 되었다.

③ 비즈니스 애널리틱스는 질의 및 보고와 같은 기본적 분석기술과 예측 모델링과 같은 수학적으로 정교한 수준의 분석을 지원한다.

④ 비즈니스 애널리틱스는 리포트, 쿼리, 대시보드, 스코어카드뿐만 아니라 예측모델링과 같은 진보된 형태의 분석기능도 제공한다.

07 스마트공장의 구성영역 중에서 생산계획 수립, 재고관리, 제조자원관리, 품질관리, 공정관리, 설비제어 등을 담당하는 것은?

① 제품개발   ② 현장자동화

③ 공장운영관리   ④ 공급사슬관리

08 클라우드 서비스의 비즈니스 모델에 관한 설명으로 옳지 않은 것은?

① 공개형 클라우드는 사용량에 따라 사용료를 지불하며 규모의 경제를 통해 경쟁력 있는 서비스 단가를 제공한다는 장점이 있다.

② 공개형 클라우드는 데이터의 소유권 확보와 프라이버시 보장이 필요한 경우 사용된다.

③ 폐쇄형 클라우드는 특정한 기업 내부 구성원에게만 제공되는 서비스를 말한다.

④ 혼합형 클라우드는 특정 업무는 폐쇄형 클라우드 방식을 이용하고 기타 업무는 공개형 클라우드 방식을 이용하는 것을 말한다.

09 인공지능의 기술발전에 대한 설명으로 옳지 않은 것은?

① 계산주의는 인간이 보유한 지식을 컴퓨터로 표현하고 이를 활용해 현상을 분석하거나 문제를 해결하는 지식기반시스템을 말한다.

② 연결주의는 지식을 직접 제공하기보다 지식과 정보가 포함된 데이터를 제공하고 컴퓨터가 스스로 필요한 정보를 학습한다.

③ 연결주의 시대는 학습에 필요한 빅데이터와 컴퓨팅 파워의 부족이라는 한계를 극복하였다.

④ 딥러닝은 입력층(input layer)과 출력층(output layer) 사이에 다수의 숨겨진 은닉층(hidden layer)으로 구성된 심층신경망(Deep Neural Networks)을 활용한다.

10 다음 중 세계경제포럼(World Economic Forum)에서 발표한 인공지능 규범(AI code)의 5개 원칙에 해당하지 않는 것은?

① 인공지능은 인류의 공동 이익과 이익을 위해 개발되어야 한다.

② 인공지능은 투명성과 공정성의 원칙에 따라 작동해야 한다.

③ 인공지능이 개인, 가족, 지역 사회의 데이터 권리 또는 개인정보를 감소시켜야 한다.

④ 인간을 해치거나 파괴하거나 속이는 자율적 힘을 인공지능에 절대로 부여하지 않는다.

11 인공지능 기반의 빅데이터 분석기법에 대한 설명으로 적절하지 않은 것은?

① 텍스트마이닝 분석을 실시하기 위해서는 불필요한 정보를 제거하는 데이터 전처리(data pre-processing) 과정이 필수적이다.

② 텍스트마이닝은 자연어(natural language) 형태로 구성된 정형데이터에서 패턴 또는 관계를 추출하여 의미 있는 정보를 찾아내는 기법이다.

③ 데이터마이닝은 대규모로 저장된 데이터 안에서 다양한 분석기법을 활용하여 전통적인 통계학 이론으로는 설명이 힘든 패턴과 규칙을 발견한다.

④ 데이터마이닝은 분류(classification), 추정(estimation), 예측(prediction), 유사집단화(affinity grouping), 군집화(clustering)의 5가지 업무영역으로 구분할 수 있다.

12 빅데이터의 주요 특성(5V)으로 옳지 않은 것은?

① 속도 ② 다양성

③ 정확성 ④ 일관성

13 스마트팩토리의 주요 구축 목적이 아닌 것은?

① 생산성 향상   ② 유연성 향상

③ 고객서비스 향상   ④ 제품 및 서비스의 이원화

14 [보기]에서 설명하는 RPA 적용단계는 무엇인가?

┤ 보기 ├

빅데이터 분석을 통해 사람이 수행하는 복잡한 의사결정을 내리는 수준이다. 이것은 RPA가 업무 프로세스를 스스로 학습하면서 자동화하는 단계이다.

① 인지자동화   ② 데이터전처리

③ 기초프로세스 자동화   ④ 데이터 기반의 머신러닝(기계학습) 활용

15 [보기]는 무엇에 대한 설명인가?

┤ 보기 ├

실제의 물리적인 제품, 생산설비, 공정, 공장을 사이버 공간에 그대로 구현하고 서로 긴밀하게 통합되어 동작하는 통합시스템으로, 공장운영 전반의 데이터를 실시간으로 수집하여 공장운영현황을 모니터링하고 설비와 공정을 제어함으로써 공장운영의 최적화를 수행하는 것

① 제조실행시스템(MES)   ② 전사적자원관리(ERP)

③ 사이버물리시스템(CPS)   ④ 제품수명주기관리(PLM)시스템

16 [보기]는 무엇에 대한 설명인가?

┤ 보기 ├

- 제품, 공정, 생산설비, 공장 등에 대한 실제 환경과 가상 환경을 연결하여 상호작용하는 통합시스템
- 실시간으로 수집되는 빅데이터를 가상 모델에서 시뮬레이션하여 실제 시스템의 성능을 최적으로 유지

① 비즈니스 애널리틱스(Business Analytics)

② 사이버물리시스템(Cyber Physical System, CPS)

③ 공급사슬관리(Supply Chain Management, SCM)

④ 전사적 자원관리(Enterprise Resource Planning, ERP)

17 머신러닝 워크플로우 프로세스의 순서를 고르시오.

① 데이터 수집 → 점검 및 탐색 → 전처리 및 정제 → 모델링 및 훈련 → 평가 → 배포

② 점검 및 탐색 → 데이터 수집 → 전처리 및 정제 → 모델링 및 훈련 → 평가 → 배포

③ 데이터 수집 → 전처리 및 정제 → 모델링 및 훈련 → 평가 → 배포 → 점검 및 탐색

④ 데이터 수집 → 전처리 및 정제 → 점검 및 탐색 → 모델링 및 훈련 → 평가 → 배포

18 기계학습의 종류에 해당하지 않는 것은?

① 지도학습(Supervised Learning) ② 강화학습(Reinforcement Learning)
③ 비지도학습(Unsupervised Learning) ④ 시뮬레이션학습(Simulation Learning)

19 인공지능 비즈니스 적용 프로세스의 순서로 올바른 것은?

① 비즈니스 영역 탐색 → 비즈니스 목표 수립 → 데이터 수집 및 적재 → 인공지능 모델 개발 →
인공지능 배포 및 프로세스 정비
② 비즈니스 목표 수립 → 비즈니스 영역 탐색 → 데이터 수집 및 적재 → 인공지능 모델 개발
→ 인공지능 배포 및 프로세스 정비
③ 비즈니스 목표 수립 → 데이터 수집 및 적재 → 인공지능 모델 개발 → 인공지능 배포 및 프로
세스 정비 → 비즈니스 영역 탐색
④ 비즈니스 영역 탐색 → 비즈니스 목표 수립 → 데이터 수집 및 적재 → 인공지능 배포 및 프로
세스 정비 → 인공지능 모델 개발

20 [보기]는 무엇에 대한 설명인가?

┤ 보기 ├
- 분산형 데이터베이스(distributed database)의 형태로 데이터를 저장하는 연결구조체
- 모든 구성원이 네트워크를 통해 데이터를 검증 및 저장하여 특정인의 임의적인 조작이 어렵도록
설계된 저장플랫폼

① 챗봇(Chatbot) ② 블록체인(Blockchain)
③ 메타버스(Metaverse) ④ RPA(Robotic Process Automation)

21 [보기]는 무엇에 대한 설명인가?

┤ 보기 ├
- 축적된 대용량 데이터를 통계기법 및 인공지능기법을 이용하여 분석하고 이에 대한 평가를 거쳐
일반화시킴으로써 새로운 자료에 대한 예측 및 추측을 할 수 있는 의사결정을 지원한다.
- 대규모로 저장된 데이터 안에서 다양한 분석기법을 활용하여 전통적인 통계학 이론으로는 설명
이 힘든 패턴과 규칙을 발견한다.
- 분류(classification), 추정(estimation), 예측(prediction), 유사집단화(affinity grouping), 군집화(clustering)
등의 다양한 기법이 사용된다.

① 챗봇(Chat Bot) ② 블록체인(Block Chain)
③ 스마트계약(Smart Contract) ④ 데이터마이닝(Data Mining)

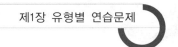

22 인공지능 규범(AI CODE)의 5대 원칙으로 적절하지 않은 것은?

① 인공지능은 투명성과 공정성의 원칙에 따라 작동해야 한다.

② 인공지능이 개인, 가족, 사회의 데이터 권리를 감소시켜서는 안된다.

③ 모든 시민은 인공지능을 통해서 정신적, 정서적, 경제적 번영을 누리도록 교육받을 권리를 가져야 한다.

④ 인간을 해치거나 파괴하거나 속이는 자율적 힘을 인간의 통제하에서 인공지능에게 부여할 수 있다.

23 기계학습에 대한 설명으로 옳지 않은 것은?

① 비지도학습 방법에는 분류모형과 회귀모형이 있다.

② 비지도학습은 입력값에 대한 목표치가 주어지지 않는다.

③ 지도학습은 학습 데이터로부터 하나의 함수를 유추해내기 위한 방법이다.

④ 강화학습은 선택 가능한 행동들 중 보상을 최대화하는 행동 혹은 순서를 선택하는 방법이다.

02 물류 1급 이론

2.1 공급망관리

객관식

01 다음은 공급망관리(SCM: supply chain management)와 관련된 개념에 대한 내용이다. 설명 중 옳지 않은 것은?

① 물류란 제품을 물리적으로 생산자로부터 최종 소비자에게 이전하는 데 필요한 포장·보관·하역·운송·정보 등에 관한 행위이다.

② 로지스틱스가 상품 지향적이라면 물류는 고객 만족을 위한 고객 지향 시스템으로 원재료·반제품·완성품 이외에 정보 관리가 포함되어 있다.

③ 공급망관리는 원재료로부터 시작하여 완제품의 최종 소비에 이르는 프로세스로서 협력사 및 거래처와 서로 연결된 부분을 포함한 전체 프로세스로 정의될 수 있다.

④ 로지스틱스는 원부자재의 조달에서부터 제품의 생산, 판매, 반품, 회수, 폐기에 이르기까지 구매 조달, 생산, 판매 물류의 통합된 개념이다.

02 채찍효과(Bullwhip effect)의 원인으로 옳지 않은 것은 무엇인가?

① 잦은 수요예측의 변경   ② 리드타임의 단축
③ 배치 주문방식   ④ 과도한 발주

03 채찍효과(Bullwhip effect)를 대처하기 위한 방안으로 적절하지 않은 것은 무엇인가?

① 제품 생산과 공급에 소요되는 주문 리드타임은 증가시키고 주문처리에 소요되는 정보리드타임을 단축시킨다.

② 공급망 전반의 수요 정보를 중앙 집중화하여 불확실성을 제거한다.

③ 고객 및 공급자와의 실시간 정보 공유한다.

④ 안정적인 가격구조로 소비자 수요의 변동 폭을 조정한다.

04 공급망의 경쟁능력을 결정하는 4요소에 해당하지 않는 것은 무엇인가?

① 품질(quality)   ② 유연성(flexibility)
③ 정확성(accuracy)   ④ 시간(time)

05 다음 중 공급망관리 경쟁능력 4요소에 대한 설명으로 옳지 않은 것은?

① 비용이란 제품이나 서비스를 창출하기 위해 투입한 자원의 사용 가치를 나타낸다.
② 품질은 고객의 욕구를 만족시키는 척도이며 공급자에 의해서 결정된다.
③ 유연성은 설계 변화와 수요의 환경 변화에 효율적으로 대응할 수 있는 능력이다.
④ 시장의 글로벌화가 가속되면서 다양하고 치열한 경쟁 환경 속으로 살아남기 위해 시간위주 경쟁능력의 중요성이 강조되고 있다.

06 다음 중 공급망관리 정보시스템의 특징에 대한 설명으로 옳지 않은 것은?

① 공급망관리 물류 정보는 정보량이 많으면서도 시간대별 변동폭이 크다.
② 정형·비정형적인 업무가 반복적으로 발생하고 업무내용도 다양하여 획일적 처리가 곤란하다.
③ 공급망관리 정보시스템은 다종, 다양, 대량의 정보를 수용할 수 있다.
④ 물류 정보는 계절이나 지역의 수요변화에 크게 영향을 받지 않기 때문에 유연한 대응시스템의 구축은 필요치 않다.

07 다음 중 공급망관리 정보시스템 사용의 기대효과로 옳지 않은 것은?

① 신속하고 저렴한 운송방법 탐색으로 운송비용 절감
② 소비자의 구매 성향을 쉽게 파악하여 최적의 제품 구색이 가능
③ 고객주문 및 처리 시간의 단축으로 고객서비스 향상
④ 재고량 확보로 인한 재고비용 증가

08 다음 중 창고관리시스템(WMS: warehouse management system)의 기능으로 거리가 먼 것은?

① 재고의 출하관리　　　　　　　　　② 구역별 작업일정 관리
③ 재고의 위치관리　　　　　　　　　④ 공급자 선정 관리

09 다음은 공급망관리 정보시스템의 유형들이다. 이 중 공급망의 상품 흐름을 개선하기 위해 소매업자와 제조업자의 정보 공유를 통해 효과적으로 원자재를 충원하고, 제품을 제조, 유통함으로써 효율적인 생산과 공급망 재고량을 최소화하는 전략을 목표로 하는 시스템은 무엇인가?

① 창고관리시스템(WMS)　　　　　　② 효율적소비자대응(ECR)시스템
③ 신속대응(QR)시스템　　　　　　　④ 크로스도킹(CD)시스템

10 원료 공급자로부터 매장까지의 공급망을 재설계하여 POS시스템 도입을 통해 자동적으로 제품을 충원하는 전략을 펼치는 효율적소비자대응(ECR) 시스템 구축의 기본 원칙이 아닌 것은?

① 소비자에게 보다 나은 가치를 제공하는 데 끊임없이 초점을 둔다.
② win - loss 거래 관계를 win - win의 상호 이익의 업무 협력 관계로 향상시킨다.
③ 효율적인 생산, 판매 및 물류 의사결정을 지원하기 위해 EDI 표준 등을 활용한다.
④ 전체 시스템의 효과성과 잠재적 보상성은 불명확하므로 시스템 구축 시 고려하지 않는 것이 좋다.

11 다음 [보기]에서 설명하고 있는 공급망관리 정보시스템의 유형은 무엇인가?

┤ 보기 ├

유통(구매)업체의 물류센터에 있는 각종 데이터가 제조(공급)업체로 전달되면 제조업체가 물류센터로 제품을 배송하고, 유통업체의 재고를 직접 관리하는 공급망관리 방식의 하나로, 재고 책임을 공급자에게 위탁하는 성격의 시스템이다.

① 협력사(공급자)관리재고(VMI)시스템　　② 공동재고관리(CMI)시스템
③ 지속적보충프로그램(CRP)　　　　　　　④ 크로스도킹(CD) 시스템

12 다음 [보기]에서 설명하는 공급망관리 정보시스템의 유형은 무엇인가?

┤ 보기 ├

물류센터로 입고되는 상품을 물류센터에 보관하지 않고 분류 또는 재포장의 과정을 거쳐 바로 고객 등에게 곧바로 다시 배송하는 시스템

① 크로스도킹(CD: cross docking) 시스템
② 신속대응(QR: quick response) 시스템
③ 지속적보충프로그램(CRP: continuous replenishment program)
④ 효율적 소비자대응(ECR: efficient consumer response)

13 다음 중에서 물류 거점을 설계할 때 고려할 기본적인 지표로 적절하게 연결된 것은 무엇인가?

① 고객 서비스 지표–환경 지표　　　　② 고객 서비스 지표–비용 지표
③ 수익 지표–환경 지표　　　　　　　　④ 수익 지표–비용 지표

14 물류 거점 최적화 검토 시 다양한 비용지표를 고려하여야 한다. [보기]에서 설명하고 있는 비용지표는 다음 중 무엇인가?

┤ 보기 ├

• 물류 거점에 보유하게 될 재고에 의해 발생되는 제반 비용을 의미한다.
• 물류 거점 수에 비례하여 증가하는 경향이 있으며, 주로 안전재고의 증감에 따라 발생한다.

① 고정 투자비용　　　　　　　　　　② 재고비용
③ 변동 운영비용　　　　　　　　　　④ 수송비용

15 다음 물류 거점 운영방식 중 직배송 방식에 대한 설명으로 옳지 않은 것은?

① 생산 창고는 생산이 이루어지는 공장에 함께 위치한 창고를 의미하며, 순수한 의미에서의 물류 창고는 아니라고 할 수 있다.
② 생산자 창고만 보유한 경우에는 물류 거점을 거치지 않고 소비자에게 직접 물건을 발송하게 된다.
③ 물류 거점 운영과 관련한 제반 비용을 필요로 하지 않아 수송량이 제한적인 경우에 적용된다.
④ 재고비용, 고정 투자비용 등이 확대될 수 있으나, 운송비용은 감소되고 빠른 고객 서비스를 제공할 수 있다.

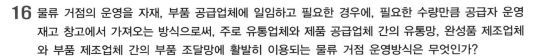

16 물류 거점의 운영을 자재, 부품 공급업체에 일임하고 필요한 경우에, 필요한 수량만큼 공급자 운영 재고 창고에서 가져오는 방식으로써, 주로 유통업체와 제품 공급업체 간의 유통망, 완성품 제조업체와 부품 제조업체 간의 부품 조달망에 활발히 이용되는 물류 거점 운영방식은 무엇인가?

① 직배송 방식 ② 크로스도킹 운영방식
③ VMI 운영방식 ④ 통합 물류센터 운영방식

17 기업이 품목에 대한 안전재고(safety stock)의 수준을 결정할 때 고려하여야 할 관련 재고비용들을 적절하게 나열한 것은 무엇인가?

① 주문비용, 재고유지비용 ② 주문비용, 재고부족비용
③ 재고유지비용, 생산준비비용 ④ 재고유지비용, 재고부족비용

18 다음 중 재고관련비용으로 가장 적합하지 않은 것은 무엇인가?

① 재고가 없어 수요가 취소된 품절비용
② 재고를 판매하기 위해 소요된 주문접수 인력비용
③ 재고를 보관하기 위해 이용한 창고시설 임대비용
④ 재고품목을 외부에서 구매하지 않고, 회사자체 내에서 생산할 때 발생하는 생산준비비용

19 [보기]는 재고관련비용에 대한 설명이다. 다음 중 재고유지비용에 대한 설명끼리 짝지어진 것은?

┤ 보기 ├

A. 재고자산에 투입된 자금의 금리
B. 창고 임대료, 보관료, 재고관련 보험료 등
C. 재고보관 중에 도난, 변질, 진부화 등으로 인한 손실비용
D. 주문 서류의 작성, 물품의 수송, 검사, 입고 등에 소요되는 비용
E. 생산 공정의 변경이나 기계·공구의 교환 등으로 공정이 지연됨으로써 발생하는 비용

① A, B, C ② A, B, D
③ A, C, D ④ A, C, E

20 재고관리의 목적은 적정한 재고수준을 최저의 비용으로 유지하는 것이라 할 수 있다. 연간 총 수요가 일정하다 할 때, 1년간 발생하는 재고관련 비용에 대한 설명으로 가장 적합한 것은?

① 연간 주문비용의 증감은 1회 발주량과 관계없다.
② 연간 재고유지비용의 증감은 1회 발주량과 관계없다.
③ 연간 재고부족비용의 증감은 1회 발주량과 관계없다.
④ 연간 재고관련 총비용의 증감은 1회 발주량과 관계없다.

21 다음 [보기]에 주어진 상품 A에 대한 정보를 참조하여, 상품 A의 재고회전율을 계산하면 몇 회인가?

┤ 보기 ├

상품 A
- 연간 총 판매량: 100만 개
- 1회 주문수량: 5천 개
- 연간 평균재고량: 5만 개
- 1회 구입금액: 5억 원

① 10회
② 20회
③ 25회
④ 30회

22 다음 중 미래의 수요를 고려하여 품목별로 사전에 결정한 최대 재고수준까지 정기적으로 발주하는 방식의 재고관리 기본모형은 무엇인가?

① 경제적 주문량(EOQ)
② 절충형 시스템(s,S System)
③ 고정주문량모형(Q System)
④ 고정주문기간모형(P System)

23 다음 중 재고관리의 기본모형인 절충형시스템(s,S system)과 고정주문기간모형(P-System)의 특징적 유사점에 대한 설명으로 적절하지 않은 것은 무엇인가?

① 수요가 변동하면 발주시기마다 발주량은 달라진다.
② 재고수준 점검은 정기적으로 시행한다.
③ 발주 시의 목표재고수준은 재고수준 점검 이전에 이미 결정된다.
④ ABC품목 중 C품목의 관리에 적합하다.

24 파레토분석을 이용하여 자재를 A, B, C품목으로 구분하여 관리할 수 있다. 이때 각 품목유형에 대한 적절한 재고관리모형을 연결한 것은 무엇인가?

① A 품목: P System, C 품목: P System
② A 품목: P System, C 품목: Q System
③ A 품목: Q System, C 품목: P System
④ A 품목: Q System, C 품목: Q System

25 다음 [보기]는 재고관리를 위한 기본모형들의 특징을 비교하고 있다. ㉠, ㉡, ㉢ 안에 들어갈 적절한 내용은 무엇인가?

┤ 보기 ├

구분	Q System	P System	s,S System
주문량	일정	변동	㉠
주문간격	변동	일정	㉡
재고수준 점검시기	수시	정기	㉢

	㉠	㉡	㉢		㉠	㉡	㉢
①	일정	일정	수시	②	일정	변동	정기
③	변동	일정	수시	④	변동	변동	정기

26 다음의 재고관련 연간비용 중에서 1회 주문량 또는 생산량(로트사이즈)에 대한 관계가 서로 다른 것은 무엇인가?

① 입고검사 활동에 소요되는 인력에서 발생되는 비용
② 품목 생산금액에 대한 자본의 기회비용
③ 생산을 위한 기계공구 교체에 의해 발생하는 인력과 시간 손실비용
④ 주문서류 작성활동에 소요되는 인력에서 발생되는 비용

27 리드타임은 3주이며 로트사이즈와 안전재고는 고려하지 않는 경우에 다음 유통소요계획을 완성하고자 한다. [보기] 괄호 (a), (b) 안에 들어갈 양은?

┤ 보기 ├

구분	주(week)				
	2	3	4	5	6
총 소요량				400	100
입고예정량		50			
현재고	50				
발주계획	(a)	(b)			

① a=200, b=100 ② a=250, b=50
③ a=300, b=100 ④ a=350, b=50

28 다음 중 재고조사에 대한 설명으로 가장 적합하지 않은 것은 무엇인가?

① 순환재고조사는 모든 보관구역에 대해 동시에 재고조사를 시행하며, 정기적으로 조사하는 방법이다.
② 유동문서가 많으면 재고조사의 정확성이 낮아지므로 재고조사 이전에 유동문서를 가능한 줄여야 한다.
③ 현재의 재고품목과 수량을 파악하고 재고상태를 확인하여 재고관리 활동의 유효성을 확인하는데 그 의의가 있다.
④ 창고의 물품보관 상태를 확인하여 품질 저하, 고장 등의 문제점 여부를 파악하고 개선하기 위한 목적으로 시행된다.

29 부품 창고의 월말 정기재고조사 결과 부품 A의 재고수량이 부족한 사실이 발견되었다. 그 원인과 재고기록조정 내용이 적절하지 않은 것은 무엇인가?

① 설계팀에서 시제품 분해 후에 부품을 반환한 기록의 누락이 확인되어 재고기록을 줄여서 정정하였다.
② 거래처로 부품을 반품한 기록의 누락이 확인되어 재고기록을 줄여서 정정하였다.
③ 창고에서 파손되어 부품을 폐기한 기록의 누락이 확인되어 재고기록을 줄여서 정정하였다.
④ 공정으로 부품을 투입한 기록의 누락이 확인되어 재고기록을 줄여서 수정하였다.

30 다음 [보기]에 주어진 내용만을 토대로 재고자산을 평가할 때, 매출총이익이 가장 낮게 계산되는 평가방법은 무엇인가?

| 보기 |

품목 A의 재고자산 변동 사항

일자	구분	수량(개)	단가(원)
1월 1일	기초재고	30,000	100,000
2월 1일	매입	20,000	150,000
2월 10일	매일	30,000	
3월 1일	매입	50,000	180,000
3월 20일	매출	40,000	

① 총평균법   ② 후입선출법
③ 선입선출법   ④ 이동평균법

31 A기업의 4분기 자산변동 사항을 기록한 [보기]의 표를 근거로 총평균법, 이동평균법, 선입선출법, 후입선출법 등으로 재고자산을 평가할 경우에 대한 설명으로 가장 적합하지 않은 것은?

| 보기 |

A기업의 4분기 자산변동 현황

(단위: 개, 원)

일자	구분	수량	단가
10/01	기초재고	300	1,000
10/10	매입	200	1,100
11/25	매출	300	3,000
12/01	매입	500	1,200
12/30	매출	400	3,000

① 선입선출법에 의한 재고자산 평가 시, 매출총이익이 가장 크다.
② 총평균법에 의한 재고자산 평가 시, 총매출원가는 784,000원이다.
③ 후입선출법에 의한 재고자산 평가 시, 분기말 재고자산가액이 가장 크다.
④ 총평균법에 의한 재고자산 평가 시, 분기말 재고자산가액은 336,000원이다.

32 재고자산의 평가는 매출원가를 산정하는 데 있어서 매우 중요한 요소이다. 다음 중 원자재 가격이 지속적으로 상승하는 경제환경 하에서 기말재고자산가액이 가장 작게 나타나는 재고평가방법부터 순서대로 나열한 것으로 옳은 것은?

① 선입선출법 〈 후입선출법 〈 총평균법   ② 후입선출법 〈 총평균법 〈 선입선출법
③ 후입선출법 〈 선입선출법 〈 총평균법   ④ 후입선출법 〈 선입선출법 〈 이동평균법

33 창고(warehouse)란 '물품을 보관하는 시설'로 공급과 사용 시점의 시간적 효용을 증대시키는 데 주 기능을 하고 있다. 다음 중 창고의 기능에 대한 설명으로 옳지 않은 것은?

① 주문 출하 시 신속 대응하는 서비스 기능
② 성수기·비수기, 계절적 차이 등의 수급 조정 기능
③ 실물(현장) 재고와 장부(전산) 재고와의 차이 일치화
④ 물품을 연결하는 거점적 기능

34 창고관리시스템(WMS: warehouse management system)의 도입 목적으로 옳지 것은?

① 창고관리의 효율 향상
② 자금 담보의 신용기관적 기능
③ 피킹 작업의 정확도 및 효율성 향상
④ 선입선출의 정확한 실시

35 창고 위치관리 및 보관 방식에 관한 설명으로 옳지 않은 것은?

① 고정 위치 보관 방식은 보관하게 될 위치가 고정되어 있어 정해진 위치에만 제품을 보관하는 것이다. 회전율이 낮은 품목의 보관에 적합한 방법이다.
② 자유 위치 보관 방식은 작업자가 직접 설정하거나 자동 창고와 같이 전산에서 일적한 규칙에 의해 빈 공간을 찾아서 자동 적재하고 관리한다.
③ 고정 위치 보관 방식은 보관할 제품의 수량이 예상보다 많거나 적은 경우에는 문제가 될 수 있다.
④ 자유 위치 보관 방식은 저회전율 품목에 적합하며, 보관 능력과 시스템 유연성이 높다.

36 다음 중에서 효율적인 창고관리를 위한 자재의 보관기준으로 적절하지 않은 것은?

① 입고 순으로 출고가 가능하도록 자재를 적재한다.
② 자재별로 저장위치를 구분하고 위치카드 등으로 관리한다.
③ 적재공간을 절약하기 위하여 파레트 사용을 우선한다.
④ 출고가 잦은 자재는 출고장에 가까운 장소에 보관한다.

37 효율적인 창고 및 재고 위치 관리를 위한 기본 원칙에 대한 내용으로 옳은 것은?

① 초보자가 창고 및 재고 위치 관리 현황을 파악하는 것은 어려우므로 되도록 숙련자가 파악할 수 있도록 관리한다.
② 창고 및 재고 위치는 수시 및 정기적으로 변경하면서 관리하는 것이 효율적이다.
③ 창고 및 재고 위치는 넓은 공간에 분포되어 있어 바코드, 무선인식 장비 등의 활용이 어렵다.
④ 물품의 보존 관리가 눈으로 보이게 이상 기준 값을 표시하여 관리한다.

38 창고를 운영하면서 물품의 적재 또는 보관 시 준수하여야 할 기본 원칙에 대한 설명으로 옳지 않은 것은?

① 통로 대면의 원칙: 창고 내에서 제품의 입출고 작업이 쉽게 이루어지도록 창고 통로를 서로 대면, 즉 마주보게 보관하는 원칙이다.

② 선입선출의 원칙: 일반적으로 물품의 재고회전율이 높은 경우에 많이 적용한다.

③ 동일성 및 유사성의 원칙: 동일 물품은 동일 장소에 보관하고, 유사품은 가까운 장소에 보관하는 원칙이다.

④ 회전 대응의 원칙: 출입구가 동일한 창고의 경우 입출고 빈도가 높은 화물은 출입구 가까운 장소에 보관한다.

39 다음 중에서 효율적인 운송경로 선정 시 고려해야 할 사항으로 적절하지 않은 것은?

① 운송화물의 특성   ② 고객 서비스 수준

③ 운송료 산정 기준   ④ 운송수단의 정비 상황

40 운송경로 결정 시 다수의 소량 발송 화주가 단일 화주에게 일괄 운송하는 장점이 있는 경로 형태는?

① 복수 거점 방식   ② 배송 거점 방식

③ 중앙 집중 거점 방식   ④ 공장 직영 운송 방식

주관식

01 다음 [보기]의 설명은 공급망관리 정보시스템의 유형에 대한 설명이다. 괄호 안에 들어갈 가장 적합한 용어는 무엇인가?

┤ 보기 ├

• (   )은 공급망의 상품 흐름을 개선하기 위해 소매업자와 제조업자의 정보 공유를 통해 효과적으로 원재료를 충원하고, 제품을 제조·유통함으로써 효율적인 생산과 공급망 재고량을 최소화하려는 전략이다.

• 생산·유통 단계 단축, 재고 삭감, 반품 감소 등 생산·유통의 각 단계에서 효율화를 추구하고, 각종 낭비를 제거한다.

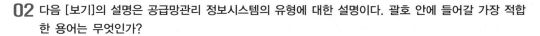

02 다음 [보기]의 설명은 공급망관리 정보시스템의 유형에 대한 설명이다. 괄호 안에 들어갈 가장 적합한 용어는 무엇인가?

┤ 보기 ├

• (   )은 물류 센터에 보관하지 않고 24시간 이내 직송하는 공급망 간의 협업 시스템이다.
• 제조업자로부터 유통업자에 이르는 상품의 물류 체계를 신속하게 유지하고, 채소와 같이 신선도가 급격히 저하되는 제품이 배송되도록 하기 위해 EDI, 바코드, 스캐닝 기술을 통해 자동화된 창고 관리 및 재고 관리를 지원하여 물류체계를 합리화하는 전략이다.

03 다음 [보기]의 (   ) 안에 공통적으로 들어갈 용어를 영어약자로 예와 같이 기재하시오.(예: ERP)

┤ 보기 ├

• (   ) 모형은 SCC(Supply Chain Council)에서 개발한 공급사슬 프로세스 분석 및 설계 모델이다.
• (   ) 모형은 공급망관리의 진단, 벤치마킹과 프로세스 개선을 위한 도구로 사용된다.
• (   ) 모형은 공급망의 설계, 구축, 개선 과정을 효율적으로 수행하는데 필요한 가이드라인을 제공한다.

04 다음 [보기]의 (   ) 안에 공통적으로 들어갈 적절한 한글 용어는 무엇인가?

┤ 보기 ├

• (   ) 효과는 공급망관리 상에서 소비자의 수요정보가 공급자에 이르면서 수요예측의 왜곡과 그에 따른 과대한 주문 활동이 확대되고 누적되어 가는 현상을 말한다.
• (   ) 효과로 인한 수요·공급의 변동은 제품품절, 과도한 안전재고, 높은 공급망상의 비용 상승 등을 초래하게 된다.

05 [보기]의 재고유형에 대한 설명에서 괄호 안에 들어갈 적절한 용어는 무엇인가?

┤ 보기 ├

• (   ) 재고는 대금을 지급하여 물품에 대한 소유권을 가지고 있다. 수송 중에 있는 재고를 말하며, 수송재고라고도 한다.

06 [보기]는 상품 A에 대한 연간 총판매량과 연간 평균재고량, 1회 주문수량에 대한 자료이다. 보기를 참조하여 상품 A의 재고회전율을 구하면 몇 회인가?

┤ 보기 ├

상품 A
• 연간 평균재고량: 5,000개   • 연간 총판매량: 30,000개   • 1회 주문수량: 500개

07 휴대전화 제조업체 I사는 대만의 D전자로부터 부품을 구매한다. I사의 부품 연간 수요량이 1,000개이고 1회 주문비용이 1,000원이며 부품 1개당 단가가 20,000원이다. 연간 단위당 재고유지비용이 개당 25%일 경우 경제적 주문량(EOQ)은 몇 개인가?

08 다음 [보기]는 A 기업의 3월 재고자산 변동사항이다. 3월의 기말재고액을 총평균법과 이동평균법으로 각각 계산하시오.

| 보기 |

일자	구분	수량	단가
03월 01일	기초재고	2	10
03월 10일	입고	2	20
03월 15일	출고	1	
03월 20일	입고	2	30
03월 25일	출고	1	

09 다음 [보기]는 재고관리 비용에 대한 설명이다. (   ) 안에 공통적으로 들어갈 용어는 무엇인가?

| 보기 |

재고와 관련된 비용은 주문비용(준비비용), 재고유지비용, (   ) 비용으로 구성된다. (   ) 비용은 품절 등으로 인해 고객의 수요를 충족시키지 못함으로써 발생하는 비용으로, 판매기회의 손실뿐만 아니라 고객에 대한 신용 상실의 손실도 초래한다.

10 다음 [보기]에 주어진 내용만을 토대로, 1월 5일의 가용재고를 계산하면 몇 개인가?

| 보기 |

- 구매리드타임: 5일
- 현재고: 50개(기준일: 1월 4일)
- 총소요량: 10개(기준일: 1월 5일)
- 발주량: 10개(발주일: 1월 4일)
- 안전재고: 10개(기준일: 1월 5일)

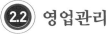 영업관리

객관식

01 다음 중 수주관리에 관한 설명으로 가장 적합하지 않은 것은?

① 수주는 구매가 확정된 고객의 주문을 관리한다.
② 출고 시 수주건별로 대금수금 조건을 확정하여야 한다.
③ 수주 후 일자별 가용수량, 약속 가능재고 정보를 참조하여 수량과 납기에 대한 회신을 한다.
④ 견적이 진행되는 경우는 일반적으로 첫 거래이거나 물품의 시장가격에 변동이 있는 경우이다.

02 다음 설명 중 가장 적합하지 않은 것은?

① 구매관리에서 생산활동에 필요한 품목을 미리 점검하고 조정하여 발주서를 전달하는 활동과 기 전달된 발주서의 수량 확인, 납기, 취소 등을 통해 예정 발주수량을 최적으로 유지하는 활동은 자재소요계획 시스템의 안정화에 중요한 사전 관리적인 요소이다.
② 수주관리에서는 영업담당자는 수주상황과 생산출고상황을 수시로 확인하여 납기준수에 주의를 기울여야 한다.
③ 수주관리에서는 현재 창고에 재고는 없으나 생산예정 수량이 충분히 있다면 수주를 등록한 후 생산완료 일자를 근거로 고객에게 납기일자를 통보한다.
④ 구매관리는 생산에 필요한 자재를 원하는 시간, 장소에 적정비용을 투자하여 구매요청, 견적, 계약과 내부 승인절차를 거쳐 발주서를 공급업체에 전달하는 활동으로 즉, 구매를 계획하고 조정하며 통제하고 평가하는 일련의 과정이다.

03 다음 중 판매예측에 대한 설명으로 올바르지 않은 것은?

① 판매예측을 할 때 수주 및 판매액에 큰 영향을 미치는 내부요인만을 정확하게 파악하는 것이 중요하다.
② 판매예측이란 장래에 일정기간의 상품, 서비스의 매출액을 추정하는 것이다.
③ 판매예측이란 수요예측의 결과를 기초로 하여 당해 상품, 서비스의 판매가능액을 구체적으로 예측하는 것이다.
④ 판매예측은 과거의 수주, 판매실적 데이터를 분석하여 과거에서 현재까지의 경향을 고찰하여 추정하는 방법이다.

04 [보기]는 정성적인 예측기법을 이용한 수요예측 절차들의 일부이다. 델파이 방법에 의한 수요예측 절차를 올바르게 나열한 것은 무엇인가?

> ┤ 보기 ├
>
> ㉠ 전문가들의 의견이 일치할 때까지 이러한 과정을 반복함
> ㉡ 영업사원들이 각 지역의 수요를 예측함
> ㉢ 전문가들의 의견을 분석한 후, 그 결과를 전문가들에게 다시 우송
> ㉣ 소비자, 영업사원, 경영자를 모아 수요예측 패널을 구성함
> ㉤ 다른 전문가들의 의견을 자신의 의견과 비교하여 검토함
> ㉥ 대상상품의 예측수요에 대한 설문을 전문가들에게 우송

① ㉣-㉡-㉤-㉠
② ㉣-㉥-㉡-㉠
③ ㉥-㉢-㉤-㉠
④ ㉥-㉢-㉤-㉡

05 수요예측을 위한 여러 방법 중 시계열분석 방법은 시간의 흐름에 따라 일정한 간격마다 기록한 통계자료를 분석하여 예측하는 방법이다. 다음 중 시계열분석 방법과 가장 거리가 먼 것은?

① 지수평활법
② 다중회귀분석
③ 단순이동평균법
④ 가중이동평균법

06 수요예측 방법에 대한 설명 중 가장 적합하지 않은 것은?

① 상관 회귀분석 – 상품의 수요나 수요에 영향을 미칠 것이라고 생각되는 요인과의 관계를 상관계수 등으로 밝히고 관련 요소의 데이터 경향 등을 기준으로 예측하는 방법
② 순환 변동분석 – 장기적인 수요경향의 변동을 파악하여 중·장기 예측을 하는 방법
③ 소비자 실태조사 – 특정 지역을 선정하여 일정 수의 고객을 무작위로 선정 조사하고, 그 조사 결과를 토대로 수요를 추정하는 방법
④ 계절 변동분석 – 수요의 계절 변화를 파악하여 주로 단기 예측을 하는 방법

07 예측기법 중 정성적 방법은 과거 시장자료가 존재하지 않거나 존재하더라도 이에 대한 수리적 모형화가 불가능한 경우, 일반 소비자의 선호도 혹은 전문가의 지식과 의견을 바탕으로 미래의 수요 혹은 판매를 예측하는 기법이다. 다음 예측기법에 대한 설명 중 정성적 방법과 가장 거리가 먼 것은?

① 특정 제품에 대한 소비자의 선호나 구매의사를 직접 조사하여 미래의 수요를 예측하는 소비자 조사법 혹은 구매의도 조사법
② 예측하고자 하는 시장수요와 이에 영향을 미칠 것으로 판단되는 경제 변수들 간의 상호 관계를 상관정도 등으로 밝혀 예측하는 회귀분석법
③ 예측하고자 하는 특정 제품과 관련된 분야의 전문가 집단으로부터 의견을 수집, 분석, 종합, 정리하여 수요를 예측하는 델파이법(Delphi Method)
④ 자사의 소속된 판매원들로 하여금 각 담당지역의 판매예측을 산출하게 한 다음 이를 모두 합하여 회사 전체에 대한 판매예측을 산출하는 판매원 의견 통합법

08 수요예측에 대한 설명으로 올바르지 않은 것은?

① 수요예측이란 장래에 발생할 가능성이 있는 모든 수요(잠재수요와 현재수요)에 대해서 예측하는 것이다.
② 수요예측 시 경쟁기업의 동향이나 지역경제의 상황은 고려할 필요없다.
③ 수요예측에 있어서 오차의 발생확률은 예측하는 기간의 길이에 비례하여 높아진다.
④ 수요예측은 일반적으로 과거의 상황이 장래에도 존속하거나 장래의 수요에 관련성이 있다는 전제조건에서 이루어진다.

09 수요예측과 관련된 다음 설명 중 가장 적합하지 않은 것은?

① 순환변동분석은 경기변동 등과 같이 일정한 주기의 변동을 파악하여 수요를 예측하는 방법이다.
② 조사기술이나 예측기술이 진척되고 컴퓨터 등을 활용함으로써 100% 정확한 수요예측이 가능하다.
③ 업계 및 상품별 시장에 관련된 사외자료는 수요예측 시 필요한 각종 자료 및 정보의 범주에 포함된다.
④ 수요예측이란 장래에 발생할 가능성이 있는 모든 수요(= 잠재수요 + 현재수요)에 대해서 예측하는 것이다.

10 다음 설명 중 가장 올바르지 않은 것은?

① 인공지능(AI) 기술이 발달함에 따라 정확한 수요예측이 가능하다.
② 수요예측은 다소간에 차이는 있겠지만 대부분의 기업에게 각 기업의 제조방식과는 상관없이 필요한 기업 활동이다.
③ 특정 제품에 대한 수요예측은 이 제품에 대한 생산계획과 생산에 필요한 자재 구매계획을 수립하는 데 있어서 일반적으로 필요한 절차이다.
④ 수요예측에 있어서 오차의 발생확률은 예측하는 기간의 길이에 비례한다.

11 수요란 재화나 서비스를 구매하려는 욕구를 말한다. 이 가운데 금전적 지출을 동반하는 수요로서 바로 구매할 가능성이 있거나 구체적인 구매계획이 있는 경우의 수요로 가장 적합한 것은?

① 잠재수요   ② 수주수요
③ 유효수요   ④ 판매수요

12 수요예측을 위한 정량적 방법 중에서 어떤 수요에 영향을 미치는 요인을 찾아내고 그 요인과 수요와의 관계를 분석하여 향후 수요를 예측하는 인과모형분석방법에 해당하는 것은 무엇인가?

① 델파이법   ② 중역평가법
③ 판매원평가법   ④ 다중회귀분석

13 다음 중 대상 거래처나 고객의 가치를 종합적으로 검토하여 핵심 거래처나 고객을 효과적으로 분류하기 위한 분석방법으로 3개 이상의 요인에 대한 가중치를 이용하여 결합하고 다면적으로 분석하여 일정한 기준에 따라 범주화함으로써 범주별로 최적의 전략을 적용하기 위한 방법은?

① ABC분석   ② 파레토분석

③ 매트릭스분석   ④ 포트폴리오분석

14 다음 중 고객에 대한 과거 판매실적만을 근거로 중점관리 대상인 우량 거래처나 고객을 선정하는 방법은 무엇인가?

① 파레토분석   ② 매트릭스 분석

③ 6 시그마 분석   ④ 거래처 포트폴리오 분석

15 (주)ABC사의 제품 A에 대한 8월과 9월의 판매 예측치가 각각 22,000개와 25,000개이고 9월의 실제 판매량이 30,000개였다. 10월의 판매 예측치를 단순지수평활법(Exponential Smoothing Method)으로 계산하면 얼마인가?(지수평활계수: 0.4)

① 24,000원   ② 28,200원

③ 25,000원   ④ 27,000원

16 제품 A에 대한 목표매출액을 결정하기 위하여 수익성 지표를 활용하려고 한다. 다음 [보기]의 예측자료를 이용하여 손익분기점에서의 매출액을 올바르게 계산한 것은 무엇인가?

┤ 보기 ├

• 연간고정비: 120만 원   • 제품단위당 변동비: 400원/개
• 제품단위당 판매가: 1,000원/개

① 80만 원   ② 100만 원   ③ 200만 원   ④ 280만 원

17 기업은 시장의 지위 유지, 기업의 존속 및 발전 등을 위한 필요한 이익을 확보해야 하고, 이를 반영한 매출 목표액을 결정해야 한다. 다음 중 매출 목표액을 결정하기 위해 사용될 수 있는 것으로 관계가 먼 것은?

① 영업사원 1인당 평균 매출액

② 각종 지표(판매생산성, 노동생산성 등) 활용

③ 경쟁사 실적자료 활용

④ 거래처 1사당 평균 수주 예상액

18 영업사원 각자의 매출액 목표를 상품별로 세분화하여 판매계획을 작성하고자 한다. 이때 고려하여야 할 다음 사항 중 가장 비합리적인 것은?

① 영업사원의 경험   ② 과거의 판매실적

③ 이익공헌도   ④ 목표시장 점유율

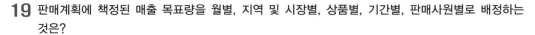

19 판매계획에 책정된 매출 목표량을 월별, 지역 및 시장별, 상품별, 기간별, 판매사원별로 배정하는 것은?

① 판매 분석 ② 판매 계획
③ 판매 예측 ④ 판매 할당

20 판매할당을 위하여 교차비율을 기준으로 상품별로 차등화하여 목표판매액을 할당하려고 한다. 다음 중 가장 적절한 할당방법은 무엇인가?

① 총매출액이 가장 낮은 상품에 대해 가장 높은 목표판매액을 할당한다.
② 평균재고액이 가장 낮은 상품에 대해 가장 높은 목표판매액을 할당한다.
③ 교차(주의)비율이 가장 낮은 상품에 대해 가장 높은 목표판매액을 할당한다.
④ 상품회전율이 가장 낮은 상품에 대해 가장 높은 목표판매액을 할당한다.

21 판매계획은 장기계획, 중기계획, 단기계획으로 구분할 수 있다. 다음 중 장기계획에 해당하는 것은?

① 제품 연간 목표매출액 설정
② 제품별 가격, 구체적인 판매할당 결정
③ 제품 판매촉진 정책, 판매경로 및 판매자원의 구체적 계획 수립
④ 신제품 개발, 신시장 개척, 판매경로 강화 등 계획 수립

22 판매할당방법 중 지역 및 시장별 할당방법을 적용하기 위하여 작성되는 시장지수(또는 잠재구매력지수)를 계산할 때 반영되는 요소로 다음 중 가장 적합한 것은?

① 전국 인구수에 대한 해당 지역 인구의 비율
② 전국 시장점유율에 대한 해당 지역 시장점유율의 비율
③ 전국 경쟁업체 수에 대한 해당 지역 경쟁업체 수의 비율
④ 전국 영업사원 수에 대한 해당 지역 영업사원 수의 비율

23 다음 보기의 내용이 설명하고 있는 판매계획은?

┤ 보기 ├

영업거점의 매출목표는 반드시 영업사원별로 분배하며, 영업사원이 지역제를 채택할 경우에는 지역별 판매할당 수치가 그대로 반영된다.

① 거점(지점, 영업소, 영업과) 별 판매계획 ② 영업사원별 판매계획
③ 거래처, 고객별 판매계획 ④ 지역, 시장별 판매계획

24 매출액 목표를 세분화하는 판매할당방법 중에서 상품, 서비스별로 판매계획을 결정하기 위한 방법으로 적절하지 않은 것은 무엇인가?

① 목표시장 점유율을 반영한 상품별 판매계획
② 상품회전율과 총이익률을 동시에 반영한 상품별 판매계획
③ 총매출이익에 대한 공헌도를 반영한 상품별 판매계획
④ 과거의 리베이트 전략을 반영한 상품별 판매계획

25 판매할당을 위하여 고려하는 교차비율에 대한 설명으로 적합하지 않은 것은?

① 평균재고액과 교차비율은 반비례한다.
② 상품회전율과 교차비율은 비례한다.
③ 매출이익과 교차비율은 비례한다.
④ 매출액과 교차비율은 반비례한다.

26 목표매출액을 결정하기 위하여 성장성지표, 시장점유율지표, 수익성지표, 생산성지표 등 다양한 경영성과지표를 이용할 수 있다. 다음 중 수익성지표를 활용한 목표매출액 산출방식으로 가장 적합하지 않은 것은?

① 목표매출액 = 영업사원수 × 영업사원 1인당 평균 목표매출액
② 목표매출액 = 목표이익 / 목표이익률
③ 목표매출액 = 목표한계이익 / 목표한계이익률
④ 목표매출액 = (목표매출이익 + 매출원가) / 목표매출이익률

27 A기업은 자전거 판매 전문기업이다. [보기]의 자료를 이용하여 계산한 A기업의 2024년도 목표매출액은 얼마인가?

┤ 보기 ├
• 2022년 국내 자전거 총판매액 = 8억 원   • 2023년 국내 자전거 총판매액 = 12억 원
• 2022년 A기업 매출액 = 4억 원   • 2023년 A기업 매출액 = 6억 원

① 7억 원
② 8억 원
③ 9억 원
④ 10억 원

28 가격결정은 일반적으로 신상품의 가격결정과 기존상품의 가격개정의 영역에서 행해지고 있다. 그리고 가격결정방법으로는 원가요소, 시장가격에 의한 방법이 있으며, 그 외 다양한 특성을 고려하여 가격을 결정할 수 있다. 이때 물류비 및 신용공여의 정도, 유통단계의 마진은 다음 중 어떤 특성에 의한 가격결정요인에 해당하는가?

① 경쟁특성
② 코스트특성
③ 법규제 특성
④ 판매채널 특성

29 가격은 소비자가 구매를 결정하는데 가장 중요한 요인 중 하나이며, 기업의 매출액과 이익에 커다란 영향을 미친다. 다음 가격결정에 영향을 미치는 여러 요소들 중 외부적 요인에 속하는 것은 무엇인가?

① 유통채널
② 제품의 특성
③ 마케팅 목표
④ 각종 비용금액

30 판매가격의 결정방법으로는 원가요소에 의한 가격 결정방법과 시장가격에 의한 가격 결정방법이 있다. 그 중 원가요소에 의한 가격 결정방법을 설명한 것으로 가장 적합하지 않은 것은?

① 도매가격은 생산자가격(세금 및 구입관련 제반비용 포함)이 도매업자의 매입원가이며 여기에 도매총이익(이익 + 영업비용 등)을 더하여 책정된다.
② 소매가격은 도매가격(세금 및 구입관련 제반비용 포함)이 소매업자의 매입원가이며 여기에 적정이익과 영업비용 등을 더하여 책정된다.
③ 생산제품에 대한 원가를 계산할 때 직접비, 간접비, 공통비용 등은 모두 일정한 배부기준에 의해 제품별로 단위당 원가가 책정되어 반영된다.
④ 생산자가 판매가격을 결정하는 데 있어서 가장 중요한 요인 중 하나가 제조원가이다. 이러한 제조원가는 크게 재료비, 노무비, 제조경비로 구성되어 있다.

31 기업 간 시장 경쟁이 격하되어 가격인하 경쟁에 의해 매출은 증가되지만, 이익은 감소하는 경우에 적정이익을 추구하기 위하여 가격유지 정책을 세워서 관리해야 한다. 다음은 이를 위한 요소들이다. 이 중 가장 적절하지 않은 것은?

① 수요에 따른 공급능력 확보
② 수요에 대응한 신제품 개발력 향상
③ 품질향상을 위한 투자 제한
④ 차별화 상품을 통한 틈새시장 공략

32 다음 중에서 "월말마감의 차월회수" 기준인 경우에 외상매출금의 회수율 계산방식으로 적절한 것은 무엇인가?

① 회수율 = 당월회수액 / (전월말 외상매출금잔액 + 당월매출액) × 100%
② 회수율 = 당월회수액 / (전전월말 외상매출금잔액 + 전월매출액) × 100%
③ 회수율 = 당월회수액 / (전전월말 외상매출금잔액 + 당월매출액) × 100%
④ 회수율 = 당월회수액 / (전전전월말 외상매출금잔액 + 전월매출액) × 100%

33 다음은 매출채권회전율에 대한 설명이다. 설명이 가장 적절한 것은 무엇인가?

① 매출채권을 회수하는데 걸리는 시간을 의미한다.
② 매출채권회전율이 높아지면 대손발생의 위험이 낮아진다.
③ 매출채권회전율이 높아지면 매출채권회수기간도 길어진다.
④ 매출채권회전율이 낮아지면 수익이 증가된다.

34 외상매출금 회수관리 문제시 영업사원이나 상사들의 과실과 관련하여 반드시 확인하지 않아도 될 사항은?

① 단가수정의 미처리　　　　　　② 상품 교환, 반품의 미처리
③ 에누리의 미처리　　　　　　　④ 판매제품명 확인

유형별연습문제

35 외상매출금의 회수율을 관리함으로써 불량 외상매출금 채권의 발생 등을 조기에 발견하여 대처하는 방법으로 가장 적합하지 않은 것은?

① 외상매출금 잔액 확인 　　　　② 반품 수량 확인
③ 고객별 예상매출액 확인 　　　　④ 당월의 미입금처 확인

36 '회사의 자금운용상의 설정법'은 자금조달기간을 이용하여 회사의 매출채권한도액을 결정하는 방법이다. 다음의 매출채권한도액에 대한 설명으로 가장 바르지 않은 것은 무엇인가?

① 매출채권의 회수기간은 매출채권을 회수하는 데에 평균 며칠이 걸리는가를 나타내는 것이다.
② 매출채권의 회수기간이 길어지면 자금조달기간이 늘어나게 된다.
③ 매출채권의 회수기간이 길어지면 대손발생의 위험이 증가하고 수익감소의 원인이 된다.
④ 매출채권의 회수기간이 길어지면 매출채권의 회전율이 높아지게 된다.

37 아래는 여신한도액이 순 운전자본보다 많아진 경우에 운전자본을 확보하기 위한 방법들이다. 가장 적절하지 않은 것은?

① 현금회수 가능 거래처 증대
② 외상매출금이나 어음의 회수기간 단축
③ 대금지급을 현금지급으로 변경
④ 판매제품에 대한 재고를 최소화함

38 다음 중 자사에 있어서 여신한도액이 순운전자본 보다 많아진 경우에 운전자본을 확보하기 위한 방법으로 가장 옳지 않은 것은?

① 장기회수기간 거래처를 최대화함 　　　　② 외상매출거래처를 최소화함
③ 외상구매거래처를 최대화함 　　　　④ 지급어음에 대한 기일을 연장함

39 매출채권의 회수율이 낮으면 불량 외상매출금 채권이 발생하는 원인이 되며, 여신한도의 증가를 초래할 수 있다. 그러므로 다음 중 회수율을 가장 많이 향상시키기 위한 방법은?

① 당월회수액과 당월매출액을 각각 2배씩 증가시킨다.
② 당월회수액과 전월말 외상매출금잔액을 각각 2배씩 증가시킨다.
③ 당월매출액과 전월말 외상매출금잔액을 각각 1/2로 감소시킨다.
④ 당월회수액을 1/2로 감소시킨다.

40 외상매출에 대한 대금회수를 위해서는 통상 거래처별 혹은 고객별로 검토 및 확인해야 할 사항이 있다. 다음 중 해당사항이 아닌 것은?

① 여신한도액 　　　　② 수금내용(현금·약속어음)
③ 당월 청구액 　　　　④ 전년 동기 외상매출금 잔액

주관식

01 다음 보기에 주어진 정보를 근거로 거래처에 대한 여신한도액을 매출액 예측에 의한 방법으로 계산하시오. 이때 정답은 예와 같이 숫자로만 입력하시오.(예: 90,000)

┤ 보기 ├

- 예상매출액: 45,000,000
- 자사수주점유율: 25%
- 매입원가율: 75%
- 여신기간: 30일

02 다음 [보기]와 같은 정보를 참조하여 거래처에 대한 여신한도액을 매출액 예측에 의한 방법으로 계산하시오. 이때 정답을 주어진 예와 같이 숫자로만 입력하시오.(예: 90,000)

┤ 보기 ├

- 예상매출액: 4,000,000
- 자사수주점유율: 40%
- 회수율: 80%
- 여신기간: 30일
- 매입원가율: 90%
- 재고회전기간: 20일

03 기업은 적절한 여신한도액을 설정하기 위하여 매출채권 한도액을 구하려고 한다. 매출액 및 여신 관련 상황은 [보기]와 같다. [보기]의 자료를 이용하여 매출채권 한도액을 계산하시오.(단, 결과를 '○○만 원' 처럼 표시하시오)

┤ 보기 ├

- 매출채권잔액 = 100만 원
- 매입채무지급기간 = 50일
- 자금조달기간 = 73일
- 매출채권회수기간 = 100일
- 재고회전기간 = 23일

04 [보기]와 같이 원가구성비용이 주어졌을 때 판매원가를 계산하여 예와 같이 기입하시오.(예: 100)

┤ 보기 ├

- 판매 및 관리비: 40
- 제조간접비: 30
- 직접노무비: 50
- 이익: 40
- 직접제조경비: 60
- 직접재료비: 60

05 A기업이 신사업을 하기 위하여 사업계획서를 작성하면서 도출한 다음 [보기]와 같은 추정자료를 참조하여 연간 50만 원의 목표이익액을 달성하기 위한 매출량을 계산하시오. 이때 정답을 주어진 예와 같이 숫자로만 입력하시오.(예: 10)

• 연간 매출액 = 200만 원   • 연간 고정비용 = 80만 원
• 연간 변동비용 = 40만 원   • 연간 매출량 = 40개

06 (   )분석은 가장 집중적인 통제를 행하여야 할 고객이나 거래처가 어디인지를 결정하는 분석방법으로서, 파레토의 원리에 입각하여 중요한 고객이나 거래처만 집중적으로 관리하는 기법이다. 괄호 안에 가장 알맞은 용어를 답하시오.

07 매출액 목표를 달성하기 위해 거래처와 고객을 일정한 규칙으로 등급을 설정하고 우량 거래처, 고객을 선정하여 중점화할 때의 방법 중 두 개의 거래 상황요소를 행과 열로 배열하여 이원표의 형태로 표시하여 분류하는 것은 어떤 분석방법인가?

08 다음 [보기]와 같은 예측방법에 대한 설명 중 (   ) 안에 들어갈 가장 적합한 용어는? 정답을 한글로 차례대로 적으시오.

| 보기 |

ㄱ. (   ) 변동분석은 경기변동 등과 같이 일정한 주기적으로 발생하는 변동사항을 파악하여 예측하는 방법이다.
ㄴ. (   ) 분석은 전문가 집단에게 실적이나 예측데이터에 대한 설문을 수차례 실시하여 그 결과를 집계하여 수요예측을 하는 방법이다.

09 다음 [보기]에 주어진 정보를 근거로 일반적인 공식을 사용하여 외상매출금에 대한 회수율을 계산하시오. 이때 정답을 주어진 예와 같이 퍼센트(%) 수치로 입력하시오.(예: 50%)

| 보기 |

• 전월 회수액: 450만 원   • 당월 회수액: 450만 원
• 전월 매출액: 3,500만 원   • 당월 매출액: 4,200만 원
• 전월 말 외상매출금 잔액: 300만 원   • 당월 말 외상매출금 잔액: 400만 원

10 A회사는 B회사에게 총 2,000만 원어치의 제품을 판매하고, 그 대금으로 [보기]와 같이 현금 및 어음으로 받았다. 기업자금의 효율적인 운영을 위한 대금회수 기간을 [보기]에 주어진 정보를 근거로 계산하면 얼마인가? 이때 정답을 주어진 예와 같이 숫자로만 입력하시오.(예: 50)

| 보기 |

• 현금: 200만 원   • 30일짜리 어음: 400만 원
• 45일짜리 어음: 800만 원   • 90일짜리 어음: 600만 원

구매관리

객관식

01 구매계약은 매매당사자간에 매매의사를 합의함으로 성립되는 법률적 행위이다. 다음 중 구매계약에 대한 설명으로 가장 적합한 것은?

① 선급금이나 전도금은 계약조건이 될 수 있으나 물품의 하역은 계약조건이 될 수 없다.
② 경쟁입찰방법에 의하지 않고 특정기업을 공급자로 선정하여 구매계약을 체결할 수 없다.
③ 계약의 근거를 확인하고 분쟁의 발생을 방지하기 위하여 모든 구매에서 구매계약을 반드시 해야 한다.
④ 구매승낙 후의 계약서의 작성은 이미 성립한 계약내용을 문서화하는 형식적인 행위에 불과하지만 구매계약서를 작성하여 두는 것이 바람직하다.

02 구매관리에 대한 설명으로 가장 타당하지 않은 것은?

① 구매관리는 구매를 계획하고 조정하며 통제하고 평가하는 일련의 과정이다.
② 구매관리는 생산계획보다는 영업계획의 달성에 초점을 맞추어야 한다.
③ 구매관리에서는 자재의 공급업체, 품질, 수량, 시기 및 비용이 중요 평가요소이다.
④ 구매관리시 공급계약 사항으로 품질, 대금지불조건, 기간, 추가 지원사항 등이 고려되어야 한다.

03 구매관리의 개념은 시대의 변화에 따라 변화되어 왔다. 과거의 구매관리는 생산활동이 중단되지 않도록 적정 품질의 자재를 조달하는 지원기능이 중시되어 왔으나, 최근에는 전략적 구매를 중시함으로써 기업이익을 적극적으로 창출하는 이익창구로서의 기능이 강조되고 있다. 구매관리 기능의 변화에 대한 현대적 시각으로 적합하지 않은 것은?

① 장기간의 전략적 구매중시　　　　② 획득비용(가격)중심
③ 이익관리센터　　　　　　　　　　④ 사전계획적인 업무

04 구매는 물품의 조달이며 외주는 용역, 공수의 조달이라고 할 수 있다. 아래의 구매와 외주에 관한 설명 중 가장 적합하지 않은 것은 무엇인가?

① 외주는 발주공장의 설계방법에 따라 물품을 제작한다.
② 구매나 외주 시 외부공장에 대한 기술지도 및 경영지도를 할 필요가 없다.
③ 구매는 물품의 대다수가 표준화된 것으로 발주공장이 이에 맞춰서 구매 사용한다.
④ 외주란 자사의 제조공정의 일부를 외부공장의 기술과 설비, 노동력에 의존하는 방법이다.

05 구매방침을 결정하기 위한 다음의 경우에서 구매 또는 외주가공보다 자체생산을 통한 조달방식이 유리한 경우는 무엇인가?

① 자체 생산시설의 감가상각액을 고려했을 때 한계수입이 한계비용보다 높은 경우
② 자체 보유시설과 생산인력 등의 생산능력을 초과하는 주문을 수주한 경우
③ 자사와 타사의 제조기술능력이 차이가 없으며, 제조원가보다 구매원가가 낮은 경우
④ 계절적 수요가 뚜렷하고 다품종소량생산인 경우

06 다음 보기에 제시된 각 업무내용을 참조하여, 필요한 자재를 구매하기 위한 자재계획 및 조달계획 수립 후의 구매관리 업무에 대한 순서가 가장 올바르게 나열된 것은?

┤ 보기 ├

ㄱ. 물가 및 시장조사   ㄴ. 납입절차   ㄷ. 구매절차
ㄹ. 취득촉진   ㅁ. 구매계획   ㅂ. 납입

① ㄱ→ㄹ→ㅁ→ㄷ→ㄴ→ㅂ   ② ㄱ→ㅁ→ㄷ→ㄹ→ㄴ→ㅂ
③ ㅁ→ㄱ→ㄷ→ㄹ→ㄴ→ㅂ   ④ ㅁ→ㄱ→ㄷ→ㄴ→ㄹ→ㅂ

07 다음은 구매업무에 대한 설명이다. 이 중 적절하지 않은 것은?

① 너무 세밀한 발주주기는 구매비용의 증대를 초래할 수 있다.
② 문제를 일으킬 빈도가 높은 품목에 대해서는 구매계약서를 작성하는 것이 바람직하다.
③ 너무 장기적인 발주주기는 생산 및 판매계획의 변동분을 적기에 반영하기 어렵다.
④ 자재소요계획은 구매 발주량에는 영향을 미치나 납기에는 영향을 미치지 않는다.

08 다음 중 구매관리 업무에 대한 설명으로 가장 적합하지 않은 것은?

① 상위시스템인 주생산계획(MPS), 자재소요계획(MRP)을 바탕으로 구매발주 주기를 결정하여야 한다.
② 구매발주할 수량을 필요한 순소요량보다 많게 유지하는 것이 일반적으로 바람직하다.
③ 너무 세밀한 발주주기는 구매비용의 증대를 초래할 수 있으므로 MRP에 맞추어 주(主)주기를 설정하나, 주(主)주기의 1/2을 보조주기로 설정하여 수시적으로 판매, 생산 계획분을 반영하는 것은 바람직하지 않다.
④ 구매관리에는 발주수량을 최적으로 유지함으로 자재소요계획 시스템의 안정화에 중요한 사후 관리적인 요소가 있다.

09 구매방식을 소수의 거래처로부터 구매하는 집중구매방식과 다수의 거래처로부터 구매하는 분산구매방식으로 구분하여 비교할 경우, 다음 중 분산구매방식의 장점과 가장 거리가 먼 것은?

① 일반적으로 신속한 구매가 가능하다.
② 일반적으로 소량 수요 발생 시 유리하다.
③ 일반적으로 특수한 상황을 고려한 구매에 유리하다.
④ 일반적으로 구입절차가 복잡한 구매에 유리하다.

10 구매방식을 본사에서 기업 전체의 구매를 통합하여 진행하는 집중구매방식과 각 사업장별로 구매 자립성을 갖는 분산구매방식으로 구분하여 비교할 경우, 다음 중 집중구매방식에 대한 설명으로 가장 적합하지 않은 것은?

① 공통자재를 일괄 구매하므로 단순화, 표준화하기가 쉽고 재고량이 감소된다.
② 구매가격 조사, 공급자 조사, 구매효과 측정 등이 수월해진다.
③ 구매수속이 간단하고 구매기간이 줄어든다.
④ 전문적인 구매지식과 구매기능을 효과적으로 활용할 수 있다.

11 구매방법은 구매시기와 구매목적에 따라 다양하게 구분된다. 다음 보기의 내용은 어떤 구매 방법에 대한 설명인가?

┤ 보기 ├

다품종 소량 품목을 구매하는 경우 품목별로 구매처를 선정하는 데 많은 시간과 비용이 소요된다. 이 경우 구매비용과 시간을 절감하고 구매절차를 간소화하는 데 적합한 구매방법이다.

① 투기구매 　　　　　　　　② 수시구매
③ 시장구매 　　　　　　　　④ 일괄구매

12 구매시기와 구매목적 등에 따라 구분한 구매방법에 대한 다음 설명 중에서 옳은 것은?

① 자재의 안정적인 확보가 중요할 때 적절한 구매방법은 일괄구매이다.
② 과잉구매를 방지하고 설계변경 등에 대응하기 용이한 구매방법은 시장구매이다.
③ 장기적으로 낮은 가격이나 충분한 수량의 확보가 가능한 구매방법은 일괄구매이다.
④ 계획구매로 조달비용을 절감하고 수량할인, 수송비의 감소 등 경제적인 구매가 가능한 구매방법은 시장구매이다.

13 구매방법은 구매시기와 구매목적 등에 따라 다르게 구분된다. 구매방법에 대한 설명 중 가장 적합하지 않은 것은 무엇인가?

① 투기구매 – 계속적인 가격상승이 명백한 경우에 유리하지만 가격동향의 예측이 부정확하면 손실의 위험이 크다.
② 일괄구매 – 소량 다품종의 품목을 구매해야 하는 경우 구매시간과 비용을 절감하고 구매절차를 간소화하는 방법이다.

③ 수시구매 - 계절품목 등 일시적인 수요품목 등에 적합한 구매방식이며, 과잉구매를 방지하고 설계변경 등에 대응하기가 용이한 장점이 있다.

④ 예측구매 - 자재를 안정적으로 충분한 수량을 확보해야 할 때 적용가능하며, 생산시기가 일정한 품목 또는 항상 비축이 필요한 상비 저장품목 등에 적합하다.

14 구매방법은 구매시기와 구매목적에 따라 다양하게 구분된다. 이 가운데 가격인상을 대비하여 이익을 도모할 목적으로 가격이 낮을 때 장기간의 수요량을 미리 구매하여 재고로 보유하는 구매방식은?

① 수시구매   ② 예측구매

③ 투기구매   ④ 장기계약구매

15 가격을 결정하는 방식 중 구매가격의 예측에 의하여 가격을 결정하는 방식에 대한 설명으로 가장 적절한 것은 무엇인가?

① 제품원가에 판매관리비와 목표이익을 가산함으로써 가격을 결정하는 방식이다.

② 소비자의 구매의도를 고려하여 소비자가 기꺼이 지불할 수 있는 가격수준으로 결정하는 방식이다.

③ 소비자가 직접 지각하는 제품의 가치를 토대로 가격을 결정하는 방식이다.

④ 입찰경쟁에서 경쟁자를 이기기 위하여 전략적으로 가격을 결정하는 방식이다.

16 다음에서 설명하는 구매품에 대한 가격결정방식으로 가장 옳지 않은 것은?

① 비교결정방식 - 다른 회사 혹은 제품의 가격과 비교하여 가격을 결정하는 방식

② 코스트플러스방식 - 제품에 대한 원가를 계산한 후, 여기에 유통비용 및 이익 등을 가산하여 가격을 결정하는 방식

③ 고가격설정방식 - 고급 이미지와 품격을 추구하기 위하여 일방적으로 높은 가격을 설정하는 방식

④ 변동가격방식 - 협정가격이라고도 하며, 시장상황에 의해 자주 가격이 변동되면서 결정되는 방식

17 공급자의 가격결정 방식은 가격결정 기준에 따라 비용중심적, 구매자중심적, 경쟁자중심적 가격결정 방식 등으로 구분할 수 있다. 이때 비용중심적 가격결정 방식이 아닌 것은?

① 손익분기점분석 방식   ② 구매가격예측 방식

③ 코스트플러스 방식   ④ 가산이익률 방식

18 비용 중심적 가격결정 방법은 제품의 생산 또는 판매에 지출되는 총비용을 포함하고 목표이익을 달성할 수 있는 수준에서 판매가격을 결정하는 방법이다. 다음 중 비용 중심적 가격결정 방법으로 가장 적합하지 않은 것은?

① 가산이익률 방식: 제품단위당 매출원가에 적정이익이 가능한 가산이익률을 곱하여 가격을 결정하는 방식

② 목표투자이익률 방식: 기업이 목표로 하는 투자이익률을 달성할 수 있도록 가격을 결정하는 방식

③ 경쟁기업 가격기준 방식: 자사의 시장점유율, 이미지, 제품경쟁력 등을 고려하여 판매이익보다는 경쟁기업의 가격을 기준으로 전략적으로 판매가격을 결정하는 방식

④ 손익분기점분석 방식: 손익분기점의 매출액 또는 매출수량을 기준으로 가격을 결정하는 방식

19 '경쟁자중심적 가격결정 방식'에 대한 설명으로 옳지 않은 것은?

① 경쟁환경을 고려하여 시장점유율을 높이기 위한 방법이다.
② 경쟁기업의 가격을 기준으로 전략적으로 가격을 결정한다.
③ 생산비용보다는 제품에 대한 소비자의 평가나 수요를 우선 고려한다.
④ 경쟁자를 이기기 위하여 판매이익을 고려하지 않는다.

20 다음 중 수의계약에 의한 구매계약을 체결하는 과정에서 결정되는 구매가격의 유형으로 가장 적합한 것은?

① 정가가격
② 교섭가격
③ 시중가격
④ 협정가격

21 다음 중 공급자 선정방식에 대한 설명으로 가장 적합하지 않은 것은?

① 제한경쟁방식은 자격을 갖춘 모든 대상자를 입찰참가자에 포함시킨다.
② 평점방식은 공급자 평가를 위하여 평가기준이 포함된 평가표가 필요하다.
③ 일반경쟁방식은 경쟁자의 제시가격을 확인한 후, 입찰가격을 다시 조정한다.
④ 지명경쟁방식은 다수의 특정한 경쟁참가자를 지명하여 경쟁입찰에 참가시킨다.

22 구매가격의 종류가 아닌 것은?

① 교섭가격
② 시장가격
③ 판매가격
④ 정가가격

23 다음 중 [보기]에서 설명하고 있는 구매가격의 종류를 가장 알맞게 순서대로 나열한 것은?

┤ 보기 ├

ㄱ. 판매자가 자기의 판단으로 결정하는 가격으로 서적, 화장품, 약국, 맥주 등과 같이 전국적으로 시장성을 가진 상품에 적용된다.
ㄴ. 판매자 혹은 구매자의 판단과 시장 전체의 움직임에 의해 가격 그 자체가 변동하는 것으로 야채, 어류, 생화 등에 적용되는 가격을 말한다.
ㄷ. 가격이 명확히 결정되어 있지는 않으나, 업계의 특수성이나 지역성 등으로 자연히 일정한 범위의 가격이 정해져 있는 것으로 판매자가 그 당시의 환경과 조건에 따라 가격을 정하는 성격이 있다.

① ㄱ. 개정가격, ㄴ. 정가가격, ㄷ. 교섭가격
② ㄱ. 정가가격, ㄴ. 교섭가격, ㄷ. 협정가격
③ ㄱ. 정가가격, ㄴ. 시중가격, ㄷ. 개정가격
④ ㄱ. 시중가격, ㄴ. 협정가격, ㄷ. 개정가격

24 다음 중 구매계약을 반드시 체결해야 하는 경우에 해당하지 않는 것은?

① 거래금액이 평상시보다 많은 경우
② 장기간의 포괄적 거래내용을 정해야 할 필요가 있을 경우
③ 동일한 거래가 여러 차례 반복되는 경우
④ 특별한 계약내용을 추가해야 하는 경우

25 구매계약의 가격할인 방식 중 'extra dating' 방식에 대한 설명으로 옳은 것은?

① 할인판매 등의 특별기간 동안 현금할인기간을 추가로 적용하는 방식
② 구매당월은 할인기간에 산입하지 않고 익월부터 시작하는 방식
③ 거래일자를 늦추어 기입하여 대금지불일자를 연기하여 현금할인의 기산일을 거래일보다 늦추어 잡게 되는 방식
④ 할인기간의 시작일을 거래일로 하지 않고 송장의 인수일을 기준으로 할인하는 방식

26 다음은 각 구매방법과 수량할인방식을 연결한 것이다. 각 구매방법의 목적을 고려할 때 가장 적합한 수량할인방식을 연결한 것은 무엇인가?

① 투기구매 – 누적수량할인
② 장기계약구매 – 비누적수량할인
③ 일괄구매 – 총합적수량할인
④ 시장구매 – 품목별수량할인

27 다음은 구매가격을 할인해 주는 방법을 설명한 것이다. 이 중 적절하게 설명되지 않은 것은?

① 비누적수량할인은 매번 구매량에 상관없이 일률적으로 할인한다.
② 누적수량할인은 일정기간 동안의 구매총량이 일정 이상에 달했을 때 적용한다.
③ 품목별할인은 전체 수주량보다는 품목별 수주량이 판매비 절감에 도움이 될 경우 적용한다.
④ 총합적할인은 품목별 수주량보다는 전체 수주량이 판매비 절감에 도움이 될 경우 적용한다.

28 할인가격 중 수량할인 즉, 일정 거래량 이상의 대량 구매자에 대한 구매가격 할인 방법으로 가장 적합한 것은?

① 총합적 할인, 선일부현금 할인
② 비누적수량 할인, 지불기일 현금 할인
③ 품목별 할인, 누적수량 할인
④ 판매수량별 할인, 구매당월락금 할인

29 만일 5월 26일에 구매가 이루어졌으며 할인기간내의 할인율이 2%라고 가정하였을 경우, 구매 시 연불제도나 어음지불제도를 전제로 기일 전의 현금지불에 대해서 원래의 구매금액으로부터 일부를 차감해 주는 현금할인 방식 중 가장 구매자에게 유리한 조건은 어느 것인가?

① '선일부현금할인' 조건, 할인기산일(6월 10일), 할인기간(20일)
② '특인기간현금할인' 조건, '3/10, 25 extra'
③ '구매당월락금할인' 조건, 할인기간(30일)
④ '수취등기준현금할인' 조건, 송하장 상의 하수일(6월 1일), 할인기간(30일)

30 현금할인 방식은 현금지불 거래처를 우대하고 자본회전율을 높이는 장점이 있다. 다음 결제조건 중 현금할인을 가장 오랫동안 받을 수 있는 방식은?

① 선적화물 수취일이 11월 15일인 경우에서 '3/10 ROG' 조건
② 거래일자를 11월 15일로 기입한 경우에서 '3/10 advanced' 조건
③ 거래일이 11월 15일인 경우에서 '3/10 EOM' 조건
④ 거래일이 11월 15일인 경우에서 '3/10 – 10 days extra' 조건

31 현금할인 방식은 지불기일 이전에 판매대금을 현금으로 지불하는 거래처에게 판매가의 일부를 차감해 주는 방식이다. 만일 거래일이 2월 25일이고 송장의 수취일이 3월 10일이면서 결제조건이 "3/10 ROG"일 경우, 현금할인을 적용받을 수 있는 최종결제일은 언제인가?

① 3월 5일   ② 3월 10일
③ 3월 15일   ④ 3월 20일

32 다음은 원가계산의 목적들이다. 적절하지 않은 것은?

① 재무제표작성   ② 생산계획 수립
③ 가격결정   ④ 원가관리

33 다음은 원가에 대한 설명이다. 이 중 가장 적절하지 않은 것은 무엇인가?

① 원가계산은 재무제표작성, 가격결정 등의 목적을 위해 행해진다.
② 원가구성의 3요소는 재료비, 노무비, 경비이다.
③ 대량생산의 이점은 변동비가 있기 때문이다.
④ 총원가는 제조원가와 판매 및 일반관리비를 더한 것이다.

34 구매원가의 분석은 시장가격의 적정성을 판단하고 적정한 구매가격을 결정하는 데 중요한 역할을 한다. 다음 구매원가에 대한 설명 중 가장 올바르지 않은 것은 무엇인가?

① 일반적으로 구매원가의 3요소는 재료비, 노무비, 경비로 구성된다.
② 직접원가는 직접재료비 등과 함께 다수의 제품에 공통적으로 소비되는 원가요소도 포함한다.
③ 총원가 또는 판매원가는 제조원가와 판매 및 일반관리비를 포함한다.
④ 고정원가는 생산량의 증가에 따라 단위원가가 감소하는 특성이 있다.

35 다음 [보기]는 원가의 유형들에 대한 설명이다. 각각을 가장 올바르게 짝지은 것은 무엇인가?

┤ 보기 ├
A. 과거 제조경험을 고려하고, 향후 제조환경을 반영하여 미래 산출될 것으로 기대하는 추정원가
B. 완제품의 제조과정에서 발생한 원가
C. 이상적인 제조과정이 진행된 경우 발생할 수 있는 이상적인 원가

① A – 표준원가, B – 실제원가, C – 예정원가
② A – 실제원가, B – 예정원가, C – 표준원가

③ A - 표준원가, B - 예정원가, C - 실제원가
④ A - 예정원가, B - 실제원가, C - 표준원가

36 제품의 원가는 제조환경의 상태와 제조과정의 차이를 고려하여 그 유형이 분류될 뿐만 아니라, 원가의 사용목적에 따라 서로 다르게 분류된다. 다음 중 경영 또는 제조과정 상의 비능률을 발견하고 개선하기 위한 근거로 사용될 수 있는 원가분류로서 그 연결이 가장 적합한 것은?

① 제조원가 - 표준원가
② 표준원가 - 예정원가
③ 예정원가 - 제조원가
④ 실제원가 - 표준원가

37 다음 [보기] 내용이 설명하고 있는 원가는 무엇인가?

┤ 보기 ├
제조작업개시 전에 과거의 경험을 기초로 하고, 여기에 장래 발생할 추정액을 가감하여 산출한 원가이다. 입찰 또는 도급의 경우에 주문자에게 제출하는 가격이다.

① 표준원가
② 예정원가
③ 현실원가
④ 실제원가

38 고정비란 생산량이 증감해도 원가에는 변동이 없는 비용을 말한다. 다음 [보기]에서 고정비의 예로 가장 바르게 짝지어진 것은?

┤ 보기 ├
ㄱ. 재료비
ㄴ. 보험료
ㄷ. 설비자본의 이자
ㄹ. 초과 근무수당

① ㄱ, ㄴ
② ㄱ, ㄷ
③ ㄱ, ㄹ
④ ㄴ, ㄷ

39 다음 중에서 원가절감 측면을 고려할 때, 구매방침으로 외주생산이 바람직한 경우가 아닌 것은 무엇인가?

① 생산제품 모델변경이 잦은 경우
② 다품종 소량생산인 경우
③ 기술진부화가 예측되는 경우
④ 지속적으로 대량생산이 필요한 경우

40 구매원가의 분석은 시장가격의 적정성을 판단하고 적정한 구매가격을 결정하기 위한 중요한 수단이다. 만약 제품 A에 대한 단위당 원가구성이 다음 [보기]와 같다고 가정할 경우, 단위당 판매원가는 얼마인가?

┤ 보기 ├

- 직접재료비: 2,500원
- 간접경비: 700원
- 노무비: 800원
- 일반관리비: 1,000원
- 이익: 1,500원

① 4,000원

② 4,200원

③ 5,000원

④ 6,500원

주관식

01 이것은 기업이 이상적인 제조활동을 하는 경우에 소비될 원가로 경영의 목표가 될 이상적이고도 모범적인 예정원가이다. 기업이 능률을 충분히 발휘한 경우 도달할 수 있는 최대 예정원가이므로 이것은 과학적인 조사에 의하여 능률이 최적일 때 각 원가요소의 소비량을 측정하여 결정한 것이다. 이것을 무엇이라고 하는가?

02 이것은 제조 작업이 종료되고 제품이 완성된 후에 그 제품 제조를 위하여 생겨난 가치의 소비액을 산출한 원가이다. 이것은 사후 계산에 의하여 산출된 원가이므로 확정원가 또는 현실원가라고도 한다. 이것을 무엇이라고 하는가? 정답을 한글로 기재하시오.

03 구매 가격을 할인받는 방식으로 현금할인의 기산일을 거래일보다 늦추어 잡아 인센티브를 제공한다. 예를 들면 거래일이 9월 1일이라 해도 할인기산일을 9월 15일로 하여 그 이후 15일 이내에 지불하게 되면 3%를 할인하여 준다는 식의 방식이다. 이러한 현금할인 방식을 무엇이라고 하는가?

04 공급업체를 선정하는 여러 가지 방식 중 다음 [보기]와 같은 내용에 해당하는 방법은 무엇인가? 정답을 주어진 예와 같이 한글로 입력하시오.(예: OOOO에 의한 방식)

┤ 보기 ├

1) 절차가 간편한 장점은 있지만, 취급에 공정성을 잃을 우려가 있다.
2) 신용이 확실한 자를 선정할 수는 있지만, 더 좋은 조건의 공급업체를 발견하기 어렵다.
3) 공고에 의한 물가 급등의 우려는 적으나 불공평하고 불합리한 가격으로 계약이 체결될 수 있다.

05 아래 [보기]에서 설명하는 내용 중 (   )에 공통적으로 들어갈 가장 적합한 용어는? 정답을 한글로 입력하시오.

┤ 보기 ├

- (   )은(는) 구매가격, 품질, 조달기간, 구매수량, 공급자, 지불조건 등을 결정하기 위한 구매시장의 정보를 수집하여 합리적 구매계획을 수립하도록 하는 목적을 갖는다.
- (   )방법은 직접조사와 간접조사가 있으며, 직접조사 또는 간접조사의 선택은 비용, 시간, 정확성 등을 고려하여 결정한다.

06 구매가격에는 여러 형태의 가격이 있다. 이 가운데 판매자와 구매자의 판단에 좌우되지 않고 시장에서 수요와 공급의 균형에 따라 가격이 변동하는 것으로 시기나 환경에 따라 수요 또는 공급의 변동이 심한 야채, 어류, 꽃, 철광, 견사 등의 품목에서 이 유형의 가격이 적용된다. 이러한 가격의 유형을 무엇이라고 하는가?

07 아래 [보기]에서 설명하는 내용 중 (   )에 공통적으로 들어갈 가장 적합한 용어는? 정답을 한글로 입력하시오.

┤ 보기 ├

- 일반적인 구매절차는 다음의 과정으로 구성된다.
  ㉠ 구매청구 → ㉡ 공급자파악 → ㉢ 견적 → ㉣ 내부검토 및 승인 → ㉤ (   ) → ㉥ 발주서 → ㉦ 물품납입 → ㉧ 검수 및 입고 → ㉨ 구매결과 내부통보 → ㉩ 구매대금 결제
- 구매담당자의 구매통지나 주문서 전달만으로도 매매상대방이 매매를 승낙한다면 (   )(이)가 성립된 것으로 법률에 의해 규정되고 있다.

08 구매방법은 구매시기와 구매목적 등에 따라 다양하게 구분된다. 다음 [보기]의 (   )에 가장 적절한 용어를 한글로 기입하시오.

┤ 보기 ├

- 수시구매는 구매청구가 있을 때마다 구매하여 공급하는 방식이며, 과잉구매를 방지하고 설계변경 등에 대응하기가 용이한 장점이 있고 계절품목 등 일시적인 수요품목 등에 적합하다.
- (   )구매는 소량 다품종의 품목을 구매해야 하는 경우 품목별로 구매처를 선정하는 데 소모되는 시간과 노력을 절감하기 위하여 선정된 공급처로부터 구매 품목을 한꺼번에 구매함으로써 구매절차를 간소화하는 방법이다.

09 최적의 공급자는 구매자가 요구하는 기대수준 이상의 조건, 즉 낮은 가격 및 불량률, 납기준수율, 결제조건, 기타 사후관리 등을 충족하는 공급자라고 할 수 있다.

다음 [보기]에서 설명하는 공급업체를 선정하는 방법 중 (   )에 공통적으로 들어갈 수 있는 가장 적합한 용어는? 정답을 한글로 입력하시오.

┤ 보기 ├
- 공급자를 선정하는 방법은 크게 (   )와/과 경쟁방식이 있다.
- (   )은/는 평가표에 의하여 평가대상 기업들을 평가한 후, 최고의 평가점수를 받은 기업을 공급자로 선정하는 방식이다. 이 방식은 다양한 평가요소를 이용하여 기업을 평가하므로 종합적이고 객관적인 평가가 가능하다.
- 경쟁방식은 다수의 공급희망자들을 대상으로 경쟁입찰에 의거나, 또는 수의계약에 의하여 공급자를 선정하는 방법이다.

10 구매가격의 유형 중 하나이며, 판매자 다수가 서로 협의하여 일정한 기준에 따라 가격을 결정하는 것으로서 일반적으로 공공요금 성격을 갖는 교통비, 이발료, 목욕료 등을 나타내는 가격형태는 무엇인가? 정답을 주어진 예와 같이 한글로 입력하시오.(예: ○○가격)

2.4 무역관리

객관식

01 다음 상황의 무역계약에 적용 가능한 INCOTERMS(2020)의 거래조건으로 가장 적절한 것은?

┤ 보기 ├
한국의 수입업자 '갑'은 베트남의 수출업자 '을'로부터 운동화 10,000켤레를 수입하고자 한다. '갑'은 수출업자 '을'이 수입통관 등 모든 절차를 종료한 후 평택의 지정장소에서 물품을 인도받기를 원한다.

① DAP
② CIP
③ DDP
④ DAT

02 Incoterms 2020에서는 수출자와 수입자의 비용과 운임부담의 영역에 따라 4개 그룹, 11개 조건을 분류하고 있다. 그 중 수출자가 운송비를 지급하지 않고 선적지에서 물품을 인도하는 조건은 어떤 그룹에 속하는가?

① E그룹
② F그룹
③ C그룹
④ D그룹

03 무역에 관한 국내 법률은 기본법률과 다양한 무역관계법규가 있다. 이 중에서 대외무역법에 대한 설명으로 가장 적합한 것은?

① 수출입통관 및 제세부과와 징수의 요건 및 절차 등을 규정한 법이다.
② 무역거래에 관련된 사람과 물품에 대한 관리를 규정한 법이다.
③ 무역거래에서 발생하는 자본의 흐름에 대해 규정한 법이다.
④ 전자무역과 관련된 제반문제를 다루는 무역관련 법이다.

04 다음 중 무역에 관한 국내/국제 규범에 대한 설명으로 가장 적합하지 않은 것은?

① 외국환거래법 – 외국환거래체계에 관한 기본법규이다.
② 대외무역법 – 대외무역진흥 및 공정한 거래질서 확립 등의 목적으로 제정되었다.
③ 관세법 – 우리나라의 대외무역거래 전반을 관리 및 조정하기 위한 일반법이며 기본법이다.
④ 무역관계국제규칙 – 국제무역의 기본법이며 화환신용장에 관한 통일규칙 및 관례, Incoterms, 추심통일규칙 등이 있다.

05 우리나라의 무역거래에 관한 법률 중 대외무역법은 무역 전반에 걸쳐 사람과 물품에 대한 관리를 규정한 법이다. 다음 중 대외무역법에 규정된 주된 구성 내용으로 가장 적합하지 않은 것은?

① 수출입공고, 통합공고, 전략물자수출입공고 등의 대상에 대한 관리
② 수출입통관 및 제세부과와 징수의 요건 및 절차에 대한 관리
③ 수출입승인제도 산업피해조사, 무역 분쟁의 해결 등의 행위에 대한 관리
④ 무역업 및 무역대리업 등의 주체에 대한 관리

06 다음 무역기관들 중 원산지 출처를 확인하고 증명서를 발행해주는 기관은?

① 수출품 검사소
② 대한상공회의소
③ 한국무역협회
④ 대한무역투자진흥공사

07 다음 무역기관들 중 수출입관계조사, 무역거래알선 및 무역상담 등을 담당하는 기관은?

① 공업연구소
② 대한상공회의소
③ 수출품검사소
④ 대한무역투자진흥공사

08 우리나라에는 대외무역법에 의거하여 수출입 관련 등록 및 승인권한을 각 무역기관장에게 위임하고 있기 때문에 다양한 무역 관계기관이 있다. 다음 중 무역업 및 무역대리점 신고기관으로 위임된 곳은?

① 대한무역투자진흥공사
② 한국무역협회
③ 상공회의소
④ 관세청

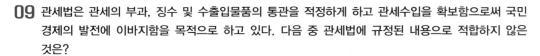

09 관세법은 관세의 부과, 징수 및 수출입물품의 통관을 적정하게 하고 관세수입을 확보함으로써 국민 경제의 발전에 이바지함을 목적으로 하고 있다. 다음 중 관세법에 규정된 내용으로 적합하지 않은 것은?

① 수출입의 질서유지   ② 세율 및 품목분류

③ 보세구역   ④ 운송수단

10 다음 내용 중 GATT(관세 및 무역에 관한 일반협정)의 기본원칙으로 가장 옳지 않은 것은?

① 가입국 상호 간 협상에 의거하여 관세율을 가능한 인하

② 가입국간 수입제한 철폐

③ 조세부과, 정부규제 등에 있어서 수입품과 국내품에 대한 동등한 취급

④ 상품 및 서비스 부문에 대해 공정경쟁기회 보장

11 관세환급제도는 수출용 제품에 대한 수입원자재의 관세와 내국세를 환급해 줌으로써 가격경쟁력을 높여 수출을 촉진하기 위한 목적을 갖고 있다. 다음 내용 중 환급액 산출에 필요한 원자재 소요량을 계산하기 위하여 현재 운용되고 있는 방법으로 가장 적합하지 않는 것은?

① 수출물품에 대해 원자재 소요량계산서를 작성하는 개별산출방식

② 수출물품별로 사전에 정해놓은 정액환급율표에 의한 산출방식

③ 중소기업용 정액환급율표를 적용하는 간이정액환급율표에 의한 산출방식

④ 수출물품에 대한 CIF 가격조건에 관세율표를 적용하는 포괄산출방식

12 무역계약은 국제상거래 관습이 적용되고 원격지에 있는 거래처간의 거래계약이며, 국가별 무역관리에 수반되는 내용과 절차의 여러 제약이 있다는 측면에서 국내거래와는 차이가 있다. 다음 중 무역계약의 종류로 적합하지 않은 것은?

① 수의계약(Optional Contract)

② 개별계약(Case by Case Contract)

③ 포괄계약(Master Contract)

④ 독점계약(Exclusive Contract)

13 다음은 무역결제서류에 관한 설명이다. 가장 적절하지 않은 것은?

① 상업송장은 수출자가 수입자 앞으로 발행하여 물품에 대한 대금청구서, 물품의 명세서로 사용되는 문서이다.

② 원산지 증명서는 수출물품의 원산지를 증명하는 서류이며, 우리나라에서는 한국무역협회에서 발급하고 있다.

③ 무역결제서류는 기본서류로 상업송장, 운송서류, 보험서류가 있고 임의서류로 포장명세서 등이 있다.

④ 포장명세서에는 상자번호, 각 상자의 내용명세, 용적 등이 기재된다.

14 관세법령상 원칙적으로 수입물품의 과세물건 확정시기는 언제인가?

① 수출국의 선적시점　　　　　　　　② 수입국의 항만 도착시점
③ 수입신고 시점　　　　　　　　　　④ 보세창고 반입시점

15 다음 [보기]에 열거된 수출신고 절차를 가장 정확히 순서대로 나열한 것은?

┤ 보기 ├
ㄱ. 수출심사　　　　　　　　　　　　ㄴ. 물품의 장치
ㄷ. 수출면허　　　　　　　　　　　　ㄹ. 수출물품에 대한 세관 검사

① ㄱ→ㄴ→ㄷ→ㄹ　　　　　　　　　② ㄱ→ㄴ→ㄹ→ㄷ
③ ㄴ→ㄹ→ㄱ→ㄷ　　　　　　　　　④ ㄴ→ㄱ→ㄹ→ㄷ

16 다음 중 선하증권(Bill of Lading)에 대한 내용으로 가장 옳지 않은 것은?

① 해상운송인이 화주와 맺은 해상물건운송계약에 따라서 화물을 수령 또는 선적하고 나서 해상운송인이 발행하는 화물의 수령 또는 선적을 증명하는 유가증권이면서 운임계산서이다.
② 무역에서 대금결제 시 없어서는 안 될 중요한 선적서류 중 하나이다.
③ 지시식선하증권(Order B/L)은 B/L에 기입된 선적화물이 목적지에 도착하기 전인 운송 중에 전매나 유통이 가능하도록 발행된 선하증권이다.
④ 해상운송인과 화주의 권리와 의무, 그리고 화물의 멸실, 훼손, 연착 등의 손해가 발생한 경우에 있어서 해상운송인의 손해배상책임과 면책에 관한 사항을 명시적으로 규정하고 있는 서류이다.

17 선하증권(B/L)과 항공화물운송장(AWB)의 설명 중 틀린 것은?

① 둘 다 기명식이다.
② 선하증권은 유통성 유가증권이다.
③ 항공화물운송장은 비유통성으로 유가증권이 아니다.
④ 둘 다 송화인과 운송인 사이에 운송계약이 체결되었다는 증거증권이다.

18 다음은 상업송장(Commercial Invoice)에 대한 설명이다. 가장 적절하지 않은 설명은 무엇인가?

① 수출자가 수입자에게 발송하는 선적화물의 계산서 및 내용명세서이다.
② 환어음의 발행금액과 상업송장의 총액이 반드시 일치하여야 한다.
③ 수입상품의 내용과 그 정확성을 입증할 수 있으므로 수입통관 시 세관신고의 증명자료로 사용된다.
④ 상업송장의 소지자는 선박회사에 대하여 화물의 인도를 청구할 수 있으므로 화물에 대한 소유권리증뿐만 아니라 채권으로서의 효력을 가진다.

19 다음 중 신용장(L/C)에 대한 설명으로 가장 적합하지 않은 것은?

① 신용장은 수출대금지급에 대한 은행의 확약서이다.
② 수출자가 어음을 발행할 때 이 신용장에 근거를 둔다.
③ 무역거래의 결제를 위해 사용되는 신용장을 통칭하여 일반신용장이라고 한다.
④ 신용장은 신용장 자체에 대한 사항 뿐 아니라 환어음, 상품, 운송관련 사항 등으로 구성되어 있다.

20 다음 내용 중 신용장거래의 특성으로 가장 옳지 않은 것은?

① 신용장은 매매계약 등의 근거로 개설되나 일단 개설되면 매매계약으로부터 독립된 별도의 거래로 간주한다. 즉, 은행은 L/C상의 조건만 충족하면 계약당사자 간의 매매계약이 취소되었다 하더라도 수출상에게 대금을 지급한다.
② 신용장거래는 상품, 용역, 의무이행 등의 거래가 아니라 서류거래이고 L/C상의 조건을 서류로 증명하는 것으로 대금의 지불여부를 판단한다.
③ 신용장을 개설하였기 때문에 반드시 계약과 일치하는 상품이 입수되어야 한다.
④ 신용장 개설은행은 신용장 조건과 엄밀하게 일치하는 경우에 한해 대금을 지급하도록 서류를 심사하여야 한다.

21 다음 [보기] 내용은 국제무역거래를 할 경우 결제방식에 대한 설명으로 (   )안에 가장 알맞은 용어를 차례대로 나열한 것은?

┤ 보기 ├

(가)은/는 수출업자가 선하증권(B/L)등의 운송서류, 보험서류, 상업송장 및 기타 부속서류를 수입업자에게 직접 또는 수입업자의 대리점이나 거래은행에 제시하여 서류와 상환으로 현금이 지급되는 방식이며, (나)은/는 수출물품이 목적지에 도착하면 수입자가 직접 상품의 품질을 검사한 후 수입대금을 상품과 상환으로 현금이 지급되는 방식이다.

① [가] - CWO [나] - CAD
② [가] - CAD [나] - COD
③ [가] - COD [나] - CAD
④ [가] - Cash [나] - T/T

22 다음 [보기] 내용은 국제무역거래를 할 경우 국제규칙에 대한 설명으로 (   )안에 가장 적합한 용어를 차례대로 나열한 것은?

┤ 보기 ├

(   )은/는 수출업자가 지정한 선적항에서 수입업자가 지정한 선박에 수출업자가 화물을 선적하고, 그 화물이 본선의 난간(ship's rail)을 통과하였을 때 수출업자가 인도의무를 이행한 것을 의미하는 무역조건이며, (   )은/는 수출업자가 물품의 선적비용 및 지정 목적항까지 운송하기 위한 운임을 지급하는 무역조건이다.

① FOB, CIF
② FOB, CFR
③ CFR, FOB
④ CFR, CIF

유형별연습문제

23 다음 중에서 국제무역거래를 할 경우, 국제상업회의소(ICC)에서 제정한 INCOTERMS 2020상에 규정된 정형거래조건 중 매수인이 수출 통관절차를 밟아야 하는 조건은 어느 것인가?

① FOB
② CFR
③ CIP
④ EXW

24 다음 [보기]에 나열된 송금을 통한 결제방식 중에서 동일한 거래절차를 가정할 때, 수출대금의 전부가 수출자에게 가장 빨리 지급되는 순서대로 나열한 것은 무엇인가?

┤ 보기 ├

ㄱ. 연불(Deferred Payment)　　　　　ㄴ. 누진불(Progressive Payment)
ㄷ. 선불방식(Payment in Advance)　　ㄹ. 서류상환방식(CAD)

① ㄷ→ㄴ→ㄹ→ㄱ
② ㄷ→ㄹ→ㄴ→ㄱ
③ ㄹ→ㄴ→ㄷ→ㄱ
④ ㄹ→ㄷ→ㄴ→ㄱ

25 다음 [보기]의 설명은 어떤 결제방식에 대한 것인가?

┤ 보기 ├

수출업자가 선하증권(B/L)등의 운송서류, 보험서류, 상업송장 및 기타 부속서류를 수입업자에게 직접 또는 수입업자의 대리점이나 거래은행에 제시하여 서류와 상환으로 현금이 지급되는 방법

① COD
② T/T
③ D/A
④ CAD

26 신용장 없이 국제무역거래를 진행하면서 추심하여 대금을 결제하는 과정 중 대금결제조건이 [보기] 와 같은 표시방식으로 약정되었다면 90일 동안의 이자는 최종적으로 누가 부담하는 것인가?

┤ 보기 ├

Under 90 Days D/A After Sight

① 수출자
② 수입자
③ 추심은행
④ 추심의뢰은행

27 환율의 유형 중 외국환은행 대고객매매율(customer rate)은 외국환은행이 고객과 외환거래를 할 때 적용하는 환율이다. 외국환은행 대고객매매율의 세부유형 간에 다른 매매율의 기준으로 적용되는 순서를 올바르게 나열한 것은 다음 중 무엇인가?

① 전신환매매율 → 일람출급환어음매매율 → 기한부환어음매입율
② 전신환매매율 → 기한부환어음매입율 → 일람출급환어음매매율
③ 일람출급환어음매매율 → 전신환매매율 → 기한부환어음매입율
④ 기한부환어음매입율 → 전신환매매율 → 일람출급환어음매매율

28 다음 [보기]의 내용이 설명하고 있는 외국환 대고객 매매율은 무엇인가?

┤ 보기 ├

환어음이 지급은행에 제시되어야 지급되는 어음의 매매에 적용되는 환율로 환어음의 우송기간이 경과해야만 자금화가 된다. D/P의 경우에 주로 적용된다.

① 일람출급환어음 매매율　　　　　　② 기한부어음 매입률
③ 현찰매매율　　　　　　　　　　　　④ 전신환 매매율

29 다음 [보기]의 내용이 설명하고 있는 외국환 대고객 매매율은 무엇인가?

┤ 보기 ├

환어음의 송달이 1일 이내에 완료되므로 우송기간에 대한 금리의 요인이 영향을 미치지 않는 순수한 의미의 환율이며, 다른 대고객 매매율의 기준이 된다.

① 현찰매매율　　　　　　　　　　　　② 전신환 매매율
③ 기한부어음 매입률　　　　　　　　　④ 외국환 은행간 매매율

30 송금방식의 결제는 주문일을 기준으로 송금시기에 따라 사전 송금방식과 사후 송금방식으로 구분한다. 다음 중 사전송금방식의 성격을 포함하고 있는 송금방식으로 가장 적합한 것은?

① CAD　　　　　　　　　　　　　　② COD
③ Progressive Payment　　　　　　④ Deferred Payment

주관식

01 정액환급율표에 기재되어 있지 않은 수출물품 등에 제공한 물품을 제조, 가공하는데 소요된 원재료를 수입하였을 때 납부한 관세 등을 일일이 소요량 증명서와 수입신고필증 등에 의하여 관세환급액을 계산하는 방법을 무엇이라고 하는가?

02 중소기업에 대한 관세환급절차를 간소화하기 위하여 수출신고 수리시 환급율표에 표기된 품목에 대해서는, 동 수출물품 제조시 소요되는 원재료의 납부세액을 정하여, 매건별 관세 등의 납부액을 확인하지 않고 일정액을 환급하여 주는 제도는?

03 수출통관은 관세법의 규정에 따르며, 세관에서는 수출통관절차를 통해서 각종 수출규제에 관한 법규의 이행사항을 최종적으로 확인할 수 있다. 다음 [보기]의 수출통관절차에 대한 설명 중 (　　)에 공통적으로 들어갈 수 있는 가장 적합한 용어는 무엇인가? 정답은 한글로 입력하시오.

보기

- 수출통관절차는 수출하고자 하는 물품을 세관에 수출신고하고 필요한 검사 및 심사를 거쳐 수출 신고가 수리되면 (   )을(를) 교부받아 선박 또는 비행기에 적재하기까지의 절차를 의미한다.
- 생산완료된 수출품에 대한 수출통관절차는 다음과 같다.
  수출신고 → 수출신고심사 → 수출검사 → 수출신고수리 → (   ) 교부
- 수출신고를 하여 심사가 수리된 수출물품에 대하여 세관장은 (   )을(를) 발행하여 수출신고자 에게 교부한다. 수출신고가 수리된 수출물품은 수리일로부터 30일 이내에 선박 또는 항공기에 선 적하여야 한다.

---

04 다음 [보기]가 설명하고 있는 무역관련 용어는 무엇인가?(답안은 한글로 쓰시오.)

보기

무역품의 재산권을 완전히 나타낸 것으로서 국제무역계에서 인정되고 있는 상용(商用) 서류로 수출 자는 화환어음의 담보로, 수입자는 수입물품의 인수를 위하여 사용한다.
일반적으로 운송서류, 보험증권, 상업송장 등이 있으며 기타 서류로는 포장명세서, 원산지증명서, 품질증명서 등이 있다.

---

05 선적서류는 수출화물의 선적을 증명하는 서류를 말하며, 수출자는 화환어음의 담보로 선적서류를 이 용하게 되며, 수입자는 수입물품의 인수를 위하여 사용하게 된다. 선적서류의 유형 중에서 다음 [보 기]의 괄호에 공통적으로 들어갈 수 있는 적합한 용어를 기입하시오.

보기

- 무역거래에서 수출화물의 선적을 증명하는 선적서류는 일반적으로 운송서류(또는 선하증권), 보 험증권, (   ) 등이며 기타 서류로는 포장명세서, 원산지증명서, 품질증명서 등이 있다.
- (   )은(는) 거래물품의 단가, 부대비용, 보험료, 총금액, 지불방식, 지불시기 등이 표기하고 있 으며, 거래계산서 및 대금청구서의 역할을 한다.

---

06 무역거래에서 가장 필요한 선적서류(shipping documents)로서 공통적으로 인정하는 것은 운송서 류, 보험증권, 상업송장 등이 있다. 다음 [보기]의 운송서류에 대한 설명 중 (   )에 들어갈 가장 적 합한 용어는? 정답을 한글로 입력하시오.(주관식)

보기

- (   )은/는 항공운송 계약에 대한 화물의 수령확인, 영수증, 세관신고서로서의 역할 등을 한다.
- (   )은/는 선하증권과 유사한 성격을 가지지만 운송목적지에서 명기된 수하인에게만 전달된다 는 차이점을 갖고 있다.

07 해상운송에 있어서 그 발행인(운송인)이 증권면에 기재된 대로의 운송품을 수령한 것을 확인하고, 그 운송품을 지정한 목적지까지 운송하여 거기서 증권의 정당한 소지인에게 그 운송품을 인도해야 한다는 것을 약속한 서류를 무엇이라 하는가? 정답을 한글로 기재하시오.

08 수입자가 수출자로부터 화장품 및 향수관련 물품을 FOB 조건으로 수입하였다. 수입관련 금액이 다음과 같을 때, 수입관세율은 6.5%라는 가정 하에 수입자가 지불하여야 할 총 관세금액은 얼마인가? 정답을 주어진 예와 같이 금액으로 입력하시오.(예: $ 100,000)

┤ 보기 ├

- 수입물품에 대한 대금: 500만 달러
- 수출자 항구로부터 부산항까지의 해상운임: 10만 달러
- 해상보험료: 20만 달러
- 부산항으로부터 수입자 창고까지의 육상운임 및 보험료: 각 5만 달러, 1만 달러
  (단, 수입관세는 일반적으로 CIF 가격을 기준으로 책정됨)

09 다음 [보기]가 설명하고 있는 무역관련 용어는 무엇인가?(답안은 영문으로 쓰시오)

┤ 보기 ├

이것은 일반적으로 '정형거래조건의 해석에 관한 국제규칙'이라고 불려진다. 외국과의 무역에서 가장 일반적으로 사용되는 무역거래조건의 해석에 관한 일련의 국제규칙을 제공하는 데 그 목적이 있으며 국제상업회의소(ICC)가 1936년에 처음으로 제정하였고, 현재 2020년에 개정된 버전으로 시행되고 있다.

10 다음 [보기] 내용은 국제무역거래를 할 경우 사용되는 국제상업회의소(ICC)에서 제정한 INCOTERMS 2020상에 규정된 11가지 정형거래조건 중 어떤 것에 해당하는가? 이때 정답을 주어진 예와 같이 영문 대문자 약자인 용어로 입력하시오.(예: DDP)(주관식)

┤ 보기 ├

매도인의 의무
1. 매도인은 약정된 기일내에 계약물품을 본선 상에 인도한다.
2. 매도인은 선적 완료 후 매수인에게 이 사실을 통보하여야 한다.
3. 매도인은 선측 난간을 통과할 때까지의 모든 비용과 위험을 부담한다.
4. 매도인은 수출일 경우에 수출통관과 수출에 관련된 세금 및 관세를 부담한다.

매수인의 의무
1. 매수인은 계약물품을 선적할 선박을 수배하여 운송계약을 체결한 후, 매도인에게 그 사실을 통보하여야 한다.
2. 매수인이 선박 수배에 실패하거나 통지지체 등으로 인하여 발생하는 추가 비용은 매수인이 담보한다.
3. 매수인은 계약물품이 본선에 인도된 이후의 모든 비용과 위험을 부담한다.

유형별연습문제

11 다음 [보기]는 환어음의 유형에 대한 설명이다. [보기]의 (   )에 들어갈 적절한 용어를 한글로 기입하시오.

┤ 보기 ├
- (   )환어음은 지급인에게 제시된 날부터 일정 기간이 지난 후에 지급이 이루어지는 어음
- (   )환어음은 어음의 지급기일에 따라 ⓐ 일람 후 정기출급 환어음, ⓑ 일부 후 정기출급, ⓒ 확정일 후 정기출급 등으로 구분된다.

12 다음 [보기] 내용은 국제무역에서 추심결제방식에 대한 설명이다. (①)과 (②) 안에 가장 적합한 무역용어의 약자를 예와 같이 ①, ②의 순서대로 기입하시오.((예) B/L , L/C)

┤ 보기 ├
(①) 방식은 기한부 환어음을 인수함으로 선적서류를 수취할 수 있는 방식으로 만기일에 대금을 회수한다. 반면 (②) 방식은 대금지급을 해야 선적서류를 수취할 수 있는 방식으로 추심의뢰은행의 지시대로 대금을 송금한다.
(①) 방식은 은행이 화환어음을 제시했을 때 수입자가 인수를 하는 것만으로 첨부된 선적서류를 수취할 수 있으나 (②) 방식은 대금지급을 하는 것으로 선적서류를 수취할 수 있다. 따라서 결제 시기는 (①) 방식은 기한부(Usance), (②) 방식은 일람출급(at sight)이 되는 것이 보통이다.

13 자유무역론에 따르면 무역이익을 얻기 위해서 각국은 자국의 비교우위가 있는 상품을 수출하고 비교우위가 없는 것은 타국에서 수입하면 무역상호 간에 이익을 얻을 수 있다. 이때의 이익을 무슨 이익이라고 하는가?

14 아래 [보기]에서 설명하고 있는 제도를 무엇이라 하는가? 가장 적합한 용어를 한글로 입력하시오.

┤ 보기 ├
- 이 제도는 수출용 원자재를 수입할 때 납부한 내국세와 관세를 납세자에게 되돌려 주는 제도이다.
- 수입된 원재료를 이용하여 만든 물품을 수출할 때 수출자에게 되돌려 준다.
- 이 제도는 물품의 수출가격을 낮춤으로써 가격경쟁력을 높여 수출을 촉진하기 위한 목적을 갖고 있다.

15 수출자가 수취한 신용장(Master L/C) 등을 근거로 수출하기 위한 완제품 또는 수출물품을 제조하기 위한 원자재를 국내에서 원활하게 조달하기 위하여 국내 공급업자를 수혜자로 하여 발행하는 신용장을 무엇이라고 하는가?

16 상업신용장은 무담보신용장과 이것으로 구분할 수 있다. 이것은 수출업자가 수출대금 회수를 위하여 발행한 환어음의 지급, 인수 매입을 요청할 때에는 반드시 물권증서로서 선하증권, 보험증권, 상업송장 등의 선적서류를 첨부하여 은행에 제시할 것을 요구하는 신용장이다. 이것을 무엇이라고 하는가? (한글로 기재)

17 무역금융한도가 부족하거나 비금융대상 수출신용장 등으로 인해 내국신용장 개설이 어려운 경우에 국내에서 외화 획득용 원료 등의 구매를 원활하게 하고자 외국환 은행장이 내국신용장 취급규정에 준하여 발급하는 증서를 무엇이라고 하는가?

18 내국신용장(Local L/C)은 수출자가 원신용장(Master L/C)을 근거로 국내공급자(또는 제조기업)를 수익자로 하여 국내에서 다시 개설하는 신용장이다. 다음 [보기]에서 설명하는 내국신용장(Local L/C)에 대한 내용 중 (   )에 공통적으로 들어갈 수 있는 가장 적합한 용어는? 정답을 한글로 입력 하시오.

┤ 보기 ├
- 내국신용장의 개설은행은 일반적으로 수출자의 거래은행이며, 내국신용장의 수익자에게 대금의 지급을 약속하게 된다.
- 따라서 내국신용장의 개설의뢰인인 수출자는 (   )와/과 개설은행의 지급보증을 통하여 수출용 완제품이나 원자재를 국내에서 쉽게 조달할 수 있다는 이점을 갖는다.
- 여기서 (   )은/는 신용장(L/C)을 받은 수출자에게 수출품 생산에 필요한 원자재나 완제품의 조달자금에 대하여 거래은행이 낮은 이자로 지원하는 대출이다.
- 한편 내국신용장의 수익자인 수출용 완제품 공급자도 국내의 구매자에게 판매하는 것이지만 수출로 인정되므로 (   )의 혜택을 받을 수 있다.

19 다음 [보기]의 내용을 지칭하는 용어는 무엇인가? 정답은 영문 약자로 입력하시오.(예: DDP)

┤ 보기 ├

수출업자가 수출 상품을 통관한 후 본선에 선적하고 수출 신용장과 일치되는 선적서류(선하증권, 보험증권, 상업송장 등)를 매입은행에 제출하여 선적서류의 매입을 의뢰하고 수출 대금을 지급받는 것

20 다음 [보기]가 설명하고 있는 무역 관련 용어는 무엇인가?(답안은 한글로 쓰시오)

┤ 보기 ├

수출대금지급에 대한 은행의 확약서로 이것을 발행한 개설은행이 수출자에게 이 서류에 기재되어 있는 여러 조건에 부합되고 약정기간 내에 신용장에서 요구하는 서류가 제시되었을 때 수출대금을 지급하겠다고 약속한 지불보증서이다.

03 생산 1급 이론

3.1 생산계획 및 통제

객관식

01 생산 및 운영관리의 목표로 가장 거리가 먼 것은?

① 품질
② 시간(납기)
③ 원가
④ 재고최소화

02 선풍기를 만드는 공장에서 2명의 작업자가 8시간의 작업시간을 들여 288대의 선풍기를 만들면, 이 공장의 시간당 노동생산성은 얼마인가?

① 12
② 18
③ 36
④ 144

03 10시간의 작업시간을 들여 10대의 선풍기를 만드는 공장에서 공정을 개선하여 선풍기 1대당 작업시간을 25% 감소시켜 같은 양의 선풍기를 생산할 수 있다면, 이 공장의 생산성은 약 몇 % 향상되었는가?

① 20.2%
② 25.5%
③ 30.9%
④ 33.3%

04 '생산'을 가장 적절하게 정의한 것은?

① 고객 만족과 경제적 생산
② 최소한의 투입으로 산출가치가 최대화되도록 생산 활동을 전개해야 함
③ 생산요소를 유형·무형의 경제재로 변환시킴으로써 효용을 산출하는 과정
④ 제품을 생산하는 제조활동과 서비스를 산출하는 서비스 활동으로 대별됨

05 다음 중 Job Shop의 특징으로 보기 어려운 것은?

① 제품은 고정, 설비나 작업자가 이동
② 큰 유연성
③ 주문에 의한 생산
④ 공장 내의 물자이송(물류)량이 큼

06 Job Shop 생산방식에 관한 내용에 해당하지 않는 것은?

① 대량생산이 이루어지므로 공장의 구성이 유동적이지 못하다.
② 제품이나 생산량의 변경이 비교적 쉬우나 재공 재고가 많다.
③ 작업장은 여러 종류의 부품을 가공해야 하므로 범용성 있는 장비가 사용된다.
④ 항공기, 치공구, 가구, 기계장비 등 주문자 요구에 의한 방식이다.

07 다음 단속생산시스템에 대한 설명 중 옳지 않은 것은?

① 주문생산　　　　　　　　　　② 범용설비
③ 제품별 배치　　　　　　　　　④ 다품종소량생산

08 다음의 (A)에 들어갈 생산방식에 대한 설명으로 잘못된 것은?

┤ 보기 ├

(A) 생산방식은 단속적 생산시스템으로 모든 주문이 서로 다르고 작업의 성격이 독특해서 생산되는 제품의 종류가 다양하고 수량이 단일 또는 소수로 제한되어 있는 산업에서 볼 수 있다.

① A 생산방식은 주문에 의한 생산에 사용된다.
② A 생산방식 하에서는 공장 내 물류량이 큰 편이다.
③ A 생산방식에는 범용적으로 사용 가능한 기계가 투입된다.
④ A 생산방식에서는 주로 비숙련공들이 작업에 주로 투입된다.

09 생산흐름방식에 따른 생산시스템의 유형을 분류하였을 경우, 불연속생산(단속생산)과 연속생산에 대한 특징으로 잘못 설명한 것은?

① 연속생산의 경우 단위당 생산원가가 낮다.
② 연속생산의 경우 전용 설비로 기계가 설치되어 있다.
③ 불연속생산의 경우 다품종 소량 생산방식을 적용한다.
④ 예측생산은 불연속생산일 경우에 적용하는 생산방식이다.

10 다음 중에서 Flow Shop 생산방식의 특징만을 나타낸 것은?

① 주문에 의한 생산, 큰 유연성
② 범용기계, 숙련공
③ 적은 유연성, 물자 이송량이 적음
④ 공정별 기계배치, 공장 내의 물자이송(물류)량이 큼

11 다음 [보기]의 내용 중 Flow Shop의 특징에 대하여 바르게 짝지은 것은?

| 보기 |

A: 주문에 의한 생산
C: 특수기계의 생산라인
E: 숙련공
G: 공정별 기계배치

B: 범용 기계
D: 적은 유연성
F: 공장 내의 물자이송(물류)량이 큼
H: 물자 이송량 작음

① A, C, E
③ C, E, F
② C, D, H
④ D, F, H

12 다음 [보기]에 가장 적합한 생산방식은?

| 보기 |

액체, 기체 혹은 분말 성질을 가진 석유, 화학, 가스, 음료수, 주류, 철강 등의 제품에 적용된다. 즉 한두 종류의 원자재가 파이프라인을 통해 공정으로 이동되고, 각 공정의 옵션에 따라 몇 가지의 제품을 생산하는 방식이다.

① 반복 생산방식
③ 프로젝트 생산방식
② 흐름 생산방식
④ Job Shop 생산방식

13 다음 [보기]에서 설명하고 있는 생산방식은?

| 보기 |

장소의 제한을 받으며 제품은 고정되어 있고, 자재 투입 및 생산공정이 시기별로 변경되는 것으로써 제조한다기보다는 구축한다는 개념이 더 강한 제품들을 생산할 때 적용되는 방식이다. BOM을 만들 수는 있으나 한 번밖에 사용되지 않기 때문에 MRP를 적용하기에는 필요 이상으로 너무 많은 노력이 든다.

① 흐름 생산방식
③ 프로젝트 생산방식
② 반복 생산방식
④ Job Shop 생산방식

14 ATO(Assemble-To-Order) 환경의 생산시스템에서 중요한 사항과 가장 거리가 먼 것은?

① Planning BOM의 활용이 매우 중요하다.
② 고객이 원하는 제품을 구성하는 프로세스이다.
③ 판매담당자와 고객 간의 합의 과정이 필요하다.
④ 고객의 주문을 수요예측하고, 이를 MPS의 입력자료로 활용한다.

15 다음 중 '반제품 재고로 가지고 있다가 고객의 주문에 맞추어 조립한 후에 완제품을 공급하는 전략'과 연계될 수 있으며, 주문 옵션형 제품생산에 가장 적합한 생산시스템은 무엇인가?

① Make‑to‑order
② Make‑to‑stock
③ Assemble‑to‑order
④ Engineer‑to‑order

16 고객의 주문이 들어오면 설계로부터 시작해서 자재의 구입 및 생산, 조립을 하는 생산 전략은 무엇인가?

① Make‑To‑Stock
② Assemble‑To‑Order
③ Make‑To‑Order
④ Engineer‑To‑Order

17 일반적으로 납품 리드타임이 가장 긴 제조전략은 무엇인가?

① MTS(Make‑To‑Stock)
② ATO(Assemble‑To‑Order)
③ ETO(Engineer‑To‑Order)
④ MTO(Make‑To‑Order)

18 다음 수요예측방법 중 접근방법이 다른 하나는 무엇인가?

① 델파이법
② 시장조사법
③ 시계열분석법
④ 판매원 의견 종합법

19 다음은 수요예측기법에 대한 설명이다. 정성적 기법이 아닌 것은?

① 패널동의법은 이해관계인들로 구성된 패널들의 자유로운 토론으로 예측치를 구한다.
② 회귀분석법은 독립변수와 종속변수 간의 인과관계를 수리적모형을 이용해 예측치를 구한다.
③ 시장조사법은 설문지, 인터뷰 등의 방법으로 소비자들의 반응을 조사하여 설정된 가설을 검증하는 방법이다.
④ 델파이법은 예측하고자 하는 대상의 전문가들에게 설문지로 가설적 장래 상황을 따로 물어 전체 의견을 수렴해 예측치를 구한다.

20 수요예측기법은 크게 정성적 기법과 정량적 기법으로 구분할 수 있다. 다음 [보기]에서 설명하고 있는 기법과 종류가 다른 기법은 다음 중 무엇인가?

┤ 보기 ├

신제품이나 신기술의 개발과 같이 축적된 과거자료가 없고 시장전망이 불투명한 상황 하에서, 다양한 전문가 집단의 의견을 수렴하여 예측의 정확도를 높이는 기법이다.

① 회귀분석
② 시장조사법
③ 중역의견법
④ 판매원의견 합성법

21 제품의 판매량을 기준으로 일정기간별로 산출한 평균 추세를 통해 미래수요를 예측하는 수요예측기법은 (A)이고, 변화를 추세변동, 주기변동, 계절변동, 불규칙변동으로 구분하여 각각 예측한 후 이를 결합하여 미래수요를 예측하는 기법은 (B)이다. 다음 중 (A)와 (B)를 바르게 짝지은 것은?

① 이동평균법, 확산모형　　　　　　　② 이동평균법, 분해법
③ ARIMA, 분해법　　　　　　　　　④ 지수평활법, 분해법

22 수요예측기법에 대한 설명 중 잘못된 것은?

① 이동평균법은 시계열 예측법의 하나이다.
② 회귀분석에서 결정계수가 1에 가까우면 두 변수 사이에 상관관계가 높다고 본다.
③ 시계열을 추세변동과 계절변동으로 분리하여 예측하는 방법은 인과형 예측법이다.
④ 델파이법은 전문가들로 구성된 패널에서 반복적인 설문을 통해 수요예측을 하는 기법으로 정성적, 장기적인 수요예측 방법의 하나이다.

23 다음은 기업에서 수요예측이 가지는 역할 및 주요 기법에 대한 설명이다. 다음 설명 중 가장 사실과 부합하지 않는 것은?

① 기업의 경영전략 및 계획수립이 올바르게 수행되도록 지원한다.
② 정성적 기법에는 회귀분석모형, 계량경제모형, 투입/산출모형이 있다.
③ 정량적(계량적) 기법에는 시계열분석, 인과모형분석, 시뮬레이션 모형이 있다.
④ 소요 생산능력의 산정 및 불필요한 투자로 발생할 수 있는 비용손실의 감소를 이룰 수 있다.

24 다음 중 주로 단기 및 중기예측에 많이 쓰이는 시계열분석기법으로 가장 적합하지 않은 것은?

① 회귀분석　　　　　　　　　　　　② 지수평활법
③ 추세분석법　　　　　　　　　　　④ 이동평균법

25 다음 [보기]에서 A와 B의 설명에 맞는 수요예측 기법을 바르게 나타낸 것은?

┤ 보기 ├

A. 과거의 판매자료가 갖고 있는 변화를 추세변동, 주기변동, 계절변동, 불규칙변동으로 구분하여 각각 예측한 후 이를 결합하여 미래수요를 예측하는 방법
B. 판매자료 간의 상관관계를 이용하여 상관요인과 이동평균요인으로 구분하고, 이를 통해 미래의 수요를 예측하는 방법

① A: ARIMA, B: 이동평균법　　　　② A: 분해법, B: ARIMA
③ A: 분해법, B: 이동평균법　　　　④ A: 지수평활법, B: ARIMA

26 제품수명주기상 도입기에 주로 사용하는 예측기법으로 바르게 짝지은 것은?

① 델파이기법, 중역평가법, 판매원평가법
② 이동평균법, 지수평활법, 추세분석법
③ 델파이기법, 이동평균법, 지수평활법
④ 회귀분석법, 지수평활법, 소비자동향조사법

27 다음 [보기]는 제품수명주기(PLC: Product Life Cycle)의 어떤 단계에 대한 설명이다. 이 단계에 적합한 수요예측기법은 다음 중 무엇인가?

┤ 보기 ├
제품에 대한 수요가 점점 증가하고 시장규모가 확대되고, 제조원가가 하락하며, 기업의 이윤율이 증가하는 단계

① 델파이법   ② 시장실험법
③ 단순지수평활법   ④ 최소자승법에 의한 추세분석법

28 제품의 수명주기가 성숙기일 경우 적합한 수요예측 기법은?

① Trend를 고려할 수 있는 기법   ② 이동평균법, 지수평활법
③ Delphi 방법, 전문가 의견법 등   ④ Trend/정성적 기법

29 (주)삼일의 금년도 11월의 판매 예측치 금액이 12억 원이고, 실제 판매금액이 16억 원이었다. 이 회사의 12월의 판매예측치를 단순 지수평활법(exponential smoothing)으로 계산하면 얼마인가?(단, 지수평활계수는 0.2이다.)

① 12.8억 원   ② 13.6억 원
③ 14.4억 원   ④ 15.2억 원

30 다음의 (A)에 해당하는 현상이 가지는 특성과 부합하지 않는 것은?

┤ 보기 ├
(A)는 기업과 기업 간의 공급망에 있어서 수요정보를 왜곡시키는 결과를 초래하는 것을 의미하는 것으로, 정보의 정확성 향상, 리드타임 단축, 운영효율성 증대와 같은 방식으로 이를 관리할 필요성이 존재한다.

① 발생 원인은 수요예측상의 문제, 배달지체와 정보지체로 인한 경우들이다.
② 주문정보와 재고정보를 기반으로 실제수요를 판단하는 노력이 대응방안으로 요구된다.
③ 최종 제조기업이 공급사슬 효율화를 위해 다수의 공급자를 소수 핵심공급자로 압축시키면서 계층적으로 재편되는 층화현상이 발생한다.
④ 소매상, 도매상, 완제품 제조업자, 부품 제조업자 등 공급사슬을 거슬러 올라갈수록 변동폭은 크지 않지만, 최종 소비자 수요는 변동폭이 크다.

31 생산관리에 있어 채찍효과(Bullwhip Effect)란 소비자들이 약간 증가시킨 주문량이 소매상과 도매상을 거쳐 제조업체는 엄청난 양을 추가 생산하게 되는 효과로 표현할 수 있다. 다시 말하면 소비자로부터 시작된 변화가 소매상과 도매상을 거쳐서 제조업체로 넘어오면서 상당히 부풀려진다는 것이다. 다음 중 이러한 채찍효과에 대한 관리방식으로 보기 어려운 것은?

① 공급망 상의 목표와 인센티브 조정　　　② 정보의 정확성 향상
③ 원가절감 전략수립　　　　　　　　　　④ 가격전략 수립

32 다음 [보기]의 (A) 현상을 줄이기 위하여 사용할 수 있는 가장 적절한 방법은 무엇인가?

┤ 보기 ├

(A)란 소비자들의 제품에 대한 수요증가가 소매상과 도매상을 거쳐 제조업체로 넘어가면서 상당히 부풀려지는 현상을 의미한다.

① 정보의 정확성을 향상시킨다.
② 도매상과 소매상을 통합시킨다.
③ 개별기업의 관점에서 주문을 한다.
④ 주문이 부풀려지는 것을 막기 위해 제품가격을 올린다.

33 다음 총괄생산계획에 대한 설명 중 가장 거리가 먼 것은?

① 회사는 기준생산계획을 작성한 후 회사가 수립한 기준에 맞게 총괄생산계획을 수립한다.
② 총괄생산계획은 적정한 생산수준, 고용수준, 하청수준, 재고수준을 결정하는 중기계획이다.
③ 총괄생산계획은 여러 제품을 총괄할 수 있는 생산량, 금액, 시간 등 공통의 산출단위에 입각하여 수립된다.
④ 총괄생산계획전략은 통제 가능한 하나의 변수만을 사용하는 순수전략과 여러 변수를 사용하는 혼합전략으로 구분된다.

34 다음은 총괄계획에 관한 주요 사항들을 기술한 것이다. 다음 중 가장 사실에 부합하지 않는 것은?

① 일반적으로 18개월 이상을 대상으로 하는 장기 생산용량 계획이다.
② 주요 산출물에는 고용, 산출량, 완제품 재고, 하도급, 백오더 등이 있다.
③ 총괄생산계획의 수립과정은 기간별 예측수요의 결정, 대안, 제약조건, 비용의 인식, 총괄계획의 구체화 및 확정으로 이루어진다.
④ 총괄계획과 관련된 비용에는 정규임금, 잔업비용, 채용 및 해고비용, 시간제 및 임시직 고용비용, 재고비용, 추후납품 및 품절비용이 있다.

35 총괄생산계획(APP) 하에서 고려할 수 있는 다양한 변수들에 대한 전략 중 수요가 증가하는 경우에 대비하여 사용할 수 있는 방법으로, 다음 중 가장 적합하지 않은 것은?

① 조업시간의 증가　　　　　　　　　　　② 하청 및 설비확장
③ 비축된 재고에 대한 판매촉진　　　　　④ 신규채용을 통한 고용수준 증가

36 수요변동에 대비하여 총괄계획에서 사용하는 4가지 전략은 고용수준의 변동, 생산율 조정, (   ), (   )이다. 다음 중 (   ) 안에 들어갈 알맞은 용어로 바르게 짝지은 것은?

① 불량률 감소, 하청
② 재고수준의 조정, 하청
③ 자재품질 향상, 기능 향상
④ 재고수준의 조정, 불량률 감소

37 생산계획(Production Planning)에 관한 내용으로 가장 거리가 먼 것은?

① 개별제품에 대한 생산계획을 수립하는 활동이다.
② 생산계획의 수립에 반영되는 요소들은 기업에 따라 많은 차이가 있다.
③ 주어진 기간 동안에 각 기간별의 생산량 또는 외주량을 결정하는 것이다.
④ 하위 제품에 대한 생산계획 수립은 대개 기준생산계획(MPS)의 대상이 된다.

38 총괄생산계획을 기준으로 보다 구체적으로 각 제품에 대한 생산시기와 수량을 수립하는 것을 기준생산계획(MPS)이라 한다. 다음 중 기준생산계획(MPS)의 목적과 거리가 먼 것은?

① 생산일정을 수립한다.
② 생산계획을 달성하는 데 필요한 자원과 재료의 정확한 관계를 제공한다.
③ 생산, 재고관리부문과 조직 내의 다른 부문의 계획수립과정을 연결시켜준다.
④ 기업이 귀중한 자원(노동력, 자본, 생산능력, 재료)을 효과적으로 이용할 수 있도록 해준다.

39 기준생산계획 수립에 필요한 주문정책으로 다음 [보기]에서 설명하는 것은?

┤ 보기 ├

해당기간에 X개의 수요가 있다면, X개를 만들어서 공급받을 수 있도록 계획하는 것을 의미한다.

① LFL(Lot For Lot)
② FOQ(Fixed Order Quantity)
③ EOQ(Economic Order Quantity)
④ POQ(Periodic Order Quantity)

40 다음 중 생산계획에 대한 실행절차로 가장 적절한 것은?

① 총괄생산계획(APP) → 수요예측 → MPS(기준생산계획) → MRP(자재소요계획) → 구매 및 생산활동 통제
② 수요예측 → 총괄생산계획(APP) → MRP(자재소요계획) → MPS(기준생산계획) → 구매 및 생산활동 통제
③ 수요예측 → 총괄생산계획(APP) → MPS(기준생산계획) → MRP(자재소요계획) → 구매 및 생산활동 통제
④ 수요예측 → MPS(기준생산계획) → 총괄생산계획(APP) → 구매 및 생산활동 통제 → MRP(자재소요계획)

주관식

01 정량적 수요예측기법 중 하나로 주어진 제품의 모든 판매량 자료를 이용하며, 기간에 따라 가중치를 두어 평균을 계산하고 추세를 통해 미래수요를 예측하는 방법은 무엇인가?

02 삼일전자 주식회사 전자밥통에 대한 금년도 9월의 판매 예측량이 32,000개이고 실제 판매량은 38,000개였다. 이 회사의 10월의 판매예측치를 단순지수평활법(exponential smoothing)으로 계산하면 얼마인가?(지수평활계수는 0.2이다.)

03 보온물병을 생산하는 공장에서 8시간 작업하여 100개의 물병을 생산하고 있다. 제조공정을 개선하여 1개당 작업시간을 25% 감소시켜 같은 양의 제품을 생산할 수 있다면, 이 공장의 생산성은 몇 퍼센트 향상되었는가?(단, 답은 %수치로 반올림하여 소수첫째자리까지 기재)(예: 23.5%)

04 생산관리 영역에서 자재명세서(BOM: bill of material)는 가장 중요한 제품정보 중의 하나이며, 이용 목적에 따라 속성이 다르기 때문에 하나의 제품을 생산하기까지는 여러 종류의 BOM이 작성된다. 이 중 제품 설계 시 작성 및 검토되는 기능(Function) 중심의 BOM은 무엇인가?(영어로 기입할 것)

05 생산계획 및 기준일정계획 단계에서 사용되며, 생산관리 부서 및 판매, 마케팅 부서 등에서 주로 사용되는 BOM의 종류는 무엇인가?(영어로 기입할 것)

06 다음 문장의 (   ) 안에 적당한 용어를 예와 같이 영문약자로 표기하시오.(예: ERP)

> ┤ 보기 ├
>
> (   ) 환경에서는 고객의 오더가 접수된 후에 제품의 생산이 이루어진다. 즉, 반조립품이나 최종 제품에 대한 재고를 확보하고 있지 않은 생산시스템 유형이다. 따라서 다른 환경에는 없는 Project Control이라는 개념이 도입된다.

07 다음 문장의 (   ) 안에 적당한 용어를 예와 같이 영문약자로 표기하시오.(예: ERP)

> ┤ 보기 ├
>
> 총괄생산계획을 수립하면 이를 기준으로 보다 구체적으로 각 제품에 대한 생산 시기와 수량을 나타내는 생산계획을 다시 수립하는 것을 (   )(이)라 한다.

08 다음 (   ) 안에 들어갈 생산방식은 무엇인가?

┤ 보기 ├
건물이나 교량, 배 등 장소의 제한을 받으며, 제품은 고정되어 있고 자재 투입 및 생산 공정이 시기별로 변경되는 형태는 (   ) 생산방식이다.

09 다음 설명문에 해당하는 용어를 한글로 쓰시오.

┤ 보기 ├
생산을 개시하기에 앞서 주문이나 판매예측을 토대로 하여 생산하려는 제품의 종류, 수량, 가격 등과 아울러 생산방법, 장소, 일정 등에 관하여 가장 경제적이고 합리적인 예정을 세우는 것이다. 구체적으로 무엇을, 언제, 얼마나 만들 것인가를 나타내는 품종계획, 일정계획, 수량계획으로 구분된다.

10 과거 판매자료가 가지고 있는 변화를 추세변동, 주기변동, 계절변동, 불규칙변동으로 구분하여 각각을 예측한 후 이를 결합하여 미래수요를 예측하는 방법으로, 계절성이 있는 소비재의 경우에 많이 사용하며 많은 기간의 과거자료가 필요한 수요예측 기법은 무엇인가?(한글로 적으시오.)

 **공정관리**

객관식

01 공정관리의 목표를 대외적과 대내적으로 구분할 때, 대외적 목표에 속하지 않는 것은?

① 가격
② 납기
③ 품질
④ 가동률 향상

02 다음 중 공정관리의 기능으로 보기 어려운 것은?

① 통제기능
② 권고기능
③ 감사기능
④ 계획기능

03 Routing의 활용방안에 해당하지 않는 것은?

① 원가계산의 기초자료로 활용된다.
② 현장에서 제품을 제조할 때 사용된다.
③ 제조되는 제품군에 대한 생산계획을 수립하는 활동을 말한다.
④ 계획활동에서 리드타임이나 필요한 자원의 양을 계산하는 기초자료로 활용된다.

04 주어진 생산예정표에 의해 결정된 생산량에 대해서 작업량을 구체적으로 결정하고, 이것을 현 인원과 기계설비능력을 고려하여 양자를 조정하는 기능은 다음 중 무엇인가?

① 부하계획   ② 공수계획
③ 능력계획   ④ 일정계획

05 다음 공정계획(Routing)에 대한 설명으로 옳지 않은 것은?

① 절차계획은 작업순서, 표준시간, 작업 장소를 결정하고 할당하는 계획이다.
② 공수계획은 주어진 생산예정표에 의해 결정된 생산량과 작업량을 결정하고, 인원과 설비능력을 고려하여 조정하는 계획이다.
③ 일정계획에는 부하율을 최적으로 유지할 수 있는 작업량의 할당계획으로 부하계획이 있고, 기준조업도와 실제조업도의 비율을 최적화하고 유지하기 위한 능력계획이 있다.
④ 대일정계획은 종합적인 장기계획으로 납기에 따른 월별생산량이 예정되면 기준일정표에 의거한 각 직장별 또는 제품별, 부분품별로 작업개시일과 작업시간, 완성기일을 지시하는 계획이다.

06 다음 공정계획(Routing)을 절차계획, 공수계획, 일정계획으로 구분하여 설명한 내용 중 가장 적합하지 않은 것은?

① 일정계획에서 중일정계획은 대일정계획에 준해 제작에 필요한 세부작업, 즉 공정별 또는 부품별 일정계획이다.
② 공수계획에서 능력계획은 최대작업량과 평균작업량의 비율인 부하율을 최적으로 유지할 수 있는 작업량의 할당계획이다.
③ 일정계획에서 소일정계획은 중일정계획의 지시일정에 따라 특정기계 내지 작업자에게 할당될 작업을 결정하고, 그 작업개시일과 종료일을 나타낸 것이다.
④ 일정계획에서 대일정계획은 장기계획으로 주일정계획이라 하며, 납기에 따른 월별생산량이 예정되면 기준일정표에 의거한 각 직장별 또는 제품별로 작업개시일과 완성기일을 지시하는 것을 말한다.

07 다음 중 일정계획에 관한 내용으로 가장 적합하지 않은 것은?

① 공정 내 작업의 우선순위를 계획하는 것이다.
② 용량과 자원이 무한할수록 일정의 중요성은 더욱 커진다.
③ 최종 목표는 생산계획 및 납기, 생산량을 달성하는 것이다.
④ 수행능력, 시간 및 자원의 한계로 일정과 작업의 우선순위가 필요하다.

08 다음 [보기]가 설명하고 있는 공정분석의 종류는 무엇인가?

┤ 보기 ├

제조의 목적을 직접적으로 달성하는 공정으로 그 내용은 변질, 변형, 변색, 조립, 분해로 되어있고 대상물을 목적에 접근시키는 유일한 상태이다.

① 정체공정(Delay)   ② 가공공정(Operation)
③ 검사공정(Inspection)   ④ 운반공정(Transportation)

09 다음 공정분석기호에 대한 해석이 바르게 연결된 것은?

구분	공정분석기호	공정분석기호 해석
(A)	○	저장(보관)
(B)	□	수량검사
(C)	◇	작업(가공)
(D)	⇨	품질검사

① (A) 　　② (B) 　　③ (C) 　　④ (D)

10 공정의 기본분석기호 중 다음 기호에 대한 설명으로 바른 것은?

| 보기 |

① 저장
② 운반
③ 품질검사를 주로 하면서 수량도 검사
④ 수량검사를 주로 하면서 품질도 검사

11 다음은 공수계획에 관한 주요 설명들이다. 가장 잘못 기술한 것은?

① 공수계획은 월단위, 주단위, 일단위, 시간단위, 분단위, 초단위의 여섯 단계로 구성된다.
② 생산계획표에 의하여 결정된 제품납기와 생산량에 대한 작업량을 구체적으로 결정하기 위한 기능이다.
③ 부하가 능력보다 큰 경우 작업의 일부를 외주하거나 일정계획을 조정하는 방법 등으로 해결할 수 있다.
④ 합리적인 공수계획 수립을 위하여 부하와 능력의 균형화, 가동률 향상, 일정별 부하의 변동방지 등이 필요하다.

12 다음 공수계획의 기본방침에 대한 설명 중 가장 적합하지 않은 것은?

① 부하, 능력 양면에 적당한 여유를 둔다.
② 사람이나 기계가 유휴상태가 되도록 작업량을 할당한다.
③ 특정된 공정에 부하가 과도하게 집중하지 않도록 조정한다.
④ 일정계획과 대비하여 시간에 따라 부하가 극단적으로 되지 않도록 조정한다.

13 R조립 작업장 작업원의 출근율이 90%이고, 작업에 소요되는 간접작업률이 30%라면 이 작업장의 가동률은 얼마인가?

① 56% 　　　　　　② 63%
③ 72% 　　　　　　④ 86%

14 간트차트(Gantt Chart)의 정보를 이용하여 파악할 수 있는 것이 아닌 것은?

① 각 작업의 완료시간
② 다음 작업의 시작시간
③ 각 작업 사이의 의존관계
④ 각 작업의 전체 공정시간

15 간트차트(Gantt Chart)에 대한 설명으로 틀린 것은?

① 간헐적이고 반복적인 프로젝트의 일정을 계획하는 데 유용하다.
② 활동 간의 상호의존관계를 잘 나타내준다.
③ 대규모 복잡한 프로젝트를 계획하는 데는 부적합하다.
④ 계획과 실적을 비교하여 작업의 진행 상태를 보여주는 데 적합하다.

16 다음 간트차트(Gantt Chart)에 대한 설명 중 가장 적합하지 않은 것은?

① 일정계획을 정밀하게 수립할 수 있다.
② 간트차트는 작업의 시작시간을 알 수 있게 한다.
③ 간트차트를 이용하여 각 작업의 전체 공정시간을 알 수 있다.
④ 간트차트는 작업상호 간의 유기적인 관계를 명확하게 나타내지 못한다.

17 다음 중 간트차트(Gantt Chart)에 대한 설명으로 가장 적합하지 않은 것은?

① 이정표, 작업일정, 작업시간, 산출물, 경로로 구성된다.
② 프로젝트상의 각각의 작업들의 시작시점과 종료시점 파악이 가능하다.
③ 프로젝트 중간목표가 미달성되었을 경우 이유 파악이 가능하도록 지원한다.
④ 각각의 일정은 막대로 표시되며, 수평막대의 길이는 각 작업의 기간을 나타낸다.

18 간트차트(Cantt Chart)의 특징에 대한 다음 설명 중 옳지 않은 것은?

① 연구개발 및 제품개발에 효율적이다.
② 각 작업의 전체 공정시간을 파악하기 쉽다.
③ 일정계획에 있어 정밀성을 기대하기는 어렵다.
④ 막대의 길이는 각 작업의 기간을 나타내는 이정표, 작업일정, 작업기간, 산출물 등으로 구성되며 경로가 있다.

19 다음 중 Gantt Chart에 대한 설명으로 옳지 않은 것은?

① 일정계획의 변동에 신축적으로 대응할 수 있다.
② 작업 상호 간의 유기적인 관련성을 파악하기 어렵다.
③ 작업자별, 부문별 업무성과를 객관적으로 비교 평가할 수 있다.
④ 할당된 부하, 작업진도, 실제작업시간, 작업지연상태 등을 알 수 있다.

20 다음 기호 중 간트차트(Gantt Chart)에서 작업지연의 회복에 예정된 시간을 바르게 나타낸 기호는 무엇인가?

① ▷◁   ② | |

③   V   ④ ▭━━

21 다음 [보기] 중에서 간트차트를 완성하기 위해 필요한 정보들로만 바르게 짝지은 것은?

┤ 보기 ├

ㄱ. 각 작업의 시간을 알 수 있는 작업의 List
ㄴ. 각 공정별 품질수준에 대한 정보 List
ㄷ. 작업 오더에 대한 List와 현재 진행된 작업의 위치정보
ㄹ. 이용 가능한 Capacities에 대한 List
ㅁ. 각 공정에 필요한 자재의 명세

① ㄱ - ㄴ - ㄷ   ② ㄴ - ㄷ - ㄹ
③ ㄱ - ㄷ - ㄹ   ④ ㄱ - ㄴ - ㅁ

22 다음 중 PERT기법이 가장 효과적으로 활용될 수 있는 작업은 무엇인가?

① 다품종 소량생산   ② 다품종 대량생산
③ 소품종 대량생산   ④ 대규모 1회 프로젝트

23 다음의 (A)에 해당하는 기법은 무엇인가?

┤ 보기 ├

(A) 기법은 대규모의 생산계획 일정을 컴퓨터를 이용하여 계획하고 관리하는 방법으로, 능률 향상과 비용절감을 위한 생산계획을 공정마다 분석하여 작업수준과 진행상황의 낭비를 체크하는 시스템의 역할을 수행하며, 시간과 원가의 양면에서 공정을 관리할 수 있다.

① 간트차트   ② PERT/CPM
③ 네트워크 도표   ④ 프로젝트 관리도

24 다음은 PERT/CPM에 대한 설명이다. 가장 부합하지 않는 것은?

① 비용을 최소화하면서 최단시간 내 계획 완성을 위한 일정방법이다.
② 프로젝트에 필요한 전체 작업의 상호관계를 노드와 간선의 형태로 나타내는 것을 PERT라 한다.
③ PERT의 경우 소요시간이 확실한 경우 사용되고, CPM의 경우 소요시간 예측이 어려운 경우 사용된다.
④ 프로젝트에 필요한 작업을 나열하고 작업에 필요한 소요기간을 노드와 간선의 형태로 나타내는 것을 CPM이라 한다.

25 PERT/Time의 3점 견적법에 의해 기대시간을 추정하고자 한다. 낙관시간치(Optimistic time)가 5일, 정상시간치(Most likely time)가 7일, 비관시간치(Pessimistic time)가 12일일 때 기대시간치(Expected time)는 며칠인가?

① 7.0일 　　　　　　　　　　　② 7.5일
③ 8.0일 　　　　　　　　　　　④ 9.5일

26 PERT/Time의 3점 견적법을 적용한 결과, 어떤 활동에 소요되는 기대시간치는 6일이었다. 낙관시간치가 5일, 정상시간치가 6일이었을 때 비관시간치는 며칠인가?

① 4일 　　　　　　　　　　　② 5일
③ 6일 　　　　　　　　　　　④ 7일

27 프로젝트의 어느 당사자에게도 인정받지 못하지만, 프로젝트의 임계경로에 영향을 주지 않으면서 자유시간으로도 불리고 있는 용어는 다음 중 무엇인가?

① FIFO(선입선출)
② 여유(Slack)시간
③ 긴급률(Critical Ratio)
④ 납기우선 순위(최소 납기일)

28 다음은 성도산업이 주문 받은 각 제품의 납기를 나타낸 것이다. 현재일이 40인 경우, 납기일과 잔여제조일수가 다음 표와 같을 때, 다음 중 CR(Critical Ratio)법에 의하여 제일 처음 작업해야 할 작업과 제일 나중에 해야 할 작업을 바르게 짝지은 것은?

┤ 보기 ├

작업	납기일(단위: 일)	잔여제조일수(단위: 일)
A	52	5
B	43	6
C	56	8
D	45	4

① A, B 　　　　　　　　　　　② D, A
③ D, C 　　　　　　　　　　　④ B, A

29 다음 [보기] 자료의 긴급률(CR)에 의한 작업 우선순위를 가장 바르게 나열한 것은?

┤ 보기 ├

작업	납기	현재일	잔여작업일수
W	105	100	2.5
X	111	100	11.0
Y	112	100	4.0
Z	108	100	2.0

① W－X－Y－Z
② X－W－Y－Z
③ Y－W－Z－X
④ Z－Y－X－W

30 주공정(Critical Path)에 대한 다음 설명 중 가장 적합한 것은?

① 주공정은 가장 이른 예정일을 연결한 경로를 의미한다.
② 주공정은 총여유시간의 값이 가장 큰 작업의 경로를 말한다.
③ 여유시간의 값이 '0(영)'이 되는 단계를 연결한 경로를 말한다.
④ 가장 늦은 완료일에서 가장 이른 예정일을 빼서 가장 값이 큰 단계를 연결한 경로를 의미한다.

31 아래 계획공정표에서 주공정(Critical Path)을 바르게 나타낸 것은?

┤ 보기 ├

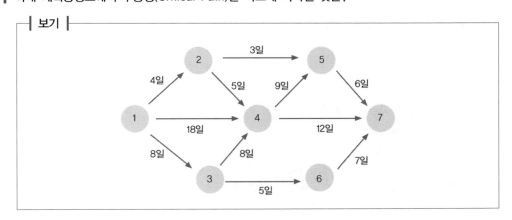

① 1－2－5－7
② 1－2－4－5－7
③ 1－3－4－5－7
④ 1－4－5－7

32 아래 계획공정표를 완성하는 데 필요한 총 소요일정을 바르게 나타낸 것은?

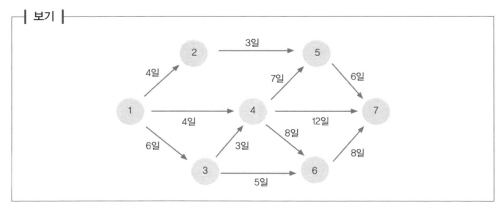

① 14일   ② 17일
③ 22일   ④ 25일

33 Forward Scheduling에 관한 내용으로 틀린 것은?

① 고객에게 추정 작업완료 일자를 제시할 수 있다.
② 납기일을 기준으로 생산에 걸리는 시간을 고려하여 작업 시작일을 정한다.
③ 만약 오늘 작업을 시작한다면 언제쯤 작업이 완료될 것인지 추정할 수 있다.
④ 공정이 복잡한 경우에는 공정간 상호관련된 시간제약으로 계획수립이 어렵다.

34 다음 중 개별생산시스템의 작업배정 규칙에 해당되지 않는 것은?

① 긴급률 규칙   ② 최소납기 우선
③ 최대여유시간 우선   ④ 최장작업시간 우선

35 작업의 우선순위 고려원칙에 대한 설명으로 바르지 못한 것은?

① 납기우선순위: 납기일자가 가장 급박한 순서로 작업을 진행한다.
② FIFO: 마무리 되어야 할 작업시간이 가장 긴 작업순서로 진행한다.
③ 긴급률: 긴급률(Critical Ratio)이 가장 적은 순서로 작업을 진행한다.
④ 최단가공시간: 가공에 소요되는 시간이 가장 짧은 과업을 먼저 처리한다.

36 P공정에서는 기계 M1, M2순으로 가공을 하는 작업이 다음과 같이 7가지가 있다. 완료시간이 최소가 되도록 존슨의 알고리즘을 이용하여 작업순서를 바르게 결정한 것은?

┤ 보기 ├

작업	M1	M2
1	5	8
2	2	7
3	3	6
4	6	6
5	7	4
6	1	8
7	6	2

① (6, 2, 3, 1, 4, 5, 7)   ② (5, 4, 7, 1, 3, 2, 6)
③ (7, 5, 3, 4, 2, 1, 6)   ④ (1, 2, 3, 4, 5, 6, 7)

37 ( )(이)란 작업장의 Capacity 이상의 부하가 적용되어 전체 공정의 흐름을 막고 있는 것을 말한다. 즉 병목현상이라고 말하는데, 전체 라인의 생산 속도를 좌우하는 작업장을 말하기도 한다. ( ) 안에 들어갈 알맞은 용어는 무엇인가?

① Bottleneck   ② Delay Work
③ Scheduling   ④ Routing

38 다음 병목공정(Bottleneck Operation)관리에 대한 설명 중 적합하지 않은 것은?

① 전체 작업장의 부하량을 적정하게 조정한다.
② 라인밸런싱을 통해 병목공정으로 인한 공정의 유휴율을 낮추는 노력을 한다.
③ 공정(operation)에 있어서 최종 성과는 병목부분의 최대능력에 의해 결정된다.
④ 병목공정은 전체 라인의 생산속도를 향상시키는 가장 효율적 작업장으로 정의된다.

39 애로공정(Bottleneck Effect)에 대한 다음 설명 중 가장 적합하지 않은 것은?

① 공정의 유휴율이 높아지고 능률이 떨어지는 작업장을 의미한다.
② 애로공정관리는 생산능력과 부하량을 동시에 증가시키는 작업을 의미한다.
③ 애로공정은 병목현상이라고도 하는데, 전체라인의 생산속도를 좌우하는 작업장을 의미한다.
④ 애로공정에서 공정의 유휴율을 줄이고 능률을 향상시키기 위해 각 공정의 소요시간이 균형이 되도록 작업장이나 작업순서를 배열하는 것을 라인밸런싱이라 한다.

40 다음 중 JIT(Just In Time) 방식의 특징으로 볼 수 없는 것은?

① 생산통제는 밀어내기 방식(Push system)이다.

② 생산이 소시장 수요에 따라간다. 즉 계획을 일 단위로 세워 생산하는 것이다.

③ 생산공정은 유연성(flexibility)을 요구한다. 여기서 신축성은 생산제품을 바꿀 때 필요한 설비, 공구의 교체 등에 소요되는 시간을 짧게 하는 것을 말한다.

④ 현재 필요한 것만 만들고 더 이상은 생산하지 않으므로 큰 로트 규모가 필요 없으며, 생산이 시장 수요만을 따라가기 때문에 고속의 자동화는 필요치 않다.

41 칸반 또는 칸반시스템에 관한 내용으로 부적절한 것은?

① 칸반이란 간판(看板)의 일본어 발음이다.

② 부품의 생산과 운반을 지시하거나 승인하는 증표이다.

③ 칸반과 용기를 이용한 생산현장의 물리적인 통제시스템이다.

④ JIT의 핵심부분으로서 푸시 시스템을 구체적으로 실천하기 위한 수단이다.

42 아래의 설명에서 Kanban 방식에 대한 설명으로 가장 적합한 것은?

① 제품별 배치에 따라 연속으로 생산하는 방식

② 필요한 수량만큼 예측하여 생산하는 방식

③ 한 공정에서 여러 가지의 제품을 혼합하여 생산하는 방식

④ 수요가 발생할 경우에만 작업이 진행된다. 즉 작업을 할 수 있는 여력이 있을지라도 수요가 일어나지 않으면 작업을 진행하지 않고 생산이 필요하다는 특정 신호에 의해 작업을 진행하는 방식

43 JIT의 5S에서 4S를 실시하여 사내에서 결정된 사항, 표준을 준수해 나가는 태도를 몸에 익히도록 하는 것은 다음 중 무엇인가?

① 정돈(SEITON)   ② 마음가짐(SHITSUKE)

③ 청소(SEISO)   ④ 청결(SEIKETSU)

44 5S 추진 단계 중 '더러움이나 먼지를 충분히 제거함으로써 기계설비나 사람의 능력을 충분히 발휘할 수 있는 직장을 갖추도록 한다.'에 해당하는 것은?

① 정리   ② 정돈

③ 청소   ④ 청결

45 도요타 생산방식에서 말하는 7가지 낭비에 해당하지 않는 것은?

① 가공의 낭비

② 재고의 낭비

③ 과잉검사로 인한 낭비

④ 불량에 대한 재작업의 낭비

주관식

01 각 작업장의 작업시간이 다음 화면과 같을 때 라인밸런스의 효율은 얼마(단위: %)인가?(단, 각 작업장의 작업자는 모두 1명씩이다.)

┤ 보기 ├

작업장	1	2	3	4
작업시간	8분	5분	4분	7분

02 작업장 작업원의 출근율은 95%이고 작업에 소요되는 간접작업의 비율은 13%라고 한다면, 이 작업장의 가동률(단위: %)은 얼마인가?(단, 답안은 단위에 맞춰 소수둘째자리까지 표시하시오.) (예: 11.11%)

03 아래 [보기]의 내용을 참조하여 작업효율(Efficiency)을 계산하면 몇 %인가?

┤ 보기 ├

- 교대수: 2교대/일
- 주당 작업일수: 5일
- 기계 불가동 시간/주: 40시간
- 1교대 작업시간: 8시간
- 기계대수: 5대
- 작업표준시간: 288시간

04 아래의 자료에서 긴급률(CR)을 계산하고, 긴급률에 의하여 작업의 우선순위를 구하였을 때 가장 먼저 해야 할 작업은?

┤ 보기 ├

작업	납기	현재일	잔여작업일수	긴급률(CR)
X	64	50일	12.0	
Y	62	50일	8.0	
Z	58	50일	5.0	

05 다음 표는 (주)독도가 주문받은 P제품의 납기를 나타낸 것이다. 납기일과 잔여제조일수가 아래와 같을 때 현재 일이 30이면 [나]작업의 CR(Critical Ratio)은 얼마인가? 예와 같이 숫자로 표시하시오.(예: 10.5)

작업	납기일 (Due Date)	잔여제조일수 (Mfg. Lead Time Remaining)(일)
가	45	4
나	47	5
다	51	2
라	53	7

06 R작업장은 남자 숙련공 4명, 미숙련공 5명, 여자숙련공 5명이 근무하고 있다. 1개월의 근무일수를 25일, 1일 실제가동 시간은 8시간, 작업자 가동률은 80%일 때 이 작업장의 1개월 간의 공수(단위: M/H)는 얼마인가?(단, 환산계수는 남자숙련공: 1, 미숙련공: 0.6, 여자 숙련공: 0.9이다. 정답은 숫자로만 입력할 것)

07 생산가공 내지는 조립라인에서 작업장(workstation) 간에 균형을 이루지 못해 발생한 애로공정으로 인하여 공정의 유휴율이 높아지고 능률이 떨어지는 경우, 각 작업장의 소요시간이 균형이 되도록 과업(task)들을 작업장에 할당하는 것을 의미하는 용어는 무엇인가?

08 다음 (   ) 안에 공통적으로 들어가는 낱말을 한글로 쓰시오.

> **보기**
>
> (   )분석이란 생산대상물의 흐름, 즉 재료나 부분품의 가공, 운반, 검사 및 정체하면서 제품으로 형성되는 과정을 (   )(이)라는 분석단위로 분석 및 검토하여, 그 (   )에 있어서의 무리, 낭비, 불합리를 제거하기 위하여 사용되는 기법이다.

09 다음 문장의 (   ) 안에 적당한 용어를 영문으로 표기하시오.

> **보기**
>
> (   )(이)란 작업장의 Capacity 이상의 부하가 적용되어 전체 공정의 흐름을 막고 있는 것을 말한다. 즉 병목현상이라고도 하며, 전체 라인의 생산속도를 좌우하는 작업장을 말하기도 한다.

10 다음 내용이 설명하고 있는 공정관리의 기능은 무엇인가?

> **보기**
>
> 계획과 실행의 결과를 비교 검토하여 차이를 찾아내고 그 원인을 추구하여 적절한 조치를 취하며, 개선해 나감으로써 생산성을 향상시키는 기능이다.

11 다음 [보기] 내용 중 (   ) 안에 공통적으로 들어갈 용어를 한글로 입력하시오.

┤ 보기 ├

진도 관리한 작업배정에 의해 진행 중인 작업의 진도상황이나 과정을 수량적으로 관리하는 것이다. 주문생산의 경우 (   )관리의 성격이 강한데, 진도관리의 목적은 (   )의 확보와 공정품의 감소에 있다.

12 다음 문장은 무엇에 대한 설명인지 (   ) 안에 들어갈 알맞은 용어를 영어단어로 입력하시오.

┤ 보기 ├

(   )은(는) Item을 만드는 데 필요한 공정순서를 정의하는 것으로, 어떤 장소(Work center 또는 기계)에서 가공할 것인지, 그리고 이러한 공정을 수행하기 위해 필요한 셋업시간과 단위 품목의 생산에 소요되는 시간(run time)은 얼마나 소요되는지에 대한 정보를 유지하고 있는 것이다.

13 작업의 우선순위 규칙 중 현재부터 납기일까지 남아 있는 시간을 잔여처리 시간으로 나눈 것으로, 그 값이 적은 수치부터 처리하는 규칙을 무엇이라고 하는가?

14 아래의 글은 무엇에 대한 설명인지 (   ) 안에 적당한 말을 써 넣으시오.

┤ 보기 ├

(   )(이)란 일정계획에 의해서 결정되어진 생산제품의 납기와 생산량에 대하여 작업량을 구체적으로 결정하고, 결정된 작업량을 보유하고 있는 작업인원, 기계설비 등의 능력과 대조 비교하여 사전에 부하(Load)와 능력의 조정을 시도하는 것이다.

15 다음 (   ) 안에 공통적으로 들어가는 용어를 쓰시오.

┤ 보기 ├

아무리 작은 시스템이라도 (   )과 작업의 우선순위는 존재한다. 동시에 수행할 수 있는 능력은 한계가 있고, 시간과 자원도 한정이 있기 때문이다. 수많은 사람과 기계 공정이 모인 시스템일수록 (   )의 중요성은 높아진다. 만약 용량과 자원이 무한하다면 (   )계획을 할 필요가 없을 것이다.

16 [보기]에서 요구하는 비관시간치를 PERT/time의 3점 견적법을 적용하여 계산하시오.

┤ 보기 ├

어떤 활동에 소요되는 시간을 낙관시간치로는 5일, 정상시간치로는 7일, 기대시간치로는 7.5일로 추정한다면, 이때 이 활동에 대한 비관시간치는 약 (   )일이다.

17 다음 PERT/CPM의 최종공정의 완료일은 며칠(단위: 일)인가?

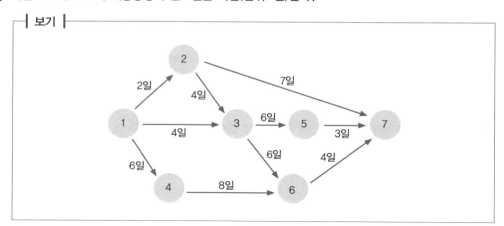

3.3 자재소요 및 생산능력계획

객관식

01 다음 중 A. J. Arrow의 재고보유의 동기가 아닌 것은?

① 거래동기　　　　　　　　　　② 보충동기
③ 예방동기　　　　　　　　　　④ 투기동기

02 다음 재고보유동기에 대한 설명 중 가장 적합하지 않은 것은?

① A. J. Arrow는 재고보유동기를 제시한 대표적인 사람 중에 하나이다.
② 투자동기는 대표적인 가격변동을 예측하고 재고를 보유할 때의 동기를 말한다.
③ 예방동기는 위험에 대비하기 위한 것으로서, 대부분 기업의 주된 재고보유동기이다.
④ 거래동기는 수요량을 미리 알고 있고, 시장에 있어서의 가치체계가 시간적으로 변화하지 않는 경우의 동기이다.

03 다음 중 유통업체나 여러 생산공정 단계로 구성된 제조활동과정에서 나타날 수 있는 재고유형으로, 공장 내에서 한 생산공정에서 다른 생산공정으로 이동 중인 재고에 해당하는 것은?

① 안전재고　　　　　　　　　　② 비축재고
③ 순환재고　　　　　　　　　　④ 파이프라인재고

04 재고종류에 대한 다음 설명 중 가장 적합하지 않은 것은?

① 유통과정 혹은 제품의 생산과정 중에 있는 재고를 수송재고 또는 파이프라인재고라고도 표현한다.

② 재고품목을 주기적으로 일정한 로트(LOT)단위에 의해 조달함으로 발생되는 재고를 주기재고라고 한다.

③ 주문비용이나 생산준비비용을 줄이거나 할인혜택을 얻을 목적으로 한 번에 많은 양을 주문하는 재고를 순환재고라고 한다.

④ 기업을 운영할 때 발생할 수 있는 여러 가지 불확실한 상황에 대비하기 위하여 미리 확보하는 재고를 예상재고 또는 비축재고라고도 표현한다.

05 계절적 요인, 가격의 변화 등을 예측하고 대비하기 위해 보유하는 재고는 무엇인가?

① 순환재고　　　　　　　　　　② 안전재고

③ 예상재고　　　　　　　　　　④ 파이프라인재고

06 다음의 재고비용 중 구매/발주비용에 대한 설명으로 가장 적합하지 않은 것은?

① 주문과 관련된 비용으로 신용장 개설비용, 통신료 등이 해당된다.

② 창고 임차료, 유지경비, 보관료, 세금과 같은 보관비용이 해당된다.

③ 물품수송비, 하역비, 입고비, 검사 및 시험비, 통관료 등이 여기에 해당된다.

④ 가격 및 거래처 조사비용으로 물가조사비, 거래처 신용조회비용 등이 여기에 해당된다.

07 다음 중 원자재나 상품의 구입에 따르는 제비용과 재고유지비 등을 고려해 가장 합리적이라고 판단되는 원자재 또는 상품의 주문량을 계산하는 기법은 무엇인가?

① ABC 재고관리시스템

② 고정주문량(Fixed Order Quantity)

③ 안전주문량(Safety Order Quantity)

④ 경제적 주문량(Economic Order Quantity)

08 다음에서 경제적 주문량(EOQ)을 결정짓는 변수들이 아닌 것은?

① 1회 주문비용　　　　　　　　② 연간 총수요량

③ 연간 총생산량　　　　　　　　④ 단위당 유지비용

09 다음 중 경제적 발주량(EOQ) 모델의 가정이 아닌 것은?

① 단일품목을 대상으로 한다.

② 수요율과 조달기간이 일정한 확정적 모델이다.

③ 구입단가는 발주량의 크기와 관계없이 일정하다.

④ 재고유지비는 발주량의 크기와 관계없이 일정하다.

10 다음 중 경제적 주문량(EOQ)에 대하여 바르게 나타낸 것은?

① 경제적 주문량이 클수록 평균재고는 작아진다.
② 다른 비용이 고정이라면 주문비용이 클수록 경제적 주문량이 작아진다.
③ 다른 비용이 고정이라면 연간계획량이 많을수록 경제적 주문량이 작아진다.
④ 경제적 주문량이 클수록 연간 주문횟수는 줄어든다.

11 컴퓨터를 주력상품으로 판매하는 (주)대한유통은 올해의 매출을 전년도 대비 10% 증가한 9,600대가 팔릴 것으로 예상하고 있다. 이 컴퓨터의 연간재고유지비용은 단위당 16원이고, 주문비용이 75원이다. 경제적 주문량(EOQ)은 얼마인가?

① 200   ② 230
③ 300   ④ 320

12 재고관리모형에는 정기주문모형과 정량주문모형이 있다. 다음 설명은 정기주문모형에 대한 설명이다. 이 중에서 틀린 것은?

① P 시스템이라고도 한다.
② 주문 주기는 언제나 일정하다.
③ 일정한 주기가 지나면 주문한다.
④ 재고수준이 얼마인가를 알기 위해 계속 재고수준을 검토해야 한다.

13 ABC 재고관리에 대한 내용으로 틀린 것은?

① 파레토의 법칙을 재고관리에 응용한 것이다.
② A품목에 대해서는 아주 엄격한 재고통제를 한다.
③ 중요한 소수와 중요하지 않은 다수의 개념에 근거하고 있다.
④ 재고품목을 연간 사용량에 따라 A등급, B등급, C등급으로 구분한다.

14 자재소요계획(MRP)의 성과로 잘못된 것은?

① 재고가 감소된다.
② 능력계획, 우선순위 계획 능력이 향상된다.
③ 기준일정계획 조정 능력과 수요변동 적응력이 향상된다.
④ 재고는 감소하나 작업시간이 재고의 감소율만큼 증가된다.

15 다음 중 자재소요계획(MRP)에 대한 설명으로 가장 적합하지 않은 것은?

① MRP의 투입요소에는 개략능력요구계획, 능력소요계획, 자재명세서가 있다.
② 통합수요품목의 재고관리를 위한 컴퓨터 시스템의 용어로 사용되기도 한다.
③ 목표생산량을 생산하기 위한 적절한 자재수급시기와 수량을 결정하도록 지원하는 도구로 사용되기도 한다.
④ 어떤 제품을 생산하는 데 있어서 생산수량에 맞춰 재료나 부품을 조달할 때 적용하는 부품소요량 전개기법이기도 하다.

16 총괄생산계획 및 확정 수주를 바탕으로 보통 1주일 단위로 구체화된 생산계획을 말하며, MRP 시스템의 입력요소인 것은?

① CRP(capacity requirements planning)　② MPS(master production schedule)
③ BOM(bill of material)　④ RCCP(rough out capacity planning)

17 다음 중 자재소요계획(MRP: Material Requirement Planning)을 하기 위해서 필요한 입력요소에 해당하지 않는 것은?

① 재고기록철(Inventory Record File)
② 자재명세서(BOM: Bill Of Material)
③ 총괄생산계획(APP: Aggregate Production Planning)
④ 주생산일정계획(MPS: Master Production Scheduling)

18 다음은 MRP(Material Requirement Planning)에 대한 설명이다. 이 중 옳지 않은 설명은?

① MRP는 '보충'의 개념보다 '소요'의 개념에 입각하여 운영되고 있다.
② 제조기업의 모든 제조자원을 계획하고 관리하는 MRP는 MRPⅡ이다.
③ MRP의 관리대상이 되는 종속수요 품목은 재고수준이 일정 수준 밑으로 떨어지면 주문이 된다.
④ 기준생산계획(MPS)을 달성할 수 있도록 적절한 시기에 제조주문과 구매주문을 하는 것은 MRP의 중요한 업무 중 하나이다.

19 MRP 시스템에서 필요 자재에 대한 순소요량을 산출하기 위하여 알아야 할 재고수량에 대한 분류로써 가장 거리가 먼 것은?

① 안전재고량　② 할당재고량
③ 발주예정재고량　④ 입고예정재고량

20 다음에서 자재소요계획(MRP: Material Requirement Planning)의 가정이 아닌 것은?

① 제조공정이 독립적이어야 한다.
② 모든 품목은 저장할 수 있어야 한다.
③ 독립적 수요방식으로 자재를 조달한다.
④ 모든 자재의 조달기간을 파악할 수 있어야 한다.

21 다음 중 자재소요계획(MRP: Material Requirement Planning)에 관한 내용으로 틀린 것은?

① 소요량으로 발주량이 정해진다.
② 대일정계획이 예측자료가 된다.
③ 대상물품은 원자재, 부분품, 재공품이다.
④ 보충개념에 입각한 독립수요품의 재고관리 방식이다.

22 다음 중 자재소요계획(MRP: Material Requirement Planning)에 대한 설명으로 잘못된 것은?

① 부품 및 자재부족 현상을 최소화한다.
② 공정품을 포함한 종속 수요품의 평균 재고가 감소한다.
③ 수요품목 각각에 대해 별도로 수요예측을 해야 한다.
④ 입력 자료는 기준생산계획, 자재명세서, 재고기록 파일이다.

23 다음의 BOM 중 '적은 종류 또는 단일한 부품을 가공하여 여러 종류의 최종 제품을 만드는 화학이나 제철 등과 같은 산업에 적용 가능하며, 나무가 뒤집힌 형태인 역삼각형의 BOM'을 무엇이라 하는가?

① Inverted BOM   ② Modular BOM
③ Engineering BOM   ④ Manufacturing BOM

24 생산관리 부서 및 생산현장에서 사용되는 BOM으로, 제조공정 및 조립공정의 순서를 반영하여 E-BOM을 변형하여 만들어지며, 또한 Item이 재고로 저장될 것인지 여부와도 밀접한 관계를 가지고 있는 BOM은 다음 중 무엇인가?

① Modular BOM   ② Engineering BOM
③ Manufacturing BOM   ④ Percentage BOM

25 자재소요계획(MRP: Material Requirement Planning)의 입력요소인 자재명세서의 종류에 대한 설명으로 잘못된 것은?

① Planning BOM의 일종으로 제품군을 구성하는 제품 또는 제품을 구성하는 부품의 양을 백분율로 표현하는 것을 Modular BOM이라 한다.
② 설계부서에서 사용하는 BOM으로 제품설계 시 만들어지며, 제품설계 방식과 절차에 따라 만들어지는 것이 Engineering BOM이다.
③ 생산계획, 기준일정계획에서 사용되며 생산관리 부서 및 판매, 마케팅 부서에서 제품군별 생산계획을 통하여 자재의 구매계획과 생산계획을 수립하기 위하여 만들어지는 것이 Planning BOM이다.
④ 생산관리 부서 및 생산현장에서 사용되는 BOM으로 제품 생산과정을 관리하기 위하여 만들어지며 재고관리 필요성, 생산지시 여부, 품질검사대상 여부, 원가 관리 필요성에 따라 구성되는 것이 Manufacturing BOM이다.

26 다음 중 BOM과 유사한 측면이 있으며, 필요 부품에 대한 정보뿐만 아니라 Routing 정보도 포함하고 있으며, 설계 및 구매 등의 활동까지 포함하여 표현하는 것으로 가장 적합한 것은?

① Bill of Activity   ② Multi level BOM
③ Bill of Material   ④ MRP

27 다음은 K 제품의 제품구조 나무를 나타낸 것이다. K 제품의 주문량이 300개라면, 이 제품을 만들기 위한 부품 X의 총 소요량은 얼마인가? 단, (   ) 안은 수량을 나타낸다.

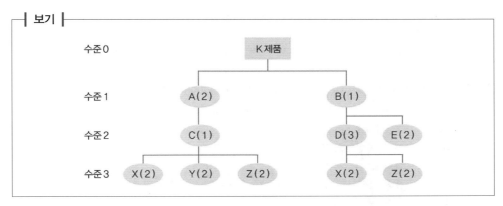

① 1,200개 　　　　　　　　　　　② 1,800개
③ 2,400개 　　　　　　　　　　　④ 3,000개

28 다음의 최종 제품의 구성 체계를 보고 A부터 H까지 각 부품의 소요량을 적절하게 계산하여 A~H까지 순서대로 나열한 것은 무엇인가?(단, 최종제품의 수는 10개이며, (   ) 안의 숫자는 상위제품을 구성하기 위한 하위 부품의 소요량임)

단계 0	단계 1	단계 2
최종제품의 수 10개	A(2)	D(1)
		E(2)
	B(1)	E(3)
		F(1)
	C(3)	G(2)
		H(1)

① 20 − 10 − 30 − 20 − 70 − 10 − 60 − 30
② 20 − 10 − 20 − 20 − 50 − 10 − 60 − 30
③ 20 − 10 − 30 − 30 − 70 − 10 − 50 − 30
④ 20 − 10 − 30 − 20 − 70 − 10 − 50 − 30

29 RCCP(Rough Cut Capacity Planning)에 대한 다음 설명 중 가장 적합한 것은?

① MRP를 수행할 때 사용한다.
② 철저한 자원요구량을 산출한다.
③ 기준생산계획은 RCCP의 주요 입력데이터이다.
④ RCCP의 결과는 실제상황과 큰 차이를 보이지 않는다.

30 능력소요계획(CRP: Capacity Requirement Planning)에 관하여 잘못 설명한 것은?

① CRP의 주요 입력데이터는 MRP record이다.
② 현실적인 자원요구량 계획 생성에 있어서 RCCP보다 비교우위에 있다.
③ 기준생산계획이 제조 자원의 용량을 넘어서는지를 계산하는 것이 CRP이다.
④ 입력되는 정보로는 MRP상의 계획발주 정보, 절차계획 정보, 확정주문 정보 3가지 종류가 있다.

31 다음 능력소요계획(CRP: Capacity Requirement Planning)에 대한 설명으로 잘못된 것은?

① CRP에는 MRP의 계획발주 정보, 절차계획 정보, 확정주문 정보가 입력된다.
② CRP는 각 작업장이나 기계별로 작업 부하량을 산정하기보다는 전체적으로 부하량을 산정한다.
③ 이미 주문된 예정입고와 발주 예정의 계획발주량을 완성하는 데 필요한 작업부하(능력소요량) 산정에 이용된다.
④ CRP는 공장의 생산능력에 맞추어 자재소요계획을 수립하기 위해 작업장의 능력 소요량을 시간 대별로 예측하는 것이다.

32 다음 중 능력소요계획(CRP: Capacity Requirement Planning)에 입력되는 정보가 아닌 것은?

① 기계별 부하표
② 절차계획 정보
③ 확정주문 정보
④ 자재소요계획(MRP: Material Requirement Planning)의 계획발주 정보

33 자재소요계획 활동 중에서 MRP 전개에 의해 생성된 계획이 얼마만큼의 제조자원을 요구하는지를 계산하는 모듈은 다음 중 무엇인가?

① RP(Resource Planning)
② MPS(Master Production Scheduling)
③ CRP(Capacity Requirement Planning)
④ RCCP(Rough Cut Capacity Planning)

34 다음 [보기]의 (A)에 해당하는 설명 중 가장 적합하지 않은 것은?

| 보기 |

(A)는 자재소요계획(생산계획) 활동 중에서 MRP 전개에 의해 생성된 계획이 얼마만큼의 제조자원을 요구하는지를 계산하는 모듈이다.

① 자원요구량을 계산하는 과정에서 (A)가 RCCP보다 정확하다.
② RCCP의 주요 입력데이터는 MRP Record이지만, (A)의 주요 입력데이터는 MPS Plan이다.
③ (A)의 입력데이터에는 MRP 레코드의 발주계획, 작업공정표, 작업장 상태 정보 등이 있다.
④ (A)를 계산할 때는 현장에서 작업 중인 작업이 현장의 자원을 필요로 함을 고려하여야 한다.

35 자재소요계획(MRP: Material Requirement Planning) 활동 중에서 주생산일정계획(MPS: Master Production Scheduling)이 주어진 자원의 용량을 넘어서는지 여부를 확인하기 위해 계산하는 모듈은 다음 중 무엇인가?

① CRP(Capacity Requirement Planning)
② RCCP(Rough Cut Capacity Planning)
③ BOM(Bill Of Material)
④ Project Schedule

36 다음 중 SCM(Supply Chain Management: 공급망관리)의 세 가지 주요 흐름에 해당하지 않는 하나는 무엇인가?

① 제품/서비스흐름(Product/Service Flow)
② 물류흐름(Distribution Flow)
③ 정보흐름(Information Flow)
④ 재정흐름(Fund Flow)

37 다음 중 공급체인가치사슬(SCM: Supply Chain Management)에 대한 설명으로 잘못된 것은?

① SCM의 중요한 3가지 주요 흐름은 자재의 흐름, 정보의 흐름, 제품의 흐름이다.
② SCM은 자재와 서비스의 공급자로부터 생산자의 변환과정을 거쳐 완성된 산출물을 고객에게 인도하기까지의 상호 연결된 사슬을 말한다.
③ SCM은 공급자로부터 기업 내 변환과정, 유통망을 거쳐 최종고객에 이르기까지의 자재, 서비스 및 정보의 흐름을 전체 시스템의 관점에서 관리하는 것이다.
④ SCM은 공급사슬상에서 자재의 흐름을 효과적, 효율적으로 관리하고 불확실성과 위험을 줄임으로써 재고수준, 리드타임 및 고객 서비스수준의 향상을 목적으로 한다.

38 다음 공급사슬관리(SCM: Supply Chain Management)와 관련된 설명 중 가장 거리가 먼 것은?

① 정보와 물류의 리드타임이 길수록 공급사슬 내의 채찍효과로 인한 현상은 감소한다.
② 공급체인 내에서 소비자로부터 생산 쪽으로 갈수록 수요변동 폭이 확대되는 채찍효과는 공급사슬관리를 통해 극복될 수 있다.
③ 공급체인 내의 모든 구성요소들을 하나의 통합된 운영체계로 하여 구성요소의 부분최적화가 아닌 공급체인 전체의 최적화를 추구하는 전략이다.
④ 고객의 욕구가 빈번하게 변화하거나 고객이 유동적으로 변화하는 경우는 주문생산이나 대량고객화 등의 방법을 통한 대응적 공급사슬전략이 적절하다.

39 다음 중 SCM(Supply Chain Management)에 대하여 가장 잘 설명한 것은?

① 생산예정표에 의해 결정된 생산량에 대하여 작업량을 구체적으로 결정하고, 그것을 현재 보유하고 있는 사람이나 기계의 능력을 고려하여 양자를 조정하는 것이다.
② 애로공정으로 인하여 공정의 유휴율이 높아지고 능률이 떨어지는 경우에 각 공정의 소요시간이 균형이 되도록 작업장이나 작업순서를 배열하는 것이다.

③ 필요한 것을, 필요한 때, 필요한 만큼 만드는 생산방식이다.

④ 물자, 정보 및 재정 등이 공급자로부터 생산자에게, 도매업자에게, 그리고 소비자에게 이동함에 따라 진행과정을 감독하는 것이다.

40 다음 [보기] 중 SCM의 내재적 기능을 바르게 짝지은 것은?

┤ 보기 ├─
ㄱ. 올바른 공급자의 선정
ㄴ. 공급자의 긴밀한 파트너십 유지
ㄷ. 고객 주문을 실제 생산작업으로 투입하기 위한 Production Scheduling
ㄹ. 공급자 Network으로 공급된 원자재 등을 변형시키는 데 사용하는 여러 프로세스

① ㄱ, ㄴ   ② ㄷ, ㄹ
③ ㄱ, ㄷ   ④ ㄴ, ㄹ

주관식

01 다음 [보기]의 설명에 해당하는 재고의 종류를 한글로 쓰시오.

┤ 보기 ├─
일시에 필요한 양보다 더 많이 주문하는 경우에 생기는 재고를 말한다. 이와 같은 유형의 재고는 주문비용이나 생산준비비용을 줄이거나 할인혜택을 얻을 목적으로 한꺼번에 많은 양을 주문할 때 발생한다.

02 TR부품의 연간 수요량은 4,000개이다. 1회 주문비용이 5,000원이며 단가가 20,000원, 연간 단위당 재고유지비율이 0.2일 경우 경제적 주문량(EOQ)은 몇 개인가?

03 자재 B의 발주비용은 매 주문마다 20,000원, 단위당 재고유지비는 연간 160원이며, 연간 수요량이 1,000개이다. 자재 B의 경제적 주문량(EOQ)은 얼마인가?

04 다음 문장의 ( ) 안에 들어갈 알맞은 용어는 무엇인가?

┤ 보기 ├─
SCM의 세 가지 주요 흐름 중 하나인 ( )흐름은 주문의 전달과 배송 상황의 갱신 등이 수반된다.

05 다음 [보기]의 (   ) 안에 공통으로 들어가는 용어를 영문 대문자로 쓰시오.(예: ERP)

┤ 보기 ├

(   )의 주요 입력데이터는 MPS Plan이지만, CRP의 주요 입력데이터는 MRP Record이다. MPS Plan은 최종 제품과 주요 핵심 부품에 한해 작성되기 때문에, 자원요구량을 계산하는 과정에서도 CRP가 (   )보다 정확하다.

06 다음 내용이 가리키고 있는 용어를 영문 머리글자로 쓰시오.(예: MIS)

┤ 보기 ├

공장의 생산능력에 맞추어 자재소요계획을 수립하기 위해 작업장의 능력소요량을 시간대별로 예측하는 것이다. 이 기법은 이미 발주된 예정입고와 발주예정의 계획발주량을 완성하는데 필요한 작업부하 산정에 이용된다.

07 다음 (   ) 안에 공통적으로 들어갈 수 있는 용어를 한글로 표기하시오.

┤ 보기 ├

(   )수요란 최종제품의 생산에 소요되는 각종 원자재, 부품, 구성품 등과 같이 모품목의 수요에 (   )되어 있는 품목의 수요를 말한다.

08 다음 (   ) 안에 알맞은 말을 영어 대문자 약어로 표기하시오.(예: ERP)

┤ 보기 ├

(   )은(는) 물자, 정보 및 재정 등이 공급자로부터 생산자에게, 도매업자에게, 소매상인에게, 그리고 소비자에게 이동함에 따라 그 과정을 감독하는 것이고, 또한 회사 내부와 회사들 사이 모두에서 이러한 과정을 감독하는 것이다.

09 다음 (   ) 안에 맞는 낱말을 쓰시오.

┤ 보기 ├

유통과정 중에 있는 제품이나 생산 중에 있는 재공(Work-in-process Inventory)을 의미하는 재고를 (   )재고라고 한다.

10 다음 문장에 해당하는 용어를 영문 약어로 표기하시오.(예: PDM)

┤ 보기 ├

작업활동 사이에 또는 공정의 여러 단계에서 생산현장에 놓여 있는 모든 자재들, 반제품 또는 반조립 부품들을 말한다.

3.4 품질관리

객관식

01 TQM(Total Quality Management)은 운영, 제품, 서비스의 지속적인 개선을 통해 고품질과 경쟁력을 확보하기 위한 전 종업원의 체계적 노력을 말한다. TQM의 네 가지 기본원리와 거리가 먼 것은?

① 고객중심(customer focus)
② 품질문화(quality culture)형성
③ 총체적 참여(total involvement)
④ 총생산적 설비보전(total productive maintenance)

02 TQM에서 강조하는 원칙과 가장 거리가 먼 것은?

① 고객만족   ② 전원 참여
③ 지속적 개선   ④ 신속한 신제품 개발

03 QA(Quality Assurance)에 관한 설명으로 틀린 것은?

① 품질검사 활동이 주된 업무이다.
② 1980년대 ISO 9000시리즈로 구체화되었다.
③ 고객에게 품질을 보증하기 위한 일련의 활동체계를 말한다.
④ 고객니즈조사 – 기획 – 개발설계 – 시험 – 제조 – 물류 – 판매 – A/S 단계 등으로 구성된다.

04 품질비용은 좋은 제품과 서비스를 만드는 데 사용된 모든 비용이라 할 수 있다. 품질비용의 구성요소 중 다른 요소에 비해 우선적으로 고려되어야 하는 것은?

① 평가비용   ② 예방비용
③ 외적 실패비용   ④ 내적 실패비용

05 품질관리에 관련된 내용으로 틀린 것은?

① 품질비용에는 예방비용, 실패비용, 관리비용이 있다.
② 관리도는 공정의 상태를 해석하여 관리하기 위한 것이다.
③ 샘플링검사 결과에서 합격품 중에 불량품이 혼입될 수도 있다.
④ 품질비용 중 실패비용이 차지하는 비율이 낮을수록 바람직하다.

06 품질관리에 관련된 내용으로 틀린 것은?

① 파괴검사의 경우에는 샘플링검사가 바람직하다.
② 관리도는 공정의 상태를 해석하여 관리하기 위한 것이다.
③ 샘플링검사 결과에서 합격품 중에 불량품이 혼입될 수도 있다.
④ 품질비용 중 실패비용이 차지하는 비율이 높을수록 바람직하다.

07 품질관리 관련 내용 중 틀린 것은?

① TQC(Total Quantity Control)는 1950년대 일본에서 시작되었다.
② QC의 7가지 도구는 히스토그램, 산점도, 특성요인도, 체크시트, 층별, 파레토분석, 관리도이다.
③ TQC는 품질보증(QA: Quality Assurance)으로 발전하였다.
④ 통계적 공정관리(SPC: Statistical Process Control)는 제품의 품질검사를 위한 기법으로 널리 사용되고 있다.

08 검사란 물품을 어떤 방법으로 측정한 결과를 판정기준과 비교하여 개개의 물품에 양호, 불량 또는 로트의 합격, 불합격의 판정을 내리는 것이다. 다음 [보기]가 설명하고 있는 검사의 종류는 무엇인가?

┤ 보기 ├

검사항목이 많거나 다수 다량의 물품을 대상으로 하여 어느 정도 불량품이 섞여도 안전면이나 경제적인 타격이 적은 경우

① 출하검사   ② 순회검사
③ 파괴검사   ④ 샘플링검사

09 구입하는 원자재가 일정한 규격에 맞는지 여부를 판정하는 검사는?

① 전수검사   ② 공정검사
③ 수입검사   ④ 완제품검사

10 검사가 행해지는 장소에 의한 분류에 속하지 않는 것은?

① 수입검사   ② 순회검사
③ 출장검사   ④ 정위치검사

11 다음 중 전수검사에 대한 내용으로 틀린 것은?

① 100% 검사라고도 한다.
② 모집단 전체를 검사하는 것이다.
③ 검사비용이 불검사비용보다 클 때 채택한다.
④ 검사의 크기로 구분되는 검사의 유형 중 한 가지이다.

12 다음 중 '통계적 자료와 분석기법의 도움을 받아서 공정의 품질변동을 주는 원인과 능력상태를 파악하여, 주어진 품질목표가 달성될 수 있도록 품질개선을 관리해가는 활동'으로 정의되는 것은?

① QFD(quality function deployment)
② SPC(statistical process control)
③ QC 7 tool
④ ISO 9000

13 QC 7가지 수법 중 히스토그램에 관하여 바르게 설명한 것은?

① 길이, 무게, 시간, 경도 등을 측정하는 데이터(계량치)가 어떠한 분포를 하고 있는가를 알아보기 쉽게 나타낸 그림
② 일의 결과와 그것에 영향을 미치는 원인을 계통적으로 정리하는 그림
③ 불량이 나왔을 때 기계별이나 작업자별 또는 재료별, 시간별 등으로 불량원인을 파악하기 위한 것
④ 불량이나 결점 등의 내용을 분류하여 크기순으로 표시하는 그림

14 품질보증의 개념을 설명한 것으로 가장 거리가 먼 것은?

① 품질이 소정의 수준에 있음을 보증하는 것이다.
② 제품에 대한 소비자와의 약속이며 계약이다.
③ 궁극적으로 제품에 대한 검사를 강조하는 것이다.
④ 제품 품질에 대해 사용자가 안심하고 오래 사용할 수 있다는 것을 보증하는 것이다.

15 '주요 제품의 특성치와 최고수준의 타 회사 특성치를 벤치마킹한다. 차이분석을 통하여 최고수준의 제품이 성공적인 성능을 내기 위한 요인이 무엇인가를 조사하고 목표를 설정한다'로 정의되는 6시그마의 단계는 다음 중 무엇인가?

① 측정(M: measurement)　　　　② 분석(A: analyze)
③ 개선(I: improvement)　　　　　④ 관리(C: control)

16 6시그마의 네 단계 중, 주요 제품의 특성치와 최고수준의 타 회사 특성치를 벤치마킹하고 차이분석을 통하여 최고 수준의 제품이 성공적인 성능을 내기 위한 요인이 무엇인가를 조사하고 목표를 설정하는 단계는 어느 단계인가?

① 측정　　　　　　　　　　　　② 분석
③ 개선　　　　　　　　　　　　④ 관리

17 다음 [보기]의 내용에 해당하는 6시그마 추진 단계는?

┤ 보기 ├

주요 제품의 특성치와 최고 수준의 타 회사 특성치를 벤치마킹한다. 차이분석을 통하여 최고 수준의 제품이 성공적인 성능을 내기 위한 요인이 무엇인가를 조사하고 목표를 설정한다. 경우에 따라서는 제품이나 공정을 재설계할 필요가 있다.

① Measurement　　　　　　　② Analysis
③ Improvement　　　　　　　④ Control

18 다음 중 QC 7가지 도구로만 구성된 것은?

① 산점도, 관리도, 매트릭스도
② 파레토도, 특성요인도, 히스토그램
③ 계통도, PDPC법, 매트릭스데이터 분석도
④ 유사성다이어그램, 애로우다이어그램, 관리도

19 QC 7 tool에서 길이, 무게, 시간, 경도 등을 측정하는 데이터(계량 값)가 어떠한 분포를 하고 있는가를 알아보기 쉽게 나타낸 그림은 다음 중 어느 것인가?

① 산점도
② 히스토그램
③ 파레토도
④ 체크시트

20 불량품의 불량원인이나 불량상황별로 층별해서 데이터를 취하여 그 영향이 큰 것 순으로 나타낸 도표로, 주로 품질문제의 선택에 적용되는 기법은?

① 도수분포표
② 특성요인도
③ 파레토도
④ 산포도

21 문제가 되는 결과와 이에 영향을 미치는 원인과의 관계를 알기 쉽게 나타낸 것으로, 결과를 우측 화살표 끝에 표시하고 그 원인들은 화살표 방향을 거슬러서 요인별로 계통적으로 나타내는 기법은?

① 파레토도
② 도수분포표
③ 특성요인도
④ 산포도

22 다음 관리도에 대한 설명 중 가장 바르지 않은 것은?

① P 관리도는 시료의 크기 n이 일정하지 않을 때 사용하며 계수치 관리도에 속한다.
② C 관리도는 계수치의 관리도에 속한다.
③ R 관리도에는 평균치의 변화를 살펴보는 데 적당하다.
④ 관리도를 용도에 의하여 분류하면 공정해석용과 공정관리용으로 구분할 수 있다.

23 다음 중 계수치 관리도라고 볼 수 없는 것은?

① P 관리도
② C 관리도
③ U 관리도
④ $\bar{x} - R$관리도

24 C 관리도에 대한 내용으로 틀린 것은?

① 단위당 결점수는 푸아송분포를 따르는 것으로 가정한다.
② 검사단위는 한 개의 비행기 날개와 같이 개별단위일 수도 있다.
③ 하나의 결점이 제품을 불합격시킬 만큼 중대한 경우에 적용되어야 한다.
④ 검사의 목적이 산출물의 일정 단위당 결점수를 측정하는 경우에 적합하다.

25 다음 설명 중 np 관리도에 대한 설명 중 적합한 것은?

① np 관리도는 계량치 관리도이다.
② np 관리도는 시료의 크기 n이 일정한 관리도이다.
③ np 관리도는 불량, 결점, 고장 등의 발생건수(혹은 손실금액)를 분류항목별로 순서대로 나열해 놓은 것이다.
④ np 관리도는 요인이 어떻게 작용하고 있으며, 영향을 주고 있는가를 한눈에 볼 수 있도록 작성한 그림이다.

26 기업 입장에서 목표품질로 삼아야 하는 것은?

① 설계품질   ② 판매품질

③ 요구품질   ④ 제조품질

27 측정치의 유형 중 계량치에 대한 내용으로 틀린 것은?

① 연속적인 값을 갖는 측정치

② 통계적으로 정규분포와 같은 분포형태를 취함

③ 불량품 개수나 단위당 결점수와 같이 셀 수 있는 측정치

④ 측정기구로 측정 가능하며, 측정치를 그대로 품질자료 값으로 사용

28 특성요인도의 일반적인 4가지 큰 원인 항목에 속하지 않는 것은?

① Man   ② Market

③ Material   ④ Machine

주관식

01 QC 7 tool에서 현장에서 확인된 일련의 데이터에 대하여 일정한 양식을 이용하여 간단히 표기함으로, 쉽게 도수분포를 구하고 이로부터 여러 정보를 얻어 검사, 관리, 해석 등의 용도로 활용할 수 있도록 만든 양식용지는 무엇인가?

02 QC 7 tool에서 길이, 무게, 시간, 경도 등을 측정하는 데이터(계량 값)가 어떠한 분포를 하고 있는가를 알아보기 쉽게 나타낸 그림은 무엇인가?

03 다음 [보기]의 설명 중 ( ) 안에 들어갈 적당한 말을 한글로 나타내시오.

┤ 보기 ├

QC 7가지 tool은 층별, 특성요인도, 체크시트, (　　　　), histogram, Pareto 분석, 관리도 등이다.

04 아래의 ( ) 안에 알맞은 용어는 무엇인가?

┤ 보기 ├

QC 7 tool은 층별, (　　　　), 체크시트, 산점도1, 파레토도, 히스토그램, 관리도 등이 있다.

05 관리도의 종류 중 하나로 데이터가 계수치이고, 불량 개수로 관리하는 경우에 사용하며, 시료의 크기 n이 항상 일정할 경우 사용하는 관리도는 무엇인가?(관리도 종류는 영문으로 작성할 것)

06 1924년 Dr. W. A. Shewhart에 의하여 고안된 도표로서 공정의 관리상태로 유지 또는 제조공정이 잘 관리된 상태에 있는가를 조사하기 위하여 사용하는 도구는 무엇인가?

07 다음 [보기]는 품질 변동원인의 종류 중 하나를 설명하고 있다. [보기]에서 설명하고 있는 품질 변동 원인을 가리키는 용어는 무엇인가?

┤ 보기 ├

생산조건이 엄격히 관리된 상태 하에서도 발생하는 어느 정도의 불가피한 변동을 주는 원인으로, 작업자의 숙련도의 차이, 작업환경의 변화, 식별되지 않을 정도의 원자재 및 생산설비 등의 제반특성의 차이 등을 말한다.
생산방식에 대한 시스템적인 접근을 통하여 근본적으로 이 원인에 의한 품질변동의 크기를 축소시켜 주어야 할 것이다.

08 다음 설명문의 (   ) 안에 공통적으로 해당하는 용어는 무엇인가?

┤ 보기 ├

길이, 무게, 강도 등과 같이 연속적인 값을 갖는 측정치를 말한다. (   )(은)는 측정기구로 측정이 가능하며 측정치를 그대로 품질자료값으로 사용한다. 통계적으로 (   )의 분포는 정규분포와 같은 연속형 분포를 취한다.

09 다음 (   ) 안에 해당하는 관리도 명칭은 무엇인가?(정답은 영어 알파벳으로 입력할 것)

┤ 보기 ├

계량형 관리도는 품질특성이 무게, 길이, 인장강도 등과 같이 연속적인 값을 갖는 계량치로 나타날 때 쓰인다. (   )관리도는 공정분산, 즉 공정의 변동폭을 관리하는 데 사용된다.

10 다음 [보기]는 무엇에 관한 설명인지, 그 용어를 적으시오.

┤ 보기 ├

품질을 통한 경쟁우위확보에 중점을 두고 고객만족, 인간성 존중, 사회에의 공헌을 중시하며, 최고 경영자의 리더십 아래 전 종업원이 총체적 수단을 활용하여 끊임없는 개선과 혁신에 참여하는 기업문화의 창달과 기술개발을 통해 기업의 경쟁력을 키워감으로써 기업의 장기적 성공을 추구하는 경영체계이다.

11 소비자의 요구를 충분히 조사한 다음에 공장의 제조기술, 설비, 관리의 상태에 따라 경제성을 고려하여 제조 가능한 수준으로 정한 품질의 종류를 무엇이라 하는가?

12 일반적인 6시그마 추진단계에서, 주요 제품 특성치(종속변수)를 선택하고, 필요한 측정을 실시하여 품질수준을 조사하며, 그 결과를 공정관리 카드에 기록하고, 단기 또는 장기 공정능력을 추정하는 단계는 무엇인가?(한글로 쓰시오.)

13 ( )에 알맞은 말을 한글로 표기하시오.

┤ 보기 ├

6시그마에서 주요 제품의 특성치와 최고 수준의 타회사 특성치를 벤치마킹하고, 차이분석을 통한 최고수준의 제품이 성공적인 성능을 내기 위한 요인이 무엇인가를 조사하고, 목표를 설정하는 단계는 ( )단계이다.

14 다음 [보기] 내용 중 ( ) 안에 공통적으로 들어갈 용어를 한글로 표기하시오.

┤ 보기 ├

( )(은)는 소비자가 실제로 제품을 사용했을 때 느끼는 만족감의 정도로 결정된다. 제품판매를 위한 서비스활동의 질도 ( )에 포함된다. 예를 들어, 전자제품을 구입하여 배달과 설치를 의뢰했다면 제품 자체의 ( )도 있지만 정시배달과 친절한 설치 및 사용 방법 안내 등은 ( )의 수준을 높일 수 있다.

15 다음 [보기] 내용 중 ( ) 안에 들어갈 내용을 숫자로만 입력하시오.

┤ 보기 ├

100PPM운동이란 제품 ( )개 중 1개의 불량 발생만을 목표로 전개하는 품질관리 운동이라 할 수 있다.

16 관리상한선(UCL)과 관리하한선(LCL)을 두고 시간의 흐름에 따라 불량률의 추이를 보면서, 정상구간을 벗어난 구간(Out of control)의 점들에 문제를 인식하고 관리하는 통계적 품질관리 수법을 무엇이라고 하는가?

17 품질확보를 위한 기법 중에서 품질문제를 일으키는 핵심요인(VITAL VIEW)을 찾아내어, 이를 집중적으로 관리하는 기법은 무엇인가?

18 다음 문장에 해당하는 용어를 영문 머리글자로 쓰시오.(예: ERP)

┤ 보기 ├

'품질에 결정적인 영향을 주는 요소'를 말하며 6시그마 활동을 통한 개선의 대상이 되는 것

19 다음 ( ) 안에 공통적으로 들어갈 용어는 무엇인가?(단, 정답은 예와 같이 영문 약자를 대문자로 쓰시오.)(예: MIS)

┤ 보기 ├

(   )의 기본개념은 끊임없는 공정의 개선추구이며, 만족스러운 품질의 제품을 생산성 높게 생산할 수 있도록 하는 현장의 관리기법이다. (   )(은)는 공학적인 고유기술과 접목되어 불량원인을 쉽게 발견하도록 도와주며, 공정의 상태가 어떤가를 탐지하여 주고, 개선을 위해서 어떤 대책이 합리적인가를 결정하는 데 도움을 준다.

20 다음 [보기]에서 설명하는 경영학적 용어는 무엇인가?(예: ERP)

┤ 보기 ├

품질을 통한 경쟁우위 확보에 중점을 두고 고객 만족, 인간성 존중, 사회 공헌을 중시하며, 최고경영자의 리더십 아래 전 종업원이 총체적 수단을 활용하여 끊임없는 개선과 혁신에 참여하는 기업문화의 창달과 기술개발을 통해 경쟁력을 키워감으로써, 기업의 장기적 성공을 추구하는 경영체계를 말한다.

제**2**장

물류 1급 기출문제

물류 1급 | 2025년 1회 (2025년 1월 25일 시행)

01 4차 산업혁명 시대의 스마트 ERP에 대한 설명으로 적절하지 않은 것은?

① 정교한 수준의 예측 모델을 제시할 수 있다.
② ERP와 연계하여 생산계획의 선제적 예측과 실시간 의사결정이 가능해진다.
③ 스마트 ERP는 인공지능 등의 기술을 활용하여 지능화된 기업경영을 가능하게 하는 통합 정보 시스템이다.
④ 모든 비즈니스 간의 융합을 지원하지 않으나, 전략경영분석 도구를 통해 특정 산업에서 상위계층의 의사결정을 돕는데 적용된다.

02 [보기]는 무엇에 대한 설명인가?

┤ 보기 ├
• 분산형 데이터베이스(distributed database)의 형태로 데이터를 저장하는 연결구조체
• 모든 구성원이 네트워크를 통해 데이터를 검증 및 저장하여 특정인의 임의적인 조작이 어렵도록 설계된 저장플랫폼

① 챗봇(Chatbot) ② 블록체인(Blockchain)
③ 메타버스(Metaverse) ④ RPA(Robotic Process Automation)

03 [보기]에서 가장 성공적인 ERP 도입이 기대되는 회사는 어디인가?

┤ 보기 ├
• 회사 A: 업무 프로세스를 재정립하고, 유능한 컨설턴트를 고용한다.
• 회사 B: IT 전문지식이 풍부한 전산부서 직원들로 구성된 도입 TFT를 결성한다.
• 회사 C: ERP 구축과정에서 실무담당자의 참여를 유도하기 위해 경영자는 배제한다.
• 회사 D: 현재 업무 방식이 최대한 반영되도록 업무 단위에 맞추어 ERP 도입을 추진 중이다.

① 회사 A ② 회사 B
③ 회사 C ④ 회사 D

기출문제

04 기업에서 ERP시스템을 도입하기 위해 분석, 설계, 구축, 구현 등의 단계를 거친다. 이 과정에서 필수적으로 거쳐야하는 "GAP분석" 활동의 의미를 적절하게 설명한 것은?

① TO－BE 프로세스 분석
② 현재업무(AS－IS)의 문제점 분석
③ TO－BE 프로세스에 맞게 모듈을 조합
④ 패키지 기능과 TO－BE 프로세스와의 차이 분석

05 e-Business 지원 시스템을 구성하는 단위 시스템에 해당되지 않는 것은?

① 성과측정관리(BSC)
② EC(전자상거래) 시스템
③ 의사결정지원시스템(DSS)
④ 고객관계관리(CRM) 시스템

06 판매계획은 수립 기간에 따라 구분될 수 있다. [보기]의 내용은 어느 계획에 해당하는가?

┤ 보기 ├
- 판매 촉진을 위한 정책 수립, 판매 경로 및 판매자원의 구체적인 계획을 수립한다.
- 제품별 디자인,원가, 품질 등을 개선한다.
- 제품별 경쟁력 강화를 위한 계획을 수립한다.
- 제품별 수요예측과 판매예측을 통하여 제품별로 매출액을 예측한다.

① 단기계획
② 중기계획
③ 장기계획
④ 초장기계획

07 교차비율을 이용하여 목표판매액을 차등화하여 할당하는 방법으로 가장 적합하지 않은 것은?

① 한계이익율이 동일할 경우에 상품회전율이 가장 높은 상품에 대해 가장 높은 목표판매액을 할당한다.
② 상품회전율이 동일할 경우에 한계이익율이 가장 높은 상품에 대해 가장 높은 목표판매액을 할당한다.
③ 한계이익이 동일할 경우에 평균재고액이 가장 높은 상품에 대해 가장 높은 목표판매액을 할당한다.
④ 평균재고액이 동일할 경우에 한계이익이 가장 높은 상품에 대해 가장 높은 목표판매액을 할당한다.

08 가격유지정책 중 리베이트전략에 대한 설명으로 옳지 않은 것은?

① 리베이트 비율은 관습 또는 이익의 정도에 따라 달라진다.
② 리베이트의 기능에는 보상적 기능, 통제·관리적 기능도 포함된다.
③ 리베이트전략은원래 가격유지정책이 목적이며, 판매촉진에는 영향을 미치지 못한다.
④ 리베이트는원래 본래 이익을 얻는 기회를 준 대상에게 이익의 일부를 지급한다는 성격이다.

09 ㈜생산성은 파레토분석으로 보유고객에 대해 A그룹에 속하는 중점고객을 선정하려고 한다. 그 방법으로 적절한 것은?

① 매출액이 가장 높은 상위 고객 20%~30%를 A그룹으로 선정한다.
② 매출액이 전체 매출액의 70%~80%를 차지하는 고객을 A그룹으로 선정한다.
③ 매출액이 전체 매출액의 70%~80%를 차지하는 상위 고객 20%~30%를 A그룹으로 선정한다.
④ 매출액이 전체 매출액의 70%~80%를 차지하거나 또는 매출 상위 고객 20%~30%를 A그룹으로 선정한다.

10 2025년 1월 6일 거래처 A로부터 노트북 80대를 주문 받았다. 예정납기일(출고일)을 거래처 A에 통보하려고 할 때, 가장 빠른 날짜는 언제인가? 단, 다른 주문 및 기타 입출고 정보는 존재하지 않으며, [보기]에 주어진 자료를 활용하여 계산하시오.

┤ 보기 ├
- 1월 6일: 현재고 50
- 1월 7일: 가용재고 30
- 1월 8일: 생산완료 예정량 30
- 1월 9일: 생산완료 예정량 30
- 1월 10일: 생산계획 예정량 30

① 1월 7일
② 1월 8일
③ 1월 9일
④ 1월 10일

11 [보기]는 수익성지표를 활용하여 한계이익을 구하는 방법이다. (A)에 들어갈 용어를 한글로 기입하시오.

┤ 보기 ├
- 목표매출액 = 목표한계이익 / 목표한계이익율
- 한계이익 = 매출액 - 변동비 = 이익 + (A)
- 한계이익율 = (한계이익 / 매출액) × 100%

12 성장성지표를 활용하여 ㈜KPC의 목표매출액을 결정하려고 한다. [보기]의 자료를 반영하여 ㈜KPC의 목표매출액을 계산하면 얼마인가? (단위: 억원)

┤ 보기 ├
- 금년도 전체 시장 매출액: 1,000억원
- 금년도 ㈜KPC 기업의 시장점유율: 20%
- 작년 대비 ㈜KPC 기업의 시장점유율 증가율: 40%
- 작년 대비 전체시장 매출액 증가율: 30%

기출문제

13 [보기]의 (   )에 들어갈 용어를 한글로 입력하시오.

┤ 보기 ├

- 잠재수요: 물건을 사고 싶은 욕구 또는 필요성이 있지만, 소비할 만한 경제적 능력, 정보 등이 부족하여 소비로 이어지지 못하는 수요를 의미한다.
- (   )수요: 물건을 사고 싶은 욕구 또는 필요성도 있으며, 소비를 할 수 있는 경제적 능력이 있는 수요를 의미한다.

14 선택지에 제시된 창고 출고업무 프로세스 중에서 가장 먼저 수행되는 업무는 무엇인가?

① 검사
② 분류
③ 출하 포장
④ 출고 지시

15 공급망 프로세스에 대한 경쟁능력 요소 중에서 품질(Quality)과 관련된 설명으로 가장 적절한 것은?

① 경쟁사보다 빠른 신제품 개발능력
② 적은 자원으로 제품을 창출할 수 있는 능력
③ 수요변화에 효율적으로 대응할 수 있는 능력
④ 고객 욕구를 만족시키는 능력으로 소비자에 의하여 결정

16 공급망 물류거점 운영방식에 대한 설명으로 가장 적절하지 않은 것은?

① 지역 물류센터 운영 방식: 소비자 근처에 위치한 분산 물류거점을 운영하는 방식
② 통합 물류센터 운영 방식: 중앙 물류센터와 지역 물류센터를 혼합하여 운영하는 방식
③ 크로스도킹 운영 방식: 물류거점에 재고를 보유하지 않고 물류거점이 화물에 대한 '환적' 기능만을 제공하는 방식
④ 공급자 재고관리(VMI) 운영 방식: 물류거점의 운영을 자재·부품 공급업체에 일임하고 필요한 경우에 필요한 수량만큼 공급자가 운영하는 물류거점에서 가져오는 방식

17 공급망 재고보충 기법 중 유통소요계획 수립을 위해 필요한 정보로 가장 적절하지 않은 것은?

① 현재 보유하고 재고량
② 접수된 고객의 미수채권 현황
③ 지점 또는 유통센터의 안전재고 정책
④ 물류·제조·구매 간 단계별 리드타임

18 [보기]에서 설명하는 창고보관의 기본원칙은 무엇인가?

┤ 보기 ├

표준화된 제품을 랙에 보관하고, 표준화되지 않은 물품은 물품의 모양이나 상태에 따라 보관하는 원칙

① 형상 특성의원칙
② 위치 표시의원칙
③ 네트워크 보관의원칙
④ 동일성 및 유사성의원칙

19 [보기]는 제품 A의 재고와 관련된 정보이다. 제품 A의 재고회전율이 7회일 때 연간 총판매량은 얼마인가?

┤ 보기 ├
- 연간 총판매량: (   )
- 기초 재고량: 400
- 기말 재고량: 800

20 [보기]의 설명에 해당하는 용어를 예와 같이 영어 약어로 기입하시오. (예: CPFR)

┤ 보기 ├
- 공급망 운영업무의 효율성을 높이기 위해 개발된 대표적인 모델로서 공급망 효과의 극대화를 목적으로 한다.
- 공급망 관리의 진단, 벤치마킹과 프로세스 개선을 위한 도구이다.
- 공급망 관리의 전략 및 운영체계를 측정하고, 지속적인 개선에 필요한 가이드라인을 제공한다.
- 계획(Plan), 조달(Source), 생산(Make), 배송(Deliver), 반품(Return)의 5개 프로세스로 구성된다.

21 구매 가격결정 방식에 대한 설명으로 가장 적절하지 않은 것은?

① 목표투자이익률 방식: 기업이 목표로 하는 투자이익률을 달성할 수 있도록 가격을 결정하는 방식
② 입찰 경쟁 방식: 거래처의 공급자 선정 시 입찰경쟁에서 경쟁자를 이기기 위하여 전략적으로 가격을 결정하는 방식
③ 구매가격 예측 방식: 소비자들이 지각하는 제품의 가치를 물어보는 방법으로 소비자가 느끼는 가치를 토대로 가격을 결정하는 방식
④ 경쟁기업 가격기준 방식: 자사의 시장점유율, 이미지, 제품경쟁력 등을 고려하여 판매이익보다는 경쟁기업의 가격을 기준으로 전략적으로 판매가격을 결정하는 방식

22 가격할인 방식 중에서 수량할인 방식의 유형에 대한 설명으로 옳은 것은?

① 비누적 수량할인 방식: 쿠폰 10장을 모으면 1 잔을 무료로 주는 커피전문점의 판매행사
② 누적 수량할인 방식: 1회 구매량이 10 box 이상인 경우 20% 할인을 적용하는 과일전문점의 판매행사
③ 품목별 할인방식: 모델에 상관없이 2대 이상 구매하면 20% 할인, 3 대 이상 구매하면 30% 할인을 적용하는 자전거전문점의 판매행사
④ 판매금액별 할인방식: 10만원 이상 구매하면 10% 할인, 20만원 이상 구매하면 15% 할인을 적용하는 아이스크림전문점의 판매행사

기출문제

23 표준원가에 대한 설명으로 옳은 것은 무엇인가?

① 표준원가는 과거 데이터를 분석하여 산출된다.
② 표준원가는 예측된 수요에 따라 변경될 수 있다.
③ 표준원가는 최적의 생산환경을 기준으로 설정된다.
④ 표준원가는 실제 발생한 비용에 기반하여 설정된다.

24 [보기]는 구매과정의 활동들을 구매절차 순서와 상관없이 나열한 것이다. 구매활동에 대한 설명으로 옳지 않은 것은?

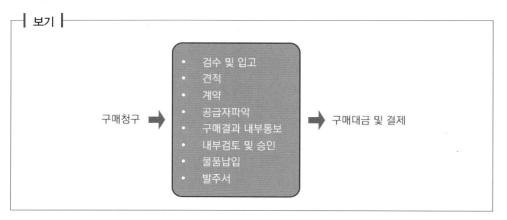

① 구매결과 내부통보 활동은 구매결과를 관련 부서에 통보하는 과정이며, 검수 및 입고 활동 이후에 진행된다.
② 검수 및 입고 활동은 물품 납입 이후에 품질 및 수량을 확인하는 과정이다.
③ 내부검토 및 승인 활동은 계약서 내용을 검토하고, 필요한 경우 법무팀의 승인을 받는 과정이다.
④ 견적 활동은 공급자로부터 가격과 조건을 수집하는 과정이며, 공급자 파악 후 이루어진다.

25 제품의원가가 300,000원이고, 이익률이 20%라고 할 때, 가산이익률 방식으로 계산한 제품의 판매단가는 얼마인가? (단위: 원)

26 [보기]는 4단계로 구분한원가요소의 구성을 나타내고 있다. (   )에 공통적으로 들어갈원가 요소를 직접 입력하시오.

┤ 보기 ├
㉠ (   ) = 직접재료비 + 직접노무비 + 직접경비
㉡ 제조원가 = (   ) + 제조간접비
㉢ 판매원가 = 제조원가 + 판매 및 일반관리비
㉣ 매출가 = 판매원가 + 이익

27 관세환급제도에 대한 설명으로 옳지 않은 것은?

① 관세환급제도의 목적은 수출자의 가격경쟁력을 높여 수출을 촉진하는 것이다.
② 간이정액환급 제도는 수입한 모든 기업에게 동일한 환급률을 적용하여 환급 절차를 간소화한다.
③ 관세환급제도는 수출용원자재를 수입할 때 납부한 관세와 내국세를 환급해 주는 제도이다.
④ 개별환급 제도는 수출 물품 제조에 소요된원재료의 품명, 규격, 수량과 납부세액을 기준으로 환급금을 산출한다.

28 [보기]는 간접무역의 여러 사례를 나열하고 있다. 다음 사례와 간접무역의 유형의 연결이 옳은 것은?

┤ 보기 ├

ㄱ 한국의 제조업체가 일본의 무역업자를 통해 미국으로 전자제품을 수출하고, 일본에서 약간의 포장을 변경한 후 미국으로 재수출하는 경우
ㄴ 독일의 자동차 부품이 네덜란드를 경유하여 브라질로 직접 배송되는 경우
ㄷ 중국의 상인이 한국의 제조업체와 미국의 바이어를 연결하여 거래를 성사시키고, 수수료를 받는 경우
ㄹ 프랑스의 와인이 이탈리아에서 구매되지만, 대금 결제는 스위스무역업자의 은행 계좌를 통해 이루어지는 경우

① ㄱ – 중개무역　　　　　　　　② ㄴ – 중계무역
③ ㄷ – 통과무역　　　　　　　　④ ㄹ – 스위치무역

29 송금을 통한 결제방식 중에서 동일한 거래절차를 가정할 때, 수출대금의 전부가 수출자에게 가장 먼저 지급되는 결제방식으로 적절한 것은?

① 주문불방식(CWO)　　　　　　② 서류상환방식(CAD)
③ 연불(Deferred Payment)　　　④ 누진불(Progressive Payment)

30 해상보험증권은 1981년 UNCTAD가 채택한 신양식을 적용하여 피보험자 성명, 선적항과 도착항, 선박명, 출항예정일, 보험금액, 보험목적물 등을 기재한다. 해상보험계약자의 당사자는 수출입 매매계약의 조건에 따라 보험계약자와 피보험자에 차이가 있다. 수출자가 보험 계약자로 보험료를 지불하고 수입자가 피보험자가 되는 계약은 무엇인가?

① CIF 조건 계약　　　　　　　② CFR 조건 계약
③ FAS 조건 계약　　　　　　　④ FOB 조건 계약

31 [보기]의 (A)에 공통으로 들어갈 용어를 한글로 입력하시오.

┤ 보기 ├

- 수출통관절차: 수출신고 → 수출신고 심사 → 수출검사 → 수출신고 수리 → (A) 교부 → 선적 → 출항
- (A) 교부: 수출신고를 하여 심사가 수리된 수출품에 대하여 세관장이 발행하여 수출 신고자에게 교부하고, 수출신고가 수리된 수출물품은 수리일로부터 30일 이내에 적합한 운송수단에 선적하여야 한다.

32 [보기]는 무역거래를 위한 계약의 조건이다. 해당 거래조건에 적합한 "Incoterms 2020"을 예와 같이 영어 약어로 표기하시오. (예: ABC)

┤ 보기 ├

- Incoterms 2020의 신설규칙으로서 합의된 목적지장소에서 양하가 이루어진 상태로 매수인의 처분하에 둔 때 인도가 이루어지는 규칙이다.
- DAP조건에서 매도인의 양하의무가 추가된 것으로 이해할 수 있다.
- 운송방식에 관계없이 둘 이상의 운송방식이 채택된 경우에도 이용될 수 있다.

[실무]

:: 실무문제는 [실기메뉴]를 활용하여 답하시오.
웹하드(http://www.webhard.co.kr)에서 Guest(ID: samil3489, PASSWORD: samil3489)로
로그인하여 백데이터를 다운받아 설치한 후 물류 1급 2025년 1회로 로그인한다.

01 ㈜한국자전거는 재고단위와 관리단위를 분리하여 환산계수를 이용한 재고관리를 하고 있다. 다음 품목 중 재고단위와 관리단위가 서로 다른 하나의 품목을 고르시오.

① [21-1070700. FRAME-티타늄] ② [21-1080800. FRAME-알미늄]
③ [21-3065700. GEAR REAR C] ④ [21-9000200. HEAD LAMP]

02 ㈜한국자전거본사에서는 각 창고-장소별 적합여부와 가용재고여부를 관리하고 있다. 다음 중 창고에 속한 장소의 '적합여부/가용재고여부'가 나머지와 다른 것을 고르시오.

① [H100. 수출창고] – [H101. 수출장소]
② [M100. 상품창고] – [M101. 상품장소]
③ [M300. 완성품창고] – [M310. 제품_서울장소]
④ [P100. 제품창고] – [P101. 제품장소]

03 ㈜한국자전거는 거래처별 물류실적담당자를 등록하여 거래처를 관리하고 있다. 다음 중 옳은 설명을 고르시오.

① ㈜대흥정공의 영업담당자는 우승현이다.
② ㈜하나상사의 구매담당자는 SCM담당자이다.
③ ㈜빅파워의 영업담당자, 구매담당자는 모두 김대연이다.
④ ㈜세림와이어의 구매담당자는 정대준이다.

04 아래 [조회조건]으로 데이터를 조회한 후 물음에 답하시오.

┤ **조회조건** ├
• 사업장: [1000. ㈜한국자전거본사] • 계획년도/월: 2025/1

㈜한국자전거본사는 2025년 1월 품목에 대한 판매계획을 기초계획에 입력하였다. 하지만 생산라인에 문제가 발생하여 기초계획수량 보다 못 미치는 수정계획수량을 입력하게 되었다. 다음 중 수정계획수량이 기초계획수량 보다 적은 품목을 고르시오.

① [21-1060850. WHEEL FRONT-MTB] ② [21-1060950. WHEEL REAR-MTB]
③ [NAX-A400. 싸이클] ④ [NAX-A420. 산악자전거]

05 아래 [조회조건]으로 데이터를 조회한 후 물음에 답하시오.

┤ 조회조건 ├

- 사업장: [1000. ㈜한국자전거본사]
- 견적기간: 2025/01/01 ~ 2025/01/01

다음 견적 중 수주 접수까지 이루어진 견적 번호를 고르시오.

① ES2501000001
② ES2501000002
③ ES2501000003
④ ES2501000004

06 아래 [조회조건]으로 데이터를 조회한 후 물음에 답하시오.

┤ 조회조건 ├

- 사업장: [1000. ㈜한국자전거본사]
- 견적기간: 2025/01/02 ~ 2025/01/02

다음 국내 견적내역 중 수주 대비 견적 잔량이 가장 많이 남아있는 거래처를 고르시오. (관리단위 기준)

① ㈜대흥정공
② ㈜하나상사
③ ㈜빅파워
④ ㈜제동기어

07 아래 [조회조건]으로 데이터를 조회한 후 물음에 답하시오.

┤ 조회조건 ├

- 사업장: [1000. ㈜한국자전거본사]
- 주문기간: 2025/01/05 ~ 2025/01/05

다음 관리구분이 '우수고객매출' 이면서 프로젝트가 '특별할인판매'인 품목을 포함한 주문 건을 고르시오.

① SO2501000005
② SO2501000006
③ SO2501000007
④ SO2501000008

08 아래 [조회조건]으로 데이터를 조회한 후 물음에 답하시오.

┤ 조회조건 ├

- 사업장: [1000. ㈜한국자전거본사]
- 출고기간: 2025/01/07 ~ 2025/01/07
- 출고창고: [P100. 제품창고]

다음 국내 출고내역에 대한 설명으로 틀린 것을 고르시오.

① IS2501000001은 '우수고객매출' 관리구분으로 출고처리 되었다.
② IS2501000002는 주문번호 'SO2501000010' 내역을 적용받아 출고처리 되었다.
③ IS2501000003은 '특별할인판매' 프로젝트로 출고처리 되었다.
④ IS2501000004는 검사과정을 걸친 내역이 적용받아 입력되었다.

09 ㈜한국자전거본사에서 2025년 01월 10일 부터 2025년 01월 14일 동안 출고 등록되지 않은 창고, 장소를 고르시오.

① [M100. 상품창고] – [M101. 상품장소]　② [M100. 상품창고] – [M103. 대리점장소]
③ [M110. 직영마트] – [1100. 판매장소]　④ [M110. 직영마트] – [1200. 진열장소]

10 ㈜한국자전거본사에서 2025년 01월 15일에 매출 마감된 내역을 일괄적으로 세금계산서를 발행하였다. 세금계산서 발행 시 판매 후 대금을 청구하면서 발행되는 '청구' 발행과 대금을 수령 후 발행하는 '영수' 발행 방식이 존재한다. 다음 중 '영수'로 발행된 세금계산서 번호를 고르시오.

① TX2501000001　② TX2501000002
③ TX2501000003　④ TX2501000004

11 ㈜한국자전거본사의 2025년 01월 14일 고객들에게 수금된 내역을 등록하였다. 다음 설명 중 틀린 것을 고르시오. (수금 금액은 정상 수금과 선수금 모두 포함한다.)

① RC2501000001의 선수금은 2025년 01월 16일에 선수금 정리되었다.
② 수금 금액이 가장 적은 번호는 RC2501000002 이다.
③ 현금 수금 금액이 많은 큰 번호는 RC2501000003 이다.
④ 제예금 수금 금액이 가장 큰 번호는 RC2501000004 이다.

12 아래 [조회조건]으로 데이터를 조회한 후 물음에 답하시오.

> **조회조건**
> • 사업장: [1000. ㈜한국자전거본사]　• 계획기간: 2025/01/20 ~ 2025/01/20
> • 계획구분: 2. SIMULATION

다음 입력된 주계획작성 내역 중 품목군이 '일반 800만'인 품목을 고르시오.

① [81-1001000. BODY-알미늄(GRAY-WHITE)]
② [83-2000100. 전장품 ASS`Y]
③ [85-1020400. POWER TRAIN ASS`Y(MTB)]
④ [88-1001000. PRESS FRAME-W]

13 다음 [보기]는 2025년 01월 01일 등록된 청구내역에 대한 설명이다.

> **보기**
> 가. 청구번호 PR2501000001의 청구구분은 품목의 조달구분과 동일하게 설정되었다.
> 나. 청구번호 PR2501000002는 품목의 주거래처와 동일한 주거래처로 등록이 되었다.
> 다. 청구번호 PR2501000003은 청구일자 기준 요청일까지의 기간이 제일 짧다.
> 라. 청구번호 PR2501000004는 이후 발주등록으로 적용할 수 없다.

올바른 설명의 수를 고르시오.

① 0　② 1　③ 2　④ 3

14 아래 [조회조건]으로 데이터를 조회한 후 물음에 답하시오.

> ┤ 조회조건 ├
> • 사업장: [1000. ㈜한국자전거본사]　　　• 발주기간: 2025/01/02 ~ 2025/01/02

다음 국내 발주내역 중 입고처리까지 진행된 발주 건을 고르시오.

① PO2501000001　　　　　　　　② PO2501000002
③ PO2501000003　　　　　　　　④ PO2501000004

15 아래 [조회조건]으로 데이터를 조회한 후 물음에 답하시오.

> ┤ 조회조건 ├
> • 사업장: [1000. ㈜한국자전거본사]　　　• 입고기간: 2025/01/07 ~ 2025/01/07
> • 입고창고: [M110. 직영마트]　　　　　• 발주기간: 2025/01/05 ~ 2025/01/05

㈜한국자전거본사는 ㈜영동바이크로 요청한 발주내역을 적용받아 입고처리를 진행하고자 한다. 다음 중 등록된 프로젝트가 '일반용자전거'이면서 발주잔량이 가장 많은 품목을 고르시오. (관리단위기준)

① [21-3065700. GEAR REAR C]　　　② [21-9000200. HAED LAMP]
③ [ATECX-2000. 유아용자전거]　　　④ [ATECK-3000. 일반자전거]

16 ㈜한국자전거본사에서 2025년 01월에 입력된 입고 번호 RV2501000002의 내역을 조회하고, 입고 내역에 대하여 올바른 설명을 고르시오.

① [M100. 상품창고]로 입고된 내역이다.
② 예외입고로 등록된 입고 건이다.
③ 재고단위와 관리단위의 총 수량이 동일하다.
④ LOT No.가 포함된 품목이 등록된 입고 건이다.

17 아래 [조회조건]의 조건으로 데이터를 조회한 후 물음에 답하시오.

> ┤ 조회조건 ├
> • 사업장: [1000. ㈜한국자전거본사]　　　• 마감기간: 2025/01/10 ~ 2025/01/10

다음 국내 매입마감 PC2501000001 건에 대한 설명 중 옳은 것을 고르시오.

① 입고번호 RV2501000005에 대한 마감처리 내용이다.
② 입고처리 시 150EA였지만 마감 시점에 100EA로 수량이 변경되었다.
③ 해당 마감 내용은 전표처리가 미처리 상태이다.
④ 입고일자와 마감일자가 서로 다르다.

18 ㈜한국자전거본사에서 2025년 01월 12일에 입력된 입고 내역들에 대한 매입미마감 현황을 확인하고자 한다. 해당 일자의 입고내역 중 미마감 수량의 합이 가장 적은 프로젝트를 고르시오. (관리단위 기준)

① 특별할인판매   ② 유아용자전거
③ 해외프로모션   ④ 일반용자전거

19 아래 [조회조건]으로 데이터를 조회한 후 물음에 답하시오.

┤ 조회조건 ├

- 사업장: [1000. ㈜한국자전거본사]
- 내역: 2025년 01월 05일에 상품창고-상품장소에 있는 [ATECK-3000. 일반자전거] 품목의 재고 파악 시 실제수량이 전산수량보다 1EA가 더 많이 존재하여 실제 수량에 맞추어 전산 내역을 조정하였다.

다음 [조회조건] 내역을 재고조정 수불을 활용하여 전산에 반영 시 올바르게 입력한 조정번호를 고르시오.

① IA2501000001   ② IA2501000002
③ IA2501000003   ④ IA2501000004

20 다음의 [보기]의 내용을 읽고 질문에 답하시오.

┤ 보기 ├

- 사업장: [1000. ㈜한국자전거본사]   • 거래구분: 5. D/A
- 주문기간: 2025/01/15 ~ 2025/01/15

다음 해외 수주내역 SO2501000015에 대한 설명으로 옳지 않은 것을 고르시오.

① 환종은 USD이다.
② 납기일은 2025년 01월 31일이다.
③ Invoice Date는 2025년 01월 14일이다.
④ 최종 도착지는 Los Angeles, USA이다.

21 ㈜한국자전거본사에서 2025년 01월 16일에 등록된 수출 송장등록 내역을 확인하고, 수출 송장에 대한 설명 중 옳지 않은 것을 고르시오.

① Invoice No.는 HSBC25-01001이다.
② 거래구분은 'MASTER L/C'로 거래된 내역이다.
③ 기재된 품목의 총 수량은 20BOX이다. (관리단위 기준)
④ 기재된 총 금액은 3,500USD 이다.

22 아래 [조회조건]으로 데이터를 조회한 후 물음에 답하시오.

┤ 조회조건 ├
- 사업장: [1000. ㈜한국자전거본사]   • 선적기간: 2025/01/17 ~ 2025/01/17

다음 'MASTER L/C' 거래로 발생된 수출품 선적등록 내역 중 금액의 합이 가장 적은 프로젝트를 고르시오. (USD 기준)

① 특별할인판매   ② 유아용자전거
③ 해외프로모션   ④ 일반용자전거

23 아래 [조회조건]으로 데이터를 조회한 후 물음에 답하시오.

┤ 조회조건 ├
- 사업장: [1000. ㈜한국자전거본사]   • L/C구분: 2. 구매승인서
- 발주기간: 2025/01/15 ~ 2025/01/15

다음 개설된 수입 L/C 내역에 대한 설명 중 틀린 내용을 고르시오.

① L/C번호는 'LC2501000001' 이다.   ② 환종은 'USD' 이다.
③ 관리번호는 '001-SL25-7351' 이다.   ④ 입고예정일은 2025년 01월 31일 이다.

24 아래 [조회조건]으로 데이터를 조회한 후 물음에 답하시오.

┤ 조회조건 ├
- 사업장: [1000. ㈜한국자전거본사]   • 입고기간: 2025/01/20 ~ 2025/01/20
- 입고창고: [H100. 수출창고]   • 거래구분: 3. MASTER L/C

다음 수입 입고내역에 대한 설명 중 틀린 내용을 고르시오.

① 재고단위기준 총 2,600EA의 수량이 입고되었다.
② 입고된 품목은 모두 동일한 장소에 입고되었다.
③ 적용받은 B/L 내역은 'BL2501000001' 이다.
④ B/L접수 시 환율과 입고 시점의 환율은 동일하다.

25 다음 [보기]는 ㈜한국자전거본사에서 2025년 01월 15일에 등록한 수입제비용 내역에 대한 설명이다.

┤ 보기 ├
가. 거래구분 MASTER L/C에 대한 제비용 내역이다.
나. 거래처 '파이오네호'와의 수입에 대한 제비용 내역이다.
다. 제비용에 대한 전표처리가 진행되었다.
라. 선적에 대한 물품대 비용처리가 진행되었다.

올바른 설명의 수를 고르시오.

① 0   ② 1   ③ 2   ④ 3

물류 1급 | 2024년 6회 (2024년 11월 23일 시행)

01 ERP 아웃소싱(Outsourcing)에 대한 설명으로 적절하지 않은 것은?

① ERP 자체개발에서 발생할 수 있는 기술력 부족을 해결할 수 있다.
② ERP 아웃소싱을 통해 기업이 가지고 있지 못한 지식을 획득할 수 있다.
③ ERP 개발과 구축, 운영, 유지보수에 필요한 인적 자원을 절약할 수 있다.
④ ERP 시스템 구축 후에는 IT아웃소싱 업체로부터 독립적으로 운영할 수 있다.

02 'Best Practice'를 목적으로 ERP 패키지를 도입하여 시스템을 구축하고자 할 경우 가장 적절하지 않은 방법은?

① BPR과 ERP 시스템 구축을 병행하는 방법
② ERP 패키지에 맞추어 BPR을 추진하는 방법
③ 기존 업무처리에 따라 ERP 패키지를 수정하는 방법
④ BPR을 실시한 후에 이에 맞도록 ERP 시스템을 구축하는 방법

03 ERP시스템 투자비용에 관한 개념 중 '시스템의 전체 라이프사이클(life-cycle)을 통해 발생하는 전체 비용을 계량화한 비용'에 해당하는 것은?

① 유지보수 비용(Maintenance Cost)
② 시스템 구축비용(Construction Cost)
③ 총소유비용(Total Cost of Ownership)
④ 소프트웨어 라이선스비용(Software License Cost)

04 클라우드 서비스의 비즈니스 모델에 관한 설명으로 옳지 않은 것은?

① 공개형 클라우드는 전용 인프라로 인해 데이터 보안과 프라이버시가 강화된다.
② 폐쇄형 클라우드는 특정한 기업 내부 구성원에게만 제공되는 서비스(internal cloud)를 말한다.
③ 공개형 클라우드는 사용량에 따라 사용료를 지불하며 규모의 경제를 통해 경쟁력 있는 서비스 단가를 제공한다는 장점이 있다.
④ 혼합형 클라우드는 특정 업무는 폐쇄형 클라우드 방식을 이용하고 기타 업무는 공개형 클라우드 방식을 이용하는 것을 말한다.

05 ERP시스템 구축절차에서 수행하는 "패키지 파라미터 설정" 활동의 결과로 적절하지 않은 것은?

① 기업의 특정 요구에 맞게 ERP시스템의 기능을 조정한다.
② 기업의 환경에 맞게 프로세스를 조정하여 효율성을 높인다.
③ 다양한 사용자들의 요구를 조정하여 ERP시스템의 목표를 명확하게 한다.
④ 데이터의 흐름과 저장 방식을 조정하여 데이터 무결성과 일관성을 유지한다.

06 수요예측에 대한 설명으로 가장 적절하지 않은 것은?

① 유효수요는 구체적으로 구매계획이 있는 경우의 수요를 의미한다.
② 수요란 재화나 서비스를 구매하려는 욕구를 의미하며, 잠재수요와 유효수요가 있다.
③ 수요예측이란 잠재수요나 유효수요 중 어느 하나만의 크기를 추정하는 것이 아니라 모든 수요의 크기를 예측하는 것이다.
④ 일반적으로 영속성이 없는 상품이나 서비스는 영속성이 있는 상품이나 서비스보다 지속적으로 정확한 예측을 하기가 어렵다.

07 목표매출액을 설정하기 위한 활동의 순서로 적절한 것은?

① 시장조사 → 수요예측 → 판매예측 → 판매목표매출액 설정 → 판매할당
② 시장조사 → 수요예측 → 판매목표매출액 설정 → 판매할당 → 판매예측
③ 판매목표매출액 설정 → 시장조사 → 수요예측 → 판매할당 → 판매예측
④ 판매목표매출액 설정 → 시장조사 → 수요예측 → 판매예측 → 판매할당

08 가격결정에 영향을 미치는 요인은 내부적 요인과 외부적 요인으로 구성된다. 다음 중 성격이 다른 하나는 무엇인가?

① 물류비용
② 가격탄력성
③ 대체품가격
④ 이윤극대화 목표

09 거래처(고객)별 여신한도 설정방법 중 거래처의 신용능력을 평가하기 위한 경영지표와 재무제표 측정요소를 가장 적합하게 짝지은 것은 무엇인가?

① 회수성 – 상품 회전율
② 안정성 – 자기자본비율
③ 수익성 – 총자산증가율
④ 유동성 – 매출채권회전률

10 수요예측에서 지수평활법을 이용할 때, 평활계수 α 값의 영향에 대한 설명으로 적절하지 않은 것은?

① α 값이 0에 가까울수록 예측값의 변동성이 커지게 된다.
② α 값이 0에 가까울수록 장기 예측의 신뢰성이 높아진다.
③ α 값이 1에 가까울수록 장기 추세를 반영하기 어렵다.
④ α 값이 1에 가까울수록 최근 데이터의 영향력이 커진다.

11 당신은 ㈜KPC의 신용관리팀에 소속되어 있으며 새로운 거래처인 ㈜한국상사에 대한 여신한도액을 설정해야 한다. [보기]에 제시된 자료를 바탕으로 ㈜KPC가 ㈜한국상사에 설정할 여신한도액은 얼마인가? (단위: 원)

┤ 보기 ├

- ㈜한국상사의 연간 예상매출액: 2,000,000원
- ㈜한국상사의 매입원가율: 60%
- ㈜KPC의 ㈜한국상사에 대한 수주 점유율: 25%
- 여신기간: 90일 (1/4년)

12 [보기]의 자료를 이용하여 손익분기점에서의 매출액을 산출하면 얼마인가? (단위: 원)

┤ 보기 ├

- 연간 고정비: 10,000,000원
- 제품 단위당 변동비: 5,000원/개
- 제품 단위당 판매가격: 10,000원/개

13 [보기]는 수요예측을 위한 정성적 방법에 대한 설명이다. [보기]의 ( )에 공통으로 들어갈 용어를 한글로 입력하시오.

┤ 보기 ├

- 제품( )유추법은 신제품의 경우와 같이 과거자료가 없을 때 적용하기 적합한 방법이다.
- 제품( )유추법은 과거에 기존의 유사한 제품이 시장에서 도입기, 성장기, 성숙기를 거치면서 어떠한 수요패턴이었는지를 유추하여 수요를 예측하는 방법이다.

14 공급망 운영전략에 대한 설명으로 가장 적절하지 않은 것은?

① 효율적 공급망 전략은 낮은 운송비용을 선호한다.
② 효율적 공급망 전략은 높은 생산가동률을 통한 낮은 비용 유지를 선호한다.
③ 대응적 공급망 전략은 리드타임을 단축시키기 위해 공격적인 투자를 선택한다.
④ 대응적 공급망 전략은 공급망에서 높은 재고회전율과 낮은 재고수준을 유지한다.

15 물류거점 운영방식 중에서 물류 거점에 재고를 보유하지 않고, 물류 거점이 화물에 대한 '환적'기능만을 제공하는 방식으로 가장 적절한 것은?

① 직배송 운영 방식　　　　　　　　② 크로스도킹 운영 방식
③ 지역 물류센터 운영 방식　　　　　④ 통합 물류센터 운영 방식

16 재고 및 재고관리에 대한 설명으로 가장 적절하지 않은 것은?

① 경제적주문량모형(EOQ)은 재고모형의 확정적 모형 중 고정주문기간모형(P system)에 속한다.

② ABC 재고관리기법에서는 품목이 다양한 경우 재고관리의 효율성 제고를 위해 재고품목을 3개 그룹으로 구분하여 관리한다.

③ 조달기간의 불확실, 생산의 불확실, 또는 그 기간 동안의 수요량이 불확실한 경우 등 예상외의 소비나 재고부족 상황에 대비하기 위한 재고를 안전재고라고 한다.

④ 절충형시스템(s, S system)은 정기적으로 재고 수준을 파악하지만 재고수준이 사전에 결정된 발주점으로 감소하면 최대재고수준까지 부족량만큼 발주하는 방식이다.

17 [보기]는 재고관리의 주요과제를 해결하기 위한 기본모형들과 각 특징을 비교하고 있다. A, B 에 해당하는 적절한 내용을 고르시오.

┤ 보기 ├

구분	P System	Q System
재고수준점검	-	-
주문량	-	A
주문시기	B	-

① A. 일정 / B. 일정   ② A. 일정 / B. 변동

③ A. 변동 / B. 일정   ④ A. 변동 / B. 변동

18 고부가가치 화물이나 긴급 배송이 필요한 화물을 운송하는 데 가장 적합한 운송 수단은 무엇인가?

① 철도 운송   ② 항공 운송

③ 파이프라인 운송   ④ 소화물 일괄 운송

19 [보기]의 그래프를 참고하여 경제적주문량(Q)을 구하시오.

┤ 보기 ├

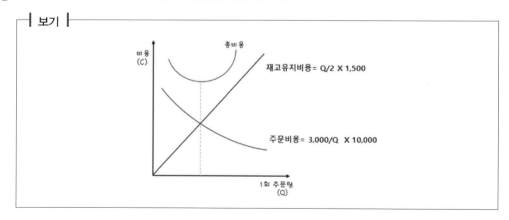

20 [보기]의 설명에 해당하는 공급망관리 정보시스템을 예와 같이 영문 약어로 기입하시오. (예: ERP)

┤ 보기 ├
- 소매업체(유통업체)와 협력사(제조업체)가 공동으로 판촉 활동, 지역 여건, 경쟁 상황을 고려하면서 적절하게 재고 수준을 관리하는 방식이다.
- 공급업체와 거래처(고객)가 수요 및 재고 정보를 공유하며, 재고관리 업무를 거래처(고객)와 공급업체가 공동으로 관리하는 방식이다.

21 [보기]의 상황에 해당하는 가격유형으로 가장 적절한 것은?

┤ 보기 ├
㈜우리교통은 우리시의 대중교통 서비스를 제공하는 시내버스 운영회사 중 하나이다. 최근 유가상승으로 인한 물가상승 등의 이유로 다음 달부터 시내버스 요금을 다른 버스회사와 함께 10% 인상하기로 결정하였다.

① 정가가격
② 교섭가격
③ 시중가격
④ 협정가격

22 [보기]에서 설명하는 수량 할인 방식은 무엇인가?

┤ 보기 ├
- 편의점에서 아이스크림 품목을 다음과 같이 할인행사 중이다.
- 1회 구매 기준으로 1개 1,500원, 3개 3,000원, 5개 4,500원

① 품목별 할인 방식
② 총합적 할인 방식
③ 비누적 수량할인 방식
④ 판매 수량별 할인 방식

23 공급자의 공급가격이 적정한지 평가하기 위하여 반드시원가분석이 필요한 상황으로 적절하지 않은 것은?

① 새로운 규격이 적용된 신제품인 경우
② 신뢰할 수 있는 공급자를 선정해야 하는 경우
③ 가격 이외에 품질과 성능도 고려해야 하는 경우
④ 완전경쟁 시장환경에서 표준품을 구매해야 하는 경우

기출문제

24 [보기]의 구매계약에 대한 설명 중 ⓐ ~ ⓓ에 적합한 내용으로 옳지 않은 것은?

┤ 보기 ├

- 향후 거래조건에 대하여 분쟁의 소지가 있을 경우에는 구매계약서를 작성하는 것이 바람직하다.
- 구매계약의 ⓐ 해제는 이미 발생된 계약사항을 ⓑ 소급하여 무효로 함을 의미한다.
- 구매계약의 ⓒ 해지는 ⓓ 과거의 계약사항에 대해서만 무효로 함을 의미한다.

① ⓐ 해제　　　　　　　　　　　② ⓑ 소급
③ ⓒ 해지　　　　　　　　　　　④ ⓓ 과거

25 전략적 구매를 중시하는 현대적 시각에서 구매관리는 [보기]와 같은 영역으로 구분되어 진다.

(　　　　) 안에 들어갈 용어를 한글로 입력하시오.

┤ 보기 ├

- 구매전략: 구매방침 설정, 구매계획 수립, 구매방법 결정
- 구매실무: 시장조사 및 원가분석, 구매가격 결정, 공급자 선정 및 평가, 계약 및 납기관리, 규격 및
　　　　　　검사관리
- (　　　): 구매활동의 성과평가, 구매활동의 감시

26 [보기]의 (　　) 에 공통으로 들어갈 용어를 한글로 입력하시오.

┤ 보기 ├

- 계약금액을 기준으로 구매계약을 할 때는 총액 방식, 개별가격 방식, 희망수량가격 방식 등을
　이용한다.
- 계약수량을 기준으로 구매계약을 할 때는 (　　) 수량 방식이나 개산수량 방식 등을 이용한다.
- (　　) 수량 방식은 계약체결 전에 예정수량을 미리 결정하고 계약을 체결하는 통상적인 방법이고
　개산수량 방식은 계약수량보다 물품수량이 약간의 과부족이 있어도 인수가 가능하다.

27 관세환급제도에 대한 설명 중에서 가장 적절하지 않은 것은?

① 수입된 원재료를 이용하여 만든 물품을 수출할 때 수출자에게 환급해 준다.
② 간이정액환급제도는 원재료 수입 단계의 납부관세 증명과 소요량을 산정하면 환급 신청할 수
　있다.
③ 물품의 수출가격을 낮춤으로써 수출품목의 가격경쟁력을 높이고, 수출을 촉진하기 위한 목적을
　갖고 있다.
④ 당해 세관장이 환급금액에 대해 한국은행에 지급요구를 하면 한국은행은 환급신청자의 계좌에
　환급금을 입금하고 당해 세관장에게 그 사실을 통지함으로써 환급절차가 끝난다.

28 관세를 과세하기 위한 과세요건에 대한 설명으로 옳지 않은 것은?

① 납세의무자는원칙적으로 관세사이다.
② 세율은 우리나라의 경우 관세율표를 따른다.
③ 과세물건은 과세 부과대상으로서 수입신고 시 신고 된 수입물품이다.
④ 과세표준은 세액을 결정하는 데 기준이 되는 과세물건의 가격 또는 수량을 말한다.

29 신용장(L/C)에 대한 설명으로 가장 적합하지 않은 것은?

① 신용장은 개설은행의 조건부지급확약서라고 할 수 있다.
② 기한부신용장은 어음상의 약정기간(Usance)이 경과한 후에 대금을 결제 받는 방식이다.
③ 신용장 거래는 수출을 지원하기 위해 수수료를 우대해주기 때문에 일반적으로 송금 및 추심방식보다 은행 수수료 금액이 훨씬 적다.
④ 무담보신용장은 선적서류의 첨부를 지급조건으로 하지 않는다. 이 경우에는 수출자가 선적서류를 수입자에게 직송하고 은행에는 환어음만 제출하여 대금회수를 한다.

30 선적서류(shipping documents)에 대한 설명으로 적절하지 않은 것은?

① 선하증권(B/L)은 화주와 운송회사 간에 체결한 해상운송계약을 근거로 선박회사가 발행하는 유가증권이다.
② 해상보험계약은 Incoterms의 거래조건과 상관없이 수출자가 반드시 보험계약자가 되어야 한다.
③ 보험증권은 유동성 증권이어야 하며, 보험조건의 확인을 위하여 보험증권에 보험약관이 반드시 첨부되어야 한다.
④ 상업송장은 거래계산서 및 대금청구서의 역할을 하므로 환어음의 발행금액과 상업송장의 총액이 일치하여야 한다.

31 Incoterms 2020은 무역거래조건을 물품 인도장소와 운임부담의 영역에 따라 4개의 그룹, 11개의 조건으로 분류하고 있는데 [보기]는 무역거래를 위한 계약의 조건 중 하나로 어느 그룹에 속하는가? 예와 같이 Group을 제외한 영어만 표기하시오. (예: A)

┤ 보기 ├
• 매도인이 수입국의 목적지까지의 운송계약과 운송비용을 부담하지만, 보험가입의무는 없다.
• 물품의 인도장소는 수출국의 합의된 지정장소이다.
• 컨테이너 운송을 포함한 복합운송에 최적화되어 있는 규칙이다.

32 [보기]의 ( )에 들어갈 용어를 한글로 입력하시오.

┤ 보기 ├
• 환어음의 결제를 전신으로 행하는 경우 적용되는 환율을 ( )매매율이라고 한다.

[실무]

:: 실무문제는 [실기메뉴]를 활용하여 답하시오.
웹하드(http://www.webhard.co.kr)에서 Guest(ID: samil3489, PASSWORD: samil3489)로
로그인하여 백데이터를 다운받아 설치한 후 물류 1급 2024년 6회로 로그인한다.

01 다음 중 수주등록 메뉴에서 거래처 입력 시 자동으로 불러오는 실적담당자가 [3500. 김계영]인 거래처를 고르시오.

① [00001. (주)대흥정공]　　　　　　　② [00002. (주)하나상사]
③ [00004. (주)제동기어]　　　　　　　④ [00007. (주)제일물산]

02 다음은 자재마감 통제 설정에 대한 설명이다. 잘못 설명한 보기를 고르시오.

① 재고평가방법은 총평균법이다.
② 거래처별단가를 구매단가로 사용한다.
③ 구매/자재관리 모듈에서 전단계를 적용하면 전단계의 실적담당자가 적용된다.
④ 재고수량이 0보다 작아지는 수불 입력을 통제하고 있다.

03 품목 [21-1035600. SOCKET]은 거래명세서 작성 시 고객에 따라 품번, 품명, 규격 등 출력품목정보를 다르게 표기한다. 다음 고객 중 품번 정보를 다르게 출력하는 고객을 고르시오.

① ㈜대흥정공　　　　　　　　　　　② (주)하나상사
③ ㈜빅파워　　　　　　　　　　　　④ (주)제동기어

04 아래 [조회조건]의 조건으로 데이터를 조회한 후 물음에 답하시오.

┤ 조회조건 ├

• 사업장: [1000. (주)한국자전거본사]　　• 대상년월: 2024/11

2024년 11월에 대하여 고객별로 판매계획을 세웠다. 다음 중 계획 수량이 가장 많은 고객을 고르시오.

① [00001. (주)대흥정공]　　　　　　　② [00002. (주)하나상사]
③ [00003. (주)빅파워]　　　　　　　　④ [00004. (주)제동기어]

05 아래 [조회조건]으로 데이터를 조회한 후 물음에 답하시오.

┤ 조회조건 ├

• 사업장: [1000. (주)한국자전거본사]　　• 견적기간: 2024/11/01 ~ 2024/11/05

다음 중 납기일이 가장 빠른 견적 번호를 고르시오.

① ES2411000001   ② ES2411000002

③ ES2411000003   ④ ES2411000004

06 다음의 [보기]의 내용을 읽고 질문에 답하시오.

┤ 보기 ├
- 사업장: [1000. (주)한국자전거본사]
- 주문기간: 2024/11/01 ~ 2024/11/05

수주내역에서 관리구분별 주문 수량 합이 가장 큰 관리구분을 고르시오.

① [S10. 일반매출(A)]   ② [S20. 일반매출(B)]

③ [S30. 일반매출(C)]   ④ [S40. 일반매출(D)]

07 아래 [조회조건]으로 데이터를 조회한 후 물음에 답하시오.

┤ 조회조건 ├
- 사업장: [1000. (주)한국자전거본사]
- 출고기간: 2024/11/06 ~ 2024/11/10
- 출고창고: [P100. 제품창고]

다음 국내 출고내역에 대한 설명으로 잘못된 것을 고르시오.

① IS2411000001은 배송방법이 [010. 화물차량 1톤]으로 등록되었다.

② IS2411000002는 SO2411000006 수주 건이 주문적용 버튼을 통해 입력되었다.

③ IS2411000003으로 인하여 [P101.제품장소]의 재고수량이 감소하였다.

④ IS2411000004는 건별로 마감되었다.

08 (주)한국자전거본사에서는 2024년 10월 20일 국내 수주내역을 출고처리(국내수주)메뉴에서 2024년 11월 01일 [M300. 완성품창고]로 적용받아 출고등록 하려고 한다. 다음 중 올바른 설명을 고르시오.

① 주문적용을 통해 등록가능하다.

② 검사적용을 통해 등록가능하다.

③ 납기일 2024/10/30 이므로 출고일자를 2024/10/30로 입력해야 하므로 입력 불가하다.

④ 해당 수주 내역은 "재고 품절로 인하여 취소"라는 사유로 마감되어 출고처리할 수 없다.

09 아래 [조회조건]으로 데이터를 조회한 후 물음에 답하시오.

┤ 조회조건 ├
- 사업장: [1000. (주)한국자전거본사]
- 수금기간: 2024/11/01 ~ 2024/11/05

다음 수금번호 중 2024년 11월 5일에 선수금을 가장 많이 정리한 수금번호를 고르시오.

① RC2411000001   ② RC2411000002

③ RC2411000003   ④ RC2411000004

기출문제

10 아래 [조회조건]으로 데이터를 조회한 후 물음에 답하시오.

┤ 조회조건 ├

• 사업장: [1000. (주)한국자전거본사]   • 마감기간: 2024/11/11 ~ 2024/11/15

다음 매출마감 내역에 대하여 잘못 설명한 것을 고르시오.

① SC2411000002는 2024년 11월 12일자로 매출마감 되었다.
② SC2411000003은 마감수량의 합과 재고단위 수량의 합이 다르다.
③ SC2411000004는 2024년 11월 14일자로 세금계산서가 처리되었다.
④ SC2411000005는 세무구분이 카드매출이다.

11 아래 [조회조건]으로 데이터를 조회한 후 물음에 답하시오.

┤ 조회조건 ├

• 사업장: [1000. (주)한국자전거본사]   • 조회기간: 2024/11/01 ~ 2024/11/30
• 조회기준: [0. 국내(출고기준)]

[00002. (주)하나상사]의 미수채권에 대한 설명이다. 다음 중 바르게 설명한 것을 고르시오.

① 채권기초 금액은 1,378,000원이다.
② 당기발생 금액은 3,170,000원이다.
③ 당기수금 금액은 500,000원이다.
④ 미수채권 잔액은 14,447,400원이다.

12 2024년 11월 11일에 계획된 SIMULATION 주계획에 대하여 소요량전개를 하려고 한다. 사업장 [1000. (주)한국자전거본사] 계획기간을 2024/11/11 설정하여 전개할 때 [88-1001000 PRESS FRAME-W]의 소요일자를 고르시오. (직접 소요량전개 후 질문에 답하세요.)

① 2024년 11월 6일   ② 2024년 11월 7일
③ 2024년 11월 8일   ④ 2024년 11월 9일

13 아래 [조회조건]으로 데이터를 조회한 후 물음에 답하시오.

┤ 조회조건 ├

• 사업장: [1000. (주)한국자전거본사]   • 발주기간: 2024/11/01 ~ 2024/11/05

다음 발주 내역에 대하여 잘못 설명한 것을 고르시오.

① PO2411000001: 직접 입력 하였다.
② PO2411000002: 품목의 주거래처로 발주되었다.
③ SC2411000003: 관리구분 일반구매로 발주되었다.
④ PO2411000004: 2024년 11월 10일자로 발주마감 되었다.

14 아래 [조회조건]으로 데이터를 조회한 후 물음에 답하시오.

┤ 조회조건 ├
- 사업장: [1000. (주)한국자전거본사]
- 입고창고: [M100. 부품창고]
- 입고기간: 2024/11/05 ~ 2024/11/05
- 발주적용기간: 2024/11/01 ~ 2024/11/01

발주 내역을 입고처리 하려고 한다. 발주잔량이 가장 큰 품목을 고르시오.

① [14-252500. SUPREME X2]
② [21-1060700. FRAME-NUT]
③ [21-1060850. WHEEL FRONT-MTB]
④ [21-1070700. FRAME-티타늄]

15 (주)한국자전거본사에서 생산품에 대하여 2024년 11월 재고평가를 할 때, [87-1002001. BREAK SYSTEM]의 입고단가는 얼마인가?

① 51,800원
② 53,000원
③ 55,000원
④ 55,100원

16 다음의 [보기]의 내용을 읽고 질문에 답하시오.

┤ 보기 ├
- 사업장: [1000. (주)한국자전거본사]
- 요청일자: 2024/11/01 ~ 2024/11/01

다음 중 [보기]의 데이터로 조회된 청구등록 내역 중 품목등록의 주거래처와 청구등록의 주거래처가 다른 품명을 고르시오.

① FRAME-티타늄
② WIRING-DE
③ GEAR REAR C
④ CIRCLE CHAIN

17 아래 [조회조건]으로 데이터를 조회한 후 물음에 답하시오.

┤ 조회조건 ├
- 사업장: [1000. (주)한국자전거본사]
- 입고창고: [P100. 제품창고]
- 입고기간: 2024/11/05 ~ 2024/11/05

다음 입고 번호에 대한 설명 중 잘못된 것을 고르시오.

① RV2411000003은 일부만 매입마감 되었다.
② RV2411000004는 매입마감이 등록되어 발주수량을 수정할 수 없다.
③ RV2411000005는 세무구분이 카드매입이다.
④ RV2411000006은 전표처리 되었다.

18 아래 [조회조건]의 조건으로 데이터를 조회한 후 물음에 답하시오.

┤ 조회조건 ├

작업내역: 2024년 11월 5일 (주)세림와이어에서 구매한원재료 [ABU-012. ARU_230]을 입고처리(국내발주)에 입력하였다.
이 중 30EA가 바로 생산에 투입하기 위하여 생산대기장소로 이동시켰다.

생산대기장소로 처리한 일자로 올바른 것을 고르시오.

① 2024년 11월 6일　　　　　　　　② 2024년 11월 7일
③ 2024년 11월 8일　　　　　　　　④ 2024년 11월 9일

19 2024년 11월 4일 재고실사를 실시하였다. 재고실사에 대한 설명 중 잘못 설명한 것을 고르시오.

① 실사구분은 기타이다.
② 재고기준일은 2024년 11월 1일이다.
③ 완성품창고, 제품_서울장소에 대한 실사이다.
④ 품명 PRESS FRAME-W가 전산재고를 가장 많이 차감해야 한다.

20 아래 [보기]의 조건으로 데이터를 조회한 후 물음에 답하시오.

┤ 보기 ├

• 사업장: [1000. (주)한국자전거본사]　　• 견적기간: 2024/11/11 ~ 2024/11/11

견적번호(수출) ES2411000005을 활용하여 주문을 등록하였다. 해당 주문의 거래구분을 고르시오.

① T/T　　　　　　　　　　　　　② D/A
③ D/P　　　　　　　　　　　　　④ MASTER L/C

21 아래 [조회조건]의 조건으로 데이터를 조회한 후 물음에 답하시오.

┤ 조회조건 ├

• 사업장: [1000. (주)한국자전거본사]　　• 출고기간: 2024/11/01 ~ 2024/11/30
• 출고창고: [M110. 대리점창고]

해외 출고번호 IS2411000010에 대하여 관련된 L/C와 출고내역에 대한 설명을 하였다. 다음 중 잘못 설명한 것을 고르시오.

① 선적항은 BUSAN, KOREA 이다.
② 프로젝트는 모두 [D100. 해외프로모션] 이다.
③ 개설은행은 [98001. 신한보통/231-09-99874] 이다.
④ 출고의 관리단위 수량과 재고단위 수량이 동일하다.

22 거래처 [00011. INTECH CO.LTD]로 2022년 11월에 발행된 COMMERCIAL INVOICE와 PACKING LIST에 대한 설명이다. 다음 중 올바르게 설명한 것을 고르시오.

① 선적항은 BUSAN, KOREA이다.
② Carrier는 Topaz이다.
③ 한 개의 컨테이너에 선적하였다.
④ 포장을 제외한 순중량은 산악자전거(P-20G)가 가장 가볍다.

23 아래 [조회조건]으로 데이터를 조회한 후 물음에 답하시오.

┤ 조회조건 ├
- 사업장: [1000. (주)한국자전거 본사]
- 발주기간: 2024/11/18 ~ 2024/11/18

해외발주번호 PO2411000005의 B/L번호를 찾은 후 잘못 설명한 것을 고르시오.

① 선적일은 2024년 11월 19일이다.
② 선사는 [00012. (주)하진해운]이다.
③ 도착예정일은 2024년 11월 30일이다.
④ 외화금액의 합은 CAD 18,200 이다

24 아래 [조회조건]으로 데이터를 조회한 후 물음에 답하시오.

┤ 조회조건 ├
- 사업장: [1000. (주)한국자전거 본사]
- 등록기간: 2024/11/06 ~ 2024/11/06

수입제비용번호 EC2411000001에 대하여 올바르게 설명한 것을 고르시오.

① 미착정산 미배부 상태이다.
② 모든 비용이 전표처리되었다.
③ Master L/C인 거래에 대한 비용이다.
④ 비용 중 물품대 19,975,032원만 미착정산배부 대상이다.

25 아래 [조회조건]으로 데이터를 조회한 후 물음에 답하시오.

┤ 조회조건 ├
- 사업장: [1000. (주)한국자전거본사]
- 발주기간: 2024/01/01 ~ 2024/06/30

(주)한국자전거본사에서 품번 21-3065700에 대한 전체적인 수입 진행현황을 확인하려고 한다. 다음 설명 중 옳지 않은 것을 고르시오.

① 입고된 수량은 총 100 이다.
② 마지막 발주일자는 2024년 6월 27일이다.
③ 2024년 3월 선적수량은 총 200 이다.
④ 수입 시 사용된 환종은 모두 JPY로 발주되었다.

기출문제

물류 1급 | 2024년 5회 (2024년 9월 28일 시행)

[이론]

01 ERP와 인공지능(AI), 빅데이터(Big Data), 사물인터넷(IoT) 등 혁신기술과의 관계에 대한 설명으로 가장 적절하지 않은 것은?

① 현재 ERP는 기업 내 각 영역의 업무프로세스를 지원하여 독립적으로 단위별 업무처리를 추구하는 시스템으로 발전하고 있다.

② 제조업에서는 빅데이터 분석기술을 기반으로 생산자동화를 구현하고 ERP와 연계하여 생산계획의 선제적 예측과 실시간 의사결정이 가능하다.

③ ERP에서 생성되고 축적된 빅데이터를 활용하여 기업의 새로운 업무개척이 가능해지고, 비즈니스 간 융합을 지원하는 시스템으로 확대가 가능하다.

④ 현재 ERP는 인공지능 및 빅데이터 분석기술과의 융합으로 전략경영 등의 분석도구를 추가하여 상위계층의 의사결정을 지원할 수 있는 지능형시스템으로 발전하고 있다.

02 ERP도입 기업의 사원들을 위한 ERP교육을 계획할 때, 고려사항으로 가장 적절하지 않은 것은?

① 지속적인 교육이 필요함을 강조한다.

② 전사적인 참여가 필요함을 강조한다.

③ 최대한 ERP커스터마이징이 필요함을 강조한다.

④ 자료의 정확성을 위한 철저한 관리가 필요함을 강조한다.

03 ERP 구축절차 중 TO-BE Process 도출, 패키지 설치, 인터페이스 문제 논의를 하는 단계로 옳은 것은?

① 설계단계   ② 구현단계

③ 분석단계   ④ 구축단계

04 ERP와 기존의 정보시스템(MIS) 특성 간의 차이점에 대한 설명으로 가장 적절하지 않은 것은?

① 기존 정보시스템의 업무범위는 단위업무이고, ERP는 통합업무를 담당한다.

② 기존 정보시스템의 전산화 형태는 중앙집중식이고, ERP는 분산처리구조이다.

③ 기존 정보시스템은 수평적으로 업무를 처리하고, ERP는 수직적으로 업무를 처리한다.

④ 기존 정보시스템은 파일시스템을 이용하고, ERP는 관계형 데이터베이스시스템(RDBMS)을 이용한다.

05 ERP의 특징에 관한 설명 중 가장 적절하지 않은 것은?

① 세계적인 표준 업무절차를 반영하여 기업 조직구성원의 업무수준이 상향평준화된다.
② ERP시스템의 안정적인 운영을 위하여 특정 H/W와 S/W업체를 중심으로 개발되고 있다.
③ 정확한 회계데이터 관리로 인하여 분식결산 등을 사전에 방지하는 수단으로 활용이 가능하다.
④ Parameter 설정에 의해 기업의 고유한 업무환경을 반영하게 되어 단기간에 ERP 도입이 가능하다.

06 [보기]의 자료를 이용하여 손익분기점 분석을 이용한 목표매출액을 산출하면 얼마인가?

┤ 보기 ├

• 제품 단위당 판매가격: 2,000원/개
• 제품 단위당 변동비: 500원/개
• 연간 고정비: 1,500,000원

① 1,500,000원
② 2,000,000원
③ 2,500,000원
④ 3,000,000원

07 [보기]에서 설명하는 판매할당 방법으로 가장 적절한 것은?

┤ 보기 ├

영업활동을 수행하는 활동영역별로 목표매출액 할당하는 방법

① 월별 판매할당
② 영업거점별 판매할당
③ 지역/시장별 판매할당
④ 상품/서비스별 판매할당

08 가격유지정책 중 리베이트전략에 대한 설명으로 가장 적절하지 않은 것은?

① 리베이트는 판매금액의 일부를 할인해 주는 것이다.
② 리베이트의 기능에는 보상적 기능, 통제 및 관리적 기능도 포함된다.
③ 리베이트전략은원래 가격유지정책이 목적이며, 판매촉진에도 영향을 미친다.
④ 리베이트 비율은 일정기간의 판매액을 기준으로 관습 또는 이익의 정도에 따라 달라진다.

09 고객에 대한 과거 판매실적만을 근거로 가장 집중적으로 관리하여야 할 중점관리 대상 우량거래처나 고객을 선정하는 방법은?

① 파레토분석
② 매트릭스 분석
③ 6 시그마 분석
④ 거래처 포트폴리오 분석

기출문제

10 거래처별 여신한도 설정법 중에서 여신한도액을 아래 [보기]와 같이 계산하는 방법으로 가장 적절한 것은?

┤ 보기 ├

여신한도액 = 거래처(고객)의 총매입액 × 자사수주점유율 × 여신기간

① 타사한도액의 준용법   ② 경영지표에 의한 방법
③ 매출액 예측에 의한 방법   ④ 과거 총이익액의 실적 이용법

11 원가가산에 의한 가격 결정방법으로 상품의 소매가격을 1,000원으로 결정하였다. 이 때 원가 구성이 다음 [보기]와 같은 경우에 소매업자의 이익은 얼마인가? (단위: 원)

┤ 보기 ├

• 제조원가: 300원   • 도매가격: 400원   • 소매업자 영업비: 200원

12 [보기]에서 설명하는 수요예측 방법을 한글로 입력하시오.

┤ 보기 ├

다양한 전문가의 의견을 수집한 후, 다시 전문가에게 배부한 후 의견의 합의가 이루어질 때까지 반복하여 의사수렴과정을 거친다. 과거의 데이터 없이 수요예측이 가능하다는 장점이 있다. 반면, 시간과 비용의 부담이 크다.

13 기존 매출채권에 대한 회수현황이다. 매출채권의 회수기간을 60일로 단축시키기 위해 B어음의 어음기간을 90일로 조정하였다. 이때 A어음의 어음기간은 얼마로 조정하여야 하는가? (단위: 일)

┤ 보기 ├

회수 유형	금액	기존 어음기간	조정 어음기간
현금	1억원	-	-
A 어음	2억원	60일	? 일
B 어음	3억원	120일	90일

14 채찍효과의 발생 이유와 관련된 설명으로 옳지 않은 것은?

① 불안정한 가격 구조와 수요·공급의 관계에서 발생한다.
② 리드타임이 길어지면 수요와 공급의 변동 폭의 증감 정도가 감소한다.
③ 일방적 정보의 전달과 공급망 구성원의 비합리적 사고와 의사 결정에서 생성된다.
④ 공급망 전체의 관점이 아니라 개별 기업의 이해관계에 따라 의사결정을 수행하게 되면 공급망 전체의 왜곡 현상을 초래하게 된다.

15 공급망 물류거점 운영방식에 대한 설명으로 가장 적절하지 않은 것은?

① 직배송 방식: 소비자 근처에 위치한 물류거점을 운영하는 방식

② 크로스도킹 운영 방식: 물류거점에 재고를 보유하지 않고 물류거점이 화물에 대한 '환적' 기능만을 제공하도록 하는 방식

③ 통합·지역 물류센터 혼합 운영 방식: 중앙 물류센터와 지역 물류센터를 혼합하여 운영, 수요처가 매우 넓은 지역에 분포되거나, 글로벌 공급망인 경우에 주로 적용하는 방식

④ 공급자 재고관리(VMI) 운영 방식: 물류거점의 운영을 자재·부품 공급업체에 일임하고 필요한 경우에 필요한 수량만큼 공급자가 운영하는 물류거점에서 가져오는 방식

16 [보기]에서 설명하는 용어는 무엇인가?

> ┤ 보기 ├
>
> • 생산에 직접 소요되는원·부재료를 제외한 간접적인 소요자재
> • 생산에 직접 사용되지는 않으나 생산활동에 필요한 시설물의 유지와 보수, 그리고 운전에 필요한 자재
> • 제품의 구성재료는 아니지만, 그 취득·보관·수주 등의 처리에 있어서는 보통의 재료와 동일하게 취급

① JIT   ② MRP

③ MRO   ④ SCM

17 1회 운송량이 많지 않을 경우 여러 목적지의 화물을 하나의 트럭이 처리하는 운송방식은?

① 직배송방식   ② 순환배송방식

③ 공동배송방식   ④ 복합배송방식

18 다음 중 창고관리의 출고 업무 프로세스 중에서 가장 먼저 수행되는 업무는 무엇인가? (선택지에서 고르시오.)

① 검사   ② 출고 지시

③ 출고 계획 수립   ④ 주문 마감 집계

19 [보기]는 공급망 프로세스의 경쟁능력 요소에 대한 설명이다. (　　　)에 들어갈 한글 용어를 직접 입력하시오.

> ┤ 보기 ├
>
> • 비용은 적은 자원으로 제품·서비스를 창출할 수 있는 능력을 나타낸다.
> • (　　　)은(는) 고객 욕구를 만족시키는 척도이며 소비자에 의하여 결정된다.
> • 시간은 경쟁사보다 빠른 신제품 개발능력, 신속한 제품 배달능력, 정시배달능력을 나타낸다.
> • 유연성은 설계변화와 수요변화에 효율적으로 대응할 수 있는 능력을 나타낸다.

20 [보기]의 자료를 참고하여 제품A의 재주문점 수량을 구하시오. (단위: 개)

┤ 보기 ├
- 연간 영업일: 300일
- 제품 A의 안전재고량: 5,000개   • 제품 A의 연간 판매량: 60,000개
  (단, 발주한 제품 A가 회사 창고에 입고되기까지는 10일 소요)

21 전략적 구매를 중시하는 현대적 시각에서 구매관리는 다양한 영역으로 구분된다. [보기]에서 설명하는 것과 관련된 영역으로 적당한 것은?

┤ 보기 ├
시장조사 및 원가분석, 구매가격 결정, 공급자 선정 및 평가, 계약 및 납기관리, 규격 및 검사관리

① 구매전략   ② 구매평가
③ 구매실무   ④ 구매분석

22 구매가격 결정방식 중 성격이 다른 하나는?

① 입찰경쟁 방식   ② 가산이익률 방식
③ 코스트 플러스 방식   ④ 손익분기점분석 방식

23 시장조사의 주요 목적이 아닌 것은?

① 품질 결정   ② 공급자 선정
③ 구매가격 결정   ④ 생산공정 개선

24 거래처 분산구매의 장점으로 가장 적절한 것은?

① 구매시간이 길어진다.   ② 구매절차가 복잡해진다.
③ 구매기회를 안정적으로 유지할 수 있다. ④ 가격과 구입조건을 유리하게 결정할 수 있다.

25 8월 10일 거래 계약 체결 후 현금할인방식 중 구매당월락현금할인 방식으로 결제조건을 "10/20 EOM"으로 약정하였다. 현금할인을 받기 위해서는 9월 (   )일까지 대금을 지급해야 하는가?

26 [보기]의 구매계약에 대한 설명 중 (   )에 적합한 내용을 한글로 쓰시오.

┤ 보기 ├
- 향후 거래조건에 대하여 분쟁의 소지가 있을 경우에는 구매계약서를 작성하는 것이 바람직하다.
- 구매계약의 (   )(은)는 이미 발생된 계약사항을 소급하여 무효로 함을 의미한다.

27 무역거래에 있어 "Made in Korea"와 같이원산지 표시는 어느 무역 관련 법규명을 적용하는가?

① 관세법
② 대외무역법
③ 외국환거래법
④ 전자거래기본법

28 관세법에서 정의하고 있는 "내국물품"에 해당하지 않는 것은?

① 입항전수입신고가 수리된 물품
② 수입 신고가 수리되기 전의 물품
③ 수입신고수리전 반출승인을 받아 반출된 물품
④ 우리나라에 있는 물품으로서 외국물품이 아닌 물품

29 [보기]에서 설명하는 무역대금 결제방식의 유형은 무엇인가?

┤ 보기 ├

• 수입자가 무역물품의 선적 진행단계에 따라 대금을 분할하여 지급하는 방식
• 선적이 완료된 후에 대금을 지급하는 방식이 일반적이지만, 제작기간이 오래 소요되는 경우에는 주문 체결, 선적, 화물 도착 등 단계에 따라 대금을 분할하여 지급하는 방식

① 연불(Deferred Payment)
② 누진불(Progressive Payment)
③ 현물상환불(Cash on Delivery)
④ 서류상환불(Cash against Documents)

30 환율에 대한 설명으로 옳지 않은 것은?

① 타매매율 결정의 기준이 되는 환율은 전신환 매매율이다.
② 외국환은행은 외국환 거래에 적용할 환율을 매일 고시하게 된다.
③ 환율에 따라 관세의 세액결정 과정에서 비용과 수익이 달라진다.
④ 외국환은행 대고객매매율은 한국은행의 결정에 따라 외국환은행들이 일률적으로 적용한다.

31 [보기]는 어떤 무역거래를 위한 계약의 조건이다. 해당 거래조건에 적합한 Incoterms 2020을 예와 같이 영어 약어로 표기하시오. (예: ABC)

┤ 보기 ├

• 매도인이 수출통관을 책임진다.
• 매도인이 물품을 매수인이 지명한 수출국의 운송인에게 인도하면 위험부담은 종료된다.
• 매수인이 지정한 수입국의 목적지까지 운송비용을 매도인이 부담하는 조건이다.
• 컨테이너 운송을 포함한 복합운송에 최적화되어 있는 규칙이다.

기출문제

32 [보기]의 (　　)에 들어갈 해상보험 관련 용어를 한글로 입력하시오.

┤ 보기 ├

- 해상보험에 관한 국제법규는 없으며 세계 각국이 거의 영국의 런던보험업자협회(ILU)가 제정한 (　　　　)약관을 사용하고 있다.
- 이 약관은 해상보험에 일률적으로 적용되는 국제규약이며, 운송중인 적하의 해상위험에 대한 보험조건과 담보범위 등을 규정하고 있다.
- 이 약관은 1982년에 새로운 양식의 보험증권을 제정하면서 ICC(A)(B)(C)의 3가지 약관으로 개정되었다.

01 다음의 [보기]의 내용을 읽고 질문에 답하시오.

┤ 보기 ├

내용: 출하 검사 중 [10-25250. SHEET POST] 품목에 불량 10EA가 발생하였다.

(주)한국자전거본사는 재고의 불량 상태를 관리하기 위하여 창고/장소의 적합 여부를 활용하여 불량
인 재고는 부적합 장소에서 관리한다. 다음 [보기]의 작업을 실행하기 위한 장소를 고르시오.

① [P101. 제품장소]
② [M310. 제품_서울장소]
③ [M105. 점검장소]
④ [1300. 대기장소]

02 다음은 거래처의 물류 실적 담당자 등록 정보에 대한 설명이다. 설명 중 옳은 것을 고르시오.

① (주)대흥정공의 영업담당자는 우승현이다.
② (주)하나상사의 구매담당자는 SCM담당자이다.
③ (주)빅파워의 영업담당자, 구매담당자는 모두 이봉회이다.
④ (주)세림와이어의 구매담당자는 김대연이다.

03 다음 [보기]는 품목에 대한 설명이다.

┤ 보기 ├

가. [21-1030600. FRONT FORK(S)]의 안전재고량은 5이다.
나. [21-1060700. FRAME-NUT]의 재고단위와 관리단위는 서로 다르다.
다. [21-1070700. FRAME-티타늄]의 LEAD TIME 은 5 DAYS이다.
라. [21-3065700. GEAR REAR C]의 주거래처는 (주)영동바이크이다.

올바른 설명의 수를 고르시오.

① 0
② 1
③ 2
④ 3

04 아래 [조회조건]으로 데이터를 조회한 후 물음에 답하시오.

┤ 조회조건 ├

• 사업장: [1000. (주)한국자전거본사]
• 계획년도/월: 2024/09

기출문제

(주)한국자전거본사는 2024년 9월 품목에 대한 판매계획을 기초계획에 입력하였다. 하지만 생산라인에 문제가 발생하여 기초 계획수량보다 못 미치는 수정 계획수량을 입력하게 되었다. 다음 중 기초계획수량 보다 적게 수정계획수량을 변경한 품목을 고르시오.

① [NAX-A400. 싸이클]
② [NAX-A420. 산악자전거]
③ [NAX-A500. 30단기어자전거]
④ [ATECK-3000. 일반자전거]

05 아래 [조회조건]으로 데이터를 조회한 후 물음에 답하시오.

┤ 조회조건 ├

- 사업장: [1000. ㈜한국자전거본사]
- 견적기간: 2024/09/01 ~ 2024/09/04

다음 견적 중 (주)대흥정공의 견적일자 대비 유효일자까지의 남은 기간이 가장 긴 견적번호를 고르시오.

① ES2409000001
② ES2409000005
③ ES2409000009
④ ES2409000013

06 아래 [조회조건]으로 데이터를 조회한 후 물음에 답하시오.

┤ 조회조건 ├

- 사업장: [1000. ㈜한국자전거본사]
- 주문기간: 2024/09/02 ~ 2024/09/02

다음 [조회조건]의 등록된 주문에서 '납품처'를 지정할 수 있는 주문번호로 옳은 것을 고르시오.

① SO2409000001
② SO2409000002
③ SO2409000003
④ SO2409000004

07 아래 [조회조건]으로 데이터를 조회한 후 물음에 답하시오.

┤ 조회조건 ├

- 사업장: [1000. ㈜한국자전거본사]
- 출고기간: 2024/09/03 ~ 2024/09/03
- 출고창고: [M100. 상품창고]

2024년 09월 01일에 수주된 주문번호 SO2409000005 내역을 주문적용 기능을 통해 출고처리를 하려고 하였지만, 내용이 조회되지 않고 있다. 다음 중 주문적용 조회가 되지 않는 이유로 바르게 설명한 것을 고르시오.

① 검사 대상으로 [주문적용]이 아닌 [검사적용]으로 출고 처리할 수 있다.
② 고객 변심으로 인하여 마감된 주문이다.
③ 납기일이 2024년 09월 02일이므로 2024년 09월 02일 이전에 등록할 수 있다.
④ 출고번호 IS2409000001 로 이미 적용 완료된 주문이다.

08 다음 [보기]는 (주)한국자전거본사에서 2024년 09월 07일 등록된 국내 매출마감에 대한 설명이다.

┤ 보기 ├

가. 마감번호 SC2409000001은 전표처리 되었다.
나. 마감번호 SC2409000002는 관리단위수량과 재고단위수량이 서로 다르다.
다. 마감번호 SC2409000003은 계산서번호 TX2409000003로 생성되었다.
라. 마감번호 SC2409000004는 출고번호 IS2409000004의 매출마감 건이다.

올바른 설명의 수를 고르시오.

① 0   ② 1   ③ 2   ④ 3

09 (주)한국자전거본사에서 2024년 09월 02일 부터 2024년 09월 05일 동안 출고 등록되지 않은 창고, 장소를 고르시오.

① [M100. 상품창고] – [M101. 상품장소]
② [M110. 직영마트] – [1100. 판매장소]
③ [M300. 완성품창고] – [M310. 제품_서울장소]
④ [P100. 제품창고] – [P101. 제품장소]

10 다음 [보기]는 (주)한국자전거본사에서 2024년 09월에 등록된 국내 수금에 대한 설명이다.

┤ 보기 ├

가. 수금번호 RC2409000001 은 전표처리 되었다.
나. 수금번호 RC2409000002 는 선수금 정리내역이 존재한다.
다. 수금번호 RC2409000003 은 증빙번호는 IS2409000004 로 등록되었다.
라. 수금번호 RC2409000004 는 특별할인판매 프로젝트로 등록이 되었다.

올바른 설명의 수를 고르시오.

① 0   ② 1   ③ 2   ④ 3

11 (주)한국자전거본사에서 2024년 09월 10일에 출고된 IS2409000006는 일부만 매출마감 되었다. 미마감 출고수량이 가장 큰 품목을 고르시오. (관리단위 기준)

① [21-1030600. FRONT FORK(S)]   ② [21-1035600. SOCKET]
③ [21-1060700. FRAME-NUT]   ④ [21-1060850. WHEEL FRONT-MTB]

12 (주)한국자전거본사는 SIMULATION으로 2024년 09월 01일 부터 2024년 09월 10일까지 등록된 주계획 내역을 소요량 전개하였다. 다음 중 품목군 [R100. FRAME]인 품목 중 예정발주일이 가장 늦은 날짜인 품목을 고르시오. (품목의 LEAD TIME에 따라 예정발주일의 차이가 발생한다.)

① [21-1060700. FRAME-NUT]   ② [21-1070700. FRAME-티타늄]
③ [21-1080800. FRAME-알미늄]   ④ [88-1001000. PRESS FRAME-W]

기출문제

13 다음 [보기]는 (주)한국자전거본사에서 2024년 09월 01일 등록된 청구내역에 대한 설명이다.

┤ 보기 ├

가. 청구번호 PR2409000001의 청구자는 김종욱 이다.
나. 청구번호 PR2409000002는 품목의 주거래처와 동일한 주거래처로 등록이 되었다.
다. 청구번호 PR2409000003은 청구일자 기준 요청일까지의 기간이 제일 짧다.
라. 청구번호 PR2409000004는 이후 발주등록으로 적용등록이 가능하다.

올바른 설명의 수를 고르시오.

① 0   ② 1
③ 2   ④ 3

14 아래 [조회조건]으로 데이터를 조회한 후 물음에 답하시오.

┤ 조회조건 ├

• 사업장: [1000. ㈜한국자전거본사]   • 발주기간: 2024/09/02 ~ 2024/09/02

다음 [조회조건]의 발주내역 중 [주문적용] 기능을 이용하여 데이터 등록을 진행한 발주번호로 옳은 것을 고르시오.

① PO2409000001   ② PO2409000002
③ PO2409000003   ④ PO2409000004

15 다음 [보기]는 [1000. (주)한국자전거본사]에서 2024년 09월에 등록된 발주내역 PO2409000005에 대한 설명이다.

┤ 보기 ├

가. 발주일은 2024/09/15에 등록되었다.
나. 거래처는 '(주)세림와이어'로 등록이 되어있다.
다. 적용기능을 사용하지 않고 직접 등록된 발주 내역이다.
라. 담당자는 김대연으로 등록이 되어있다.

올바른 설명의 수를 고르시오.

① 0   ② 1
③ 2   ④ 3

16 아래 [조회조건]의 조건으로 데이터를 조회한 후 물음에 답하시오.

> **┤ 조회조건 ├**
> • 사업장: [1000. ㈜한국자전거본사]　　　• 입고기간: 2024/09/10 ~ 2024/09/13

다음 [조회조건]의 입고처리(국내발주) 내역에 대한 설명 중 옳지 않은 것을 고르시오.

① 품목 [10-25250. SHEET POST]는 재고단위수량 420EA가 입고되었다.
② 대분류 [1000. FRAME] 기준으로 관리단위수량 420EA가 입고되었다.
③ 관리구분 [P20. 일반구매] 기준으로 재고단위수량 400EA가 입고되었다.
④ 프로젝트 [M100. 일반용자전거] 기준으로 관리단위수량 400EA가 입고되었다.

17 아래 [조회조건]의 조건으로 데이터를 조회한 후 물음에 답하시오.

> **┤ 조회조건 ├**
> • 사업장: [1000. ㈜한국자전거본사]　　　• 기간: 2024/09/14 ~ 2024/09/14

다음 [조회조건]을 만족하는 국내 매입마감의 전표처리 내역 중 [14600. 상품]으로 분개된 금액이 가장 큰 마감번호를 고르시오.

① PC2409000005　　　　　　　　② PC2409000006
③ PC2409000007　　　　　　　　④ PC2409000008

18 다음의 [보기]의 내용을 읽고 질문에 답하시오.

> **┤ 보기 ├**
> • 사업장: [1000. ㈜한국자전거본사]　　　• 실사기간: 2024/09/01 ~ 2024/09/01

2024년 09월 01일 [상품창고, 상품장소]에서 재고실사를 시행하였다. 품목 [ATECK-3000. 일반자전거]의 전산재고가 120, 실사재고는 122로 차이수량이 발생했다. 다음 중 전산재고와 실사재고의 수량을 동일하게 맞추기 위한 올바른 조치를 고르시오.

① 재고조정등록을 통하여 −2EA로 입고 조정한다.
② 재고조정등록을 통하여 −2EA로 출고 조정한다.
③ 수주등록을 통하여 2EA로 수주 등록한다.
④ 출고등록을 통하여 2EA로 예외출고 등록한다.

19 아래 [조회조건]으로 데이터를 조회한 후 물음에 답하시오.

> **┤ 조회조건 ├**
> • 사업장: [1000. ㈜한국자전거본사]　　　• 일자: 2024/09/01 ~ 2024/09/30
> • 대분류: [5000. FACIAL POST]

(주)한국자전거본사는 각 품목의 표준원가를 활용하여, 사업장 기준의 재고 금액을 예상하고자 한다. 다음 [조회조건] 품목 중 가장 큰 금액을 차지하는 품목을 고르시오. (표준원가는 [품목등록] 메뉴에 등록된 표준원가를 의미한다.)

① [10-25250. SHEET POST]
② [21-1030600. FRONT FORK(S)]
③ [PS-ZIP02. PS-WHITE]
④ [PS-ZIP03. PS-BLACK]

20 아래 [조회조건]으로 데이터를 조회한 후 물음에 답하시오.

┤ 조회조건 ├
- 사업장: [1000. ㈜한국자전거본사]
- L/C구분: [3. MASTER L/C]
- 주문기간: 2024/09/16 ~ 2024/09/16

다음 중 [조회조건]으로 입력된 수출 L/C정보에 대한 설명으로 옳지 않은 것을 고르시오.

① 환종은 USD 미국달러이다.
② 담당자는 김민경 이다.
③ 최종 목적지는 BOSTON, USA 이다.
④ 출하 검사 대상이 아니다.

21 아래 [조회조건]의 조건으로 데이터를 조회한 후 물음에 답하시오.

┤ 조회조건 ├
- 사업장: [1000. ㈜한국자전거본사]
- 출고기간: 2024/09/20 ~ 2024/09/20
- 출고창고: [P100. 제품창고]

다음 [조회조건]의 해외 출고내역을 설명 중 옳지 않은 것을 고르시오.

① L/C 내역을 적용받아 등록된 출고 건이다.
② 거래 환종은 USD 이며, 환율은 1,370.00 이다.
③ 출고 장소는 모두 [P101. 제품장소]로 동일하다.
④ 출고된원화금액은 해당일 환율 기준 30,825,000 이다.

22 아래 [조회조건]으로 데이터를 조회한 후 물음에 답하시오.

┤ 조회조건 ├
- 사업장: [1000. ㈜한국자전거본사]
- 선적기간: 2024/09/22 ~ 2024/09/22

다음 [조회조건]의 선적 품목 중 고객 INTECH CO.LTD 에게 거래구분 'MASTER L/C'로 수출된 수량이 가장 많은 품목으로 옳은 것을 고르시오. (관리단위 기준)

① [NAX-A400. 싸이클]
② [NAX-A420. 산악자전거]
③ [ATECK-3000. 일반자전거]
④ [ATECX-2000. 유아용자전거]

23 아래 [조회조건]으로 데이터를 조회한 후 물음에 답하시오.

┤ 조회조건 ├
- 사업장: [1000. ㈜한국자전거본사]
- L/C구분: [2. 구매승인서]
- 발주기간: 2024/09/16 ~ 2024/09/16

다음 [조회조건]으로 개설된 수입 L/C내역에 대한 설명으로 옳지 않은 것을 고르시오.

① L/C번호는 'CITI20240916-001' 이다.
② 담당자는 이봉회 이다.
③ 환종은 JPY 이다.
④ 납기일은 2024년 10월 15일 이다.

24 다음 [보기]는 [1000. (주)한국자전거본사]에서 2024년 09월 18일에 등록한 수입제비용 등록 내역에 대한 설명이다.

┤ 보기 ├
가. 비용번호는 EC2409000001이다.
나. (주)하진해운의 보관비에 관한 제비용이 포함되어 있다.
다. 제비용의 전표처리가 진행되었다.
라. 선적에 대한 물품대 비용 등록이 진행되었다.

올바른 설명의 수를 고르시오.

① 0   ② 1
③ 2   ④ 3

25 아래 [조회조건]으로 데이터를 조회한 후 물음에 답하시오.

┤ 조회조건 ├
- 사업장: [1000. ㈜한국자전거본사]
- 출고기간: 2024/09/25 ~ 2024/09/25
- 입고창고: [H100. 수출창고]
- 거래구분: [1. LOCAL L/C]

다음 [조회조건]의 입고 내역에 대한 L/C번호는 무엇인지 고르시오.

① SH20240920-001   ② SH20240920-002
③ SH20240920-003   ④ SH20240920-004

[이론]

01 클라우드 서비스 기반 ERP와 관련된 설명으로 가장 적절하지 않은 것은?

① PaaS에는 데이터베이스 클라우드 서비스와 스토리지 클라우드 서비스가 있다.
② ERP 소프트웨어 개발을 위한 플랫폼을 클라우드 서비스로 제공받는 것을 PaaS라고 한다.
③ ERP 구축에 필요한 IT인프라 자원을 클라우드 서비스로 빌려 쓰는 형태를 IaaS라고 한다.
④ 기업의 핵심 애플리케이션인 ERP, CRM 솔루션 등의 소프트웨어를 클라우드 서비스를 통해 제공받는 것을 SaaS라고 한다.

02 ERP 도입전략 중 ERP자체개발 방법에 비해 ERP패키지를 선택하는 방법의 장점으로 가장 적절하지 않은 것은?

① 커스터마이징을 최대화할 수 있다.
② 검증된 기술과 기능으로 위험 부담을 최소화할 수 있다.
③ 검증된 방법론 적용으로 구현기간의 최소화가 가능하다.
④ 향상된 기능과 최신의 정보기술이 적용된 버전(version)으로 업그레이드(upgrade)가 가능하다.

03 ERP 구축 시 컨설턴트를 고용함으로써 얻는 장점으로 가장 적절하지 않은 것은?

① 프로젝트를 컨설턴트가 주도하게 할 수 있다.
② ERP기능과 관련된 필수적인 지식을 기업이 습득할 수 있다.
③ 숙달된 소프트웨어 구축방법론으로 프로젝트 실패를 최소화할 수 있다.
④ 컨설턴트의 경험을 통해 최적의 패키지를 선정하는데 도움을 받을 수 있다.

04 [보기]의 괄호 안에 들어갈 용어로 가장 적절한 것은?

> **┤ 보기 ├**
>
> ERP시스템 내의 데이터 분석 솔루션인 (   )은(는) 구조화된 데이터(structured data)와
> 비구조화된 데이터(unstructured data)를 동시에 이용하여 과거 데이터에 대한 분석뿐만 아니라 이를
> 통한 새로운 통찰력 제안과 미래 사업을 위한 시나리오를 제공한다.

① 리포트(Report)
② SQL(Structured Query Language)
③ 비즈니스 애널리틱스(Business Analytics)
④ 대시보드(Dashboard)와 스코어카드(Scorecard)

05 정보시스템의 역할로 가장 적절하지 않은 것은?

① 기업의 다양한 업무지원
② 고객만족 및 서비스 증진 효과
③ 효율적 의사결정을 위한 지원기능
④ 기업 내 단위업무의 독립적인 운영과 일괄처리 기능 지원

06 판매계획에 대한 설명으로 적절하지 않은 것은?

① 판매계획은 수요예측과 판매예측의 결과를 이용하여 매출목표액을 구체적으로 수립하는 과정이다.
② 판매계획의 순서는 판매목표매출액 설정 → 시장조사 → 수요예측 → 판매예측 → 판매할당 순이다.
③ 단기 판매계획은 매출목표액을 달성하기 위해 제품별 가격, 구체적인 판매할당 등을 결정하는 것이다.
④ 장기 판매계획은 신시장 개척, 신제품 개발, 판매경로 강화 등에 관하여 결정하는 것으로 장기적인 시장 분석을 통하여 기업환경의 기회와 위협을 예측하여 계획을 세운다.

07 [보기]는 제품 A의 손익분기점에 관한 자료이다. 손익분기점에서의 제품 A의 매출량을 구하시오.

┤ 보기 ├
- 손익분기점의 매출액: 200만원
- 연간 고정비: 80만원
- 연간 총 매출액: 600만원
- 제품 A의 단위당 변동비: 20만원

① 6개
② 8개
③ 10개
④ 12개

08 월별 판매할당(판매계획)에 대한 설명 중 가장 적절하지 않은 것은?

① 일반적으로 월 매출액은 항상 일정하게 유지된다.
② 다양한 변동 요인의 영향을 고려하여 적절한 할당이 필요하다.
③ 연간 목표매출액을 12등분하여 1개월 당 평균 목표매출액을 산출한다.
④ 순환변동, 계절변동, 불규칙변동 등 여러 이유로 인하여 월별 판매할당이 영향을 받게 된다.

09 경쟁 환경 하에서 적정한 이익을 추구하면서 가격을 유지하기 위한 방법으로 비가격경쟁에 의한 가격유지와 리베이트전략에 의한 가격유지 등이 있다. 리베이트전략에 의한 가격유지를 설명한 것으로 가장 적절하지 않은 것은?

① 리베이트는 판매금액의 일부를 할인하는 금액이다.
② 리베이트는 판매대금을 수금한 후 별도로 환불된다.
③ 리베이트 전략은 판매촉진 기능과 통제적 기능이 있다.
④ 리베이트 비율은 관습 또는 이익의 정도에 따라 정해진다.

10 가격결정에 영향을 미치는 요인은 외부요인과 내부요인으로 구성된다. 이들 중 나머지 3가지 요인들과 성격이 다른 하나는?

① 물류비
② 표준품
③ 대체품가격
④ 가격탄력성

11 원가가산에 의한 가격결정 방법으로 상품의 소매가격을 60,000원으로 결정하였다. 원가 구성이 [보기]와 같은 경우에 도매가격은 얼마인가? (단위: 원)

┤ 보기 ├

• 생산가격: 10,000원
• 도매업자 영업비용: 3,000원
• 도매가격: (   )원
• 소매업자 영업비용: 15,000원
• 소매업자 이익: 10,000원

12 거래처에 대한 여신한도액을 "과거 총이익액의 실적 이용법"에 의한 방법으로 계산하려고 한다. [보기]의 (   )에 들어갈 적절한 용어를 한글로 입력하시오.

┤ 보기 ├

• 여신한도액＝과거 3년간의 회수누계액 × 평균총이익률
• 여신한도액＝과거 3년간의 [(   )－외상매출채권잔액] × 평균총이익률

13 [보기]의 (   )에 공통적으로 들어갈 용어를 한글로 입력하시오.

┤ 보기 ├

• 수요의 (   )(이)란 어떤 재화의 가격이 변화할 때 그 상품 수요량이 변화하는 정도를 측정하기 위한 지표이다.
• (   )(은)는 수요량의 변화율을 가격의 변화율로 나눈 값의 절대치로 계산한다.
• 대체제가 많은 상품일수록 (   )(이)가 크다.

14 공급망 프로세스 통합을 통해 공급망 전체의 공동 이익을 위하여 비전 공유, 고도의 협업, 실시간 정보 공유 등의 상호작용이 요구된다. [보기]의 공급망 프로세스에서 '소매업자'와 '소비자' 단계 간에 해당하는 프로세스 주기는 무엇인가?

┤ 보기 ├

공급자 → 생산자 → 배송자 → **소매업자** → **소비자**

① 조달주기
② 제조주기
③ 보충주기
④ 고객주문주기

15 공급망 물류거점 운영방식 중 '통합 물류센터 운영 방식'에 대한 설명으로 적절한 것은?

① 전체 네트워크의 물동량을 중앙 운영 관리하는 방식

② 중앙 물류센터와 지역 물류센터를 혼합하여 운영하는 방식

③ 물류거점에 재고를 보유하지 않고 물류거점이 화물에 대한 '환적' 기능만을 제공하는 방식

④ 물류거점의 운영을 자재·부품 공급업체에 일임하고 필요한 경우에 필요한 수량만큼 공급자가 운영하는 물류거점에서 가져오는 방식

16 재고관리 비용에 관한 설명으로 가장 적절하지 않은 것은?

① 주문비용은 발주마다 일정하게 발생하는 고정비용이다.

② 재고관련 총비용은 주문비용, 재고유지비용, 재고부족비용을 합한 값이다.

③ 주문비용은 로트사이즈를 크게 할수록 재고 한 단위당 비용이 감소하는 특성이 있다.

④ 주문비용은 납기지연, 판매기회 상실, 거래처 신용하락, 잠재적 고객상실 등과 관련된 비용이다.

17 유통소요계획 수립에 필요한 정보 및 수립 절차에 관한 내용으로 적절하지 않은 것은?

① 입고 예정량을 반영한다.

② 단위 구매량을 고려하여 주문량을 결정한다.

③ 리드타임을 고려하여 주문 시점을 결정한다.

④ 거래처의 외상매출금이나 어음의 회수기간을 단축한다.

18 [보기]에서 설명하는 창고 보관의 기본원칙에 해당하는 것은?

┤ 보기 ├

- 보관 적치한 물품의 장소와 선반 번호를 명시하는 원칙
- 작업의 단순화와 재고관리 등의 작업 시 불필요한 작업이나 실수를 줄여 창고 부도를 방지하는 원칙
- 이원칙은 명료성의원칙과 함께 창고의 보관에 관련된 업무 중에서 로케이션 관리에 필요한 원칙

① 높이 쌓기의 원칙

② 위치 표시의 원칙

③ 네트워크 보관의 원칙

④ 동일성 및 유사성의 원칙

19 [보기]는 제품 A의 재고와 관련된 정보이다. 제품 A의 재고회전율이 30회일 때 연간 총판매량은 얼마인가?

┤ 보기 ├

- 1회 주문수량 : 200개
- 당기 매출량: 4,000개
- 연간 총판매량: (   )개
- 기초 재고량: 1,000개
- 기말 재고량: 3,000개

기출문제

20 [보기]는 운송수단의 5가지 유형 중 하나에 대한 설명이다. 해당하는 운송수단을 한글로 입력하시오.

┤ 보기 ├

- 화물의 운송 속도가 빠름
- 납기가 급한 긴급 화물, 신선도 유지가 요구되는 품목 운송에 적합한 운송 수단
- 고부가가치 소형 상품 운송에 유리함

21 가격정책에 대한 설명으로 적절한 것은?

① 관습가격정책: 동일한 상품에 고객에 따라 다른 가격을 적용시키는 정책
② 단수가격정책: 성수기에 가격을 올려 높은 이익률을 취하는 가격 전략
③ 가격할인정책: 구매량, 시기, 대금지불방식 등에 따라 가격을 할인하는 정책
④ 가격계층정책: 오랫동안 고객들 사이에 공정하다고 인정되어 온 가격을 적용시키는 정책

22 원가의 구분에 대한 설명 중 가장 적절하지 않은 것은?

① 재료비와 노무비를 제외한 모든 제조원가 요소를 제조경비로 분류한다.
② 간접비는 특정제품 제조에 투입된 비용으로 제품단위별로원가의 추적이 가능하다.
③ 재료비는 제품 제조를 위하여 투입되는 재료, 즉원/부재료, 매입부품,소모품 등의원가이다.
④ 조업도(생산량)의 증감에 관계없이 항상 일정하게 발생하는원가를 고정비라고 한다.

23 구매관리 업무영역은 구매전략, 구매실무, 구매분석으로 구분된다. (일반적으로) 구매실무에서 진행되는 업무를 고르시오.

① 구매방법 결정　　　　　　　　② 구매계획 수립
③ 구매방침 설정　　　　　　　　④ 계약 및 납기관리

24 구매방법에 따른 적합한 품목을 고르시오.

① 시장구매: 자재의 안정적인 확보가 필요한 품목
② 일괄구매: 항상 비축이 필요한 상비저장 품목
③ 수시구매: 계절품목 등과 같이 일시적인 수요 품목
④ 장기계약구매: 생산시기가 일정한 품목

25 [보기]는 특인기간현금할인(extra dating)에 대한 내용이다. (A), (B)에 해당하는 숫자를 순서대로 입력하시오.

┤ 보기 ├

- 결제조건: '(A) / 7 - (B)days extra'
- 설명: 거래일로부터 7일 이내의 현금지불에 대하여 4%할인을 인정하며, 추가로 14일간 할인기간을 연장한다. (거래일로부터 총 21일간 현금할인이 적용됨)

26 [보기]에서 설명하는 모델을 예와 같이 영문 대문자 약어로 기입하시오. (예: CPFR)

┤ 보기 ├

- 공급 사슬의 성과 측정 시 활용되는 대표적인 모델이다.
- 공급 사슬에 속한 세부 프로세스들을 산업별 구분 없이 표준화한 것으로, 공급 사슬의 수행 활동을 계획(Plan), 조달(Source), 생산(Make), 배송(Deliver), 반품(Return)으로 구분한다.
- 공급 사슬상에서 주요 경쟁능력 요소는 비용, 품질, 유연성, 시간 등이다.

27 [보기]에서 설명하고 있는 무역관련 법규명은 무엇인가?

┤ 보기 ├

- 정의: 국제수지의 균형, 통화가치의 안정과 외화자금의 효율적인 운용을 목적으로 제정된 법률
- 주요내용: 거주자와 비거주자의 구분, 결제방법의 제한, 현지 금융 및 해외 직접투자에 대한 제한 등

① 관세법
② 외국환관리법
③ 전자거래기본법
④ 중소기업 창업 지원법

28 선택지에 제시된 내용 중 지급인도조건(D/P: Document against Payment)의 거래절차 중에서 가장 먼저 발생하는 것은?

① 추심의뢰은행은 수출상에게 대금지급
② 추심은행은 수입상에게 서류인도 후 대금결제 요청
③ 추심은행은 추심의뢰은행에게 수입자의 대금결제 사실 통지
④ 수출상은 상품을 선적완료한 후 추심의뢰은행 앞으로 추심의뢰

29 신용장 거래방식에서 표시되는 환어음(bill of exchange)의 발행인, 지급인의 연결로 적절한 것은?

① 환어음 지급인: 수출자
② 환어음 발행인: 수입자의 거래은행
③ 환어음 지급인: 수입자가 지정한 거래은행
④ 환어음 발행인: 수입자

30 관세환급제도에 대한 설명으로 적절하지 않은 것은?

① 관세환급방법에는 개별 환급제도와 간이정액 환급제도가 있다.
② 관세환급이란 수출시 부담한 관세를 특정 요건에 해당하는 경우 되돌려주는 것이다.
③ 간이정액 환급제도는 수출물품별로 사전에 정해 놓은 간이 정액 환급율표에 따라 산출한다.
④ 개별 환급제도는 수출 물품 제조에 소요된 원재료에 대한 소요량증명서를 확인하여 환급한다.

31 [보기]에서 설명하고 있는 무역관련 국제기구는 무엇인가? (예: ERP)

┤ 보기 ├
- 설립일: 1995년 01월 01일
- 소재지: 스위스 제네바
- 설립목적: 무역자유화를 통한 전 세계적인 경제발전
- 주요활동/업무: 국가간 경제분쟁에 대한 판결권과 그 판결의 강제집행권 이행, 국가간 분쟁 및 마찰 조정

32 [보기]는 관세의 산정과 납부에 관한 설명이다. (ⓐ)에 공통적으로 들어갈 용어를 한글로 입력하시오.

┤ 보기 ├
- 관세를 과세하기 위해서는 과세요건인 (ⓐ), 납세의무자, 세율, 과세표준이 정해져야 한다.
- 과세표준은 세액을 결정하는 데 기준이 되는 (ⓐ)의 가격 또는 수량을 말한다.
- (ⓐ)(은)는 과세 부과대상으로서 수입신고 시 신고된 수입물품이다.

❖ 실무문제는 [실기메뉴]를 활용하여 답하시오.
웹하드(http://www.webhard.co.kr)에서 Guest(ID: samil3489, PASSWORD: samil3489)로
로그인하여 백데이터를 다운받아 설치한 후 물류 1급 2024년 4회로 로그인한다.

01 다음 [보기]는 회사에서 사용되는 자재 마감/통제 내용이다. 다음 중 설명이 옳은 것을 고르시오.

① 재고평가 시 방법을 '총평균'을 사용한다.
② 장소에 수불의 (−)가 발생될 경우에는 더 이상의 출고가 되지 않도록 통제한다.
③ 재고평가 내역 중 영업출고 반품 내역에 대해서는 단가 평가방법을 계산하지 않는다.
④ '청구등록'의 청구 내역을 '발주등록'에 적용/등록 시 품목의 비고 내역을 적용받아올 수 있다.

02 다음 [보기]는 회사에서 사용되는 검사유형 등록에 대한 설명이다.

┤ 보기 ├

가. 구매 검사의 수량검사는 입력 필수가 '선택'인 항목이 포함되어 있다.
나. 구매 검사의 외관검사는 사용 여부가 '사용' 중인 검사 유형이다.
다. 출하 검사의 조립검사는 입력 필수가 '필수'로 항목이 포함되어 있다.
라. 출하 검사의 기능검사는 사용 여부가 '미사용'인 검사 유형이다.

[보기]의 내용 중 올바른 설명의 수를 고르시오.

① 0   ② 1
③ 2   ④ 3

03 회사에서는 사용되는 품목을 고객별 다른 품명으로 출력되도록 관리하고 있다. 다음 [보기] 중 [ATECK-3000. 일반자전거]에 설정된 고객별 설정 내용과는 틀린 내역을 고르시오.

① [00009. (주)영동바이크] − [AT-3500. 경품용자전거]
② [00011. INTECH CO.LTD] − [KR-BY1500. KOREA-BIKE]
③ [10006. 에치에프아이]] − [AT-3000. ALL-NEW BIKE]
④ [10007. 파이오네호코리아] − [KR-BY1500. KOREA-BIKE]

04 [1000. (주)한국자전거본사]에서는 2024년 7월 품목별 판매계획을 세웠다. 다음 중 품목군이 [S100. 반조립품]이고, 대분류가 [2000. PACKING] 인 품목의 예상원화금액을 고르시오.

① 31,260,000   ② 19,500,000
③ 12,300,000   ④ 48,000,000

05 아래 [조회조건]으로 데이터를 조회한 후 물음에 답하시오.

┤ 조회조건 ├
- 사업장: [1000. ㈜한국자전거본사]
- 견적기간: 2024/07/01 ~ 2024/07/01

다음 [보기]의 국내 견적번호 중 사업장 주소지가 '경기 부천시'에 소재하고 있는 고객으로 등록된 것을 고르시오.

① ES2407000001 ② ES2407000002
③ ES2407000003 ④ ES2407000004

06 다음 [보기]는 [1000. (주)한국자전거본사]에 대한 2024년 07월 02일 등록된 국내 수주내역 관련 설명이다.

┤ 보기 ├
가. (주)대흥정공에 등록된 영업담당자는 '영업1부담당자'이다.
나. (주)하나상사에 등록된 품목은 견적내역을 적용받아 등록되었다.
다. (주)빅파워에 등록된 품목은 견적내역을 적용받지 않고 직접 등록되었다.
라. (주)제동기어에 등록된 납품처는 '동일자전거'이다.

[보기]의 내용 중 올바른 설명의 수를 고르시오.

① 0 ② 1
③ 2 ④ 3

07 아래 [조회조건]으로 데이터를 조회한 후 물음에 답하시오.

┤ 조회조건 ├
- 사업장: [1000. ㈜한국자전거본사]
- 주문기간: 2024/07/03 ~ 2024/07/03

다음 [보기] 중 수주 고객의 고객분류가 '매출거래처A'이고, 품목담당자가 '영업사업부'인 내역에 마감처리된 사유로 올바른 것을 고르시오.

① 요청 실수로 인한 수주취소 ② 납품처 오기재로 인한 수주취소
③ 재고부족으로 인한 수주취소 ④ 수량 오기재로 인한 수주취소

08 아래 [조회조건]으로 데이터를 조회한 후 물음에 답하시오.

┤ 조회조건 ├
- 사업장: [1000. ㈜한국자전거본사]
- 출고기간: 2024/07/04 ~ 2024/07/04
- 출고창고: [P100. 제품창고]

다음 [보기]의 국내 출고내역에 대한 설명 중 틀린 것을 고르시오.

① IS2407000001은 '일반매출 (B)' 관리구분으로 출고되었다.
② IS2407000002는 주문번호 'SO2407000007' 내역을 적용받아 출고되었다.
③ IS2407000003은 '특별할인판매' 프로젝트로 출고되었다.
④ IS2407000004는 견적번호 'ES2407000004' 내역이 수주등록되어 출고처리까지 입력된 내역이다.

09 다음 [보기]는 [1000. (주)한국자전거본사]에서 2024년 07월 06일에 등록된 매출마감/회계처리 내역에 대한 설명이다.

┤ 보기 ├

가. SC2407000001 내역은 세무구분 '카드매출' 로 처리된 마감내역이다.
나. SC2407000002 회계전표 내역에는 상품 매출에 대한 회계처리가 되어있다.
다. SC2407000003 내역은 관리구분 '일반매출(A)' 로 등록된 마감내역이다.
라. SC2407000004 회계전표 내역 중 부가세예수금의 과세표준금액은 2,750,000 이다.

[보기]의 내용 중 올바른 설명의 수를 고르시오.

① 0   ② 1
③ 2   ④ 3

10 아래 [조회조건]으로 데이터를 조회한 후 물음에 답하시오.

┤ 조회조건 ├

• 사업장: [1000. ㈜한국자전거본사]   • 수금기간: 2024/07/01 ~ 2024/07/05

다음 [보기] 중 관리구분 별 정상수금의 총합이 가장 적은 관리구분을 고르시오.

① 일반매출 (A)   ② 일반매출 (B)
③ 일반매출 (C)   ④ 일반매출 (D)

11 [1000. (주)한국자전거본사] 사업장에서는 2024년 01월 01일부터 2024년 07월 31일까지 국내(출고기준)으로 하여 미수채권에 잔액을 관리하고자 한다. 위 조건을 만족하는 데이터를 조회할 시 매수채권의 잔액이 가장 큰 고객을 고르시오. (미수기준은 '잔액기준'으로 한다.)

① ㈜대흥정공   ② (주)하나상사
③ ㈜빅파워   ④ (주)제동기어

12 아래 [조회조건]으로 데이터를 조회한 후 물음에 답하시오.

┤ 조회조건 ├

• 사업장: [1000. (주)한국자전거본사]   • 계획기간: 2024/07/01 ~ 2024/07/01
• 계획구분: 2. SIMULATION

다음 [조회조건]의 조회된 주계획작성 내역 중 품목의 주거래처와 다른 고객으로 등록된 품목을 고르시오.

① [21-1035600. SOCKET] ② [21-1060700. FRAME-NUT]
③ [21-1060850. WHEEL FRONT-MTB] ④ [21-1060950. WHEEL REAR-MTB]

13 다음의 [보기]의 내용을 읽고 소요량전개를 진행한 뒤 물음에 답하시오.

┤ 보기 ├
- 사업장: [1000. ㈜한국자전거본사]
- 계획기간: 2024/07/02 ~ 2024/07/02
- 전개기준: 별도의 전개기준 없음
- 전개구분: 2. 모의전개
- 내역조회: 1. 조회함
- 취합여부: 소용량 전개 후 소요량취합 진행

[보기] 내용으로 진행한 소요량 전개 내역 중 품목군이 [R100. FRAME]이고 소요일자가 2024년 06월 25일인 품목들의 예정수량 합을 구하시오.

① 442 ② 516
③ 548 ④ 748

14 아래 [조회조건]으로 데이터를 조회한 후 물음에 답하시오.

┤ 조회조건 ├
- 사업장: [1000. ㈜한국자전거본사]
- 발주기간: 2024/07/03 ~ 2024/07/03

다음 [보기]의 국내 발주내역에 대한 설명 중 틀린 것을 고르시오.

① PO2407000001 내역은 이후 별도의 검사과정 없이 입고처리가 가능하다.
② PO2407000002 내역은 이후 검사과정을 처리해야 입고처리가 가능하다.
③ PO2407000003 내역은 청구내역을 적용받아 등록이 되었다.
④ PO2407000004 내역은 적용받지 않고 직접 입력이 되었다.

15 다음 [보기]는 [1000. ㈜한국자전거본사]에서 2024년 07월 05일 [M100. 부품창고] 입고내역에 대한 설명이다.

┤ 보기 ├
가. RV2407000001은 건별 마감이다.
나. RV2407000002 내역의 관리단위 수량이 100EA이다.
다. RV2401000003 내역은 수주를 적용받지 않고 직접 입력된 건이다.
라. 해당일자의 입고는 모두 부품장소로 입고되었다.

[보기]의 내용 중 올바른 설명의 수를 고르시오.

① 0 ② 1
③ 2 ④ 3

16 [1000. (주)한국자전거본사]는 2024년 07월 06일 창고 [M110. 대리점창고]에서 입고번호 [RV 2407000005]의 일부만 매입마감을 하였다. 다음 중 매입미마감수량이 가장 큰 품목을 고르시오. (관리단위 기준)

① [21-1035600. SOCKET]
② [21-1060700. FRAME-NUT]
③ [21-1060850. WHEEL FRONT-MTB]
④ [21-1060950. WHEEL REAR-MTB]

17 아래 [조회조건]의 조건으로 데이터를 조회한 후 물음에 답하시오.

┤ **조회조건** ├

• 사업장: [1000. ㈜한국자전거본사]   • 마감기간: 2024/07/01 ~ 2024/07/01

다음 [보기]의 국내 매입마감 PC2407000003 건에 대한 설명 중 틀린 것을 고르시오.

① 입고처리 시 50EA였지만 마감 시점에 30EA로 수량이 변경되었다.
② 해당 마감 내용은 전표처리 상태가 미처리이다.
③ 입고번호 RV2407000005 에 대한 마감처리 내용이다.
④ 입고일자와 마감일자가 서로 동일하다.

18 아래 [조회조건]의 조건으로 데이터를 조회한 후 물음에 답하시오.

┤ **조회조건** ├

• 사업장: [1000. ㈜한국자전거본사]   • 기간: 2024/07/08 ~ 2024/07/08

다음 매입마감 내역 중 [14600. 상품]으로 분개된 금액이 가장 적은 매입마감번호를 고르시오.

① PC2407000004   ② PC2407000005
③ PC2407000006   ④ PC2407000007

19 아래 [조회조건]으로 데이터를 조회한 후 물음에 답하시오.

┤ **조회조건** ├

• 사업장: [1000. (주)한국자전거본사]
• 내역: 2024년 07월 08일에 부품창고-불량장소에 있는 [21-1035600. SOCKET] 품목의 재고파악 시
       실제수량이 전산수량보다 1EA가 더 많이 존재하여 전산 내역을 조정하였다.

다음 [조회조건] 내역을 재고조정 수불을 활용하여 전산에 반영 시 올바르게 입력한 조정번호를 고르시오.

① IA2407000002   ② IA2407000003
③ IA2407000004   ④ IA2407000005

기출문제

20 다음 [보기]는 [1000. (주)한국자전거본사]에서 2024년 07월 01일 거래구분 T/T로 해외수주를 등록한 내역에 대한 설명이다.

┤ 보기 ├

가. 환종은 JPY인 수주내역이다.
나. 납기일은 2024/07/25 이다.
다. 해외송장번호는 INV-20240701-0005 이다.
라. 최종목적지는 Boston, USA 이다.

[보기]의 내용 중 올바른 설명의 수를 고르시오.

① 0   ② 1   ③ 2   ④ 3

21 아래 [조회조건]의 조건으로 PACKING LIST 직접 입력한 후 물음에 답하시오.

┤ 조회조건 ├

• 송장기간: 2024/07/08 ~ 2024/07/08   • 거래구분: 4. T/T
• 중량계산: 체크함

2024년 07월 08일에 발행된 COMMERCIAL INVOICE에 대한 PACKING LIST를 등록할 때 NET-WEIGHT가 가장 작은 품명을 고르시오.

① 일반자전거 (P-GRAY WHITE)   ② 산악자전거 (P-20G)
③ 5단기어자전거   ④ 200 X 600 PIPE

22 [1000. (주)한국자전거본사]에서 2024년 07월 10일 등록된 B/L번호 BL2407000001에 2024년 07월 출고된 IS2407000006 내역을 적용받아 등록하고자 하였지만, 적용창에는 내역이 조회되지 않고 있다. 다음 중 적용창에 조회가 되지 않는 이유로 올바르게 설명한 내역을 고르시오.

① IS2407000006 출고는 선적 BL2407000001이 아닌 다른 건에 이미 등록이 되었기 때문이다.
② IS2407000006 출고와 선적 BL2407000001의 고객이 다르기 때문이다.
③ IS2407000006 출고와 선적 BL2407000001의 거래구분이 다르기 때문이다.
④ IS2407000006 출고와 선적 BL2407000001의 환종이 다르기 때문이다.

23 아래 [조회조건]으로 데이터를 조회한 후 물음에 답하시오.

┤ 조회조건 ├

• 사업장: [1000. (주)한국자전거 본사]   • 거래구분: T/T
• 선적기간: 2024/07/01 ~ 2024/07/01

[조회조건]을 만족하는 수입 B/L내역에 등록된 발주내역의 등록일을 고르시오.

① 2024년 06월 20일   ② 2024년 06월 23일
③ 2024년 06월 27일   ④ 2024년 06월 30일

24 다음 [보기]는 [1000. (주)한국자전거본사]에서 2024년 07월 01일 수입제비용을 등록한 EC2407 000001 내역에 대한 설명이다.

┤ 보기 ├

가. 적용된 B/L번호의 L/C번호는 HSBC20240701-001이다.
나. 미착품원가 정산처리가 완료된 제비용 내역이다.
다. 운반비 비용은 제예금으로 지급이 되었다.
라. 하역비 비용은 전표처리가 되었다.

[보기]의 내용 중 올바른 설명의 수를 고르시오.

① 0   ② 1   ③ 2   ④ 3

25 아래 [조회조건]으로 데이터를 조회한 후 물음에 답하시오.

┤ 조회조건 ├

• 사업장: [1000. (주)한국자전거본사]   • 발주기간: 2024/07/02 ~ 2024/07/02

(주)한국자전거본사]에서 등록된 발주 내역의 품목의 수입 진행 상황을 확인하고자 한다. 발주 내역 중 품목 [ABU-012. ARU_230]의 가장 최근 입고된 일자를 고르시오.

① 2024년 07월 14일   ② 2024년 07월 17일
③ 2024년 07월 20일   ④ 2024년 07월 22일

[이 론] ●

01 차세대 ERP의 특징에 대한 설명으로 가장 적절하지 않은 것은?

① 기업의 업무영역을 서로 분리하고 독립적으로 운영하여 단위별 업무처리를 추구하는 시스템으로 발전하고 있다.
② 제조업에서는 빅데이터 분석기술을 기반으로 생산자동화를 구현하고 ERP와 연계하여 생산계획의 선제적 예측과 실시간 의사결정이 가능하다.
③ ERP에서 생성되고 축적된 빅데이터를 활용하여 기업의 새로운 업무개척이 가능해지고, 비즈니스 간 융합을 지원하는 시스템으로 확대가 가능하다.
④ 현재 ERP는 인공지능 및 빅데이터 분석기술과의 융합으로 전략경영 등의 분석도구를 추가하여 상위계층의 의사결정을 지원할 수 있는 지능형시스템으로 발전하고 있다.

02 ERP 도입의 성공요인으로 가장 적절하지 않은 것은?

① 사전준비를 철저히 한다.
② 현재의 업무방식을 유지한다.
③ 단기간의 효과위주로 구현하지 않는다.
④ 최고 경영진을 프로젝트에서 배제하지 않는다.

03 'Best Practice' 도입을 목적으로 ERP 패키지를 도입하여 시스템을 구축하고자 할 경우 가장 적절하지 않은 것은?

① BPR과 ERP 시스템 구축을 병행하는 방법
② ERP 패키지에 맞추어 BPR을 추진하는 방법
③ 기존 업무처리 절차에 따라 ERP 패키지를 수정하는 방법
④ BPR을 실시한 후에 이에 맞도록 ERP 시스템을 구축하는 방법

04 ERP시스템의 SCM 모듈을 실행함으로써 얻는 장점으로 가장 적절하지 않은 것은?

① 공급사슬에서의 가시성 확보로 공급 및 수요변화에 대한 신속한 대응이 가능하다.
② 정보투명성을 통해 재고수준 감소 및 재고회전율(inventory turnover) 증가를 달성할 수 있다.
③ 공급사슬에서의 계획(plan), 조달(source), 제조(make) 및 배송(deliver) 활동 등 통합 프로세스를 지원한다.
④ 마케팅(marketing), 판매(sales) 및 고객서비스(customer service)를 자동화함으로써 현재 및 미래 고객들과 상호작용할 수 있다.

05 클라우드 서비스 사업자가 클라우드 컴퓨팅 서버에 ERP소프트웨어를 제공하고, 사용자가원격으로 접속해 ERP소프트웨어를 활용하는 서비스를 무엇이라 하는가?

① PaaS(Platform as a Service)
② DaaS(Desktop as a Service)
③ SaaS(Software as a Service)
④ IaaS(Infrastructure as a Service)

06 수요예측에 대한 설명 중 가장 적절하지 않은 것은?

① 지수평활법에서 평활상수는 −1에서 1 사이의 값을 가진다.
② 전문가 그룹에 대해 설문조사를 하는 델파이법은 대표적인 정성적 예측 기법이다.
③ ARIMA는 판매자료 간의 상관관계를 분석하여 상관요인과 이동평균요인으로 구분하고 이를 통해 수요를 예측하는 방법이다.
④ 확산모형은 제품수명주기이론을 바탕으로 제품이 확산되는 과정을 혁신효과와 모방효과로 구분하여 추정하고 이를 통해 수요를 예측하는 방법이다.

07 성장성지표를 활용하여 ㈜KPC의 목표매출액을 결정하려고 한다. [보기]의 자료를 반영하여 ㈜KPC의 목표매출액을 계산하면 얼마인가?

┤ 보기 ├

• 금년도 전체 시장 매출액: 1,000억원
• 금년도 ㈜KPC 기업의 시장점유율: 20%
• 작년 대비 ㈜KPC 기업의 시장점유율 증가율: 40%
• 작년 대비 전체시장 매출액 증가율: 30%

① 24억원
② 364억원
③ 1,300억원
④ 2,184억원

08 [보기]에서 수행한 목표매출액 할당 방법으로 가장 적절한 것은?

┤ 보기 ├

• 과거의 판매실적의 경향을 고려한 판매할당
• 이익공헌도를 고려한 판매할당
• 교차비율을 고려한 판매할당

① 영업거점별 판매할당
② 지역/시장별 판매할당
③ 상품/서비스별 판매할당
④ 거래처/고객별 판매할당

09 가격 결정에 영향을 미치는 요인은 내부적 요인과 외부적 요인으로 구분할 수 있다. 성격이 다른 하나는 무엇인가?

① 제품 특성
② 마케팅목표
③ 가격탄력성
④ 손익분기점

10 ㈜생산성의 연간 매출액은 6,000만원, 매출채권의 평균회수기간이 90일이라면, 기말 매출채권 잔액은 얼마인가? 단, 1년은 360일로 가정한다.

① 1,100만원　　　　　　　　　　　② 1,300만원
③ 1,500만원　　　　　　　　　　　④ 1,700만원

11 판매계획은 수립 기간에 따라 구분될 수 있다. [보기]의 내용은 어느 계획에 해당하는가?

┤ 보기 ├

- 제품별 수요예측과 판매예측을 통하여 제품별로 매출액을 예측한다.
- 제품별 경쟁력 강화를 위한 계획을 수립한다.
- 제품별 디자인, 원가, 품질 등을 개선한다.
- 판매 촉진을 위한 정책 수립, 판매 경로 및 판매자원의 구체적인 계획을 수립하다.

12 ㈜생산은 자금조달기간을 이용하여 연간 총 여신한도액을 설정하려고 한다. [보기]에 제시된 자금 운용 현황을 이용하여 매출채권 한도액을 구하시오. (단위: 원)

┤ 보기 ├

- 매출액: 8,000만원　　　　　　　　• 매출채권회수기간: 80일
- 매입채무지급기간: 30일　　　　　• 재고회전기간: 23일

13 ㈜케이피씨는 당해연도 5월 총 500개의 안마의자를 판매하였다. 5월달 판매예측치가 450대일 때, 6월의 안마의자 판매 예측치는 몇 대인가? 단, 지수평활계수(α)는 0.2이다.

14 공급망 운영전략에 대한 설명으로 옳은 것은?

① 효율적 공급망 전략은 낮은 운송비용을 선호한다.
② 대응적 공급망 전략은 높은 생산가동률을 통한 낮은 비용 유지를 선호한다.
③ 효율적 공급망 전략은 리드타임을 단축시키기 위해 공격적인 투자를 선택한다.
④ 대응적 공급망 전략은 공급망에서 높은 재고회전율과 낮은 재고수준을 유지한다.

15 공급망 물류거점 운영방식에 대한 설명으로 가장 적절하지 않은 것은?

① 통합 물류센터 운영 방식: 중앙 물류센터와 지역 물류센터를 혼합하여 운영하는 방식
② 지역 물류센터 운영 방식: 소비자 근처에 위치한 분산 물류거점을 운영하는 방식
③ 크로스도킹 운영 방식: 물류거점에 재고를 보유하지 않고 물류거점이 화물에 대한 '환적' 기능만을 제공 하는 방식
④ 공급자 재고관리(VMI) 운영 방식: 물류거점의 운영을 자재·부품 공급업체에 일임하고 필요한 경우에 필요한 수량만큼 공급자가 운영하는 물류거점에서 가져오는 방식

16 원자재 매입가격이 지속적으로 상승하는 경제 환경 하에서 일반적으로 당기순이익이 가장 크게 나타나는 재고평가방법은 무엇인가?

① 총평균법 ② 후입선출법
③ 선입선출법 ④ 이동평균법

17 선택지에 제시된 창고관리의 출고 업무프로세스 중에서 가장 나중에 수행되는 업무는 무엇인가?

① 출고 지시 ② 출고 피킹
③ 출하 이동 ④ 출하 포장

18 [보기]는 운송수단에 대한 설명이다. 선박운송의 특성에 해당하는 설명으로만 묶인 것은?

┤ 보기 ├
ㄱ 화물의 운송속도가 매우 빠름.
ㄴ 화물의 안전 운송을 위한 포장비가 많이 발생함.
ㄷ 다른 운송 수단에 비해 운송 기간이 많이 소요됨.
ㄹ 화물의 손상이 적고 포장이 간단하여 포장비가 저렴함.
ㅁ 운송 중 기상 상황에 따라 화물 손상사고가 자주 발생함.
ㅂ 납기가 급한 긴급 화물이나 유행에 민감한 화물, 신선도 유지가 요구되는 품목 운송에 적합함.

① ㄱ, ㄷ, ㅁ ② ㄱ, ㄹ, ㅂ
③ ㄴ, ㄷ, ㅁ ④ ㄴ, ㄹ, ㅂ

19 [보기]는 공급망 프로세스의 경쟁능력 요소에 대한 설명이다. (   )에 용어를 한글로 입력하시오.

┤ 보기 ├
• 비용은 적은 자원으로 제품·서비스를 창출할 수 있는 능력을 나타낸다.
• 품질은 고객 욕구를 만족시키는 척도이며 소비자에 의하여 결정된다.
• 시간은 경쟁사보다 빠른 신제품 개발능력, 신속한 제품 배달능력, 정시배달능력을 나타낸다.
• (   )은(는) 설계변화와 수요변화에 효율적으로 대응할 수 있는 능력을 나타낸다.

20 [보기]는 제품A의 재고와 관련된 정보이다. 제품A의 재고회전율이 5회일 때 연간 총판매량은 얼마인가? (단위: 개)

┤ 보기 ├
• 연간 총판매량: (   ) • 기초 재고량: 500개
• 기말 재고량: 700개

기출문제

21 원가에 대한 설명으로 적절한 것은?

① 원가의 3요소는 재료비, 노무비, 고정비이다.
② 판매원가는 제조원가에 제조간접비를 더한 것이다.
③ 총원가는 제조원가에 판매비와 관리비를 더한 것이다.
④ 제조원가는 직접재료비, 직접노무비, 직접경비, 변동비를 더한 것이다.

22 제품생산원가를 변동비와 고정비로 구분할 때, 고정비에 해당하지 않는 것은?

① 보험료   ② 감가상각비
③ 외주가공비   ④ 지급임차료

23 [보기]의 구매계약에 대한 설명 중 ⓐ ~ ⓓ에 적합한 내용으로 옳지 않은 것은?

┤ 보기 ├

• 향후 거래조건에 대하여 분쟁의 소지가 있을 경우에는 구매계약서를 작성하는 것이 바람직하다.
• 구매계약의 ⓐ해제는 이미 발생된 계약사항을 ⓑ소급하여 무효로 함을 의미한다.
• 구매계약의 ⓒ해지는 ⓓ과거의 계약사항에 대해서만 무효로 함을 의미한다.

① ⓐ해제   ② ⓑ소급
③ ⓒ해지   ④ ⓓ과거

24 [보기]는 공급자 선정방식 중 경쟁 방식에 대한 설명이다. 괄호 안에 들어갈 용어로 가장 적절한 것은?

┤ 보기 ├

• (A) 방식이란 "불특정 다수를 입찰에 참여시켜 가장 유리한 조건을 제시한 공급자를 선정하는 방법"을 말한다.
• (B) 방식이란 "입찰참가자의 자격을 정하여, 일정 자격을 갖춘 모든 대상자를 입찰참가자에 포함시키는 방법"을 말한다.
• (C) 방식이란 "공급자로서 적합한 자격을 갖추었다고 인정하는 다수의 특정한 경쟁참가자를 선정하여 경쟁입찰에 참가하도록 하는 방법"을 말한다.

① A: 지명경쟁, B: 제한경쟁, C: 일반경쟁   ② A: 일반경쟁, B: 수의계약, C: 제한경쟁
③ A: 일반경쟁, B: 제한경쟁, C: 지명경쟁   ④ A: 제한경쟁, B: 일반경쟁, C: 지명경쟁

25 [보기]는 가격결정 특성을 반영한 가격 유형에 대한 내용이다. (A)에 들어갈 용어를 한글로 입력하시오.

┤ 보기 ├

• 개정가격: 일반적으로 이전 가격의 20%~30% 이내에서 결정되는 신모델의 자동차 가격 등에 해당한다.
• (A)가격: 새로운 건물을 건축할 때 건설업자에 따라 변경되는 가격에 해당한다.
• 협정가격: 협회의 결정에 따라 가격에 반영되는 서비스 가격에 해당한다.

26 [보기]는 가격결정에 영향을 미치는 세부요소에 대한 내용이다. (A)에 공통적으로 들어갈 용어를 한글로 입력하시오.

> ┤ 보기 ├
>
> • 가격(A)(이)란 가격이 1% 변화하였을 때 수요량은 몇 % 변화하는가를 절대치로 나타낸 크기이다.
> • 일반적으로 수요가 지속적으로 유지되는 생필품의 가격(A)(은)는 사치품보다 작다.
> • | 가격(A) | = 수요변화율 ÷ 가격변화율

27 우리나라에는 대외무역법에 의거하여 등록 및 승인권한을 각 무역기관장에게 위임하고 있기 때문에 다양한 무역관련 관계기관이 있다. 이 중원산지 증명서를 발행하는 기관은 어디인가?

① 한국무역협회
② 한국생산성본부
③ 대한상공회의소
④ 대한무역투자진흥공사

28 관세를 과세하기 위해 필요한 과세요건에 대한 설명으로 옳지 않은 것은?

① 납세의무자는원칙적으로 수입자이다.
② 세율은 국가마다 동일하며, 국제표준세율을 따른다.
③ 과세물건은 과세 부과대상으로서 수입신고 시 신고 된 수입물품이다.
④ 과세표준은 세액을 결정하는 데 기준이 되는 과세물건의 가격 또는 수량을 말한다.

29 무역결제수단 중 추심방식에 해당하는 것만으로 묶인 것은?

① D/P, D/A
② T/C, D/P
③ L/C, D/A
④ CAD, COD

30 INCOTERMS 2020에서는 운송수단에 따라 복합운송조건과 해상운송조건으로 분류하고 있다. 해상운송조건에 해당하지 않는 것은?

① FAS
② FOB
③ CFR
④ DAT

31 [보기]의 ( ) 안에 공통적으로 들어갈 용어를 한글로 입력하시오.

> ┤ 보기 ├
>
> • 구매확인서는 국내에서 외화획득용원료 등의 구매를원활하게 지원할 목적으로 발급되며, ( ) 취급규정에 의하여 외국환은행장이 발급하는 증서이다.
> • 구매확인서는 ( ) 개설한도가 부족하거나 ( ) 개설대상이 아닌 경우에 발급한다.

32 [보기]는 외국환은행 대고객 매매율의 세부적인 유형에 대한 설명이다. [보기]의 (   ) 에 공통으로 들어갈 용어는 무엇인가? (예: AA 또는 A/A)

┤ 보기 ├

- (   ) 매도율은원화를 외화로 바꿔 해외에 송금할 때 적용된다.
- (   ) 매입률은 해외에서 외화를 송금 받아원화로 교환할 때 적용된다.
- 일람출급환어음 매매율은 환어음의 우송기간에 대한 금리를 (   ) 매매율에서 가감하여 정한다.

> ❖❖ 실무문제는 [실기메뉴]를 활용하여 답하시오.
> 웹하드(http://www.webhard.co.kr)에서 Guest(ID: samil3489, PASSWORD: samil3489)로
> 로그인하여 백데이터를 다운받아 설치한 후 물류 1급 2024년 3회로 로그인한다.

01 다음 [보기]는 일반거래처에 대한 설명이다.

┤ 보기 ├

가. (주)하나상사의 대표자성명은 '김재영'이다.
나. (주)빅파워의 거래시작일은 '2017/05/10'이다.
다. (주)제동기어의 사업자번호는 '204-07-43008' 이다.
라. DOREX CO.LTD는 무역 거래를 주로 하는 수출입 거래처 이다.

올바른 설명의 수를 고르시오.

① 1　　　　　　　② 2　　　　　　　③ 3　　　　　　　④ 4

02 회사의 영업과 구매의 통제등록 내용을 확인하고 보기의 내용이 틀린 것을 고르시오.

① 판매단가는 품목단가이다.
② 2023년 12월 31일 이전의 주문 내역을 수주등록 메뉴에서 입력할 수 없다.
③ 2023년 12월 31일 이전의 입고 내역을 입고처리 메뉴에서 입력할 수 없다.
④ 재고평가방법은 선입선출법이다.

03 다음 [보기]는 품목에 대한 설명이다.

┤ 보기 ├

가. 품목 21-1030600은 품목군 [G100. GEAR]에 속한다.
나. 품목 21-1060950은 조달 구분은 생산이다.
다. 품목 31-10100003은 사용하지 않는 품목이다.
라. 품목 ATECK-3000은 품목 TTS-230의 SET구성품이다.

올바른 설명의 수를 고르시오.

① 0　　　　　　　② 1　　　　　　　③ 2　　　　　　　④ 3

04 [1000. (주)한국자전거본사] 사업장에서는 2024년 4월 판매계획을 세운 후 수정작업을 진행했다. 다음 중 최초 계획했던 수량을 낮게 조정하였지만 계획 단가를 높여 수정계획금액이 더 커진 품목을 고르시오.

① [ATECK-3000. 일반자전거]　　　② [ATECK-2000. 유아용자전거]
③ [NAX-A400. 싸이클]　　　　　　④ [NAX-A420. 산악자전거]

05 다음의 [보기]의 내용을 읽고 질문에 답하시오.

┤ 보기 ├

- 사업장: [1000. (주)한국자전거본사]

2024년 5월 2일의 견적 건 중 긴급으로 요청되어 가장 짧은 납기기간으로 등록된 견적번호를 고르시오.

① ES2405000001   ② ES2405000002
③ ES2405000003   ④ ES2405000004

06 아래 [조회조건]으로 데이터를 조회한 후 물음에 답하시오.

┤ 조회조건 ├

- 사업장: [1000. (주)한국자전거본사]   · 주문기간: [2024/05/01 ~ 2024/05/05]

다음 [조회조건]의 수주내역 중 관리구분이 [S10. 일반매출] 내역의 주문수량 합을 고르시오.

① 80   ② 115
③ 120   ④ 160

07 아래 [조회조건]으로 데이터를 조회한 후 물음에 답하시오.

┤ 조회조건 ├

- 사업장: [1000. (주)한국자전거본사]   · 출고기간: [2024/05/06 ~ 2024/05/10]
- 출고창고: [M100. 상품창고]

다음 [조회조건]의 주문내역을 적용받은 국내 출고내역 중 고객별 재고단위수량의 합이 가장 큰 고객을 고르시오.

① [00001. (주)대흥정공]   ② [00002. (주)하나상사]
③ [00003. (주)빅파워]   ④ [00004. (주)제동기어]

08 아래 [조회조건]으로 데이터를 조회한 후 물음에 답하시오.

┤ 조회조건 ├

- 사업장: [1000. (주)한국자전거본사]

2024년 5월 11일에 [P100. 제품창고]에서 출고된 내역 중 출고 장소가 나머지와 다른 품목을 고르시오.

① NAX-A400   ② NAX-A420
③ NAX-A500   ④ ATECK-3000

09 아래 [조회조건]으로 데이터를 조회한 후 물음에 답하시오.

> **조회조건**
> • 사업장: [1000. (주)한국자전거본사] • 출고기간: 2024/05/06 ~ 2024/05/10
> • 출고창고: [M100. 상품창고]

위 조회기간을 만족하는 국내 출고 내역을 적용하여 매출마감을 등록하였다. 다음 출고내역의 매출마감 데이터에 대한 설명 중 잘못 설명한 것을 고르시오.

① 출고번호[IS2405000001]은 2024/05/11에 전표처리 되었다.
② 출고번호[IS2405000002]는 매출마감내역은 관리구분이 등록되지 않았다.
③ 출고번호[IS2405000003]의 매출마감 번호는 SC2405000003 이다.
④ 출고번호[IS2405000004]는 다른 출고내역과 함께 매출마감 되었다.

10 다음의 [보기]의 내용을 읽고 질문에 답하시오.

> **보기**
> • 사업장: [1000. (주)한국자전거본사] • 수금기간: 2024/05/01 ~ 2024/05/05

다음 중 수금 번호별 수금 금액 합이 가장 큰 고객을 고르시오.

① (주)대흥정공   ② (주)하나상사
③ (주)빅파워   ④ (주)제동기어

11 아래 [조회조건]으로 데이터를 조회한 후 물음에 답하시오.

> **조회조건**
> • 사업장: [1000. (주)한국자전거본사] • 조회기간: [2024/01/01 ~ 2024/05/15]
> • 조회기준: [0. 국내(출고기준)]

[00004. (주)제동기어]의 미수채권에 대한 설명이다. 다음 중 바르게 설명한 것을 고르시오.

① 미수채권 잔액은 5,565,500원이다.   ② 당기발생 금액은 5,137,500원이다.
③ 당기수금 금액은 2,200,000원이다.   ④ 채권기초 금액은 2,500,000원이다.

12 다음의 [보기]의 내용을 읽고 질문에 답하시오.

> **보기**
> • 사업장: [1000. (주)한국자전거본사] • 계획기간: 2024/04/01 ~ 2024/04/01

2024년 4월 판매계획을 활용하여 주계획을 작성할 때 다음 품목 중 미적용수량이 가장 큰 품목을 고르시오.

① [ATECK-3000. 일반자전거]   ② [ATECX-2000. 유아용자전거]
③ [NAX-A400. 싸이클]   ④ [NAX-A420. 산악자전거]

기출문제

13 다음의 [보기]의 내용을 읽고 질문에 답하시오.

> **보기**
>
> • 사업장: [1000. (주)한국자전거본사]　　　• 전개구분: 1. 주문전개
> • 계획기간: 2024/05/01 ～ 2024/05/15

[보기]의 조건으로 소요량을 전개하였다. 계정구분이 반제품인 품목 중 예정발주일이 가장 빠른 품목을 고르시오.

① [21-1060850. WHEEL FRONT-MTB]
② [21-1060950. WHEEL REAR-MTB]
③ [81-1001000. BODY-알미늄(GRAY-WHITE)]
④ [83-2000100. 전장품 ASS'Y]

14 아래 [조회조건]으로 데이터를 조회한 후 물음에 답하시오.

> **조회조건**
>
> • 사업장: [1000. (주)한국자전거본사]　　　• 발주기간: 2024/05/01 ～ 2024/05/05

다음 국내 발주내역에 대하여 바르게 설명한 것을 고르시오.

① [PO2405000001]은 청구적용을 통해 등록된 발주내역이다.
② [PO2405000002]의 관리구분과 적용받은 내역의 관리구분은 동일하다.
③ [PO2405000003]은 적용받지 않고 직접 입력하였다.
④ [PO2405000005]에 등록된 품목의 주거래처는 발주등록 거래처와 동일하다.

15 (주)한국자전거본사에서 계정구분이 제품인 생산품에 대하여 2024년 5월 재고평가를 할 때, 입고단가가 가장 큰 품목을 고르시오.

① [NAX-A400. 싸이클]　　　　　　　② [NAX-A420. 산악자전거]
③ [NAX-A500. 30단기어자전거]　　　④ [PIPE06. 200 X 600 PIPE]

16 다음 [보기]는 [1000. (주)한국자전거본사]에서 2024년 05월 01일부터 05일까지 입고내역에 대한 설명이다.

> **보기**
>
> A. RV2405000002는 건별 마감으로 입고등록할 때 매입마감도 함께 등록되었다.
> B. RV2405000003는 재고단위 수량의 합계는 700EA이다.
> C. RV2405000004는 발주번호 PO2405000003에 대한 입고이다.
> D. RV2405000005의 입고창고는 [M100. 상품창고]이다.

올바른 설명의 수를 고르시오.

① 0　　　　　　　② 1　　　　　　　③ 2　　　　　　　④ 3

17 다음의 [조회조건]의 내용을 읽고 질문에 답하시오.

┤ 조회조건 ├

• 사업장: [1000. (주)한국자전거본사]   • 마감기간: 2024/05/01 ~ 2024/05/05

다음 매입마감(국내거래) 내역에 대한 설명으로 옳지 않은 것을 고르시오.

① PC2405000002는 세무구분이 카드매입이다.
② PC2405000003은 입고처리에서 자동으로 마감된 건이다.
③ PC2405000004는 입고번호 RV2405000004에 대한 매입마감 건이다.
④ PC2405000005는 입고수량 20EA 중 일부만 매입마감 하였다.

18 아래 [작업내역]을 여러 가지 방법으로 ERP에 반영할 수 있다.

┤ 작업내역 ├

• 2024/05/08에 [NAX-A420. 산악자전거] 50EA를 구매 입고하였다.
  (창고: [M300. 완성품창고], 장소: [M310. 제품_서울장소])
• 2024/05/10에 [NAX-A420. 산악자전거] 2EA가 불량이 발견되어 반품조치를 하였다.

다음 메뉴에서 수불번호를 조회하여 불량수량을 ERP에 등록할 때 바르게 반영한 것을 고르시오.
(각각 수불번호로 작업내역을 처리한다고 가정한다.)

① 기초재고/재고조정등록: IA2405000001
② 기초재고/재고조정등록: IA2405000002
③ 재고이동등록(창고): MV2405000001
④ 입고처리(국내발주): RV2405000007

19 다음의 [보기]의 내용을 읽고 질문에 답하시오.

┤ 보기 ├

• 사업장: [1000. (주)한국자전거본사]   • 실사기간: 2024/04/01 ~ 2024/04/30

2024년 4월 30일 [상품창고, 상품장소]에서 재고실사를 시행했다. 품목 [ATECK-3000. 일반자전거]
의 전산재고가 100, 실사재고는 92으로 차이수량 8이 발생했다. 다음 중 올바른 조치를 고르시오.

① 재고조정등록을 통하여 수량 8만큼 출고 조정한다.
② 점검장소에서 상품장소로 수량 8만큼 이동시킨다.
③ 수량 8만큼 입고 데이터를 등록한다.
④ 수량 8만큼 수주 데이터를 등록한다.

20 다음의 [보기]의 내용을 읽고 질문에 답하시오.

┤ 보기 ├
- 사업장: [1000. (주)한국자전거본사]
- 주문기간: 2024/05/16 ~ 2024/05/20
- 거래구분: 3. MASTER L/C

주문번호 SO2405000007에 대한 설명으로 옳지 않은 것은?

① L/C번호는 MCDR24057788 이다.
② 견적 적용 받아 입력되었으며 견적 수량 모두 수주되었다.
③ Invoice No.는 DOR24057788 이다.
④ 해외프로모션 프로젝트에 의한 수주 건이다.

21 아래 [보기]의 조건으로 데이터를 조회한 후 물음에 답하시오.

┤ 보기 ├
- 사업장: [1000. (주)한국자전거본사]
- 견적기간: 2024/05/16 ~ 2024/05/20

견적번호(수출) ES2405000006을 활용하여 주문을 등록하였다. 해당 주문의 거래구분을 고르시오.

① MASTER L/C
② T/T
③ D/A
④ D/P

22 거래처 [00011. INTECH CO.LTD]로 2024년 01월에 발행된 COMMERCIAL INVOICE와 PACKING LIST에 대한 설명이다.

┤ 보기 ├
A. D/A로 거래하였다.
B. Carrier는 ST.MARIANA 이다.
C. 모두 한 컨테이너로 선적되었다.
D. [ATECX-2000. 유아용자전거]의 순중량은 12.5 KG이다.

옳은 설명은 몇 개인가?

① 1
② 2
③ 3
④ 4

23 아래 [조회조건]으로 데이터를 조회한 후 물음에 답하시오.

┤ 조회조건 ├
- 사업장: [1000. (주)한국자전거본사]
- 발주기간: 2024/05/21 ~ 2024/05/25
- 거래구분: MASTER L/C

[조회조건]을 만족하는 해외수입발주번호 PO2405000006의 개설은행 거래처코드를 고르시오.

① 93003
② 98001
③ 98002
④ 98004

24 아래 [조회조건]으로 데이터를 조회한 후 물음에 답하시오.

┤ 조회조건 ├─────────────────────────────
• 사업장: [1000. (주)한국자전거본사]　　• 등록기간: 2024/05/23 ~ 2024/05/23

[조회조건]을 만족하는 수입 비용 EC2405000001에 대한 설명 중 옳은 것은?

① 등록된 총 비용은 150,000 이다.
② 비용 발생일자는 모두 2024/05/23 이다.
③ 발주번호 PO2405000006에 대한 비용이다.
④ 부산세관으로 지출된 비용은 전표처리 되었다.

25 아래 [조회조건]으로 데이터를 조회한 후 물음에 답하시오.

┤ 조회조건 ├─────────────────────────────
• 사업장: [1000. (주)한국자전거본사]　　• 발주기간: 2024/04/15 ~ 2024/04/15

해외수입발주번호 PO2404000001의 입고일자를 고르시오.

① 2024년 05월 16일　　　　　　② 2024년 05월 20일
③ 2024년 05월 24일　　　　　　④ 2024년 05월 27일

[이론]

01 기업에서 ERP시스템을 도입하기 위해 분석, 설계, 구축, 구현 등의 단계를 거친다. 이 과정에서 필수적으로 거쳐야하는 'GAP분석' 활동의 의미를 적절하게 설명한 것은?

① TO-BE 프로세스 분석
② TO-BE 프로세스에 맞게 모듈을 조합
③ 현재업무(AS-IS) 및 시스템 문제 분석
④ 패키지 기능과 TO-BE 프로세스와의 차이 분석

02 ERP 구축 전에 수행되는 단계적으로 시간의 흐름에 따라 비즈니스 프로세스를 개선해가는 점증적 방법론은 무엇인가?

① ERD(Entity Relationship Diagram)
② BPI(Business Process Improvement)
③ MRP(Material Requirement Program)
④ SFS(Strategy Formulation & Simulation)

03 ERP 시스템의 프로세스, 화면, 필드, 그리고 보고서 등 거의 모든 부분을 기업의 요구사항에 맞춰 구현하는 방법을 무엇이라 하는가?

① 정규화(Normalization)
② 트랜잭션(Transaction)
③ 컨피규레이션(Configuration)
④ 커스터마이제이션(Customization)

04 ERP 아웃소싱(Outsourcing)에 대한 설명으로 적절하지 않은 것은?

① ERP 자체개발에서 발생할 수 있는 기술력 부족을 해결할 수 있다.
② ERP 아웃소싱을 통해 기업이 가지고 있지 못한 지식을 획득할 수 있다.
③ ERP 개발과 구축, 운영, 유지보수에 필요한 인적 자원을 절약할 수 있다.
④ ERP시스템 구축 후에는 IT아웃소싱 업체로부터 독립적으로 운영할 수 있다.

05 기업이 클라우드 ERP를 통해 얻을 수 있는 장점으로 적절하지 않은 것은?

① 데이터베이스 관리 효율성 증가
② 어플리케이션을 자율적으로 설치, 활용 가능
③ 시간과 장소에 구애받지 않고 ERP 사용이 가능
④ 장비관리 및 서버관리에 필요한 IT 투입자원 감소

06 수요예측 기법 중 정량적 분석에 관한 설명으로 적절하지 않은 것을 고르시오.

① 확산모형은 제품수명주기이론을 바탕으로 혁신효과와 모방효과로 구분하여 추정하고 이를 통해 수요를 예측하는 방법이다.

② ARIMA는 판매자료 간의 상관관계를 분석하여 상관요인과 이동평균요인으로 구분하고 이를 통해 수요를 예측하는 방법이다.

③ 지수평활법의 평활상수 값이 크면 과거의 변동을 더 많이 고려한다는 의미이고, 평활상수 값이 작아지면 최근의 변동을 더 많이 고려한다는 의미이다.

④ 분해법은 과거 판매 자료가 갖고 있는 특성의 변화를 추세변동, 순환변동, 계절변동, 불규칙변동 등으로 구분하여 예측한 후 이를 종합하여 수요를 예측하는 방법이다.

07 [보기]의 판매계획과 관련된 설명 중 (   ) 안에 공통적으로 들어갈 용어는 무엇인가?

┤ 보기 ├
- 목표매출액 = 당해업계 총수요예측액 × 자사 목표 (   )
- (   ) = (자사 매출액 / 당해업계 총매출액) × 100%

① 시장성장률　　　　　　　　　② 시장점유율
③ 시장확대율　　　　　　　　　④ 한계이익률

08 판매계획에 대한 설명으로 적절하지 않은 것은?

① 시장점유율은 목표매출액을 결정하는데 가장 중요한 고려요소이다.

② 판매계획은 수요예측과 판매예측의 결과를 이용하여 목표매출액을 구체적으로 수립하는 과정이다.

③ 중기 판매계획은 판매예측을 이용하여 연간 목표매출액을 설정하고 이를 달성하기 위하여 제품별 가격, 판매촉진 방안, 구체적인 판매할당 등을 결정하는 것이다.

④ 장기 판매계획은 신시장 개척, 신제품 개발, 판매경로 강화 등에 관하여 결정하는 것으로 장기적인 시장 분석을 통하여 기업환경의 기회와 위협을 예측하여 계획을 세운다.

09 거점별 판매계획에서 영업활동 수행영역으로 적합하지 않은 것은?

① 영업소　　　　　　　　　　　② 영업팀
③ 영업사원　　　　　　　　　　④ 판매지점

10 가격결정에 영향을 미치는 요인은 내부적 요인과 외부적 요인으로 구성된다. 다음 중 성격이 다른 하나를 고르시오.

① 여신한도　　　　　　　　　　② 가격탄력성
③ 공정거래법　　　　　　　　　④ 손익분기점

11 [보기]에 (   )에 들어갈 용어를 한글로 입력하시오.

┤ 보기 ├

시계열분석방법은 시계열 데이터의 변동요인을 고려하여 수요를 예측하는 방법이다. 4가지 변동요인에는 계절변동, 추세변동, (   )변동, 불규칙변동이 있다.

12 [보기]는 (주)생산의 재무자료이다. 여신한도액은 상한액은 얼마인가? (단위: 원)

┤ 보기 ├

- 유동자산: 800원
- 유동부채: 600원
- 순자산(자본): 800원
- 비유동자산: 1,700원
- 비유동부채: 1,100원
  * 일반적으로 여신한도액은 순운전자본보다 작게 되도록 설정되어야 한다.

13 일반적인 공식을 활용하여 외상매출금에 대한 회수율을 계산하고자 한다. [보기]의 정보를 활용하여 계산한 6월말 외상매출금 회수율이 10%가 되려면 6월의 매출액은 얼마여야 하는가? (단위: 만원)

┤ 보기 ├

- 5월 매출액: 3,500만원
- 6월 회수액: 450만원
- 5월말 외상매출금 잔액: 300만원
- 6월말 외상매출금 잔액: 400만원

14 채찍효과를 줄이기 위한 대처방안으로 적절하지 않은 것은?

① 소량다빈도 주문
② 주기적인 가격 판촉
③ 고객 공급자간 실시간 정보공유
④ 공급망 상의 강력한 파트너십 구축

15 창고 출고업무 프로세스 중에서 가장 나중에 수행되는 업무는 무엇인가? (선택지 중에서 고르시오)

① 검사
② 분류
③ 출하 포장
④ 출고 지시

16 재고 및 재고관리에 대한 설명으로 가장 적절하지 않은 것은?

① 경제적주문량모형(EOQ)은 재고모형의 확정적 모형 중 고정주문모형(Q system)에 속한다.
② ABC 재고관리기법에서는 품목이 다양한 경우 재고관리의 효율성 제고를 위해 재고품목을 3개 그룹으로 구분하여 관리한다.
③ 절충형시스템은 정기적으로 재고 수준을 파악하지만 재고수준이 사전에 결정된 발주점으로 감소하면 최대재고수준까지 부족량만큼 발주하는 방식이다.
④ 조달기간의 불확실, 생산의 불확실, 또는 그 기간 동안의 수요량이 불확실한 경우 등 예상 외의 소비나 재고부족 상황에 대비하기 위한 재고를 비축재고라고 한다.

17 [보기]는 운송수단에 대한 설명이다. 항공운송의 특성에 해당하는 설명으로만 묶인 것은?

┤ 보기 ├

ⓐ 화물의 운송속도가 매우 빠름.
ⓑ 화물의 안전 운송을 위한 포장비가 많이 발생함.
ⓒ 다른 운송 수단에 비해 운송 기간이 많이 소요됨.
ⓓ 화물의 손상이 적고 포장이 간단하여 포장비가 저렴함.
ⓔ 운송 중 기상 상황에 따라 화물 손상사고가 자주 발생함.
ⓕ 납기가 급한 긴급 화물이나 유행에 민감한 화물, 신선도 유지가 요구되는 품목 운송에 적합함.

① ㉠, ㉢, ㉤
② ㉠, ㉣, ㉥
③ ㉡, ㉢, ㉣
④ ㉡, ㉣, ㉥

18 [보기]에서 설명하는 창고보관의 기본원칙은 무엇인가?

┤ 보기 ├

창고 보관의 기본원칙 중 보관 물품의 출입구가 동일한 창고의 경우 입출고 빈도가 높은 화물은 출입구에 가까운 장소에 보관하고, 입출고 빈도가 낮은 경우에는 먼 장소에 보관하는 것으로 작업 동선을 줄이는원칙

① 명료성의 원칙
② 높이쌓기의 원칙
③ 회전 대응의 원칙
④ 동일성 및 유사성의 원칙

19 [보기]는 실지재고조사법의 계산식을 나타낸 것이다. (   ) 안에 공통으로 들어갈 용어를 한글로 기입하시오.

┤ 보기 ├

• 당기 매출량 = 판매가능 재고량 - (   )량
• (   )량 = 실지 재고조사로 파악한 수량

20 [보기]는 운송계획 수립 시 운송의 효율화를 도모하기 위해서 고려해야 하는원칙에 대한 설명이다. (   )에 공통적으로 들어갈 용어를 한글로 기입하시오.

┤ 보기 ├

• (   )율 극대화의원칙
• (   )율은 차량에 얼마나 화물을 싣고 운행하였는지를 나타내는 비율.
• 차량의 (   )율 = (1회 운행당 평균 용적/전체 용적 × 100)

기출문제

21 구매가격의 유형에 대한 설명 중 판매자와 구매자가 가격 결정에 미치는 영향에 대한 설명으로 적절하지 않은 것은?

① 교섭가격은 판매자와 구매자 모두 가격결정에 영향을 미친다.
② 시장가격은 판매자가 가격결정에 영향을 미치나, 구매자는 가격결정에 영향을 미치지 않는다.
③ 개정가격은 판매자가 가격결정에 영향을 미치나, 구매자는 가격결정에 영향을 미치지 않는다.
④ 협정가격은 판매자가 가격결정에 영향을 미치나, 구매자는 가격결정에 영향을 미치지 않는다.

22 원가에 대한 설명으로 가장 적절하지 않은 것은?

① 원가의 3요소는 재료비, 노무비, 경비이다.
② 판매원가는 제조원가에 판매비와 관리비를 더한 것이다.
③ 제조원가는 직접재료비, 직접노무비, 직접경비, 제조간접비를 더한 것이다.
④ 직접원가는 다수 제품의 제조과정에서 공통적으로 소비된 비용으로 생산된 제품에 인위적으로 적당하게 배분한다.

23 제품생산원가를 변동비와 고정비로 구분할 때, 고정비가 아닌 것은?

① 직접재료비   ② 세금과공과
③ 지급임차료   ④ 감가상각비

24 자체생산 또는 외주를 결정하기 위한 구매활동에 대한 설명으로 적절한 것은?

① 지속적으로 대량생산을 해야 하는 경우에는 외주로 결정한다.
② 제품의 구성에서 전략적인 중요성을 가진 부품이라면 외주(위탁 가공)로 결정한다.
③ 제조시설에 대한 신규투자와 유지 등의 고정비를 고려하여 소요비용이 과다할 경우에는 외주로 결정한다.
④ 자사가 고유기술을 보유해야 하는 경우, 특허권을 취득할 때까지는 위탁 가공(외주)으로 결정한다.

25 [보기]는 특인기간현금할인(extra dating)에 대한 내용이다. (A), (B)에 해당하는 숫자를 예와 같이 A, B 순서대로 입력하시오. (예: 3, 23)

┤ 보기 ├

• 결제조건: '(A)/(B) - 20days extra'
• 설명: 거래일로부터 10일 이내의 현금지불에 대하여 5%할인을 인정하며, 추가로 20일간 할인기간을 연장한다. (거래일로부터 총 30일간 현금할인이 적용됨)

26 [보기]에서 설명하는 구매방법을 한글로 입력하시오.

┤ 보기 ├

- 가격인상을 대비하여 이익을 도모할 목적으로 가격이 낮을 때 장기간의 수요량을 미리 구매하여 재고로 보유하는 구매방식
- 계속적인 가격상승이 명백한 경우에 유리하지만 가격동향의 예측이 부정확한 경우 손실의 위험이 큰 구매방식

27 대외무역법에 따라 등록 및 승인권한이 무역기관장에게 위임된 무역업 및 무역대리점 신고기관은 무엇인가?

① 상공회의소
② 주무관서장
③ 한국무역협회
④ 갑종 외국환 은행

28 [보기]의 내용이 설명하고 있는 관세법상 용어의 정의는?

┤ 보기 ├

- 동일한 세관의 관할구역에서 입국 또는 입항하는 운송수단에서 출국 또는 출항하는 운송수단으로 물품을 옮겨 싣는 것
- 신용장에 규정된 선적지로부터 목적지까지 화물을 운송하는 과정에서 한 운송수단으로부터 다른 운송수단으로 화물을 옮겨 적재하는 것

① 반송
② 통관
③ 수입
④ 환적

29 외국환거래법 상 정의에 따른 외국환업무에 해당하지 않는 것은?

① 외국환의 발행 또는 매매
② 비거주자의 해외직접투자 보증
③ 대한민국과 외국 간의 지급 · 추심 및 수령
④ 외국통화로 표시되거나 지급되는 거주자와의 예금, 금전의 대차 또는 보증

30 신용장 거래방식에서 표시되는 환어음의 발행인 또는 지급인의 연결로 적절한 것은?

① 환어음 발행인 – 수출자
② 환어음 수취인 – 수입자
③ 환어음 지급인 – 수출자
④ 환어음 지급인 – 통지은행

31 [보기]는 송금결제방식의 어떤 유형을 설명하고 있다. (　　　)에 공통적으로 들어갈 용어를 한글로 입력하시오.

┤ 보기 ├
- (　　　)방식은 본사와 지사 등 무역거래 당사자가 서로 특수한 거래관계에 있을 때, 무역물품을 선적할 때마다 대금을 결제하지 않고 장부에 기입하여 두었다가 일정기간마다 서로 지급 금액을 상계하고 잔액만을 결제하는 방식으로 장부상 결제를 의미한다.
- (　　　)방식은 무역거래가 서로 빈번하여 매번 결제를 하면 금융비용이 많이 들기 때문에 금융비용을 절감하려는 데 목적이 있다.

32 [보기]의 (　　　)에 들어갈 용어를 한글로 입력하시오.

┤ 보기 ├
외국환은행이 고객과 외화현찰거래를 할 때 적용하는 환율을 (　　　)매매율이라고 한다.

[실무]

실무문제는 [실기메뉴]를 활용하여 답하시오.
웹하드(http://www.webhard.co.kr)에서 Guest(ID: samil3489, PASSWORD: samil3489)로
로그인하여 백데이터를 다운받아 설치한 후 물류 1급 2024년 2회로 로그인한다.

01 다음 [보기]는 품목에 대한 설명이다.

┤ 보기 ├

가. [21-1030600. FRONT FORK(S)]의 품목군은 [F100. FRONT] 이다.
나. [21-1060700. FRAME-NUT]의 재고단위와 관리단위는 서로 다르다.
다. [21-1070700. FRAME-티타늄]의 LEAD TIME 은 5 DAYS 이다.
라. [21-3065700. GEAR REAR C]는 실제원가와 표준원가가 같다.

올바른 설명의 수를 고르시오.

① 0   ② 1
③ 2   ④ 3

02 다음 [보기]는 일반거래처에 대한 설명이다.

┤ 보기 ├

가. (주)세림와이어의 업태는 '제조외' 이다.
나. (주)형광램프는 '매출거래처' 거래처분류에 속한다.
다. (주)제일물산의 대표자 성명은 '최영환' 이다.
라. (주)YK PEDAL의 사업장은 '서울 강동구'에 위치하고 있다.

올바른 설명의 수를 고르시오.

① 0   ② 1
③ 2   ④ 3

03 (주)한국자전거본사에서는 각 창고–장소별 적합여부와 가용재고여부를 관리하고 있다. 다음 중 창고에 속한 장소의 '적합여부/가용재고여부' 가 나머지와 다른 것을 고르시오.

① [M100. 부품창고] – [M102. 부품/제1공정장소]
② [M110. 대리점창고] – [1200. 진열장소]
③ [M300. 완성품창고] – [M320. 제품_부산장소]
④ [P100. 제품창고] – [P101. 제품장소]

기출문제

04 아래 [조회조건]으로 데이터를 조회한 후 물음에 답하시오.

┤ 조회조건 ├
- 사업장: [1000. (주)한국자전거본사]   • 대상년월: 2024/03

2024년 03월에 고객별로 판매계획을 세웠다. 다음 중 매출예상금액이 가장 큰 고객을 고르시오.

① [00001. (주)대흥정공]   ② [00002. (주)하나상사]
③ [00003. (주)빅파워]   ④ [00004. (주)제동기어]

05 아래 [조회조건]으로 데이터를 조회한 후 물음에 답하시오.

┤ 조회조건 ├
- 사업장: [1000. (주)한국자전거본사]   • 견적기간: 2024/03/01 ~ 2024/03/01

다음 [조회조건]의 국내 견적내역 중 결제조건이 '제예금결제' 이면서, 견적일자 기준 납기일이 가장 빠른 견적번호를 고르시오.

① ES2403000001   ② ES2403000002
③ ES2403000003   ④ ES2403000004

06 아래 [조회조건]으로 데이터를 조회한 후 물음에 답하시오.

┤ 조회조건 ├
- 사업장: [1000. (주)한국자전거본사]   • 주문기간: 2024/03/02 ~ 2024/03/02

다음 [조회조건]의 국내 수주내역에 대한 설명으로 옳은 것을 고르시오.

① SO2403000001은 견적내역을 적용받았으며, 견적내역보다 적은 수량을 등록하였다.
② SO2403000002는 품목이 직접 입력된 수주 내역이 존재한다.
③ SO2403000003은 견적내역 중 출고처리 전에 검사등록 처리가 필요한 내역이 포함되어있다.
④ SO2403000004는 견적내역을 적용받았으며, 견적내역보다 많은 수량을 등록하였다.

07 아래 [조회조건]으로 데이터를 조회한 후 물음에 답하시오.

┤ 조회조건 ├
- 사업장: [1000. (주)한국자전거본사]   • 주문기간: 2024/03/04 ~ 2024/03/04

다음 국내 수주내역 중 관리구분 기준으로 합계액의 합산이 가장 큰 관리구분을 고르시오.

① [S10. 일반매출(A)]   ② [S20. 일반매출(B)]
③ [S30. 일반매출(C)]   ④ [S40. 일반매출(D)]

08 아래 [조회조건]으로 데이터를 조회한 후 물음에 답하시오.

┤ 조회조건 ├

- 사업장: [1000. (주)한국자전거본사]
- 출고기간: 2024/03/05 ~ 2024/03/05
- 출고창고: [M110. 대리점창고]

(주)한국자전거본사에서는 판매가능하면 가용재고여부를 '여' 판매 불가면 '부', 물품이 양품이면 적합여부를 '적합' 불량품이면 '부적합'이라고 하여 장소를 관리하고 있다. 다음 국내 출고내역 중 판매가 불가하지만, 양품 품목이 출고된 건을 고르시오.

① IS2403000001
② IS2403000002
③ IS2403000003
④ IS2403000004

09 아래 [조회조건]으로 데이터를 조회한 후 물음에 답하시오.

┤ 조회조건 ├

- 사업장: [1000. (주)한국자전거본사]

2024년 03월 05일에 [M100. 부품창고]에서 출고된 내역 중 출고 장소가 나머지와 다른 출고번호를 고르시오.

① IS2403000005
② IS2403000006
③ IS2403000007
④ IS2403000008

10 다음 [보기]는 [1000. (주)한국자전거본사]에서 2024년 03월 06일에 등록된 매출마감/회계처리 내역에 대한 설명이다.

┤ 보기 ├

가. SC2403000001 내역은 세무구분 '카드매출'로 처리된 마감내역이다.
나. SC2403000002 회계전표 내역에는 상품 매출에 대한 회계처리가 되어있다.
다. SC2403000003 내역은 관리구분 '일반매출(C)'로 등록된 마감내역이다.
라. SC2403000004 회계전표 내역 중 부가세예수금의 과세표준금액은 7,304,000 이다.

올바른 설명의 수를 고르시오.

① 0
② 1
③ 2
④ 3

11 아래 [조회조건]으로 데이터를 조회한 후 물음에 답하시오.

┤ 조회조건 ├

- 사업장: [1000. (주)한국자전거본사]
- 조회기간: [2024/03/01 ~ 2024/03/10]
- 조회기준: [0. 국내(출고기준)]
- 고객: [00002. (주)하나상사]

다음은 [00002. ㈜하나상사]의 미수채권에 대한 설명 중 잘못 설명한 것을 고르시오.

① 조회기간 중 (주)하나상사의 전기(월)이월 금액은 존재하지 않는다.
② 조회기간 중 2024/03/05에 발생된 미수채권 금액보다 2024/03/06에 발생된 미수채권 금액이 더 크다.
③ 조회기간 중 발생된 미수채권 내용 중 부가세 총 금액은 1,388,000 이다.
④ 조회기간 중 (주)하나상사의 미수채권 잔액은 5,268,000 이다.

12 아래 [조회조건]으로 데이터를 조회한 후 물음에 답하시오.

┤ 조회조건 ├

- 사업장: [1000. (주)한국자전거본사]　　　 • 요청일자: 2024/03/10 ~ 2024/03/10

청구번호 [PR2403000001]을 발주등록에서 [청구적용 조회]기능을 통하여 입력하고자 하였지만, 조회되지 않는 이유로원인을 파악하려고 한다. [청구적용 조회]에서 조회되지 않는 이유를 바르게 설명한 것을 고르시오.

① 청구자를 등록하지 않아 조회가 되고 있지 않다.
② 청구구분이 잘못 등록되어 있어 조회가 되고 있지 않다.
③ 품목의 주거래처가 등록되지 않아 조회가 되고 있지 않다.
④ 발주등록에 이미 전량 등록이 되어 있어 조회가 되고 있지 않다.

13 아래 [조회조건]의 조건으로 데이터를 조회한 후 물음에 답하시오.

┤ 조회조건 ├

- 사업장: [1000. ㈜한국자전거본사]　　　 • 발주기간: 2024/03/11 ~ 2024/03/11

다음 [조회조건]의 발주 중 거래처별 구매담당자와 다른 담당자로 등록된 거래처를 고르시오.

① ㈜세림와이어　　　　　　　　　　 ② ㈜형광램프
③ ㈜제일물산　　　　　　　　　　　 ④ YK PEDAL

14 다음 [보기]는 [1000. (주)한국자전거본사]에서 2024년 03월에 등록된 발주내역 PO2403000006에 대한 설명이다.

┤ 보기 ├

가. 2024/03/01에 등록된 발주 건이다.
나. 거래처는 '(주)제일물산'으로 등록이 되어있다.
다. 담당자는 '우승현'으로 등록이 되어있다.
라. 등록된 품목의 계정구분은 [5. 상품] 이다.

올바른 설명의 수를 고르시오.

① 0　　　　　　　　② 1　　　　　　　③ 2　　　　　　　④ 3

15 아래 [조회조건]으로 데이터를 조회한 후 물음에 답하시오.

┤ 조회조건 ├

- 사업장: [1000. (주)한국자전거본사]
- 입고기간: 2024/03/13 ~ 2024/03/13
- 발주기간: 2024/03/12 ~ 2024/03/12
- 입고창고: [M100. 부품창고]

입고처리(국내발주) 메뉴에서 [발주적용] 기능을 통하여 2024년 03월 12일에 발주번호 PO24030 00007 내역의 [21-1030600. FRONT FORK(S)]를 등록을 하려했지만, 조회되지 않아 등록을 할 수 없었다. 다음 중 품목이 조회되지 않은 이유를 고르시오.

① 이미 입고 처리되어 품목이 조회되지 않는다.
② 등록된 입고예정일이 2024년 03월 12일로, 설정된 입고기간보다 일자가 지나서 품목이 조회되지 않는다.
③ 검사여부가 검사인 품목으로, [발주적용]으로 품목이 조회되지 않는다.
④ 발주내역이 발주마감 처리되어 품목이 조회되지 않는다.

16 다음 [보기]는 [1000. (주)한국자전거본사]에서 2024년 03월에 완성품창고에 입고된 입고번호 RV 2403000002에 대한 설명이다.

┤ 보기 ├

가. 적합여부가 '적합'인 장소에 입고된 내역이다.
나. 발주내역을 적용받아 입고된 내역이다.
다. 매입마감되어 관리구분을 수정할 수 없다.
라. 매입마감되어 발주수량을 수정할 수 없다.

다음 [보기]의 입고처리(국내발주) 내역에 대한 설명 중 올바른 설명의 수를 고르시오.

① 0
② 1
③ 2
④ 3

17 아래 [조회조건]의 조건으로 데이터를 조회한 후 물음에 답하시오.

┤ 조회조건 ├

- 사업장: [1000. (주)한국자전거 본사]
- 마감기간: 2024/03/14 ~ 2024/03/14

다음 [조회조건]의 매입마감(국내거래) 내역에 대한 설명으로 옳지 않은 것을 고르시오.

① 품목 [21-1060850. WHEEL FRONT-MTB]는 관리단위와 재고단위 수량이 동일하다
② 마감번호 PC2403000003의 마감 거래처와 적용받은 입고 거래처는 서로 동일하다.
③ 마감번호 PC2403000004는 예외입고로 처리된 입고 내역이 마감되었다.
④ 매입마감 단가가 가장 높은 품목은 [21-1080800. FRAME-알미늄] 이다.

18 아래 [조회조건]으로 데이터를 조회한 후 물음에 답하시오.

┤ 조회조건 ├

- 사업장: [1000. (주)한국자전거본사]
- 이동기간: 2024/03/10 ~ 2024/03/10

다음 조회된 품목 [ATECK-3000. 일반자전거]의 창고 이동내역에 대한 설명으로 옳지 않은 것을 고르시오.

① MV2403000001은 부품장소 기준 집계 시 수량이 감소하였다.
② MV2403000002는 부품창고 기준 집계 시 수량이 감소하였다.
③ MV2403000003은 판매장소 기준 집계 시 수량이 증가하였다.
④ MV2403000004는 제품창고 기준 집계 시 수량이 증가하였다.

19 아래 [조회조건]으로 데이터를 조회한 후 물음에 답하시오.

┤ 조회조건 ├

- 사업장: [1000. (주)한국자전거본사]
- 내역: 2024년 03월 11일에 제품창고-제품장소에 있는 [31-10100001. 체인] 2EA를 실손 처리한다.

다음 [조회조건]의 내역을 재고조정 관련 메뉴를 활용하여 전산에 반영하려고 한다. 다음 중 올바르게 반영한 조정번호를 고르시오.

① IA2403000001
② IA2403000002
③ IA2403000003
④ IA2403000004

20 다음의 [조회조건]의 내용을 읽고 질문에 답하시오.

┤ 조회조건 ├

- 사업장: [1000. (주)한국자전거본사]
- 거래구분: MATER L/C
- 주문기간: 2024/03/16 ~ 2024/03/16

다음 [조회조건]의 L/C번호 MLC2403000001에 대한 설명으로 옳지 않은 것을 고르시오.

① 등록된 담당자는 'SCM담당자' 이다.
② 선적 후 도착항은 'COLORADO' 이다.
③ 납기일은 2024/03/20 일자로 등록이 되어있다.
④ 등록된 총 외화금액은 17,500 USD 이다.

21 아래 [조회조건]의 조건으로 데이터를 조회한 후 물음에 답하시오.

┤ 조회조건 ├

- 사업장: [1000. (주)한국자전거본사]
- 출고기간: 2024/03/17 ~ 2024/03/17
- 출고창고: [P100. 제품창고]

다음 [조회조건]의 해외 출고내역을 조회한 후 잘못 설명한 것을 고르시오.

① L/C등록된 내역을 적용받아 등록된 출고 건이다.
② 거래 환종은 USD이며, 환율은 1300.00 이다.
③ 출고 장소는 모두 [P101. 제품장소]로 동일하다.
④ 출고된원화금액은 해당일 환율 기준 22,750,000 이다.

22 아래 [조회조건]으로 데이터를 조회한 후 물음에 답하시오.

┤ 조회조건 ├

- 송장기간: 2024/03/20 ~ 2024/03/20
- Invoice No.: CINV-2403-0001

다음 수출 송장정보에 대한 설명으로 옳지 않은 것을 고르시오.

① 거래구분은 'MASTER L/C'로 거래된 내역이다.
② L/C lssuing bank는 '기업은행' 이다.
③ Sailing on or about은 '2024/03/20'으로 등록이 되어있다.
④ 수출 송장내역에 등록된 환종은 'USD' 이다.

23 아래 [조회조건]으로 데이터를 조회한 후 물음에 답하시오.

┤ 조회조건 ├

- 사업장: [1000. ㈜한국자전거본사]
- 선적기간: 2024/03/22 ~ 2024/03/22

다음 [조회조건]의 B/L접수 내역에 적용된 L/C개설내역을 찾고, 개설내역을 조회하여 올바른 설명 고르시오.

① 적용된 L/C개설내역의 L/C번호는 'ILC2403000001' 이다.
② 적용된 L/C개설내역에 등록된 담당자는 '김계영' 이다.
③ 적용된 L/C개설내역의 개설은행은 '기업은행' 이다.
④ 적용된 L/C개설내역의 최종목적지는 'BUSAN' 이다.

기출문제

24 아래 [조회조건]으로 데이터를 조회한 후 물음에 답하시오.

> ┤ 조회조건 ├
>
> • 사업장: [1000. ㈜한국자전거본사]   • 등록기간: 2024/03/22 ~ 2024/03/22

(주)한국자전거본사에서 등록된 수입제비용 내용을 확인하려고 한다. 다음 설명 중 옳지 않은 것을 고르시오.

① 발주번호 'PO2403000011'에 대한 비용이다.
② 제비용 발생일자는 모두 같은 일자에 등록이 되었다.
③ 미착정산배부처리가 완료되지 않은 제비용 내역이다.
④ 제비용 내역들은 모두 회계 전표처리가 완료되었다.

25 [1000. (주)한국자전거본사]에서 2024년 03월 19일 입력된 해외 발주내역에 대한 수입 진행상황을 확인하고자 한다.

> ┤ 보기 ├
>
> 가. 발주번호 PO2403000012은 입력된 발주수량의 전량이 선적 등록되었다.
> 나. 발주번호 PO2403000013는 입력된 선적수량의 전량이 입고 등록되었다.
> 다. 발주번호 PO2403000014은 입력된 발주수량에 대한 일부 수량만 선적 등록되었다.
> 라. 발주번호 PO2403000015는 입력된 선적수량에 대한 일부 수량만 입고 등록되었다.

다음 [보기] 중 올바른 설명의 수를 고르시오.

① 0   ② 1
③ 2   ④ 3

제3장

생산 1급 기출문제

생산 1급 | 2025년 1회 (2025년 1월 25일 시행)

01 세계경제포럼(World Economic Forum)에서 발표한 인공지능 규범(AI code)의 5개 원칙에 해당하지 않는 것은?

① 인공지능은 투명성과 공정성의 원칙에 따라 작동해야 한다.
② 인공지능은 인류의 공동 이익과 이익을 위해 개발되어야 한다.
③ 인공지능이 개인, 가족, 지역 사회의 데이터 권리 또는 개인정보를 감소시켜야 한다.
④ 인간을 해치거나 파괴하거나 속이는 자율적 힘을 인공지능에 절대로 부여하지 않는다.

02 머신러닝 워크플로우 프로세스의 순서를 고르시오.

① 데이터 수집 → 전처리 및 정제 → 모델링 및 훈련 → 평가 → 배포 → 점검 및 탐색
② 점검 및 탐색 → 데이터 수집 → 전처리 및 정제 → 모델링 및 훈련 → 평가 → 배포
③ 데이터 수집 → 점검 및 탐색 → 전처리 및 정제 → 모델링 및 훈련 → 평가 → 배포
④ 데이터 수집 → 전처리 및 정제 → 점검 및 탐색 → 모델링 및 훈련 → 평가 → 배포

03 효과적인 ERP교육을 위한 고려사항으로 가장 적절하지 않은 것은 무엇인가?

① 다양한 교육도구를 이용하라.
② 교육에 충분한 시간을 배정하라.
③ 비즈니스 프로세스보다 트랜잭션을 우선하라.
④ 조직차원의 변화관리활동을 잘 이해하도록 교육을 강화하라.

04 ERP시스템 투자비용에 관한 개념 중 '시스템의 전체 라이프사이클(life-cycle)을 통해 발생하는 전체 비용을 계량화한 비용'에 해당하는 것은?

① 유지보수 비용(Maintenance Cost)
② 시스템 구축비용(Construction Cost)
③ 총소유비용(Total Cost of Ownership)
④ 소프트웨어 라이선스비용(Software License Cost)

05 ERP시스템 구축절차에서 수행하는 "패키지 파라미터 설정" 활동의 결과로 적절하지 않은 것은?

① 기업의 특정 요구에 맞게 ERP시스템의 기능을 조정한다.
② 기업의 환경에 맞게 프로세스를 조정하여 효율성을 높인다.
③ 다양한 사용자들의 요구를 조정하여 ERP시스템의 목표를 명확하게 한다.
④ 데이터의 흐름과 저장 방식을 조정하여 데이터 무결성과 일관성을 유지한다.

06 12명이서 120개를 생산하던 공정에서 10명이 120개를 생산하는 것으로 공정이 개선되었다면 생산성은 몇 %가 향상되었는가? (나머지 조건은 동일하다고 가정한다.)

① 12.5%   ② 15.0%
③ 20.0%   ④ 25.0%

07 [보기]에서 Flow Shop의 특징으로 묶인 것을 고르시오.

┤ 보기 ├

가. 적은 유연성   나. 큰 유연성
다. 특수기계의 생산라인   라. 범용 기계
마. 공정별 기계배치   바. 숙련공
사. 비숙련공도 투입   아. 연속생산
자. 대량 및 재고생산(make-to-stock)

① 가, 나, 다, 라   ② 가, 나, 아, 자
③ 가, 다, 사, 아   ④ 나, 라, 마, 바

08 총괄생산계획을 수립할 때 고려해야 할 변수가 아닌 것은?

① 품질   ② 생산비
③ 재고수준   ④ 인력수준

09 [보기]는 ROP(Reorder Point System, 재고가 일정 수준에 도달하면 주문하는 방법)에 대한 설명이다. [보기]의 (A)에 들어갈 재고의 유형을 고르시오.

┤ 보기 ├

발주점(ROP) = 조달기간 동안의 수요 + (A)재고

① 안전재고   ② 순환재고
③ 예상(비축)재고   ④ 수송(파이프라인)재고

10 ㈜생산성은 제품의 수요가 증가를 대응하기 위해 총괄생산계획을 수립하고자 한다. 적절한 대응방안을 고르시오.

① 제품의 품질유지를 위해 기존의 하청업체들을 축소시켰다.
② 증가하는 수요에 빠르게 대응하기 적절한 수준의 재고를 유지하며 생산계획을 조정하였다.
③ 작업자의 조업시간이 증가함에 따라 잔업수당이 발생하고 증가하고 있다. 이를 개선하기 위해 조업을 단축하고 휴게시간을 확대하였다.
④ 제품의 수요가 증가하고 있으나, 비용 절감을 위해 퇴직수당을 지급하고 인원을 해고 하기로 결정하였다.

11 생산시스템은 생산방식에 따라 구분할 수 있다. 흐름생산(Flow Shop)에 대한 설명으로 적절하지 않은 것은?

① 특수기계 생산라인, 낮은 유연성이 특징이다.
② 주로 파이프라인을 통해 자재의 이동이 이루어진다.
③ 석유, 가스 등과 같이 액체·기체로 이루어진 제품 생산에 적합하다.
④ 대규모의 비반복적인 생산활동에 주로 활용되며, 일회성 생산작업에 유용하다.

12 [보기]의 공정계획표에 따른 주공정을 찾을 때에 단계 7의 여유시간(Slack Time)은 얼마인가?
(단위: 일)

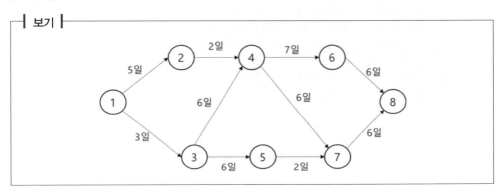

13 어떤 활동에 소요되는 기대시간치가 6일, 낙관시간치가 5일, 정상시간치가 6일이었을 때 비관시간치는 몇 일인가? (단위: 일)

14 공정관리의 목표로 적절하지 않은 것은?

① 공정재고의 최소화
② 납기의 이행 및 단축
③ 재공품 재고시간의 최대화
④ 생산 및 조달시간의 최소화

15 [보기]의 자료를 바탕으로 라인밸런스 효율(Eb) 및 불균형률(d)을 각각 순서대로 구하시오. (단위: %)

┤ 보기 ├
• 작업장 A: 작업시간 30분
• 작업장 B: 작업시간 27분
• 작업장 C: 작업시간 23분
• 작업장 D: 작업시간 40분

① 80%, 20%
② 78%, 22%
③ 75%, 25%
④ 70%, 30%

16 JIT생산방식에 관한 설명으로 가장 적절한 것은?

① 고가격 제품에 적합한 방식이다.
② 주문시기를 마음대로 결정하는 것이다.
③ 부품의 재고를 최대한 많게 하는 것이다.
④ 필요한 것을 필요한 때만 필요한 만큼 생산하는 것이다.

17 [보기]의 (ㄱ) ~ (ㄹ)에 들어갈 용어를 고르시오.

┤ 보기 ├

공정관리란 협의의 생산관리인 생산통제(Production Control)로 쓰이며, 이를 미국 기계기사협회
인 ASME(American Society of Mechanical Engineers)에서는 "공장에 있어서 원재료로부터 최종제
품에 이르기까지의 자재, 부품의 조립 및 종합조립의 흐름을 순서정연하게 (ㄱ)적인 방법으
로 계획하고, (ㄴ)을 결정하고(Routing), (ㄷ)을 세우고(Scheduling), (ㄹ)을 할당하고
(Dispatching), 신속하게 처리하는(Expediting) 절차"라고 정의하고 있다.

① (ㄱ) 합리, (ㄴ) 순서, (ㄷ) 일자, (ㄹ) 번호
② (ㄱ) 합리, (ㄴ) 일정, (ㄷ) 계획, (ㄹ) 순서
③ (ㄱ) 능률, (ㄴ) 공정, (ㄷ) 일정, (ㄹ) 작업
④ (ㄱ) 능률, (ㄴ) 순서, (ㄷ) 계획, (ㄹ) 공정

18 휴대폰을 생산하는 생산성전자의 전체 제작작업에서 가장 오래 걸리는 작업이 기본 소프트웨어를 설
치하는 작업이다. 소프트웨어 설치 작업에서 항상 생산 흐름이 막혀 있으며, 소프트웨어 설치 작업에
문제가 생기는 날이면 항상 전체 생산 속도도 늦어졌다. 생산성전자는 이러한 문제를 해결하고자 소
프트웨어 설치 작업에서 낭비되는 시간을 최소화할 수 있도록 작업들의 재배치를 고려하고 있다. 여
기서 소프트웨어 설치 작업은 무엇에 해당하는가?

① 애로공정   ② 정체공정
③ 공수체감   ④ 라인밸런싱

19 [보기]는 설명하는 용어를 한글로 작성하시오

┤ 보기 ├

• 프로젝트(작업량)의 계획을 시간으로 구분하여 표시하고, 실제로 달성한 프로젝트(작업량)를
  동일 도표상에 표시하는 막대(Bar) 도표 형태의 전통적인 프로젝트 일정관리 기법이다.
• 각 프로젝트의 소요시간 및 각 프로젝트의 완료시간을 알 수 있으며, 계획과 통제의 기능을
  동시에 수행할 수 있다.
• 한편, 계획 변화에 유연한 대응이 어렵다는 단점이 존재한다.

20 [보기]의 작업장에 대한 이용률(Utilization, %)을 구하시오.

┤ 보기 ├
- 기계 대수: 4대
- 1교대 작업시간: 6시간
- 기계 불가동시간: 48시간
- 교대 수: 4교대/일
- 주당 작업일 수: 5일
- 작업 표준시간: 480시간

21 각 작업장의 작업시간이 [보기]와 같을 때, 라인밸런싱의 효율(%)은 얼마인가? (단, 각 작업장의 작업자는 모두 1명이다.)

┤ 보기 ├
- 작업장 A: 6분
- 작업장 D: 7분
- 작업장 B: 6분
- 작업장 E: 9분
- 작업장 C: 8분

22 [보기]에서 설명하는 재고유형으로 가장 적절한 것은?

┤ 보기 ├
- 생산 과정 중에 있는 제품으로, 아직 완성되지 않은 상태의 재고를 의미함.
- 원자재가 가공되고, 조립되고, 검사되는 모든 중간 단계를 포함하며, 최종 제품이 완성되기 전까지의 상태를 나타냄.

① 순환재고
② 수송재고
③ 안전재고
④ 재공품재고

23 A 부품의 연간수요량은 2,000개이고, 1회 주문비용은 400원이며, 단가는 100원, 연간 재고유지비율이 0.4일 경우 경제적 주문량(EOQ)은 몇 개 인가?

① 100개
② 150개
③ 200개
④ 250개

24 SCM(공급망 관리) 도입의 주요 추진효과로 가장 적절하지 않은 것은?

① 물류비용 절감: 공급망 내 물류 흐름을 최적화하여 물류비용을 절감할 수 있다
② 생산 비용 증가: SCM 도입으로 공급망이 통합되고 효율성이 증대됨에 따라 생산 비용이 증가한다.
③ 고객 만족: 공급망 내에서 정보 공유와 협력이 원활해지면서 고객의 요구에 신속하게 대응할 수 있다.
④ 구매비용 절감: SCM을 통해 공급업체와의 협력이 강화되고, 구매 과정이 효율화되어 구매비용을 절감할 수 있다.

기출문제

25 CRP(Capacity Requirements Planning, 능력 소요 계획)에 대한 설명으로 적절하지 않은 것은?

① 특정 기간 동안 생산 능력과 자원 할당의 불균형 여부를 파악하여 조정안을 마련하는 데 사용

② 특정 기간 동안 필요한 생산 능력을 평가하고, 자원의 가용성과 비교하여 생산 계획을 조정하는 데 사용

③ CRP 계산 과정은 데이터 수집, 자원 요구량 계산, 가용 능력 평가, 부하 비교, 균형 조정의 단계를 포함하며, 이를 통해 최적의 생산 계획을 수립할 수 있음

④ 제품의 생산 일정에 따라 필요한 원자재와 부품 량을 계산하고, 적절한 시기에 주문할 수 있도록 하여 생산의 효율성을 높이고, 재고 부족이나 과잉을 방지할 수 있음

26 자재명세서가 [보기]와 같은 구조를 가질 때에 제품 K의 주문량은 9개이다. 부품 G의 현 재고량이 25개 일 때 필요한 소요량은 몇 개인가?

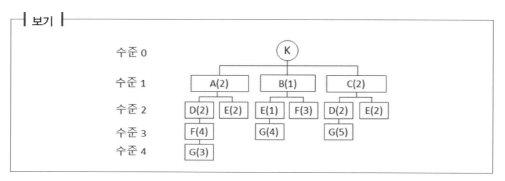

27 [보기]에서 설명하는 용어를 영문 약어로 입력하시오.

┤ 보기 ├

• 생산 계획의 실행 가능성을 평가하기 위해 사용되는 도구로, 주요 자원의 수요와 능력을 대략적으로 평가하여 생산 계획이 현실적으로 가능한지를 판단하는 과정임
• 이는 생산 계획의 초기 단계에서 자원의 과부하나 부족을 미리 식별하고 조정하여 생산 계획을 최적화하는 데 도움을 줌
• 마스터 생산 일정(MPS, Master Production Schedule)에 따른 주요 자원의 수요를 평가하여 현재의 생산 능력으로 충족할 수 있는지 확인
• 생산 능력과 자원의 균형을 맞춰 생산 계획을 최적화하고 운영 효율성을 제고함

28 한국산업규격(KS)에 의하면 검사(Inspection)란 물품을 어떤 방법으로 측정한 결과를 판정기준과 비교하여 합격/불합격을 판단한다. 판정대상에 의한 분류 검사방법에 대한 설명으로 적절한 것은?

① 무검사: 작업자 자신이 스스로 하는 검사

② 샘플링검사: 제품의 품질을 간접적으로 보증해주는 방법

③ 전수검사: 개개의 물품에 대하여 그 전체를 검사하는 것

④ 자주검사: 제조공정관리, 공정검사의 조정, 검사의 체크를 목적으로 하여 행하는 검사

29 계수치 관리도에 대한 설명으로 적절하지 않은 것은?

① 길이, 무게, 강도, 온도 등의 데이터를 관리한다.
② p관리도는 시료의 크기 n이 일정하지 않을 경우 사용한다.
③ c관리도는 일정한 크기의 시료가운데 나타나는 결점수에 의거하여 공정을 관리할 때 사용한다.
④ Pn관리도는 시료의 크기가 일정할 때 시료 전체에 불량품이 몇 개 인가 불량개수로 공정을 관리할 때 사용한다.

30 [보기]는 무엇에 대한 설명인가?

┤ 보기 ├─

도수 분포의 상태를 기둥 모양의 그래프로 나타낸다. QC 7가지 도구 중 길이, 무게, 시간 등을 측정하는 데이터(계량값)가 어떠한 분포를 하고 있는가 알아보기 쉽게 나타내는데 사용되는 것

① 특성요인도　　　　　　　　② 파레토차트
③ 히스토그램　　　　　　　　④ 관리도그래프

31 [보기]의 (　　)에 들어갈 정답을 영어알파벳으로 입력하시오.

┤ 보기 ├─

TV 한 대의 납땜 불량건수, 책 한 페이지의 오탈자 수처럼 일정한 크기의 시료 가운데 나타나는 결점 수에 의거 공정을 관리할 때에 사용하는 것은 (　　　　)관리도이다.

32 [보기]는 DMAIC 추진 단계 중 어느 단계에 대한 설명인가? 정답은 한글로 입력하시오.

┤ 보기 ├─

· 새로운 공전조건을 표준화시키고 통계적 공정관리 방법으로 그 변화를 탐지
· 새 표준으로 공정이 안정되면 공정능력을 재평가

기출문제

[실무] ●

:: 실무문제는 [실기메뉴]를 활용하여 답하시오.
웹하드(http://www.webhard.co.kr)에서 Guest(ID: samil3489, PASSWORD: samil3489)로
로그인하여 백데이터를 다운받아 설치한 후 생산 1급 2025년 1회로 로그인한다.

01 아래 [보기]의 조건으로 데이터를 조회한 후 물음에 답하시오.

┤ 보기 ├

• 계정구분: [4. 반제품]   • 조달구분: [1. 생산]
• 검사여부: [1. 검사]

다음 중 [보기]의 조건에 해당하는 품목 중에서 실제원가가 표준원가보다 큰 품목을 고르시오.

① [85-1020410. POWER TRAIN ASS'Y(MTB, TYPE A)]
② [85-1020420. POWER TRAIN ASS'Y(MTB, TYPE B)]
③ [87-1002011. BREAK SYSTEM (TYPE A)]
④ [87-1002021. BREAK SYSTEM (TYPE B)]

02 아래 [보기]의 조건으로 데이터를 조회한 후 물음에 답하시오.

┤ 보기 ├

가. ㈜제일물산의 외주담당자는 이혜리이며 지역은 서울이다.
나. ㈜제동기어의 거래처분류는 일반으로 되어있다.
다. BODY-알미늄(GRAY-WHITE, TYPE A)의 생산담당자는 양의지이다.
라. BODY-알미늄(GRAY-WHITE)의 단위는 EA이며 자재담당자와 생산담당자가 동일하다.

(주)한국자전거지사에서는 물류실적(품목/고객)담당자등록을 확인하고 있다. 다음 중 [보기]의 설명
으로 올바른 설명의 수를 고르시오.

① 1   ② 2   ③ 3   ④ 4

03 아래 [보기]의 조건으로 데이터를 조회한 후 물음에 답하시오.

┤ 보기 ├

• 검사구분: [41. 공정검사]   • 사용여부: [1. 사용]
• 검사유형질문: 각 인치별 정확하게 조립되어있나요?

다음 중 [보기]의 조건에 해당하는 검사유형명으로 옳은 것을 고르시오.

① 휠조립검사   ② 바디조립검사
③ 핸들조립검사   ④ 자전거ASS'Y최종검사

04 아래 [보기]의 조건으로 데이터를 조회한 후 물음에 답하시오.

┤ 보기 ├

- 모품목: [NAX-A401. 일반자전거(P-GRAY RED)]
- 기준일자: 2025/01/31　　　　　• 사용여부: [1. 사용]

다음 중 [보기]의 조건에 해당하는 모품목[NAX-A401. 일반자전거(P-GRAY RED)]의 자재명세서에 대한 설명으로 옳은 것을 고르시오.

① 자품목 PEDAL (TYPE A)의 종료일자는 2026/12/31이며 주거래처는 (주)대흥정공이다.
② 자품목 전장품 ASS'Y (TYPE A)는 사급자재이면서 조달구분이 구매이다.
③ 전체 LOSS(%)이 가장 큰 품목은 POWER TRAIN ASS'Y(MTB, TYPE A)이고 가장 작은 품목은 PEDAL (TYPE A)이다.
④ 전체 자품목의 필요수량 합은 23이다.

05 아래 [보기]의 조건으로 데이터를 조회한 후 물음에 답하시오.

┤ 보기 ├

- 사업장: [2000. ㈜한국자전거지사]　　　• 외주공정: [R300. 외주공정(2 Part)]
- 외주처: [R304. SPECIAL OEM]

다음 중 [보기]의 조건으로 외주단가를 등록하려고 할 때, 제품인 품목을 모두 적용 받고 시작일 2025/01/01 종료일 2025/01/31로 입력한 후 실제원가대비 단가적용비율을 20%로 적용 할 경우 외주단가가 가장 큰 품목을 고르시오.

① [NAX-A400. 일반자전거(P-GRAY WHITE)]
② [NAX-A401. 일반자전거(P-GRAY RED)]
③ [NAX-A420. 산악자전거(P-20G)]
④ [NAX-A422. 산악자전거(P-21G,A422)]

06 아래 [보기]의 조건으로 데이터를 조회한 후 물음에 답하시오.

┤ 보기 ├

- 사업장: [2000. ㈜한국자전거지사]　　　• 작업예정일: 2025/01/01 ~ 2025/01/31

다음 중 [보기]의 조건으로 등록된 생산계획에 대한 설명으로 옳은 것을 고르시오.

① 전장품 ASS'Y (TYPE A)의 25년 1월 계획수량 총 합계는 550이다.
② POWER TRAIN ASS'Y(MTB, TYPE B)의 25년 1월 작업예정일에는 일생산량을 초과하는 일자가 있다.
③ 일반자전거(P-GRAY WHITE)의 25년 1월 1일 작업예정 수량은 일생산량보다 적다.
④ 제품인 품목 중에서 일반자전거(P-GRAY RED)의 25년 1월 작업예정수량의 합계가 가장 작다.

07 아래 [보기]의 조건으로 데이터를 조회한 후 물음에 답하시오.

┤ 보기 ├───
- 사업장: [2000. ㈜한국자전거지사]
- 작업장: [L203. 제품작업장(반제품)]
- 공정: [L200. 작업공정]
- 지시기간: 2025/01/01 ~ 2025/01/31
──

다음 중 [보기]의 조건에 해당하는 작업지시내역 중 지시수량의 합이 가장 많은 생산설비로 옳은 것을 고르시오.

① 생산설비 1호　　　　　　　　　② 생산설비 2호
③ 생산설비 3호　　　　　　　　　④ 생산설비 4호

08 아래 [보기]의 조건으로 데이터를 조회한 후 물음에 답하시오.

┤ 보기 ├───
- 사업장: [2000. (주)한국자전거지사]
- 작업장: [L201. 제품작업장(완제품)]
- 공정: [L200. 작업공정]
- 지시기간: 2025/01/05 ~ 2025/01/05
──

다음 중 [보기]의 조건의 작업지시확정 내역 중 BOM등록의 사용여부가 사용중인 자재명세와 다른 품목으로 청구요청 된 품목이 속한 지시 모품목 정보로 옳은 것을 고르시오.

① [NAX-A400. 일반자전거(P-GRAY WHITE)]
② [NAX-A402. 일반자전거(P-GRAY BLACK)]
③ [NAX-A421. 산악자전거(P-21G, A421)]
④ [NAX-A422. 산악자전거(P-21G, A422)]

09 (주)한국자전거지사의 홍길동 사원은 2025년 01월 31일 생산자재출고된 내역 중 모품목 정보에 대하여 확인하고 있다. 다음 중 자재출고된 자재내역 중 모품목 정보로 옳지 않은 것을 고르시오.

① [NAX-A400. 일반자전거(P-GRAY WHITE)]
② [87-1002011. BREAK SYSTEM (TYPE A)]
③ [88-1001020. PRESS FRAME-W (TYPE B)]
④ [88-1002020. PRESS FRAME-Z (TYPE B)]

10 아래 [보기]의 조건으로 데이터를 조회한 후 물음에 답하시오.

┤ 보기 ├

- 사업장: [2000. ㈜한국자전거지사] · 지시(품목): 2025/01/05 ~ 2025/01/05
- 지시공정: [L200. 작업공정] · 지시작업장: [L201. 제품작업장(완제품)]

㈜한국자전거지사 홍길동 사원은 작업지시 내역에 대한 작업실적등록 시 실적구분에 따라 '적합', '부적합'으로 실적내역을 등록하고 있다. 다음 중 작업실적 내역에 대하여 적합구분이 '적합'인 실적수량의 합보다 '부적합'인 실적수량의 합이 더 많이 발생한 작업지시번호를 고르시오.

① WO2501000013 ② WO2501000014
③ WO2501000015 ④ WO2501000016

11 아래 [보기]의 조건으로 데이터를 조회한 후 물음에 답하시오.

┤ 보기 ├

- 사업장: [2000. ㈜한국자전거지사] · 구분: [1. 생산]
- 실적공정: [L200. 작업공정] · 실적작업장: [L201. 제품작업장(완제품)]
- 실적기간: 2025/01/05 ~ 2025/01/05 · 상태: 선택 전체
- 실적구분: [1. 부적합]

다음 중 [보기]의 조건의 생산자재사용 내역 중 작업실적번호별 자재들의 사용수량 합이 가장 많은 작업실적번호로 옳은 것을 고르시오.

① WR2501000002 ② WR2501000004
③ WR2501000005 ④ WR2501000007

12 아래 [보기]의 조건으로 데이터를 조회한 후 물음에 답하시오.

┤ 보기 ├

- 사업장: [2000. ㈜한국자전거지사] · 실적일: 2025/01/16 ~ 2025/01/16
- 공정: [L200. 작업공정] · 작업장: [L202. 반제품작업장(반제품)]

다음 중 [보기]의 조건의 생산실적검사 내역에 대한 설명으로 옳지 않은 것을 고르시오.

① 작업실적번호 WR2501000009은 이혜리 검사담당자가 바디조립검사를 실시하였고 바디(BODY)불량 25개가 있었지만 최종적 합격여부는 합격으로 처리 하였다.
② 품목 BODY-알미늄 (GRAY-WHITE, TYPE B)는 휠(WHEEL)불량이 각 인치별 정확하게 조립되어있지 않은 것이 있었다.
③ 작업실적번호 WR2501000011는 양의지 검사담당자가 샘플검사를 실시하였고 시료수 50개 중에서 도색불량이 7개 있었지만 재도색으로 불합격수량으로 하지 않고 전부 합격처리 하였다.
④ 품목 POWER TRAIN ASS'Y(MTB, TYPE B)는 자전거ASS'Y최종검사를 진행하면서 불량이 있지만 모두 합격처리 되었다.

기출문제

13 아래 [보기]의 조건으로 데이터를 조회한 후 물음에 답하시오.

┤ 보기 ├
- 사업장: [2000. ㈜한국자전거지사]
- 실적기간: 2025/01/01 ~ 2025/01/31
- 공정: [L200. 작업공정]
- 작업장: [L202. 반제품작업장(반제품)]

㈜한국자전거지사 홍길동 사원은 생산품창고 입고처리 시 부품창고_인천지점, 부품/반제품_부품장소로 입고처리를 해야 하는데 실수로 부품/반제품_부품장소_불량 장소로 입고처리를 하였다. 다음 중 잘못 입력된 입고번호를 고르시오.

① IW2501000003
② IW2501000004
③ IW2501000001
④ IW2501000002

14 아래 [보기]의 조건으로 데이터를 조회한 후 물음에 답하시오.

┤ 보기 ├
- 사업장: [2000. ㈜한국자전거지사]
- 등록일: 2025/01/01 ~ 2025/01/01

다음 중 [보기]의 조건으로 등록된 기초재공에 대한 설명으로 옳지 않은 것을 고르시오.

① 등록번호 OW2501000001는 작업공정, 제품작업장(완제품)이고 프로젝트가 일반용자전거이면서 여기에 속한 품목 중 LOT 관리를 하는 품목이 있다.
② 프로젝트가 산악용자전거인 품목의 총금액은 400,000원 이다.
③ OW2501000003의 총 기초수량은 1,750 EA이다.
④ 반제품작업장(완제품)에 속한 품목의 단위는 두 가지 이다.

15 아래 [보기]의 조건으로 데이터를 조회한 후 물음에 답하시오.

┤ 보기 ├
- 사업장: [2000. (주)한국자전거지사]
- 공정: [R200. 외주공정]
- 지시기간: 2025/01/15 ~ 2025/01/15

㈜한국자전거지사 홍길동 사원은 자사 제품 일반자전거(P-GRAY WHITE) 품목에 대하여 외주발주 등록을 진행하였다. 다음 중 외주발주등록 된 일반자전거(P-GRAY WHITE)에 대한 외주단가가 가장 낮은 단가로 등록된 외주처명으로 옳은 것을 고르시오.

① ㈜대흥정공
② (주)영동바이크
③ ㈜제일물산
④ ㈜세림와이어

16 아래 [보기]의 조건으로 데이터를 조회한 후 물음에 답하시오.

┤ 보기 ├

- 사업장: [2000. (주)한국자전거지사]
- 외주처: [R211. 다스산업(주)]
- 공정: [R200. 외주공정]
- 지시기간: 2025/01/20 ~ 2025/01/20

다음 중 [보기]의 조건으로 외주발주 내역에 대한 품목별로 청구한 자재에 대한 설명으로 옳은 것을 고르시오.

① [NAX-A400. 일반자전거(P-GRAY WHITE)]의 청구자재들은 모두 무상 자재이다.
② [NAX-A401. 일반자전거(P-GRAY RED)]의 청구자재들의 정미수량의 합과 확정수량의 합은 같다.
③ [NAX-A420. 산악자전거(P-20G)]의 총 외주금액은 2,380,000 이다.
④ [NAX-A421. 산악자전거(P-21G,A421)]의 LOSS(%)율이 있다.

17 아래 [보기]의 조건으로 데이터를 조회한 후 물음에 답하시오.

┤ 보기 ├

- 사업장: [2000. (주)한국자전거지사]
- 외주공정: [R200. 외주공정]
- 출고기간: 2025/01/25 ~ 2025/01/25
- 외주처: [R272. ㈜재하정밀]

다음 중 [보기]의 조건으로 외주자재출고를 조회한 후 모품목 정보로 옳지 않은 것을 고르시오.

① [88-1001010. PRESS FRAME-W (TYPE A)]
② [81-1001010. BODY-알미늄(GRAY-WHITE,TYPE A)]
③ [87-1002011. BREAK SYSTEM (TYPE A)]
④ [88-1002010. PRESS FRAME-Z (TYPE A)]

18 아래 [보기]의 조건으로 데이터를 조회한 후 물음에 답하시오.

┤ 보기 ├

- 사업장: [2000. (주)한국자전거지사]
- 외주공정: [R200. 외주공정]
- 지시(품목): 2025/01/20 ~ 2025/01/20

다음 중 [보기] 조건에 해당하는 외주실적 내역에 대하여 실적담당자별 실적수량의 합이 가장 작은 실적담당을 고르시오.

① 이혜리
③ 양의지
② 권재희
④ 박상미

19 아래 [보기]의 조건으로 데이터를 조회한 후 물음에 답하시오.

> **보기**
>
> - 사업장: [2000. ㈜한국자전거지사]
> - 외주공정: [R200. 외주공정]
> - 실적기간: 2025/01/25 ~ 2025/01/25
> - 사용보고유무: 선택전체
> - 구분: [2. 외주]
> - 외주처: [R272. ㈜재하정밀)]
> - 상태: [1. 확정]
> - 실적구분: 선택전체

㈜한국자전거지사에서는 외주자재사용등록 메뉴에 등록된 내역을 바탕으로 사용된 자재를 확인하려고 한다. 다음 중 품목별로 사용된 자재의 사용수량의 합이 가장 적게 발생한 품목을 고르시오.

① [88-1001010. PRESS FRAME-W (TYPE A)]
② [81-1001010. BODY-알미늄 (GRAY-WHITE, TYPE A)]
③ [87-1002011. BREAK SYSTEM (TYPE A)]
④ [85-1020410. POWER TRAIN ASS'Y(MTB, TYPE A)]

20 아래 [보기]의 조건으로 데이터를 조회한 후 물음에 답하시오.

> **보기**
>
> - 사업장: [2000. ㈜한국자전거지사]
> - 외주공정: [R200. 외주공정]
> - 마감일: 2025/01/31 ~ 2025/01/31

다음 중 [보기] 조건에 대한 외주실적 내역 중 합계액이 가장 큰 외주비마감번호를 고르시오.

① OC2501000001
② OC2501000002
③ OC2501000003
④ OC2501000004

21 ㈜한국자전거지사 홍길동 사원은 2025년 01월 31일에 외주공정의 외주처인 ㈜재하정밀에 대한 회계처리 내용을 확인하려 한다. 해당 건에 대해 적요명이 외주가공비 부가세대급금으로 옳은 금액을 고르시오.

① 60,000
② 75,000
③ 80,000
④ 95,000

22 아래 [보기]의 조건으로 데이터를 조회한 후 물음에 답하시오.

> **보기**
>
> - 사업장: [2000. ㈜한국자전거지사]
> - 공정: [L200. 작업공정]
> - 사용기간: 2025/01/01 ~ 2025/01/31
> - 작업장: [L201. 제품작업장(완제품)]

다음 중 [보기]의 조건에 작업별 자재사용 내역에 대하여 자재 사용수량의 합이 가장 적게 발생한 작업지시번호로 옳은 것을 고르시오.

① WO2501000013
② WO2501000014
③ WO2501000015
④ WO2501000016

23 아래 [보기]의 조건으로 데이터를 조회한 후 물음에 답하시오.

┤ 보기 ├

- 사업장: [2000. ㈜한국자전거지사]
- 공정: [R200. 외주공정]
- 단가 OPTION: 조달구분 구매, 생산 모두 실제원가[품목등록] 체크함
- 지시기간: 2025/01/25 ~ 2025/01/25
- 작업장: [R272. ㈜재하정밀]

다음 중 [보기] 조건으로 자재청구대비 투입사용현황 조회 시 투입금액의 합이 가장 작은 지시번호로 옳은 것을 고르시오.

① WO2501000028
② WO2501000029
③ WO2501000030
④ WO2501000031

24 아래 [보기]의 조건으로 데이터를 조회한 후 물음에 답하시오.

┤ 보기 ├

- 사업장: [2000. ㈜한국자전거지사]
- 검사기간: 2025/01/01 ~ 2025/01/31

㈜한국자전거지사 홍길동 사원은 품목별 품질에 대한 전수검사 및 샘플검사 내역을 분석 중이다. 다음 중 [보기]의 조건에 해당하는 품목 중 품목별로 품목소계를 확인하여 합격률이 옳지 않은 것을 고르시오.

① BODY-알미늄 (GRAY-WHITE, TYPE A): 품목계 합격률 91.071
② BODY-알미늄 (GRAY-WHITE, TYPE B): 품목계 합격률 96.000
③ POWER TRAIN ASS'Y(MTB, TYPE A): 품목계 합격률 86.000
④ POWER TRAIN ASS'Y(MTB, TYPE B): 품목계 합격률 90.000

25 아래 [보기]의 조건으로 데이터를 조회한 후 물음에 답하시오.

┤ 보기 ├

- 사업장: [2000. (주)한국자전거지사]
- 구분: [0. 전체]
- 계정: [2. 제품]
- 단가 OPTION: 조달구분 구매, 생산 모두 실제원가[품목등록] 체크함
- 실적기간: 2025/01/01 ~ 2025/01/31
- 수량조회기준: [0. 실적입고기준]

다음 중 [보기]의 조건에 해당하는 실적기준의 생산일보를 조회한 후 부적합금액이 있는 품목 중에서 부적합금액이 가장 작은 품목으로 옳은 것을 고르시오.

① [NAX-A400. 일반자전거(P-GRAY WHITE)]
② [NAX-A402. 일반자전거(P-GRAY BLACK)]
③ [NAX-A421. 산악자전거(P-21G,A421)]
④ [NAX-A422. 산악자전거(P-21G,A422)]

기출문제

생산 1급 | 2024년 6회 (2024년 11월 23일 시행)

[이론]

01 [보기]에서 설명하는 클라우드 서비스 유형은 무엇인가?

> **보기**
>
> 기업의 업무처리에 필요한 서버, 스토리지, 데이터베이스, 네트워크 등의 IT 인프라 자원을 클라우드 서비스로 빌려 쓰는 형태이다.

① SaaS(Software as a Service) ② PaaS(Platform as a Service)
③ IaaS(Infrastructure as a Service) ④ MaaS(Manufacturing as a Service)

02 인공지능 비즈니스 적용 프로세스의 순서로 올바른 것은?

① 비즈니스 영역 탐색 → 비즈니스 목표 수립 → 데이터 수집 및 적재 → 인공지능 모델 개발 → 인공지능 배포 및 프로세스 정비
② 비즈니스 목표 수립 → 비즈니스 영역 탐색 → 데이터 수집 및 적재 → 인공지능 모델 개발 → 인공지능 배포 및 프로세스 정비
③ 비즈니스 목표 수립 → 데이터 수집 및 적재 → 인공지능 모델 개발 → 인공지능 배포 및 프로세스 정비 → 비즈니스 영역 탐색
④ 비즈니스 영역 탐색 → 비즈니스 목표 수립 → 데이터 수집 및 적재 → 인공지능 배포 및 프로세스 정비 → 인공지능 모델 개발

03 ERP 구축절차 중 TO-BE Process 도출, 패키지 설치, 인터페이스 문제 논의를 하는 단계로 옳은 것은?

① 구축단계 ② 구현단계
③ 분석단계 ④ 설계단계

04 [보기]는 무엇에 대한 설명인가?

> **보기**
>
> 조직의 효율성을 제고하기 위해 업무흐름 뿐만 아니라 전체 조직을 재구축하려는 경영혁신전략 기법이다. 주로 정보기술을 통해 기업경영의 핵심과 과정을 전면 개편함으로 경영성과를 향상시키려는 경영기법인데 매우 신속하고 극단적인 그리고 전면적인 혁신을 강조하는 이 기법은 무엇인가?

① 지식경영 ② 벤치마킹
③ 리엔지니어링 ④ 리스트럭처링

05 ERP 도입 의의에 대한 설명으로 적절하지 않은 것은?

① 기업의 프로세스를 재검토하여 비즈니스 프로세스를 변혁시킨다.

② 공급사슬의 단축, 리드타임의 감소, 재고비용의 절감 등을 목표로 한다.

③ 전체적인 업무 프로세스를 각각 별개의 시스템으로 분리하여 관리해 효율성을 높인다.

④ 기업의 입장에서 ERP 도입을 통해 업무 프로세스를 개선함으로써 업무의 비효율을 줄일 수 있다.

06 일반적인 생산계획에 관한 설명이다. 설명으로 가장 적절하지 않은 것은?

① 생산계획은 기업이 제품이나 서비스를 효율적으로 생산하기 위해 필요한 자원과 일정을 미리 계획하는 과정을 말한다.

② 생산계획을 수립하기 위해서는 총괄생산계획을 수립한 후에 보다 구체적인 각 제품에 대한 생산시기와 수량을 나타내기 위한 기준생산계획을 수립한다.

③ 생산계획 수립에 있어서 변화하는 수요에 대처하기 위한 전략 방안이 없기 때문에 정확한 예측수요가 필요하다.

④ 수요예측은 기업 외부환경과 기업내부 생산자원 활용의 관계를 연결시켜 주기 때문에 생산계획을 세우는 데에 중요한 역할을 한다.

07 [보기]의 생산관리를 시대적 단계별로 나열한 것은?

> **보기**
>
> ㉠ TQM(전사적품질경영) ㉡ 과학적 관리(테일러)
> ㉢ 호환성 부품 ㉣ 친환경 생산관리

① ㉠ → ㉡ → ㉢ → ㉣ ② ㉡ → ㉠ → ㉣ → ㉢

③ ㉢ → ㉡ → ㉠ → ㉣ ④ ㉠ → ㉢ → ㉡ → ㉣

08 ㈜생산성전자는 노트북을 생산하는 업체로서 생산계획을 위해 내년도 수요예측을 진행하고 있다. 수요예측 방법의 성격이 다른 하나를 고르시오.

① 노트북의 주 소비층을 대상으로 소비자 실태조사를 진행하였다.

② 과거 유사 제품의 시장에서 도입기, 성장기, 성숙기를 거치면서 어떤 수요패턴이었는지 유추하였다.

③ 노트북 시장과 관련된 전문가들을 지정하여 여러 차례 향후 수요 전망에 관련한 질문지를 배부하였다.

④ 노트북에 관련한 모든 판매량 자료를 수집하고 최근 자료일수록 더 큰 가중치를 부여하여 추세를 계산하였다.

09 총괄생산계획의 수립에 있어서 수요가 감소하는 경우에 선택할 수 이 있는 방법으로 적절하지 않은 것은?

① 조업시간 축소 ② 초과인원 해고

③ 하청 및 설비확장 ④ 비축된 재고에 대한 할인판매

기출문제

10 PERT/CPM 네트워크를 작성하려고 할 때 꼭 필요한 두 가지 종류의 정보는?

① 여유시간과 활동들
② 긴급시간과 인력배치
③ 인력배치와 프로젝트의 완료일
④ 활동들과 그들 사이의 선행관계

11 PERT/CPM을 이용한 프로젝트 관리 순서가 무작위로 나열되어 있다. ㉰의 수행 과정은 몇 번째 순서인가?

┤ 보기 ├

㉮ 활동 간의 선행관계를 결정하고, 각 활동 및 활동 간의 선행관계를 네트워크 모형으로 작성한다.
㉯ 프로젝트에서 수행되어야 할 활동을 파악한다.
㉰ 주공정(critical path)을 결정한다.
㉱ 프로젝트의 일정을 계산한다.

① 첫번째
② 두번째
③ 세번째
④ 네번째

12 (주)생산성의 금년도 8월의 노트북 판매예측치의 금액은 30만원이고 8월의 실제 판매금액이 35만원이었다. (주)생산성의 9월의 판매예측치를 단순 지수평활법으로 계산하면 얼마인가? (단, 지수평활계수는 0.2이다. 정답은 단위를 제외한 숫자만 입력하시오.)

13 A 전자는 소형 전자제품을 생산하고 있다. 모든 제품은 크게 제조 후 테스트를 거치는 단계로 진행하고 있다. 제품별 제조 및 테스트 시간이 [보기] 와 같을 경우, 존슨 알고리즘을 활용하여 총 작업완료 시간을 구하여라. (단위: 시간)

┤ 보기 ├

제품	제조 시간	테스트 시간
이어폰	5	5
미니 선풍기	3	3
무선 충전기	2	2
손전등	2	1
USB	7	3

14 [보기]에서 설명하는 공정에 따라 공정분석 기호를 적합하게 표시한 것은?

┤ 보기 ├

(가) 운반   (나) 저장   (다) 수량검사   (라) 품질검사

① (가) ◇ (나) □ (다) ○ (라) ⇨
② (가) ⇨ (나) ○ (다) ▽ (라) □
③ (가) ▽ (나) ○ (다) ◇ (라) □
④ (가) ⇨ (나) ▽ (다) □ (라) ◇

15 간트차트에 대한 설명으로 가장 적절하지 않은 것은?

① 변화 및 변경에 약하다.
② 작업상호 간 유기적인 관계가 명확하다.
③ 일정계획에 있어 정밀성을 기대하기 어렵다.
④ 프로젝트의 타임라인을 시각적으로 파악하기 쉽다.

16 애로공정에 대한 설명으로 적절하지 않은 것은?

① 애로공정을 식별하고 개선함으로써 전체 생산 라인의 생산성을 향상할 수 있음
② 애로공정 관리는 자원의 효율적인 사용을 도와 공정의 효율성을 높일 수 있음
③ 애로공정의 개선은 제품 품질의 일관성을 유지하고, 불량률을 줄이는 데 기여함
④ 공정 간의 재고 수준을 확인하고 어디에서 재고가 쌓이는지 파악이 어려워 MRP 시스템을 적용해야 함

17 [보기]는 무엇에 대한 설명인가?

┤ 보기 ├

생산시스템의 생산흐름을 통제하기 위해 사용하는 일종의 생산관리 도구이다. 낭비를 제거하기 위한 목적으로 부품 정보가 기록된 카드를 활용하여 생산 현황을 관리하는 방식이다. 즉, 결품 방지, 낭비방지를 목적으로 이 카드에는 현품표의 기능, 운반지시의 기능, 생산지시의 기능 등을 포함한다.

① CRP
② RCCP
③ MRP 시스템
④ 칸반 시스템

18 JIT 생산 방식에 대한 설명으로 옳지 않은 것은?

① 생산통제는 당기기 방식(pull system)이다.
② 제조/생산 과정의 낭비를 제거하여 최적화를 추구한다.
③ 한 번에 대량생산하여 재고로 보유하기 위해 큰 로트 규모가 필요하다.
④ 매일 소량씩 원료, 혹은 부품이 필요하므로 공급자와의 밀접한 관계가 요구된다.

19 ㈜생산 회사의 공장에서는 다음 달 인적능력을 3,200으로 끌어올리기 위한 목표를 가지고 있다. 다음 달 근무 일수는 20일이며, 모든 작업자는 8시간을 기준으로 근무하고 가동률은 80%이다. 현재 공장의 숙련공은 17명, 미숙련공은 5명이다. (단, 인적능력 환산계수는 숙련공: 1, 미숙련공: 0.8이다.) 이 경우, 인적능력 3,200을 달성하기 위해 미숙련공을 채용한다면 몇 명을 채용해야 하는지 계산하시오.

기출문제

20 [보기]에서 (   )에 들어갈 용어를 한글로 입력하시오.

┤ 보기 ├

주어진 작업량과 작업능력을 일치시키는 (   )계획은 생산계획량을 완성하는 데 필요한 인원이나 기계의 부하를 결정하여 이를 현재 인원 및 기계의 능력과 비교해서 조정하는 역할을 한다. 이것은 부하계획 또는 능력계획이라 부르기도 한다.

21 휴대폰을 생산하는 ㈜생산성전자의 A공장은 4개의 생산라인을 보유하고 있다. [보기]는 각 생산라인의 작업시간을 조사한 결과이다. 다음 중 가장 먼저 라인밸런싱을 위해 불균형을 제거해야 하는 생산라인의 불균형율(%)를 구하시오.

┤ 보기 ├

생산라인	제작	조립	설치	테스트	포장
A라인	3일	1일	2일	1일	1일
B라인	1일	2일	2일	2일	2일
C라인	4일	1일	1일	1일	1일
D라인	1일	1일	2일	4일	1일

22 광화문까페는 원두를 A타입과 B타입으로 두 가지 사용하고 있다. A타입이 항상 B타입보다 두 배 많이 판매되고 있으며, 총 연간 소비량은 두 원두 합쳐 연 3,000kg이다. 연간 재고유지 비율을 20%씩 유지하고 있으며, 1kg당 단가는 A타입이 20,000원, B타입이 40,000원이다. 만약 A타입과 B타입 각자 원두 주문비용을 10,000원을 지불하고 있다면, 경제적 주문량은 각 얼마인지 고르시오.

① A원두 100kg, B원두 100kg
② A원두 200kg, B원두 100kg
③ A원두 50kg, B원두 200kg
④ A원두 100kg, B원두 50kg

23 재고 보유 동기에 대한 설명으로 적절하지 않은 것은?

① 예방동기: 수요의 급증 등 시장 위험에 대비하기 위해 보유
② 교환동기: 기업이 보유한 재고를 다른 기업이 보유한 재고와 교환하기 위한 목적으로 재고를 확보함
③ 거래동기: 수요 예측이 가능하고, 가치 체계가 시간적으로 변하지 않는 경우 재고를 보유할 동기가 발생함
④ 투기동기: 가격변이 큰 물품을 가격이 저렴할 때 확보하여 재고로 보유하였다가 높은 가격을 받을 수 있을 때 출하함

24 [보기]의 자재소요계획(MRP)의 기본 구조에서 (A) ~ (E) 들어갈 내용으로 옳은 것은?

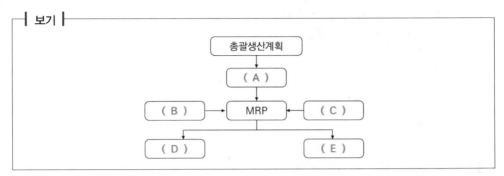

① (A) 일정계획　　(B) 재고기록철　(C) 일정계획　　(D) 자재명세서　(E) 자재명세서
② (A) 기준생산일정　(B) 재고기록철　(C) 능력소요계획　(D) 자재명세서　(E) 재고기록철
③ (A) 기준생산일정　(B) 자재명세서　(C) 재고기록철　(D) 일정계획　　(E) 능력소요계획
④ (A) 일정계획　　(B) 재고기록철　(C) 자재명세서　(D) 능력소요계획　(E) 기준생산일정

25 공급망관리(Supply Chain Management)의 효과가 아닌 것은?

① 재고 수준을 최적화하여 과잉 재고와 재고 부족을 방지할 수 있음
② 공급망의 모든 단계에서 시간을 단축하여 전체 사이클 타임을 줄일 수 있음
③ 수요 예측과 재고 관리를 통해 고객의 요구를 더 잘 충족시키고 서비스 수준을 향상시킬 수 있음
④ 변화에 신속 대응할 수 있지만, 확실한 상황에서만 공급망을 안정적으로 유지할 수 있음

26 [보기]는 무엇에 대한 설명인가?

┤ 보기 ├
- MRP 전개에 의해 생성된 계획이 얼마만큼 제조자원을 요구하는지 계산하는 모듈
- MRP에서 생성된 발주계획이 타당한지 확인하는 수단으로 활용
- 기업의 현실적인 생산능력에 맞추어 자재소요계획을 수립하기 위해 작업장의 능력 소요량을 시간대별로 예측

27 [보기]의 (　　)에 들어갈 용어를 한글로 입력하시오.

┤ 보기 ├
SCM의 주요 흐름 세 가지에는 제품/서비스 흐름, 재정 흐름, (　　) 흐름이 있다.

28 TQM(전사적품질관리)에 대한 설명으로 가장 적절하지 않은 것은?

① 고객중심, 품질문화 형성, 총체적 참여, 지속적인 개선을 TQM의 4대 기본원칙으로 세웠다.

② 품질 향상을 위한 실천적 행동양식과 기술의 집합으로 이루어진 조직의 경영혁신기법으로 이해되고 있다.

③ TQM은 고객의 니즈(needs)를 정확히 파악하고 충족시키는 것 보다는 제품의 생산작업을 처음부터 바르게 해야 하는 중요성을 강조한다.

④ TQM은 전통적인 현장중심의 품질관리와 달리 전략적인 것으로 품질경영 위에 조직문화의 혁신을 통한 구성원의 의식과 태도 등에 중점을 두고 있다.

29 6시그마에 관한 설명 중 가장 적절하지 않은 것은?

① 6시그마 경영은 모든 프로세스의 품질수준이 6σ를 달성하여 불량률을 3.4PPM(part per million)이하로 하고자 하는 전략이다.

② 6시그마는 생산자의 관점에서 출발하여 프로세스의 문제를 찾기 위해 4단계로 나누어 MAIC (Measurement, Analysis, Improvement, Control) 해결 과정을 수행한다.

③ 6시그마는 품질을 획기적으로 개선시키기 위해서 통계적인 기법을 활용하여 개발되었으며, 결함 발생 수 3.4 DPMO(Defects Per Million Opportunities) 이하를 목표로 한다.

④ 제품의 설계와 제조뿐만 아니라 사무간접 지원 등을 포함하는 모든 종류의 프로세스에서 결함을 제거하고 목표로부터 이탈을 최소화하여 조직의 이익 창출과 함께 고객만족을 극대화하고자 하는 혁신전략을 의미한다.

30 [보기]에서 설명하고 있는 검사 방식을 고르시오.

┤ 보기 ├

물품을 시험하여도 상품가치가 떨어지지 않고 검사의 목적을 달성할 수 있는 검사
(예: 전구 점등시험, 도금판의 핀홀 검사 등)

① 전수검사   ② 파괴검사
③ 샘플링검사   ④ 비파괴검사

31 [보기]에 해당하는 품질비용의 종류를 한글로 입력하시오.

┤ 보기 ├

측정, 평가, 검사에 수반되어 발생되는 비용으로 수입검사, 제품검사, 공정검사, 출하검사, 신뢰성 평가비용 등이 있다.

32 [보기]는 관리도에 관한 설명이다. (   ) 안에 공통으로 들어갈 용어를 한글로 입력하시오.

┤ 보기 ├

- 관리도는 데이터의 성질에 따라 계량형 관리도와 (   )관리도 두 가지로 구분할 수 있다.
- 계량형 관리도는 측정기구로 측정이 가능하며 측정치를 그대로 품질자료 값으로 사용하면서 길이, 무게, 온도와 같은 연속변량으로 된 품질특성을 관리하기 위한 것이다.
- (   ) 관리도는 불량개수, 불량률, 결점수 등의 이산치로 파악되는 품질특성을 관리하기 위한 것이다.

[실무] ●

실무문제는 [실기메뉴]를 활용하여 답하시오.
웹하드(http://www.webhard.co.kr)에서 Guest(ID: samil3489, PASSWORD: samil3489)로
로그인하여 백데이터를 다운받아 설치한 후 생산 1급 2024년 6회로 로그인한다.

01 아래 [보기]의 조건으로 데이터를 조회한 후 물음에 답하시오.

┤ 보기 ├
- 계정구분: [2. 제품]   • 검사여부: [0. 무검사]

다음 [보기]의 조건에 해당하는 품목 중 표준원가가 가장 낮은 품목으로 옳은 것을 고르시오.

① [NAX-A420. 산악자전거(P-20G)]
② [NAX-A421. 산악자전거(P-21G,A421)]
③ [NAX-A401. 일반자전거(P-GRAY RED)]
④ [NAX-A400. 일반자전거(P-GRAY WHITE)]

02 아래 [보기]의 조건으로 데이터를 조회한 후 물음에 답하시오.

┤ 보기 ├
- 검사구분: [41. 공정검사]   • 사용여부: [1. 사용]
- 검사유형질문: 프레임에 크랙이 있지 않는가?

다음 [보기]의 조건에 해당하는 검사유형명으로 옳은 것을 고르시오.

① 휠조립검사   ② 바디조립검사
③ 핸들조립검사   ④ 자전거ASS'Y최종검사

03 아래 [보기]의 조건으로 데이터를 조회한 후 물음에 답하시오.

┤ 보기 ├
- 거래처분류: [3000. 외주거래처]   • 지역: [A1. 서울]

다음 [보기]의 조건에 해당하는 거래처 중 외주담당자가 오진형인 거래처명으로 옳은 것을 고르시오.

① 다스산업(주)   ② 런닝정밀(주)
③ ㈜형광램프   ④ ㈜세림와이어

04 아래 [보기]의 조건으로 데이터를 조회한 후 물음에 답하시오.

> ┤ 보기 ├
> • 모품목: [NAX-A401. 일반자전거(P-GRAY RED)]
> • 기준일자: 2024/11/01　　　　　• 사용여부: [1. 사용]

다음 [보기]의 조건에 해당하는 모품목[NAX-A401. 일반자전거(P-GRAY RED)]에 대한 자재명세서의 설명으로 옳은 것을 고르시오.

① 자품목 [21-3001610. PEDAL (TYPE A)]의 조달구분은 '생산' 이다.
② 자품목 [83-2000110. 전장품 ASS'Y (TYPE A)]의 외주구분은 '무상' 이다.
③ 자품목 [88-1001010. PRESS FRAME-W (TYPE A)]의 주거래처는 '(주)제일물산' 이다.
④ 자품목 [85-1020410. POWER TRAIN ASS'Y(MTB, TYPE A)]의 사급구분은 '사급' 이다.

05 아래 [보기]의 조건으로 데이터를 조회한 후 물음에 답하시오.

> ┤ 보기 ├
> • 모품목: [NAX-A401. 일반자전거(P-GRAY RED)]
> • 기준일자: 2024/11/01　　　　　• 사용여부: [1. 사용]

다음 [보기]의 조건에 해당하는 모품목[NAX-A401. 일반자전거(P-GRAY RED)]에 대한 자재명세서의 설명으로 옳은 것을 고르시오.

① 자품목 [21-3001610. PEDAL (TYPE A)]의 조달구분은 '생산' 이다.
② 자품목 [83-2000110. 전장품 ASS'Y (TYPE A)]의 외주구분은 '무상' 이다.
③ 자품목 [88-1001010. PRESS FRAME-W (TYPE A)]의 주거래처는 '(주)제일물산' 이다.
④ 자품목 [85-1020410. POWER TRAIN ASS'Y(MTB, TYPE A)]의 사급구분은 '사급' 이다.

06 아래 [보기]의 조건으로 데이터를 조회한 후 물음에 답하시오.

> ┤ 보기 ├
> • 사업장: [2000. ㈜한국자전거지사]　• 작업예정일: 2024/09/01 ~ 2024/09/07
> • 계정구분: [2. 제품]　　　　　　　• 생산계획 등록 품목만 조회: 체크함

다음 [보기]의 조건으로 등록된 생산계획에 대한 설명으로 옳은 것을 고르시오.

① 생산계획에 등록된 품목들은 품목군이 [Y100. 일반용]이다.
② 품목[NAX-A401. 일반자전거(P-GRAY RED)]의 작업예정일 2024/09/07에는 생산계획 된 내역이 없다.
③ 품목[NAX-A400. 일반자전거(P-GRAY WHITE)]는 2024/09/05에 일생산량보다 초과된 수량이 생산계획 되었다.
④ 생산계획에 등록된 품목 중 계획수량의 총합이 가장 많은 품목은 [NAX-A400. 일반자전거(P-GRAY WHITE)]이다.

07 아래 [보기]의 조건으로 데이터를 조회한 후 물음에 답하시오.

┤ 보기 ├

- 사업장: [2000. ㈜한국자전거지사]
- 공정: [L300. 작업공정(도색)]
- 작업장: [L212. 반제품작업장(휠)]
- 지시기간: 2024/09/08 ~ 2024/09/14

다음 [보기] 조건에 해당하는 작업지시내역 중 지시수량의 합이 가장 많은 생산설비로 옳은 것을 고르시오.

① 생산설비 1호   ② 생산설비 2호
③ 생산설비 3호   ④ 생산설비 4호

08 아래 [보기]의 조건으로 데이터를 조회한 후 물음에 답하시오.

┤ 보기 ├

- 사업장: [2000. (주)한국자전거지사]
- 공정: [L300. 작업공정(도색)]
- 작업장: [L301. 제품작업장(도색)]
- 지시기간: 2024/09/15 ~ 2024/09/21

다음 [보기] 조건의 작업지시확정 내역 중 BOM등록의 자재명세와 다른 품목으로 청구요청 된 품목이 속한 지시 모품목 정보로 옳은 것을 고르시오.

① [NAX-A420. 산악자전거(P-20G)]
② [NAX-A421. 산악자전거(P-21G,A421)]
③ [NAX-A422. 산악자전거(P-21G,A422)]
④ [NAX-A401. 일반자전거(P-GRAY RED)]

09 아래 [보기]의 조건으로 데이터를 조회한 후 물음에 답하시오.

┤ 보기 ├

- 사업장: [2000. ㈜한국자전거지사]
- 출고기간: 2024/09/22 ~ 2024/09/28
- 청구기간: 2024/09/22 ~ 2024/09/28
- 청구공정: [L200. 작업공정]
- 청구작업장: [L404. 재조립작업장]
- 출고일자: 2024/09/25
- 출고창고: [M200. 부품창고_인천지점]
- 출고장소: [M201. 부품/반제품_부품장소]

다음 [보기] 조건으로 일괄적용 기능을 이용하여 생산자재 출고처리 후 출고수량의 합이 가장 많은 품목으로 옳은 것을 고르시오.

① [21-3001500. PEDAL(S)]
② [21-3000300. WIRING-DE]
③ [21-1060700. FRAME-NUT]
④ [21-1080800. FRAME-알미늄]

10 아래 [보기]의 조건으로 데이터를 조회한 후 물음에 답하시오.

┤ 보기 ├

- 사업장: [2000. ㈜한국자전거지사]
- 지시공정: [L300. 작업공정(도색)]
- 지시(품목): 2024/10/01 ~ 2024/10/05
- 지시작업장: [L302. 반제품작업장(도색)]

㈜한국자전거지사 홍길동 사원은 작업지시 내역에 대한 작업실적등록 시 실적구분에 따라 '적합', '부적합'으로 실적내역을 등록하고 있다. 다음 중 작업실적 내역에 대하여 적합구분이 '적합'인 실적수량의 합보다 '부적합'인 실적수량의 합이 더 많이 발생한 작업지시번호를 고르시오.

① WO2410000001
② WO2410000002
③ WO2410000003
④ WO2410000004

11 아래 [보기]의 조건으로 데이터를 조회한 후 물음에 답하시오.

┤ 보기 ├

- 사업장: [2000. ㈜한국자전거지사]
- 실적공정: [L200. 작업공정]
- 실적기간: 2024/10/06 ~ 2024/10/12
- 구분: [1. 생산]
- 실적작업장: [L405. 프로젝트작업장]
- 상태: [1. 확정]

다음 [보기] 조건에 대한 자재사용 내역 중 적용수량의 합이 적용예정량의 합보다 더 많이 사용된 작업실적번호로 옳은 것을 고르시오.

① WR2410000017
② WR2410000018
③ WR2410000019
④ WR2410000020

12 아래 [보기]의 조건으로 데이터를 조회한 후 물음에 답하시오.

┤ 보기 ├

- 사업장: [2000. ㈜한국자전거지사]
- 공정: [L300. 작업공정(도색)]
- 실적일: 2024/10/13 ~ 2024/10/19
- 작업장: [L301. 제품작업장(도색)]

다음 [보기]의 조건으로 등록된 생산실적검사 내역에 대한 설명으로 옳지 않은 것을 고르시오.

① 작업실적번호 WR2410000022는 박용덕 검사담당자가 '전수검사'를 진행하였다.
② 작업실적번호 WR2410000023의 불합격수량 2EA는 '도색 불량'으로 발생하였으며, 합격여부는 '합격'으로 처리하였다.
③ 작업실적번호 WR2410000021의 검사유형은 '샘플검사'이며 시료수 5EA 중 불량시료 2EA, 양품시료 3EA가 발생하였다.
④ 작업실적번호 WR2410000024는 '도색검사'를 진행하였으며, 불합격수량이 3EA 발생하여 합격여부를 '불합격' 처리하였다.

13 아래 [보기]의 조건으로 데이터를 조회한 후 물음에 답하시오.

┤ 보기 ├

- 사업장: [2000. ㈜한국자전거지사]
- 실적기간: 2024/10/20 ~ 2024/10/26
- 공정: [L200. 작업공정]
- 작업장: [L202. 반제품작업장_적합]

㈜한국자전거지사 홍길동 사원은 생산품창고 입고처리 시 생산실적검사를 진행한 실적내역에 대해서는 직접 입고처리를 등록하고 있다. 다음 [보기] 조건의 입고번호 중 생산실적검사를 진행한 후 생산품창고입고처리에서 입고처리를 직접 등록한 입고번호로 옳은 것을 고르시오.

① IW2410000024
② IW2410000025
③ IW2410000026
④ IW2410000027

14 아래 [보기]의 조건으로 데이터를 조회한 후 물음에 답하시오.

┤ 보기 ├

- 사업장: [2000. ㈜한국자전거지사]
- 등록일: 2024/11/01 ~ 2024/11/02

다음 [보기]의 조건으로 등록된 기초재공에 대한 설명으로 옳지 않은 것을 고르시오.

① 작업공정, 프로젝트작업장에 속한 품목 중 LOT 관리를 하는 품목이 있다.
② 작업공정, 재조립작업장으로 등록된 기초재공품들의 품목군은 [Z100. 산악용]이다.
③ 작업공정(도색), 제품작업장(도색)으로 등록된 기초재공품들에 대한 안전재고수량은 20이다.
④ 작업공정(도색), 반제품작업장(도색)으로 등록된 품목들의 단가는 품목등록의 표준원가와 같다.

15 아래 [보기]의 조건으로 데이터를 조회한 후 물음에 답하시오.

┤ 보기 ├

- 사업장: [2000. (주)한국자전거지사]
- 실적기간: 2024/11/03 ~ 2024/11/09
- 구분: [1. 공정]
- 공정: [L300. 작업공정(도색)]
- 작업장: [L211. 반제품작업장(바디)]
- 수량조회기준: [0. 실적입고기준]
- 검사기준: 검사 체크함
- 단가 OPTION: 조달구분 구매, 생산 모두 실제원가[품목등록] 체크함

다음 [보기]의 조건에 해당하는 실적검사기준의 생산일보를 조회한 후 불량금액이 가장 적은 품목으로 옳은 것을 고르시오.

① [88-1002000. PRESS FRAME-Z]
② [88-1001000. PRESS FRAME-W]
③ [85-1020400. POWER TRAIN ASS'Y(MTB)]
④ [81-1001000. BODY-알미늄(GRAY-WHITE)]

16 아래 [보기]의 조건으로 데이터를 조회한 후 물음에 답하시오.

┤ 보기 ├

- 사업장: [2000. ㈜한국자전거지사]
- 지시기간: 2024/11/10 ~ 2024/11/16
- 지시공정: [L200. 작업공정]
- 지시작업장: [L405. 프로젝트작업장]
- 실적기간: 2024/11/10 ~ 2024/11/16
- 실적구분: [0. 적합]

다음 [보기] 조건에 대한 생산실적 내역에 대하여 실적수량의 합이 가장 많은 품목으로 옳은 것을 고르시오.

① [83-2000100. 전장품 ASS'Y]
② [87-1002001. BREAK SYSTEM]
③ [88-1001000. PRESS FRAME-W]
④ [81-1001000. BODY-알미늄(GRAY-WHITE)]

17 아래 [보기]의 조건으로 데이터를 조회한 후 물음에 답하시오.

┤ 보기 ├

- 사업장: [2000. (주)한국자전거지사]
- 공정: [R200. 외주공정(제품)]
- 지시기간: 2024/09/01 ~ 2024/09/07

다음 [보기]의 조건으로 외주발주등록 된 품목[NAX-A420. 산악자전거(P-20G)]에 대한 외주단가가 가장 높은 단가로 발주등록 된 외주처로 옳은 것을 고르시오.

① [R201. ㈜대흥정공]
② [R231. ㈜제일물산]
③ [R271. ㈜하나상사]
④ [R251. ㈜형광램프]

18 아래 [보기]의 조건으로 데이터를 조회한 후 물음에 답하시오.

┤ 보기 ├

- 사업장: [2000. ㈜한국자전거지사]
- 공정: [R300. 외주공정(반제품)]
- 외주처: [R302. 제동기어작업장]
- 지시기간: 2024/09/08 ~ 2024/09/14

다음 [보기] 조건의 외주발주확정 내역에 대한 설명으로 옳은 것을 고르시오.

① 생산지시번호 WO2409000022의 청구 요청한 자재들은 자재출고상태가 '출고중'이다.
② 생산지시번호 WO2409000023의 청구 요청한 자재들의 금액 합은 지시품목의 금액과 같다.
③ 생산지시번호 WO2409000024의 청구 요청한 자재 중에는 LOT여부가 '사용'인 품목이 있다.
④ 생산지시번호 WO2409000025의 청구 요청한 자재들은 생산, 외주자재사용등록에 등록되었다.

기출문제

19 아래 [보기]의 조건으로 데이터를 조회한 후 물음에 답하시오.

┤ 보기 ├
- 사업장: [2000. ㈜한국자전거지사]
- 청구기간: 2024/09/15 ~ 2024/09/21
- 청구작업장: [R211. 다스산업(주)]
- 출고창고: [M200. 부품창고_인천지점]
- 출고기간: 2024/09/15 ~ 2024/09/21
- 청구공정: [R200. 외주공정(제품)]
- 출고일자: 2024/09/20
- 출고장소: [M201. 부품/반제품_부품장소]

다음 [보기] 조건으로 일괄적용 기능을 이용하여 외주자재 출고처를 등록 후 출고된 자재들의 모품목 정보로 옳지 않은 것을 고르시오.

① [83-2000100. 전장품 ASS'Y]
② [87-1002001. BREAK SYSTEM]
③ [81-1001000. BODY-알미늄(GRAY-WHITE)]
④ [85-1020400. POWER TRAIN ASS'Y(MTB)]

20 아래 [보기]의 조건으로 데이터를 조회한 후 물음에 답하시오.

┤ 보기 ├
- 사업장: [2000. (주)한국자전거지사]
- 외주공정: [R200. 외주공정(제품)]
- 지시(품목): 2024/09/22 ~ 2024/09/30
- 외주처: [R231. (주)제일물산]

다음 [보기] 조건에 해당하는 외주실적 내역에 대한 설명으로 옳지 않은 것을 고르시오.

① 외주실적에 대한 실적수량의 합의 가장 많은 작업팀은 '생산B팀'이다.
② 외주실적에 대한 실적담당으로는 김종욱, 이종현, 박용덕, 정영수 담당자가 등록되었다.
③ 외주실적에 대한 실적구분이 '적합'인 실적수량의 합보다 '부적합'인 실적수량의 합이 더 많이 발생한 작업지시번호는 WO2409000037이다.
④ 실적구분이 적합인 경우 입고장소는 [P201. 제품_제품장소]로 처리 하였으며, 부적합인 경우 입고장소는 [P209. 제품_제품장소_불량]로 처리되었다.

21 아래 [보기]의 조건으로 데이터를 조회한 후 물음에 답하시오.

┤ 보기 ├
- 사업장: [2000. ㈜한국자전거지사]
- 외주공정: [R300. 외주공정(반제품)]
- 실적기간: 2024/10/01 ~ 2024/10/05
- 구분: [2. 외주]
- 외주처: [R304. 한영철강작업장]
- 상태: [1. 확정]

㈜한국자전거지사 홍길동 사원은 외주실적에 대한 자재사용등록 시 청구적용 기능을 이용하여 자재를 사용하고 있다. 다음 [보기] 조건으로 청구적용 조회 시 잔량의 합이 가장 많이 남아있는 작업실적번호로 옳은 것을 고르시오.

① WR2410000032
② WR2410000033
③ WR2410000034
④ WR2410000035

22 아래 [보기]의 조건으로 데이터를 조회한 후 물음에 답하시오.

┤ 보기 ├

- 사업장: [2000. ㈜한국자전거지사]
- 외주공정: [R200. 외주공정(제품)]
- 마감일자: 2024/10/05
- 세무구분: [21. 과세매입]
- 마감일: 2024/10/01 ~ 2024/10/05
- 실적일: 2024/10/01 ~ 2024/10/05
- 과세구분: [0. 매입과세]
- 외주단가 등록의 단가 적용: 체크안함

다음 [보기] 조건에 대한 외주실적 내역에 대하여 실적일괄적용 기능을 이용하여 외주마감을 진행한 후 마감처리 된 외주처 중 공급가가 가장 큰 외주처로 옳은 것을 고르시오.

① 행복바이크
② 다스산업㈜
③ ㈜세림와이어
④ ㈜영동바이크

23 아래 [보기]의 조건으로 데이터를 조회한 후 물음에 답하시오.

┤ 보기 ├

- 사업장: [2000. ㈜한국자전거지사]
- 부가세사업장: [2000. ㈜한국자전거지사]
- 기간: 2024/10/27 ~ 2024/10/31

다음 [보기] 조건의 외주마감 내역에 대하여 전표처리를 진행한 후 계정과목 적요명이 외주가공비 부가세대급금인 금액이 가장 많은 외주마감 번호를 고르시오.

① OC2410000005
② OC2410000006
③ OC2410000007
④ OC2410000008

24 아래 [보기]의 조건으로 데이터를 조회한 후 물음에 답하시오.

┤ 보기 ├

- 사업장: [2000. ㈜한국자전거지사]
- 공정: [R200. 외주공정(제품)]
- 사용기간: 2024/11/01 ~ 2024/11/09
- 작업장: [R273. 행복바이크]

다음 [보기] 조건의 제품별 자재사용 내역에 대하여 자재의 사용수량의 합이 가장 적게 발생한 모품목 정보로 옳은 것을 고르시오.

① [NAX-A421. 산악자전거(P-21G,A421)]
② [NAX-A422. 산악자전거(P-21G,A422)]
③ [NAX-A400. 일반자전거(P-GRAY WHITE)]
④ [NAX-A402. 일반자전거(P-GRAY BLACK)]

기출문제

25 아래 [보기]의 조건으로 데이터를 조회한 후 물음에 답하시오.

> **보기**
> • 사업장: [2000. ㈜한국자전거지사]
> • 검사 기간: 2024/11/10 ~ 2024/11/16   • 계정: [4. 반제품]

㈜한국자전거지사 홍길동 사원은 품목별 품질에 대한 전수검사 내역을 분석 중이다. 다음 [보기] 조건에 해당하는 품목 중 전수검사에 대한 합격률이 가장 높은 품목으로 옳은 것을 고르시오.

① [83-2000110. 전장품 ASS'Y (TYPE A)]

② [87-1002011. BREAK SYSTEM (TYPE A)]

③ [85-1020410. POWER TRAIN ASS'Y(MTB, TYPE A)]

④ [81-1001010. BODY-알미늄 (GRAY-WHITE, TYPE A)]

생산 1급 2024년 5회 (2024년 9월 28일 시행)

[이론] ●

01 'Best Practice'를 목적으로 ERP 패키지를 도입하여 시스템을 구축하고자 할 경우 가장 적절하지 않은 방법은?

① BPR과 ERP 시스템 구축을 병행하는 방법
② ERP 패키지에 맞추어 BPR을 추진하는 방법
③ 기존 업무처리에 따라 ERP 패키지를 수정하는 방법
④ BPR을 실시한 후에 이에 맞도록 ERP 시스템을 구축하는 방법

02 기업에서 ERP시스템을 도입하기 위해 분석, 설계, 구축, 구현 등의 단계를 거친다. 이 과정에서 필수적으로 거쳐야하는 "GAP분석" 활동의 의미를 적절하게 설명한 것은?

① TO-BE 프로세스 분석
② TO-BE 프로세스에 맞게 모듈을 조합
③ 현재업무(AS-IS) 및 시스템 문제 분석
④ 패키지 기능과 TO-BE 프로세스와의 차이 분석

03 ERP시스템 투자비용에 관한 개념 중 '시스템의 전체 라이프사이클(life-cycle)을 통해 발생하는 전체 비용을 계량화한 비용'에 해당하는 것은?

① 유지보수 비용(Maintenance Cost)
② 시스템 구축비용(Construction Cost)
③ 총소유비용(Total Cost of Ownership)
④ 소프트웨어 라이선스비용(Software License Cost)

04 e-Business 지원 시스템을 구성하는 단위 시스템에 해당되지 않는 것은?

① 성과측정관리(BSC)
② EC(전자상거래) 시스템
③ 의사결정지원시스템(DSS)
④ 고객관계관리(CRM) 시스템

05 효과적인 ERP교육을 위한 고려사항으로 가장 적절하지 않은 것은?

① 다양한 교육도구를 이용하라.
② 교육에 충분한 시간을 배정하라.
③ 비즈니스 프로세스가 아닌 트랜잭션에 초점을 맞춰라.
④ 조직차원의 변화관리활동을 잘 이해하도록 교육을 강화하라.

06 (주)생산은 공정 개선 및 작업시간 단축으로 생산성 향상을 달성하였다. [보기] 조건을 확인하여 얼마만큼의 작업시간이 단축되었는지 고르시오.

> ┤ 보기 ├
>
> A 회사는 10시간의 작업시간을 들여 제품 10개를 만들었었다. 공정 개선 이후는 기존 작업시간
> 보다 (   )시간을 단축 시켜서 생산성이 25% 향상되었다. 공정 개선으로 인하여 단축된
> 작업시간을 구하시오.

① 1시간   ② 1.5시간
③ 2시간   ④ 2.5시간

07 제품군을 구성하는 제품 또는 제품을 구성하는 부품의 양을 정수로 표현하는 것이 아니라 백분율로 표현하는 BOM을 고르시오.

① Inverted BOM   ② Planning BOM
③ Phantom BOM   ④ Percentage BOM

08 Job Shop의 특징에 관한 설명으로 가장 적절하지 않은 것은?

① 공정별 기계배치   ② 특수기계의 생산라인
③ 공장의 구성이 유동적   ④ 주문자 요구에 의한 방식

09 총괄생산계획에 대한 설명으로 적절한 것은?

① 총괄생산계획은 완제품의 수요량만 알고 있으면 수립이 가능하다.
② 총괄생산계획은 기업의 전반적 계획을 MPS와 연결짓는 역할을 한다.
③ 총괄생산계획은 MPS나 MRP와는 무관하게 독립적으로 수립되어야 한다.
④ 총괄생산계획은 일단 수립되고 나면 계획기간동안은 변경되어서는 안된다.

10 일정계획 수립 시 지켜야할 방침으로 가장 적절하지 않은 것은?

① 생산기간의 단축   ② 생산활동의 동기화
③ 작업흐름의 신속화   ④ 작업의 안정화를 위한 가동률 저하

11 [보기]를 참고하여, 공정계획표에 따른 주공정(Critical Path)을 찾으려고 한다. 주공정을 순서대로 나열한 것은?

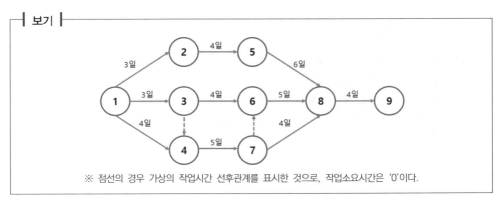

※ 점선의 경우 가상의 작업시간 선후관계를 표시한 것으로, 작업소요시간은 '0'이다.

① 1-2-5-8-9
② 1-4-7-8-9
③ 1-3-4-7-8-9
④ 1-4-7-6-8-9

12 [보기]는 프로젝트 X의 활동리스트이다. 이 활동리스트로 네트워크 다이어그램을 완성할 수 있다. 이때 주공정은 몇 주인가?

활동	직전선행활동	활동시간(주)	활동	직전선행활동	활동시간(주)
A	-	4	F	C	6
B	-	3	G	D, F	3
C	A	5	H	E	6
D	A	6	I	G, H	2
E	B	7			

13 자재명세서(Bill Of Materials)가 [보기]와 같은 구조를 가질 때, A제품의 주문량이 20개이다. 부품 S의 현 재고량이 40개일 때, 추가로 필요한 소요량은 몇 개인가?

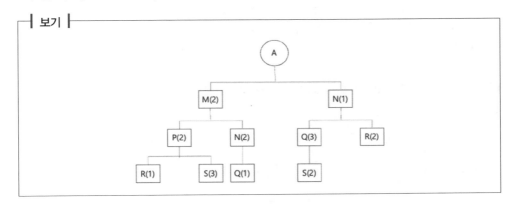

14 공정관리 목표로 적절하지 않은 것은?

① 납기의 이행 및 단축　　　　　　② 생산 및 조달시간의 최소화
③ 기계 및 인력이용률의 최대화　　　④ 대기시간의 최대화와 유휴시간의 최소화

15 절차계획에 대한 설명으로 적절하지 않은 것은?

① 원가를 계산할 때 기초자료로 활용된다.
② 특정 제품을 만드는데 필요한 공정순서를 정의한 것이다.
③ 특정 제품이 어떤 부품들로 구성되는가에 대한 데이터이다.
④ 작업의 순서, 표준시간, 각 작업이 행해질 장소를 결정하고 할당한다.

16 [보기]의 내용을 참고하여 작업효율(Efficiency)을 구하시오.

┤ 보기 ├

- 교대수: 3교대/일
- 기계 불가동 시간: 40시간
- 기계대수: 20대
- 주당 작업일수: 5일
- 1교대 작업시간: 8시간
- 작업표준시간: 1,888시간

① 80%　　　　　　　　　　　② 85%
③ 75%　　　　　　　　　　　④ 70%

17 계획된 실제의 작업량을 작업일정이나 시간으로 견주어 가로선으로 표시함으로써, 계획과 통제의 기능을 동시에 수행하는 전통적인 일정관리기법은 무엇인가?

① Kanban　　　　　　　　　② PERT/CPM
③ Gantt Chart　　　　　　　④ Project Scheduling

18 JIT 생산 방식에 대한 설명으로 옳지 않은 것은?

① 생산통제는 당기기 방식(pull system)이다.
② 제조/생산 과정의 낭비를 제거하여 최적화를 추구한다.
③ 한번에 대량생산하여 재고로 보유하기 위해 큰 로트 규모가 필요하다.
④ 매일 소량씩 원료, 혹은 부품이 필요하므로 공급자와의 밀접한 관계가 요구된다.

19 [보기]의 내용을 참고하여 인적 능력을 구하시오. (단위: MH)

┤ 보기 ├

- 1일 작업시간: 8시간
- 작업인원: 5명
- 1개월 작업일수: 20일
- 가동률: 95%

20 [보기]의 (   )에 들어갈 용어는 무엇인가?

┤ 보기 ├

(   )공정이란 작업장에 능력 이상의 부하가 적용되어 전체공정의 흐름을 막고 있는 것을 말한다. 전체라인의 생산속도를 좌우하는 작업장을 의미하기도 한다.   .

21 [보기]에서 설명하는 시스템은 무엇인가?

┤ 보기 ├

• 제조업 및 서비스업에서 작업 흐름을 관리하고 최적화하기 위해 사용되는 시각적 관리 도구로 일본의 도요타 생산시스템에서 유래함
• 이것의 역할은 작업 흐름 시각화, 작업의 흐름 개선, 재고관리, 작업의 투명성 및 협업 강화, 지속적 개선을 달성할 수 있음

22 능력소요계획(CRP)의 입력정보로 가장 적절하지 않은 것은?

① 작업상태 정보   ② 절차계획 정보
③ 연간 수요예측 정보   ④ MRP에서 산출된 발주계획 정보

23 [보기]에서 설명하는 재고종류로 가장 적절한 것은?

┤ 보기 ├

계절적 요인, 가격의 변화 등을 예상하고 대비하기 위해 보유하는 재고

① 예상재고   ② 안전재고
③ 침몰재고   ④ 파이프라인 재고

24 EOQ(Economic Order Quantity, 경제적 주문량)에 대한 설명으로 적절하지 않은 것은?

① EOQ 모델은 수요와 비용이 일정하다는 가정을 바탕으로 한 것이라는 한계를 가짐
② 재고를 주문할 때 주문 비용과 보관 비용을 최소화할 수 있는 최적의 주문량을 말함
③ 재고가 부족할 경우를 방지하기 위해 저렴할 때 다량 구매하여 확보하기 위한 재고량임
④ 주요 목적은 재고 관리 비용을 최소화하고, 재고가 부족하거나 과잉으로 인해 발생하는 문제를 방지하는 것임

25 공급사슬과 SCM에 대한 설명으로 가장 적절하지 않은 것은?

① 제품/서비스의 흐름은 공급자들로부터 고객으로의 상품 이동을 말한다.
② 재정의 흐름은 신용조건, 지불계획, 위탁판매, 권리소유권의 합의 등으로 구성된다.
③ 공급망은 공급자, 제조업자, 창고업자, 소매상, 고객과 같은 거래 파트너들로 구성되어 있다.
④ 주문전달과 배송상황의 갱신 등의 정보의 흐름은 공급자에서 고객으로 일방향적으로 흐른다.

기출문제

26 제조회사인 (주)생산성의 제품 X에 대한 정보이다. [보기]에 주어진 자료를 바탕으로 1회 주문비용을 구하시오. (단위: 원)

┤ 보기 ├
- 연간 수요량: 10,000개
- 연간 단위당 재고유지비율: 25%
- 1개당 가격: 5,000원
- 경제적 발주량(EOQ): 600개

27 [보기]는 무엇에 대한 설명인가?

┤ 보기 ├

계획된 MPS(Planned Master Production Schedule)를 실행하는데 필요한 자원요구량(capacity)을 계산하는 모듈이다. 주로 기준생산계획에서 주어진 자원이 용량을 넘어서는지 아닌지를 계산하는 모듈이다.

28 요구품질을 실현하기 위해 제품을 기획하고 그 결과를 시방서(스펙, Specification)로 정리하여 도면화한 품질은?

① 요구품질
② 설계품질
③ 제조품질
④ 시장품질

29 [보기]의 설명은 QC의 7가지 도구 중 무엇에 해당하는가?

┤ 보기 ├
- 길이, 무게, 시간, 정도 등을 측정하는 데이터의 계량치가 어떠한 분포를 하고 있는지 한눈에 알아보기 쉬운 도표
- 어떤 조건하에서 주어진 데이터를 몇 개의 구간으로 나누어 각 구간에 포함되는 데이터의 분포를 쉽게 파악하기 위한 용도로 작성

① 산점도
② 파레토도
③ 히스토그램
④ 특성요인도

30 통계적 품질관리(SQC)에 대한 설명으로 적절하지 않은 것은?

① 가장 보편적이고 핵심적인 기법은 도수분포법이다.
② 처음 사용한 나라는 미국이며 그 이후 일본에서 사용하기 시작하였다.
③ 흔히 이용되는 기법에는 관리도법, 샘플링검사법, 실험계획법 등이 있다.
④ 1980년대에 들어 SQC를 발전시키어 TQM 활동이라는 광범위한 개념으로 발전시켰다.

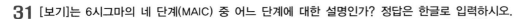

31 [보기]는 6시그마의 네 단계(MAIC) 중 어느 단계에 대한 설명인가? 정답은 한글로 입력하시오.

┤ 보기 ├

• 주요 제품의 특성치와 최고수준의 타 회사 특성치를 벤치마킹한다.
• 최고수준의 제품이 성공적인 성능을 내기 위한 요인이 무엇인가를 조사하고 목표를 설정한다.

32 [보기]에서 설명하는 관리도를 영문으로 입력하시오.

┤ 보기 ├

• 데이터 군을 나누지 않고 한 개의 측정치를 그대로 사용하여 공정을 관리할 때 사용
• 데이터의 발생간격이 긴 공정관리나 데이터 측정에 시간과 비용이 많이 소요될 때 사용

[실무]

> ✦✦ 실무문제는 [실기메뉴]를 활용하여 답하시오.
> 웹하드(http://www.webhard.co.kr)에서 Guest(ID: samil3489, PASSWORD: samil3489)로
> 로그인하여 백데이터를 다운받아 설치한 후 생산 1급 2024년 5회로 로그인한다.

01 아래 [보기]의 조건으로 데이터를 조회한 후 물음에 답하시오.

> ┤ 보기 ├
>
> • 계정구분: [4. 반제품]   • 조달구분: [1. 생산]   • 검사여부: [1. 검사]

다음 [보기]의 조건에 해당하는 품목 중에서 표준원가가 가장 큰 품목을 고르시오.

① [85-1020410. POWER TRAIN ASS'Y(MTB, TYPE A)]
② [85-1020420. POWER TRAIN ASS'Y(MTB, TYPE B)]
③ [87-1002011. BREAK SYSTEM (TYPE A)]
④ [87-1002021. BREAK SYSTEM (TYPE B)]

02 아래 [보기]의 조건으로 데이터를 조회한 후 물음에 답하시오.

> ┤ 보기 ├
>
> 가. 현영철강(주)의 외주담당자는 박상미이며 지역은 서울이다.
> 나. 다스산업(주)의 거래처분류는 일반으로 되어있다.
> 다. PRESS FRAME-Z (TYPE A)품목의 생산담당자는 양의지이다.
> 라. PRESS FRAME-W (TYPE B)의 단위는 EA이며 자재담당자와 생산담당자가 동일하다.

(주)한국자전거지사에서는 물류실적(품목/고객)담당자등록을 확인하고 있다. 다음 중 [보기]의 설명
으로 올바른 설명의 수를 고르시오.

① 1   ② 2
③ 3   ④ 4

03 아래 [보기]의 조건으로 데이터를 조회한 후 물음에 답하시오.

> ┤ 보기 ├
>
> • 사업장: [2000. (주)한국자전거지사]

다음 [보기]의 조건에 해당하는 창고/공정(생산)/외주공정등록에 대한 설명으로 옳지 않은 것을 고
르시오.

① 외주공정 [R200. 외주공정]의 외주거래처에는 [00026. (주)재하정밀]이 있다.
② 생산공정 [L200. 작업공정]에 대한 작업장 [L201. 제품작업장(완제품)]의 적합여부는 '부적합'이다.
③ 창고 [P200. 제품창고_인천지점]에 대한 위치 [P209. 제품_제품장소_불량]는 '대전 불량창고' 위치이다.
④ 창고 [M200. 부품창고_인천지점]에 대한 위치 [M201. 부품/반제품_부품장소]는 가용재고여부가 '여'이다.

04 아래 [보기]의 조건으로 데이터를 조회한 후 물음에 답하시오.

┤ 보기 ├

- 모품목: [NAX-A401. 일반자전거(P-GRAY RED)]
- 기준일자: 2024/08/15 • 사용여부: [1. 사용]

다음 [보기]의 조건에 해당하는 모품목 [NAX-A401. 일반자전거(P-GRAY RED)]의 자재명세서에 대한 설명으로 옳지 않은 것을 고르시오.

① 자품목 [21-3001610. PEDAL (TYPE A)]의 계정구분은 '원재료'이다.
② 자품목 [83-2000110. 전장품 ASS'Y (TYPE A)]의 외주구분은 '무상'이다.
③ 자품목 [88-1001010. PRESS FRAME-W (TYPE A)]의 사급구분은 '자재'이다.
④ 자품목 [85-1020410. POWER TRAIN ASS'Y(MTB, TYPE A)]의 주거래처는 '(주)제일물산'이다.

05 (주)한국자전거지사에서 [R200. 외주공정]에 속한 [R272. (주)재하정밀]에 대하여 2024년도 상반기에는 10% 실제원가대비 기준으로 외주단가를 등록하여 사용하였다. 2024년 하반기에는 20% 비율로 표준원가대비 기준으로 외주단가를 산정하려고 한다. 해당 비율로 변경 후 외주단가가 가장 큰 품목을 고르시오.

① [83-2000100. 전장품 ASS'Y]
② [85-1020400. POWER TRAIN ASS'Y(MTB)]
③ [87-1002001. BREAK SYSTEM]
④ [88-1001000. PRESS FRAME-W]

06 ㈜한국자전거지사에서 제품인 품목에 대해서 생산계획을 등록 하고 있다. 작업예정일이 2024/08/01 ~ 2024/08/31 기간동안 등록된 내용 중 옳은 것을 고르시오.

① [NAX-A400. 일반자전거(P-GRAY WHITE)]의 8월 생산계획 수량 총합이 300이다.
② [NAX-A402. 일반자전거(P-GRAY BLACK)]의 작업예정일 2024/08/25일 계획수량은 일생산량과 동일하다.
③ [NAX-A421. 산악자전거(P-21G,A421)]의 작업예정일 2024/08/12일 계획수량은 일생산량과 동일하다.
④ [NAX-A422. 산악자전거(P-21G,A422)]의 계획수량은 모두 일생산량을 초과한다.

기출문제

07 아래 [보기]의 조건을 수행 한 후 데이터를 조회하여 물음에 답하시오.

┤ 보기 ├
- 사업장: [2000. ㈜한국자전거지사]
- 공정: [L200. 작업공정]
- 작업장: [L201. 제품작업장(완제품)]
- 지시기간: 2024/08/01 ~ 2024/08/31
- 계획기간: 2024/08/01 ~ 2024/08/31

㈜한국자전거지사 홍길동 사원은 작업지시등록을 생산계획조회 버튼을 사용하여 신규로 작업지시등록을 하려고 한다. 다음 중 계획잔량의 합이 가장 많이 남아있는 품목으로 옳은 것을 고르시오.

① [NAX-A400. 일반자전거(P-GRAY WHITE)]
② [NAX-A402. 일반자전거(P-GRAY BLACK)]
③ [NAX-A421. 산악자전거(P-21G, A421)]
④ [NAX-A422. 산악자전거(P-21G, A422)]

08 아래 [보기]의 조건으로 데이터를 조회한 후 물음에 답하시오.

┤ 보기 ├
- 사업장: [2000. ㈜한국자전거지사]
- 공정: [L200. 작업공정]
- 작업장: [L203. 제품작업장(반제품)]
- 지시기간: 2024/08/01 ~ 2024/08/04

다음 [보기] 조건의 작업지시확정 내역 중 확정 수량의 합이 가장 작은 작업지시번호를 고르시오.

① WO2408000014
② WO2408000015
③ WO2408000016
④ WO2408000017

09 ㈜한국자전거지사의 홍길동 사원은 2024년 08월 10일 생산자재출고된 내역 중 모품목 정보에 대하여 확인하고 있다. 다음 중 자재출고된 자재내역 중 모품목 정보로 옳지 않은 것을 고르시오.

① [88-1001020. PRESS FRAME-W (TYPE B)]
② [88-1002020. PRESS FRAME-Z (TYPE B)]
③ [87-1002021. BREAK SYSTEM (TYPE B)]
④ [83-2000120. 전장품 ASS'Y (TYPE B)]

10 아래 [보기]의 조건으로 데이터를 조회한 후 물음에 답하시오.

┤ 보기 ├
- 사업장: [2000. ㈜한국자전거지사]
- 지시(품목): 2024/08/01 ~ 2024/08/31
- 지시공정: [L200. 작업공정]
- 지시작업장: [L201. 제품작업장(완제품)]

다음 [보기] 조건에 해당하는 작업실적 내역 중 실적구분이 '부적합'이면서 실적수량이 가장 많은 작업지시번호로 옳은 것을 고르시오.

① WO2408000003
② WO2408000006
③ WO2408000009
④ WO2408000010

11 아래 [보기]의 조건으로 데이터를 조회한 후 물음에 답하시오.

┤ 보기 ├
- 사업장: [2000. ㈜한국자전거지사]　　· 구분: [1. 생산]
- 실적공정: [L200. 작업공정]　　· 실적작업장: [L201. 제품작업장(완제품)]
- 실적기간: 2024/08/01 ~ 2024/08/31　　· 상태: [1. 확정]
- 실적구분: [1. 부적합]

다음 [보기] 조건의 생산자재사용 내역 중 작업실적번호별 자재들의 사용수량 합이 가장 작은 작업실적번호로 옳은 것을 고르시오.

① WR2408000002　　　　　　② WR2408000004
③ WR2408000006　　　　　　④ WR2408000008

12 아래 [보기]의 조건으로 데이터를 조회한 후 물음에 답하시오.

┤ 보기 ├
- 사업장: [2000. ㈜한국자전거지사]　　· 실적일: 2024/08/01 ~ 2024/08/04
- 공정: [L200. 작업공정]　　· 작업장: [L203. 제품작업장(반제품)]

다음 [보기] 조건의 생산실적검사 내역에 대한 설명으로 옳지 않은 것을 고르시오.

① 품목 [81-1001010. BODY-알미늄 (GRAY-WHITE, TYPE A)]은 실적수량 100EA 만큼 전수검사를 진행하였다.
② 품목 [81-1001020. BODY-알미늄 (GRAY-WHITE, TYPE B)]에 대하여 권재희 검사담당자가 휠조립검사를 진행하였다.
③ 품목 [85-1020410. POWER TRAIN ASS'Y(MTB, TYPE A)]은 도색불량으로 인하여 불합격수량이 10EA 발생하였다.
④ 품목 [85-1020420. POWER TRAIN ASS'Y(MTB, TYPE B)]은 샘플검사를 진행하였으며 불합격수량이 합격수량보다 많아 최종 합격여부는 불합격으로 되었다.

13 아래 [보기]의 조건으로 데이터를 조회한 후 물음에 답하시오.

┤ 보기 ├
- 사업장: [2000. ㈜한국자전거지사]　　· 실적기간: 2024/08/01 ~ 2024/08/04
- 공정: [L200. 작업공정]　　· 작업장: [L203. 제품작업장(반제품)]

(주)한국자전거지사 홍길동 사원은 반제품 실적품목에 대하여 생산품창고입고처리를 하고 있다. 입고장소를 '부품/반제품_부품장소'로 등록하여야 하는데 잘못된 입고장소로 등록하였다. 다음 중 입고장소를 잘못 등록한 입고번호로 옳은 것을 고르시오.

① IW2407000001　　　　　　② IW2407000002
③ IW2407000003　　　　　　④ IW2407000004

기출문제

14 아래 [보기]의 조건으로 데이터를 조회한 후 물음에 답하시오.

┤ 보기 ├

- 사업장: [2000. (주)한국자전거지사]
- 공정: [R200. 외주공정]
- 지시기간: 2024/08/01 ~ 2024/08/01

㈜한국자전거지사 홍길동 사원은 자사 제품 일반자전거(P-GRAY WHITE) 품목에 대하여 외주발주 등록을 진행하였다. 다음 중 외주발주등록 된 일반자전거(P-GRAY WHITE)에 대한 외주단가가 가장 높은 단가로 적용된 외주처명으로 옳은 것을 고르시오.

① ㈜대흥정공
② (주)영동바이크
③ ㈜제일물산
④ (주)세림와이어

15 아래 [보기]의 조건으로 데이터를 조회한 후 물음에 답하시오.

┤ 보기 ├

- 사업장: [2000. (주)한국자전거지사]
- 공정: [R200. 외주공정]
- 외주처: [R211. 다스산업(주)]
- 지시기간: 2024/08/05 ~ 2024/08/05

다음 중 외주발주 내역에 대한 품목별로 청구한 자재에 대한 설명으로 옳지 않은 것을 고르시오.

① [NAX-A400. 일반자전거(P-GRAY WHITE)]의 청구자재들은 모두 무상 자재이다.
② [NAX-A401. 일반자전거(P-GRAY RED)]의 청구자재들의 정미수량의 합과 확정수량의 합은 같지 않다.
③ [NAX-A422. 산악자전거(P-21G,A422)]의 총 외주금액은 580,000이다.
④ [NAX-A421. 산악자전거(P-21G,A421)]의 LOSS(%)율이 없다.

16 아래 [보기]의 조건으로 데이터를 조회한 후 물음에 답하시오.

┤ 보기 ├

- 사업장: [2000. (주)한국자전거지사]
- 출고기간: 2024/08/10 ~ 2024/08/10

다음 중 [보기] 조건으로 외주자재출고를 조회한 후 품목별 출고수량의 합이 가장 많은 품목을 고르시오.

① [21-1030600. FRONT FORK(S)]
② [21-1060700. FRAME-NUT]
③ [21-1060950. WHEEL REAL-MTB]
④ [21-3001610. PEDAL (TYPE A)]

17 아래 [보기]의 조건으로 데이터를 조회한 후 물음에 답하시오.

┤ 보기 ├
- 사업장: [2000. (주)한국자전거지사]
- 외주공정: [R200. 외주공정]
- 지시(품목): 2024/08/05 ~ 2024/08/05

다음 [보기] 조건에 해당하는 외주실적내역에 대하여 실적담당자별 실적수량의 합이 가장 많은 실적 담당을 고르시오.

① 이혜리
② 권재희
③ 양의지
④ 박상미

18 아래 [보기]의 조건으로 데이터를 조회한 후 물음에 답하시오.

┤ 보기 ├
- 사업장: [2000. ㈜한국자전거지사]
- 외주공정: [R200. 외주공정]
- 실적기간: 2024/08/05 ~ 2024/08/05
- 구분: [2. 외주]
- 외주처: [R211. 다스산업(주)]
- 상태: 선택전체

㈜한국자전거지사에서는 외주자재사용등록 메뉴에 등록된 내역을 바탕으로 적합 품목에 대해 사용된 자재를 확인하려고 한다. 다음 중 품목별로 사용된 자재의 사용수량의 합이 가장 적게 발생한 품목을 고르시오.

① [NAX-A400. 일반자전거(P-GRAY WHITE)]
② [NAX-A401. 일반자전거(P-GRAY RED)]
③ [NAX-A422. 산악자전거(P-21G,A422)]
④ [NAX-A421. 산악자전거(P-21G,A421)]

19 아래 [보기]의 조건으로 데이터를 조회한 후 물음에 답하시오.

┤ 보기 ├
- 사업장: [2000. ㈜한국자전거지사]
- 외주공정: [R300. 외주공정(2 Part)]
- 실적일: 2024/08/20 ~ 2024/08/20
- 마감일: 2024/08/20 ~ 2024/08/20
- 외주처: [R301. 한돈형공]
- 마감일자: 2024/08/20

다음 [보기]의 조건에 대한 외주실적 내역에 대하여 실적적용 기능을 이용하여 외주마감을 진행한 후 마감처리 된 품목 중 공급가가 가장 큰 품목으로 옳은 것을 고르시오.

① [81-1001000. BODY-알미늄(GRAY-WHITE)]
② [83-2000100. 전장품 ASS'Y]
③ [85-1020400. POWER TRAIN ASS'Y(MTB)]
④ [21-1070700. FRAME-티타늄]

20 ㈜한국자전거지사 홍길동 사원은 2024년 08월 20일에 외주처인 태경스틸(주)에 대한 회계처리 내용을 확인하려 한다. 해당 건에 대해 적요명이 외주가공비 부가세대급금으로 옳은 금액을 고르시오.

① 374,000
② 254,850
③ 174,250
④ 154,365

21 아래 [보기]의 조건으로 데이터를 조회한 후 물음에 답하시오.

┤ 보기 ├

- 사업장: [2000. ㈜한국자전거지사]
- 지시기간: 2024/08/05 ~ 2024/08/05
- 공정: [R200. 외주공정]
- 작업장: [R211. 다스산업(주)]
- 단가 OPTION: 조달구분 구매, 생산 모두 실제원가[품목등록] 체크함

다음 중 [보기] 조건으로 자재청구대비 투입사용현황 조회 시 사용금액의 합이 가장 많은 지시번호로 옳은 것을 고르시오.

① WO2401000029
② WO2401000030
③ WO2401000031
④ WO2401000032

22 ㈜한국자전거지사의 홍길동 사원은 2024년 8월 한달동안 제품에 대한 품목별 실적수량을 확인 하고 있다. 다음 중 품목별 실적수량의 합이 가장 많은 품목을 고르시오.

① [NAX-A400. 일반자전거(P-GRAY WHITE)]
② [NAX-A401. 일반자전거(P-GRAY RED)]
③ [NAX-A421. 산악자전거(P-21G,A421)]
④ [NAX-A422. 산악자전거(P-21G,A422)]

23 ㈜한국자전거지사에서 자재사용기간이 2024년 08월 한달동안 사용된 자재를 확인하려고 한다. 다음 중 지시구분은 외주발주이고 지시품목계정구분이 제품인 품목을 품목별로 소계시 사용수량의 합이 가장 많은 품명을 고르시오.

① [NAX-A400. 일반자전거(P-GRAY WHITE)]
② [NAX-A401. 일반자전거(P-GRAY RED)]
③ [NAX-A421. 산악자전거(P-21G,A421)]
④ [NAX-A422. 산악자전거(P-21G,A422)]

24 ㈜한국자전거지사에서 2024년 8월 생산일보를 통해 실적검사기준의 검사기준이 전체인 검사대기금액을 확인하려고 한다. 다음 중 구분은 전체이고, 수량조회기준이 실적입고기준으로 조회시 검사대기금액이 가장 작은 품목을 고르시오. (단가OPTION: 구매, 생산 모두 표준원가[품목등록])

① [NAX-A400. 일반자전거(P-GRAY WHITE)]
② [NAX-A401. 일반자전거(P-GRAY RED)]
③ [NAX-A421. 산악자전거(P-21G,A421)]
④ [NAX-A422. 산악자전거(P-21G,A422)]

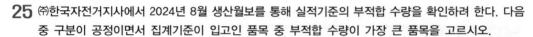

25 ㈜한국자전거지사에서 2024년 8월 생산월보를 통해 실적기준의 부적합 수량을 확인하려 한다. 다음 중 구분이 공정이면서 집계기준이 입고인 품목 중 부적합 수량이 가장 큰 품목을 고르시오.

① [NAX-A400. 일반자전거(P-GRAY WHITE)]
② [NAX-A402. 일반자전거(P-GRAY BLACK)]
③ [NAX-A421. 산악자전거(P-21G, A421)]
④ [NAX-A422. 산악자전거(P-21G, A422)]

기출문제

생산 1급 | **2024년 4회 (2024년 7월 27일 시행)**

[이론]

01 ERP 구축절차 중 TO-BE Process 도출, 패키지 설치, 인터페이스 문제 논의를 하는 단계로 옳은 것은?

① 설계단계　　　　　　　　　　② 구현단계
③ 분석단계　　　　　　　　　　④ 구축단계

02 클라우드 컴퓨팅의 장점으로 가장 적절하지 않은 것은?

① 사용자의 IT투자비용이 줄어든다.
② 필요에 따라 언제든지 컴퓨팅 자원을 사용할 수 있다.
③ 장비관리 업무와 PC 및 서버 자원 등을 줄일 수 있다.
④ 사용자가 필요로 하는 애플리케이션을 설치하는데 제약이 없다.

03 ERP와 기존의 정보시스템(MIS) 특성 간의 차이점에 대한 설명으로 가장 적절하지 않은 것은?

① 기존 정보시스템의 업무범위는 단위업무이고, ERP는 통합업무를 담당한다.
② 기존 정보시스템의 전산화 형태는 중앙집중식이고, ERP는 분산처리구조이다.
③ 기존 정보시스템은 수평적으로 업무를 처리하고, ERP는 수직적으로 업무를 처리한다.
④ 기존 정보시스템은 파일시스템을 이용하고, ERP는 관계형 데이터베이스시스템(RDBMS)을 이용한다.

04 기업이 클라우드 ERP를 통해 얻을 수 있는 장점으로 적절하지 않은 것은?

① 기업의 데이터베이스 관리 효율성 증가
② 시간과 장소에 구애받지 않고 ERP 사용이 가능
③ 장비관리및 서버관리에 필요한 IT 투입자원 감소
④ 필요한 어플리케이션을 자율적으로 설치 및 활용이 가능

05 ERP의 특징에 관한 설명 중 가장 적절하지 않은 것은?

① 세계적인 표준 업무절차를 반영하여 기업 조직구성원의 업무수준이 상향평준화된다.
② ERP시스템의 안정적인 운영을 위하여 특정 H/W와 S/W업체를 중심으로 개발되고 있다.
③ 정확한 회계데이터 관리로 인하여 분식결산 등을 사전에 방지하는 수단으로 활용이 가능하다.
④ Parameter 설정에 의해 기업의 고유한 업무환경을 반영하게 되어 단기간에 ERP 도입이 가능하다.

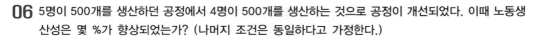

06 5명이 500개를 생산하던 공정에서 4명이 500개를 생산하는 것으로 공정이 개선되었다. 이때 노동생산성은 몇 %가 향상되었는가? (나머지 조건은 동일하다고 가정한다.)

① 10%
② 25%
③ 50%
④ 100%

07 [보기]는 ㈜생산성의 월별 자전거 판매량이다. 가중이동평균법을 활용하여 5월달의 판매 예측치를 구하시오. (단, 1, 2, 3, 4월의 가중치는 0.1, 0.2, 0.3, 0.4 이다.)

┤ 보기 ├

• 1월 판매량: 100
• 2월 판매량: 110
• 3월 판매량: 120
• 4월 판매량: 130

① 110
② 120
③ 130
④ 140

08 수요예측의 과정 중 가장 마지막에 수행해야 할 것은 무엇인가?

① 예측 기간의 선정
② 적합한 예측기법을 선정
③ 예측치에 대한 검증을 시행
④ 예측의 목적과 용도를 명확히 함

09 흐름 생산방식(Flow Shop)의 특징으로 적절하지 않은 것은?

① 범용 기계
② 적은 유연성
③ 물자 이송량 적음
④ 특수기계의 생산라인

10 총괄생산계획의 수립에 있어서 수요변동에 능동적으로 대처하기 위해 여러 가지 전략을 효과적으로 운용하여야 한다. 수요가 줄어들고 재고가 쌓이는 상황에서 활용할 수 있는 방법으로 적절하지 않은 것은?

① 조업시간 축소
② 잉여인원 해고
③ 하청 및 설비확장
④ 과잉재고에 대한 판매촉진

11 PERT 단계시간에 의한 일정계산 중 가장 이른 예정일(TE)에 대한 설명으로 바르지 않은 것은?

① 최초단계의 TE는 0이다.
② TE의 계산은 후진계산을 말한다.
③ TE는 네트워크상의 한 작업이 개시되거나 완료될 수 있는 가장 빠른 날짜를 말한다.
④ TE의 계산은 네트워크 최초단계로부터 전진해가면서 선행단계의 TE에 그 다음의 작업(활동) 소요시간을 가산하여 최종단계까지 계산하여 나아간다.

12 [보기]의 공정계획표에서 최종단계(단계 9)의 완료일을 구하시오. (단위: 일)

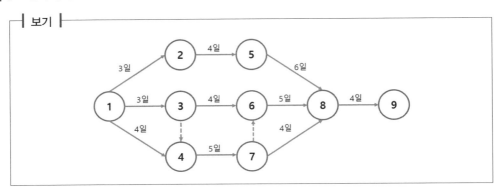

13 생산시스템은 제조전류 의해 분류될 수 있다. [보기]에서 설명하는 전략 유형을 예와 같이 영문 약어로 입력하시오. (예: ERP)

┤ 보기 ├

- 생산 계획 및 생산 일정을 예측된 제품의 수요를 기반에 따라 처리하는 재고 기반의 생산 방식이다.
- 제품을 미리 생산하여 재고를 확보한 후 고객의 주문에 즉시 대응하는 방식이다.
- 고객 주문 대기시간을 줄일 수 있는 장점이 있으며, 대량생산에 따라 경제적 효과도 달성할 수 있다.
- 다만, 재고를 미리 축적함에 따라 재고 유지비용에 증가할 수 있는 위험이 존재한다.

14 [보기]에서 제시한 공정기호(복합기호)와 그에 대한 해석이 옳게 짝지어진 것을 고르시오.

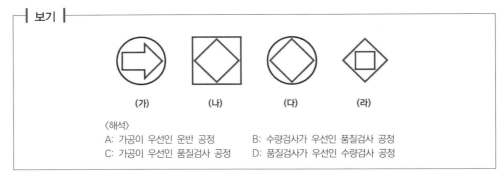

〈해석〉
A: 가공이 우선인 운반 공정   B: 수량검사가 우선인 품질검사 공정
C: 가공이 우선인 품질검사 공정   D: 품질검사가 우선인 수량검사 공정

① (가) A, (나) B, (다) C, (라) D   ② (가) A, (나) B, (다) D, (라) C
③ (가) B, (나) C, (다) A, (라) D   ④ (가) B, (나) D, (다) C, (라) A

15 공수계획에 대한 설명으로 잘못된 것은?

① 작업순서, 표준시간, 작업장소를 결정하고 할당하는 계획을 말한다.
② 생산에 필요한 원재료의 조달 및 반입으로부터 제품을 생산하는 일정을 수립하는 것을 말한다.
③ 생산예정표에 의해 결정된 생산량에 대하여 작업량을 결정하고 현재보유하고 있는 사람이나 기계의 능력을 고려하여 양자를 조정하는 것을 말한다.
④ 공수계획의 원칙은 특정된 공정에 부하가 과도하게 집중되지 않도록 부하와 능력의 균형화를 이루고 가동률을 향상시키기 위해 사람이나 기계가 유휴상태가 되지 않도록 알맞은 작업량을 할당하는 것이다.

16 간트 차트의 정보를 이용하여 결정할 수 있는 사항이 아닌 것은?

① 각 작업의 완료 시간   ② 다음 작업의 시작시간
③ 각 작업의 전체 공정시간   ④ 작업상호간의 유기적인 관계

17 JIT(Just-In-Time)와 MRP(Material Requirements Planning)에 대한 설명으로 적절하지 않은 것은?

① JIT는 실제 수요에 기반한 유연생산을 목적으로 한다.
② MRP는 수요예측에 기반한 계획생산을 목적으로 한다.
③ MRP는 계획에 기반하여 미리 제품을 계획적으로 제조하는 방식으로, 생산 계획에 따라 원자재를 조달 및 생산하는 Push 시스템을 적용한다.
④ JIT시스템은 수요에 따라 공급하는 방식으로, 제품이 필요할 때까지 제조하지 않고 필요한 만큼만 제조함으로써 재고를 최소화하는 Push 시스템을 적용한다.

18 도요타 생산방식에서 말하는 7가지 낭비로 적절하지 않은 것은?

① 재고의 낭비   ② 제조의 낭비
③ 동작의 낭비   ④ 가공 그 자체의 낭비

19 ㈜생산성기업 작업장의 작업원 출근율은 100%이고, 작업에 소요되는 간접작업의 비율은 15%라고 한다. 이때 작업장의 가동률(%)을 얼마인가?

20 5S의 정리, 정돈, 청소, 청결, 습관화 중 [보기]에서 설명하는 것은 무엇인지 한글로 입력하시오.

┤ 보기 ├

필요한 물건을 효율적으로 배치하고 표시하여 작업자가 쉽게 찾을 수 있도록 하는 것을 말한다.

21 각 작업장의 작업시간이 [보기]와 같을 때, 라인밸런싱의 효율은 얼마인가? (단, 각 작업장의 작업자는 모두 1명이다.)

┤ 보기 ├

- 작업장 A: 8분
- 작업장 C: 6분
- 작업장 B: 5분
- 작업장 D: 5분

22 [보기]에서 설명하는 재고종류는?

┤ 보기 ├

재고기간 동안 손상되고, 구식이 되고, 잃어버리거나, 손실 등이 발생하는 재고를 말한다.

① 안전재고
③ 침몰재고
② 예상재고
④ 파이프라인재고

23 [보기]에서 자재소요계획을 효과적으로 수립하기 위한 입력 요소를 모두 고른 것은?

┤ 보기 ├

가. 자재명세서 BOM(Bill of Material)
나. 재고기록철 IRF(Inventory Record File)
다. 경제적 생산량 EPQ(Economic Production Quantity)
라. 주생산일정계획 MPS(Master Production Scheduling)
마. 공급망관리SCM(Supply Chain Management)

① 가, 나, 다
③ 가, 다, 라
② 가, 나, 라
④ 가, 라, 마

24 개략능력요구계획(RCCP: Rough Cut Capacity Planning)의 설명이 아닌 것은?

① 제조 자원의 용량을 고려한 계획을 수립하는 방법을 말한다.
② 기준생산계획(MPS)과 제조 자원 간의 크기를 비교하여 자원 요구량을 계산한다.
③ RCCP의 주요 입력 데이터는 MRP Record이고 CRP의 주요 입력 데이터는 MPS Plan이다.
④ 자재소요계획(MRP) 활동 중에서 기준생산계획(MPS)이 주어진 제조 자원의 용량을 넘어서는지 여부를 계산하는 모듈이다.

25 공급망관리(SCM)의 도입효과로 적절하지 않은 것은?

① 생산효율화
③ 작업 지연시간 단축
② 발주 처리기간 감소
④ 업무운영 효율화에 의한 비용 절감

26 A부품의 연간수요량은 40,000개이고, 1회 주문비용은 200원이다. 단가는 4,000원, 연간 재고유지비율이 0.1일 경우 경제적 주문량(EOQ)은 몇 개인가?

27 [보기]의 제시된 자료를 활용하여 경제적생산량(EPQ)을 구하시오.

┤ 보기 ├
- 회사의 연간 가동일수: 100일
- 부품 K의 조달방법: 자체생산
- 부품 K의 연간 사용 개수: 10,000개
- 부품 K의 하루 생산량: 200개
- 부품 K의 연간 단위당 재고유지비: 200원
- 부품 K의 작업준비비: 200원

28 [보기]의 설명은 6시그마의 활동 단계(MAIC) 중 어느 단계에 해당하는지 고르시오.

┤ 보기 ├
주요 제품의 특성치와 최고수준의 타 회사 특성치를 벤치마킹한다. 차이분석을 통하여 최고 수준의 제품이 성공적인 성능을 내기 위한 요인이 무엇인가를 조사하여 목표를 설정한다.

① 측정　　　　　　　　　　　② 관리
③ 개선　　　　　　　　　　　④ 분석

29 통계적 공정관리의 품질변동 원인 중에 우연원인(Chance cause)으로 적절하지 않은 것은?

① 불량자재의 사용　　　　　② 작업환경의 변화
③ 작업자 숙련 정도의 차이　④ 종업원의 사기와 같은 사회, 기술적 요인

30 계수치 관리도에 대한 바른 설명으로 적절하지 않은 것은?

① 공정개시전이나 후에는 사용이 불가능하다.
② 연속변량의 성격을 가진 품질특성을 대상으로 한다.
③ 계수치 관리도의 이론적 근거는 이항분포 또는 포아송분포이다.
④ 결점수 통제에 있어서 표본의 크기가 일정한 경우에는 결점수 관리도, 표본의 크기가 일정하지 않은 경우에는 단위당 결점수 관리도가 이용된다.

31 [보기]에 해당하는 품질비용의 종류를 한글로 입력하시오.

┤ 보기 ├
- 제품이나 서비스의 불량이 처음부터 발생하지 않도록 소요되는 비용
- 품질교육 및 훈련, 분임조 활동, 공정관리비용 등이 해당

기출문제

32 한국산업규격(KS)에 의하면 물품을 판정기준과 비교하여 양호, 불량 판정을 내리는 것을 검사라고 정의합니다. [보기]에서 설명하고 있는 상황에 적합한 검사방식을 한글로 입력하시오.

┤ 보기 ├

- 다수 다량의 것으로 어느 정도 불량품이 섞여도 괜찮은 경우
- 검사비용을 적게 하는 편이 이익이 되는 경우
- 검사항목이 많은 경우

[실무]

❖ 실무문제는 [실기메뉴]를 활용하여 답하시오.
웹하드(http://www.webhard.co.kr)에서 Guest(ID: samil3489, PASSWORD: samil3489)로
로그인하여 백데이터를 다운받아 설치한 후 생산 1급 2024년 4회로 로그인한다.

01 아래 [보기]의 조건으로 데이터를 조회한 후 물음에 답하시오.

┤ 보기 ├

• 계정구분: [2. 제품]

다음 [보기]의 조건에 해당하는 품목에 대한 설명으로 옳지 않은 것을 고르시오.

① 품목 [NAX-A420. 산악자전거(P-20G)]의 표준원가와 실제원가는 같다.
② 품목 [NAX-A421. 산악자전거(P-21G,A421)]는 LOT여부가 '사용'인 품목이다.
③ 품목 [NAX-A401. 일반자전거(P-GRAY RED)]의 품목군은 [Y100. 일반용]이다.
④ 품목 [NAX-A402. 일반자전거(P-GRAY BLACK)]의 주거래처는 [00009. (주)영동바이크]이다.

02 아래 [보기]의 조건으로 데이터를 조회한 후 물음에 답하시오.

┤ 보기 ├

• 계정: [4. 반제품]   • 품목군: [S100. 반조립품]
• 자재담당자: [2000. 이종현]   • 생산담당자: [3000. 박용덕]

다음 [보기]의 조건에 해당하지 않는 품목을 고르시오.

① [83-2000100. 전장품 ASS'Y]   ② [87-1002001. BREAK SYSTEM]
③ [88-1002000. PRESS FRAME-Z]   ④ [88-1001000. PRESS FRAME-W]

03 아래 [보기]의 조건으로 데이터를 조회한 후 물음에 답하시오.

┤ 보기 ├

• 사업장: [2000. (주)한국자전거지사]

다음 [보기]의 조건에 해당하는 창고/공정(생산)/외주공정등록에 대한 설명으로 옳은 것을 고르시오.

① 외주공정 [R200. 외주공정(제품)]의 외주거래처에는 [00025. (주)해인철강]이 있다.
② 생산공정 [L300. 작업공정(도색)]에 대한 작업장 [L401. 도색불량]의 사용여부는 '사용'이다.
③ 생산공정 [L200. 작업공정]에 대한 작업장 [L404. 재조립작업장]은 적합여부가 '부적합'이다.
④ 창고 [P200. 제품창고_인천지점]에 대한 위치 [P201. 제품_제품장소]는 가용재고여부가 '여'이다.

기출문제

04 아래 [보기]의 조건으로 데이터를 조회한 후 물음에 답하시오.

┤ 보기 ├

- 모품목: [NAX-A401. 일반자전거(P-GRAY RED)]
- 기준일자: 2024/05/01 　　　　　　　　　　・사용여부: [1.사용]

다음 [보기]의 조건에 해당하는 모품목 [NAX-A401. 일반자전거(P-GRAY RED)]의 자재명세서에 대한 설명으로 옳지 않은 것을 고르시오.

① 자품목 [21-3001610. PEDAL (TYPE A)]의 계정구분은 '원재료'이다.
② 자품목 [83-2000110. 전장품 ASS'Y (TYPE A)]의 외주구분은 '유상'이다.
③ 자품목 [88-1001010. PRESS FRAME-W (TYPE A)]의 사급구분은 '사급'이다.
④ 자품목 [85-1020410. POWER TRAIN ASS'Y(MTB, TYPE A)]의 주거래처는 '(주)제일물산'이다.

05 아래 [보기]의 조건으로 데이터를 조회한 후 물음에 답하시오.

┤ 보기 ├

- 사업장: [2000. ㈜한국자전거지사] 　　　　・외주공정: [R300. 외주공정(반제품)]
- 외주처: [R305. 런닝정밀작업장] 　　　　　・단가적용비율: 90%

다음 [보기]의 조건으로 실제원가대비 외주단가를 일괄변경 후 외주단가가 가장 큰 품목으로 옳은 것을 고르시오.

① [83-2000100. 전장품 ASS'Y] 　　　　　② [87-1002001. BREAK SYSTEM]
③ [88-1001000. PRESS FRAME-W] 　　　④ [88-1002000. PRESS FRAME-Z]

06 아래 [보기]의 조건으로 데이터를 조회한 후 물음에 답하시오.

┤ 보기 ├

- 사업장: [2000. ㈜한국자전거지사]
- 작업예정일: 2024/05/05 ～ 2024/05/11 　　・계정구분: [2. 제품]

다음 [보기]의 조건으로 등록된 생산계획에 대한 설명으로 옳지 않은 것을 고르시오.

① 품목 [NAX-A420. 산악자전거(P-20G)]의 계획수량의 총 합은 680EA이다.
② 생산계획 등록된 품목들에 대하여 작업예정일 2024/05/08에는 생산계획 된 내역이 없다.
③ 생산계획 등록된 품목들 중 계획수량의 총합이 가장 많은 품목은 [NAX-A421. 산악자전거 (P-21G, A421)]이다.
④ 품목 [NAX-A400. 일반자전거(P-GRAY WHITE)]는 2024/05/11에 일생산량보다 초과된 수량 이 계획되었다.

07 아래 [보기]의 조건을 수행한 후 데이터를 조회하여 물음에 답하시오.

> **보기**
>
> - 사업장: [2000. (주)한국자전거지사]
> - 작업장: [L201. 제품작업장_적합]
> - 계획기간: 2024/05/12 ~ 2024/05/18
> - 공정: [L200. 작업공정]
> - 지시기간: 2024/05/12 ~ 2024/05/18

(주)한국자전거지사 홍길동 사원은 작업지시등록 시 생산계획조회 기능을 이용하여 적용을 받아 등록하고 있다. 다음 중 계획잔량이 가장 많이 남아있는 품목으로 옳은 것을 고르시오.

① [83-2000100. 전장품 ASS'Y]
② [87-1002001. BREAK SYSTEM]
③ [88-1001000. PRESS FRAME-W]
④ [88-1002000. PRESS FRAME-Z]

08 아래 [보기]의 조건으로 데이터를 조회한 후 물음에 답하시오.

> **보기**
>
> - 사업장: [2000. (주)한국자전거지사]
> - 작업장: [L301. 제품작업장(도색)]
> - 사용일: 2024/05/21
> - 공정: [L300. 작업공정(도색)]
> - 지시기간: 2024/05/19 ~ 2024/05/25

다음 [보기]의 조건에 해당하는 작업지시 내역에 대하여 '확정' 처리 후 확정수량의 합이 가장 많은 작업지시번호로 옳은 것을 고르시오.

① WO2405000001
② WO2405000002
③ WO2405000003
④ WO2405000004

09 아래 [보기]의 조건으로 데이터를 조회한 후 물음에 답하시오.

> **보기**
>
> - 사업장: [2000. (주)한국자전거지사]
> - 청구기간: 2024/05/26 ~ 2024/05/31
> - 청구작업장: [L202. 반제품작업장_적합]
> - 출고창고: [C200. 반제품창고_인천지점]
> - 출고기간: 2024/05/26 ~ 2024/05/31
> - 청구공정: [L200. 작업공정]
> - 출고일자: 2024/05/30
> - 출고장소: [C201. 반제품_양품장소]

(주)한국자전거지사 홍길동 사원은 생산자재출고 시 [일괄적용] 기능을 이용하여 자재를 출고하고 있다. 다음 중 생산자재출고 처리 후 출고수량의 합이 가장 많은 품목으로 옳은 것을 고르시오.

① [21-3000310. WIRING-DE (TYPE A)]
② [21-1080810. FRAME-알미늄 (TYPE A)]
③ [21-3065710. GEAR REAR C (TYPE A)]
④ [21-9000211. HEAD LAMP (LED TYPE A)]

기출문제

10 아래 [보기]의 조건으로 데이터를 조회한 후 물음에 답하시오.

┤ 보기 ├

- 사업장: [2000. ㈜한국자전거지사]
- 지시공정: [L300. 작업공정(도색)]
- 지시(품목): 2024/06/01 ~ 2024/06/08
- 지시작업장: [L301. 제품작업장(도색)]

다음 [보기] 조건에 해당하는 작업실적 내역 중 실적구분이 '적합'인 실적수량의 합 보다 '부적합'인 실적수량의 합이 더 많이 발생한 작업지시번호로 옳은 것을 고르시오.

① WO2406000001
② WO2406000002
③ WO2406000003
④ WO2406000004

11 아래 [보기]의 조건으로 데이터를 조회한 후 물음에 답하시오.

┤ 보기 ├

- 사업장: [2000. ㈜한국자전거지사]
- 실적공정: [L200. 작업공정]
- 실적기간: 2024/06/09 ~ 2024/06/15
- 구분: [1. 생산]
- 실적작업장: [L404. 재조립작업장]
- 상태: [1. 확정]

다음 [보기] 조건의 생산자재사용 내역 중 작업실적번호별 자재들의 사용수량 합이 가장 많은 작업실적번호로 옳은 것을 고르시오.

① WR2406000017
② WR2406000018
③ WR2406000019
④ WR2406000020

12 아래 [보기]의 조건으로 데이터를 조회한 후 물음에 답하시오.

┤ 보기 ├

- 사업장: [2000. ㈜한국자전거지사]
- 공정: [L300. 작업공정(도색)]
- 실적일: 2024/06/16 ~ 2024/06/22
- 작업장: [L302. 반제품작업장(도색)]

다음 [보기] 조건의 생산실적검사 내역에 대한 설명으로 옳지 않은 것을 고르시오.

① 품목 [88-1002000. PRESS FRAME-Z]은 실적수량 50EA 만큼 전수검사를 진행하였다.
② 품목 [88-1001010. PRESS FRAME-W (TYPE A)]에 대하여 이종현 검사담당자가 검사를 진행하였다.
③ 품목 [85-1020400. POWER TRAIN ASS'Y(MTB)]은 도색 불량으로 인하여 불합격수량이 5EA 발생하였다.
④ 품목 [81-1001000. BODY-알미늄(GRAY-WHITE)]은 샘플검사를 진행하였으며 불합격수량이 많아 불합격 처리하였다.

13 아래 [보기]의 조건으로 데이터를 조회한 후 물음에 답하시오.

┤ 보기 ├
- 사업장: [2000. ㈜한국자전거지사]
- 공정: [L300. 작업공정(도색)]
- 실적기간: 2024/06/23 ~ 2024/06/30
- 작업장: [L212. 반제품작업장(휠)]

㈜한국자전거지사 홍길동 사원은 반제품 실적품목에 대하여 생산품창고입고처리를 하고 있다. 입고창고를 '반제품창고_인천지점'으로 등록 하여야 하는데 잘못 된 입고창고로 등록 하였다. 다음 중 입고창고를 잘못 등록한 입고번호로 옳은 것을 고르시오.

① IW2406000020
② IW2406000021
③ IW2406000022
④ IW2406000023

14 아래 [보기]의 조건으로 데이터를 조회한 후 물음에 답하시오.

┤ 보기 ├
- 사업장: [2000. ㈜한국자전거지사]
- 공정구분: [1. 생산]
- 작업장: [L201. 제품작업장_적합]
- 지시일: 2024/07/01 ~ 2024/07/06
- 공정: [L200. 작업공정]

다음 [보기] 조건의 작업지시 내역 중 실적잔량이 가장 많이 남아 있으면서 마감처리가 가능한 작업지시번호로 옳은 것을 고르시오.

① WO2407000001
② WO2407000002
③ WO2407000003
④ WO2407000004

15 아래 [보기]의 조건으로 데이터를 조회한 후 물음에 답하시오.

┤ 보기 ├
- 사업장: [2000. (주)한국자전거지사]
- 구분: [0. 전체]
- 작업장: [L211. 반제품작업장(바디)]
- 단가 OPTION: 조달구분 구매, 생산 모두 표준원가[품목등록] 체크함
- 실적기간: 2024/07/07 ~ 2024/07/13
- 공정: [L300. 작업공정(도색)]
- 수량조회기준: [0. 실적입고기준]

다음 [보기]의 조건에 해당하는 실적검사기준의 생산일보를 조회한 후 검사대기금액이 가장 많은 품목으로 옳은 것을 고르시오.

① [83-2000120. 전장품 ASS'Y (TYPE B)]
② [88-1002020. PRESS FRAME-Z (TYPE B)]
③ [85-1020400. POWER TRAIN ASS'Y(MTB)]
④ [81-1001000. BODY-알미늄(GRAY-WHITE)]

16 아래 [보기]의 조건으로 데이터를 조회한 후 물음에 답하시오.

┤ 보기 ├

- 사업장: [2000. ㈜한국자전거지사]
- 공정: [L300. 작업공정(도색)]
- 해당년도: 2024
- 계정: [2. 제품]

다음 [보기] 조건의 현재공 내역 중 품목 [NAX-A421. 산악자전거(P-21G,A421)]의 재공수량(관리)이 가장 많은 작업장으로 옳은 것을 고르시오.

① [L212. 반제품작업장(휠)]
② [L301. 제품작업장(도색)]
③ [L211. 반제품작업장(바디)]
④ [L302. 반제품작업장(도색)]

17 아래 [보기]의 조건으로 데이터를 조회한 후 물음에 답하시오.

┤ 보기 ├

- 사업장: [2000. ㈜한국자전거지사]
- 공정: [R300. 외주공정(반제품)]
- 지시기간: 2024/06/01 ~ 2024/06/08
- 발주일: 2024/06/05
- 납기일: 2024/06/05

다음 [보기] 조건으로 외주발주등록 시 반제품 [83-2000100. 전장품 ASS'Y]에 대한 외주단가가 가장 높은 단가로 적용되는 외주처명으로 옳은 것을 고르시오. (단, 입력 후 저장은 하지 않음)

① 빅파워작업장
② 한돈형공작업장
③ 제동기어작업장
④ 한영철강작업장

18 아래 [보기]의 조건으로 데이터를 조회한 후 물음에 답하시오.

┤ 보기 ├

- 사업장: [2000. ㈜한국자전거지사]
- 공정: [R300. 외주공정(반제품)]
- 외주처: [R301. 한돈형공작업장]
- 지시기간: 2024/06/09 ~ 2024/06/15

다음 [보기] 조건의 외주발주확정 내역에 대하여 자재명세서의 자재내역과 청구요청한 자재내역이 다르게 청구요청 된 생산지시번호로 옳은 것을 고르시오.

① WO2406000017
② WO2406000018
③ WO2406000019
④ WO2406000020

19 아래 [보기]의 조건으로 데이터를 조회한 후 물음에 답하시오.

┤ 보기 ├
- 사업장: [2000. (주)한국자전거지사]
- 청구기간: 2024/06/16 ~ 2024/06/22
- 외주처: [R221. ㈜영동바이크]
- 출고창고: [O200. 외주위탁창고]
- 출고기간: 2024/06/16 ~ 2024/06/22
- 외주공정: [R200. 외주공정(제품)]
- 출고일자: 2024/06/20
- 출고장소: [O201. 적합장소]

다음 [보기] 조건으로 출고요청 기능을 이용하여 외주자재출고 처리 후 출고처리 된 자재들의 모품목명으로 옳지 않은 것을 고르시오.

① 산악자전거(P-21G, A421)
② 일반자전거(P-GRAY RED)
③ 일반자전거(P-GRAY WHITE)
④ 일반자전거(P-GRAY BLACK)

20 아래 [보기]의 조건으로 데이터를 조회한 후 물음에 답하시오.

┤ 보기 ├
- 사업장: [2000. (주)한국자전거지사]
- 외주공정: [R200. 외주공정(제품)]
- 지시(품목): 2024/06/23 ~ 2024/06/30
- 외주처: [R273. 행복바이크]

다음 [보기] 조건에 해당하는 외주실적 내역에 대하여 실적수량의 합이 가장 많은 실적담당으로 옳은 것을 고르시오.

① 김종욱
② 박용덕
③ 이종현
④ 정영수

21 아래 [보기]의 조건으로 데이터를 조회한 후 물음에 답하시오.

┤ 보기 ├
- 사업장: [2000. ㈜한국자전거지사]
- 외주공정: [R200. 외주공정(제품)]
- 실적기간: 2024/07/01 ~ 2024/07/06
- 구분: [2. 외주]
- 외주처: [R271. (주)하나상사]
- 상태: [1. 확정]

㈜한국자전거지사 홍길동 사원은 외주자재에 대한 사용등록 시 청구적용 기능을 이용하여 자재를 사용하고 있다. 다음 [보기] 조건으로 청구적용 시 잔량의 합이 가장 많이 남아있는 작업실적번호로 옳은 것을 고르시오.

① WR2407000008
② WR2407000009
③ WR2407000010
④ WR2407000011

22 아래 [보기]의 조건으로 데이터를 조회한 후 물음에 답하시오.

> ┤ 보기 ├
>
> • 사업장: [2000. ㈜한국자전거지사]
> • 외주공정: [R300. 외주공정(반제품)]
> • 마감일자: 2024/07/13
> • 세무구분: [21. 과세매입]
> • 마감일: 2024/07/07 ~ 2024/07/13
> • 실적일: 2024/07/07 ~ 2024/07/13
> • 과세구분: [0. 매입과세]
> • 외주단가 등록의 단가 적용: 체크안함

다음 [보기] 조건의 외주실적 내역에 대하여 실적일괄적용 기능을 이용하여 외주마감을 진행한 후 외주마감 된 외주처 중 합계액이 가장 큰 외주처로 옳은 것을 고르시오.

① [R301. 한돈형공작업장]
② [R302. 제동기어작업장]
③ [R304. 한영철강작업장]
④ [R305. 런닝정밀작업장]

23 아래 [보기]의 조건으로 데이터를 조회한 후 물음에 답하시오.

> ┤ 보기 ├
>
> • 사업장: [2000. ㈜한국자전거지사]
> • 외주공정: [R200. 외주공정(제품)]
> • 부가세사업장: [2000. ㈜한국자전거지사]
> • 기간: 2024/07/14 ~ 2024/07/20
> • 외주처: [R221. ㈜영동바이크]

다음 [보기] 조건의 외주마감 내역에 대하여 전표처리를 진행한 후 외상매입금 계정과목에 대한 금액이 가장 많이 발생 된 마감번호로 옳은 것을 고르시오.

① OC2407000006
② OC2407000007
③ OC2407000008
④ OC2407000009

24 아래 [보기]의 조건으로 데이터를 조회한 후 물음에 답하시오.

> ┤ 보기 ├
>
> • 사업장: [2000. (주)한국자전거지사]
> • 공정: [R300. 외주공정(반제품)]
> • 지시구분: [4. 외주발주]
> • 지시기간: 2024/07/21 ~ 2024/07/27
> • 작업장: [R302. 제동기어작업장]

다음 중 [보기] 조건의 지시번호에 대한 자재 청구대비 투입수량을 확인한 후 청구수량의 합보다 투입수량의 합이 더 많이 발생된 지시번호로 옳은 것을 고르시오.

① WO2407000022
② WO2407000023
③ WO2407000024
④ WO2407000025

25 아래 [보기]의 조건으로 데이터를 조회한 후 물음에 답하시오.

┤ 보기 ├

- 사업장: [2000. ㈜한국자전거지사]
- 계정: [2. 제품]
- 검사기간: 2024/06/09 ~ 2024/06/15

다음 [보기] 조건의 품목별 품질에 대한 전수검사 내역 중 합격률이 가장 높은 품목으로 옳은 것을 고르시오.

① [NAX-A421. 산악자전거(P-21G,A421)]
② [NAX-A422. 산악자전거(P-21G,A422)]
③ [NAX-A401. 일반자전거(P-GRAY RED)]
④ [NAX-A400. 일반자전거(P-GRAY WHITE)]

생산 1급 | 2024년 3회 (2024년 5월 25일 시행)

[이론]

01 BPR(Business Process Re-Engineering)의 필요성에 대한 설명으로 가장 적절하지 않은 것은?

① 경영기능의 효율성 저하 극복
② 정보 기술을 통한 새로운 기회 창출
③ 지속적인 경영환경 변화에 대한 대응 모색
④ 정보보호를 위해 외부와 단절된 업무환경 확보

02 기업에서 ERP시스템을 도입하기 위해 분석, 설계, 구축, 구현 등의 단계를 거친다. 이 과정에서 필수적으로 거쳐야하는 "GAP분석" 활동의 의미를 적절하게 설명한 것은?

① TO-BE 프로세스 분석
② TO-BE 프로세스에 맞게 모듈을 조합
③ 현재업무(AS-IS) 및 시스템 문제 분석
④ 패키지 기능과 TO-BE 프로세스와의 차이 분석

03 'Best Practice' 도입을 목적으로 ERP 패키지를 도입하여 시스템을 구축하고자 할 경우 가장 적절하지 않은 방법은?

① BPR과 ERP 시스템 구축을 병행하는 방법
② ERP 패키지에 맞추어 BPR을 추진하는 방법
③ 기존 업무처리에 따라 ERP 패키지를 수정하는 방법
④ BPR을 실시한 후에 이에 맞도록 ERP 시스템을 구축하는 방법

04 ERP시스템의 SCM 모듈을 실행함으로써 얻는 장점으로 가장 적절하지 않은 것은?

① 공급사슬에서의 가시성 확보로 공급 및 수요변화에 대한 신속한 대응이 가능하다.
② 정보투명성을 통해 재고수준 감소 및 재고회전율(inventory turnover) 증가를 달성할 수 있다.
③ 공급사슬에서의 계획(plan), 조달(source), 제조(make) 및 배송(deliver) 활동 등 통합 프로세스를 지원한다.
④ 마케팅(marketing), 판매(sales) 및 고객서비스(customer service)를 자동화함으로써 현재 및 미래 고객들과 상호작용할 수 있다.

05 ERP 시스템의 프로세스, 화면, 필드, 그리고 보고서 등 거의 모든 부분을 기업의 요구사항에 맞춰 구현하는 방법을 무엇이라 하는가?

① 정규화(Normalization)
② 트랜잭션(Transaction)
③ 컨피규레이션(Configuration)
④ 커스터마이제이션(Customization)

06 [보기]에서 설명하는 수요예측기법으로 적절한 것은?

┤ 보기 ├

• 소비자 실태조사에 의한 방법: 특정 지역에서 무작위로 추출된 소비자들에 대한 실태 조사 결과를 이용
• 판매점 조사에 의한 방법: 전체 또는 특정지역의 판매점 중에서 일부를 무작위로 추출하여 조사한 결과를 이용

① 시장조사법
② 패널동의법
③ 수명주기유추법
④ 델파이(Delphi)법

07 제품의 수명주기(Life cycle)에 따른 수요예측 방법에 대한 설명으로 옳지 않은 것은?

① 쇠퇴기 단계는 사업규모 축소 및 철수 여부를 결정지을 수 있는 정성적 예측 방법을 활용한다.
② 도입기 단계는 델파이법, 시장실험법, 전문가 의견 등의 정성적 방법으로 제품의 수요예측을 한다.
③ 성숙기 단계는 제품 수요 변동이 크지 않기 때문에 정량적 방법 보다는 정성적 방법으로 수요예측을 한다.
④ 제품의 수명 주기는 일반적으로 도입기, 성장기, 성숙기, 쇠퇴기 단계로 구분하고 각 단계에 맞는 수요예측방법을 사용한다.

08 고객의 주문이 들어오면 설계로부터 시작해서 자재의 구입 및 생산, 조립을 하는 생산전략은 무엇인가?

① Make-To-Stock
② Make-To-Order
③ Engineer-To-Order
④ Assemble-To-Order

09 Job Shop 생산방식에 대한 설명으로 옳지 않은 것은?

① 대량생산이 이루어지므로 공장의 구성이 유동적이지 못하다.
② 제품이나 생산량의 변경이 비교적 쉬우나 재공 재고가 많다.
③ 항공기, 치공구, 가구, 기계장비 등 주문자 요구에 의한 방식이다.
④ 작업장은 여러 종류의 부품을 가공해야 하므로 범용성 있는 장비가 사용된다.

10 작업의 우선순위 고려원칙에 대한 설명으로 옳지 않은 것은?

① 긴급율: 긴급율이 가장 큰 순서로 작업을 진행한다.
② 선입선출법: 먼저 작업지시가 내려진 순서로 작업한다.
③ 납기우선순위: 납기가 가장 급박한 순서로 작업을 진행한다.
④ 최단가공시간: 가공에 소요되는 시간이 가장 짧은 과업을 먼저 처리한다.

11 PERT/CPM을 이용한 프로젝트 일정계획의 순서로 바른 것은 무엇인가?

┤ 보기 ├

㉮ 활동 간의 선행관계를 결정하고, 각 활동 및 활동 간의 선행관계를 네트워크 모형으로 작성한다.
㉯ 프로젝트에서 수행되어야 할 활동을 파악한다.
㉰ 주공정(critical path)을 결정한다.
㉱ 프로젝트의 일정을 계산한다.

① ㉮ – ㉯ – ㉰ – ㉱   ② ㉯ – ㉰ – ㉱ – ㉮
③ ㉯ – ㉮ – ㉱ – ㉰   ④ ㉰ – ㉱ – ㉮ – ㉯

12 (주)생산성의 8월의 판매예측치는 450대이며, 8월의 실제 판매량은 총 500대였다. 지수평활계수가 0.2일 때, (주)생산성의 9월 판매예측치를 단순 지수평활법으로 계산하면 얼마인가? (단위: 대)

13 [보기] 참고하여, 공정계획표에 따른 주공정을 찾을 때에 단계 3의 여유시간(Slack Time)은 얼마인가? (단위: 일)

┤ 보기 ├

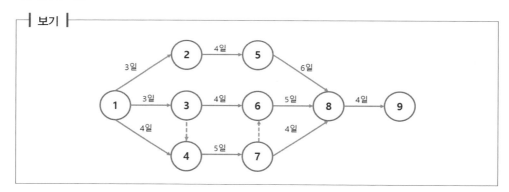

14 절차계획에 대한 설명으로 가장 적절한 것은?

① 작업의 순서, 표준시간, 각 작업이 행해질 장소를 결정하고 할당하는 것이다.
② 최대작업량과 평균 작업량의 비율을 최적으로 유지할 수 있는 작업량의 할당을 계획하는 것이다.
③ 기준조업도와 실제 조업도와의 비율을 최적으로 유지하기 위해서 현재의 능력을 계획하는 것이다.
④ 특정 기계 내지 작업자에게 할당될 작업을 결정하고 그 작업의 개시일과 종료일을 나타내는 것이다.

15 작업인력의 출근율이 90%이고, 작업에 소요되는 간접작업율이 30%라면 이 작업장의 가동률은?

① 27%   ② 56%
③ 63%   ④ 70%

16 작업장에 Capacity 이상의 부하가 적용되어 전체 공정의 흐름을 막고 있는 현상은 무엇인가?

① Bottleneck
② Crash Cost
③ Buffer Stock
④ Critical Path

17 칸반시스템(Kanban System)에 대한 설명으로 옳지 않은 것은?

① 칸반에는 부품에 대한 정보가 기록된다.
② 생산이 필요하다는 특정신호에 의해 Pull System으로 작업이 진행된다.
③ 작업을 할 수 있는 여력이 있다면 수요가 발생하지 않아도 작업을 진행한다.
④ 칸반이란 생산시스템의 생산흐름을 통제하기 위하여 사용되는 카드를 의미한다.

18 5S에 대한 설명으로 가장 적절하지 않은 것은?

① 정리: 필요한 것과 불필요한 것을 구분하는 것
② 청결: 쓸고 닦고 항상 깨끗한 상태를 유지하는 것으로 청소는 곧 점검이다
③ 습관화: 직장의 규칙을 준수하고 정확한 예의범절을 습관화하여 체화시킨다.
④ 정돈: 필요한 것을 필요할 때 즉시 사용할 수 있도록 각각 지정된 장소에 위치시키는 것

19 [보기]의 내용을 참고하여 인적능력을 구하시오. (단위: MH)

┤ 보기 ├─
- 1일 작업시간: 8시간
- 1개월 작업일수: 20일
- 작업인원: 5명
- 가동률: 100%

20 [보기]는 설명하는 용어를 한글로 작성하시오

┤ 보기 ├─
- 프로젝트(작업량)의 계획을 시간으로 구분하여 표시하고, 실제로 달성한 프로젝트(작업량)를 동일 도표상에 표시하는 막대(Bar) 도표 형태의 전통적인 프로젝트 일정관리 기법이다.
- 각 프로젝트의 소요시간 및 각 프로젝트의 완료시간을 알 수 있으며, 계획과 통제의 기능을 동시에 수행할 수 있다.
- 한편, 계획 변화에 유연한 대응이 어렵다는 단점이 존재한다.

21 [보기]에서 설명하고 있는 시스템을 예와 같이 영어 대문자 약자로 기술하시오. (예: ERP)

┤ 보기 ├─
비용만 발생시키고 부가가치 창출에 기여하지 않는 활동 또는 자원으로서 즉각적으로 제거되어야 하는 7가지 낭비요소 즉 불량의 낭비, 재고의 낭비, 과잉생산의 낭비, 운반의 낭비, 비합리적인 프로세스에 의한 낭비, 동작의 낭비, 대기의 낭비를 최소화하는 기본 목표를 추구하는 시스템을 말함

22 [보기]에서 설명하는 재고종류로 가장 적절한 것은?

┤ 보기 ├

여러가지 불확실한 상황에 대처하기 위해 미리 확보하고 있는 재고

① 예상재고   ② 안전재고

③ 침몰재고   ④ 파이프라인 재고

23 자재소요계획에 대한 설명으로 옳지 않은 것은?

① 자재소요계획은 자재관리뿐만 아니라 일정계획과 통제를 동시에 진행시킬 수 있는 관리기법이다.

② 자재소요계획을 효과적으로 수립하기 위해서는 주생산일정계획과 재고기록철, 두 가지만을 확보하고 검토해야 한다.

③ 자재소요계획은 주생산일정계획을 토대로 하여 제품생산에 필요한 원자재의 종류, 수량, 주문시기 등을 결정하는 과정을 말한다.

④ 자재소요계획은 재고수준이 낮아져 재고비용이 절감되고, 자재부족 최소화로 생산공정의 가동효율이 높아져서 생산소요시간이 단축되는 효과가 있다.

24 능력소요계획(CRP)은 얼마만큼의 제조 자원을 요구하는지 계산하는 모듈이다. [보기]에서 능력소요계획(CRP)에 필요한 정보를 모두 고른 것은?

┤ 보기 ├

가. MRP에서 산출된 발주계획 정보   나. 절차계획 정보
다. 확정주문 정보   라. 작업공정표 정보
마. 작업장 상태 정보

① 나, 다, 마   ② 나, 라, 마

③ 가, 나, 라, 마   ④ 가, 나, 다, 라, 마

25 SCM의 추진 효과로 가장 적절하지 않은 것은?

① 생산효율화   ② 물류비용의 절감

③ 이산형 정보 시스템의 운영   ④ 고객만족, 시장 변화에 대한 대응력 강화

26 [보기] 주어진 자료를 보고 연간 단위당 재고유지비율을 구하시오. (단위: %)

┤ 보기 ├

- 연간 수요량: 5000개   • 1개당 가격: 5,000원
- 경제적 발주량(EOQ): 200개   • 연간 주문비용: 4000원

27 [보기]의 (　　) 에 들어갈 도표 유형을 한글로 입력하시오.

┤ 보기 ├
- 간트차트는 생산관리, 재고관리, 원가관리, 일정관리 등에 활용되고 있으며, 사용 목적에 따라 다양한 유형이 존재한다.
- 그 중 (　　　) 도표는 기계별(또는 작업자별)로 현재 능력에 대해 어느 정도의 작업량이 부하되어 있는가를 보여주는 도표이다. 능력활용 관리에 유용하게 활용될 수 있다.

28 QC 7가지 도구에 대한 설명을 바르게 짝지은 것은?

┤ 보기 ├
가. 현장에서 확인된 일련의 데이터에 대하여 일정한 양식을 이용하여 간단히 표기함으로써 쉽게 도수분포를 구하고, 이로부터 여러 가지 정보를 얻어 검사용, 관리용, 해석용 등으로 활용할 수 있도록 만들어진 것이다.
나. 한 대상에 나타나는 두 가지가 서로 상관이 있는지 없는지를 점의 흩어진 상태를 그려봄으로써 상관의 경향을 파악하고 필요한 조치를 취하도록 하는 방법이다.
다. 길이, 무게, 시간, 경도 등을 측정하는 데이터의 계량치가 어떠한 분포를 하고 있는지를 한 눈에 알아보기 쉽게 나타낸 도표이다.

① 가: 파레토도, 나: 관리도, 다: 체크시트
② 가: 체크시트, 나: 산점도, 다: 히스토그램
③ 가: 특성요인도, 나: 산점도, 다: 파레토도
④ 가: 체크시트, 나: 특성요인도, 다: 히스토그램

29 통계적품질관리의 품질변동 원인 중에 이상원인(피할수 있는 원인)으로 가장 적절하지 않은 것은?

① 작업자의 부주의
② 불량자재의 사용
③ 작업자 숙련도 차이
④ 생산조건의 급격한 변경 등

30 관리도에 대한 설명으로 옳지 않은 것은?

① 공정상의 문제점 파악 및 해결
② Lot 로부터 표본을 추출하여 합격·불합격 판정
③ 측정 데이터에 의한 점들의 위치 또는 움직임의 양상 파악
④ 생산공정에서 불량품이 제조되는 것을 사전에 예방하기 위한 공정관리활동

31 [보기]에서 (　　) 안에 들어갈 내용을 영어 알파벳으로 입력하시오.

┤ 보기 ├
불량률이란 제품을 양, 불량 혹은 합격, 불합격으로 분류할 때 불량품이 전체에서 차지하는 비율을 말한다. 관리도 중 시료의 크기가 일정하지 않고, 불량률을 통제하기 위하여 사용되는 것은 (　　　)관리도이다.

기출문제

32 [보기]에 해당하는 검사의 종류를 한글로 입력하시오.

┤ 보기 ├

재료, 반제품 또는 제품을 받아들이는 경우 제출된 Lot에 대하여 행하는 검사이다. 원자재가 일정한 규격에 맞는지 여부를 판정하는 검사이다.

01 아래 [보기]의 조건으로 데이터를 조회한 후 물음에 답하시오.

┤ 보기 ├
- 조달구분: [1. 생산]
- 검사여부: [1. 검사]

다음 [보기]의 조건에 해당하는 품목에 대한 설명으로 옳지 않은 것을 고르시오.

① 품목 [85-1020400. POWER TRAIN ASS'Y(MTB)]의 안전재고량은 20이다.
② 품목 [85-1020410. POWER TRAIN ASS'Y(MTB, TYPE A)]의 표준원가와 실제원가는 같다.
③ 품목 [NAX-A421. 산악자전거(P-21G,A421)]의 품목군은 [A100. 자전거]이다.
④ 품목 [NAX-A422. 산악자전거(P-21G,A422)]의 주거래처는 [00007. (주)제일물산]이다.

02 아래 [보기]의 조건으로 데이터를 조회한 후 물음에 답하시오.

┤ 보기 ├
가. (주)제일물산의 외주담당자는 이혜리이며 지역은 서울이다.
나. (주)하나상사의 거래처분류는 VIP로 되어있다.
다. [81-1001000. BODY-알미늄(GRAY-WHITE)]품목의 생산담당자는 양의지이다.
라. [88-1002000. PRESS FRAME-Z]의 단위는 EA이며 자재담당자와 생산담당자가 동일하다.

(주)한국자전거지사에서는 물류실적(품목/고객)담당자등록을 확인하고 있다. 다음 중 [보기] 올바른
설명의 수를 고르시오.

① 1   ② 2
③ 3   ④ 4

03 아래 [보기]의 조건으로 데이터를 조회한 후 물음에 답하시오.

┤ 보기 ├
A: 제품 [NAX-A420. 산악자전거(P-20G)]의 필요수량 합은 6이다.
B: 제품 [NAX-A400. 일반자전거(P-GRAY WHITE)]는 사용여부를 사용으로 바꾸어 조회한다면
   총 자품목은 6개 이다.
C: 반제품 [81-1001010. BODY-알미늄 (GRAY-WHITE, TYPE A)]의 계정구분은 모두 원재료이다.
D: 반제품 [81-1001020. BODY-알미늄 (GRAY-WHITE, TYPE B)]은 사급구분이 모두 같다.

㈜한국자전거지사에 등록된 BOM 모품목에 대한 자품목들의 정보로 옳지 않은 것을 모두 고르시오. (단. 기준일자는 없고, 사용여부는 전체이다.)

① C, D
② B, A
③ A, D
④ B, C

04 (주)한국자전거지사에서는 자사에서 관리하는 품번과 품명을 거래처별로 다른 품번과 품명으로 보여 주려고 한다. 자사에서 생산되는 제품 중에서 자사품목과 외부출력품목이 다르게 짝지어진 것을 고르시오.

① [NAX-A400. 일반자전거(P-GRAY WHITE)] = [2024A. 고급 자전거]
② [NAX-A402. 일반자전거(P-GRAY BLACK)] = [2004B. 일반 자전거]
③ [NAX-A421. 산악자전거(P-21G,A421)] = [2004C. 산악 자전거]
④ [NAX-A422. 산악자전거(P-21G,A422)] = [2004D. 어른용 산악 자전거]

05 (주)한국자전거지사에서 [R200. 외주공정]에 속한 [R272. (주)재하정밀]에 대하여 2023년도에는 10% 실제원가대비 기준으로 외주단가를 등록하여 사용하였다. 2024년에는 15% 추가로 올려 표준원가대비 기준으로 외주단가를 산정하려고 한다. 해당 비율로 변경 후 외주단가가 가장 큰 품목을 고르시오.

① [83-2000100. 전장품 ASS'Y]
② [85-1020400. POWER TRAIN ASS'Y(MTB)]
③ [87-1002001. BREAK SYSTEM]
④ [88-1001000. PRESS FRAME-W]

06 ㈜한국자전거지사에서 품목군이 반조립품인 품목에 대해서 생산계획을 등록하고 있다. 작업예정일이 2024/05/01~2024/05/31 기간동안 등록된 내용 중 옳은 것을 고르시오.

① [81-1001010. BODY-알미늄 (GRAY-WHITE, TYPE A)]의 5월 생산계획 수량 총합이 300이다.
② [85-1020410. POWER TRAIN ASS'Y(MTB, TYPE A)]의 작업예정일 2024/05/25는 일생산량과 동일하다.
③ [87-1002011. BREAK SYSTEM (TYPE A)]의 작업예정일 2024/05/19일 계획수량은 일생산량과 동일하다.
④ [88-1002010. PRESS FRAME-Z (TYPE A)]의 계획수량은 모두 일생산량을 초과한다.

07 아래 [보기]의 조건으로 데이터를 조회한 후 물음에 답하시오.

┤ 보기 ├

- 사업장: [2000. ㈜한국자전거지사]
- 작업장: [L202. 반제품작업장(반제품)]
- 공정: [L200. 작업공정]
- 지시기간: 2024/05/01 ~ 2024/05/31

다음 [보기] 조건에 해당하는 작업지시내역 중 생산설비, 작업팀, 작업조가 일치하는 작업지시번호를 고르시오.

① WO2405000001 생산설비 3호: 작업 B팀: 작업 1조
② WO2405000002 생산설비 2호: 작업 D팀: 작업 3조
③ WO2405000003 생산설비 1호: 작업 A팀: 작업 2조
④ WO2405000004 생산설비 4호: 작업 C팀: 작업 4조

08 아래 [보기]의 조건으로 데이터를 조회한 후 물음에 답하시오.

┤ 보기 ├
- 사업장: [2000. ㈜한국자전거지사]
- 작업장: [L202. 반제품작업장(반제품)]
- 프로젝트: [B500. 계절할인]
- 공정: [L200. 작업공정]
- 지시기간: 2024/05/01 ~ 2024/05/31

다음 [보기] 조건에 해당하는 작업지시 확정 내역에 대한 설명으로 옳은 것을 고르시오.

① 작업지시번호 WO2405000001의 청구자재들은 자재출고상태가 '출고중' 이다.
② 작업지시번호 WO2405000002의 지시 품목에 대하여 검사여부가 '검사'로 작업실적등록 전 생산실적검사를 먼저 진행하여야 한다.
③ 작업지시번호 WO2405000003는 작업지시에 대한 마감처리 되었지만 청구자재에 대한 확정수량을 수정할 수 있다.
④ 작업지시번호 WO2405000004의 청구자재 내역은 LOSS(%) 때문에 총수량의 합이 정미수량 보다 확정수량이 더 많다.

09 ㈜한국자전거지사의 홍길동 사원은 2024년 05월 10일 생산자재출고된 내역 중 모품목 정보에 대하여 확인하고 있다. 다음 중 자재출고된 자재내역 중 모품목 정보로 옳지 않은 것을 고르시오.

① [NAX-A402. 일반자전거(P-GRAY BLACK)]
② [NAX-A421. 산악자전거(P-21G,A421)]
③ [NAX-A400. 일반자전거(P-GRAY WHITE)]
④ [NAX-A422. 산악자전거(P-21G,A422)]

10 ㈜한국자전거지사에서 2024년 05월 12일 하루동안 작업공정에서 진행한 작업실적 내역을 확인하고 있다. 다음 중 생산설비1호에서 작업한 작업팀별로 실적수량이 가장 많은 작업팀을 고르시오.

① 생산A팀
② 생산B팀
③ 생산C팀
④ 생산D팀

기출문제

11 아래 [보기]의 조건으로 데이터를 조회한 후 물음에 답하시오.

> ┤ 보기 ├
> - 사업장: [2000. ㈜한국자전거지사]
> - 실적기간: 2024/05/14 ~ 2024/05/14
> - 구분: [1. 생산]
> - 상태: [1. 확정]

다음 [보기] 조건에 대한 자재사용 내역 중 적용수량의 합이 적용예정 수량의 합보다 더 많이 사용되어진 작업실적번호로 옳은 것을 고르시오.

① WR2405000013
② WR2405000014
③ WR2405000015
④ WR2405000016

12 아래 [보기]의 조건으로 데이터를 조회한 후 물음에 답하시오.

> ┤ 보기 ├
> - 이혜리: 저는 전장품 ASS'Y품목에 대해 바디조립검사를 실시하였습니다. 검사유형은 샘플검사로 바디(BODY)불량이 3개 있어 불량수량 3, 양품시료 7개이지만 모두 합격수량에 반영하여 처리하였습니다.
> - 권재희: 저는 전장품 BREAK SYSTEM반제품을 검사하였는데 휠조립검사를 전수검사로 진행하였습니다. 불량수량이 25개 나왔고 그에따라 불량수량을 제외한 125개만 합격으로 처리하였습니다.
> - 양의지: 저도 이혜리 담당자와 같은 품목을 검사하였고 바디조립검사를 실시하였습니다. 핸들과 프레임이 정상적으로 결합되어 있는지 보았는데 불량이 있어 바디(BODY)불량으로 40개 처리하였고 모두 불합격 시켰습니다.
> - 박상미: 저는 PRESS FRAME-Z에 대한 자전거ASS'Y 최종검사를 진행하였고 적재불량으로 5개 있었지만 따로 불량시료에 반영하지 않고 모두 합격시켰습니다.

㈜한국자전거지사에 2024년 5월 16일 하루동안 작업이 이루어진 [L200, 작업공정], [L202, 반제품작업장]에 대한 생산실적검사 내역으로 옳게 말한 검사담당자를 모두 고르시오. (검사여부, 상태 모두 선택전체)

① 이혜리
② 이혜리, 권재희
③ 이혜리, 권재희, 양의지
④ 이혜리, 권재희, 박상미

13 (주)한국자전거지사 홍길동 사원은 2024년 05월 16일 [L200. 작업공정], [L202. 반제품작업장(반제품)]에서 작업한 품목들이 입고되어야할 재고가 입고되지 않아 생산품창고입고처리 메뉴에서 확인 하고 있다. [P200. 제품창고_인천지점], [P201. 제품_제품장소]에 정상 입력되어야할 내역이 [M200. 부품창고_인천지점], [M201. 부품/반제품_부품장소]으로 입고된 것을 확인하였다. 입고장소가 [M200. 부품창고_인천지점], [M201. 부품/반제품_부품장소]으로 입력된 실적번호로 옳은 것을 고르시오.

① WR2405000017
② WR2405000018
③ WR2405000019
④ WR2405000020

14 아래 [보기]의 조건으로 데이터를 조회한 후 물음에 답하시오.

> ┤ 보기 ├
> • 사업장: [2000. (주)한국자전거지사]　　• 공정: [R200. 외주공정]
> • 지시기간: 2024/05/01 ~ 2024/05/01

㈜한국자전거지사 홍길동 사원은 자사 제품 일반자전거(P-GRAY WHITE) 품목에 대하여 외주발주 등록을 진행하였다. 다음 중 외주발주등록 된 일반자전거(P-GRAY WHITE)에 대한 외주단가가 가장 높은 단가로 적용된 외주처명으로 옳은 것을 고르시오.

① ㈜대흥정공
② ㈜제일물산
③ ㈜영동바이크
④ ㈜세림와이어

15 아래 [보기]의 조건으로 데이터를 조회한 후 물음에 답하시오.

> ┤ 보기 ├
> • 사업장: [2000. (주)한국자전거지사]　　• 지시기간: 2024/05/03 ~ 2024/05/03

다음 중 외주발주 내역에 대한 품목별로 청구한 자재에 대한 설명으로 옳지 않은 것을 고르시오.

① [83-2000110. 전장품 ASS'Y (TYPE A)]의 청구자재들은 모두 무상 자재이다.
② [87-1002011. BREAK SYSTEM (TYPE A)]의 청구자재들의 정미수량의 합과 확정수량의 합은 같지 않다.
③ [81-1001000. BODY-알미늄(GRAY-WHITE)]의 총 외주금액은 119,220,000이다.
④ [85-1020400. POWER TRAIN ASS'Y(MTB)]의 LOSS(%)율이 없다.

16 아래 [보기]의 조건으로 데이터를 조회한 후 물음에 답하시오.

> ┤ 보기 ├
> • 사업장: [2000. (주)한국자전거지사]　　• 출고기간: 2024/05/05 ~ 2024/05/05

다음 중 [보기] 조건으로 외주자재출고를 조회한 후 품목별 출고수량의 합이 가장 많은 출고번호를 고르시오.

① MV2405000003
② MV2405000004
③ MV2405000005
④ MV2405000006

17 아래 [보기]의 조건으로 데이터를 조회한 후 물음에 답하시오.

> ┤ 보기 ├
> • 사 업 장: [2000. (주)한국자전거지사]　　• 지시(품목): 2024/05/10 ~ 2024/05/10
> • 외주공정: [R200. 외주공정]

다음 [보기] 조건에 해당하는 외주실적내역에 대하여 적합 실적수량 보다 부적합 실적수량이 더 많이 발생한 품목으로 옳은 것을 고르시오.

① [NAX-A401. 일반자전거(P-GRAY RED)
② [NAX-A421. 산악자전거(P-21G, A421)]
③ [NAX-A422. 산악자전거(P-21G, A422)]
④ [NAX-A400. 일반자전거(P-GRAY WHITE)]

18 아래 [보기]의 조건으로 데이터를 조회한 후 물음에 답하시오.

┤ 보기 ├

- 사업장: [2000. ㈜한국자전거지사]
- 실적기간: 2024/05/10 ~ 2024/05/10
- 구분: [2. 외주]
- 상태: 선택전체

㈜한국자전거지사에서는 외주자재사용등록 메뉴에 등록된 내역을 바탕으로 부적합 품목에 대해 사용된 자재를 확인하려고 한다. 다음 중 사용된 자재의 사용수량의 합이 가장 적게 발생한 작업실적번호를 고르시오.

① WR2405000025
② WR2405000026
③ WR2405000027
④ WR2405000028

19 아래 [보기]의 조건으로 데이터를 조회한 후 물음에 답하시오.

┤ 보기 ├

- 사업장: [2000. ㈜한국자전거지사]
- 마감일: 2024/05/15 ~ 2024/05/15

다음 [보기] 조건으로 실적일괄적용 기능을 이용하여 외주마감처리 하였다. 마감되어있는 내역 중 합계액이 가장 작은 품목으로 옳은 것을 고르시오.

① [NAX-A402. 일반자전거(P-GRAY BLACK)]
② [NAX-A420. 산악자전거(P-20G)]
③ [NAX-A421. 산악자전거(P-21G, A421)]
④ [NAX-A422. 산악자전거(P-21G, A422)]

20 ㈜한국자전거지사 홍길동 사원은 2024년 05월 15일에 외주처인 다스산업(주)에 대한 회계처리 내용을 확인하려 한다. 해당 건에 대해 적요명이 외주가공비 부가세대급금으로 옳은 금액을 고르시오.

① 139,000,000
② 140,000,000
③ 11,900,000
④ 9,000,000

21 ㈜한국자전거지사에서는 작업지시/외주발주 현황에서 2024년 5월 한 달간의 상태 조회조건이 전체인 내역을 확인하고 있다. 다음 중 외주발주 총 지시수량과 작업지시 총 지시수량이 바르게 짝지어진 것을 고르시오.

① 외주발주: 1,670, 작업지시: 1,940
② 외주발주: 1,940, 작업지시: 1,670
③ 외주발주: 2,940, 작업지시: 3,670
④ 외주발주: 3,670, 작업지시: 2,940

22 ㈜한국자전거지사에서 자재사용기간이 2024년 05월 한달동안 사용된자재를 확인하려고 한다. 다음 중 지시구분은 외주발주 이고, 지시계정구분이 제품인 품목을 품목별로 소계시 사용수량의 합이 가장 많은 품명을 고르시오.

① [NAX-A400. 일반자전거(P-GRAY WHITE)]
② [NAX-A401. 일반자전거(P-GRAY RED)]
③ [NAX-A421. 산악자전거(P-21G,A421)]
④ [NAX-A422. 산악자전거(P-21G,A422)]

23 아래 [보기]의 조건으로 데이터를 조회한 후 물음에 답하시오.

┤ 보기 ├
- 사업장: [2000. ㈜한국자전거지사]
- 지시기간: 2024/05/14 ~ 2024/05/14
- 지시구분: 작업지시
- 계정: [2. 제품]

다음 중 [보기] 조건의 자재청구대비투입/사용현황 메뉴를 확인 후 사용금액의 합이 가장 작은 지시번호를 고르시오. (단가OPTION: 구매.생산 모두 표준원가[품목등록])

① WO2204000033
② WO2204000034
③ WO2204000035
④ WO2204000036

24 ㈜한국자전거지사에서는 2024년 05월 한달동안 생산된 품목에 대한 실적현황 내역을 외주발주, 작업지시 그리고 검사완료, 대기 건 모두 포함하여 품목별 소계를 하여 실적수량을 확인 하고 있다. 품목별로 실적수량의 합이 가장 큰 품목으로 옳은 것을 고르시오.

① [NAX-A402. 일반자전거(P-GRAY BLACK)]
② [NAX-A400. 일반자전거(P-GRAY WHITE)]
③ [88-1001000. PRESS FRAME-W]
④ [87-1002001. BREAK SYSTEM]

25 ㈜한국자전거지사에서 2024년 5월 생산일보를 통해 실적기준 부적합금액을 확인하려고 한다. 다음 중 공정구분은 전체이고, 수량조회기준이 실적입고기준으로 조회시 부적합 금액이 가장 큰 품목을 고르시오. (단가OPTION: 구매.생산 모두 표준원가[품목등록])

① [NAX-A400. 일반자전거(P-GRAY WHITE)]
② [NAX-A401. 일반자전거(P-GRAY RED)]
③ [NAX-A421. 산악자전거(P-21G,A421)]
④ [NAX-A422. 산악자전거(P-21G,A422)]

기출문제

[이 론] ●

01 ERP와 인공지능(AI), 빅데이터(Big Data), 사물인터넷(IoT) 등 혁신기술과의 관계에 대한 설명으로 가장 적절하지 않은 것은?

① 현재 ERP는 기업 내 각 영역의 업무프로세스를 지원하여 독립적으로 단위별 업무처리를 추구하는 시스템으로 발전하고 있다.

② 제조업에서는 빅데이터 분석기술을 기반으로 생산자동화를 구현하고 ERP와 연계하여 생산계획의 선제적 예측과 실시간 의사결정이 가능하다.

③ ERP에서 생성되고 축적된 빅데이터를 활용하여 기업의 새로운 업무개척이 가능해지고, 비즈니스 간 융합을 지원하는 시스템으로 확대가 가능하다.

④ 현재 ERP는 인공지능 및 빅데이터 분석기술과의 융합으로 전략경영 등의 분석도구를 추가하여 상위계층의 의사결정을 지원할 수 있는 지능형시스템으로 발전하고 있다.

02 ERP와 전통적인 정보시스템(MIS) 특성 간의 차이점에 대한 설명으로 가장 적절하지 않은 것은?

① 전통적인 정보시스템의 업무범위는 단위업무이고, ERP는 통합업무를 처리한다.

② 전통적인 정보시스템의 시스템구조는 폐쇄형이나 ERP는 개방성을 갖는다.

③ 전통적인 정보시스템의 업무처리 대상은 Process 중심이나 ERP는 Task 중심이다.

④ 전통적인 정보시스템의 저장구조는 파일시스템을 이용하나 ERP는 관계형 데이터베이스시스템(RDBMS) 등을 이용한다.

03 ERP도입 기업의 사원들을 위한 ERP교육을 계획할 때, 고려사항으로 가장 적절하지 않은 것은?

① 전사적인 참여가 필요함을 강조한다.

② 지속적인 교육이 필요함을 강조한다.

③ 최대한 ERP커스터마이징이 필요함을 강조한다.

④ 자료의 정확성을 위한 철저한 관리가 필요함을 강조한다.

04 ERP 도입의 성공요인으로 가장 적절하지 않은 것은?

① 사전준비를 철저히 한다.

② 현재의 업무방식을 그대로 고수한다.

③ 단기간의 효과위주로 구현하지 않는다.

④ 최고 경영진을 프로젝트에서 배제하지 않는다.

05 ERP의 발전과정으로 가장 옳은 것은?

① MRPⅠ → ERP → 확장형ERP → MRPⅡ
② MRPⅠ → MRPⅡ → ERP → 확장형ERP
③ MRPⅡ → MRPⅠ → ERP → 확장형ERP
④ ERP → 확장형ERP → MRPⅠ → MRPⅡ

06 생산·운영관리의 목표로 가장 적절하지 않은 것은?

① 품질
② 시간(납기)
③ 원가(비용)
④ 재고최소화

07 적은 종류 또는 단일한 부품(원료)을 가공하여 여러 종류의 최종제품을 만드는 산업(예: 화학, 제철 등)에 적합한 BOM을 고르시오.

① Inverted BOM
② Planning BOM
③ Phantom BOM
④ Percentage BOM

08 [보기]는 일반적인 예측의 7단계에 대한 설명이다. 3~6단계의 순서로 적절한 것을 고르시오.

┤ 보기 ├

[예측의 7단계 순서]
• 1단계: 예측의 목적과 용도
• 2단계: 예측 대상 품목과 단위 결정
• 3단계: ?
• 4단계: ?
• 5단계: ?
• 6단계: ?
• 7단계: 예측치에 대한 검증(타당성, 정확성)

[단계별 내용]
가. 적합한 예측 기법의 선정
나. 예측 기간의 선정
다. 필요한 자료의 수집
라. 예측의 시행

① 가 → 나 → 다 → 라
② 가 → 다 → 라 → 나
③ 나 → 가 → 라 → 다
④ 나 → 가 → 다 → 라

09 [보기]에서 Flow Shop의 특징을 모두 고른 것은?

┤ 보기 ├

가. 적은 유연성
나. 큰 유연성
다. 특수기계의 생산라인
라. 범용 기계
마. 공정별 기계배치
바. 숙련공
사. 비숙련공도 투입
아. 연속생산
자. 대량 및 재고생산(make-to-stock)

① 가, 나, 라, 마, 아
② 가, 다, 라, 아, 자
③ 가, 다, 사, 아, 자
④ 가, 다, 마, 사, 아

기출문제

10 작업의 우선순위 결정 고려원칙에 대한 설명으로 옳지 않은 것은?

① 최대공정수를 가지는 작업순서로 진행한다.
② 납기가 가장 급박한 순서로 작업을 진행한다.
③ 전체 작업시간이 가장 짧은 순서로 진행한다.
④ 여유(Slack)시간이 가장 작은 순서로 작업을 진행한다.

11 [보기] PERT/CPM을 이용한 프로젝트 관리 순서가 무작위로 나열되어 있다. 가장 처음로 행해야하는 순서는 무엇인가?

┤ 보기 ├

㉮ 활동 간의 선행관계를 결정하고, 각 활동 및 활동 간의 선행관계를 네트워크 모형으로 작성한다.
㉯ 프로젝트에서 수행되어야 할 활동을 파악한다.
㉰ 주공정(critical path)을 결정한다.
㉱ 프로젝트의 일정을 계산한다.

① ㉮   ② ㉯
③ ㉰   ④ ㉱

12 [보기]를 참고하여, 공정계획표에 따른 주공정(Critical Path)을 찾으려고 한다. 단계 6의 TE 을 숫자로 입력하시오.

┤ 보기 ├

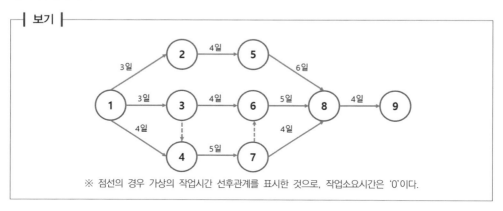

※ 점선의 경우 가상의 작업시간 선후관계를 표시한 것으로, 작업소요시간은 '0'이다.

13 활동 A의 소요시간은 낙관적 전망치 5일, 정상 전망치 6일, 비관적 전망치 7일로 추정되었다. PERT/Time 기법을 적용할 경우 활동 A의 기대시간은 얼마인가? (단위: 일)

14 공정관리 목표로 적절하지 않은 것은?

① 공정재고의 최소화   ② 납기의 이행 및 단축
③ 생산 및 조달시간의 최소화   ④ 대기시간의 최소화와 유휴시간의 최대화

15 [보기]에서 설명하는 공정에 따라 공정분석 기호를 적합하게 표시한 것은?

┤ 보기 ├
(가) 운반	(나) 가공
(다) 수량검사	(라) 품질검사

① (가) ◇ (나) □ (다) ○ (라) ⇨
② (가) ⇨ (나) ○ (다) ▽ (라) □
③ (가) ▽ (나) ○ (다) ◇ (라) □
④ (가) ⇨ (나) ○ (다) □ (라) ◇

16 공수계획의 기본방침에 대한 설명으로 적절하지 않은 것은?

① 부하, 능력 두 측면에 적당한 여유를 둔다.
② 사람이나 기계가 유휴상태가 되도록 작업량을 할당한다.
③ 특정 공정에 부하가 과도하게 집중하지 않도록 조정한다.
④ 작업의 성질이 작업자의 특성과 기계의 성능에 맞도록 할당한다.

17 일정관리를 위한 바(bar) 형태의 도구로서 각 업무별로 일정의 시작과 끝을 그래픽으로 표시하여 전체 일정을 한눈에 볼 수 있는 차트는 무엇인가?

① Kanban
② PERT/CPM
③ Gantt Chart
④ Project Scheduling

18 JIT(Just In Time) 생산 방식에 대한 설명으로 옳지 않은 것은?

① 고객의 불만도 불량품이라고 간주한다.
② 제조/생산 과정의 낭비 제거하여 최적화를 추구한다.
③ 실수를 줄이기 위한 노력을 통해 무결점 목표에 도달할 수 있다.
④ 로트(Lot)의 크기가 너무 작을 경우 관리의 낭비가 발생할 수 있다.

19 스마트TV를 생산하는 공장에서 50명의 작업자가 하루 6시간씩 총 5일간 3,000대의 스마트TV를 생산하였다. 공장의 시간당 노동생산성을 구하시오.

20 [보기]의 작업장에 대한 이용률(Utilization)을 구하시오. (단위: %)

┤ 보기 ├
• 교대 수: 3교대/일	• 1교대 작업시간: 5시간
• 주당 작업일 수: 6일	• 기계 대수: 5대
• 기계 불 가동시간/주: 90시간	

21 각 작업장의 작업시간이 [보기]와 같을 때 라인밸런싱의 효율(%)은 얼마인가?

┤ 보기 ├

- 작업장 1: 44분
- 작업장 2: 30분
- 작업장 3: 46분
- 작업장 4: 50분

22 재고를 보유해야 하는 이유로 가장 적절하지 않은 것은?

① 수요에 대한 품절의 위험에 대비하여 재고를 보유한다.
② 가격 인상을 대비하여 농산물 등과 같은 품목을 재고로 비축한다.
③ 불확실한 기업환경에 완충역할을 위하여 가능하면 많은 양의 재고를 보유한다.
④ 시장수요는 매일 반복되나 납품은 매일 받을 수 없게 되었을 때, 판매하는 일정기간 동안 대량으로 구매 후 재고로 보유한다.

23 [보기]에서 설명하는 재고관리 용어는?

┤ 보기 ├

- 자재나 제품의 구입에 따른 제비용과 재고유지비용 등을 고려하여, 주문 비용과 단위당 재고 유지비용의 합계가 최소가 되도록 하는 자재 또는 제품의 최적 주문량을 의미함
- 재고 관리에서 중요한 개념 중 하나로, 연간 재고 유지 비용과 주문 비용을 최소화하여 효율적인 재고 관리를 가능하게 함

① EOQ
② EPQ
③ MRP
④ ERP

24 개략능력요구계획(RCCP: rough cut capacity planning)에 대한 설명으로 가장 적절하지 않은 것은?

① RCCP의 입력 요소로는 재고기록철, 자재명세서, 기준생산계획이 있다.
② RCCP는 생산시설의 생산 능력 소요량과 같은 개략적으로 자원요구량을 산출한다.
③ RCCP는 기준생산계획과 제조 자원 간의 크기를 비교하여 자원에 대한 요구량을 계산하는 것이다.
④ RCCP는 MPS에서 수립된 생산 일정이 부하가 걸리지 않도록 계획되어 있는지 검토하고 조정하는 기능을 한다.

25 [보기]는 SCM의 3가지 흐름에 대한 설명이다. A, B, C에 적합한 흐름을 고르시오.

┤ 보기 ├

- (A)은 공급자로부터 고객으로의 상품 이동은 물론, 어떤 고객의 물품 반환이나 애프터서비스 요구 등을 모두 포함한다.
- (B)은 주문의 전달과 배송 상황의 갱신 등이 수반된다.
- (C)은 신용조건, 지불계획, 위탁판매, 그리고 권리 소유권 합의 등으로 구성된다.

① A (제품흐름)   B (정보흐름)   C (재정흐름)
② A (재고흐름)   B (제품흐름)   C (정보흐름)
③ A (재정흐름)   B (재공품흐름)   C (정보흐름)
④ A (원료흐름)   B (재정흐름)   C (재공품흐름)

26 제조회사인 (주)KPC의 제품A의 정보이다. [보기]에 주어진 자료를 바탕으로 1회 주문비용을 구하시오. (단위: 원)

┤ 보기 ├

- 연간 수요량: 6,000개
- 연간 단위당 재고유지비율: 25%
- 1개당 가격: 6,000원
- 경제적 발주량(EOQ): 400개

27 [보기]는 (A)의 추진효과에 대한 설명이다. (A) 안에 들어가야할 용어를 예와 같이 영어 약어로 작성하시오. (예: ERP)

┤ 보기 ├

(A)(은)는 최근 기업들에게 높은 서비스 수준과 낮은 비용을 동시에 달성시킬 수 있는 경영 패러다임뿐만 아니라 새로운 기회를 창출할 수 있는 도구로 각광받고 있다.
(A)의 대표적인 추진효과는 다음과 같이 정의할 수 있다.
- 통합적 정보시스템 운영
- 고객만족, 시장변화에 대한 대응
- 생산효율화
- 물류비용 절감
- 구매비용 절감
- 총체적 경쟁우위 확보

28 TQM에 대한 설명으로 적절하지 않은 것은?

① 품질 향상을 위한 실천적 행동양식과 기술의 집합으로 이루어진 조직의 경영혁신기법으로 이해되고있다.
② 고객중심, 품질문화 형성, 총체적 참여, 지속적인 개선을 TQM의 4대 기본원칙으로 세웠다.
③ 조직의 경쟁력을 향상하고자 최고경영자를 중심으로 조직의 경영을 직원위주의 관리시스템으로 하는 경영혁신운동이다.
④ TQM은 전통적인 현장중심의 품질관리와 달리 전략적인 것으로 품질경영 위에 조직문화의 혁신을 통한 구성원의 의식과 태도 등에 중점을 두고있다.

29 계수치, 계량치 관리도에 대한 설명으로 적절하지 않은 것은?

① R관리도는 시료의 크기가 일정하며 일정개수의 로트생산시 사용한다.
② c관리도는 시료의 크기가 일정할 때 품질을 결점수로 관리하는 경우에 사용한다.
③ 계수치 관리도는 불량개수, 불량률, 결점수 등의 이산치로 파악되는 품질특성을 관리한다.
④ 계량치 관리도는 측정기구로 측정이 가능하며 측정치를 그대로 품질자료 값으로 사용하면서 길이, 무게, 온도와 같은 연속변량으로 된 품질특성을 관리한다.

30 전수검사보다 샘플링검사가 유리한 경우가 아닌 것은?

① 검사항목이 많은 경우

② Lot의 크기가 작고 파괴검사가 아닐 경우

③ 검사비용을 적게 하는 편이 이익이 되는 경우

④ 다수 다량의 것으로 어느 정도 불량품이 섞여도 괜찮을 경우

31 [보기]에 해당하는 품질비용의 종류를 한글로 입력하시오.

┤ 보기 ├

제품, 서비스의 불량이 처음부터 발생하지 않도록 소요되는 비용으로 품질교육 및 훈련, 분임조 활동, 공정관리비용 등이 해당된다.

32 [보기]에서 설명하고 있는 검사 방식을 한글로 쓰시오.

┤ 보기 ├

물품을 시험하여도 상품가치가 떨어지지 않고 검사의 목적을 달성할 수 있는 검사
(예: 전구 점등시험, 도금판의 핀홀 검사 등)

[실무]

❖❖ 실무문제는 [실기메뉴]를 활용하여 답하시오.
웹하드(http://www.webhard.co.kr)에서 Guest(ID: samil3489, PASSWORD: samil3489)로
로그인하여 백데이터를 다운받아 설치한 후 생산 1급 2024년 2회로 로그인한다.

01 아래 [보기]의 조건으로 데이터를 조회한 후 물음에 답하시오.

┤ 보기 ├
• 품목군: [Z100. 산악용]   • 계정구분: [2. 제품]

다음 [보기]의 조건에 해당하는 품목에 대한 설명으로 옳지 않은 것을 고르시오.

① 품목 [NAX-A421. 산악자전거(P-21G,A421)]의 일별생산량은 170이다.
② 품목 [CYCLE-2013. HELMET 2023 시리즈]의 표준원가와 실제원가는 같다.
③ 품목 [NAX-A422. 산악자전거(P-21G,A422)]의 재고단위와 관리단위는 같다.
④ 품목 [CYCLE-2014. HELMET 2024 시리즈]는 LOT여부가 '미사용'인 품목이다.

02 아래 [보기]의 조건으로 데이터를 조회한 후 물음에 답하시오.

┤ 보기 ├
• 거래처분류: [3000. 외주거래처]   • 외주담당자: [4000. 정영수]
• 지역: [A1. 서울]

다음 [보기]의 조건에 해당하는 거래처로 옳은 것을 고르시오.

① [00006. (주)형광램프]   ② [00013. 다스산업(주)]
③ [00021. 현영철강(주)]   ④ [00022. 한돈형공(주)]

03 아래 [보기]의 조건으로 데이터를 조회한 후 물음에 답하시오.

┤ 보기 ├
• 사업장: [2000. (주)한국자전거지사]

다음 [보기]의 조건에 해당하는 창고/공정(생산)/외주공정등록에 대한 설명으로 옳은 것을 고르시오.

① 외주공정 [R200. 외주공정(제품)]에 대한 외주거래처에는 [00021. 현영철강(주)]가 있다.
② 창고 [P200. 제품창고_인천지점]의 위치 [P201. 제품_제품장소]는 가용재고여부가 '부'인 위치
이다.
③ 생산공정 [L200. 작업공정]의 작업장 [L303. 재생산작업장(도색)]은 사용여부가 '사용'인 작업
장이다.
④ 생산공정 [L200. 작업공정]의 작업장 [L204. 반제품작업장_부적합]은 적합여부가 '부적합'인
작업장이다.

기출문제

04 아래 [보기]의 조건으로 데이터를 조회한 후 물음에 답하시오.

┤ 보기 ├

- 모품목: [NAX-A420. 산악자전거(P-20G)]
- 기준일자: 2024/02/01
- 사용여부: [1.사용]

다음 [보기]의 조건에 해당하는 모품목 [NAX-A420. 산악자전거(P-20G)]의 자재명세서에 대한 설명으로 옳지 않은 것을 고르시오.

① 자품목 [21-3001600. PEDAL]의 주거래처는 'YK PEDAL'이다.
② 자품목 [21-9000200. HEAD LAMP]의 외주구분은 '무상'이다.
③ 자품목 [83-2000100. 전장품 ASS'Y]의 사급구분은 '사급'이다.
④ 자품목 [87-1002001. BREAK SYSTEM]의 계정구분은 '원재료'이다.

05 아래 [보기]의 조건으로 데이터를 조회한 후 물음에 답하시오.

┤ 보기 ├

- 사업장: [2000. ㈜한국자전거지사]
- 외주공정: [R200. 외주공정(제품)]
- 외주처: [R273. 행복바이크]
- 단가적용비율: 95%

다음 [보기]의 조건으로 표준원가대비 외주단가를 일괄변경 후 외주단가가 가장 큰 품목으로 옳은 것을 고르시오.

① [NAX-A420. 산악자전거(P-20G)]
② [NAX-A421. 산악자전거(P-21G, A421)]
③ [NAX-A422. 산악자전거(P-21G, A422)]
④ [NAX-A402. 일반자전거(P-GRAY BLACK)]

06 아래 [보기]의 조건으로 데이터를 조회한 후 물음에 답하시오.

┤ 보기 ├

- 사업장: [2000. ㈜한국자전거지사]
- 생산계획 등록 품목만 조회: 체크함
- 작업예정일: 2024/02/01 ~ 2024/02/10
- 계정구분: [4. 반제품]

다음 [보기]의 조건으로 등록된 생산계획에 대한 설명으로 옳지 않은 것을 고르시오.

① 품목 [83-2000110. 전장품 ASS'Y (TYPE A)]의 계획수량의 합은 총 600EA이다.
② 생산계획 등록된 품목들에 대하여 작업예정일 2024/02/04에는 생산계획 된 내역이 없다.
③ 품목 [83-2000120. 전장품 ASS'Y (TYPE B)]는 2024/02/08에 일생산량보다 초과된 수량이 계획되었다.
④ 생산계획 등록된 품목들 중 계획수량의 총합이 가장 많은 품목은 [83-2000120. 전장품 ASS'Y (TYPE B)]이다.

07 아래 [보기]의 조건을 수행 한 후 데이터를 조회하여 물음에 답하시오.

┤ 보기 ├
- 사업장: [2000. (주)한국자전거지사]
- 공정: [L300. 작업공정(도색)]
- 지시기간: 2024/02/04 ~ 2024/02/10

다음 [보기]의 조건에 해당하는 작업지시 내역 중 지시수량의 합이 가장 많이 등록 된 작업장으로 옳은 것을 고르시오.

① [L212. 반제품작업장(휠)]
② [L301. 제품작업장(도색)]
③ [L211. 반제품작업장(바디)]
④ [L302. 반제품작업장(도색)]

08 아래 [보기]의 조건으로 데이터를 조회한 후 물음에 답하시오.

┤ 보기 ├
- 사업장: [2000. ㈜한국자전거지사]
- 공정: [L200. 작업공정]
- 작업장: [L201. 제품작업장_적합]
- 지시기간: 2024/02/11 ~ 2024/02/17

다음 [보기] 조건에 해당하는 작업지시 확정 내역에 대한 설명으로 옳은 것을 고르시오.

① 작업지시번호 WO2402000009의 청구자재들은 자재출고상태가 '출고중'이다.
② 작업지시번호 WO2402000010의 지시 품목에 대하여 검사여부가 '검사'로 작업실적등록 전 생산실적검사를 먼저 진행하여야 한다.
③ 작업지시번호 WO2402000011는 작업지시에 대한 마감처리 되었지만 청구자재에 대한 확정수량을 수정할 수 있다.
④ 작업지시번호 WO2402000012의 청구자재 내역 중 모품목에 대한 자재명세서와 다른 품목으로 청구된 품목이 있다.

09 아래 [보기]의 조건으로 데이터를 조회한 후 물음에 답하시오.

┤ 보기 ├
- 사업장: [2000. ㈜한국자전거지사]
- 출고기간: 2024/02/18 ~ 2024/02/24
- 청구공정: [L300. 작업공정(도색)]
- 청구기간: 2024/02/18 ~ 2024/02/24
- 청구작업장: [L302. 반제품작업장(도색)]

㈜한국자전거지사 홍길동 사원은 생산자재출고 시 출고요청 기능을 이용하여 자재를 출고하고 있다. 다음 중 출고요청 조회 적용 시 청구잔량의 합이 가장 많이 남아 있는 품목으로 옳은 것을 고르시오.

① [21-3000300. WIRING-DE]
② [21-1060700. FRAME-NUT]
③ [21-9000200. HEAD LAMP]
④ [21-1080800. FRAME-알미늄]

10 아래 [보기]의 조건으로 데이터를 조회한 후 물음에 답하시오.

┤ 보기 ├
- 사업장: [2000. ㈜한국자전거지사]
- 지시공정: [L200. 작업공정]
- 지시(품목): 2024/02/25 ~ 2024/02/29
- 지시작업장: [L404. 재조립작업장]

다음 [보기] 조건에 해당하는 **작업실적** 내역에 대한 설명으로 옳은 것을 고르시오.

① 작업실적번호 WR2402000001는 생산실적검사를 진행하여야 한다.
② 작업실적번호 WR2402000003에 대하여 생산자재사용등록이 완료 되었다.
③ 작업실적번호 WR2402000002는 이동공정 [L300. 작업공정(도색)]으로 이동처리 되었다.
④ 작업실적번호 WR2402000004는 부적합 실적으로 부적합 장소인 [P209. 제품_제품장소_불량]으로 입고처리 되었다.

11 아래 [보기]의 조건으로 데이터를 조회한 후 물음에 답하시오.

┤ 보기 ├
- 사업장: [2000. ㈜한국자전거지사]
- 공정: [L300. 작업공정(도색)]
- 실적일: 2024/03/01 ~ 2024/03/09
- 작업장: [L212. 반제품작업장(휠)]

다음 [보기]의 조건으로 등록된 **생산실적검사** 내역에 대한 설명으로 옳지 않은 것을 고르시오.

① 작업실적번호 WR2403000001의 검사담당자는 박용덕으로 실적수량 전체가 합격하였다.
② 작업실적번호 WR2403000002의 검사구분으로는 휠조립검사를 진행하였으며 휠(WHEEL)불량이 5EA 발생하였다.
③ 작업실적번호 WR2403000004의 검사구분에 따른 설명인 '타이어가 불량이지 않는가?'에 대한 판정여부는 '불합격' 판정을 받았다.
④ 작업실적번호 WR2403000003의 검사유형으로는 샘플검사를 진행하였으며 불량시료 10EA만큼 불합격수량에도 반영되었다.

12 아래 [보기]의 조건으로 데이터를 조회한 후 물음에 답하시오.

┤ 보기 ├
- 사업장: [2000. ㈜한국자전거지사]
- 공정: [L200. 작업공정]
- 실적기간: 2024/03/10 ~ 2024/03/16
- 작업장: [L201. 제품작업장_적합]

생산품의 실적을 등록할 때 등록하는 구분 값에 따라 생산품창고입고가 자동으로 이뤄지기도 하고 생산품창고입고처리 메뉴에서 수동으로 등록하기도 한다. 다음 [보기] 조건의 실적번호 중 생산창고입고처리 메뉴에서 수동으로 입고처리를 등록한 실적번호들로 짝지어진 것을 고르시오.

① WR2403000005, WR2403000006
② WR2403000006, WR2403000007
③ WR2403000007, WR2403000008
④ WR2403000005, WR2403000008

13 아래 [보기]의 조건으로 데이터를 조회한 후 물음에 답하시오.

┤ 보기 ├
- 사업장: [2000. ㈜한국자전거지사]
- 공정: [L300. 작업공정(도색)]
- 지시일: 2024/03/17 ~ 2024/03/23
- 작업장: [L301. 제품작업장(도색)]

다음 [보기]의 조건에 해당하는 작업지시 마감처리 내역에 대한 설명으로 옳지 않은 것을 고르시오.

① 작업지시번호 WO2403000009는 상태 값이 '계획'이라 마감처리를 할 수 없다.
② 작업지시번호 WO2403000010는 상태 값이 '확정'이라 마감처리를 할 수 있다.
③ 작업지시번호 WO2403000011는 상태 값이 '마감'이라 마감처리를 할 수 없다.
④ 작업지시번호 WO2403000012는 상태 값이 '계획'이라 마감처리를 할 수 있다.

14 아래 [보기]의 조건으로 데이터를 조회한 후 물음에 답하시오.

┤ 보기 ├
- 사업장: [2000. (주)한국자전거지사]
- 구분: [1. 공정]
- 작업장: [L404. 재조립작업장]
- 실적기간: 2024/03/17 ~ 2024/03/23
- 공정: [L200. 작업공정]
- 수량조회기준: [0. 실적입고기준]
- 단가 OPTION: 조달구분 구매, 생산 모두 실제원가[품목등록] 체크함

다음 [보기]의 조건에 해당하는 실적기준의 생산일보를 조회한 후 양품금액이 가장 작은 품목으로 옳은 것을 고르시오.

① [83-2000100. 전장품 ASS'Y]
② [87-1002001. BREAK SYSTEM]
③ [88-1002000. PRESS FRAME-Z]
④ [88-1001000. PRESS FRAME-W]

15 아래 [보기]의 조건으로 데이터를 조회한 후 물음에 답하시오.

┤ 보기 ├
- 사업장: [2000. (주)한국자전거지사]
- 해당년도: 2024
- 공정: [L300. 작업공정(도색)]
- 계정: [2. 제품]

다음 [보기] 조건에 해당하는 제품에 대한 품목 [NAX-A402. 일반자전거(P-GRAY BLACK)]의 재공수량을 가장 많이 보유하고 있는 작업장으로 옳은 것을 고르시오.

① [L212. 반제품작업장(휠)]
② [L301. 제품작업장(도색)]
③ [L211. 반제품작업장(바디)]
④ [L302. 반제품작업장(도색)]

16 아래 [보기]의 조건으로 데이터를 조회한 후 물음에 답하시오.

┤ 보기 ├
- 사업장: [2000. ㈜한국자전거지사]
- 공정: [L200. 작업공정]
- 지시기간: 2024/02/01 ~ 2024/02/10
- 작업장: [L405. 프로젝트작업장]

다음 중 [보기] 조건의 자재청구대비 투입금액을 확인한 후 투입수량의 합보다 사용수량의 합이 더 많이 발생한 지시번호로 옳은 것을 고르시오.

① WO2402000020
② WO2402000021
③ WO2402000022
④ WO2402000023

17 아래 [보기]의 조건으로 데이터를 조회한 후 물음에 답하시오.

┤ 보기 ├
- 사업장: [2000. ㈜한국자전거지사]
- 외주처: [R303. 빅파워작업장]
- 공정: [R300. 외주공정(반제품)]
- 지시기간: 2024/02/01 ~ 2024/02/10

다음 [보기]의 조건으로 등록된 외주발주 내역 중 외주단가등록에 등록된 단가보다 더 높은 단가로 등록한 품목으로 옳은 것을 고르시오.

① [83-2000100. 전장품 ASS'Y]
② [87-1002001. BREAK SYSTEM]
③ [88-1002000. PRESS FRAME-Z]
④ [88-1001000. PRESS FRAME-W]

18 아래 [보기]의 조건으로 데이터를 조회한 후 물음에 답하시오.

┤ 보기 ├
- 사업장: [2000. ㈜한국자전거지사]
- 외주처: [R221. ㈜영동바이크]
- 공정: [R200. 외주공정(제품)]
- 지시기간: 2024/02/11 ~ 2024/02/17

다음 [보기] 조건의 외주발주확정 내역에 대한 청구자재 품목들의 설명으로 옳은 것을 고르시오.

① 생산지시번호 WO2402000029에 대한 청구 요청한 자재들의 외주구분은 모두 '유상'인 자재들이다.
② 생산지시번호 WO2402000030에 대한 청구 요청한 자재들 중에는 LOT여부가 '사용'인 품목이 있다.
③ 생산지시번호 WO2402000028에 대한 청구 요청한 자재들의 정미수량의 합과 확정수량의 합이 같다.
④ 생산지시번호 WO2402000031에 대한 청구 요청한 자재들의 금액의 합은 지시품목의 금액과 다르다.

19 아래 [보기]의 조건으로 데이터를 조회한 후 물음에 답하시오.

┤ 보기 ├
- 사업장: [2000. (주)한국자전거지사]
- 청구기간: 2024/02/18 ~ 2024/02/24
- 청구작업장: [R271. (주)하나상사]
- 출고창고: [M200. 부품창고_인천지점]
- 출고기간: 2024/02/18 ~ 2024/02/24
- 청구공정: [R200. 외주공정(제품)]
- 출고일자: 2024/02/20
- 출고장소: [M201. 부품/반제품_부품장소]

다음 [보기] 조건으로 일괄적용 기능을 이용하여 외주자재출고 시 출고되는 자재들의 모품목정보로 옳지 않은 것을 고르시오.

① [NAX-A421. 산악자전거(P-21G,A421)]
② [NAX-A422. 산악자전거(P-21G,A422)]
③ [NAX-A400. 일반자전거(P-GRAY WHITE)]
④ [NAX-A402. 일반자전거(P-GRAY BLACK)]

20 아래 [보기]의 조건으로 데이터를 조회한 후 물음에 답하시오.

┤ 보기 ├
- 사업장: [2000. (주)한국자전거지사]
- 외주공정: [R300. 외주공정(반제품)]
- 지시(품목): 2024/02/25 ~ 2024/02/29
- 외주처: [R304. 한영철강작업장]

다음 [보기] 조건에 해당하는 외주실적 내역에 대하여 적합 실적수량의 합 보다 부적합 실적수량의 합이 더 많이 발생한 작업지시번호로 옳은 것을 고르시오.

① WO2402000038
③ WO2402000040
② WO2402000039
④ WO2402000041

21 아래 [보기]의 조건으로 데이터를 조회한 후 물음에 답하시오.

┤ 보기 ├
- 사업장: [2000. ㈜한국자전거지사]
- 외주공정: [R200. 외주공정(제품)]
- 실적기간: 2024/03/01 ~ 2024/03/09
- 사용보고유무: [1. 유]
- 구분: [2. 외주]
- 외주처: [R211. 다스산업(주)]
- 상태: [1. 확정]
- 실적구분: [0. 적합]

㈜한국자전거지사 홍길동 사원은 외주자재에 대한 사용등록 시 청구적용 기능을 이용하여 자재를 사용하고 있다. 다음 [보기] 조건으로 청구적용 시 잔량의 합이 가장 많이 남아있는 작업실적번호로 옳은 것을 고르시오.

① WR2403000018
③ WR2403000020
② WR2403000019
④ WR2403000021

22 아래 [보기]의 조건으로 데이터를 조회한 후 물음에 답하시오.

┤ 보기 ├
- 사업장: [2000. ㈜한국자전거지사]
- 마감일: 2024/03/10 ~ 2024/03/16   • 외주공정: [R300. 외주공정(반제품)]
- 외주처: [R302. 제동기어작업장]   • 실적일: 2024/03/10 ~ 2024/03/16
- 불량구분: [1. 합격]   • 마감일자: 2024/03/16

다음 [보기]의 조건에 대한 외주실적 내역에 대하여 실적적용 기능을 이용하여 외주마감을 진행한 후 마감처리 된 품목 중 공급가가 가장 큰 품목으로 옳은 것을 고르시오.

① [83-2000110. 전장품 ASS'Y (TYPE A)]
② [83-2000120. 전장품 ASS'Y (TYPE B)]
③ [81-1001010. BODY-알미늄 (GRAY-WHITE, TYPE A)]
④ [81-1001020. BODY-알미늄 (GRAY-WHITE, TYPE B)]

23 아래 [보기]의 조건으로 데이터를 조회한 후 물음에 답하시오.

┤ 보기 ├
- 사업장: [2000. ㈜한국자전거지사]   • 기간: 2024/03/17 ~ 2024/03/23
- 외주공정: [R200. 외주공정(제품)]   • 부가세사업장: [2000. ㈜한국자전거지사]

다음 [보기] 조건의 외주마감 내역에 대하여 전표처리를 진행한 후 부가세대급금이 가장 많이 발생 된 거래처명으로 옳은 것을 고르시오.

① 다스산업(주)   ② (주)제일물산
③ ㈜하나상사   ④ (주)형광램프

24 아래 [보기]의 조건으로 데이터를 조회한 후 물음에 답하시오.

┤ 보기 ├
- 사업장: [2000. (주)한국자전거지사]   • 검사기간: 2024/02/11 ~ 2024/02/17
- 검사자: [2000. 이종현]   • 계정: [4. 반제품]

다음 [보기] 조건으로 등록 된 품목별 품질에 대한 샘플검사 내역 중 샘플합격율이 가장 높은 품목으로 옳은 것을 고르시오.

① [87-1002001. BREAK SYSTEM]
② [88-1002000. PRESS FRAME-Z]
③ [85-1020400. POWER TRAIN ASS'Y(MTB)]
④ [81-1001000. BODY-알미늄(GRAY-WHITE)]

25 아래 [보기]의 조건으로 데이터를 조회한 후 물음에 답하시오.

┤ 보기 ├

- 사업장: [2000. ㈜한국자전거지사]
- 지시공정: [R200. 외주공정(제품)]
- 실적기간: 2024/02/18 ~ 2024/02/24
- 지시기간: 2024/02/18 ~ 2024/02/24
- 지시작업장: [R273. 행복바이크]
- 실적구분: [0. 적합]

다음 [보기] 조건에 대한 외주실적 내역에 대하여 실적수량의 합이 가장 많은 품목으로 옳은 것을 고르시오.

① [NAX-A420. 산악자전거(P-20G)]
② [NAX-A421. 산악자전거(P-21G,A421)]
③ [NAX-A401. 일반자전거(P-GRAY RED)]
④ [NAX-A400. 일반자전거(P-GRAY WHITE)]

국가공인 ERP® 정보관리사 합격지름길 수험서

삼일아이닷컴 **www.samil_i.com**에서 유용한 정보 확인!

ERP 전체모듈 자료는 웹하드(http://www.webhard.co.kr)에서 다운로드!

• 교재의 실무예제(수행내용) 입력이 완성된 각 부문별 백데이터 제공
• 출제경향을 완벽히 분석한 유형별 연습문제와 해설 수록
• 최신 기출문제 수록 및 통합DB 제공
• 저자들의 빠른 Q&A

정가 30,000원

13320

9 791167 843531

ISBN 979-11-6784-353-1

CUBE-핵심 ERP

2025
ERP 정보관리사

물류
생산

답안 및 풀이

임상종 · 김혜숙 · 김진우 지음

1급

SAMIL 삼일회계법인
삼일인포마인

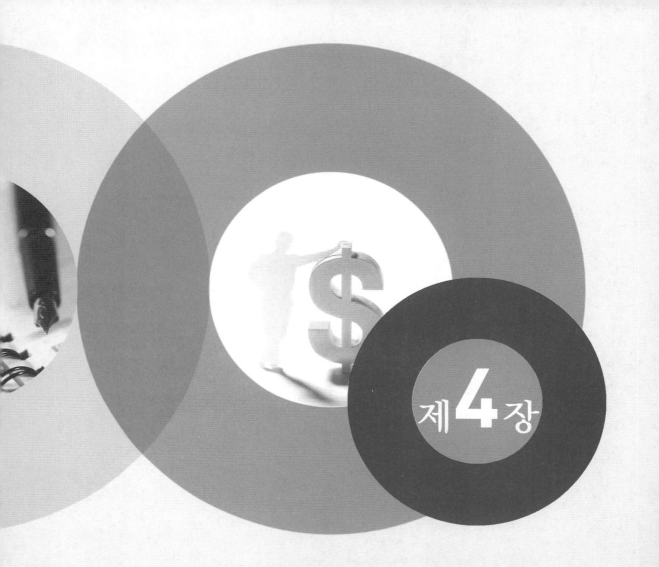

제**4**장

답안 및 풀이

물류 및 생산 1급 유형별 연습문제

01   ERP 시스템의 이해

1.1   ERP 개념과 등장

1	2	3	4	5	6	7	8	9	10
②	③	③	③	④	②	①	①	③	③

[풀이]

01 ② ERP는 개별시스템이 아니라 통합시스템에 해당한다.

02 ③ ERP는 다양한 보안정책으로 인해 접근이 인가된 사용자만 ERP 시스템에 접근할 수 있다.

03 ③ 전산시스템은 회계, 인사, 생산 및 영업·물류관리 등의 시스템을 통합하여 개발 및 운영된다.

04 ③ 기업 내 각 영역의 업무프로세스를 지원하고 통합 업무처리의 강화를 추구하는 시스템이다.

05 ④ ERP 시스템은 주요 기능별로 최적화된 시스템이 아니라 프로세스 중심적이며 전체 업무의 최적화를 목표로 한다.

06 ② ERP 도입으로 관리의 중복을 배제할 수 있다.

07 ① 기존 방식의 고수는 BPR(업무 재설계)의 필요성이라고 볼 수 없다.

08 ① 자사의 업무를 ERP에 내장되어 있는 Best Practice에 맞추어야 한다.

09 ③ 기존 정보시스템(MIS)은 수직적으로 업무를 처리하고, ERP는 수평적으로 업무를 처리한다.

10 ③ 프로세스 혁신(PI, Process Innovation)에 대한 설명이다.

1.2   ERP 발전과정과 특징

1	2	3	4	5	6	7	8	9	10
②	②	①	②	④	④	①	②	③	①

[풀이]

01 ② ERP 발전과정: MRP → MRP Ⅱ → ERP → 확장형 ERP

02 ② MRP Ⅱ의 주요 관리범위는 제조자원관리이며, 원가절감이 주된 목표이다.

03 ① MRP Ⅱ, 확장 ERP, 자재수급관리, 전사적 자원관리

04 ② 보기의 내용은 MRP Ⅱ에 대한 설명이다.

05 ④ 조직의 분권화 및 상호견제와 내부통제제도를 강화하여 투명 경영의 수단으로 활용가능하다.

06 ④ 조직의 변경이나 프로세스의 변경에 대한 대응이 가능하고 기존 하드웨어와의 연계에 있어서도 개방적이다.

07 ① 다국적, 다통화, 다언어 지원은 기술적 특징이 아닌 기능적 특징에 해당된다.

08 ② 객체지향기술 사용은 기술적 특징에 해당되며, 나머지 내용은 기능적 특징에 해당된다.

09 ③ Open Multi-Vendor: 특정 H/W 업체에 의존하지 않는 Open 형태를 채택, C/S형의 시스템 구축이 가능하다.

10 ① 파라미터(Parameter)에 대한 설명이다.

1.3 ERP 도입과 구축

1	2	3	4	5	6	7	8	9	10
①	③	④	④	②	①	②	②	④	④

11	12	13	14	15	16	17	18	19	20
①	④	②	③	①	④	①	①	③	①

[풀이]

01 ① ERP 도입의 궁극적인 효과는 비즈니스 프로세스 혁신 추구에 있다.

02 ③ 결산작업의 시간이 단축된다.

03 ④ 업무의 시작에서 종료까지의 시간을 의미하는 리드타임(Lead Time)이 감소된다.

04 ④ 의사결정의 신속성으로 인한 정보 공유의 공간적, 시간적 한계가 없다.

05 ② ERP 도입과 사업의 다각화는 직접적인 관련이 없다.

06 ① 선진 업무프로세스(Best Practice) 도입을 목적으로 ERP 패키지를 도입하였는데, 기존 업무처리에 따라 ERP 패키지를 수정한다면 BPR은 전혀 이루어지지 않는다.

07 ② 일반적으로 ERP 시스템이 구축되기 전에 BPR(업무재설계)을 수행해야 ERP 구축성과가 극대화될 수 있다.

08 ② ERP 시스템의 유지비용은 초기 ERP 시스템 구축 초기 단계보다 감소하게 된다.

09 ④ ERP 시스템에 대한 투자비용에 관한 개념으로 시스템의 전체 라이프사이클을 통해 발생하는 전체 비용을 계량화하는 것을 총소유비용(Total Cost of Ownership)이라 한다.

10 ④ 지속적인 교육과 훈련이 필요하다.

11 ① 업무 단위별 추진은 실패의 지름길이므로 통합적으로 추진하여야 한다.

12 ④ 자사의 규모, 업종 등 특성을 고려하여 자사에 맞는 패키지를 선정하여야 한다.

13 ② 상용화 패키지에 의한 ERP 시스템 구축에는 자체 개발인력을 보유할 필요가 없다.

14 ③ ERP의 구축단계: 분석 → 설계 → 구축 → 구현

15 ① 전 직원을 상대로 요구분석을 실시하는 단계는 분석단계에 해당한다.

16 ④ 구축단계에 해당된다.

17 ① 모듈 조합화는 구축단계에 해당하고, GAP분석은 설계단계에 해당한다.

18 ① BPR(Business Process Re-Engineering)은 급진적으로 비즈니스 프로세스를 개선하는 방식을 의미하며, BPI(Business Process Improvement)는 단계적으로 시간의 흐름에 따라 비즈니스 프로세스를 개선하는 점증적 방법론을 의미한다.

19 ③ ERP를 패키지가 아닌 자체개발 방식을 사용할 경우 사용자의 요구사항을 충실하게 반영하여 시스템의 수정과 유지보수가 주기적이고 지속적으로 단시간에 가능하다.

20 ① ERP 구축 시 유능한 컨설턴트를 통해 최적의 패키지를 선정하는데 도움을 주는 역할을 하며, 프로젝트 주도권이 넘어가지는 않는다.

확장형 ERP

1	2	3	4	5	6	7	8		
④	②	④	④	②	③	④	④		

[풀이]

01 ④ 확장형 ERP에는 기본기능 이외에 고유기능이 추가되어야 한다.

02 ② 생산자원관리(MRP Ⅱ)시스템은 E-ERP라 불리우는 확장형 ERP의 과거모델이다.

03 ④ 전략적 기업경영(SEM) 시스템에는 성과측정관리(BSC), 가치중심경영(VBM), 전략계획수립 및 시뮬레이션(SFS), 활동기준경영(ABM) 등이 포함된다.

04 ④ 마케팅(marketing), 판매(sales) 및 고객서비스(customer service)를 자동화하는 것은 고객관계관리(CRM)에 대한 설명이다.

05 ② 공급망관리(SCM: Supply Chain Management)에 대한 설명이다.

06 ③ IT아웃소싱을 하더라도 아웃소싱 업체에 전적으로 의존하거나 종속되는 것은 아니고 협력관계에 있다.

07 ④ 지식관리시스템(KMS)은 조직 내의 인적자원들이 축적하고 있는 개별적인 지식을 체계화하고 공유하기 위한 정보시스템으로 ERP시스템의 비즈니스 프로세스를 지원한다.

08 ④ 마케팅(marketing), 판매(sales) 및 고객서비스(customer service)를 자동화함으로써 현재 및 미래 고객들과 상호작용할 수 있도록 지원하는 것은 CRM 모듈의 실행 효과이다.

4차 산업혁명과 스마트 ERP

1	2	3	4	5	6	7	8	9	10
①	③	③	①	③	①	③	②	③	③
11	12	13	14	15	16	17	18	19	20
②	④	④	①	③	②	①	④	①	②
21	22	23							
④	④	①							

[풀이]

01 ① 클라우드를 통해 ERP 도입에 관한 진입장벽을 낮출 수 있다.

02 ③ 데이터베이스 클라우드 서비스와 스토리지 클라우드 서비스는 IaaS에 속한다.

03 ③ SaaS(Software as a Service)는 클라우드 컴퓨팅 서비스 사업자가 클라우드 컴퓨팅 서버에 소프트웨어를 제공하고, 사용자가 원격으로 접속해 해당 소프트웨어를 활용하는 모델이다.

04 ① ERP는 4차 산업혁명의 핵심기술인 인공지능(Artificial Intelligence, AI), 빅데이터(Big Data), 사물인터넷(Internet of Things, IoT), 블록체인(Blockchain) 등의 신기술과 융합하여 보다 지능화된 기업경영이 가능한 통합시스템으로 발전된다.

05 ③ 비즈니스 애널리틱스는 ERP 시스템 내의 데이터 분석 솔루션으로 구조화된 데이터(structured data)와 비구조화된 데이터(unstructured data)를 동시에 이용하여 과거 데이터에 대한 분석뿐만 아니라, 이를 통한 새로운 통찰력 제안과 미래 사업을 위한 시나리오를 제공한다.

06 ① 비즈니스 애널리틱스는 구조화된 데이터(structured data)와 비구조화된 데이터(unstructured data)를 동시에 이용한다.

07 ③

[스마트팩토리의 구성역영과 기술요소]

구 분	주 요 기 술 요 소
제품개발	제품수명주기관리(PLM: Product Lifecycle Management)시스템을 이용하여 제품의 개발, 생산, 유지보수, 폐기까지의 전 과정을 체계적으로 관리
현장자동화	인간과 협업하거나 독자적으로 제조작업을 수행하는 시스템으로 공정자동화, IoT, 설비제어장치(PLC), 산업로봇, 머신비전 등의 기술이 이용
공장운영관리	자동화된 생산설비로부터 실시간으로 가동정보를 수집하여 효율적으로 공장운영에 필요한 생산계획 수립, 재고관리, 제조자원관리, 품질관리, 공정관리, 설비제어 등을 담당하며, 제조실행시스템(MES), 창고관리시스템(WMS), 품질관리시스템(QMS) 등의 기술이 이용
기업자원관리	고객주문, 생산실적정보 등을 실시간으로 수집하여 효율적인 기업운영에 필요한 원가, 재무, 영업, 생산, 구매, 물류관리 등을 담당하며, ERP 등의 기술이 이용
공급사슬관리	제품생산에 필요한 원자재 조달에서부터 고객에게 제품을 전달하는 전체 과정의 정보를 실시간으로 수집하여 효율적인 물류시스템 운영, 고객만족을 목적으로 하며, 공급망관리(SCM) 등의 기술이 이용

08 ② 폐쇄형 클라우드는 데이터의 소유권 확보와 프라이버시 보장이 필요한 경우 사용된다.

09 ③ 연결주의 시대는 막대한 컴퓨팅 성능과 방대한 학습데이터가 필수적이나 학습에 필요한 빅데이터와 컴퓨팅 파워의 부족이라는 한계를 극복하지 못해 비즈니스 활용 측면에서 제약이 있었다.

10 ③ 인공지능이 개인, 가족, 지역 사회의 데이터 권리 또는 개인정보를 감소시켜서는 안 된다.

11 ② 텍스트 마이닝은 자연어 형태로 구성된 비정형 또는 반정형 텍스트 데이터에서 패턴 또는 관계를 추출하여 의미 있는 정보를 찾아내는 기법이다.

12 ④ 빅데이터의 주요 특성(5V)은 규모(volume), 속도(velocity), 다양성(variety), 정확성(veracity), 가치(value) 등이 해당된다.

13 ④ 제품 및 서비스의 일원화
스마트팩토리의 주요 구축 목적은 생산성 향상, 유연성 향상을 위하여 생산시스템의 지능화, 유연화, 최적화, 효율화 구현에 있다.

14 ①

[RPA(Robotic Process Automation) 적용단계]
- 기초프로세스 자동화(1단계): 정형화된 데이터 기반의 자료 작성, 단순 반복 업무처리, 고정된 프로세스 단위 업무 수행
- 데이터 기반의 머신러닝 활용(2단계): 이미지에서 텍스트 데이터 추출, 자연어 처리로 정확도와 기능성을 향상시키는 단계
- 인지자동화(3단계): RPA가 업무 프로세스를 스스로 학습하면서 자동화하는 단계이며, 빅데이터 분석을 통해 사람이 수행하는 더 복잡한 작업과 의사결정을 내리는 수준

15 ③
- 제조실행시스템(MES): 제조공정의 효율적인 자원관리를 위한 시스템으로 공장운영관리에 필요
- 사이버물리시스템(CPS): 실제의 물리적인 제품, 생산설비, 공정, 공장을 사이버 공간에 그대로 구현하고 서로 긴밀하게 통합되어 동작하는 통합시스템
- 제품수명주기관리(PLM)시스템: 제품의 개발, 생산, 유지보수, 폐기까지의 전 과정을 관리하기 위한 시스템

16 ②

17 ①

[기계학습(머신러닝) 워크플로우 6단계]
- 데이터 수집(1단계): 인공지능 구현을 위해서는 머신러닝·딥러닝 등의 학습방법과 이것을 학습할 수 있는 방대한 양의 데이터와 컴퓨팅 파워가 필요
- 점검 및 탐색(2단계): 데이터의 구조와 결측치 및 극단적 데이터를 정제하는 방법을 탐색하며, 변수들 간 데이터 유형 등 데이터의 특징을 파악
- 전처리 및 정제(3단계): 다양한 소스로부터 획득한 데이터 중 분석하기에 부적합하거나 수정이 필요한 경우, 데이터를 전처리하거나 정제하는 과정
- 모델링 및 훈련(4단계): 머신러닝에 대한 코드를 작성하는 모델링 단계로 적절한 알고리즘을 선택하여 모델링을 수행하고, 알고리즘에 전처리가 완료된 데이터를 학습(훈련)하는 단계
- 평가(5단계): 머신러닝 기법을 이용한 분석모델(연구모형)을 실행하고 성능(예측정확도)을 평가하는 단계
- 배표(6단계): 평가 단계에서 머신러닝 기법을 이용한 분석모델(연구모형)이 성공적으로 학습된 것으로 판단되면 완성된 모델을 배포

18 ④ 기계학습(머신러닝)은 지도학습, 비지도학습, 강화학습 으로 구분된다.
- 지도학습(Supervised Learning): 학습 데이터로부터 하나의 함수를 유추하기 위한 방법으로 학습 데이터로부터 주어진 데이터의 예측 값을 추측하는 방법
- 비지도학습(Unsupervised Learning): 데이터가 어떻게 구성되었는지를 알아내는 문제의 범주 속함
- 강화학습(Reinforcement Learning): 선택 가능한 행동 중 보상을 최대화하는 행동 혹은 순서를 선택하는 방법

19 ①

[인공지능 비즈니스 적용 프로세스]
비즈니스 영역 탐색 → 비즈니스 목표 수립 → 데이터 수집 및 적재 → 인공지능 모델 개발 → 인공지능 배포 및 프로세스 정비

20 ②
- 챗봇(Chatbot): 채팅(Chatting)과 로봇(Robot)의 합성어, 로봇의 인공지능을 대화형 인터페이스에 접목한 기술로 인공지능을 기반으로 사람과 상호작용하는 대화형 시스템
- 블록체인(Blockchain): 분산형 데이터베이스(distributed database)의 형태로 데이터를 저장하는 연결구조체로 모든 구성원이 네트워크를 통해 데이터를 검증 및 저장하여 특정인의 임의적인 조작이 어렵도록 설계된 저장플랫폼
- 메타버스(Metaverse): 가공, 추상을 의미하는 메타(Meta)와 현실 세계를 의미하는 유니버스(Universe)가 합쳐진 말로 3차원 가상현실 세계를 뜻함
- RPA(Robotic Process Automation): 소프트웨어 프로그램이 사람을 대신해 반복적인 업무를 자동 처리하는 기술

21 ④

22 ④

[인공지능 규범(AI CODE)의 5대 원칙]
- Code 1: 인공지능은 인류의 공동 이익과 이익을 위해 개발되어야 한다.
- Code 2: 인공지능은 투명성과 공정성의 원칙에 따라 작동해야 한다.
- Code 3: 인공지능이 개인, 가족, 지역 사회의 데이터 권리 또는 개인정보를 감소시켜서는 안 된다.
- Code 4: 모든 시민은 인공지능을 통해서 정신적, 정서적, 경제적 번영을 누리도록 교육받을 권리를 가져야 한다.
- Code 5: 인간을 해치거나 파괴하거나 속이는 자율적 힘을 인공지능에 절대로 부여하지 않는다.

23 ① 비지도학습 방법에는 군집분석, 오토인코더, 생성적 적대신경망(GAN) 등이 있다.

02 물류 1급 이론

2.1 공급망관리

[객관식 답안]

1	2	3	4	5	6	7	8	9	10
②	②	①	③	②	④	④	④	③	④
11	12	13	14	15	16	17	18	19	20
①	①	②	②	④	③	④	②	①	③
21	22	23	24	25	26	27	28	29	30
②	④	④	③	④	②	③	①	①	②
31	32	33	34	35	36	37	38	39	40
③	②	③	②	①	③	④	②	④	③

[풀이]

01 ② 물류가 상품 지향적이라면 로지스틱스는 고객 만족을 위한 고객 지향 시스템으로 원재료·반제품·완성품 이외에 정보 관리가 포함되어 있다.

02 ② 리드타임의 증가

[채찍효과의 원인]
- 잦은 수요예측 변경: 변동하는 고객 주문을 반영하여 수요예측, 생산, 발주와 일정 계획이 자주 갱신
- 배치 주문방식: 운송비·주문비의 절감을 위하여 대량의 제품을 한꺼번에 발주
- 가격 변동: 불안정한 가격 구조, 가격 할인 행사 등으로 불규칙한 구매 형태를 유발
- 리드타임 증가: 조달 리드타임이 길어지면 수요·공급의 변동성·불확실성이 확대
- 과도한 발주: 공급량 부족으로 주문량보다 적게 할당될 때, 구매자가 실제 필요량보다 확대하여 발주

03 ① 제품 생산과 공급에 소요되는 주문 리드타임과 주문처리에 소요되는 정보리드타임을 단축시킨다.

[채찍효과 대처방안]
- 공급망 전반의 수요 정보를 중앙 집중화하여 불확실성을 제거
- 안정적인 가격구조로 소비자 수요의 변동 폭을 조정
- 고객·공급자와 실시간 정보 공유
- 제품 생산과 공급에 소요되는 주문 리드타임과 주문처리에 소요되는 정보리드타임을 단축
- 공급망의 재고관리를 위하여 기업 간 전략적 파트너십 구축

04 ③
- 공급망의 경쟁능력 4요소: 비용(cost), 품질(quality), 유연성(flexibility), 시간(time)

05 ② 품질은 고객의 욕구를 만족시키는 척도이며 수요자에 의해서 결정된다.

06 ④ 물류 정보는 계절이나 지역의 수요변화에 크게 영향을 받지 않기 때문에 유연한 대응시스템의 구축은 필요치 않다.

07 ④ 재고량 축소로 인한 재고비용 절감

08 ④ 창고관리시스템(WMS)은 창고 내에서 이루어지는 물품의 입출고 관리, 로케이션(location) 관리, 재고 관리, 피킹(picking), 분류(sorting), 차량 관리 지원, 인원 관리, 작업 관리, 지표 관리 등을 수행

09 ③

10 ④ 전체 시스템의 효과성과 잠재적 보상성이 명확하게 인식되도록 공통적이고, 일관성 있는 성과 측정 및 보상 시스템이 구축되어야 한다.

11 ①

12 ①

13 ②

14 ②

15 ④ 재고비용, 고정 투자비용 등을 최소화할 수 있으나 운송비용과 고객 서비스 차원에서는 단점이 있다.

16 ③

17 ④ 주문비용 및 생산준비비용은 안전재고의 수준을 결정하는 것과는 무관하다.

18 ②

19 ①
- 주문 서류의 작성, 물품의 수송, 검사, 입고 등에 소요되는 비용: 주문(구매)비용
- 생산 공정의 변경이나 기계·공구의 교환 등으로 공정이 지연됨으로써 발생하는 비용: 생산준비비용

20 ③
- 경제적 주문량(EOQ) $= \sqrt{\dfrac{2SD}{H}}$, 이때 S=주문비용, D=연간 총수요, H=단위당 연간 재고유지비용이다. 따라서 연간 총수요가 일정하다고 가정할 때 재고부족비용은 발주(주문)량과 관련이 없다.

21 ②
- 재고회전율 = 매출액(판매량) ÷ 평균재고액(평균재고량) = 100만개 ÷ 5만개 = 20

22 ④

23 ④ ABC품목 중 C품목의 관리는 고정주문기간모형(P-System)에 적합하다.

24 ③ ABC 재고관리에서 A그룹에 속하는 품목을 중점적으로 관리하는 재고관리기법이므로 A그룹에 속하는 품목이 가장 중요하다. 따라서 재고수준을 수시로 점검해야 하는 A그룹의 품목을 Q System(고정주문량모형)을 적용하여 관리하는 것이 타당하며, 상대적으로 중요도가 낮은 C그룹에 속한 품목은 재고를 주문시기에만 점검하는 P System(고정주문기간모형)을 적용하여 관리하는 것이 타당하다.

25 ④

26 ② 품목 생산금액에 대한 자본의 기회비용은 재고유지비용에 해당되며, ①, ③, ④는 주문비용 또는 생산준비비용에 해당된다.
[재고비용의 분류]
- 구매/발주비용(procurement cost): 주문과 관련된 비용(신용장 개설비용, 통신료), 가격 및 거래처 조사비용(물가조사비, 거래처 신용조회비용), 물품수송비, 하역비용, 입고비용, 검사·시험비, 통관료
- (생산)준비비용(production change cost): 생산공정의 변경이나 기계·공구의 교환 등으로 인한 비용, 준비시간 중의 기계유휴비용, 준비요원의직접노무비·사무처리비·공구비용 등

- 재고유지비용(holding cost):
  - 자본비용: 재고자산에 투입된 자금의 금리
  - 보관비용: 창고의 임대료, 유지경비, 보관료, 재고관련 보험료·세금
  - 재고감손비: 보관 중 도난·변질·진부화 등으로 인한 손실
  - 재고유지비(H) = 가격(P) × 재고유지비율(i)

27 ③

28 ① 순환재고조사는 구역별로 월간 또는 주간마다 일자를 정하고 순환적으로 조사하는 방법이다.

29 ①
- 출납기록 착오 → 출납대장 정정
- 원인 미상의 오류로 과거의 기록 누락 → 담당자의 귀책사유를 확인하고 승인권자의 조치

30 ② 인플레이션(단가 상승) 상황 시에는 재고자산평가 방법 중 후입선출법이 재고자산금액을 가장 낮게 평가되므로 매출원가가 상승하게 된다. 따라서 매출원가 상승으로 인해 매출총이익은 낮아진다.

31 ③ 물가상승(인플레이션) 상황이기 때문에 후입선출법에 의한 재고자산 평가 시, 분기말 재고자산가액이 가장 작다.

32 ②

33 ③ 실물(현장) 재고와 장부(전산) 재고와의 차이 일치화는 창고관리시스템의 도입 목적에 해당한다.

34 ② 자금 담보의 신용기관적 기능은 창고기능이다. 창고의 건물 및 시설, 보관 상품 등은 자금조달 시 담보의 기능을 수행할 수 있다.

35 ① 고정 위치 보관 방식은 보관하게 될 위치가 고정되어 있어 정해진 위치에만 제품을 보관하는 것이다. 회전율이 높은 품목의 보관에 적합한 방법이다.

36 ③ 적재공간을 절약하기 위하여 보관 효율, 특히 용적 효율을 높이기 위해 물품을 높게 쌓아야 한다. 높게 쌓기 위한 대표적인 보관 설비는 랙이다.

37 ④
① 초보자라도 누구나 알기 쉽고 작업이 편리하도록 관리한다.
② 창고 및 재고 위치를 수시로 변경하면 혼란을 초래하므로 되도록 변경하지 않는 것이 좋다.
③ 바코드, 무선인식 등의 수단을 활용하여 효율적으로 관리할 수 있다.

38 ② 선입선출의 원칙: 일반적으로 물품의 재고회전율이 낮은 경우에 많이 적용한다.

39 ④
[효율적인 운송경로 선정 시 고려할 사항]
- 운송화물의 특성
- 운송차량의 적재율
- 운송 수단의 선택
- 수배송의 비율
- 고객 서비스 수준
- 리드타임
- 운송물동량 파악을 통한 차량 수단 및 필요 대수
- 수배송 범위 및 운송경로
- 운송료 산정 기준

40 ③

[운송경로의 형태별 장단점]

경로 형태	장점	단점
공장직영운송방식	발송 화주에서 도착지 화주 직송 (원스톱 운송)	운송 차량의 차량 단위별 운송물동량 확보 (대량 화물 운송 적합)
중앙집중거점방식	다수의 소량 발송 화주가 단일 화주에게 일괄 운송	다수의 화주로부터 집하하여 단일 거래처 (소비자) 전제
복수거점방식	화주별·권역별·품목별로 집하하여 고객처별 공동 운송	물류 거점을 권역별 또는 품목별 운영이 요구됨
다단계거점방식	권역별·품목별 거래처(소비지) 밀착형 물류 거점 운영, 거래처(소비자) 물류 서비스 만족도 향상	물류 거점 및 지역별 창고 운영으로 다수의 물류 거점 확보 및 운영비 가중
배송거점방식	고객처별 물류 거점 운영으로 고객 대응 신속한 대응 가능(물류 서비스 만족도 높음)	고객 밀착형 물류 거점 설치로 다수의 물류 거점 확보 및 운영비 가중

[주관식 답안]

1	2	3	4	5
신속대응(QR) 시스템	크로스도킹(CD) 시스템	SCOR	채찍	파이프라인 재고
6	**7**	**8**	**9**	**10**
6	20	80, 84	재고부족	30

[풀이]

06 재고회전율 = 연간 총판매량(30,000개) ÷ 연간 평균재고량(5,000개) = 6회

07 경제적 주문량(EOQ) = $\sqrt{\dfrac{2SD}{H}}$ = $\sqrt{\dfrac{2 \times 1,000 \times 1,000}{(20,000 \times 25\%)}}$ = 20

08
- 총평균법
  총평균단가 = 120원 ÷ 6개 = 20원
  기말재고액 = 4개 × 20원 = 80원
- 이동평균법
  3월 10일 이동평균단가 = [(2개×10원) + (2개×20원)] ÷ 4개 = 15원
  3월 20일 이동평균단가 = [(3개×15원) + (2개×30원)] ÷ 5개 = 21원
  기말재고액 = 4개 × 21원 = 84원

10 가용재고(30개) = 현재고(50개) + 입고예정량(0개) − 출고예정량(10개) − 안전재고(10개)

영업관리

[객관식 답안]

1	2	3	4	5	6	7	8	9	10
②	①	①	③	②	②	②	②	②	①
11	12	13	14	15	16	17	18	19	20
③	④	④	①	④	③	③	①	④	②
21	22	23	24	25	26	27	28	29	30
④	①	②	④	④	①	③	④	①	③
31	32	33	34	35	36	37	38	39	40
③	③	②	④	③	④	③	①	③	④

[풀이]

01 ② 수주는 고객의 구매의사를 확인하고 구매를 결정한 고객으로부터 구체적인 주문내역을 확인하여 고객이 원하는 조건과 납기에 맞추어 제품이 전달되도록 하기 위한 관리활동이다. 수주관리 업무는 견적, 수주, 수주등록으로 구분된다.

02 ① 생산활동에 필요한 품목을 미리 점검하고 조정하여 발주서를 전달하는 활동과 기 전달된 발주서의 수량 확인, 납기, 취소 등을 통해 예정 발주수량을 최적으로 유지하는 활동은 자재관리업무의 자재계획 기능에 속한다.

03 ① 판매예측 시에는 수주 및 판매액에 영향을 미치는 내·외부요인을 모두 고려하여야 한다.

04 ③

05 ② 회귀분석 방법은 인과모형분석 방법이다. 시계열분석 방법으로는 이동평균법(단순/가중), 지수평활법, ARIMA, 분해법, 확산모형 등이 있다.

06 ② 순환 변동분석 – 장기적인 수요경향의 변동을 파악하여 단·중기 예측을 하는 방법이다.

07 ② 회계분석법은 정량적 분석기법에 해당된다.
- 정량적 예측방법: 시계열분석법(이동평균법, 지수평활법, ARIMA, 분해법, 확산모형), 인과모형분석법(회귀분석법) 등
- 정성적 예측방법: 델파이법, 시장조사법, 중역 및 판매원평가법, 패널동의법, 수명주기유추법 등

08 ② 수요예측 시 경쟁기업의 동향이나 지역경제의 상황은 반드시 고려하여야 한다.

09 ② 조사기술이나 예측기술이 진척되고 컴퓨터 등을 활용하더라도 100% 정확한 수요예측은 불가능하다. 예측정보는 100% 정확할 수가 없다.

10 ① 인공지능(AI) 기술이 발달하더라도 정확한 수요예측은 어렵다.

11 ③

12 ④

13 ④

14 ①
- ABC(파레토)분석: 과거 실적데이터를 중심으로 고객을 분류
- 매트릭스(이원표)분석: 거래처/고객의 경영능력이나 판매력, 그리고 향후 성장 가능성 등을 데이터로 분석하여 분류(서로 다른 2개의 요인을 이용하여 이원표를 구성한 후 고객을 범주화하여 분류)
- 포트폴리오분석: 3개 이상의 요인에 대한 가중치를 이용하여 결합하고 다면적으로 분석하여 일정한 기준에 따라 범주화하여 분류

15 ④ 당기예측치 = 지수평활계수(α) × 전기실적치 + (1−지수평활계수(α)) × 전기예측치
= 0.4 × 30,000 + (1−0.4) × 25,000
= 27,000개

16 ③ 손익분기점 = (단위당 판매가격−단위당변동비) × 수량 − 고정비
= (1,000−400) × Q − 1,200,000
= 600Q − 1,200,000
Q = 1,200,000 ÷ 600 = 2,000개
따라서, 손익분기점 매출액 = 2,000개 × 1,000원 = 2,000,000원

17 ③ 자사의 매출 목표액 결정 시에는 경쟁사의 실적자료는 활용할 필요가 없다.

18 ①

19 ④

20 ② 평균재고액이 낮은 상품은 일반적으로 상품회전율이 높기 때문에 판매량이 많은 상품으로 볼 수 있다.

21 ④
[판매계획 수립 기간]
- 단기계획: 연간 목표매출액 설정, 목표매출액 달성을 위한 제품별 가격, 판매촉진 방안, 구체적인 판매할당 등을 결정
- 중기계획: 제품별 수요예측과 판매예측을 통하여 제품별로 매출액을 예측하고, 제품별 경쟁력 강화를 위한 계획을 수립
- 장기계획: 신제품개발, 새로운 시장 개척, 판매경로 강화 등에 관한 계획 수립

22 ① 시장지수 또는 잠재구매력지수는 인구수를 반영하여 계산한다.

23 ②

24 ④ 리베이트 전략은 가격유지 정책을 결정할 때 사용된다.

25 ④ 교차비율이란 제품 및 상품형태로 변환된 자본에 대한 한계(공헌)이익 비율이므로 생산성 효율지표와 같은 성격을 가지고 있으며, 교차비율이 높을수록 이익을 많이 낸다.

26 ① 생산성지표를 활용한 목표매출액 산출방식이다.

27 ③ 목표매출액 = 금년 매출실적 × (1 + 전년대비 매출액증가율) = 6억 원 × (1 + 0.5) = 9억 원

28 ④

29 ①
[가격결정에 영향을 미치는 기업 내·외부적인 요인]
- 내부적 요인: 제품특성, 원가(비용), 마케팅목표
- 외부적 요인: 고객수요, 유통채널, 경쟁환경, 법·규제 환경

30 ③ 생산제품에 대한 원가를 계산할 때 공통비를 포함한 간접비는 일정한 배부기준에 의해 배부된다.

31 ③

32 ③

33 ② 매출채권회전율이 높다는 것은 매출채권이 빠르게 회수되고 있다는 것을 의미한다. 따라서 대손발생의 위험은 낮아진다. 이에 반해 매출채권회전율이 낮으면 매출채권의 회수기간이 길어지므로, 이에 따른 대손발생의 위험이 증가하고 수익성 감소의 원인이 된다.

34 ④

[외상매출금 회수에 따른 과실 확인사항]
- 에누리의 미처리
- 단가수정의 미처리
- 상품교환 또는 반품의 미처리
- 거래처의 기장 오류의 미수정
- 크레임 수량(금액)의 미처리
- 강제판매에 의한 회수곤란
- 위탁상품대금의 미회수

35 ③

[외상매출금의 회수율 관리와 부실채권 방지를 위한 확인사항]
- 외상매출금 잔액
- 입금일 불규칙성
- 당월의 미입금처
- 반품 수량
- 전액 중 일부금액 지급처

36 ④ 회수기간이 길어지면 매출채권의 회전율이 낮아지게 된다.

37 ③

[여신한도액이 순운전자본(유동자산 – 유동부채)보다 많아지는 경우의 조치]
- 현금회수 가능 거래처 증대
- 외상매출금이나 어음의 회수기간 단축
- 상품재고 감소
- 외상매출금 감소
- 장기회수기간 거래처 감소
- 현금지급을 어음지급으로 변경
- 지급어음 기일연장

38 ① 장기회수기간 거래처를 최소화한다.

39 ③ 당월 회수액은 고정되어 있고 전월말 외상매출금 잔액과 당월 매출액이 감소되면 회수율은 증가한다.
- 회수율 = 당월 회수액 ÷ (전월말 외상매출금잔액+당월 매출액) × 100

40 ④ 전년 동기 매출액이 다를 수 있기 때문에 전년 동기 외상매출금 잔액을 확인하는 것은 대금회수 관리에 큰 의미가 없다.

[주관식 답안]

1	2	3	4	5
253,125,000	43,200,000	73만 원	240	32.5

6	7	8	9	10
ABC	메트릭스 분석 (이원표 분석)	순환, 델파이	10%	51

[풀이]

01 여신한도액 = 예상매출액 × 매입원가율 × 자사수주점유율 × 여신기간

02 여신한도액 = 예상매출액 × 매입원가율 × 자사수주점유율 × 여신기간

03 • 매출채권회수기간 = 매출채권잔액 ÷ 매출액 × 365일
$\quad$ 100일 $\quad\quad\quad\quad$ = 100만 원 ÷ 매출액(x) × 365일
$\quad$ 매출액(x) $\quad\quad\quad$ = 3,650,000원

- 자금고정률 = 자금조달기간 ÷ 365일 = 0.2
- 매출채권한도액 = 매출액 × 자금고정률
                  = 3,650,000원 × 0.2 = 730,000원

04 240

[원가구성 정보를 바탕으로 매출가 계산]
- 직접원가 = 직접재료비 + 직접노무비 + 직접경비 = 60 + 50 + 60 = 170
- 제조원가 = 직접원가 + 제조간접비 = 170 + 30 = 200
- 판매원가 = 제조원가 + 판매 및 일반관리비 = 200 + 40 = 240

05 목표이익 달성을 위한 수량 = $\dfrac{\text{고정비} + \text{목표이익}}{\text{단위당 공헌이익}}$ = $\dfrac{800,000 + 500,000}{40,000}$ = 32.5개

09 회수율(%) = 당월 회수액 ÷ (전월 말 외상매출금 잔액 + 당월 매출액) × 100

10 - 받을어음 회수기간 = (각 받을어음금액 × 각 어음기간)의 합계 ÷ 매출총액
         따라서 받을어음 회수기간 = [200×0) + (400×30) + (800×45) + (600×90)] ÷ 2000 = 51(일)

구매관리

[객관식 답안]

1	2	3	4	5	6	7	8	9	10
④	②	②	②	①	③	④	③	④	③

11	12	13	14	15	16	17	18	19	20
④	④	④	③	②	④	②	③	③	②

21	22	23	24	25	26	27	28	29	30
③	③	③	③	①	③	①	③	②	③

31	32	33	34	35	36	37	38	39	40
④	②	③	②	④	④	②	④	④	③

[풀이]

01 ④
  ① 물품의 하역도 계약조건에 포함될 수 있다.
  ② 경쟁방식이 아니더라도 구매계약을 체결할 수 있다.
  ③ 소액구매 등의 경우에서는 구매계약이 생략될 수 있다.

02 ② 구매관리는 생산계획의 달성에 초점을 맞추어야 한다.

03 ② 구매관리 기능의 현대적 시각: 장기간의 전략적 구매중시, 총원가에 집중, 이익관리센터, 사전 계획적인 업무(능동)

04 ② 구매나 외주 시 외부공장에 대한 기술지도 및 경영지도를 통해 고객이 요구하는 품질수준 등을 준수할 필요가 있다.

05 ① 한계비용은 품목 한 단위 증가에 필요한 비용증가분을 의미한다. 즉 변동비의 성격이다. 자체 생산을 고려했을 때 한계수입이 한계비용보다 높은 경우에는 자체생산이 유리할 것이다.

06 ③

07 ④ 자재소요계획은 구매 발주량과 납기 모두에 영향을 미친다.

08 ③ 너무 세밀한 발주주기는 구매비용의 증대를 초래할 수 있으므로 MRP에 맞추어 주(主)주기를 설정하나, 주(主)주기의 1/2을 보조주기로 설정하여 수시적으로 판매, 생산 계획분을 반영하여야 한다.

09 ④ 일반적으로 구입절차가 간단한 구매에 유리하다.

10 ③ 분산구매방식은 구매수속이 간단하고 구매기간이 줄어든다.

11 ④

12 ④
① 자재의 안정적인 확보가 중요할 때 적절한 구매방법은 장기계약구매이다.
② 과잉구매를 방지하고 설계변경 등에 대응하기 용이한 구매방법은 수시구매이다.
③ 장기적으로 낮은 가격이나 충분한 수량의 확보가 가능한 구매방법은 장기계약구매이다.

13 ④ 예측구매: 계획구매로 조달비용을 절감하고 수량할인, 수송비의 감소 등 경제적인 구매가 가능하다. 생산시기가 일정한 품목 또는 항상 비축이 필요한 상비 저장품목 등에 적합하다.

14 ③

15 ②

16 ④ 변동가격방식 – 시중(시장)가격이라고도 하며, 시장상황에 의해 자주 가격이 변동되면서 결정되는 방식

17 ② 비용(원가)중심적 가격결정 방식: 코스트 플러스 방식, 가산이익률 방식, 목표투자이익률 방식, 손익분기점 분석 방식

18 ③ 비용(원가)중심적 가격결정 방식: 코스트 플러스 방식, 가산이익률 방식, 목표투자이익률 방식, 손익분기점 분석 방식

19 ③

20 ② 수의계약 시에는 계약당사자의 교섭을 통해 가격을 결정한다.

21 ③ 일반경쟁방식은 경쟁자의 제시가격을 확인한 후 입찰가격을 조정하지 않는다.

22 ③

23 ③

24 ③

25 ①
② 구매당월락 현금할인, ③ 선일부 현금할인, ④ 수취일기준 현금할인

26 ③ 단일 구매처에서 다양한 품목을 일괄 구매하므로 총합적 수량할인 방식이 적합하다.

27 ① 비누적 수량할인은 매번 구매량이 일정 이상에 달했을 때 적용한다.

28 ③
• 수량할인: 비누적수량할인, 누적수량할인, 품목별할인, 총합적할인, 판매금액별할인, 판매수량별할인 등
• 현금할인: 선일부현금할인, 특별기간현금할인, 구매당월락현금할인, 수취일기준현금할인 등

29 ②
① 할인기산일(6월 10일), 할인기간(20일)]은 5월 26일부터 6월 10일까지 할인이 적용될 뿐만 아니라 6월 10일부터 6월 30일까지 20일 동안도 할인이 적용되기 때문에 총35일간의 할인기간을 갖는다.
② '3/10. 25 extra'로 표시된 특인기간현금할인은 총35일간의 할인기간이 인정되는데 3%의 할인이 적용되므로 다른 방식의 총 35일간 2%할인 조건보다 가장 유리한 할인 조건이다.

③ 구매당월락금할인조건, 할인기간(30일)은 할인기간 산정이 6월 1일부터 30일간이므로 사실상 총 할인기간은 35일이다.

④ 수취등기준현금할인조건, 송하장 상의 하수일(6월 1일), 할인기간(30일)은 구입물품이 구매자에게 도착하는 6월 1일 이후부터 할인기간이 산정되므로 사실상 구매시점 후 총 35일간의 할인기간이 주어지는 것이다.

30 ③ 구매당월락금할인, 12월 10일까지 할인
① 수취일기준현금할인, 11월 25일까지 할인
② 선일부현금할인, 11월 25일까지 할인
④ 특별기간현금할인, 12월 5일까지 할인

31 ④ 수취일기준현금할인, 수취일이 3월 10일이므로 3월 20일까지 할인

32 ②

33 ③ 대량생산의 이점은 고정비가 있기 때문이다.

34 ② 다수의 제품에 공통적으로 소비되는 원가요소는 간접원가에 포함된다.

35 ④

[원가의 분류]
- 표준원가: 기업이 이상적인 제조활동을 하는 경우에 소비될 원가로 경영의 목표가 될 이상적이고도 모범적인 예정원가이다.
- 예정원가: 제조작업 개시 전에 과거의 경험을 기초로 하고, 여기에 장래 발생할 추정액을 가감하여 산출한 원가이다.
- 실제원가: 제조 작업이 종료되고 제품이 완성된 후에 그 제품 제조를 위하여 생겨난 가치의 소비액을 산출한 원가이다.

36 ④ 표준원가와 실제원가를 비교하여 성과를 평가한다.

37 ②

38 ④
- 설비자본의 이자: 설비를 구입하기 위해 차입한 금액의 이자

39 ④ 지속적으로 대량생산이 필요한 경우에는 자체 생산이 바람직하다.

40 ③

[원가구성 정보를 바탕으로 매출가 계산]
- 직접원가 = 직접재료비 = 2,500
- 제조원가 = 직접원가 + 제조간접비 = 2,500 + 700 + 800 = 4,000
- 판매원가 = 제조원가 + 판매 및 일반관리비 = 4,000 + 1,000 = 5,000

[주관식 답안]

1	2	3	4	5
표준원가	실제원가	선일부현금할인	수의계약에 의한 방식	시장조사
6	7	8	9	10
시중가격	계약(구매계약)	일괄	평점방식	협정가격

무역관리

[객관식 답안]

1	2	3	4	5	6	7	8	9	10
③	②	②	③	②	②	④	②	①	④
11	12	13	14	15	16	17	18	19	20
④	①	②	③	③	①	①	④	③	③
21	22	23	24	25	26	27	28	29	30
②	②	④	②	④	①	①	①	②	③

[풀이]

01 ③ DDP(관세지급인도조건)

02 ② Group E: Departure(선적지인도조건), Group F: Main Carriage Unpaid(운송비미지급인도조건), Group C: Main Carriage paid(운송비지급인도조건), Group D: Arrival(도착지인도조건)

03 ②
① 수출입통관 제세부과와 징수의 요건 및 절차 등을 규정한 법은 관세법이다.
③ 무역거래에서 발생하는 자본의 흐름에 대한 규정한 법은 외국환거래법이다.
④ 전자무역과 관련된 제반문제를 다루는 법은 전자거래기본법이다.

04 ③ 관세법 – 관세의 부과와 징수, 수출입 물품의 통관을 적정하게 하여 관세수입의 확보를 목적으로 제정된 무역관련 법규이다.

05 ② 관세법: 수출입통관 및 제세부과와 징수의 요건 및 절차에 대한 관리

06 ② 수출물품의 원산지를 표시하는 원산지증명서의 발급기관은 대한상공회의소이다.

07 ④ 수출입관계조사, 무역거래알선 및 무역상담 등을 담당하는 기관은 대한무역투자진흥공사(KOTRA)이다.

08 ② 무역업 및 무역대리점 신고기관은 한국무역협회(KITA)이다.

09 ① 수출입의 질서유지는 대외무역법에서 규정하고 있다.

10 ④ GATT는 상품을 대상으로 하였기 때문에 서비스와 같은 상품 이외의 무역은 규율범위 밖이다.

11 ④

12 ①
• 무역계약의 종류: 개별계약(case by case contract), 포괄계약(master contract), 독점계약(exclusive contract)

13 ② 원산지증명서는 수출물품의 원산지를 증명하는 서류이며, 우리나라에서는 대한상공회의소에서 발급하고 있다.

14 ③ 관세법상 수입물품의 과세물건 확정시기는 수입신고 시점이다.

15 ③

16 ① 선하증권(B/L)은 물권적 및 채권적 효력을 갖는 유가증권으로서 해상물품운송계약서의 효력을 포함하고 있지만 운임계산서는 아니다.

17 ① 선하증권(B/L)은 무기명식이며, 항공화물운송장(AWB)은 기명식이다.

18 ④ 선하증권(B/L) 소지자는 선박회사에 대하여 화물의 인도를 청구할 수 있으므로 화물에 대한 소유권리증뿐만 아니라 채권으로서의 효력을 가진다.

19 ③ 무역거래의 결제를 위해 사용되는 신용장을 통칭하여 상업신용장이라고 한다.

20 ③ 신용장이 개설되었다 하더라도 반드시 계약과 일치하는 상품이 입수된다는 보장은 없다. 즉, 물품의 품질차이가 확인되더라도 선적 후 서류만 신용장 조건과 일치하게 갖추어 제시하면 개설은행과 수입상이 명백한 사기임을 입증하지 못하는 한 수익자가 발행한 어음을 결제하여야 하는 한계가 존재한다.

21 ②

22 ②

23 ④ EXW(공장인도조건)

24 ②
- 주문불(CWO: Cash with Order) 방식: 선불(CIA: Cash in Advance) 방식이라고도 하며, 주문 시 물품대금의 전액을 선불로 지급되는 방식
- 서류상환불(Cash against Documents) 방식: 현물 대신에 B/L 등의 선적서류와 상환하여 수입자가 수입대금을 지급하는 방식
- 누진불(Progressive Payment) 방식: 대금지급을 나누어서 지급하지만 화물이 도착하면 잔액 모두를 지급하는 방식
- 연불(Deferred Payment) 방식: 선적서류와 화물이 수입지에 도착하더라도 계약당사자가 사전에 합의한 약정기간이 경과한 후에 대금이 지급되는 방식

25 ④

26 ① 대금결제 조건이 D/A인 경우 수입자가 만기에 추심할 때까지 발생되는 금융비용(이자)은 수출자가 부담한다.

27 ① 전선환매매율에서 환어음의 우송기간에 대한 금리를 가감하여 결정되는 것이 일람출급환어음매매율이며, 일람출급환어음매매율에서 어음기간 동안의 금리를 차감하여 기한부환어음매입률을 결정한다.

28 ①

29 ②

30 ③ 누진불(Progressive Payment) 방식은 수입자가 무역물품의 선적 진행단계에 따라 대금을 분할하여 지급하는 방식이다.

[주관식 답안]

1	2	3	4	5
개별환급	간이정액환급	수출신고필증	선적서류	상업송장(송장)
6	**7**	**8**	**9**	**10**
항공화물운송장(AWB)	선하증권(B/L)	$344,500	Incoterms	FOB
11	**12**	**13**	**14**	**15**
기한부	D/A, D/P	국제분업의 이익	관세환급	내국신용장(Local L/C)
16	**17**	**18**	**19**	**20**
화환신용장	구매승인서(구매확인서)	무역금융	NEGO	신용장

 [풀이]

08 관세 = (수입물품대(500만 달러) + 해상운임(10만 달러) + 해상보험료(20만 달러)) × 6.5%
　　　 = $344,500

03 생산 1급 이론

3.1 생산계획 및 통제

[객관식 답안]

1	2	3	4	5	6	7	8	9	10
④	②	④	③	①	①	③	④	④	③
11	12	13	14	15	16	17	18	19	20
②	②	③	④	③	④	③	③	②	①
21	22	23	24	25	26	27	28	29	30
②	③	②	①	②	①	④	②	①	④
31	32	33	34	35	36	37	38	39	40
③	①	①	①	③	②	①	③	①	③

[풀이]

01 ④
- 생산 및 운영관리의 목표: 원가, 품질, 시간(납기), 유연성

02 ②
- 노동생산성 = 선풍기 대수 ÷ 작업시간 = 288 ÷ (2×8) = 18대

03 ④
- 기존 10대/10시간 = 1대/시간
- 개선 10대/7.5시간 = 1.3333대/시간
  따라서, 시간당 생산성은 33.33% 향상되었다.

04 ③ 생산이란 생산요소를 유형·무형의 경제재로 변환시킴으로써 효용을 산출하는 과정이다.

05 ①
  [생산방식의 특징]
- 개별생산방식(Job Shop): 단속생산, 주문에 의한 생산, 범용기계, 공정별 기계배치, 큰 유연성, 숙련공, 공장 내의 물자이송(물류)량이 큼
- 흐름생산방식(Flow Shop): 주로 석유, 화학, 가스, 주류 등 원자재가 파이프라인을 통하여 공정으로 이동되며, 각 공정의 옵션에 따라서 몇 가지의 제품을 생산하는 방식이다. 연속생산, 특수기계의 생산라인, 적은 유연성, 물자이송(물류)량이 작음, 전용기계, 제품별 배치, 비숙련공도 투입, 대량 및 재고생산(make-to-stock)에 해당
- 프로젝트생산방식(Project Shop): 제품은 고정, 설비나 작업자가 이동
- 연속생산방식(Continuous Production): 반복생산, 제품으로써 대량데이터 처리, 시간단축 등으로 효율화시킨 MRP가 적용되고 있으며, 부품조달과 절차개선에 JIT 기법이 광범위하게 이용

06 ① Job Shop 생산방식은 주문생산으로 이루어지므로 공장 구성의 유연성이 크다.

07 ③ Job Shop 생산방식은 단속생산시스템에 해당되므로 공정별로 기계를 배치한다.

08 ④ Job Shop 생산방식에서는 주로 숙련공들이 작업에 투입된다.

09 ④ 예측생산은 연속생산일 경우에 적용하는 생산방식이다.

10 ③

11 ②

12 ②

13 ③

14 ④ Assemble – To – Order는 주문생산(MTO)의 일종으로 반제품을 재고로 보관하고 있다가, 고객의 주문에 맞추어 조립한 후에 제품을 공급하는 전략이다. 이를 MPS의 입력자료로 활용하지는 않는다.

15 ③
   ① Make – to – order: 주문생산(MTO)은 고객의 주문에 의해 운영되는 Pull System으로, 고객의 주문이 들어오면 원자재의 가공, 반제품의 생산 및 완제품의 조립이 이루어지는 형태이다.
   ② Make – to – stock: 계획생산(MTS)은 주로 생산계획에 의해 운영되는 Push System으로, 완제품을 재고로 가지고 있다가 고객의 주문에 맞추어 공급하는 전략이다.
   ④ Engineer – to – order: 주문설계생산(ETO)은 주문생산(MTO)의 일종으로 고객의 주문이 들어오면, 설계부터 시작해서 자재의 구입, 생산 및 조립을 하는 생산전략이다. 주로 항공기, 선박 그리고 금형 등 고가제품이면서 고객의 요구사항이 설계단계에 반영되어야 하는 제품의 생산에 이용된다.

16 ④

17 ③ ETO(Engineer – To – Order): 고객의 주문이 들어오면 설계를 시작해서 자재의 구입 및 생산, 조립을 하는 생산전략이다.

18 ③
   • 정량적 예측방법: 시계열분석법(이동평균법, 지수평활법, ARIMA, 분해법, 확산모형), 인과모형분석법(회귀분석법) 등
   • 정성적 예측방법: 델파이법, 시장조사법, 중역 및 판매원평가법, 패널동의법, 수명주기유추법 등

19 ② 회귀분석법은 정량(계량)적 기법에 해당된다.

20 ①

21 ②

22 ③ 시계열을 추세변동과 계절변동으로 분리하여 예측하는 방법은 분리법이다.

23 ② 정성적 예측방법: 델파이법, 시장조사법, 중역 및 판매원평가법, 패널동의법, 수명주기유추법 등이 있다.

24 ① 회귀분석법은 중기 및 장기예측에 주로 이용된다.

25 ②

26 ①
   [제품수명주기 단계별 수요예측방법]
   • 도입기: 정성적 방법(델파이법, 중역 및 판매원평가법, 시장실험법, 전문가 의견 등)
   • 성장기: 트랜드(추세)를 고려할 수 있는 예측방법(시장조사법, 추세분석 등)
   • 성숙기: 정량적 방법(이동평균법, 지수평활법)
   • 쇠퇴기: 트랜드(추세)를 고려할 수 있는 예측방법, 정성적 방법(사업규모 축소 및 철수여부 결정)

27 ④
   [보기]의 상황은 제품수명주기상 성장기에 해당되므로, 수요예측 시 추세분석법을 이용하는 것이 타당하다.

28 ②

29 ①
- 당기의 예측치 = 지수평활계수 × 전기의 실제값 + (1 - 지수평활계수) × 전기의 예측치
  = 0.2 × 16억 원 + (1 - 0.2) × 12억 원 = 12.8억 원

30 ④ 채찍효과(Bullwhip Effect)에 대한 설명이며, 소매상, 도매상, 완제품 제조업자, 부품 제조업자 등 공급사슬을 거슬러 올라갈수록 변동 폭이 크다.

31 ③
- 채찍효과(Bullwhip Effect)의 관리방안: 공급망 상의 목표와 인센티브 조정, 정보의 정확성 향상, 운영효율성의 증대, 가격전략 수립, 리드타임 단축

32 ①

33 ① 총괄생산계획을 작성한 후 회사가 수립한 기준에 맞게 기준생산계획을 수립한다.

34 ①
- 총괄생산계획(APP: Aggregate Production Plan)은 연간 예측수요를 만족시키기 위해 제품군별로 월별 생산수준, 인력수준, 재고수준 등을 결정하는 것이다.

35 ③
총괄생산계획(APP: Aggregate Production Plan) 하에서 수요변동에 대비하여 사용되는 전략은 대표적으로 고용수준의 변동, 생산율 조정, 재고수준의 조정, 하청 및 설비확장 등이다.

36 ②

37 ①
생산계획(production planning)이란 예측된 수요를 충족시키기 위하여 생산활동을 어떻게 운영해 나갈 것인가를 장·단기적으로 계획하는 것이다.

38 ③ 생산부문의 계획수립은 가능하지만 조직 내의 다른 부문의 계획수립 과정까지는 연결하지 못한다.

39 ①

40 ③

[주관식 답안]

1	2	3	4	5
지수평활법	33,200	33.3%	Engineering BOM	Planning BOM
6	7	8	9	10
MTO	MPS	프로젝트	생산계획	분해법

[풀이]

02 당기의 예측치 = 지수평활계수 × 전기의 실제값 + (1 - 지수평활계수) × 전기의 예측치
= 0.2 × 38,000 + (1 - 0.2) × 32,000 = 33,200개

03
- 기존 100개/8시간 = 12.5개/시간
- 개선 100개/6시간 = 16.6666개/시간
  따라서 시간당 생산성은 33.3% 향상되었다.

3.2 공정관리

[객관식 답안]

1	2	3	4	5	6	7	8	9	10
④	②	③	②	③	②	②	②	②	④
11	12	13	14	15	16	17	18	19	20
①	②	②	③	②	①	①	④	①	①
21	22	23	24	25	26	27	28	29	30
③	④	②	③	②	④	②	④	②	③
31	32	33	34	35	36	37	38	39	40
④	④	②	③	②	①	①	④	②	①
41	42	43	44	45					
④	④	②	③	③					

[풀이]

01 ④
  - 공정관리의 대내적 목표: 가동률 향상, 재공품의 감소, 생산속도의 향상
  - 공정관리의 대외적 목표: 고객의 요구조건(가격, 품질, 납기 등)을 충족시키기 위해 생산과정을 합리화

02 ② 공정관리의 기능은 계획기능, 통제기능, 감사기능(실시기능)으로 구분된다.

03 ③
  Routing은 작업의 순서, 표준시간, 각 작업이 행해질 장소를 결정하고 할당한다. 리드타임 및 소요되는 자원의 양을 계산하고 원가계산 시 기초자료로 활용된다.

04 ②
  ① 부하계획: 최대작업량과 평균작업량의 비율인 부하율을 최적으로 유지할 수 있는 작업량의 할당계획
  ③ 능력계획: 부하계획과 더불어 기준조업도와 실제조업도와의 비율을 최적으로 유지하기 위한 계획
  ④ 일정계획(Scheduling): 절차계획 및 공수계획에 기초를 두고 생산에 필요한 원재료의 조달, 반입으로부터 제품을 완성하기까지 수행될 모든 작업을 구체적으로 할당하고, 각 작업이 수행되어야 할 시기를 결정하는 것

05 ③ 공수계획에는 부하율을 최적으로 유지할 수 있는 작업량의 할당계획으로 부하계획이 있고, 기준조업도와 실제조업도의 비율을 최적화하고 유지하기 위한 능력계획이 있다.

06 ② 공수계획에서 부하계획은 최대작업량과 평균작업량의 비율인 부하율을 최적으로 유지할 수 있는 작업량의 할당계획이다.

07 ② 용량과 자원이 무한할수록 일정의 중요성은 약해진다.

08 ②
  ① 정체공정(Delay): 대기와 저장의 상태에 있는 것이다. 대기는 제품이나 부품이 다음의 가공 및 조립을 하기 위해 일시적으로 기다리는 상태이며, 저장은 계획적인 보관이며, 다음의 가공 및 조립으로 허가 없이 이동하는 것이 금지되어 있는 상태
  ③ 검사공정(Inspection): 양적 검사와 질적 검사가 있는데 양적 검사는 수량, 중량의 측정 등이다. 질적 검사는 설정된 품질표준에 대해서 가공부품의 가공정도를 확인하거나, 가공 부품을 품질 및 등급별로 분류하는 공정

④ 운반공정(Transportation): 특정 작업영역에서 다른 작업영역으로 이동시키기 위해 적재, 이동, 하역 등을 하고 있는 상태를 말한다. 가공을 위해 가까운 작업대에서 재료를 가져온다든지, 제품을 쌓아둔다든지 하는 경우는 가공의 일부로 보며, 독립된 운반으로는 볼 수 없음

09 ②
(A) – 작업(가공), (C) – 품질검사, (D) – 운반

10 ④

11 ① 공수계획은 일단위, 시간단위, 분단위의 3단계로 구성된다.

12 ② 사람이나 기계가 유휴상태가 되지 않도록 작업량을 할당한다.

13 ② 가동률 = 출근율 × (1 – 간접작업률) = 0.90 × (1 – 0.3) = 0.63(63%)

14 ③ 간트차트의 단점은 작업상호간 유기적인 관계를 명확하게 알 수 없다는 것이다.

15 ② 간트차트의 단점은 작업상호간 유기적인 관계를 명확하게 알 수 없다는 것이다.

16 ①
진도관리를 위한 작업진도표 목적의 간트차트는 계획과 실적을 비교하여 작업의 진행 상태를 나타냄으로써 전체적인 시간관리를 가능케 하는 막대도표이다. 따라서 일정계획을 정밀하게 수립할 수는 없다.

17 ① 실제의 작업량을 작업일정이나 시간(이정표)으로 구분한다.

18 ④ 막대의 길이는 각 작업의 기간을 나타내는 이정표, 작업일정, 작업기간 등으로 구성된다.

19 ① 간트차트는 일정계획의 변동에 신축적으로 대응하기가 어렵다.

20 ①

21 ③
[간트차트 작성을 위해 필요한 정보]
• 작업 오더에 대한 정보와 현재 진행된 작업의 위치정보
• MRP 시스템으로부터 발행된 계획오더에 대한 정보
• 이용 가능한 능력(capacity)에 대한 정보
• 공정(routing) 데이터로부터의 표준시간
• 각 작업의 시간을 알 수 있는 작업정보

22 ④

23 ②

24 ③ PERT의 경우 소요시간이 불확실한 경우 사용되고, CPM의 경우 소요시간이 확정적인 경우에 사용된다.

25 ②
• 기대시간치 = (낙관시간치+4×정상(최빈)시간치+비관시간치) ÷ 6
= (5+4×7+12) ÷ 6 = 7.5일

26 ④ 기대시간치 = (5+4×6+x) ÷ 6 = 6일
따라서 x = 7일

27 ②

28 ④

• 긴급률(CR) = 잔여납기일수 ÷ 잔여제조일수 = (납기일−현재일) ÷ 잔여제조일수

작업	납기일	잔여납기일수	잔여제조일수	긴급률
A	52	12	5	2.40
B	43	3	6	0.50
C	56	16	8	2.00
D	45	5	4	1.25

29 ②

작업	납기일	현재일	잔여납기일수	잔여작업일수	긴급률
W	105	100	5	2.5	2
X	111	100	11	11.0	1
Y	112	100	12	4.0	3
Z	108	100	8	2.0	4

30 ③

① 주공정은 가장 늦은 예정일을 연결한 경로를 의미한다.
② 주공정은 총여유시간의 값이 가장 작은 작업의 경로를 말한다.
④ 가장 늦은 완료일에서 가장 이른 예정일을 빼서 그 값이 가장 큰 단계를 연결한 경로를 의미한다.

31 ④

주경로(Critical Path: CP)란 네트워크상 시작단계에서 완료단계까지 가는데 시간이 가장 오래 걸리는 활동들의 경로이다.

32 ④

33 ② 작업시작일을 기준으로 생산에 걸리는 시간을 고려하여 납기일을 정한다.

34 ③

[작업의 우선순위 결정]
• 납기 우선순위: 납기가 가장 급박한 순서로 작업을 진행한다.
• FIFO: 먼저 작업지시가 내려진 순서대로 작업을 진행한다.
• 전체 작업시간이 가장 짧은 순서로 진행한다.
• 최소공정수를 가지는 작업순서로 진행한다.
• 여유(Slack) 시간이 가장 작은 순서로 작업을 진행한다.
• 긴급률(CR: Critical Ratio)이 가장 작은 순서로 작업을 진행한다.

35 ② FIFO: 먼저 작업지시가 내려진 순서로 작업을 진행한다.

36 ①

'작업장 M1'과 '작업장 M2'에서 작업시간(일)이 가장 짧은 작업이 '작업장 M1'에 속하면 그 작업을 맨 앞으로 보내고, 만일 '작업장 M2'에 속하면 그 작업을 맨 뒤로 보낸다. 순위가 결정된 작업은 제외시키면서 계속 반복한다.

작업	M1	M2	순위
1	5	8	4
2	2	7	2
3	3	6	3
4	6	6	5
5	7	4	6
6	1	8	1
7	6	2	7

37 ①

38 ④

애로공정(Bottleneck Operation)이란 특정한 작업장에 능력 이상의 부하가 적용되어 전체공정의 흐름을 막고 있는 것을 말한다. 즉, 병목현상이라고도 말하는데 전체라인의 생산속도를 좌우하는 작업장을 말하기도 한다.

39 ② 애로공정관리는 생산능력은 증대시키고, 부하량을 감소시키는 작업을 의미한다.

40 ① 마지막으로 완성되어 출고되는 제품의 양에 따라 필요한 모든 재료들이 결정되므로, 생산통제는 당기기 방식(Pull system)이다.

41 ④ JIT의 핵심부분으로서 풀(Pull) 시스템을 구체적으로 실천하기 위한 수단이다.

42 ④

①, ②, ③은 Kanban 방식의 특징에 해당되지 않는다.

43 ②

[JIT 시스템의 5S]
- 정리(SEIRI): 필요한 물품과 불필요한 물품을 구분하여 불필요한 물품은 처분한다.
- 정돈(SEITON): 필요한 물품은 즉시 끄집어 낼 수 있도록 만든다.
- 청소(SEISO): 먼지와 더러움을 없애 직장 및 설비를 깨끗한 상태로 만든다.
- 청결(SEIKETSU): 직장을 위생적으로 하여, 작업환경을 향상시킨다. 1), 2), 3)항의 3S를 유지하는 것이다.
- 마음가짐(SHITSUKE): 4S(정리, 정돈, 청소, 청결)를 실시하여 사내에서 결정된 사항, 표준을 준수해 나가는 태도를 몸에 익힌다.

44 ③

45 ③

[JIT 시스템의 7가지 낭비]
- 과잉 생산의 낭비: 낭비의 뿌리
- 재고의 낭비
- 불량의 낭비
- 동작의 낭비
- 운반의 낭비
- 가공의 낭비
- 대기의 낭비

[주관식 답안]

1	2	3	4	5
75%	82.65%	80%	X작업	3.4
6	7	8	9	10
1,840	라인밸런싱	공정	Bottleneck	감사기능
11	12	13	14	15
납기	Routing	긴급률 규칙	공수계획	일정
16	17			
12	18일			

[풀이] •

01 라인밸런스 효율(Eb) = $\dfrac{\text{라인(작업)의 순 작업시간 합계}(\sum_{ti})}{\text{작업장수}(n) \times \text{애로공정의 시간}(t_{max})} \times 100 = \dfrac{24}{4 \times 8} \times 100 = 75\%$

02 가동률 = 출근율 × (1 – 간접작업률) = 0.95 × (1–0.13) = 82.65%

03 • 이용가능시간 = 5대 × 8시간 × 2교대 × 5일 = 400시간(비가동 포함)
• 실제작업시간 = 이용가능시간 400시간 – 기계불가능시간 40시간 = 360시간
• 이용률 = 실제작업시간 ÷ 이용가능시간 × 100 = 360시간 ÷ 400시간 × 100 = 90%
• 작업효율 = 작업표준시간 ÷ 실제작업시간 × 100 = 288시간 ÷ 360시간 × 100 = 80%

04 • 긴급률(CR) = 잔여납기일수 ÷ 잔여제조일수 = (납기일–현재일) ÷ 잔여제조일수

작업	납기일	잔여납기일수	잔여작업일수	긴급률
X	64	14	12	1.17
Y	62	12	8	1.50
Z	58	8	5	1.60

05

작업	납기일	잔여납기일수	잔여작업일수	긴급률
가	45	15	4	3.75
나	47	17	5	3.40
다	51	21	2	10.50
라	53	23	7	3.29

06 • 인적능력(Cp) = 환산인원(M) × 실제가동시간(T) × 가동률(A)
              = 11.5 × 200 × 0.8 = 1,840
• 환산인원 = 4 × 1 + 5 × 0.6 + 5 × 0.9 = 11.5
• 실제가동시간 = 25일 × 8시간 = 200시간

16 기대시간치 = (낙관시간치+4×정상(최빈)시간치+비관시간치) ÷ 6
            = (5+4×7+x) ÷ 6 = 7.5일
따라서 x = 12일

③.③ 자재소요 및 생산능력계획

[객관식 답안]

1	2	3	4	5	6	7	8	9	10
②	②	④	④	③	②	④	③	④	④
11	12	13	14	15	16	17	18	19	20
③	④	④	④	①	②	③	③	③	③
21	22	23	24	25	26	27	28	29	30
④	③	①	③	①	①	④	①	③	③
31	32	33	34	35	36	37	38	39	40
②	①	③	②	②	②	①	①	④	②

[풀이]

01 ②
- A. J. Arrow의 재고보유의 동기: 거래동기, 예방동기, 투기동기

02 ② 투자동기는 가격변동을 예측하고 재고를 보유하는 것으로서, 가격 인상을 대비하여 농산물 등을 비축하는 재고 등이 해당된다.

03 ④
① 안전재고: 여러 가지 불확실한 상황에 대처하기 위해 미리 확보하고 있는 재고
② 예상(비축)재고: 계절적 요인, 가격의 변화 등을 예상하고 대비하기 위해 보유하는 재고
③ 순환재고: 비용 절감을 위하여 경제적 주문량(또는 생산량) 및 로트 사이즈(lot size)로 구매(또는 생산)하게 되어 당장 필요한 수량을 초과하는 잔량에 의해 발생하는 재고

04 ④ 기업을 운영할 때 발생할 수 있는 여러 가지 불확실한 상황에 대비하기 위하여 미리 확보하는 재고를 안전재고라고 한다.

05 ③
① 순환재고: 비용 절감을 위하여 경제적 주문량(또는 생산량) 및 로트 사이즈(lot size)로 구매(또는 생산)하게 되어 당장 필요한 수량을 초과하는 잔량에 의해 발생하는 재고
② 안전재고: 여러 가지 불확실한 상황에 대처하기 위해 미리 확보하고 있는 재고
④ 파이프라인재고: 수송재고라고도 하며 유통과정 혹은 제품의 생산과정 중에 있는 재고

06 ② 창고의 임차료, 유지경비, 보관료, 세금과 같은 보관비용은 재고유지비용에 해당된다.
[재고비용의 분류]
- 구매/발주비용(procurement cost): 주문과 관련된 비용(신용장 개설비용, 통신료), 가격 및 거래처 조사비용(물가조사비, 거래처 신용조회비용), 물품수송비, 하역비용, 입고비용, 검사·시험비, 통관료
- (생산)준비비용(production change cost): 생산공정의 변경이나 기계·공구의 교환 등으로 인한 비용, 준비시간 중의 기계유휴비용, 준비요원의 직접노무비·사무처리비·공구비용 등
- 재고유지비용(holding cost):
  - 자본비용: 재고자산에 투입된 자금의 금리
  - 보관비용: 창고의 임대료, 유지경비, 보관료, 재고관련 보험료·세금
  - 재고감손비: 보관 중 도난·변질·진부화 등으로 인한 손실
  - 재고유지비(H) = 가격(P) × 재고유지비율(i)

07 ④

  ① ABC 재고관리: 통계적 방법에 의하여 물품의 중요도에 따라 차별적으로 관리하는 방식이다. 관리대상을 A, B, C그룹으로 나누고, A그룹을 가장 중점적으로 관리함으로써 관리의 효율성을 높이려는 재고관리기법

  ② 고정주문량(Fixed Order Quantity): 매번 동일한 양을 주문하는 방법으로 공급자로부터 항상 일정한 양만큼 공급받는 경우

08 ③

  • 경제적 발주(주문)량(EOQ) $= \sqrt{\dfrac{2SD}{H}} = \sqrt{\dfrac{2 \times 1회\,주문비용(S) \times 연간\,총수요(D)}{단위당\,연간\,재고유지비용(H)}}$

09 ④

  [경제적 발주(주문)량(EOQ)의 가정]

  • 구매량에 관계없이 단위당 구입가격은 일정하다.

  • 주문비용은 구매량의 크기에 관계없이 항상 일정하다.

  • 수요량과 조달기간이 확정적이다.

  • 재고유지비용은 구매량의 증가와 함께 비례적으로 증가한다.

  • 단일품목을 대상으로 하며, 재고부족은 없다.

10 ④

  ① 경제적 주문량이 클수록 평균재고는 커진다.

  ② 다른 비용이 고정이라면 주문비용이 클수록 경제적 주문량이 커진다.

  ③ 다른 비용이 고정이라면 연간계획량이 많을수록 경제적 주문량이 커진다.

11 ③

  • 경제적 발주(주문)량(EOQ) $= \sqrt{\dfrac{2SD}{H}} = \sqrt{\dfrac{2 \times 1회\,주문비용(S) \times 연간\,총수요(D)}{단위당\,연간\,재고유지비용(H)}}$

  $= \sqrt{\dfrac{2 \times 75 \times 9,600}{16}} = \sqrt{\dfrac{1,440,000}{16}} = 300$개

12 ④ 정기주문모형은 실제 재고수준을 정확하게 파악하기 어렵거나, 원가성이 낮은 품목의 관리모형으로써 재고 수준을 계속 모니터링할 필요는 없다.

13 ④ 재고품목의 중요도에 따라 A등급, B등급, C등급으로 구분한다.

14 ④ 재고수준이 감소하여 재고관련비용이 절감될 수 있으나 작업시간은 관련이 없다.

15 ① 자재소요계획(MRP)의 입력요소: 주생산일정계획(MPS), 자재명세서(BOM), 재고기록철(IRF)

16 ②

17 ③

18 ③ MRP의 관리대상이 되는 종속수요 품목은 재고수준이 일정 수준 아래로 떨어져도 자동으로 주문은 되지 않는다.

19 ③

  • 순소요량 = 총소요량 − 현재고 − 입고예정재고 + 할당(출고예정)된 재고 + 안전재고

20 ③ 종속적 수요방식으로 자재를 조달한다.

21 ④ 보충개념에 입각한 종속수요품의 재고관리 방식이다.

22 ③ 종속수요품목 일괄적으로 수요예측을 한다.

23 ①

  ② Modular BOM: Option과 밀접한 관계가 있으며, 방대한 양의 BOM 데이터관리가 용이하고, MPS 수립 시에도 Option을 대상으로 생산계획을 수립

  ③ Engineering BOM: 설계자의 시각에서 본 제품의 형상으로 설계의 편이성을 반영한 BOM

④ Manufacturing BOM: MRP 시스템에서 사용하는 BOM으로 생산관리 및 생산현장에서 사용하며 생산공정의 순서를 담고 있다. 필요 시 가상의 품번을 정의하여 사용

24 ③
① Modular BOM: Option과 밀접한 관계가 있으며, 방대한 양의 BOM 데이터관리가 용이하고, MPS 수립 시에도 Option을 대상으로 생산계획을 수립
② Engineering BOM: 설계자의 시각에서 본 제품의 형상으로 설계의 편이성을 반영한 BOM
④ Percentage BOM: Planning BOM의 일종으로, 제품군을 구성하는 제품 또는 제품을 구성하는 부품의 양을 백분율로 표현한 BOM

25 ① Planning BOM의 일종으로 제품군을 구성하는 제품 또는 제품을 구성하는 부품의 양을 백분율로 표현하는 것을 Percentage BOM이라 한다.

26 ①
Bill of Activity: 부품정보뿐만 아니라 Routing 정보까지 포함하고, 제조·설계·구매 등의 활동까지 표현하고 있는 BOM이다.

27 ④

28 ①

29 ③ 기준생산계획은 RCCP의 주요 입력데이터이다.

30 ③ 기준생산계획이 제조 자원의 용량을 넘어서는지를 계산하는 것은 개략적생산능력계획(RCCP)이다.

31 ② CRP는 구체적으로 각 작업장이나 기계별로 작업 부하량을 산정한다.

32 ① 기계별 부하표는 개략적생산능력계획(RCCP)의 입력자료이다.

33 ③
CRP(Capacity Requirement Planning): MRP 전개에 의해 생성된 계획이 얼마만큼의 제조자원을 요구하는지를 계산하는 모듈

34 ② RCCP의 주요 입력데이터는 MPS이지만, CRP의 주요 입력데이터는 MRP Record이다.

35 ②
RCCP(Rough Cut Capacity Planning): 주생산일정계획(MPS: Master Production Scheduling)이 주어진 자원의 용량을 넘어서는지 여부를 확인하기 위해 계산하는 모듈

36 ②
- SCM의 중요한 3가지 주요 흐름: 제품 및 서비스의 흐름(Product/Service Flow), 정보의 흐름(Information Flow), 재정의 흐름(Funds Flow)이다.

37 ①

38 ① 정보와 물류의 리드타임이 길수록 공급사슬 내의 채찍효과로 인한 현상은 증가한다.

39 ④
① 개략생산능력계획(RCCP): 생산예정표에 의해 결정된 생산량에 대하여 작업량을 구체적으로 결정하고 그것을 현재 보유하고 있는 사람이나 기계의 능력을 고려하여 양자를 조정하는 것
② 라인밸런싱: 애로공정으로 인하여 공정의 유휴율이 높아지고 능률이 떨어지는 경우에 각 공정의 소요시간이 균형이 되도록 작업장이나 작업순서를 배열하는 것
③ 적시생산시스템(JIT): 필요한 것을 필요한 때, 필요한 만큼 만드는 생산방식

40 ②
[SCM의 내·외재적 기능]
- 내재적 기능: 공급자 네트워크에 의해 공급된 원자재 등을 변형시키는 데 사용하는 여러 프로세스, 고객의 주문을 실제 생산 작업으로 투입하기 위한 생산 일정계획
- 외재적 기능: 올바른 공급자 선정, 공급자와의 긴밀한 파트너십 유지

[주관식 답안]

1	2	3	4	5
순환재고	100개	500개	정보	RCCP
6	7	8	9	10
CRP	종속	SCM	파이프라인	WIP

[풀이]

02 경제적 발주(주문)량(EOQ) $= \sqrt{\dfrac{2SD}{P_i}} = \sqrt{\dfrac{2 \times 1회\,주문비용(S) \times 연간\,총수요(D)}{구입단가(P) \times 연간\,재고유지비율(i)}}$

$= \sqrt{\dfrac{2 \times 5,000 \times 4,000}{20,000 \times 0.2}} = \sqrt{\dfrac{40,000,000}{4,000}} = 100개$

03 경제적 발주(주문)량(EOQ) $= \sqrt{\dfrac{2SD}{H}} = \sqrt{\dfrac{2 \times 1회\,주문비용(S) \times 연간\,총수요(D)}{단위당\,연간\,재고유지비용(H)}}$

$= \sqrt{\dfrac{2 \times 20,000 \times 1,000}{160}} = \sqrt{\dfrac{40,000,000}{160}} = 500개$

3.4 품질관리

[객관식 답안]

1	2	3	4	5	6	7	8	9	10
④	④	①	②	①	④	④	④	③	①
11	12	13	14	15	16	17	18	19	20
③	②	①	③	②	②	②	②	②	③
21	22	23	24	25	26	27	28		
③	③	④	③	②	②	③	②		

[풀이]

01 ④
  • TQM의 4대 기본원칙: 고객중심(고객만족), 품질문화형성, 총체적 참여, 지속적인 개선(공정개선)

02 ④

03 ①
  품질보증(QA: Quality Assurance): 소비자가 요구하는 품질이 충분히 만족하는지를 보증하기 위하여 생산자가 실시하는 체계적인 활동. 즉 제품 또는 서비스가 제시된 품질 요건사항을 만족시키고 있다는 것을, 적절히 신뢰감을 주기 위하여 실시하는 필요한 모든 계획적이고 체계적인 활동이다.

04 ②
예방비용(Prevention Cost)은 제품이나 서비스의 불량이 처음부터 발생하지 않도록 소요되는 비용으로 품질교육 및 훈련, 분임조활동, 공정관리비용 등이 해당된다.

05 ① 품질비용에는 예방비용, 실패비용, 평가비용이 있다.

06 ④ 품질비용 중 예방비용이 차지하는 비율이 높을수록 바람직하며, 불량이 처음부터 발생하지 않도록 주의하여야 한다.

07 ④ 통계적 공정관리(SPC: Statistical process control)란, 통계적 방법을 이용하여 공정의 이상 유무를 찾아내는 관리방식을 말한다.

08 ④

09 ③ 원자재 구매 시 적합여부를 위한 검사를 수입검사라고 한다.

10 ①
- 검사가 행해지는 장소에 의한 분류: 순회검사, 출장검사, 정위치 검사

11 ③ 검사비용이 불검사비용보다 적을 때 채택한다.

12 ②

13 ①

14 ③ 품질보증은 궁극적으로 제품에 대한 신뢰를 강조하는 것이다.

15 ②
① 측정(Measurement)단계: 주요 제품 특성치(종속변수)를 선택하고, 필요한 측정을 실시하여 품질수준을 조사하며, 그 결과를 공정관리 카드에 기록하고 단기 또는 장기 공정능력을 추정
② 분석(Analysis)단계: 주요 제품의 특성치와 최고수준의 타 회사 특성치를 벤치마킹한다. 차이분석을 통하여 최고 수준의 제품이 성공적인 성능을 내기 위한 요인이 무엇인가를 조사하여 목표를 설정한다.
③ 개선(Improvement)단계: 설정된 목표를 달성하기 위하여 개선되어야 할 성능 특성치를 선택하고 개선
④ 관리(Control)단계: 새로운 공정조건을 표준화시키고 통계적 공정관리 방법으로 그 변화를 탐지하고 새 표준으로 공정이 안정되면 공정능력을 재평가

16 ②

17 ②

18 ②
- QC 7가지 도구: 특성요인도, 파레토도, 히스토그램, 산점도, 층별, 관리도, 체크시트

19 ②

20 ③

21 ③

22 ③ R관리도는 공정분산, 즉 공정의 변동폭을 관리하는 데 주로 사용된다.

23 ④
- 계수치 관리도: p관리도, pn관리도, c관리도, u관리도

24 ③ 일정한 크기의 시료에서 나타나는 결점수에 의해 공정을 관리하므로 하나의 결점이 제품을 불합격시킬 만큼 중대하지 않은 경우에 적용되어야 한다.

25 ②
① pn 관리도: 계수치 관리도
③ 파레토도: 불량, 결점, 고장 등의 발생건수(혹은 손실금액)를 분류항목별로 순서대로 나열해 놓은 것
④ 특성요인도: 요인이 어떻게 작용하고 있으며, 영향을 주고 있는가를 한눈에 볼 수 있도록 작성한 그림

26 ③

요구(목표)품질: 소비자의 요구품질이라 할 수 있다. 당연히 있어야 할 품질로서 고객의 요구를 정확하고 객관적으로 파악하여 고객의 입장에서 평가하는 것이 중요하다.

27 ③ 불량품 개수나 단위당 결점수와 같이 셀 수 있는 측정치를 관리하는 것은 계수형 관리도이다.

28 ②

특성요인도의 일반적인 4가지 큰 원인은 4M(Man, Method, Machine, Material)에 많은 영향을 받는다.

[주관식 답안]

1	2	3	4	5
체크시트	히스토그램	산점도	특성요인도	Pn
6	7	8	9	10
관리도	우연원인	계량치	R	품질경영
11	12	13	14	15
설계품질	측정	분석	사용품질	10,000
16	17	18	19	20
관리도	파레토분석	CTQ	SPC	TQM

기출문제 답안 및 해설

물류 1급 | 2025년 1회 (2025년 1월 25일 시행)

[이론 답안]

1	2	3	4	5	6	7	8
④	②	①	④	①	②	③	③
9	10	11	12	13	14	15	16
④	③	고정비	364억원	유효	④	④	②
17	18	19	20	21	22	23	24
②	①	4,200개	SCOR	③	④	③	③
25	26	27	28	29	30	31	32
360,000원	직접원가	②	④	①	①	수출신고필증	DPU

[풀이]

01 ④ 다양한 비즈니스 간 융합을 지원하는 시스템으로 확대가 가능하며, 전략경영 등의 분석 도구가 추가되어 상위계층의 의사결정을 지원하는 스마트시스템 구축이 가능하다.

02 ②
- 챗봇(ChatBot): 채팅(Chatting)과 로봇(Robot)의 합성어인 챗봇은 로봇의 인공지능을 대화형 인터페이스에 접목한 기술로 인공지능을 기반으로 사람과 상호작용하는 대화형 시스템을 지칭한다.
- 블록체인(Blockchain): 블록체인이란 분산형 데이터베이스의 형태로 데이터를 저장하는 연결구조체이며, 모든 구성원이 네트워크를 통해 데이터를 검증 및 저장하여 특정인의 임의적인 조작이 어렵도록 설계된 저장플랫폼이다.
- RPA(Robotic Process Automation): RPA(로봇 프로세스 자동화)는 소프트웨어 프로그램이 사람을 대신해 반복적인 업무를 자동 처리하는 기술을 말한다. 인공지능과 머신러닝을 사용하여 가능한 많은 반복적 업무를 자동화할 수 있는 소프트웨어 로봇 기술이다.

03 ①

04 ④ GAP분석이란 패키지 기능과 TO-BE 프로세스와의 차이 분석을 의미한다.

05 ① 성과측정관리는 SEM(전략적기업경영시스템)의 단위 시스템에 해당한다.
e-Business 지원 시스템을 구성하는 단위 시스템에는 전자상거래시스템(EC), 의사결정지원시스템(DSS), 고객관계관리시스템(CRM), 지식경영시스템(KMS), 경영자정보시스템(EIS), 공급업체관리시스템(SCM) 등이 있다.

06 ②
[판매계획 수립 기간]
- 단기계획: 연간 목표매출액 설정, 목표매출액 달성을 위한 제품별 가격, 판매촉진 방안, 구체적인 판매할당 등을 결정

- 중기계획: 제품별 수요예측과 판매예측을 통하여 제품별로 매출액을 예측하고, 제품별 경쟁력 강화를 위한 계획을 수립
- 장기계획: 신제품개발, 새로운 시장 개척, 판매경로 강화 등에 관한 계획 수립

07 ③ 한계이익이 동일할 경우에 평균재고액이 가장 낮은 상품에 대해 가장 높은 목표판매액을 할당한다.

08 ③ 리베이트전략은 원래 가격유지정책이 목적이며, 판매촉진에도 영향을 미친다.

09 ④
파레토 분석 또는 ABC분석은 전체 결과의 80%가 20%의 원인에서 발생한다는 원리를 기반으로 한다.
A그룹 고객을 찾기 위해서는 매출액을 내림차순으로 정렬하고, 전체 매출의 80%를 차지하는 상위 20% 고객을 선정한다.

10 ③

11 고정비
한계(공헌)이익 = 매출액 − 변동비 = 이익 + 고정비

12 364억원
- 목표매출액 = 금년도 자사 매출액 × (1+시장확대율) × (1+시장신장율)
  = (1,000억원×0.2) × 1.4 × 1.3 = 364억원
  시장확대율: 전년대비 자사 시장점유율 증가율
  시장신장율: 전년대비 당해업계 총매출액 증가율

13 유효

14 ④
일반적인 창고 출고 업무 프로세스는 주문·출하 요청 → 주문 마감 집계 → 출고 계획 수립 → 출고 지시 → 출고 피킹 → 분류 → 검사 → 출하 포장 → 상차 적재 → 출하 이동 → 출하 마감의 순서로 이루어진다.

15 ④
[공급망 프로세스의 경쟁능력 요소]
- 비용(cost): 적은 자원으로 제품·서비스를 창출할 수 있는 능력
- 품질(quality): 고객 욕구를 만족시키는 척도이며 소비자에 의하여 결정
- 유연성(flexibility): 설계변화와 수요변화에 효율적으로 대응할 수 있는 능력
- 시간(time): 경쟁사보다 빠른 신제품 개발능력, 신속한 제품 배달능력, 정시 배달능력

16 ②
[공급망 물류거점 운영방식]
- 직배송방식: 생산자 창고만 보유하고, 물류거점을 거치지 않고 소비자에게 직접 배송하는 방식
- 크로스도킹 운영방식: 물류 거점에 재고를 보유하지 않고, 물류 거점이 화물에 대한 '환적' 기능만을 제공
- 공급자관리재고(VMI) 운영방식: 물류거점의 운영을 자재·부품 공급업체에 일임하고 필요한 경우에 필요한 수량만큼 공급자가 운영하는 물류거점에서 가져오는 방식
- 통합 물류센터 운영방식: 중앙 물류센터에서 전체 공급망의 물품을 통합하여 운영하는 방식
- 지역 물류센터 운영방식: 소비자 근처로 위치한 분산 물류 거점을 두는 방식
- 통합·지역 물류센터 혼합 운영 방식: 중앙 물류센터와 지역 물류센터를 혼합하여 운영. 수요처가 매우 넓은 지역에 분포되거나, 글로벌 공급망인 경우에 주로 적용

17 ② 접수된 고객의 미수채권 현황은 필요하지 않으며, 접수된 고객의 주문현황이 필요함

18 ①
[보관의 기본원칙]
- 통로 대면의 원칙: 창고 내에서 제품의 입출고 작업이 쉽게 이루어지도록 창고 통로를 서로 대면, 즉 마주보게 보관하는 원칙
- 높이 쌓기의 원칙: 창고 보관 효율, 특히 용적 효율을 높이기 위해 물품을 높게 쌓는 원칙

- 위치 표시의 원칙: 보관 적치한 물품의 장소와 선반 번호를 명시하는 원칙으로, 위치를 표시함으로써 작업의 단순화와 재고관리 등의 작업 시 불필요한 작업이나 실수를 줄여 창고 부도를 방지하는 원칙. 이는 명료성의 원칙과 함께 창고의 보관에 관련된 업무 중에서 로케이션 관리에 필요한 원칙
- 선입선출의 원칙: 먼저 입고된 물품을 먼저 출고한다는 원칙
- 명료성의 원칙: 창고에 보관되어 있는 물품을 쉽게 찾고 관리할 수 있도록 명료하게 보관하는 원칙
- 회전 대응의 원칙: 보관할 물품의 장소를 회전 정도에 따라 정하는 원칙
- 동일성 및 유사성의 원칙: 동일 물품은 동일 장소에 보관하고, 유사품은 가까운 장소에 보관하는 원칙
- 중량 특성의 원칙: 보관 물품의 중량에 따라 보관 장소를 정하는 원칙
- 형상 특성의 원칙: 보관 물품의 형상에 따라 보관 장소를 정하는 원칙. 즉 표준화된 제품은 랙에 보관하고 표준화되지 않은 물품은 물품의 모양이나 상태에 따라 보관하는 원칙
- 네트워크 보관의 원칙: 보관 물품의 상호 관련 정도에 따라 연계하여 보관 장소를 정하는 원칙

19 4,200개
- 재고회전율 = 연간 총판매량 ÷ [(기초재고량+기말재고량)÷2]
    7 = 연간 총판매량 ÷ [(400+800) ÷ 2]
  따라서, 연간 총판매량은 4,200개이다.

20 SCOR

21 ③
[구매 가격결정 방식]
- 가산이익률 방식: 제품단위당 매출원가에 적정이익이 가능한 가산이익률을 곱하여 가격을 결정하는 방식
- 목표투자이익률 방식: 기업이 목표로 하는 투자이익률을 달성할 수 있도록 가격을 결정하는 방식
- 지각가치 기준방식: 소비자들이 지각하는 제품의 가치를 물어보는 방법으로 소비자가 느끼는 가치를 토대로 가격을 결정하는 방식
- 구매가격 예측 방식: 소비자의 구매의도, 구매 능력 등을 고려하여 소비자가 기꺼이 지불할 수 있는 가격수준으로 결정하는 방식
- 경쟁기업 가격기준 방식: 자사의 시장점유율, 이미지, 제품경쟁력 등을 고려하여 판매이익보다는 경쟁기업의 가격을 기준으로 전략적으로 판매가격을 결정하는 방식

22 ④
① 누적 수량할인 방식: 일정기간 동안의 총 구매량이 기준수량 이상일 때 적용하는 수량할인
② 비누적 수량할인 방식: 1회 구매량을 기준으로 기준수량 이상을 일시에 구입할 때 판매금액의 일부를 할인하는 방식
③ 판매수량별 할인방식: 판매수량 단계별로 할인율을 다르게 적용하는 방식
④ 판매금액별 할인방식: 판매금액 단계별로 할인율을 다르게 적용하는 방식

23 ③
- 실제원가: 제품 제조를 위해 실제로 발생한 원가
- 정상원가: 제품의 제조원가 계산시 직접재료비와 직접노무비는 실제 소비액을 적용하고 제조간접비는 예정배부율을 적용한 원가
- 예정원가: 제조작업 개시 전에 과거의 경험을 기초로 하고, 여기에 장래의 예상을 가감하여 산출한 원가
- 표준원가: 최적의 제조환경에서 설계도에 따라 가장 이상적으로 제조과정이 진행된 경우에 구성되는 이론적인 원가

24 ③
일반적인 구매절차는 구매청구 → 공급자 파악 → 견적 → 내부검토 및 승인 → 계약 → 발주서 → 물품납입 → 검수 및 입고 → 구매결과 내부통보 → 구매대금 결제의 순서로 이루어진다.

25 360,000원
- 가산이익률 방식에 의한 판매가격 = 원가 + (원가×이익률)
    = 300,000원 + (300,000원×20%)
    = 360,000원

26 직접원가

27 ②
- 개별환급제도: 수출 물품 제조에 소요된 원재료의 품명·규격·수량과 동 원재료의 수입 시 납부세액을 원재료 품목별로 확인하여 환급금을 산출하는 방법
- 간이정액환급제도: 수출 물품별로 사전에 정해 놓은 간이정액환급율표에 의한 산출방식으로 개별환급을 받을 능력이 없는 중소기업의 수출을 지원하고 환급 절차를 간소화하기 위하여 도입된 제도

28 ④
- 중계무역(intermediary trade): 화물이 제3국에 도착한 후 원형 그대로 또는 약간의 가공만을 거쳐 수입국가에서 재수출함으로써 소유권을 이전시키는 형태
- 통과무역(passing or transit trade): 수출물품이 수출국에서 수입국에 직접 인도되지 않고, 제3국을 통과하여 수입국가에 인도되는 경우에 제3국의 입장에서 본 무역거래형태
- 중개무역(merchandising trade): 수출국과 수입국 사이의 무역거래에 제3국의 무역업자가 개입해서 중개인은 수출국 또는 수입국 상인으로부터 거래의 알선·중개에 따른 중개수수료를 받는 형태
- 스위치무역(switch trade): 매매계약은 수출국과 수입국 사이에 체결되고 화물도 수출국에서 수입국으로 직행하지만, 대금결제만 제3국의 무역업자가 개입하여 제3국의 결제통화나 계정을 이용하는 무역거래 형태

29 ① 수출대금의 전부가 수출자에게 가장 빨리 지급되는 순서대로 나열하면 주문불방식(CWO) → 서류상환방식 → 누진불 → 연불의 순서이다.
- 주문불(CWO: Cash with Order) 방식: 선불(CIA: Cash in Advance) 방식이라고도 하며, 주문 시 물품대금의 전액을 선불로 지급되는 방식
- 서류상환불(Cash against Documents) 방식: 현물 대신에 B/L 등의 선적서류와 상환하여 수입자가 수입대금을 지급하는 방식
- 누진불(Progressive Payment) 방식: 대금지급을 나누어서 지급하지만 화물이 도착하면 잔액 모두를 지급하는 방식
- 연불(Deferred Payment) 방식: 선적서류와 화물이 수입지에 도착하더라도 계약당사자가 사전에 합의한 약정기간이 경과된 후에 대금이 지급되는 방식

30 ① CIF 계약에서는 수출자가 보험계약자가 되고, 수입자가 피보험자가 된다. 반면 FOB 계약에서는 수입자가 보험 계약자인 동시에 피보험자가 된다.

31 수출신고필증

32 DPU(도착지양하인도조건)

[실무 답안]

1	2	3	4	5	6	7	8	9	10
②	①	③	④	①	④	②	③	①	④

11	12	13	14	15	16	17	18	19	20
①	③	③	①	②	③	③	④	①	④

21	22	23	24	25					
③	②	④	④	①					

01 ② [시스템관리] → [기초정보관리] → [품목등록] 해당 품목 선택 후 MASTER/SPEC 탭에서 세부사항 확인

02 ① [시스템관리] → [기초정보관리] → [창고/공정(생산)/외주공정등록] 사업장 입력 후 창고/장소 탭에서 조회 / 해당 창고별 세부 장소(위치)의 '적합여부/가용재고여부' 확인

03 ③ [시스템관리] → [기초정보관리] → [물류실적(품목/고객)담당자등록] 거래처 탭에서 거래처별로 선택 후 조회하여 확인

04 ④ [영업관리] → [영업관리] → [판매계획등록] 사업장, 계획년도/월 선택 후 수정계획 탭에서 조회하여 해당 품목 확인

05 ① [영업관리] → [영업관리] → [견적등록] 사업장, 견적기간 입력 후 조회 / 견적번호별 하단의 품목선택 후 마우스 R 클릭하여 [견적등록] 이력정보 확인

06 ④ [영업관리] → [영업현황] → [견적대비수주현황] 사업장, 견적기간 입력 후 조회하여 견적번호별 견적수량과 주문수량을 비교하여 확인

07 ② [영업관리] → [영업관리] → [수주등록] 사업장, 주문기간, 관리구분, 프로젝트 선택 후 조회하여 확인

08 ③ [영업관리] → [영업관리] → [출고처리(국내수주)] 사업장, 출고기간, 출고창고 입력 후 예외출고 및 주문출고 탭에서 각각 조회 / 출고번호별 세부사항 확인

09 ① [영업관리] → [영업현황] → [출고현황] 사업장, 출고기간 입력 후 조회하여 출고번호별 출고창고 및 출고장소 확인

10 ④ [영업관리] → [영업관리] → [세금계산서처리] 사업장, 발행기간 입력 후 조회 / 계산서번호별 영수/청구 확인

11 ① [영업관리] → [영업관리] → [수금등록] 사업장, 수금기간 입력 후 조회하여 수금번호별 세부사항 확인

12 ③ [구매/자재관리] → [구매관리] → [주계획작성(MPS)] 사업장, 계획기간, 계획구분(2. SIMULATION), 품목군 선택 후 조회하여 해당품목 확인

13 ③ [구매/자재관리] → [구매관리] → [청구등록] 사업장, 요청일자 입력 후 조회 / 청구번호별 세부사항 확인 / 품목별로 마우스 R 클릭 후 [청구등록] 이력정보 및 부가기능에서 [품목상세정보] 클릭하여 세부사항 확인

14 ① [구매/자재관리] → [구매관리] → [발주등록] 사업장, 발주기간 입력 후 조회 / 발주번호별 하단의 품목 선택 후 마우스 R 클릭하여 [발주등록] 이력정보 확인

15 ② [구매/자재관리] → [구매관리] → [입고처리(국내발주)] 사업장, 입고기간, 입고창고 입력 후 발주입고 탭에서 조회 / 우측 상단의 [발주적용] 버튼을 클릭하여 발주기간, 프로젝트 선택 후 발주적용(LIST) 탭에서 조회하여 품목별 발주잔량 확인

16 ③ [구매/자재관리] → [구매현황] → [입고현황] 사업장, 입고기간 입력 후 조회하여 세부사항 확인

17 ③ [구매/자재관리] → [구매관리] → [매입마감(국내거래)] 사업장, 마감기간 입력 후 조회 / 해당 마감번호의 세부사항 확인 및 하단의 품목선택 후 [매입마감(국내거래)] 이력정보 확인

18 ④ [구매/자재관리] → [구매현황] → [매입미마감현황] 사업장, 입고기간 입력 후 조회 / 정렬조건(프로젝트별) 선택 후 프로젝트별 소계 수량 확인

19 ① [구매/자재관리] → [재고관리] → [기초재고/재고조정현황] 사업장, 조정기간 입력 후 조회하여 세부사항 확인

20 ④ [무역관리] → [기타(수출)] → [해외수주등록] 사업장, 주문기간, 거래구분 선택 후 조회 / 해당 주문번호의 세부사항 확인(Invoice 번호는 상단의 [부가정보] 버튼을 클릭해서 알 수 있다.)

21 ③ [무역관리] → [MASTER L/C(수출)] → [COMMERCIAL INVOICE 등록] 상단의 '조회' 버튼을 클릭하여 송장기간, 거래처 입력 후 해당 Invoice를 선택하여 세부사항 확인

22 ② [무역관리] → [수출현황] → [선적현황] 사업장, 선적기간, 거래구분 선택 후 조회하여 프로젝트별 소계 확인(마우스 R 클릭 후 정렬 및 소계설정 기능 활용)

23 ④ [무역관리] → [MASTER L/C(수입)] → [L/C개설] 사업장, L/C구분, 발주기간 입력 후 조회 / 해당 L/C번호 체크 후 선택적용하여 세부사항 확인

24 ④ [무역관리] → [MASTER L/C(수입)] → [입고처리(L/C)] 사업장, 입고기간, 입고창고, 거래구분 선택 후 조회하여 세부사항 확인 / 해당 입고번호 하단의 품목선택 후 마우스 R 클릭하여 [입고처리(L/C)] 이력정보 확인 / 이력정보 창에서 [B/L접수] 더블 클릭한 후 해당 B/L의 세부사항 확인

25 ① [무역관리] → [기타(수입)] → [수입제비용등록] 사업장, 등록기간 입력 후 조회하여 해당 비용번호의 세부사항 확인

물류 1급 | 2024년 6회 (2024년 11월 23일 시행)

[이론 답안]

1	2	3	4	5	6	7	8
④	③	③	①	③	④	①	④
9	10	11	12	13	14	15	16
②	①	27,000,000원	20,000,000원	수명주기	④	②	①
17	18	19	20	21	22	23	24
①	②	200	CMI	④	③	④	④
25	26	27	28	29	30	31	32
구매분석	확정	②	①	③	②	C	전신환

[풀이]

01 ④ ERP시스템 구축 후에도 IT아웃소싱 업체와 협력관계를 유지하면서 운영하는 것이 효율적이다.

02 ③ 기존 업무처리에 따라 ERP 패키지를 수정한다면 'Best Practice' 도입 즉, BPR을 하지 않는 것과 다름 없다.

03 ③

04 ① 폐쇄형 클라우드는 전용 인프라로 인해 데이터 보안과 프라이버시가 강화된다.

05 ③ 패키지 파라미터 설정이 ERP시스템의 목표를 명확하게 하지는 않는다.

06 ④ 일반적으로 영속성이 있는 상품이나 서비스는 영속성이 없는 상품이나 서비스보다 지속적으로 정확한 예측을 하기가 어렵다.

07 ①

08 ④
[가격결정에 영향을 미치는 기업 내·외부적인 요인]
- 내부적 요인: 제품특성(생산재·소비재, 표준품·사치품 등), 원가 및 비용(손익분기점, 목표이익 등), 마케팅목표(생존, 이윤극대화 등)
- 외부적 요인: 고객수요(용도, 가격탄력성 등), 유통채널(유통이익, 물류비용, 여신한도 등), 경쟁환경(대체품 가격 등), 법·규제 환경(독과점금지법, 공정거래법, 각종 세금 등)

09 ②
[거래처 신용능력 평가 경영지표]
- 수익성: 총자본대비이익율, 매출액대비 이익률
- 안정성: 자기자본비율
- 유동성: 상품 회전율, 유동비율
- 회수성: 매출채권회전률
- 성장성: 총자산증가율

10 ① α값이 1에 가까울수록 갑작스러운 변화나 노이즈에 의해 예측값이 크게 변동할 수 있다.
- α값이 1에 가까울수록 갑작스러운 변화나 노이즈에 의해 예측값이 크게 변동할 수 있다.
- α 값이 1에 가까울수록 단기 예측에 유리하지만, 장기 예측에서는 신뢰성이 떨어질 수 있다.
- α 값이 1에 가까울수록 최근 데이터에 더 많은 가중치를 부여하게 되어, 최신 관측치가 예측값에 큰 영향을 미치게 된다.
- α 값이 1에 가까울수록 과거 데이터의 영향력이 줄어들어 장기적인 추세를 반영하기 어렵게 만든다.

11 27,000,000원
- 매출액 예측에 의한 여신한도액 = 예상매출액 × 매입원가율 × 자사수주점유율 × 여신기간
  = 2,000,000원 × 0.6 × 0.25 × 90일
  = 27,000,000원

12 20,000,000원
- 변동비율 = $\dfrac{\text{단위당 변동비}}{\text{단위당 판매가격}} = \dfrac{5,000}{10,000} = 0.5$
- 손익분기점 매출액 = $\dfrac{\text{고정비}}{1 - \text{변동비율}} = \dfrac{10,000,000}{1 - 0.5} = 20,000,000$원

13 수명주기

14 ④ 효율적 공급망 전략은 공급망에서 높은 재고회전율과 낮은 재고수준을 유지한다.

[효율적 공급망 전략과 대응적 공급망 전략 비교]

구분	효율적 공급망 전략	대응적 공급망 전략
목표	가능한 가장 낮은 비용으로 예측 가능한 수요에 대응	품질문제, 가격인하 압력, 불용재고를 최소화하기 위해 예측이 어려운 수요에 신속 대응
생산 전략	높은 가동률을 통한 낮은 비용 유지	불확실성에 대비한 초과 생산능력 유지
재고 전략	공급망에서 높은 재고회전율과 낮은 재고수준을 유지	불확실한 수요를 대비하여 여유 재고를 유지
리드타임 전략	비용을 증가시키지 않는 범위 내에서 리드타임 최소화	리드타임을 단축시키기 위해 공격적인 투자
공급자 선정방식	비용과 품질에 근거하여 선정	스피드, 유연성, 품질을 중심으로 선정
제품설계 전략	성능은 최대, 비용은 최소	모듈화 설계를 통한 경쟁자의 제품 차별화 지연을 유도
운송 전략	낮은 운송비용을 선호	신속하게 대응하는 운송 선호

15 ②

[공급망 물류거점 운영방식]
- 직배송방식: 생산자 창고만 보유하고, 물류거점을 거치지 않고 소비자에게 직접 배송하는 방식
- 크로스도킹 운영방식: 물류 거점에 재고를 보유하지 않고, 물류 거점이 화물에 대한 '환적' 기능만을 제공
- 공급자관리재고(VMI) 운영방식: 물류거점의 운영을 자재·부품 공급업체에 일임하고 필요한 경우에 필요한 수량만큼 공급자가 운영하는 물류거점에서 가져오는 방식
- 통합 물류센터 운영방식: 중앙 물류센터에서 전체 공급망의 물품을 통합하여 운영하는 방식
- 지역 물류센터 운영방식: 소비자 근처로 위치한 분산 물류 거점을 두는 방식
- 통합·지역 물류센터 혼합 운영 방식: 중앙 물류센터와 지역 물류센터를 혼합하여 운영. 수요처가 매우 넓은 지역에 분포되거나, 글로벌 공급망인 경우에 주로 적용

16 ① 경제적주문량모형(EOQ)은 재고모형의 확정적 모형 중 고정주문량모형(Q system)에 속한다.

17 ①

구분	P System	Q System
재고수준 점검	정기	수시
주문량	변동	일정
주문시기	일정	변동

18 ② 항공 운송: 고가, 소형 상품 운송에 유리하며 운송 속도가 빠름, 긴급화물, 유행에 민감한 상품에 적합

19 200

경제적 주문량은 유지비용과 주문비용이 같은 점, 즉 총비용이 최소가 되는 지점의 주문량이므로,
유지비용(1,500/2*Q)과 주문비용(3,000/Q*10,000)을 같다고 놓고 풀이할 때 계산되는 Q값이다.

따라서, $\dfrac{1,500}{2} \times Q = \dfrac{3,000}{Q} \times 10,000$을 만족하는 Q를 계산하면,

Q = 200개

20 CMI

21 ④
[구매가격의 유형]
- 정가가격: 판매자가 자기의 판단으로 결정하는 가격이며, 서적, 화장품, 약국, 맥주 등과 같이 전국적으로 시장성을 가진 상품에 주로 적용한다.
- 개정가격: 판매자가 그 당시의 환경과 조건에 따라 결정하는 가격
- 교섭가격: 거래 당사자간의 교섭을 통하여 결정되는 가격, 예) 건축공사, 광고료 등
- 시중가격: 시장에서 수요와 공급의 균형에 따라 변동되는 가격, 예) 어류, 꽃, 철광, 견사 등
- 협정가격: 다수의 판매자가 서로 협의하여 일정한 기준에 따라 결정하는 가격, 예) 교통비, 이발료, 목욕료 등

22 ③
비누적 수량할인: 1회 구매량을 기준으로 기준수량 이상을 일시에 구입할 때 적용하는 수량할인(예: 2개 구매 시 1개를 무료로 주는 2+1 행사)

23 ④ 완전경쟁 시장환경에서 표준품을 구매할 경우에는 다수의 경쟁자가 존재하기 때문의 굳이 원가분석이 필요하지 않다.
[공급자의 공급가격 원가분석이 필요한 경우]
- 표준품이 아니고 특정 규격이 들어간 제품인 경우
- 경쟁업체가 없는 경우
- 가격 이외의 다른 요소들이 중요한 경우
- 향후 규격변화가 예상되는 경우
- 원가산정에 불확실성이 많은 경우

24 ④ 구매계약에 대한 해제는 기 발생된 행위를 소급하여 무효로 함을 의미하며, 해지란 미래에 대해서만 법률적 효력을 무효로 함을 말한다.

25 구매분석

26 확정

27 ② 간이정액환급제도는 원재료 수입 단계의 납부관세 등 증명과 소요량 산정을 하지 않고 환급신청할 수 있다.

28 ① 납세의무자는 원칙적으로 수입자이다.

29 ③ 신용장 거래는 수입대금 지급보증을 하기 때문에 일반적으로 송금 및 추심방식(무신용장방식)보다 은행 수수료 금액이 크다.

30 ② 해상보험계약은 Incoterms의 거래조건에 따라 보험계약자는 수출자이거나 수입자로 달라진다.
FOB 계약에서는 수입자가 보험계약자인 동시에 피보험자가된다. 반면 CIF 계약에서는 수출자가 보험계약자가 되고, 수입자가 피보험자가 된다.

31 C

[보기]는 CPT(Carriage Paid To: 운송비지급인도 조건)에 대한 설명이다.

Group C: 운송비 지급 인도조건은 수출자에게 불리한 조건이며, CFR, CIF, CPT, CIP 네 가지 조건이 Group C에 속한다.

32 전신환

[실무 답안]

1	2	3	4	5	6	7	8	9	10
②	④	②	①	③	①	②	④	①	③

11	12	13	14	15	16	17	18	19	20
③	②	④	①	④	③	②	③	④	①

21	22	23	24	25					
③	②	④	①	④					

[풀이]

01 ② [시스템관리] → [기초정보관리] → [물류실적(품목/고객)담당자등록] 거래처 탭에서 영업담당자 선택 후 조회하여 확인

02 ④ [시스템관리] → [마감/데이타관리] → [자재마감/통제등록] 세부사항 확인

03 ② [시스템관리] → [기초정보관리] → [고객별출력품목등록] 해당 품목선택 후 조회하여 하단의 고객별 세부사항 확인

04 ① [영업관리] → [영업관리] → [판매계획등록(고객별상세)] 사업장, 대상년월 선택 후 조회하여 확인

05 ③ [영업관리] → [영업관리] → [견적등록] 사업장, 견적기간 입력 후 조회 / 견적번호별 하단의 납기일 확인

06 ① [영업관리] → [영업현황] → [수주현황] 사업장, 주문기간 입력 후 조회하여 관리구분별 소계 확인(마우스 R 클릭 후 정렬 및 소계설정 기능 활용)

07 ② [영업관리] → [영업관리] → [출고처리(국내수주)] 사업장, 출고기간, 출고창고 선택 후 예외출고 및 주문출고 탭에서 조회 / 출고번호별 세부사항 확인 / 하단의 품목선택 후 마우스 R 클릭하여 [출고처리(국내수주)] 이력정보 확인

08 ④ [영업관리] → [영업관리] → [수주마감처리] 사업장, 주문기간 입력 후 조회하여 해당 수주 건의 마감여부 확인

09 ① [영업관리] → [영업관리] → [수금등록] 사업장, 수금기간 입력 후 조회 / 수금번호별 수금액과 상단의 [선수금정리] 클릭 후 정리금액 확인

10 ③ [영업관리] → [영업관리] → [매출마감(국내거래)] 사업장, 마감기간 입력 후 조회 / 마감번호별로 세부사항 확인

11 ③ [영업관리] → [영업현황] → [미수채권상세현황] 사업장, 조회기간, 조회기준 선택 후 고객 탭에서 조회하여 세부사항 확인

12 ② [구매/자재관리] → [구매관리] → [소요량전개(MRP)] 사업장 입력 후 조회 / 전개구분(2.모의전개), 계획기간 입력 후 상단의 [소요량전개] 버튼 클릭 후 [소요량취합] 버튼을 클릭하여 확인
※ 소요량전개(MRP) 시 계획기간이 현재 컴퓨터의 시스템일자 보다 빠르면 정상적으로 계산되지 않는다.

13 ④ [구매/자재관리] → [구매관리] → [발주등록] 사업장, 발주기간 입력 후 조회 / 해당 발주번호 선택 후 세부사항 확인 / 하단에서 품목선택 후 마우스 R 클릭하여 [발주등록] 이력정보 확인 / [발주마감처리] 메뉴에서 해당 발주번호 마감 여부 확인

14 ① [구매/자재관리] → [구매관리] → [입고처리(국내발주)] 사업장, 입고기간, 입고창고 입력 후 발주입고 탭에서 조회 / 상단의 [발주적용] 버튼을 클릭하여 발주기간 입력 후 발주적용(LIST) 탭에서 조회 / 품목별 발주잔량 확인

15 ④ [구매/자재관리] → [재고평가] → [생산품표준원가등록] 사업장, 해당년도/월 입력 후 조회하여 품목별 표준원가 금액 확인(생산품의 재고평가 시 입고단가는 표준원가 금액이 적용됨)

16 ③ [구매/자재관리] → [구매관리] → [청구등록] 사업장, 요청일자 입력 후 조회 / 해당 청구번호 하단의 품목별로 마우스 R 클릭 후 부가기능에서 [품목상세정보] 클릭하여 세부사항 확인

17 ② [구매/자재관리] → [구매관리] → [입고처리(국내발주)] 사업장, 입고기간, 입고창고 선택 후 예외입고 탭에서 조회하여 입고번호별 세부사항 확인 / 입고번호별 하단에서 품목선택 후 마우스 R 클릭하여 [입고처리(국내발주)] 이력정보 확인 / 이력정보 팝업창에서 [매입마감(국내거래)] 메뉴 더블 클릭하여 매입마감 세부내역 확인

18 ③ [구매/자재관리] → [재고관리] → [재고이동등록(창고)] 사업장, 이동기간 입력 후 조회하여 세부사항 확인

19 ④ [구매/자재관리] → [재고관리] → [재고실사등록] 사업장, 실사기간 입력 후 조회하여 확인(전산재고가 실사재고보다 부족하면 재고를 증가시켜야 한다.)

20 ① [무역관리] → [구매승인서(수출)] → [견적등록(수출)] 사업장, 견적기간 입력 후 조회 / 해당 견적번호 하단의 품목선택 후 마우스 R 클릭하여 [견적등록(수출)] 이력정보 확인 / 이력정보 팝업창에서 [해외수주등록] 메뉴 더블 클릭하여 세부사항 확인

21 ③ [무역관리] → [기타(수출)] → [출고처리(L/C)] 사업장, 출고기간, 출고창고 입력 후 조회 /해당 출고번호의 세부사항 확인 / 하단의 품목선택 후 마우스 R 클릭하여 [출고처리(L/C)] 이력정보 확인 / 이력정보 팝업창에서 [L/C등록] 메뉴 더블 클릭하여 L/C등록 세부사항 확인

22 ② [무역관리] → [MASTER L/C(수출)] → [COMMERCIAL INVOICE 등록] 상단의 '조회' 버튼을 클릭하여 송장기간, 거래처 입력 후 해당 Invoice를 선택하여 세부사항 확인
[무역관리] → [MASTER L/C(수출)] → [PACKING LIST 등록] 상단의 '조회' 버튼을 클릭하여 송장기간 입력 후 해당 송장 선택하여 확인

23 ④ [무역관리] → [기타(수입)] → [해외발주등록] 사업장, 발주기간 입력 후 조회 / 하단의 품목정보에서 마우스 R 클릭하여 [해외발주등록] 이력정보 확인 / 이력정보 팝업창에서 [B/L접수] 메뉴 더블 클릭하여 세부사항 확인

24 ① [무역관리] → [기타(수입)] → [수입제비용등록] 사업장, 등록기간 입력 후 조회하여 세부사항 확인

25 ④ [무역관리] → [수입현황] → [수입진행현황] 사업장, 발주기간 입력 후 품목별 탭에서 조회하여 해당 품목의 세부사항 확인

물류 1급 2024년 5회 (2024년 9월 28일 시행)

[이론 답안]

1	2	3	4	5	6	7	8
①	③	①	③	②	②	②	①
9	10	11	12	13	14	15	16
①	③	400원	델파이법	45일	②	①	③
17	18	19	20	21	22	23	24
②	④	품질	7,000개	③	①	④	③
25	26	27	28	29	30	31	32
20일	해제	②	②	②	④	CPT	협회적하보험

[풀이]

01 ① 현재 ERP는 기업 내 각 영역의 업무프로세스를 지원하여 통합업무처리를 추구하는 시스템으로 발전하고 있다.

02 ③ 최소한의 ERP커스터마이징이 필요함을 강조한다.

03 ①
[ERP 구축절차]
- 분석단계: AS-IS 파악(현재의 업무), 주요 성공요인 도출, 목표와 범위설정, 경영전략 및 비전 도출, 현재 시스템의 문제 파악, 현업의 요구분석, TFT 구성
- 설계단계: TO-BE 프로세스 도출, GAP 분석(패키지 기능과 TO-BE 프로세스와의 차이분석), 패키지 설치, 파라미터 설정, 추가개발 및 수정사항 논의, 인터페이스 문제 논의, 커스터마이징
- 구축단계: 모듈 조합화, 모듈별 테스트 후 통합테스트, 추가개발 및 수정기능 확정, 인터페이스 연계, 출력물 제시
- 구현단계: 시스템 운영(실제 데이터 입력 후 테스트), 시험가동, 데이터 전환, 시스템 평가

04 ③ 기존 정보시스템은 수직적으로 업무를 처리하고, ERP는 수평적으로 업무를 처리한다.

05 ② ERP시스템의 안정적인 운영을 위하여 특정 H/W나 S/W업체에 의존하지 않는 오픈-멀티벤더 시스템으로 개발되고 있다. 즉 특정 하드웨어나 운영체제에만 의존하지 않고 다양한 애플리케이션과 연계가 가능한 개방형 시스템이다.

06 ②
- 변동비율 $= \dfrac{\text{단위당 변동비}}{\text{단위당 판매가격}} = \dfrac{500}{2,000} = 0.25$
- 손익분기점 매출액 $= \dfrac{\text{고정비}}{1-\text{변동비율}} = \dfrac{1,500,000}{1-0.25} = 2,000,000$원

07 ②
[판매할당]
- 영업거점별 판매할당: 영업활동을 수행하는 영역별로 목표매출액 할당
- 상품/서비스별 판매할당: 기업의 해당 상품/서비스별로 목표판매액을 구체화

- 월별 판매할당: 연간 매출액을 12등분하여 1개월 당 평균 목표매출액 계산
- 지역/시장별 판매할당: 잠재구매력 지수를 작성하고, 이 지수에 의하여 목표매출을 할당

08 ① 리베이트는 판매 금액의 일부를 깎아주는 할인과는 다르다.

09 ① 파레토분석은 파레토원리에 입각하여 전체 매출액의 80%를 차지하는 20%의 고객·거래처를 집중관리하는 기법이다.

10 ③
[거래처(고객)별 여신한도 설정법]
- 타사한도액의 준용법: 동종업 타사가 설정한 한도액을 참고로 하여 그에 준하여 설정
- 과거 총이익액의 실적 이용법: 여신한도액 = 과거 3년간의 회수누계액 × 평균총이익률
- 매출액 예측에 의한 방법: 여신한도액 = 거래처(고객)의 총매입액 × 자사수주점유율 × 여신기간
- 경영지표에 의한 방법: 수익성, 안전성, 유동성, 회수성, 성장성 등에 관련된 경영지표의 측정치를 고려하여 여신한도액 설정

11 400원
- 소매업자의 이익 = 소매가격 − (도매가격+소매업자 영업비)
  = 1,000원 − (400원+200원)
  = 400원

12 델파이법

13 45일
- 받을어음 회수기간 = (각 받을어음금액 × 각 어음기간)의 합계 ÷ 매출총액
  = [(1억원×0일)+ (2억원×x) + (3억원×90일)] ÷ 6억원 = 60일
  따라서, x = 45일

14 ② 리드타임이 길어지면 수요와 공급의 변동 폭의 증감 정도가 확대된다.

15 ①
[공급망 물류거점 운영방식]
- 직배송방식: 생산자 창고만 보유하고, 물류거점을 거치지 않고 소비자에게 직접 배송하는 방식
- 크로스도킹 운영방식: 물류 거점에 재고를 보유하지 않고, 물류 거점이 화물에 대한 '환적' 기능만을 제공
- 공급자관리재고(VMI) 운영방식: 물류거점의 운영을 자재·부품 공급업체에 일임하고 필요한 경우에 필요한 수량만큼 공급자가 운영하는 물류거점에서 가져오는 방식
- 통합 물류센터 운영방식: 중앙 물류센터에서 전체 공급망의 물품을 통합하여 운영하는 방식
- 지역 물류센터 운영방식: 소비자 근처로 위치한 분산 물류 거점을 두는 방식
- 통합·지역 물류센터 혼합 운영 방식: 중앙 물류센터와 지역 물류센터를 혼합하여 운영. 수요처가 매우 넓은 지역에 분포되거나, 글로벌 공급망인 경우에 주로 적용

16 ③ MRO(Maintenance, Repair and Operations)에 대한 설명이다.

17 ②

18 ④
일반적인 창고 출고 업무 프로세스는 주문·출하 요청 → 주문 마감 집계 → 출고 계획 수립 → 출고 지시 → 출고 피킹 → 분류 → 검사 → 출하 포장 → 상차 적재 → 출하 이동 → 출하 마감의 순서로 이루어진다.

19 품질

20 7,000개
- 일평균사용량 = 연간판매량 ÷ 연간영업일 = 60,000개 ÷ 300일 = 200개
- 재발주점(ROP) = 리드타임 동안의 수요(일평균사용량 × 조달기간) + 안전재고
  = (200개×10일) + 5,000개 = 7,000개

21 ③

[구매관리 업무영역 및 기능]
- 구매전략: 구매방침 설정, 구매계획 수립, 구매방법 결정
- 구매실무: 시장조사 및 원가분석, 구매가격 결정, 공급자 선정 및 평가, 계약 및 납기관리, 규격 및 검사관리
- 구매분석: 구매활동의 성과평가, 구매활동의 감사

22 ①

[가격결정 방식]
- 비용(원가) 중심적 가격결정: 제품의 생산 또는 판매에 지출되는 총비용을 포함하고 목표이익을 달성할 수 있는 수준에서 가격을 결정하는 방식
  - 코스트 플러스 방식: 제품원가에 판매비와 관리비, 목표이익을 가산함으로써 가격을 결정하는 방식
  - 가산이익률 방식: 제품단위당 매출원가에 적정이익이 가능한 가산이익률을 곱하여 가격을 결정하는 방식
  - 목표투자이익률 방식: 기업이 목표로 하는 투자이익률을 달성할 수 있도록 가격을 결정하는 방식
  - 손익분기점분석 방식: 손익분기점의 매출액 또는 매출수량을 기준으로 가격을 결정하는 방식
- 구매자 중심적 가격결정: 생산원가보다는 소비자의 제품에 대한 평가나 소비자들의 수요를 바탕으로 가격을 결정하는 방식
  - 구매가격 예측 방식: 소비자의 구매의도, 구매능력 등을 고려하여 소비자가 기꺼이 지불할 수 있는 가격 수준으로 결정하는 방식
  - 지각가치 기준방식: 소비자들이 직접 지각하는 제품의 가치를 물어보는 방법으로 소비자가 느끼는 가치를 토대로 가격을 결정하는 방식
- 경쟁자 중심적 가격결정: 경쟁환경을 고려하여 시장점유율을 높이기 위해 경쟁기업의 가격을 기준으로 가격을 결정하는 방식
  - 경쟁기업 가격기준 방식: 자사의 시장점유율, 이미지, 제품경쟁력 등을 고려하여 판매이익보다는 경쟁기업의 가격을 기준으로 전략적으로 판매가격을 결정하는 방식
  - 입찰경쟁 방식: 입찰경쟁에서 경쟁자를 이기기 위하여 전략적으로 가격을 결정하는 방식

23 ④ 시장조사는 구매가격, 품질, 조달기간, 구매수량, 공급자, 지불조건 등을 결정하기 위한 정보를 수집하여 합리적 구매계획을 수립하도록 하는 목적을 갖는다.

24 ③

[본사 집중구매와 사업장별 분산구매의 장점]
- 본사 집중구매
  - 대량구매로 가격이나 거래조건을 유리하게 정할 수 있다.
  - 공통자재를 일괄 구매하므로 단순화, 표준화하기가 쉽고 재고량이 감소
  - 전문적인 구매지식과 구매기능을 효과적으로 활용
  - 구매절차의 일관성 확보 및 구매비용 절감
  - 구매가격 조사, 공급자 조사, 구매효과 측정 등 구매분석 용이
- 사업장별 분산구매
  - 각 사업장별 구매진행으로 구매수속이 간단하고 구매기간이 줄어든다.
  - 긴급수요의 경우에는 유리
  - 구매기회를 안정적으로 유지할 수 있으며, 거래처간 감시와 경쟁에 의하여 구매효율과 구매윤리를 유지
  - 지역구매가 많으므로 물류비가 절감
  - 해당 지역과 호의적인 관계를 유지

25 20일

26 해제

27 ② 무역거래에 있어 원산지를 표시하는 규정은 대외무역법을 적용한다.

28 ②

관세법 제2조(용어의 정의) 외국물품은 수입 신고가 수리되기 전의 물품을 말한다.

29 ②

[무역대금 결제방식의 유형]
- 연불(Deferred Payment): 선적서류가 수입지에 도착하여도 거래당사자가 사전 합의한 약정기간이 경과된 후에 대금 지급하는 방식
- 주문불(CWO: Cash with Order): 사전송금방식으로, 미리 물품대금이 결제되지 않으면 수출자가 선적을 하지 않는 방식. 수출자가 대금회수를 확실히 보장받는 방법으로, 수입자의 신용을 파악하기 어려운 경우에 주로 사용
- 현물상환불(COD: Cash on Delivery): 수입물품이 수입지에 도착하면 선적서류를 가진 수출자 대리인과 수입자가 함께 수입통관을 한 후, 수입자가 직접 품질검사를 하여 물품과 상환하여 수입대금을 지급하고 물품을 인수해가는 방식
- 서류상환불(CAD: Cash against Documents): 현물 대신에 선적서류와 상환하여 수입자가 수입대금을 지급하는 방식

30 ④ 외국환은행 대고객매매율(customer rate)은 외국환은행이 고객과 외환거래를 할 때 적용하는 환율로서 매 영업일마다 외국환은행장이 외국환은행간 매매율을 기준으로 자율적으로 정하여 적용한다.

31 CPT(운송비지급인도조건)

32 협회적하보험

[실무 답안]

1	2	3	4	5	6	7	8	9	10
③	④	①	②	①	②	④	①	②	③
11	12	13	14	15	16	17	18	19	20
①	④	③	③	④	②	①	②	①	④
21	22	23	24	25					
①	④	②	③	④					

[풀이]

01 ③ [시스템관리] → [기초정보관리] → [창고/공정(생산)/외주공정등록] 사업장 입력 후 창고/장소 탭에서 조회하여 확인

02 ④ [시스템관리] → [기초정보관리] → [물류실적(품목/고객)담당자등록] 거래처 탭에서 거래처별 실적담당자 확인

03 ① [시스템관리] → [기초정보관리] → [품목등록] 해당 품목 선택 후 MASTER/SPEC 및 ORDER/COST 탭에서 세부정보 확인

04 ② [영업관리] → [영업관리] → [판매계획등록] 사업장, 계획년도/월 선택 후 수정계획 탭에서 조회하여 해당 품목 확인

05 ① [영업관리] → [영업관리] → [견적등록] 사업장, 견적기간 입력 후 조회하여 견적번호별 유효일자 확인

06 ② [영업관리] → [영업관리] → [수주등록] 사업장, 주문기간 입력 후 조회 / 수주번호별 '납품처' 입력란에서 납품처 조회여부 확인

07 ④ [영업관리] → [영업관리] → [출고처리(국내수주)] 사업장, 출고기간, 출고창고 선택 후 주문출고 탭에서 조회 / 해당 주문번호 하단의 품목선택 후 마우스 R 클릭하여 [출고처리(국내수주)] 이력정보 확인

제5부 합격 문제풀이

08 ① [영업관리] → [영업관리] → [매출마감(국내거래)] 사업장, 마감기간 입력 후 조회 / 마감번호별로 세부사항 확인

09 ② [영업관리] → [영업현황] → [출고현황] 사업장, 출고기간 입력 후 조회하여 출고창고 및 장소 확인

10 ③ [영업관리] → [영업관리] → [수금등록] 사업장, 수금기간 입력 후 조회 / 수금번호별 세부사항 확인 및 상단의 [선수금정리] 클릭 후 정리금액 확인

11 ① [영업관리] → [영업현황] → [매출미마감현황] 사업장, 출고기간, 출고번호 입력 후 조회하여 품목 확인

12 ④ [구매/자재관리] → [구매관리] → [소요량전개(MRP)] 사업장, 품목군, 전개구분, 계획기간 입력 후 조회하여 품목별 예정발주일 확인

13 ③ [구매/자재관리] → [구매관리] → [청구등록] 사업장, 요청일자 입력 후 조회 / 청구번호별 세부사항 확인 및 하단의 품목선택 후 마우스 R 클릭하여 부가기능에서 [품목상세정보] 클릭하여 품목정보 확인
※ 청구구분이 '구매'인 경우에 발주 대상이고, '생산'인 경우에는 생산지시 대상이다.

14 ③ [구매/자재관리] → [구매관리] → [발주등록] 사업장, 발주기간 입력 후 조회 / 발주번호별 하단의 품목선택 후 마우스 R 클릭하여 [발주등록] 이력정보 확인

15 ④ [구매/자재관리] → [구매현황] → [발주현황] 사업장, 발주기간 입력 후 우측 상단의 [검색상세] 버튼 클릭 / 해당 발주번호 입력 후 조회하여 세부사항 확인

16 ② [구매/자재관리] → [구매현황] → [입고현황] 사업장, 입고기간, 해당 지문별(품목, 관리구분, 프로젝트, 대분류) 선택 후 조회하여 확인

17 ① [구매/자재관리] → [구매관리] → [회계처리(매입마감)] 사업장, 기간 입력 후 회계전표 탭에서 조회하여 전표별 하단의 계정과목 확인

18 ② [구매/자재관리] → [재고관리] → [재고실사등록] 사업장, 실사기간 입력 후 조회하여 확인(전산재고가 실사재고보다 부족하면 재고를 증가시켜야 한다.)

19 ③ [구매/자재관리] → [재고수불현황] → [사업장/창고/장소별재고(금액)현황] 사업장 탭에서 사업장, 일자, 대분류 선택 후 하단의 집계 탭에서 조회하여 확인

20 ④ [무역관리] → [MASTER L/C(수출)] → [L/C등록] 사업장, L/C구분, 주문기간 입력 후 조회 / 해당 L/C번호 체크 후 [선택항목 편집] 버튼을 클릭하여 조회된 내용을 확인

21 ① [무역관리] → [기타(수출)] → [출고처리(해외수주)] 사업장, 출고기간, 출고창고 입력 후 조회하여 확인

22 ④ [무역관리] → [수출현황] → [선적현황] 사업장, 선적기간, 고객, 거래구분, 정렬조건(품목별) 선택 후 조회하여 확인

23 ② [무역관리] → [LOCAL L/C(수입)] → [L/C개설] 사업장, L/C구분, 발주기간 입력 후 조회 / 해당 L/C번호 체크 후 선택적용하여 세부사항 확인

24 ③ [무역관리] → [MASTER L/C(수입)] → [수입제비용등록] 사업장, 등록기간 입력 후 조회하여 확인

25 ④ [무역관리] → [LOCAL L/C(수입)] → [입고처리(L/C)] 사업장, 입고기간, 입고창고, 거래구분 선택 후 조회 / 입고번호 하단의 품목선택 후 마우스 R 클릭하여 [입고처리(L/C)] 이력정보 확인 / 이력정보 팝업 창에서 L/C개설란을 더블 클릭하면 해당 자료로 연결됨

물류 1급 | 2024년 4회 (2024년 7월 27일 시행)

[이론 답안]

1	2	3	4	5	6	7	8
①	①	①	③	④	②	①	①
9	10	11	12	13	14	15	16
①	②	35,000원	총매출액	가격탄력성	④	①	④
17	18	19	20	21	22	23	24
④	②	60,000개	항공운송	③	②	④	③
25	26	27	28	29	30	31	32
4, 14	SCOR	②	④	③	②	WTO	과세물건

[풀이]

01 ① 데이터베이스 클라우드 서비스와 스토리지 클라우드 서비스는 IaaS에 속한다.

02 ① 커스터마이징을 최소화 할 수 있다.

03 ① ERP 구축 시 유능한 컨설턴트를 통해 최적의 패키지를 선정하는데 도움을 주는 역할을 하며, 프로젝트 진행은 회사가 주도하여야 한다.

04 ③

05 ④ 기업 내 단위업무의 통합적인 운영과 일괄처리기능 지원

06 ② 판매계획의 순서는 시장조사 → 수요예측 → 판매예측 → 판매목표매출액 설정 → 판매할당 순이다.

07 ①
- 손익분기점 매출액 = 고정비 + 변동비
  - 200만원 = 80만원 + 변동비
  - 따라서, 변동비 = 120만원
- 변동비 = 단위당 변동비 ×매출수량
  - 120만원 = 20만원 × 매출수량
  - 따라서, 매출수량 = 6개

08 ① 현실적으로 제품, 상품, 서비스별로 월 매출액은 항상 일정하지 않다.

09 ① 리베이트는 판매대금의 수금 후 별도로 환불된다는 점에서 판매금액의 일부를 깎아주는 할인과는 다르다.

10 ②
[가격결정에 영향을 미치는 기업 내·외부적인 요인]
- 내부적 요인: 제품특성(생산재·소비재, 표준품·사치품 등), 원가 및 비용(손익분기점, 목표이익 등), 마케팅목표(생존, 이윤극대화 등)
- 외부적 요인: 고객수요(용도, 가격탄력성 등), 유통채널(유통이익, 물류비용, 여신한도 등), 경쟁환경(대체품 가격 등), 법·규제 환경(독과점금지법, 공정거래법, 각종 세금 등)

11 35,000원

- 소매가격 = 도매가격 + 소매업자 영업비용 + 소매업자 이익

  60,000원 = 도매가격 + 15,000원 + 10,000원

  따라서, 도매가격 = 35,000원

12 총매출액

13 가격탄력성

14 ④

[공급망 프로세스의 구조]

15 ①

[공급망 물류거점 운영방식]

- 직배송방식: 생산자 창고만 보유하고, 물류거점을 거치지 않고 소비자에게 직접 배송하는 방식
- 크로스도킹 운영방식: 물류 거점에 재고를 보유하지 않고, 물류 거점이 화물에 대한 '환적' 기능만을 제공
- 공급자관리재고(VMI) 운영방식: 물류거점의 운영을 자재·부품 공급업체에 일임하고 필요한 경우에 필요한 수량만큼 공급자가 운영하는 물류거점에서 가져오는 방식
- 통합 물류센터 운영방식: 중앙 물류센터에서 전체 공급망의 물품을 통합하여 운영하는 방식
- 지역 물류센터 운영방식: 소비자 근처로 위치한 분산 물류 거점을 두는 방식
- 통합·지역 물류센터 혼합 운영 방식: 중앙 물류센터와 지역 물류센터를 혼합하여 운영. 수요처가 매우 넓은 지역에 분포되거나, 글로벌 공급망인 경우에 주로 적용

16 ④ 재고부족비용은 납기지연, 판매기회 상실, 거래처 신용하락, 잠재적 고객상실 등과 관련된 비용이다.

17 ④

18 ②

[보관의 기본원칙]

- 통로 대면의 원칙: 창고 내에서 제품의 입출고 작업이 쉽게 이루어지도록 창고 통로를 서로 대면, 즉 마주보게 보관하는 원칙
- 높이 쌓기의 원칙: 창고 보관 효율, 특히 용적 효율을 높이기 위해 물품을 높게 쌓는 원칙
- 위치 표시의 원칙: 보관 적치한 물품의 장소와 선반 번호를 명시하는 원칙으로, 위치를 표시함으로써 작업의 단순화와 재고관리 등의 작업 시 불필요한 작업이나 실수를 줄여 창고 부도를 방지하는 원칙. 이는 명료성의 원칙과 함께 창고의 보관에 관련된 업무 중에서 로케이션 관리에 필요한 원칙
- 선입선출의 원칙: 먼저 입고된 물품을 먼저 출고한다는 원칙
- 명료성의 원칙: 창고에 보관되어 있는 물품을 쉽게 찾고 관리할 수 있도록 명료하게 보관하는 원칙
- 회전 대응의 원칙: 보관할 물품의 장소를 회전 정도에 따라 정하는 원칙
- 동일성 및 유사성의 원칙: 동일 물품은 동일 장소에 보관하고, 유사품은 가까운 장소에 보관하는 원칙
- 중량 특성의 원칙: 보관 물품의 중량에 따라 보관 장소를 정하는 원칙
- 형상 특성의 원칙: 보관 물품의 형상에 따라 보관 장소를 정하는 원칙. 즉 표준화된 제품은 랙에 보관하고 표준화되지 않은 물품은 물품의 모양이나 상태에 따라 보관하는 원칙
- 네트워크 보관의 원칙: 보관 물품의 상호 관련 정도에 따라 연계하여 보관 장소를 정하는 원칙

19 60,000개

- 재고회전율 = 연간 총판매량 ÷ [(기초재고량+기말재고량)÷2]

  30 = 연간 총판매량 ÷ [(1,000+3,000)÷2]

  따라서, 연간 총판매량 = 60,000개

20 항공운송

21 ③
- 가격할인정책: 구매량, 시기, 대금지불방식 등에 따라 가격을 할인하는 정책
- 끝수가격정책: 물건을 팔릴 즈음 가격을 내려 소비자 선택을 쉽게 하려는 정책
- 관습가격정책: 오랫동안 고객들 사이에 공정하다고 인정되어 온 가격을 적용시키는 정책
- 가격계층정책: 가격선을 설정하여 판매하는 가격 정책
- 단수가격정책: 단수 가격을 내려 소비자가 가격을 저렴하게 느끼게 하려는 정책

22 ② 직접비(직접원가)는 특정제품 제조를 위해 소비된 원가제품단위 원가로 추적이 가능해 직접 배분할 수 있다.

23 ④
[구매관리 업무영역 및 기능]
- 구매전략: 구매방침 설정, 구매계획 수립, 구매방법 결정
- 구매실무: 시장조사 및 원가분석, 구매가격 결정, 공급자 선정 및 평가, 계약 및 납기관리, 규격 및 검사관리
- 구매분석: 구매활동의 성과평가, 구매활동의 감사

24 ③
[구매방법의 유형]
- 수시구매: 계절품목 등과 같이 일시적인 수요품목에 적합한 방법
- 일괄구매: 다품종의 품목이 공급가능한 공급처를 품종별로 선정하여 한꺼번에 구매하는 방법
- 장기계약구매: 자재의 안정적인 확보가 중요할 때 주로 적용하는 방법
- 시장구매: 생산시기가 일정한 품목, 항상 비축이 필요한 상비 저장품목에 적합한 방법

25 4, 14

26 SCOR

27 ②

28 ④
④ → ② → ③ → ① 순서로 이루어진다.

29 ③
- 발행인: 환어음의 발행인은 수출자, 일반적으로 발행인은 거래은행을 수취인으로 하여 수출자의 거래은행이 수출자를 대신하여 수입자 또는 수입자의 거래은행으로부터 대금을 지급받도록 한다.
- 지급인: 수입자 또는 수입자가 지정한 거래은행
- 수취인: 환어음의 지급금액을 지급받는 자이며, 발행인이 발행인 스스로를 지명할 수도 있고 제3자가 될 수도 있다.

30 ② 관세환급이란 수입시 부담한 관세를 특정 요건에 해당하는 경우 되돌려주는 것이다.

31 WTO

32 과세물건

[실무 답안]

1	2	3	4	5	6	7	8	9	10
④	①	③	①	④	①	③	②	②	③

11	12	13	14	15	16	17	18	19	20
④	②	③	①	④	①	③	③	①	②

21	22	23	24	25					
②	④	③	④	②					

[풀이]

01 ④ [시스템관리] → [마감/데이타관리] → [자재마감/통제등록] 세부사항 확인
※ 재고평가 내역 중 영업출고반품에 대해서는 단가 평가방법을 해당 평가 기간 내 최초 출고단가를 기준으로 계산한다.

02 ① [시스템관리] → [기초정보관리] → [검사유형등록] 검사구분 선택 후 조회하여 확인

03 ③ [시스템관리] → [기초정보관리] → [고객별출력품목등록] 품목 선택 후 조회하여 하단의 고객별 세부사항 확인

04 ① [영업관리] → [영업관리] → [판매계획등록] 사업장, 계획년도/월, 품목군, 대분류 선택 후 기초계획 탭에서 조회하여 확인

05 ④ [영업관리] → [영업관리] → [견적등록] 사업장, 견적기간 입력 후 조회 / 견적번호별 선택 후 마우스 R 클릭하여 부가기능에서 [고객상세정보] 클릭하여 고객정보 확인

06 ① [영업관리] → [영업관리] → [수주등록] 사업장, 주문기간 입력 후 조회 / 수주번호별 세부사항 확인 및 하단의 품목 선택 후 마우스 R 클릭하여 [수주등록] 이력정보 확인

07 ③ [영업관리] → [영업관리] → [수주마감처리] 사업장, 주문기간, 고객분류, 품목담당자 선택 후 조회하여 마감사유 확인

08 ② [영업관리] → [영업관리] → [출고처리(국내수주)] 사업장, 출고기간, 창고 선택 후 예외출고 및 주문출고 탭에서 각각 조회 / 출고번호별 세부사항 확인 및 하단의 품목선택 후 마우스 R 클릭하여 [출고처리(국내수주)] 이력정보 확인

09 ② [영업관리] → [영업관리] → [회계처리(매출마감)] 사업장, 기간 입력 후 매출마감 탭에서 조회하여 매출마감번호별 세부사항 확인

10 ③ [영업관리] → [영업현황] → [수금현황] 사업장, 수금기간, 정렬조건(관리구분별) 선택 후 조회하여 확인 (마우스 R 클릭 후 정렬 및 소계설정 기능 활용)

11 ④ [영업관리] → [영업현황] → [미수채권집계] 사업장, 조회기간, 조회기준, 미수기준 선택 후 고객 탭에서 조회하여 확인

12 ② [구매/자재관리] → [구매관리] → [주계획작성(MPS)] 사업장, 계획기간, 계획구분 선택 후 조회하여 품목별 고객 확인
[시스템관리] → [기초정보관리] → [품목등록] 해당 품목 선택 후 ORDER/COST 탭에서 주거래처 확인

13 ③ [구매/자재관리] → [구매관리] → [소요량전개(MRP)] 사업장 입력 후 조회 / 전개구분(2.모의전개), 계획기간 입력 후 상단의 [소요량전개] 버튼 클릭 후 [소요량취합] 버튼을 클릭하여 확인
※ 소요량전개(MRP) 시 계획기간이 현재 컴퓨터의 시스템일자보다 빠르면 정상적으로 계산되지 않는다.

14 ① [구매/자재관리] → [구매관리] → [발주등록] 사업장, 발주기간 입력 후 조회 / 발주번호별 하단의 품목별 검사여부 확인 및 품목선택 후 마우스 R 클릭하여 [발주등록] 이력정보 확인

15 ④ [구매/자재관리] → [구매관리] → [입고처리(국내발주)] 사업장, 입고기간, 입고창고 입력 후 예외입고 및 발주입고 탭에서 각각 조회하여 세부사항 확인

16 ① [구매/자재관리] → [구매현황] → [매입미마감현황] 사업장, 입고기간, 창고, 입고번호 입력 후 조회 / 정렬조건(품목별) 선택 후 확인

17 ③ [구매/자재관리] → [구매관리] → [매입마감(국내거래)] 사업장, 마감기간 입력 후 조회 / 해당 마감번호의 세부사항 확인 및 하단의 품목선택 후 [매입마감(국내거래)] 이력정보 확인

18 ③ [구매/자재관리] → [구매관리] → [회계처리(매입마감)] 사업장, 기간 입력 후 회계전표 탭에서 조회하여 전표별 하단의 계정과목 확인

19 ① [구매/자재관리] → [재고관리] → [기초재고/재고조정현황] 사업장, 조정기간, 창고 및 장소 선택 후 조회하여 확인

20 ② [무역관리] → [기타(수출)] → [해외수주등록] 사업장, 주문기간, 거래구분 선택 후 조회 / 해당 주문번호의 세부사항 확인(Invoice 번호는 상단의 [부가정보] 버튼을 클릭해서 알 수 있다.)

21 ② [무역관리] → [기타(수출)] → [PACKING LIST 등록] 상단의 '조회' 버튼을 클릭하여 송장기간 입력 후 해당 송장 선택하여 확인

22 ④ [무역관리] → [기타(수출)] → [선적등록] 사업장, 선적기간 입력 후 조회 / 상단의 [출고적용] 버튼을 클릭하여 출고기간 입력 후 출고적용(건별) 탭에서 조회
   ※ 조회가 되지 않는 이유는 선적등록 환종과 출고처리 환종이 다르기 때문이다.

23 ③ [무역관리] → [기타(수입)] → [B/L접수] 사업장, 선적기간 입력 후 조회 / 선적적용 조회 창에서 해당 B/L번호 선택 후 확인 / 하단의 품목선택 후 마우스 R 클릭하여 [B/L접수] 이력정보 확인

24 ④ [무역관리] → [MASTER L/C(수입)] → [수입제비용등록] 사업장, 등록기간 입력 후 조회하여 확인
   ※ 현재 미배부 상태이기 때문에 미착품 원가정산 처리가 되지 않았다.

25 ② [무역관리] → [수입현황] → [수입진행현황] 사업장, 발주기간 입력 후 품목별 탭에서 조회하여 확인

물류 1급 | 2024년 3회 (2024년 5월 25일 시행)

[이론 답안]

1	2	3	4	5	6	7	8
①	②	③	④	③	①	②	③
9	10	11	12	13	14	15	16
③	③	중기계획	16,000,000원	460대	①	①	③
17	18	19	20	21	22	23	24
③	③	유연성	3,000개	③	③	④	③
25	26	27	28	29	30	31	32
교섭	가격탄력성	③	②	①	④	내국신용장	T/T

[풀이]

01 ① 기업의 업무영역을 서로 분리하고 독립적으로 운영하더라도 통합업무처리를 추구하는 시스템으로 발전하고 있다.

02 ② 현재의 업무방식을 고수하지 않는다.

03 ③ 기존 업무처리에 따라 ERP 패키지를 수정한다면 'Best Practice' 도입 즉, BPR을 하지 않는 것과 다름 없다.

04 ④ 마케팅(marketing), 판매(sales) 및 고객서비스(customer service)를 자동화함으로써 현재 및 미래 고객들과 상호작용할 수 있도록 지원하는 것은 CRM 모듈의 실행 효과이다.

05 ③
- SaaS(Software as a Service): 업의 핵심 애플리케이션인 ERP, CRM 솔루션 등의 소프트웨어를 클라우드 서비스를 통해 제공하고, 사용자가 원격으로 접속해 ERP소프트웨어를 활용하는 서비스
- PaaS(Platform as a Service): 소프트웨어 개발을 위한 플랫폼을 클라우드 서비스로 제공
- IaaS(Infrastructure as a Service): 서버 인프라를 서비스로 제공하는 것으로 클라우드를 통하여 저장장치 또는 컴퓨팅 능력을 인터넷을 통한 서비스 형태로 제공

06 ① 지수평활법에서 평활상수는 0에서 1 사이의 값을 가진다.

07 ②
- 목표매출액 = 금년도 자사 매출액 × (1+시장확대율) × (1+시장신장율)
  = (1,000억원×0.2) × 1.4 × 1.3 = 364억원

  시장확대율: 전년대비 자사 시장점유율 증가율
  시장신장율: 전년대비 당해업계 총매출액 증가율

08 ③ 상품/서비스별 판매할당은 기업의 해당 제품/상품/서비스별로 목표판매액을 구체하는 것을 의미한다.

09 ③
[가격결정에 영향을 미치는 기업 내·외부적인 요인]
- 내부적 요인: 제품특성(생산재·소비재, 표준품·사치품 등), 원가 및 비용(손익분기점, 목표이익 등), 마케팅목표(생존, 이윤극대화 등)

- 외부적 요인: 고객수요(용도, 가격탄력성 등), 유통채널(유통이익, 물류비용, 여신한도 등), 경쟁환경(대체품 가격 등), 법 · 규제 환경(독과점금지법, 공정거래법, 각종 세금 등)

10 ③
- 매출채권회수기간 = 매출채권잔액 ÷ 매출액 × 360일
  - 90일 = 매출채권잔액 ÷ 6,000만원 × 360일
  - 따라서, 기말매출채권잔액 = 1,500만원

11 중기계획
[판매계획 수립 기간]
- 단기계획: 연간 목표매출액 설정, 목표매출액 달성을 위한 제품별 가격, 판매촉진 방안, 구체적인 판매할당 등을 결정
- 중기계획: 제품별 수요예측과 판매예측을 통하여 제품별로 매출액을 예측하고, 제품별 경쟁력 강화를 위한 계획을 수립
- 장기계획: 신제품개발, 새로운 시장 개척, 판매경로 강화 등에 관한 계획 수립

12 16,000,000원
- 자금조달기간 = 매출채권회수기간 − 매입채무지급기간 + 재고회전기간
  - = 80일 − 30일 + 23일 = 73일
- 자금고정률 = 자금조달기간 ÷ 365일
  - = 73일 ÷ 365일 = 0.2
- 매출채권한도액 = 매출액 × 자금고정률
  - = 8,000만원 × 0.2 = 16,000,000원

13 460대
- 6월 판매예측치 = 지수평활계수 × 전월의 실제값 + (1 − 지수평활계수) × 전월의 예측치
  - = 0.2 × 500대 + (1 − 0.2) × 450대
  - = 460대

14 ①
② 대응적 공급망 전략은 리드타임을 단축시키기 위해 공격적인 투자를 선택한다.
③ 효율적 공급망 전략은 높은 생산가동률을 통한 낮은 비용 유지를 선호한다.
④ 효율적 공급망 전략은 공급망에서 높은 재고회전율과 낮은 재고수준을 유지한다.

15 ①
[공급망 물류거점 운영방식]
- 직배송방식: 생산자 창고만 보유하고, 물류거점을 거치지 않고 소비자에게 직접 배송하는 방식
- 크로스도킹 운영방식: 물류 거점에 재고를 보유하지 않고, 물류 거점이 화물에 대한 '환적' 기능만을 제공
- 공급자관리재고(VMI) 운영방식: 물류거점의 운영을 자재·부품 공급업체에 일임하고 필요한 경우에 필요한 수량만큼 공급자가 운영하는 물류거점에서 가져오는 방식
- 통합 물류센터 운영방식: 중앙 물류센터에서 전체 공급망의 물품을 통합하여 운영하는 방식
- 지역 물류센터 운영방식: 소비자 근처로 위치한 분산 물류 거점을 두는 방식
- 통합·지역 물류센터 혼합 운영 방식: 중앙 물류센터와 지역 물류센터를 혼합하여 운영. 수요처가 매우 넓은 지역에 분포되거나, 글로벌 공급망인 경우에 주로 적용

16 ③
매입가격 상승을 가정할 경우 당기순이익(기말재고자산)의 크기는 선입선출법>이동평균법>총평균법>후입선출법의 순서이다.

17 ③
일반적인 창고 출고 업무 프로세스는 주문·출하 요청 → 주문 마감 집계 → 출고 계획 수립 → 출고 지시 → 출고 피킹 → 분류 → 검사 → 출하 포장 → 상차 적재 → 출하 이동 → 출하 마감의 순서로 이루어진다.

18 ③ ㉠, ㉣, ㉻은 항공운송의 장점이며, ㉡, ㉢, ㉺은 선박운송의 단점이다.

19 유연성

[공급망 프로세스의 경쟁능력 요소]
- 비용(cost): 적은 자원으로 제품·서비스를 창출할 수 있는 능력
- 품질(quality): 고객 욕구를 만족시키는 척도이며 소비자에 의하여 결정
- 유연성(flexibility): 설계변화와 수요변화에 효율적으로 대응할 수 있는 능력
- 시간(time): 경쟁사보다 빠른 신제품 개발능력, 신속한 제품 배달능력, 정시 배달능력

20 3,000개
- 재고회전율 = 연간 총판매량 ÷ [(기초재고량+기말재고량) ÷ 2]
    5회 = 연간 총판매량 ÷ [(500+700) ÷ 2]
  따라서, 연간 총판매량 = 3,000개

21 ③
- ① 원가의 3요소는 재료비, 노무비, 경비이다.
- ② 판매원가는 제조원가에 판매비와 관리비를 더한 것이다.
- ④ 제조원가는 직접재료비, 직접노무비, 직접경비, 제조간접비를 더한 것이다.

22 ③ 외주가공비는 사업자가 외부 생산자에게 원재료를 공급하고 제조품의 가공을 위탁한 후 그 대가로 지급하는 비용이므로 변동비로 분류한다.

23 ④ 구매계약에 대한 해제는 기 발생된 행위를 소급하여 무효로 함을 의미하며, 해지란 미래에 대해서만 법률적 효력을 무효로 함을 말한다.

24 ③

25 교섭

26 가격탄력성

27 ③
- 한국무역협회: 무역업 및 무역대리점 신고기관
- 대한상공회의소: 원산지증명서 발행
- 대한무역투자진흥공사: 수출입관계조사, 무역거래알선 및 무역상담

28 ② 세율은 국가마다 다르며, 우리나라의 경우 관세율표를 따른다.

29 ① 추심방식의 결제수단은 D/P, D/A이다. 송금방식의 결제수단은 단순송금방식인 T/T와 대금교환도방식인 CAD, COD 등이 있다.

30 ④ DAT는 복합운송조건이며, 해상운송전용규칙인 FAS, FOB, CFR, CIF는 반드시 장소명으로 항구명만의 기재가 허용된다.

31 내국신용장

32 T/T

[실무 답안]

1	2	3	4	5	6	7	8	9	10
③	②	④	①	③	②	①	④	①	④

11	12	13	14	15	16	17	18	19	20
④	②	③	①	①	①	②	④	①	②

21	22	23	24	25					
③	①	②	④	④					

[풀이]

01 ③ [시스템관리] → [기초정보관리] → [일반거래처등록] 해당 거래처별 세부사항 확인

02 ② [시스템관리] → [마감/데이타관리] → [영업마감/통제등록]
　　　※ 마감일자는 영업모듈의 출고메뉴를 통제하고 그 외 메뉴는 입력통제일자를 따른다.
　　　　수주메뉴는 입력통제일자를 따르므로 2023.12.31. 이전 데이터도 입력이 가능하다.

03 ④ [시스템관리] → [기초정보관리] → [품목등록] 해당 품목 선택 후 MASTER/SPEC 탭에서 세부사항 확인

04 ① [영업관리] → [영업관리] → [판매계획등록] 사업장, 계획년도/월 선택 후 수정계획 탭에서 조회하여 해당 품목 확인

05 ③ [영업관리] → [영업관리] → [견적등록] 사업장, 견적기간 입력 후 조회 / 견적번호별 하단의 납기일 확인

06 ② [영업관리] → [영업현황] → [수주현황] 사업장, 주문기간, 관리구분 선택 후 조회하여 확인

07 ① [영업관리] → [영업관리] → [출고처리(국내수주)] 사업장, 출고기간, 출고창고 선택 후 주문출고 탭에서 조회 / 출고번호별로 하단의 품목선택 후 재고단위수량 확인

08 ④ [영업관리] → [영업관리] → [출고처리(국내수주)] 사업장, 출고기간, 출고창고 선택 후 예외출고 탭에서 조회 / 해당 출고번호 하단의 품목별 출고장소 확인

09 ① [영업관리] → [영업관리] → [매출마감(국내거래)] 사업장, 마감기간 입력 후 조회 / 마감번호별로 세부사항 확인

10 ④ [영업관리] → [영업관리] → [수금등록] 사업장, 수금기간 입력 후 조회하여 수금번호별 수금액 확인

11 ④ [영업관리] → [영업현황] → [미수채권상세현황] 사업장, 조회기간, 조회기준 선택 후 고객 탭에서 조회하여 세부사항 확인

12 ② [구매/자재관리] → [구매관리] → [주계획작성(MPS)] 사업장, 계획기간, 계획구분(0. 판매계획) 선택 후 조회 / 우측 상단의 [판매계획적용] 버튼 클릭하여 해당 년월 선택 후 조회하여 품목별 미적용수량 확인

13 ③ [구매/자재관리] → [구매관리] → [소요량전개(MRP)] 사업장, 품목군, 전개구분, 계획기간 입력 후 조회하여 품목별 예정발주일 확인

14 ① [구매/자재관리] → [구매관리] → [발주등록] 사업장, 발주기간 입력 후 조회 / 발주번호별 세부사항 확인 및 하단의 품목선택 후 마우스 R 클릭하여 [발주등록] 이력정보 및 부가기능에서 [품목상세정보] 확인

15 ① [구매/자재관리] → [재고평가] → [생산품표준원가등록] 사업장, 해당년도/월 입력 후 조회하여 품목별 표준원가 금액 확인(생산품의 재고평가 시 입고단가는 표준원가 금액이 적용됨)

16 ④ [구매/자재관리] → [구매현황] → [입고현황] 사업장, 입고기간 입력 후 조회하여 세부사항 확인

17 ② [구매/자재관리] → [구매관리] → [매입마감(국내거래)] 사업장, 마감기간 입력 후 조회 / 해당 마감번호의 세부사항 확인 및 하단의 품목선택 후 [매입마감(국내거래)] 이력정보 확인

18 ④ [구매/자재관리] → [구매관리] → [입고처리(국내발주)] 사업장, 입고기간, 입고창고 입력 후 예외입고 탭에서 조회하여 확인

19 ① [구매/자재관리] → [재고관리] → [재고실사등록] 사업장, 실사기간 입력 후 조회하여 확인(전산재고가 실사재고보다 많으면 전산재고를 감소시켜야 한다.)

20 ② [무역관리] → [MASTER L/C(수출)] → [L/C등록] 사업장, L/C구분, 주문기간 입력 후 조회 / 해당 L/C 번호 체크 후 [선택항목 편집] 버튼을 클릭하여 조회된 내용을 확인 / 하단의 품목선택 후 마우스 R 클릭하여 [L/C등록] 이력정보 확인

21 ③ [무역관리] → [구매승인서(수출)] → [견적등록(수출)] 사업장, 견적기간 입력 후 조회 / 하단의 품목선택 후 마우스 R 클릭하여 [견적등록] 이력정보 확인 / 이력정보 팝업 창에서 해외수주등록란을 더블 클릭하면 해당 자료로 연결됨

22 ① [무역관리] → [기타(수출)] → [COMMERCIAL INVOICE 등록] 상단의 '조회' 버튼을 클릭하여 송장기간, 거래처 입력 후 해당 Invoice를 선택하여 세부사항 확인
　　　[무역관리] → [기타(수출)] → [PACKING LIST 등록] 상단의 '조회' 버튼을 클릭하여 송장기간 입력 후 해당 송장 선택하여 확인

23 ② [무역관리] → [MASTER L/C(수입)] → [L/C개설] 사업장, L/C구분, 발주기간 입력 후 조회 / 해당 발주번호 체크 후 선택적용하여 세부사항 확인

24 ④ [무역관리] → [기타(수입)] → [수입제비용등록] 사업장, 등록기간 입력 후 조회하여 해당 비용번호의 세부사항 확인

25 ④ [무역관리] → [기타(수입)] → [해외발주등록] 사업장, 발주기간 입력 후 조회 / 하단의 품목정보에서 마우스 R 클릭하여 [해외발주등록] 이력정보 확인

물류 1급 | 2024년 2회 (2024년 3월 23일 시행)

[이론 답안]

1	2	3	4	5	6	7	8
④	②	④	④	②	③	②	③
9	10	11	12	13	14	15	16
③	④	순환	200원	4,200만원	②	③	④
17	18	19	20	21	22	23	24
②	③	기말재고	적재	②	④	①	③
25	26	27	28	29	30	31	32
5, 10	투기구매	③	④	②	①	상호계산	현찰

[풀이]

01 ④ GAP분석이란 패키지 기능과 TO-BE 프로세스와의 차이 분석을 의미한다.

02 ②

03 ④

04 ④ ERP시스템 구축 후에도 IT아웃소싱 업체와 협력관계를 유지하면서 운영하는 것이 효율적이다.

05 ② 클라우드 서비스 제공자와 별도의 계약을 체결한 어플리케이션은 자율적으로 설치 및 활용이 가능하다.

06 ③ 지수평활법의 평활상수 값이 크면 최근의 변동을 더 많이 고려한다는 의미이고, 평활상수 값이 작아지면 과거의 변동을 더 많이 고려한다는 의미이다.

07 ②

08 ③ 단기 판매계획은 판매예측을 이용하여 연간 목표매출액을 설정하고 이를 달성하기 위하여 제품별 가격, 판매촉진 방안, 구체적인 판매할당 등을 결정하는 것이다.
[판매계획 수립 기간]
• 단기계획: 연간 목표매출액 설정, 목표매출액 달성을 위한 제품별 가격, 판매촉진 방안, 구체적인 판매할당 등을 결정
• 중기계획: 제품별 수요예측과 판매예측을 통하여 제품별로 매출액을 예측하고, 제품별 경쟁력 강화를 위한 계획을 수립
• 장기계획: 신제품개발, 새로운 시장 개척, 판매경로 강화 등에 관한 계획 수립

09 ③
• 거점별 판매계획: 영업활동을 수행하는 영역(영업소, 영업팀, 판매지점)을 지정해 배분하는 판매할당 방법
• 영업사원별 판매계획: 영업거점 목표매출액을 해당 영업사원별로 배분하는 방법

10 ④
[가격결정에 영향을 미치는 기업 내·외부적인 요인]
• 내부적 요인: 제품특성(생산재·소비재, 표준품·사치품 등), 원가 및 비용(손익분기점, 목표이익 등), 마케팅목표(생존, 이윤극대화 등)

- 외부적 요인: 고객수요(용도, 가격탄력성 등), 유통채널(유통이익, 물류비용, 여신한도 등), 경쟁환경(대체품 가격 등), 법·규제 환경(독과점금지법, 공정거래법, 각종 세금 등)

11 순환

12 200원
- 순운전자본 = 유동자산 - 유동부채
  따라서, 여신한도 상한액은 200원

13 4,200만원
[월말마감 차월회수]
- 회수율 = 당월 회수액 ÷ (전월말 외상매출금잔액+당월매출액) × 100
  10% = 450만원 ÷ (300만원+당월매출액) × 100
  따라서, 당월(6월) 매출액은 4,200만원

14 ② 주기적인 가격 판촉보다는 상시 저가정책으로 안정된 수요를 유도한다.
[채찍효과 대처방안]
- 공급망 전반의 수요 정보를 중앙 집중화하여 불확실성을 제거
- 안정적인 가격구조로 소비자 수요의 변동 폭을 조정
- 고객·공급자와 실시간 정보 공유
- 제품 생산과 공급에 소요되는 주문 리드타임과 주문처리에 소요되는 정보리드타임을 단축
- 공급망의 재고관리를 위하여 기업 간 전략적 파트너십 구축

15 ③
일반적인 창고 출고 업무 프로세스는 주문·출하 요청 → 주문 마감 집계 → 출고 계획 수립 → 출고 지시 → 출고 피킹 → 분류 → 검사 → 출하 포장 → 상차 적재 → 출하 이동 → 출하 마감의 순서로 이루어진다.

16 ④ 조달기간의 불확실, 생산의 불확실, 또는 그 기간 동안의 수요량이 불확실한 경우 등 예상 외의 소비나 재고 부족 상황에 대비하기 위한 재고를 안전재고라고 한다.

17 ② ㉠, ㉣, ㉧은 항공운송의 장점이며, ㉡, ㉢, ㉤은 선박운송의 단점이다.

18 ③
[보관의 기본원칙]
- 통로 대면의 원칙: 창고 내에서 제품의 입출고 작업이 쉽게 이루어지도록 창고 통로를 서로 대면, 즉 마주보게 보관하는 원칙
- 높이 쌓기의 원칙: 창고 보관 효율, 특히 용적 효율을 높이기 위해 물품을 높게 쌓는 원칙
- 위치 표시의 원칙: 보관 적치한 물품의 장소와 선반 번호를 명시하는 원칙으로, 위치를 표시함으로써 작업의 단순화와 재고관리 등의 작업 시 불필요한 작업이나 실수를 줄여 창고 부도를 방지하는 원칙. 이는 명료성의 원칙과 함께 창고의 보관에 관련된 업무 중에서 로케이션 관리에 필요한 원칙
- 선입선출의 원칙: 먼저 입고된 물품을 먼저 출고한다는 원칙
- 명료성의 원칙: 창고에 보관되어 있는 물품을 쉽게 찾고 관리할 수 있도록 명료하게 보관하는 원칙
- 회전 대응의 원칙: 보관할 물품의 장소를 회전 정도에 따라 정하는 원칙
- 동일성 및 유사성의 원칙: 동일 물품은 동일 장소에 보관하고, 유사품은 가까운 장소에 보관하는 원칙
- 중량 특성의 원칙: 보관 물품의 중량에 따라 보관 장소를 정하는 원칙
- 형상 특성의 원칙: 보관 물품의 형상에 따라 보관 장소를 정하는 원칙. 즉 표준화된 제품은 랙에 보관하고 표준화되지 않은 물품은 물품의 모양이나 상태에 따라 보관하는 원칙
- 네트워크 보관의 원칙: 보관 물품의 상호 관련 정도에 따라 연계하여 보관 장소를 정하는 원칙

19 기말재고

20 적재

21 ② 시장가격은 판매자와 구매자 당사자 모두 가격결정에 영향을 미치지 않는다.

22 ④ 간접원가는 다수 제품의 제조 과정에 공통적으로 소비된 비용으로 생산된 제품에 인위적으로 적당하게 배분한다. 간접재료비, 간접노무비, 간접경비로 구분한다.

23 ① 직접재료비, 직접노무비 등은 조업도 증감에 따라 비례적으로 증감하는 변동비에 해당한다.

24 ③
① 지속적으로 대량생산을 해야 하는 경우에는 자체생산이 바람직할 것이다.
② 제품의 구성에서 전략적인 중요성을 가진 부품이라면 자체생산이 필요하다.
④ 자사가 고유기술을 보유해야 하는 경우, 특허권을 취득할 때까지는 자체생산이 필요하다.

25 5, 10

26 투기구매

27 ③
• 한국무역협회: 무역업 및 무역대리점 신고기관
• 주무관서장: 수출입 추천기관
• 갑종 외국환 은행: 수출입관계 금융기관
• 상공회의소: 무역거래 알선 및 조사기관으로 원산지증명서 발행.

28 ④
관세법 제2조(용어의 정의) "환적"(換積)이란 동일한 세관의 관할구역에서 입국 또는 입항하는 운송수단에서 출국 또는 출항하는 운송수단으로 물품을 옮겨 싣는 것을 말한다.

29 ②
외국환거래법 제3조(정의)
16. "외국환업무"란 다음 각 목의 어느 하나에 해당하는 것을 말한다.
가. 외국환의 발행 또는 매매
나. 대한민국과 외국 간의 지급·추심(推尋) 및 수령
다. 외국통화로 표시되거나 지급되는 거주자와의 예금, 금전의 대차 또는 보증
라. 비거주자와의 예금, 금전의 대차 또는 보증
마. 그 밖에 가목부터 라목까지의 규정과 유사한 업무로서 대통령령으로 정하는 업무

30 ①
• 발행인: 환어음의 발행인은 수출자, 일반적으로 발행인은 거래은행을 수취인으로 하여 수출자의 거래은행이 수출자를 대신하여 수입자 또는 수입자의 거래은행으로부터 대금을 지급받도록 한다.
• 지급인: 수입자 또는 수입자가 지정한 거래은행
• 수취인: 환어음의 지급금액을 지급받는 자이며, 발행인이 발행인 스스로를 지명할 수도 있고 제3자가 될 수도 있다.

31 상호계산

32 현찰

[실무 답안]

1	2	3	4	5	6	7	8	9	10
②	①	①	①	③	②	④	③	③	①
11	12	13	14	15	16	17	18	19	20
②	④	①	②	③	③	③	④	③	②
21	22	23	24	25					
①	④	①	②	④					

[풀이] ●

01 ② [시스템관리] → [기초정보관리] → [품목등록] 해당 품목 선택 후 MASTER/SPEC 및 ORDER/COST 탭에서 세부정보 확인

02 ① [시스템관리] → [기초정보관리] → [일반거래처등록] 해당 거래처별 세부사항 확인

03 ① [시스템관리] → [기초정보관리] → [창고/공정(생산)/외주공정등록] 사업장 입력 후 창고/장소 탭에서 조회 / 해당 창고별 세부 장소(위치)의 '적합여부/가용재고여부' 확인

04 ① [영업관리] → [영업관리] → [판매계획등록(고객별상세)] 사업장, 대상년월 선택 후 조회하여 확인

05 ③ [영업관리] → [영업관리] → [견적등록] 사업장, 견적기간 입력 후 조회 / 견적번호별 하단의 결제조건 및 납기일 확인

06 ② [영업관리] → [영업관리] → [수주등록] 사업장, 주문기간 입력 후 조회 / 수주번호별 세부사항 확인 및 하단의 품목선택 후 마우스 R 클릭하여 [수주등록] 이력정보 확인

07 ④ [영업관리] → [영업현황] → [수주현황] 사업장, 주문기간 입력 후 조회하여 관리구분별 소계 확인(마우스 R 클릭 후 정렬 및 소계설정 기능 활용)

08 ③ [시스템관리] → [기초정보관리] → [창고/공정(생산)/외주공정등록] 사업장 입력 후 창고/장소 탭에서 조회 / 해당 창고의 세부 장소(위치)의 '가용재고여부' 확인
[영업관리] → [영업관리] → [출고처리(국내수주)] 사업장, 출고기간, 출고창고 입력 후 예외출고 탭에서 조회하여 해당 출고번호 확인

09 ③ [영업관리] → [영업관리] → [출고처리(국내수주)] 사업장, 출고기간, 출고창고 선택 후 예외출고 및 주문출고 탭에서 각각 조회 / 해당 출고번호 하단의 품목별 출고장소 확인

10 ① [영업관리] → [영업관리] → [회계처리(매출마감)] 사업장, 기간 입력 후 매출마감 및 회계전표 탭에서 각각 조회하여 매출마감번호별 세부사항 확인

11 ② [영업관리] → [영업현황] → [미수채권상세현황] 사업장, 조회기간, 조회기준 선택 후 고객 탭에서 조회하여 세부사항 확인

12 ④ [구매/자재관리] → [구매관리] → [청구등록] 사업장, 요청일자 입력 후 조회 / 하단의 품목선택 후 마우스 R 클릭하여 [청구등록] 이력정보 확인

13 ① [구매/자재관리] → [구매관리] → [발주등록] 사업장, 발주기간 입력 후 조회 / 발주번호별 담당자 확인
[시스템관리] → [기초정보관리] → [물류실적(품목/고객)담당자등록] 거래처 탭에서 거래처별 구매담당자 확인

14 ② [구매/자재관리] → [구매현황] → [발주현황] 사업장, 발주기간 입력 후 우측 상단의 [검색상세] 버튼 클릭 / 해당 발주번호 입력 후 조회하여 세부사항 확인

15 ③ [구매/자재관리] → [구매관리] → [발주등록] 사업장, 발주기간 입력 후 조회 / 해당 발주번호 하단 품목의 검사여부 확인(검사여부가 '검사'인 품목은 '발주적용' 기능으로 조회할 수 없으며, 검사 후 '검사적용' 기능으로 조회할 수 있다.)

16 ③ [구매/자재관리] → [구매관리] → [입고처리(국내발주)] 사업장, 입고기간, 입고창고, 입고번호 입력 후 예외입고 탭에서 조회하여 세부사항 확인 / 하단의 품목선택 후 마우스 R 클릭하여 [입고처리(국내발주)] 이력정보 확인

17 ③ [구매/자재관리] → [구매관리] → [매입마감(국내거래)] 사업장, 마감기간 입력 후 조회 / 해당 마감번호의 세부사항 확인 및 하단의 품목선택 후 [매입마감(국내거래)] 이력정보 확인 / 이력정보 팝업 창에서 입고처리(국내발주)란을 더블 클릭하면 해당 자료로 연결됨

18 ④ [구매/자재관리] → [재고관리] → [재고이동등록(창고)] 사업장, 이동기간 입력 후 조회하여 이동번호별 세부사항 확인

19 ③ [구매/자재관리] → [재고관리] → [기초재고/재고조정등록] 사업장, 조정기간 입력 후 입고조정 및 출고조정 탭에서 조회하여 확인
　　※ 실손 발생으로 인한 재고의 출고조정이 필요하므로, 본 건의 업무처리는 [기초재고/재고조정등록] 메뉴의 출고조정 또는 입고조정에서 수행되어야 한다.

20 ② [무역관리] → [MASTER L/C(수출)] → [L/C등록] 사업장, L/C구분, 주문기간 입력 후 조회 / 해당 L/C 번호 체크 후 [선택항목 편집] 버튼을 클릭하여 조회된 내용을 확인

21 ① [무역관리] → [기타(수출)] → [출고처리(해외수주)] 사업장, 출고기간, 출고창고 입력 후 조회하여 세부사항 확인 / 하단의 품목선택 후 마우스 R 클릭하여 [출고처리(해외수주)] 이력정보 확인

22 ④ [무역관리] → [MASTER L/C(수출)] → [COMMERCIAL INVOICE 등록] 상단의 '조회' 버튼을 클릭하여 송장기간 입력 후 해당 Invoice를 선택하여 세부사항 확인

23 ① [무역관리] → [MASTER L/C(수입)] → [B/L접수] 사업장, 선적기간 입력 후 조회 / 선적적용 조회 창에서 해당 B/L번호 선택 후 확인 / 하단의 품목선택 후 마우스 R 클릭하여 [B/L접수] 이력정보 확인 / 이력정보 팝업 창에서 L/C개설란을 더블 클릭하면 해당 자료로 연결됨

24 ② [무역관리] → [MASTER L/C(수입)] → [수입제비용등록] 사업장, 등록기간 입력 후 조회하여 확인

25 ④ [무역관리] → [수입현황] → [수입진행현황] 사업장, 발주기간 입력 후 발주번호별 탭에서 조회하여 확인

답안및풀이

생산 1급 ┃ 2025년 1회 (2025년 1월 25일 시행)

[이론 답안]

1	2	3	4	5	6	7	8
③	③	③	③	③	③	③	①
9	10	11	12	13	14	15	16
①	②	④	1일	7일	③	③	④
17	18	19	20	21	22	23	24
③	①	간트차트	90%	80%	④	③	②
25	26	27	28	29	30	31	32
④	623개	RCCP	③	①	③	c	관리단계

[풀이]

01 ③

[인공지능 규범(AI CODE)의 5대 원칙]
- Code 1: 인공지능은 인류의 공동 이익과 이익을 위해 개발되어야 한다.
- Code 2: 인공지능은 투명성과 공정성의 원칙에 따라 작동해야 한다.
- Code 3: 인공지능이 개인, 가족, 지역 사회의 데이터 권리 또는 개인정보를 감소시켜서는 안 된다.
- Code 4: 모든 시민은 인공지능을 통해서 정신적, 정서적, 경제적 번영을 누리도록 교육받을 권리를 가져야 한다.
- Code 5: 인간을 해치거나 파괴하거나 속이는 자율적 힘을 인공지능에 절대로 부여하지 않는다.

02 ③

[기계학습(머신러닝) 워크플로우 6단계]
- 데이터 수집(1단계): 인공지능 구현을 위해서는 머신러닝 · 딥러닝 등의 학습방법과 이것을 학습할 수 있는 방대한 양의 데이터와 컴퓨팅 파워가 필요
- 점검 및 탐색(2단계): 데이터의 구조와 결측치 및 극단적 데이터를 정제하는 방법을 탐색하며, 변수들 간 데이터 유형 등 데이터의 특징을 파악
- 전처리 및 정제(3단계): 다양한 소스로부터 획득한 데이터 중 분석하기에 부적합하거나 수정이 필요한 경우, 데이터를 전처리하거나 정제하는 과정
- 모델링 및 훈련(4단계): 머신러닝에 대한 코드를 작성하는 모델링 단계로 적절한 알고리즘을 선택하여 모델링을 수행하고, 알고리즘에 전처리가 완료된 데이터를 학습(훈련)하는 단계
- 평가(5단계): 머신러닝 기법을 이용한 분석모델(연구모형)을 실행하고 성능(예측정확도)을 평가하는 단계
- 배포(6단계): 평가 단계에서 머신러닝 기법을 이용한 분석모델(연구모형)이 성공적으로 학습된 것으로 판단되면 완성된 모델을 배포

03 ③ 논리적 작업단위인 트랜잭션이 아닌 비즈니스 프로세스에 초점을 맞추어야 한다.

[효과적인 ERP 교육 시 고려사항]
- 다양한 교육도구를 이용하여야 한다.
- 교육에 충분한 시간을 배정하여야 한다.
- 논리적 작업단위인 트랜잭션이 아닌 비즈니스 프로세스에 초점을 맞추어야 한다.

- 사용자에게 시스템 사용법과 업무처리 방식을 모두 교육하여야 한다.
- 조직차원의 변화관리 활동을 잘 이해하도록 교육을 강화하여야 한다.

04 ③

05 ③ 패키지 파라미터 설정이 ERP시스템의 목표를 명확하게 하지는 않는다.

06 ③
- 기존 120대 ÷ 12명 = 10대/명
- 개선 120대 ÷ 10명 = 12대/명
  따라서, 생산성은 20%[(12대−10대)÷10대] 향상되었다.

07 ③
[생산방식의 특징]
- 개별생산방식(Job Shop): 단속생산, 주문에 의한 생산, 범용기계, 공정별 기계배치, 큰 유연성, 숙련공, 공장 내의 물자이송(물류)량이 큼
- 흐름생산방식(Flow Shop): 주로 석유, 화학, 가스, 주류 등 원자재가 파이프라인을 통하여 공정으로 이동되며, 각 공정의 옵션에 따라서 몇 가지의 제품을 생산하는 방식이다. 연속생산, 특수기계의 생산라인, 적은 유연성, 물자이송(물류)량이 작음, 전용기계, 제품별 배치, 비숙련공도 투입, 대량 및 재고생산(make-to-stock)에 해당
- 프로젝트생산방식(Project Shop): 제품은 고정, 설비나 작업자가 이동
- 연속생산방식(Continuous Production): 반복생산, 제품으로써 대량데이터 처리, 시간단축 등으로 효율화시킨 MRP가 적용되고 있으며, 부품조달과 절차개선에 JIT 기법이 광범위하게 이용

08 ①
총괄생산계획(APP: Aggregate Production Plan) 하에서 수요변동에 대비하여 사용되는 전략은 대표적으로 고용수준의 변동, 생산율 조정, 재고수준의 조정, 하청 및 설비확장 등이다.

09 ①

10 ②
수요가 증가하는 상황에서는 하청업체 축소는 적절하지 않으며, 필요 시 초과근로수당(잔업수당)을 지급하고 조업량을 늘려야 한다. 수요가 감소할 때 유휴인력 해고를 고려할 수 있다.

11 ④
[생산방식의 특징]
- 개별생산방식(Job Shop): 단속생산, 주문에 의한 생산, 범용기계, 공정별 기계배치, 큰 유연성, 숙련공, 공장 내의 물자이송(물류)량이 큼
- 흐름생산방식(Flow Shop): 주로 석유, 화학, 가스, 주류 등 원자재가 파이프라인을 통하여 공정으로 이동되며, 각 공정의 옵션에 따라서 몇 가지의 제품을 생산하는 방식이다. 연속생산, 특수기계의 생산라인, 적은 유연성, 물자이송(물류)량이 작음, 전용기계, 제품별 배치, 비숙련공도 투입, 대량 및 재고생산(make-to-stock)에 해당
- 프로젝트생산방식(Project Shop): 제품은 고정, 설비나 작업자가 이동
- 연속생산방식(Continuous Production): 반복생산, 제품으로써 대량데이터 처리, 시간단축 등으로 효율화시킨 MRP가 적용되고 있으며, 부품조달과 절차개선에 JIT 기법이 광범위하게 이용

12 1일
- 주공정(Critical Path)
  1-3-4-6-8, 따라서, 3+6+7+6 = 22일
  따라서, TL_8 = 22일이다.
  TL_7 = (22−6) = 16일
  TE_7 = 15일이다. (1-3-4-7)
  따라서, 단계 7의 여유시간은 $TL_7 - TE_7$ = 16 − 15 = 1일

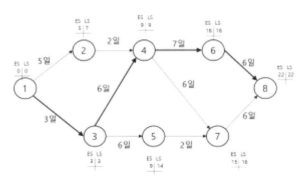

13 7일
- 기대시간치 = (낙관시간치+4×정상(최빈)시간치+비관시간치) ÷ 6
    6일 = (5+4×6+비관시간치) ÷ 6
  따라서, 비관시간치는 7일이다.

14 ③ 재공품 재고시간의 최소화
[공정관리의 목표]
- 생산성 향상
- 비용절감
- 유연성 증대
- 기계 및 인력 이용률의 최대화
- 품질관리
- 시간관리
- 안전 및 환경 보호
- 재공품 재고시간의 최소화

15 ③
- 라인밸런스 효율(Eb) = $\dfrac{\text{라인(작업)의 순작업시간 합계}(\sum_{ti})}{\text{작업장 수}(n) \times \text{애로공정의 시간}(t_{\max})} \times 100$

  $= \dfrac{30+27+23+40}{4 \times 40} \times 100 = 75\%$

- 불균형률(d) = 1− 라인밸런스 효율(Eb) = 1 − 0.75 = 0.25(25%)

16 ④

17 ③
공정관리란 협의의 생산관리인 생산통제(Production Control)로 쓰이며, 이를 미국 기계기사협회인 ASME(American Society of Mechanical Engineers)에서는 "공장에 있어서 원재료로부터 최종제품에 이르기까지의 자재, 부품의 조립 및 종합조립의 흐름을 순서정연하게 능률적인 방법으로 계획하고, 공정을 결정하고(Routing), 일정을 세워(Scheduling), 작업을 할당하고(Dispatching), 신속하게 처리하는(Expediting) 절차"라고 정의하고 있다.

18 ①
- 애로공정: 생산 라인에서 작업시간이 가장 긴 공정이며, 전체 라인의 속도를 좌우하는 작업으로 전체 공정의 흐름을 막고 있는 공정
- 라인 밸런싱: 애로공정으로 인해 능률이 떨어지는 경우, 각 공정의 소요시간이 균형을 이루도록 작업장이나 작업 순서를 배열하는 것
- 공수체감: 경험에 의해 작업수행능력이 향상되며, 반복할수록 작업 능률이 향상되는 것
- 정체공정: 제품 또는 부품이 다음 가공, 조립을 위해 일시적으로 체류하거나 계획에 의해 보관된 상태

19 간트차트

20 90%
- 이용가능시간 = 4대 × 6시간 × 4교대 × 5일 = 480시간(비가동 포함)
- 실제작업시간 = 이용가능시간 480시간 − 기계불가능시간 48시간 = 432시간
- 이용률 = 실제작업시간 ÷ 이용가능시간 × 100 = 432시간 ÷ 480시간 × 100 = 90%

21 80%

- 라인밸런스 효율(Eb) = $\dfrac{\text{라인(작업)의 순작업시간 합계}(\sum t_i)}{\text{작업장수}(n) \times \text{애로공정의시간}(t_{max})} \times 100$

  $= \dfrac{6+6+8+7+9}{5 \times 9} \times 100 = 80\%$

22 ④

- 순환재고: 생산 또는 주문 주기에 따라 계획적으로 보충되는 재고로, 주기적으로 소비되고 보충되면서 운영의 지속성을 유지하는 데 중요한 역할을 함
- 안전재고: 예상치 못한 수요 증가나 공급의 지연에 대비해 추가로 보유하는 재고를 의미하며 공급망의 불확실성을 완화하고, 생산 및 판매 활동의 연속성을 보장하는 데 중요한 역할을 함
- 수송재고: 한 위치에서 다른 위치로 이동 중인 재고를 의미함. 수송재고는 공급망 관리에서 중요한 요소로 적절한 관리가 필요함

23 ③

- 경제적 주문량(EOQ) = $\sqrt{\dfrac{2SD}{H}}$ = $\sqrt{\dfrac{2 \times 1\text{회 주문비용}(S) \times \text{연간 총수요}(D)}{\text{단위당 연간 재고유지비용}(H)}}$

  $= \sqrt{\dfrac{2 \times 400 \times 2,000}{100 \times 0.4}}$ = 200개

24 ②

[SCM 추진효과]

- 통합적 정보시스템 운영
- 고객만족, 시장변화에 대응
- 생산효율화
- 물류비용 절감
- 구매비용 절감
- 총체적 경쟁우위 확보

25 ④ MRP는 제품의 생산 일정에 따라 필요한 원자재와 부품의 양을 계산하고, 적절한 시기에 주문할 수 있도록 도와주며 이를 통해 생산의 효율성을 높이고, 재고 부족이나 과잉을 방지할 수 있음

26 623개

27 RCCP

28 ③

29 ① 길이, 무게, 강도, 온도 등의 데이터는 계량치 관리도에 대한 설명이다.

30 ③

[QC 7가지 도구]

- 산점도(scatter diagram): 산포도라고도 하며, 한 대상에 나타나는 두 가지가 서로 상관이 있는지 없는지를 점의 흩어진 상태를 그려봄으로써 상관의 경향을 파악하고 필요한 조치를 취하도록 하는 방법
- 파레토도(pareto chart): 불량, 결점, 고장 등의 발생 건수(혹은 손실금액)를 분류항목별로 순서대로 나열해 놓은 것
- 특성요인도(cause-and-effect diagrams): 요인이 어떻게 작용하고 있으며, 영향을 주고 있는가를 한눈에 볼 수 있도록 작성한 그림
- 히스토그램(Histogram): 길이, 무게, 시간, 경도 등을 측정하는 데이터의 계량치가 어떠한 분포를 하고 있는지를 한눈에 알아보기 쉽게 나타낸 도표
- 층별(Stratification): 데이터를 몇 개의 범주에 의하여 구분함으로써 문제의 원인을 파악하려는 기법으로 수집된 데이터를 특성 항목별로 분류함으로써 각 항목별 장·단점을 분석
- 관리도(Control Chart): 품질특성의 변화를 관리상한선(UCL)과 관리하한선(LCL)으로 설정하여 그래프로 나타낸 것으로 공정이 안정상태 또는 관리상태에 있는지의 여부를 판별하고 공정을 안정상태로 유지함으로써 제품의 품질을 균일화하기 위한 목적
- 체크시트(Check Sheet): 현장에서 확인된 일련의 데이터에 대하여 일정한 양식을 이용하여 간단히 표기함으로써 쉽게 도수분포를 구하고, 이로부터 여러 가지 정보를 얻어 검사용, 관리용, 해석용 등으로 활용할 수 있도록 만들어진 시트

31 c

32 관리단계

[DMAIC 추진 단계]
- 정의(Defome)단계: 테마선정 단계로서, CTQ(Critical to Quality) 및 현 수준평가를 통한 개선 영역을 확인하고 테마의 우선순위를 결정
- 측정(Measurement)단계: 주요 제품 특성치(종속변수)를 선택하고, 필요한 측정을 실시하여 품질수준을 조사하며, 그 결과를 공정관리 카드에 기록하고 단기 또는 장기 공정능력을 추정
- 분석(Analysis)단계: 주요 제품의 특성치와 최고수준의 타 회사 특성치를 벤치마킹한다. 차이분석을 통하여 최고 수준의 제품이 성공적인 성능을 내기 위한 요인이 무엇인가를 조사하여 목표를 설정한다.
- 개선(Improvement)단계: 설정된 목표를 달성하기 위하여 개선되어야 할 성능 특성치를 선택하고 개선
- 관리(Control)단계: 새로운 공정조건을 표준화시키고 통계적 공정관리 방법으로 그 변화를 탐지하고 새 표준으로 공정이 안정되면 공정능력을 재평가

[실무 답안]

1	2	3	4	5	6	7	8	9	10
③	④	①	③	④	④	①	①	②	③

11	12	13	14	15	16	17	18	19	20
①	④	③	②	①	③	④	③	②	②

21	22	23	24	25					
①	④	③	④	①					

[풀이]

01 ③ [시스템관리] → [기초정보관리] → [품목등록] 계정구분, 조달구분, 검사여부 선택 후 해당 품목별 ORDER/COST 탭에서 세부정보 확인

02 ④ [시스템관리] → [기초정보관리] → [물류실적(품목/고객)담당자등록] 거래처 및 품목 탭에서 각각 조회하여 확인

03 ① [시스템관리] → [기초정보관리] → [검사유형등록] 검사구분 선택 후 조회하여 확인

04 ③ [생산관리공통] → [기초정보관리] → [BOM등록] 모품목, 기준일자, 사용여부 선택 후 조회하여 자품목의 세부사항 확인

05 ④ [생산관리공통] → [기초정보관리] → [외주단가등록] 사업장, 외주공정, 외주처 선택 후 조회 / 단가적용비율, 실제원가대비 입력 후 일괄변경 클릭하여 조회 / 품목별로 변경된 외주단가 확인

06 ④ [생산관리공통] → [생산관리] → [생산계획등록] 사업장, 작업예정일 입력 후 품목별 탭에서 조회하여 품목별로 세부사항 확인

07 ① [생산관리공통] → [생산관리] → [작업지시등록] 사업장, 공정, 작업장, 지시기간 입력 후 조회 / 생산설비별 작업지시수량 확인

08 ① [생산관리공통] → [생산관리] → [작업지시확정] 사업장, 공정, 작업장, 지시기간 입력 후 조회 / 작업지시별 하단의 청구자재 확인
[생산관리공통] → [기초정보관리] → [BOM정전개] 모품목 입력 후 BOM 탭에서 조회 / 작업지시확정 메뉴의 청구자재와 BOM전개 자재를 비교하여 확인

09 ② [생산관리공통] → [생산관리] → [생산자재출고] 사업장, 출고기간 입력 후 조회하여 해당 출고번호별 하단 출고자재의 모품목 확인

10 ③ [생산관리공통] → [생산관리] → [작업실적등록] 사업장, 지시(품목), 지시공정, 지시작업장 선택 후 조회 / 작업지시번호별 하단 작업실적 자료의 '적합' 및 '부적합' 수량의 합계 확인

11 ① [생산관리공통] → [생산관리] → [생산자재사용등록] 사업장, 구분, 실적공정, 실적작업장, 실적기간, 상태, 실적구분 선택 후 조회 / 작업실적별 하단의 품목 사용수량 합계 확인

12 ④ [생산관리공통] → [생산관리] → [생산실적검사] 사업장, 실적일, 공정, 작업장 선택 후 조회 / 품목별 검사실적 세부사항 확인

13 ③ [생산관리공통] → [생산관리] → [생산품창고입고처리] 사업장, 실적기간, 공정, 작업장 선택 후 조회하여 하단의 입고번호별 입고장소 확인

14 ② [생산관리공통] → [재공관리] → [기초재공등록] 사업장, 등록일 입력 후 조회하여 등록번호별 세부사항 확인

15 ① [생산관리공통] → [외주관리] → [외주발주등록] 사업장, 공정, 외주처, 지시기간 입력 후 조회 / 해당품목의 외주처별 단가 확인

16 ③ [생산관리공통] → [외주관리] → [외주발주확정] 사업장, 지시기간 입력 후 조회하여 생산지시번호별 세부사항 확인

17 ④ [생산관리공통] → [외주관리] → [외주자재출고] 사업장, 출고기간, 외주공정, 외주처 선택 후 조회 / 출고번호별 하단의 출고대상 품목별 모품목 확인

18 ③ [생산관리공통] → [외주관리] → [외주실적등록] 사업장, 지시(품목), 외주공정 선택 후 조회 / 작업지시번호별로 하단에 등록된 작업실적별 실적담당자 실적수량 합계 확인

19 ② [생산관리공통] → [외주관리] → [외주자재사용등록] 사업장, 구분, 외주공정, 외주처, 실적기간, 상태 선택 후 조회 / 외주품목별 하단의 자재사용 수량을 확인

20 ② [생산관리공통] → [외주관리] → [외주마감] 사업장, 마감일, 외주공정 선택 후 조회 / 외주비마감번호별 하단의 합계액 확인

21 ① [생산관리공통] → [외주관리] → [회계처리(외주마감)] 사업장, 기간, 외주처 선택 후 회계전표 탭에서 조회하여 부가세대금금 확인

22 ④ [생산관리공통] → [생산/외주/재공현황] → [자재사용현황(작업별)] 사업장, 사용기간, 공정, 작업장 선택 후 조회 / 작업지시번호별 사용수량 합산하여 확인(마우스 R 클릭 후 정렬 및 소계설정 기능 활용)

23 ③ [생산관리공통] → [생산/외주/재공현황] → [자재청구대비투입/사용현황] 상단의 [단가 OPTION] 버튼을 클릭하여 구매, 생산 모두 실제원가(품목등록) 선택 / 사업장, 지시기간, 공정, 작업장 선택 후 조회 / 작업지시번호별로 하단의 투입금액 확인

24 ④ [생산관리공통] → [생산/외주/재공현황] → [품목별품질현황(샘플검사)] 사업장, 검사기간 입력 후 조회하여 품목별 샘플합격률 확인

25 ① [생산관리공통] → [생산/외주/재공현황] → [생산일보] 우측 상단의 [단가 OPTION] 버튼을 클릭하여 조달구분 구매, 생산 모두 실제원가(품목등록) 체크 / 사업장, 실적기간, 구분, 수량조회기준, 계정 선택 후 실적기준 탭에서 조회하여 품목별 부적합금액 확인

생산 1급 | 2024년 6회 (2024년 11월 23일 시행)

[이론 답안]

1	2	3	4	5	6	7	8
③	①	④	③	③	③	③	④
9	10	11	12	13	14	15	16
③	④	④	31만원	21시간	④	②	④
17	18	19	20	21	22	23	24
④	③	5명	공수	60%	④	②	③
25	26	27	28	29	30	31	32
④	생산능력 소요계획	정보	③	②	④	평가비용	계수형

[풀이]

01 ③

02 ①

03 ④

[ERP 구축절차]
- 분석단계: AS-IS 파악(현재의 업무), 주요 성공요인 도출, 목표와 범위설정, 경영전략 및 비전 도출, 현재 시스템의 문제 파악, 현업의 요구분석, TFT 구성
- 설계단계: TO-BE 프로세스 도출, GAP 분석(패키지 기능과 TO-BE 프로세스와의 차이분석), 패키지 설치, 파라미터 설정, 추가개발 및 수정사항 논의, 인터페이스 문제 논의, 커스터마이징
- 구축단계: 모듈 조합화, 모듈별 테스트 후 통합테스트, 추가개발 및 수정기능 확정, 인터페이스 연계, 출력물 제시
- 구현단계: 시스템 운영(실제 데이터 입력 후 테스트), 시험가동, 데이터 전환, 시스템 평가

04 ③

05 ③ 전체적인 업무 프로세스를 통합 업무처리 시스템에서 관리하면서 효율성을 높인다.

06 ③ 총괄생산계획(APP: Aggregate Production Plan) 하에서 수요변동에 대비하여 사용되는 전략은 대표적으로 고용수준의 변동, 생산율 조정, 재고수준의 조정, 하청 및 설비확장 등이다.

07 ③

호환성 부품(1780년경)은 생산이론의 첫 단계라 볼 수 있으며, 이후 과학적관리, 연속조립, 통계적 품질관리 등장, 린생산시스템, 유연생산시스템, 친환경 생산관리 순이다.

08 ④ ①, ②, ③은 정성적 방법

대상 제품에 관련한 모든 판매자료를 이용하여 가중치 계산 후 추세를 통해 예측하는 방식은 지수평활법으로 정량적 방법의 하나이다.

09 ③ 수요가 증가하여 생산능력이 부족할 때 하청 및 설비확장이 필요하다.

10 ④

PERT/CPM 네트워크에서는 마디와 가지를 이용하여 프로젝트의 활동과 단계를 표시하는데, 프로젝트의 활동이란 프로젝트를 완성시키는데 시간과 자원을 소비하는 작업을 말하며, 단계란 이 활동의 시작과 끝을 의미한다.

11 ④

[프로젝트 일정계획의 순서]
① 프로젝트에서 수행되어야 할 활동을 파악한다.
② 활동 간의 선행관계를 결정하고, 각 활동 및 활동 간의 선행관계를 네트워크 모형으로 작성한다.
③ 프로젝트의 일정을 계산한다.
④ 주공정(critical path)을 결정한다.

12 31만원
- 9월 판매예측치 = 지수평활계수 × 전월의 실제값 + (1 - 지수평활계수) × 전월의 예측치
  = 0.2 × 35만원 + (1 - 0.2) × 30만원
  = 31만원

13 21시간(2+3+5+7+3+1)
[존슨 알고리즘에 의한 총작업 완료시간]

구분	무선 충전기	미니 선풍기	이어폰	USB	손전등	
제조 시간	**2**	**3**	**5**	**7**	2	유휴
테스트 시간	유휴	2	3	5	**3**	**1**

14 ④

[공정의 기본분석 기호]
- 가공(○): 원료, 재료, 부품 또는 제품의 형상, 품질에 변화를 주는 과정
- 운반(⇨): 원료, 재료, 부품 또는 제품의 위치에 변화를 주는 과정
- 수량검사(□): 원료, 재료, 부품 또는 제품의 양이나 개수를 세어 그 결과를 기준과 비교하여 차이를 파악하는 과정
- 품질검사(◇): 원료, 재료, 부품 또는 제품의 품질특성을 시험하고 그 결과를 기준과 비교해서 로트의 합격, 불합격 또는 제품의 양, 불량을 판정하는 과정
- 저장(▽): 원료, 재료, 부품 또는 제품을 계획에 의해 쌓아두는 과정
- 대기(D): 원료, 재료, 부품 또는 제품이 계획의 차질로 체류되어 있는 상태

15 ② 작업상호 간 유기적인 관계가 불명확하다.
[간트차트 정보의 유용성]
- 간트차트를 이용하여 각 작업의 전체 공정시간을 알 수 있다.
- 각 작업의 완료시간을 알 수 있다.
- 다음 작업의 시작시간을 알 수 있다.

[간트차트의 한계]
- 일정계획의 변경을 유연하게 수용할 수 없다.
- 복잡하고 세밀한 일정계획에 적용하기 힘들다.
- 작업들 간의 유기적인 관련성을 파악하기 어렵다.
- 문제점을 사전에 파악하는데 적절하지 않다. 따라서 주요 위험요소의 중점관리 및 사전 통제를 효율적으로 할 수 없다.

16 ④

[애로공정관리의 중요성]
- 애로공정을 식별하고 개선함으로써 전체 생산 라인의 생산성을 향상할 수 있음
- 애로공정관리는 자원의 효율적인 사용을 도와 공정의 효율성을 높일 수 있음
- 애로공정의 개선은 제품 품질의 일관성을 유지하고, 불량률을 줄이는 데 기여함
- 효율적인 애로공정관리는 기업의 전체적인 경쟁력을 강화하여 시장에서 우위를 점할 수 있음

17 ④

18 ③ JIT에서 로트의 크기는 작을수록 좋다.

19 5명
- 인적능력(Cp) = 환산인원(M) × 실제가동시간(T) × 가동률(A)
  3,200 = 환산인원(M) × 160 × 0.8
  따라서, 환산인원은 25명이다.
- 필요인원 25명 = 숙련공 17명 + 미숙련공 4명(5명×0.8) + 미숙련공 채용인원
  따라서, 미숙련공의 채용인원은 5명이다.

20 공수

21 60%
- 라인밸런스 효율(Eb) = $\dfrac{라인(작업)의\ 순작업시간합계(\sum_{ti})}{작업장수(n) \times 애로공정의시간(t_{max})} \times 100$
- 불균형률(d) = 1 − 라인밸런스 효율(Eb)

구분	라인밸런스 효율(Eb)	불균형률(d)
A라인	$\dfrac{3+1+2+1+1}{5\times3} \times 100 = 60\%$	1 − 0.60 = 0.40(40%)
B라인	$\dfrac{1+2+2+2+2}{5\times2} \times 100 = 90\%$	1 − 0.90 = 0.10(10%)
C라인	$\dfrac{4+1+1+1+1}{5\times4} \times 100 = 40\%$	1 − 0.40 = 0.60(60%)
D라인	$\dfrac{1+1+2+4+1}{5\times4} \times 100 = 45\%$	1 − 0.45 = 0.55(55%)

따라서, 불균형률이 가장 높은 C라인이 가장 먼저 불균형을 제거해야 하며, 60%이다.

22 ④
- 경제적 주문량(EOQ) = $\sqrt{\dfrac{2SD}{H}} = \sqrt{\dfrac{2 \times 1회\ 주문비용(S) \times 연간\ 총수요(D)}{단위당\ 연간\ 재고유지비용(H)}}$
- A원두 EOQ = $\sqrt{\dfrac{2 \times 10,000 \times 2,000}{20,000 \times 0.2}}$ = 100kg
- B원두 EOQ = $\sqrt{\dfrac{2 \times 10,000 \times 1,000}{40,000 \times 0.2}}$ = 50kg

23 ②
애로우(A. J. Arrow)는 기업이 재고를 보유하고 있는 이유를 인간이 화폐를 보유하고 있는 이유와 연결하여 거래동기, 예방동기, 투기동기로 설명한다.

24 ③
- MRP의 입력요소: MPS(기준생산계획 또는 주생산일정계획), BOM(자재명세서), 재고기록철
- MRP의 출력요소: 일정계획, CRP(생산능력소요계획)

25 ④ 변화에 빠르게 대응하고, 불확실한 상황에서도 공급망을 안정적으로 유지할 수 있음
[SCM 추진효과]
- 통합적 정보시스템 운영
- 고객만족, 시장변화에 대응
- 생산효율화
- 물류비용 절감
- 구매비용 절감
- 총체적 경쟁우위 확보

26 생산능력소요계획

27 정보

28 ③ 현대의 품질관리는 품질경영으로 변환되면서, 그 초점은 생산자로부터 소비자로 바뀌게 되었다. 따라서 TQM은 고객의 니즈(needs)를 정확히 충족시킬 필요성 또한 강조하고 있다.

29 ② 6시그마는 생산자가 아닌 고객의 관점에서 출발하여 프로세스의 문제를 해결하고자 한다.

30 ④
- 파괴검사: 물품을 파괴하거나, 상품가치가 떨어지는 시험을 하지 않으면 검사의 목적을 달성할 수 없는 검사 (예: 전구 수명시험, 멸균시험 등)
- 비파괴검사: 물품을 시험하여도 상품가치가 떨어지지 않고 검사의 목적을 달성할 수 있는 검사 (예: 전구 점등시험, 도금판의 핀홀 검사 등)

31 평가비용

32 계수형

[실무 답안]

1	2	3	4	5	6	7	8	9	10
④	②	②	③	④	④	①	②	①	④

11	12	13	14	15	16	17	18	19	20
②	④	①	③	①	②	③	④	③	③

21	22	23	24	25
①	①	②	②	④

[풀이]

01 ④ [시스템관리] → [기초정보관리] → [품목등록] 계정구분, 조달구분, 검사여부 선택 후 해당 품목별 ORDER/COST 탭에서 세부정보 확인

02 ② [시스템관리] → [기초정보관리] → [검사유형등록] 검사구분 선택 후 조회하여 확인

03 ② [시스템관리] → [기초정보관리] → [물류실적(품목/고객)담당자등록] 거래처 탭에서 거래처분류, 외주담당자, 지역 선택 후 조회하여 확인

04 ③ [생산관리공통] → [기초정보관리] → [BOM등록] 모품목, 기준일자, 사용여부 선택 후 조회하여 자품목의 세부사항 확인

05 ④ [생산관리공통] → [기초정보관리] → [외주단가등록] 사업장, 외주공정, 외주처 선택 후 조회 / 단가적용비율, 표준원가대비 입력 후 일괄변경 클릭하여 조회 / 품목별로 변경된 외주단가 확인

06 ④ [생산관리공통] → [생산관리] → [생산계획등록] 사업장, [생산계획등록 품목만 조회] 체크, 작업예정일, 계정구분 선택 후 날짜별 탭에서 조회 / 품목별 세부사항 확인 및 품목별 마우스 R 클릭하여 부가기능의 [품목상세정보] 확인

07 ① [생산관리공통] → [생산관리] → [작업지시등록] 사업장, 공정, 작업장, 지시기간 입력 후 조회 / 생산설비별 작업지시수량 확인

08 ② [생산관리공통] → [생산관리] → [작업지시확정] 사업장, 공정, 작업장, 지시기간 입력 후 조회 / 작업지시별 하단의 청구자재 확인
[생산관리공통] → [기초정보관리] → [BOM정전개] 모품목 입력 후 BOM 탭에서 조회 / 작업지시확정 메뉴의 청구자재와 BOM전개 자재를 비교하여 확인

09 ① [생산관리공통] → [생산관리] → [생산자재출고] 사업장, 출고기간 입력 후 조회 / 우측 상단의 [일괄적용] 버튼을 클릭 후 [출고요청 조회 적용] 창에서 청구기간, 청구공정, 청구작업장 선택 후 공정/작업장별 탭에서 조회하여 일괄적용 / 팝업 창에서 출고일자, 출고창고, 출고장소 선택 후 확인 / 해당 품목별 출고수량 합산하여 확인

10 ④ [생산관리공통] → [생산관리] → [작업실적등록] 사업장, 지시(품목), 지시공정, 지시작업장 선택 후 조회 / 작업지시번호별 하단 작업실적 자료의 '적합' 및 '부적합' 수량의 합계 확인

11 ② [생산관리공통] → [생산관리] → [생산자재사용등록] 사업장, 구분, 실적공정, 실적작업장, 실적기간, 상태 입력 후 조회 / 작업실적번호별로 선택 후 상단의 [청구적용] 버튼을 클릭하여 잔량을 확인

12 ④ [생산관리공통] → [생산관리] → [생산실적검사] 사업장, 실적일, 공정, 작업장 선택 후 조회 / 작업실적번호별 검사실적 세부사항 확인

13 ① [생산관리공통] → [생산관리] → [생산품창고입고처리] 사업장, 실적기간, 공정, 작업장, 검사구분(1.검사) 선택 후 조회하여 확인
※ 작업실적등록 시 검사구분이 검사인 경우 생산실적검사 후 생산품창고입고처리를 진행하여야 한다.

14 ③ [생산관리공통] → [재공관리] → [기초재공등록] 사업장, 등록일 입력 후 조회하여 등록번호별 세부사항 확인 및 하단의 품목선택 후 마우스 R 클릭하여 부가기능의 [품목상세정보] 확인

15 ① [생산관리공통] → [생산/외주/재공현황] → [생산일보] 우측 상단의 [단가 OPTION] 버튼을 클릭하여 조달구분 구매, 생산 모두 실제원가(품목등록) 체크 / 사업장, 실적기간, 구분, 공정, 작업장, 수량조회기준 선택 후 실적검사기준 탭에서 검사기준 선택 및 조회하여 품목별 불량금액 확인

16 ② [생산관리공통] → [생산/외주/재공현황] → [실적현황] 사업장, 지시기간, 지시공정, 지시작업장, 실적기간, 실적구분 선택 후 조회하여 품목별 실적수량 확인

17 ③ [생산관리공통] → [외주관리] → [외주발주등록] 사업장, 공정, 외주처, 지시기간 입력 후 조회 / 해당품목의 외주처별 단가 확인

18 ④ [생산관리공통] → [외주관리] → [외주발주확정] 사업장, 공정, 외주처, 지시기간 입력 후 조회 / 생산지시번호별 하단의 품목선택 후 마우스 R 클릭하여 [외주발주확정] 이력정보 확인

19 ③ [생산관리공통] → [외주관리] → [외주자재출고] 사업장, 출고기간 입력 후 조회 / 우측 상단의 [일괄적용] 버튼을 클릭 후 [출고요청 조회 적용] 창에서 청구기간, 청구공정, 청구작업장 선택 후 공정/작업장별 탭에서 조회하여 일괄적용 / 팝업 창에서 출고일자, 출고창고, 출고장소 선택 후 확인 / 품목별 하단의 모품목 확인

20 ③ [생산관리공통] → [외주관리] → [외주실적등록] 사업장, 지시(품목), 외주공정, 외주처 선택 후 조회 / 작업지시번호별로 하단에 등록된 작업실적의 세부사항 확인

21 ① [생산관리공통] → [외주관리] → [외주자재사용등록] 사업장, 구분, 외주공정, 외주처, 실적기간, 상태 선택 후 조회 / 작업실적번호별로 상단의 [청구적용] 버튼을 클릭하여 청구잔량 합계 확인

22 ① [생산관리공통] → [외주관리] → [외주마감] 사업장, 마감일 입력 후 조회 / 상단의 [실적일괄적용] 버튼을 클릭한 후 외주공정, 실적일, 마감일자, 과세구분, 세무구분 선택 후 적용 / 품목별로 반영된 외주마감 자료의 합계액 확인

23 ② [생산관리공통] → [외주관리] → [회계처리(외주마감)] 사업장, 기간 선택 후 외주마감 탭에서 조회 / 마감번호 선택 후 상단의 [전표처리] 버튼을 클릭하여 부가세사업장 선택 후 확인 / 회계전표 탭에서 외주마감 건별로 부가세대급금 확인

24 ② [생산관리공통] → [생산/외주/재공현황] → [자재사용현황(제품별)] 사업장, 사용기간, 공정, 작업장 선택 후 조회 / 작업지시번호별 사용수량 합산하여 확인(마우스 R 클릭 후 정렬 및 소계 설정 기능을 이용하여 사용량의 소계를 적용하여 확인)

25 ④ [생산관리공통] → [생산/외주/재공현황] → [품목별품질현황(전수검사)] 사업장, 검사기간, 계정구분 선택 후 조회하여 품목별 합격률 확인

생산 1급 | 2024년 5회 (2024년 9월 28일 시행)

[이론 답안]

1	2	3	4	5	6	7	8
③	④	③	①	③	③	④	②
9	10	11	12	13	14	15	16
②	④	④	20주	320개	④	③	①
17	18	19	20	21	22	23	24
③	③	760MH	애로	칸반시스템	③	①	③
25	26	27	28	29	30	31	32
④	22,500원	개략능력 요구계획	②	③	①	분석단계	X 관리도

[풀이]

01 ③ 선진 업무프로세스(Best Practice) 도입을 목적으로 ERP 패키지를 도입하였는데, 기존 업무처리에 따라 ERP 패키지를 수정한다면 BPR은 전혀 이루어지지 않는다.

02 ④ GAP분석이란 패키지 기능과 TO-BE 프로세스와의 차이 분석을 의미한다.

03 ③

04 ① 성과측정관리는 SEM(전략적기업경영시스템)의 단위 시스템에 해당한다.
e-Business 지원 시스템을 구성하는 단위 시스템에는 전자상거래시스템(EC), 의사결정지원시스템(DSS), 고객관계관리시스템(CRM), 지식경영시스템(KMS), 경영자정보시스템(EIS), 공급업체관리시스템(SCM) 등이 있다.

05 ③ 논리적 작업단위인 트랜잭션이 아닌 비즈니스 프로세스에 초점을 맞추어야 한다.
[효과적인 ERP 교육 시 고려사항]
- 다양한 교육도구를 이용하여야 한다.
- 교육에 충분한 시간을 배정하여야 한다.
- 논리적 작업단위인 트랜잭션이 아닌 비즈니스 프로세스에 초점을 맞추어야 한다.
- 사용자에게 시스템 사용법과 업무처리 방식을 모두 교육하여야 한다.
- 조직차원의 변화관리 활동을 잘 이해하도록 교육을 강화하여야 한다.

06 ③
- 기존 10개 ÷ 10시간 = 1개/시간
- 개선 10개 ÷ x = 1.25개/시간
  x = 10개 ÷ 1.25개 = 8시간
  따라서, 2시간 단축되었다.

07 ④
[BOM 종류]
- Engineering BOM: 설계자의 시각에서 본 제품의 형상으로 설계의 편이성을 반영
- Manufacturing BOM 또는 Production BOM: MRP 시스템에서 사용하는 BOM으로 생산관리 및 생산현장에서 사용하며 생산공정의 순서를 담고 있다. 필요할 때 가상의 품번을 정의하여 사용

- Planning BOM: Manufacturing BOM 또는 Production BOM을 근거로 주생산일정계획(MPS) 등에서 사용
- Modular BOM: Option과 밀접한 관계가 있으며, 방대한 양의 BOM 데이터관리가 용이하며, MPS 수립 시에도 Option을 대상으로 생산계획을 수립
- Percentage BOM: Planning BOM의 일종으로 제품을 구성하는 부품의 양을 정수로 표현하지 않고 백분율로 표현
- Inverted BOM: 화학이나 제철과 같은 산업에서의 소수의 종류 또는 단일 부품(원료)을 가공하여 여러 종류의 최종제품을 만드는 데 이용된다. 나무가 뒤집힌 형태, 즉 역삼각형 형태의 BOM
- Common Parts BOM: 제품에 공통적으로 사용되는 부품들을 모아 놓은 BOM, 최상위 Item은 가상의 Item Number를 갖음
- Multilevel BOM: 모품목과 자품목의 관계뿐만 아니라 자품목의 자품목까지 보여줌
- Bill of Activity: 부품정보뿐만 아니라 Routing 정보까지 포함하고, 제조·설계·구매 등의 활동까지 표현하고 있는 BOM이며, 주로 금형산업에서 많이 사용
- Phantom BOM: 실제로 존재하는 품목은 아니며 포장자재 등 관리상의 중요도가 떨어지는 품목들을 모아서 가상의 품목으로 BOM을 구성하여 BOM 구조를 좀 더 간단하게 관리하고자 할 경우에 주로 이용

08 ② Job Shop은 범용기계를 활용한다.
[생산방식의 특징]
- 개별생산방식(Job Shop): 단속생산, 주문에 의한 생산, 범용기계, 공정별 기계배치, 큰 유연성, 숙련공, 공장 내의 물자이송(물류)량이 큼
- 흐름생산방식(Flow Shop): 주로 석유, 화학, 가스, 주류 등 원자재가 파이프라인을 통하여 공정으로 이동되며, 각 공정의 옵션에 따라서 몇 가지의 제품을 생산하는 방식이다. 연속생산, 특수기계의 생산라인, 적은 유연성, 물자이송(물류)량이 작음, 전용기계, 제품별 배치, 비숙련공도 투입, 대량 및 재고생산(make-to-stock)에 해당
- 프로젝트생산방식(Project Shop): 제품은 고정, 설비나 작업자가 이동
- 연속생산방식(Continuous Production): 반복생산, 제품으로써 대량데이터 처리, 시간단축 등으로 효율화시킨 MRP가 적용되고 있으며, 부품조달과 절차개선에 JIT 기법이 광범위하게 이용

09 ② 생산계획은 기업의 전반적 계획을 주생산일정계획(MPS)과 연결짓는 역할을 한다. 총괄생산계획을 기초로 주생산일정계획(MPS)에서 완제품의 생산량과 생산시기가 산출된다.

10 ④ 작업의 안정화와 가동률은 서로 상충되는 개념이 아니며, 각 작업을 함께 향상시킬 수 있도록 수행해야 한다.
[일정계획 수립 시 방침]
- 작업흐름의 신속화: 가공로트 수를 작게 할 것, 이동로트 수를 작게 할 것, 공정계열의 병렬화
- 생산기간의 단축
- 작업의 안정화와 가동률 향상
- 애로공정의 능력 증대
- 생산활동의 동기화

11 ④
주경로는 네트워크상 시작단계에서 완료단계까지 가는데 시간이 가장 오래 걸리는 활동들의 경로이다.

12 20주
- 주공정(Critical Path)
1-2-4-5-7-8로 20주가 된다.

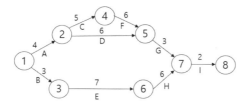

13 320개

14 ④

[공정관리의 목표]
- 납기의 이행 및 단축
- 공정재고의 최소화
- 기계 및 인력이용률의 최대화
- 생산 및 조달시간의 최소화
- 대기시간의 최소화와 유휴시간의 최소화
- 생산비용의 최소화

15 ③ 특정 제품이 어떤 부품들로 구성되는가에 대한 데이터는 자재명세서(BOM)이다.
- 공정(절차)계획(Routing): 원재료를 어떻게 사용하여 어떤 공정에서 가공할 것인가를 계획하는 것이다. 즉 작업의 순서, 표준시간, 각 작업이 행해질 장소를 결정하고 할당한다. 리드타임 및 소요되는 자원의 양을 계산하고 원가계산 시 기초자료로 활용

16 ①
- 이용가능시간 = 3교대 × 8시간 × 5일 × 20대 = 2,400시간(비가동 포함)
- 실제작업시간 = 이용가능시간 − 기계불가능시간 = 2,400시간 − 40시간 = 2,360시간
- 작업효율 = 작업표준시간 ÷ 실제작업시간 × 100 = 1,888시간 ÷ 2,360시간 × 100 = 80%

17 ③

18 ③ JIT에서 로트의 크기는 작을수록 좋다.

[JIT 생산방식의 특징]
- 낭비제거(소 Lot 생산): 최소한의 로트사이즈로 생산하며, 철저하게 낭비를 제거하여 생산성을 높이고 원가를 절감
- 풀 시스템(Pull System): 후행공정의 작업자가 부품을 소비한 만큼만 선행공정에서 가져가도록 하는 시스템
- 수요에 의한 생산: 생산이 소시장 수요에 따라간다. 즉 계획을 일 단위로 세워 생산
- 공급업체의 기업내부화 외부 공급업체와 긴밀한 관계를 유지하며, 신뢰를 바탕으로 한 장기적으로 거래
- 생산공정의 신축성 요구: 생산공정의 신축성(flexibility)을 요구한다. 여기서 신축성은 생산제품을 바꿀 때 필요한 설비, 공구의 교체 등에 소요되는 시간을 짧게 함

19 760MH
- 인적능력(Cp) = 환산인원(M) × 실제가동시간(T) × 가동률(A)
    = 5명 × (20일×8시간) × 0.95 = 760MH

20 애로

21 칸반시스템

22 ③
- 생산능력소요계획(CRP)의 입력정보: MRP에서 산출된 발주계획 정보, 절차계획 정보, 확정주문 정보, 작업공정표 정보, 작업장 상태 정보

23 ①
- 순환재고: 일시에 필요한 양보다 더 많이 주문하는 경우에 생김
- 침몰재고: 재고기간 동안 손상, 구식, 손실 등이 발생하는 재고
- 안전재고: 여러 가지 불확실한 상황에 대처하기 위해 미리 확보하고 있는 재고
- 예상재고: 계절적 요인, 가격의 변화 등을 예상하고 대비하기 위해 보유하는 재고

24 ③

EOQ(경제적 주문량)는 재고를 주문할 때 주문 비용과 보관 비용을 최소화할 수 있는 최적의 주문량을 의미하며, 주요 목적은 재고관리 비용을 최소화하고, 재고가 부족하거나 과잉으로 인해 발생하는 문제를 방지하고자 함

25 ④ 주문전달과 배송상황의 갱신 등의 정보의 흐름은 쌍방향으로 흐른다.

26 22,500원

- 경제적 주문량(EOQ) $= \sqrt{\dfrac{2SD}{H}} = \sqrt{\dfrac{2 \times 1회 주문비용(S) \times 연간 총수요(D)}{단위당 연간 재고유지비용(H)}}$

$$600개 = \sqrt{\dfrac{2 \times 1회 주문비용(S) \times 10,000}{5,000 \times 0.25}}$$

양변을 제곱하면, $\quad 360,000개 = \dfrac{2 \times 1회 주문비용(S) \times 10,000}{5,000 \times 0.25}$

따라서, 1회 주문비용(S)은 22,500원

27 개략능력요구계획

28 ②

설계품질은 요구품질을 실현하기 위해 제품을 기획하고 그 결과를 시방서로 정리하여 도면화한 품질

29 ③

[QC 7가지 도구]

- 산점도(scatter diagram): 산포도라고도 하며, 한 대상에 나타나는 두 가지가 서로 상관이 있는지 없는지를 점의 흩어진 상태를 그려봄으로써 상관의 경향을 파악하고 필요한 조치를 취하도록 하는 방법
- 파레토도(pareto chart): 불량, 결점, 고장 등의 발생 건수(혹은 손실금액)를 분류항목별로 순서대로 나열해 놓은 것
- 특성요인도(cause-and-effect diagrams): 요인이 어떻게 작용하고 있으며, 영향을 주고 있는가를 한눈에 볼 수 있도록 작성한 그림
- 히스토그램(Histogram): 길이, 무게, 시간, 경도 등을 측정하는 데이터의 계량치가 어떠한 분포를 하고 있는지를 한눈에 알아보기 쉽게 나타낸 도표
- 층별(Stratification): 데이터를 몇 개의 범주에 의하여 구분함으로써 문제의 원인을 파악하려는 기법으로 수집된 데이터를 특성 항목별로 분류함으로써 각 항목별 장·단점을 분석
- 관리도(Control Chart): 품질특성의 변화를 관리상한선(UCL)과 관리하한선(LCL)으로 설정하여 그래프로 나타낸 것으로 공정이 안정상태 또는 관리상태에 있는지의 여부를 판별하고 공정을 안정상태로 유지함으로써 제품의 품질을 균일화하기 위한 목적
- 체크시트(Check Sheet): 현장에서 확인된 일련의 데이터에 대하여 일정한 양식을 이용하여 간단히 표기함으로써 쉽게 도수분포를 구하고, 이로부터 여러 가지 정보를 얻어 검사용, 관리용, 해석용 등으로 활용할 수 있도록 만들어진 시트

30 ① 가장 보편적이고 핵심적인 통계적 품질관리기법은 관리도법이다.

31 분석단계

[6시그마의 활동 단계]

- 1단계: Measurement(측정)
  주요 제품 특성치(종속변수)를 선택하고, 필요한 측정을 실시하여 품질수준을 조사하며, 그 결과를 공정관리카드에 기록하고 단기 또는 장기 공정능력을 추정한다.
- 2단계: Analysis(분석)
  주요 제품의 특성치와 최고수준의 타 회사 특성치를 벤치마킹한다. 차이분석을 통하여 최고 수준의 제품이 성공적인 성능을 내기 위한 요인이 무엇인가를 조사하여 목표를 설정한다. 경우에 따라서는 제품이나 공정을 재설계할 필요가 있다.
- 3단계: Improvement(개선)
  설정된 목표를 달성하기 위하여 개선되어야 할 성능 특성치를 먼저 선택한다. 그리고 이 특성치에 대한 변동의 주요 요인을 진단한다. 그 다음으로 실험계획법, 회귀분석 등의 통계적 방법을 통하여 공정변수를 찾고, 이들의 최적조건(새로운 공정조건)을 구한다. 그리고 각 공정변수가 특성치에 영향을 주는 영향 관계를 알아내고 각 공정변수에 대한 운전 규격을 정한다.
- 4단계: Control(관리)
  새로운 공정조건을 표준화시키고 통계적 공정관리 방법으로 그 변화를 탐지하고 새 표준으로 공정이 안정되면 공정능력을 재평가한다. 이러한 사후 분석결과에 따라 필요하면 1, 2단계 또는 3단계로 다시 돌아갈 수도 있다.

32 $\bar{X}$ 관리도

[실무 답안]

1	2	3	4	5	6	7	8	9	10
③	③	②	④	②	③	④	①	④	②

11	12	13	14	15	16	17	18	19	20
①	④	②	①	③	①	④	①	③	④

21	22	23	24	25					
②	④	④	①	②					

[풀이]

01 ③ [시스템관리] → [기초정보관리] → [품목등록] 계정구분, 조달구분, 검사여부 선택 후 해당 품목별 ORDER/COST 탭에서 세부정보 확인

02 ③ [시스템관리] → [기초정보관리] → [물류실적(품목/고객)담당자등록] 거래처 및 품목 탭에서 조회하여 세부사항 확인

03 ② [시스템관리] → [기초정보관리] → [창고/공정(생산)/외주공정등록] 사업장 입력 후 창고/장소 및 생산공정/작업장 탭에서 각각 조회하여 확인

04 ④ [생산관리공통] → [기초정보관리] → [BOM등록] 모품목, 기준일자, 사용여부 선택 후 조회하여 자품목의 세부사항 확인

05 ② [생산관리공통] → [기초정보관리] → [외주단가등록] 사업장, 외주공정, 외주처 선택 후 조회 / 단가적용비율, 표준원가대비 입력 후 일괄변경 클릭하여 조회 / 품목별로 변경된 외주단가 확인

06 ③ [생산관리공통] → [생산관리] → [생산계획등록] 사업장, 작업예정일 입력 후 품목별 탭에서 조회하여 품목별로 세부사항 확인

07 ④ [생산관리공통] → [생산관리] → [작업지시등록] 사업장, 공정, 작업장, 지시기간 입력 후 조회 / 상단의 [생산계획조회] 버튼을 클릭하여 계획기간 입력 후 조회 / 해당 품목별 계획잔량 확인

08 ① [생산관리공통] → [생산관리] → [작업지시확정] 사업장, 공정, 작업장, 지시기간 입력 후 조회 / 작업지시번호별로 하단의 확정수량의 합계 확인

09 ④ [생산관리공통] → [생산관리] → [생산자재출고] 사업장, 출고기간 입력 후 조회하여 출고번호별 하단의 품목별 모품목 확인

10 ② [생산관리공통] → [생산관리] → [작업실적등록] 사업장, 지시(품목), 지시공정, 지시작업장 선택 후 조회 / 하단의 작업실적번호별 세부사항 확인

11 ① [생산관리공통] → [생산관리] → [생산자재사용등록] 사업장, 구분, 실적공정, 실적작업장, 실적기간, 상태, 실적구분 선택 후 조회 / 작업실적별 하단의 품목 사용수량 합계 확인

12 ④ [생산관리공통] → [생산관리] → [생산실적검사] 사업장, 실적일, 공정, 작업장 선택 후 조회 / 품목별 검사실적 세부사항 확인

13 ② [생산관리공통] → [생산관리] → [생산품창고입고처리] 사업장, 실적기간, 공정, 작업장 선택 후 조회하여 하단의 입고번호별 입고장소 확인

14 ① [생산관리공통] → [외주관리] → [외주발주등록] 사업장, 공정, 외주처, 지시기간 입력 후 조회 / 해당품목의 외주처별 단가 확인

15 ③ [생산관리공통] → [외주관리] → [외주발주확정] 사업장, 지시기간 입력 후 조회하여 생산지시번호별 세부 사항 확인

16 ① [생산관리공통] → [외주관리] → [외주자재출고] 사업장, 출고기간 입력 후 조회 / 출고번호 하단의 출고대 상 품목의 출고수량 확인

17 ④ [생산관리공통] → [외주관리] → [외주실적등록] 사업장, 지시(품목), 외주공정 선택 후 조회 / 작업지시번 호별로 하단에 등록된 작업실적별 실적담당자 실적수량 합계 확인

18 ① [생산관리공통] → [외주관리] → [외주자재사용등록] 사업장, 구분, 외주공정, 외주처, 실적기간, 상태 선 택 후 조회 / 외주품목별 하단의 자재사용 수량을 확인

19 ③ [생산관리공통] → [외주관리] → [외주마감] 사업장, 마감일 입력 후 조회 / 상단의 [실적일괄적용] 버튼을 클릭한 후 외주공정, 실적일, 마감일자, 과세구분, 세무구분 선택 후 적용 / 품목별로 반영된 외주마감 자료의 공급가 확인

20 ④ [생산관리공통] → [외주관리] → [회계처리(외주마감)] 사업장, 기간, 외주처 선택 후 회계전표 탭에서 조 회하여 부가세대급금 확인

21 ② [생산관리공통] → [생산/외주/재공현황] → [자재청구대비투입/사용현황] 상단의 [단가 OPTION] 버튼을 클릭하여 구매, 생산 모두 실제원가(품목등록) 선택 / 사업장, 지시기간, 공정, 작업장 선택 후 조회 / 작업 지시번호별로 하단의 사용금액 확인

22 ④ [생산관리공통] → [생산/외주/재공현황] → [실적현황] 사업장, 실적기간 입력 후 조회하여 품목별 실적수 량 확인(마우스 R 클릭 후 정렬 및 소계 설정 기능을 이용하면 편리함)

23 ④ [생산관리공통] → [생산/외주/재공현황] → [자재사용현황(제품별)] 사업장, 사용기간, 지시구분, 지시품목계정 선택 후 조회 / 작업지시번호(품목)별 사용수량 합산하여 확인(마우스 R 클릭 후 정렬 및 소계 설정 기능을 이용하여 품명의 소계를 적용하여 확인)

24 ① [생산관리공통] → [생산/외주/재공현황] → [생산일보] 우측 상단의 [단가 OPTION] 버튼을 클릭하여 조 달구분 구매, 생산 모두 표준원가(품목등록) 체크 / 사업장, 실적기간, 수량조회기준 선택 후 실적검사기준 탭에서 검사기준 선택 및 조회하여 품목별 검사대기금액 확인

25 ② [생산관리공통] → [생산/외주/재공현황] → [생산월보] 사업장, 해당년도, 구분 선택 후 실적기준 탭에서 조회기준(부적합), 집계기준(입고) 선택 후 조회하여 확인

생산 1급 | 2024년 4회 (2024년 7월 27일 시행)

[이론 답안]

1	2	3	4	5	6	7	8
①	④	③	④	②	②	②	③
9	10	11	12	13	14	15	16
①	③	②	18일	MTS	①	②	④
17	18	19	20	21	22	23	24
④	②	85%	정돈	75%	③	②	③
25	26	27	28	29	30	31	32
②	200개	200개	④	①	②	예방비용	샘플링검사

[풀이]

01 ①

[ERP 구축절차]
- 분석단계: AS-IS 파악(현재의 업무), 주요 성공요인 도출, 목표와 범위설정, 경영전략 및 비전 도출, 현재 시스템의 문제 파악, 현업의 요구분석, TFT 구성
- 설계단계: TO-BE 프로세스 도출, GAP 분석(패키지 기능과 TO-BE 프로세스와의 차이분석), 패키지 설치, 파라미터 설정, 추가개발 및 수정사항 논의, 인터페이스 문제 논의, 커스터마이징
- 구축단계: 모듈 조합화, 모듈별 테스트 후 통합테스트, 추가개발 및 수정기능 확정, 인터페이스 연계, 출력물 제시
- 구현단계: 시스템 운영(실제 데이터 입력 후 테스트), 시험가동, 데이터 전환, 시스템 평가

02 ④ 클라우드 서비스 제공자와 별도의 계약을 체결한 어플리케이션은 자율적으로 설치 및 활용이 가능하다.

03 ③ 기존 정보시스템은 수직적으로 업무를 처리하고, ERP는 수평적으로 업무를 처리한다.

04 ④ 클라우드 서비스 제공자와 별도의 계약을 체결한 어플리케이션은 자율적으로 설치 및 활용이 가능하다.

05 ② ERP시스템의 안정적인 운영을 위하여 특정 H/W나 S/W업체에 의존하지 않는 오픈-멀티벤더 시스템으로 개발되고 있다. 즉 특정 하드웨어나 운영체제에만 의존하지 않고 다양한 애플리케이션과 연계가 가능한 개방형 시스템이다.

06 ②
- 노동생산성 = 산출액 ÷ 투입시간
- 개선 전 노동생산성 500대 ÷ 5명 = 100대/명
- 개선 후 노동생산성 500대 ÷ 4명 = 125대/명
  따라서, 노동생산성은 25%[(125-100)÷100] 향상되었다.

07 ②
- 최근 4개월의 가중이동평균은 최근 월부터 4월, 3월, 2월, 1월 순으로 각각 0.4, 0.3, 0.2, 0.1의 가중치를 적용하여 계산한다.
- 5월의 예측판매량 = (130×0.4) + (120×0.3) + (110×0.2) + (100×0.1) = 120개

08 ③ 수요예측의 마지막 단계는 예측치에 대한 검증(타당성, 정확성)이다.
[예측의 7단계]
- 1단계: 예측의 목적과 용도
- 2단계: 예측 대상 품목과 단위 결정
- 3단계: 예측 기간의 선정
- 4단계: 적합한 예측 기법의 선정
- 5단계: 필요한 자료의 수집
- 6단계: 예측의 시행
- 7단계: 예측치에 대한 검증(타당성, 정확성)

09 ① 범용 기계는 Job Shop의 특징이다.
[생산방식의 특징]
- 개별생산방식(Job Shop): 단속생산, 주문에 의한 생산, 범용기계, 공정별 기계배치, 큰 유연성, 숙련공, 공장 내의 물자이송(물류)량이 큼
- 흐름생산방식(Flow Shop): 주로 석유, 화학, 가스, 주류 등 원자재가 파이프라인을 통하여 공정으로 이동되며, 각 공정의 옵션에 따라서 몇 가지의 제품을 생산하는 방식이다. 연속생산, 특수기계의 생산라인, 적은 유연성, 물자이송(물류)량이 작음, 전용기계, 제품별 배치, 비숙련공도 투입, 대량 및 재고생산(make-to-stock)에 해당
- 프로젝트생산방식(Project Shop): 제품은 고정, 설비나 작업자가 이동
- 연속생산방식(Continuous Production): 반복생산, 제품으로써 대량데이터 처리, 시간단축 등으로 효율화시킨 MRP가 적용되고 있으며, 부품조달과 절차개선에 JIT 기법이 광범위하게 이용

10 ③ 수요가 줄어드는 경우에는 생산과 재고를 줄이기 위한 전략이 필요하다.

11 ② TE의 계산은 전진계산이라 한다.

12 18일
- 주공정(Critical Path)
1-4-7-6-8-9, 따라서, 4+5+0+5+4 = 18일

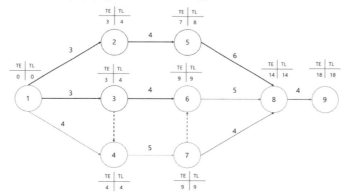

13 MTS
[생산시스템의 제조전략에 따른 분류]
- 계획생산(MTS: Make-To-Stock): 주로 생산계획에 의해 운영되는 Push System으로 완제품을 재고로 가지고 있다가 고객의 주문에 맞추어 공급하는 전략으로 생산되는 제품들은 일반적으로 저가품이며, 소품종 대량생산 형태
- 주문생산(MTO: Make-To-Order): 고객의 주문에 의해 운영되는 Pull System으로 고객의 주문이 들어오면 원자재의 가공, 반제품의 생산 및 완제품의 조립이 이루어지는 형태이다. 고객의 주문이 접수되기 전에는 고객의 요구사항을 정확하게 파악할 수 없기 때문에 주문접수 후 일정, 수량, 자재 등이 결정된다. 따라서 다품종 소량생산 형태

- 주문조립생산(ATO: Assemble－To－Order): 주문생산(MTO)의 일종으로 반제품을 재고로 보관하고 있다가, 고객의 주문에 맞추어 조립한 후에 제품을 공급하는 전략이다. 주로 자동차와 같이 옵션의 종류가 많고 고가인 제품의 생산전략으로 이용

14 ①

[복합 공정분석 기호]
- ◇ : 품질검사를 주로 하면서 수량검사도 한다.
- ◇ : 수량검사를 주로 하면서 품질검사도 한다.
- ◯ : 가공을 주로 하면서 수량검사도 한다.
- ⊖ : 가공을 주로 하면서 운반도 한다.

15 ②

[공정계획]
- 공정(절차)계획(Routing): 원재료를 어떻게 사용하여 어떤 공정에서 가공할 것인가를 계획하는 것이다. 즉 작업의 순서, 표준시간, 각 작업이 행해질 장소를 결정하고 할당한다. 리드타임 및 소요되는 자원의 양을 계산하고 원가계산 시 기초자료로 활용
- 공수계획: 생산예정표에 의해 결정된 생산량에 대해 작업량을 구체적으로 결정하고 그것을 현재 보유하고 있는 사람이나 기계의 능력을 고려하여 양자를 조정하는 것
  - 부하계획: 최대작업량과 평균작업량의 비율인 부하율을 최적으로 유지할 수 있는 작업량의 할당계획
  - 능력계획: 부하계획과 더불어 기준조업도와 실제조업도와의 비율을 최적으로 유지하기 위한 계획

16 ④

[간트차트 정보의 유용성]
- 간트차트를 이용하여 각 작업의 전체 공정시간을 알 수 있다.
- 각 작업의 완료시간을 알 수 있다.
- 다음 작업의 시작시간을 알 수 있다.

[간트차트의 한계]
- 일정계획의 변경을 유연하게 수용할 수 없다.
- 복잡하고 세밀한 일정계획에 적용하기 힘들다.
- 작업들 간의 유기적인 관련성을 파악하기 어렵다.
- 문제점을 사전에 파악하는데 적절하지 않다. 따라서 주요 위험요소의 중점관리 및 사전 통제를 효율적으로 할 수 없다.

17 ④ JIT시스템은 수요에 따라 공급하는 방식으로, 제품이 필요할 때까지 제조하지 않고 필요한 만큼만 제조함으로써 재고를 최소화하는 pull 시스템을 사용한다.

18 ②

[JIT 시스템의 7가지 낭비]
- 과잉 생산의 낭비: 낭비의 뿌리
- 재고의 낭비
- 불량의 낭비
- 동작의 낭비
- 운반의 낭비
- 가공의 낭비
- 대기의 낭비

19 85%
- 가동률 = 출근율 × (1-간접작업률)
  = 1.00 × (1-0.15) = 0.85(85%)

20 정돈

[JIT 시스템의 5S]
- 정리(SEIRI): 필요한 물품과 불필요한 물품을 구분하여 불필요한 물품은 처분한다.
- 정돈(SEITON): 필요한 물품은 즉시 끄집어 낼 수 있도록 만든다.
- 청소(SEISO): 먼지와 더러움을 없애 직장 및 설비를 깨끗한 상태로 만든다.
- 청결(SEIKETSU): 직장을 위생적으로 하여, 작업환경을 향상시킨다. 1), 2), 3)항의 3S를 유지하는 것이다.

• 마음가짐(SHITSUKE): 4S(정리, 정돈, 청소, 청결)를 실시하여 사내에서 결정된 사항, 표준을 준수해 나가는 태도를 몸에 익힌다.

21 75%

• 라인밸런스 효율(Eb) = $\dfrac{\text{라인(작업)의 순작업시간합계}(\Sigma_{ti})}{\text{작업장수}(n) \times \text{애로공정의시간}(t_{\max})} \times 100$

$= \dfrac{8+5+6+5}{4 \times 8} \times 100 = 75\%$

22 ③

• 순환재고: 일시에 필요한 양보다 더 많이 주문하는 경우에 생김
• 침몰재고: 재고기간 동안 손상, 구식, 손실 등이 발생하는 재고
• 안전재고: 여러 가지 불확실한 상황에 대처하기 위해 미리 확보하고 있는 재고
• 예상재고: 계절적 요인, 가격의 변화 등을 예상하고 대비하기 위해 보유하는 재고

23 ②

• 자재소요계획(MRP)의 입력요소: 주생산일정계획(MPS), 자재명세서(BOM), 재고기록철(IRF)

24 ③ RCCP의 주요 입력 데이터는 MPS Plan, CRP의 주요 입력 데이터는 MRP Record이다.

25 ② 수주처리 기간 단축
[SCM 추진효과]
• 통합적 정보시스템 운영
• 고객만족, 시장변화에 대응
• 생산효율화
• 물류비용 절감
• 구매비용 절감
• 총체적 경쟁우위 확보

26 200개

• 경제적 발주(주문)량(EOQ) = $\sqrt{\dfrac{2SD}{H}}$ = $\sqrt{\dfrac{2 \times 1\text{회 주문비용}(S) \times \text{연간 총수요}(D)}{\text{단위당 연간 재고유지비용}(H)}}$

$= \sqrt{\dfrac{2 \times 200 \times 40,000}{4,000 \times 0.1}}$ = 200개

27 200개

• 경제적 생산량(EPQ) = $\sqrt{\dfrac{2SD}{H\left(1-\dfrac{d}{p}\right)}}$ = $\sqrt{\dfrac{2SD}{P_i\left(1-\dfrac{d}{p}\right)}}$

S = 1회 준비비
D = 연간 총생산량
H = 단위당 연간 재고유지비용
P = 생산단가
i = 연간 재고유지비율
d = 수요율(일 수요량)
p = 생산율(일 생산량)

• 경제적 생산량(EPQ) = $\sqrt{\dfrac{2SD}{H\left(1-\dfrac{d}{p}\right)}}$ = $\sqrt{\dfrac{2 \times 200\text{원} \times 10,000\text{개}}{200\text{원}\left(1-\dfrac{100\text{개}}{200\text{개}}\right)}}$ = 200개

* d(일 수요량) = 10,000개 ÷ 100일 = 100개/일

28 ④

[6시그마의 활동 단계]
• 1단계: Measurement(측정)
주요 제품 특성치(종속변수)를 선택하고, 필요한 측정을 실시하여 품질수준을 조사하며, 그 결과를 공정관리 카드에 기록하고 단기 또는 장기 공정능력을 추정한다.

- 2단계: Analysis(분석)

  주요 제품의 특성치와 최고수준의 타 회사 특성치를 벤치마킹한다. 차이분석을 통하여 최고 수준의 제품이 성공적인 성능을 내기 위한 요인이 무엇인가를 조사하여 목표를 설정한다. 경우에 따라서는 제품이나 공정을 재설계할 필요가 있다.
- 3단계: Improvement(개선)

  설정된 목표를 달성하기 위하여 개선되어야 할 성능 특성치를 먼저 선택한다. 그리고 이 특성치에 대한 변동의 주요 요인을 진단한다. 그 다음으로 실험계획법, 회귀분석 등의 통계적 방법을 통하여 공정변수를 찾고, 이들의 최적조건(새로운 공정조건)을 구한다. 그리고 각 공정변수가 특성치에 영향을 주는 영향 관계를 알아내고 각 공정변수에 대한 운전 규격을 정한다.
- 4단계: Control(관리)

  새로운 공정조건을 표준화시키고 통계적 공정관리 방법으로 그 변화를 탐지하고 새 표준으로 공정이 안정되면 공정능력을 재평가한다. 이러한 사후 분석결과에 따라 필요하면 1, 2단계 또는 3단계로 다시 돌아갈 수도 있다.

29 ①
- 우연원인이 생기는 경우: 작업자 숙련도의 차이, 작업환경의 변화, 원자재나 생산설비 등의 제반 특성이 식별하기 어려운 정도의 차이, 종업원의 사기 등 사회나 기술적 요인을 들 수 있다.
- 이상원인(피할수 있는 원인)이 생기는 경우: 작업자의 부주의, 불량자재의 사용, 자재의 변경, 생산설비의 이상, 생산조건의 급격한 변경 등을 들 수 있다.

30 ② 연속변량의 성격을 가진 품질특성을 대상으로 하는 것은 계량치 관리도라 할 수 있다.

31 예방비용

예방비용(Prevention Cost)은 제품이나 서비스의 불량이 처음부터 발생하지 않도록 소요되는 비용으로 품질교육 및 훈련, 분임조활동, 공정관리비용 등이 해당된다.

32 샘플링검사

[샘플링 검사가 유리한 경우]
- 다수 다량의 것으로 어느 정도 불량품이 섞여도 괜찮을 경우
- 검사항목이 많은 경우
- 불완전한 전수검사에 비하여 신뢰성이 높은 결과가 얻어지는 경우
- 검사비용을 적게 하는 편이 이익이 되는 경우
- 생산자에게 품질향상의 자극을 주고 싶을 경우
- 제품의 LOT 크기가 클 경우

[실무 답안]

1	2	3	4	5	6	7	8	9	10
②	①	④	④	①	④	③	③	①	②

11	12	13	14	15	16	17	18	19	20
①	④	④	②	①	④	③	②	②	①

21	22	23	24	25					
②	③	③	④	②					

[풀이]

01 ② [시스템관리] → [기초정보관리] → [품목등록] 계정구분 선택 후 조회 / 품목별로 MASTER/SPEC 및 ORDER/COST 탭에서 세부사항 확인

02 ① [시스템관리] → [기초정보관리] → [물류실적(품목/고객)담당자등록] 품목 탭에서 계정, 품목군 선택 후 조회 / 품목별 자재담당자 및 생산담당자 확인

03 ④ [시스템관리] → [기초정보관리] → [창고/공정(생산)/외주공정등록] 사업장 입력 후 창고/장소, 생산공정/작업장 및 외주공정/작업장 탭에서 각각 조회하여 확인

04 ④ [생산관리공통] → [기초정보관리] → [BOM등록] 모품목, 기준일자, 사용여부 선택 후 조회하여 자품목의 세부사항 확인

05 ① [생산관리공통] → [기초정보관리] → [외주단가등록] 사업장, 외주공정, 외주처 선택 후 조회 / 단가적용비율, 실제원가대비 입력 후 일괄변경 클릭하여 조회 / 품목별로 변경된 외주단가 확인

06 ④ [생산관리공통] → [생산관리] → [생산계획등록] 사업장, 작업예정일, 계정구분 선택 후 날짜별 탭에서 조회하여 확인

07 ③ [생산관리공통] → [생산관리] → [작업지시등록] 사업장, 공정, 작업장, 지시기간 입력 후 조회 / 상단의 [생산계획조회] 버튼을 클릭하여 계획기간 입력 후 조회 / 해당 품목별 계획잔량 확인

08 ③ [생산관리공통] → [생산관리] → [작업지시확정] 사업장, 공정, 작업장, 지시기간 입력 후 조회 / 작업지시번호 전체 선택 후 상단의 [확정] 버튼 클릭 / 사용일 입력 후 확인 / 작업지시번호별로 하단의 확정수량 확인

09 ① [생산관리공통] → [생산관리] → [생산자재출고] 사업장, 출고기간 입력 후 조회 / 우측 상단의 [일괄적용] 버튼을 클릭 후 [출고요청 조회 적용] 창에서 청구기간, 청구공정, 청구작업장 선택 후 공정/작업장별 탭에서 조회하여 일괄적용 / 팝업 창에서 출고일자, 출고창고, 출고장소 선택 후 확인 / 해당 품목별 출고수량 합산하여 확인

10 ② [생산관리공통] → [생산관리] → [작업실적등록] 사업장, 지시(품목), 지시공정, 지시작업장 선택 후 조회 / 작업지시번호별 하단 작업실적 자료의 '적합' 및 '부적합' 수량의 합계 확인

11 ① [생산관리공통] → [생산관리] → [생산자재사용등록] 사업장, 구분, 실적공정, 실적작업장, 실적기간, 상태 선택 후 조회 / 작업실적별 하단의 품목 사용수량 합계 확인

12 ④ [생산관리공통] → [생산관리] → [생산실적검사] 사업장, 실적일, 공정, 작업장 선택 후 조회 / 품목별 검사실적 세부사항 확인

13 ④ [생산관리공통] → [생산관리] → [생산품창고입고처리] 사업장, 실적기간, 공정, 작업장 선택 후 조회하여 하단의 입고번호별 입고장소 확인

14 ② [생산관리공통] → [생산관리] → [작업지시마감처리] 사업장, 지시일, 공정구분, 공정, 작업장 선택 후 조회 / 작업지시번호별 하단의 실적잔량 확인
※ 계획 상태에서는 마감처리가 불가능하다.

15 ① [생산관리공통] → [생산/외주/재공현황] → [생산일보] 우측 상단의 [단가 OPTION] 버튼을 클릭하여 조달구분 구매, 생산 모두 표준원가(품목등록) 체크 / 사업장, 실적기간, 공정, 작업장, 수량조회기준 선택 후 실적검사기준 탭에서 검사기준 선택 및 조회하여 품목별 검사대기금액 확인

16 ④ [생산관리공통] → [생산/외주/재공현황] → [현재공현황(공정/작업장)] 사업장, 공정, 해당년도, 계정, 품목 선택 후 작업장 탭에서 조회하여 확인

17 ③ [생산관리공통] → [외주관리] → [외주발주등록] 사업장, 공정, 외주처, 지시기간 입력 후 조회 / 해당품목의 외주처별 단가 확인

18 ② [생산관리공통] → [외주관리] → [외주발주확정] 사업장, 공정, 외주처, 지시기간 입력 후 조회 / 생산지시 별 하단의 청구자재 확인
[생산관리공통] → [기초정보관리] → [BOM정전개] 모품목 입력 후 BOM 탭에서 조회 / 작업지시확정 메 뉴의 청구자재와 BOM전개 자재를 비교하여 확인

19 ② [생산관리공통] → [외주관리] → [외주자재출고] 사업장, 출고기간 입력 후 조회 / 상단의 [출고요청] 버튼 을 클릭하여 청구기간, 외주공정, 외주처 선택 후 조회 / 품목 전체 선택 후 요청적용 클릭하여 반영 / 하단 의 출고대상 품목별 모품목 확인

20 ① [생산관리공통] → [외주관리] → [외주실적등록] 사업장, 지시(품목), 외주공정 선택 후 조회 / 작업지시번 호별로 하단에 등록된 작업실적별 실적담당자 실적수량 합계 확인

21 ② [생산관리공통] → [외주관리] → [외주자재사용등록] 사업장, 구분, 외주공정, 외주처, 실적기간, 상태 선 택 후 조회 / 작업실적번호별로 상단의 [청구적용] 버튼을 클릭하여 청구잔량 합계 확인

22 ③ [생산관리공통] → [외주관리] → [외주마감] 사업장, 마감일 입력 후 조회 / 상단의 [실적일괄적용] 버튼을 클릭한 후 외주공정, 실적일, 마감일자, 과세구분, 세무구분 선택 후 적용 / 외주처별로 반영된 외주마감 자료 의 합계액 확인

23 ③ [생산관리공통] → [외주관리] → [회계처리(외주마감)] 사업장, 기간, 외주공정, 외주처 선택 후 외주마감 탭에서 조회 / 마감번호 선택 후 상단의 [전표처리] 버튼을 클릭하여 부가세사업장 선택 후 확인 / 회계전표 탭에서 외주마감 건별로 외상매입금 확인

24 ④ [생산관리공통] → [생산/외주/재공현황] → [자재청구대비투입/사용현황] 사업장, 지시기간, 공정, 작업장, 지시구분 선택 후 조회 / 지시번호별로 하단의 청구수량 합계와 투입수량 합계를 비교하여 확인

25 ② [생산관리공통] → [생산/외주/재공현황] → [품목별품질현황(전수검사)] 사업장, 검사기간, 계정 선택 후 조회하여 품목별 합격률 확인

생산 1급 | 2024년 3회 (2024년 5월 25일 시행)

[이론 답안]

1	2	3	4	5	6	7	8
④	④	③	④	④	①	③	③
9	**10**	**11**	**12**	**13**	**14**	**15**	**16**
①	①	③	460대	1일	①	③	①
17	**18**	**19**	**20**	**21**	**22**	**23**	**24**
③	②	800MH	간트차트	JIT	②	②	④
25	**26**	**27**	**28**	**29**	**30**	**31**	**32**
③	20%	작업부하	②	③	②	p 관리도	수입검사

[풀이]

01 ④ 정보보호 측면을 강화하면서 외부와 유연한 연계를 고려한 업무환경 확보하여야 한다.

02 ④ GAP분석이란 패키지 기능과 TO-BE 프로세스와의 차이 분석을 의미한다.

03 ③ 선진 업무프로세스(Best Practice) 도입을 목적으로 ERP 패키지를 도입하였는데, 기존 업무처리에 따라 ERP 패키지를 수정한다면 BPR은 전혀 이루어지지 않는다.

04 ④ 마케팅(marketing), 판매(sales) 및 고객서비스(customer service)를 자동화함으로써 현재 및 미래 고객들과 상호작용할 수 있도록 지원하는 것은 CRM 모듈의 실행 효과이다.

05 ④ 시장조사법: 설문지, 인터뷰, 전화조사, 시제품 발송 등 다양한 방법을 통해 소비자들의 의견 및 시장조사를 통하여 수요를 예측하는 방법

06 ①

07 ③ 성숙기 단계는 이동평균법, 지수평활법 등의 정량적 방법으로 수요예측을 한다.
[제품수명주기 단계별 수요예측방법]
- 도입기: 정성적 방법(델파이법, 중역 및 판매원평가법, 시장실험법, 전문가 의견 등)
- 성장기: 트랜드(추세)를 고려할 수 있는 예측방법(시장조사법, 추세분석 등)
- 성숙기: 정량적 방법(이동평균법, 지수평활법)
- 쇠퇴기: 트랜드(추세)를 고려할 수 있는 예측방법, 정성적 방법(사업규모 축소 및 철수여부 결정)

08 ③

09 ① Job Shop 생산방식은 소량생산이 이루어지므로 공장의 구성이 유동적이다.
[생산방식의 특징]
- 개별생산방식(Job Shop): 단속생산, 주문에 의한 생산, 범용기계, 공정별 기계배치, 큰 유연성, 숙련공, 공장 내의 물자이송(물류)량이 큼
- 흐름생산방식(Flow Shop): 주로 석유, 화학, 가스, 주류 등 원자재가 파이프라인을 통하여 공정으로 이동되며, 각 공정의 옵션에 따라서 몇 가지의 제품을 생산하는 방식이다. 연속생산, 특수기계의 생산라인, 적은 유연성, 물자이송(물류)량이 작음, 전용기계, 제품별 배치, 비숙련공도 투입, 대량 및 재고생산(make-to-stock)에 해당

- 프로젝트생산방식(Project Shop): 제품은 고정, 설비나 작업자가 이동
- 연속생산방식(Continuous Production): 반복생산, 제품으로써 대량데이터 처리, 시간단축 등으로 효율화시킨 MRP가 적용되고 있으며, 부품조달과 절차개선에 JIT 기법이 광범위하게 이용

10 ① 긴급율: 긴급율이 가장 작은 순서로 작업을 진행한다.

11 ③

[PERT/CPM을 이용한 프로젝트 일정계획의 순서]

1. 프로젝트에서 수행되어야 할 활동을 파악한다.
2. 활동 간의 선행관계를 결정하고, 각 활동 및 활동 간의 선행관계를 네트워크 모형으로 작성한다.
3. 프로젝트의 일정을 계산한다.
4. 주공정(critical path)을 결정한다.

12 460대

- 9월 판매예측치 = 지수평활계수 × 전월의 실제값 + (1 − 지수평활계수) × 전월의 예측치
  $$= 0.2 \times 500대 + (1 - 0.2) \times 450대$$
  $$= 460대$$

13 1일

- 단계 3의 여유시간: $TL_3 - TE_3 = 4-3 = 1$
- 주공정(Critical Path)

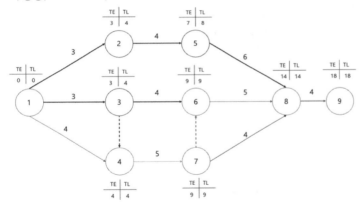

14 ①

[공정계획]

- 공정(절차)계획(Routing): 작업의 순서, 표준시간, 각 작업이 행해질 장소를 결정하고 할당하고, 리드타임 및 자원양을 계산하고 원가계산시 기초 자료로 활용되는 것
- 공수계획: 생산예정표에 의해 결정된 생산량에 대해 작업량을 구체적으로 결정하고 그것을 현재 보유하고 있는 사람이나 기계의 능력을 고려하여 양자를 조정하는 것
  - 부하계획: 최대작업량과 평균작업량의 비율인 부하율을 최적으로 유지할 수 있는 작업량의 할당계획
  - 능력계획: 부하계획과 더불어 기준조업도와 실제조업도와의 비율을 최적으로 유지하기 위한 계획

15 ③

- 가동률 = 출근율 × (1−간접작업률)
  $$= 0.90 \times (1-0.30) = 0.63(63\%)$$

16 ① Bottleneck(병목현상, 애로공정)

17 ③ 칸반(Kanban) 혹은 칸반시스템은 수요가 발생하였을 경우에만 작업을 진행한다. 필요한 때에 필요한 물건을 필요한 양만큼만 만들어서 보다 빨리, 보다 싸게 생산하기 위한 목적으로 활용된다.

18 ②

[JIT 시스템의 5S]
- 정리(SEIRI): 필요한 물품과 불필요한 물품을 구분하여 불필요한 물품은 처분한다.
- 정돈(SEITON): 필요한 물품은 즉시 끄집어 낼 수 있도록 만든다.
- 청소(SEISO): 먼지와 더러움을 없애 직장 및 설비를 깨끗한 상태로 만든다.
- 청결(SEIKETSU): 직장을 위생적으로 하여, 작업환경을 향상시킨다. 1), 2), 3)항의 3S를 유지하는 것이다.
- 마음가짐(SHITSUKE): 4S(정리, 정돈, 청소, 청결)를 실시하여 사내에서 결정된 사항, 표준을 준수해 나가는 태도를 몸에 익힌다.

19 800MH
- 인적능력(Cp) = 환산인원(M) × 실제가동시간(T) × 가동률(A)
  = 5명 × (20일×8시간) × 1.00 = 800MH

20 간트차트

21 JIT

22 ②
- 순환재고: 일시에 필요한 양보다 더 많이 주문하는 경우에 생김
- 침몰재고: 재고기간 동안 손상, 구식, 손실 등이 발생하는 재고
- 안전재고: 여러 가지 불확실한 상황에 대처하기 위해 미리 확보하고 있는 재고
- 예상재고: 계절적 요인, 가격의 변화 등을 예상하고 대비하기 위해 보유하는 재고

23 ② 자재소요계획(MRP)을 수립하기 위해서는 주생산일정계획, 자재명세서, 재고기록철 세 가지가 반드시 필요하다.

24 ④
- 생산능력소요계획(CRP)의 입력정보: MRP에서 산출된 발주계획 정보, 절차계획 정보, 확정주문 정보, 작업공정표 정보, 작업장 상태 정보

25 ③

[SCM 추진효과]
- 통합적 정보시스템 운영
- 고객만족, 시장변화에 대응
- 생산효율화
- 물류비용 절감
- 구매비용 절감
- 총체적 경쟁우위 확보

26 20%

- 경제적 주문량(EOQ) = $\sqrt{\dfrac{2SD}{H}}$ = $\sqrt{\dfrac{2 \times 1\text{회 주문비용}(S) \times \text{연간 총수요}(D)}{\text{단위당 연간 재고유지비용}(H)}}$

  5,000개 = $\sqrt{\dfrac{2 \times 4,000 \times 5,000}{5,000 \times \text{재고유지비율}}}$

  양변을 제곱하면, 25,000,000 = $\dfrac{2 \times 4,000 \times 5,000}{5,000 \times \text{재고유지비율}}$

  따라서, 재고유지비율은 20%이다.

27 작업부하

28 ②

[QC 7가지 도구]
- 산점도(scatter diagram): 산포도라고도 하며, 한 대상에 나타나는 두 가지가 서로 상관이 있는지 없는지를 점의 흩어진 상태를 그려봄으로써 상관의 경향을 파악하고 필요한 조치를 취하도록 하는 방법
- 파레토도(pareto chart): 불량, 결점, 고장 등의 발생 건수(혹은 손실금액)를 분류항목별로 순서대로 나열해 놓은 것
- 특성요인도(cause–and–effect diagrams): 요인이 어떻게 작용하고 있으며, 영향을 주고 있는가를 한눈에 볼 수 있도록 작성한 그림

- 히스토그램(Histogram): 길이, 무게, 시간, 경도 등을 측정하는 데이터의 계량치가 어떠한 분포를 하고 있는지를 한눈에 알아보기 쉽게 나타낸 도표
- 층별(Stratification): 데이터를 몇 개의 범주에 의하여 구분함으로써 문제의 원인을 파악하려는 기법으로 수집된 데이터를 특성 항목별로 분류함으로써 각 항목별 장·단점을 분석
- 관리도(Control Chart): 품질특성의 변화를 관리상한선(UCL)과 관리하한선(LCL)으로 설정하여 그래프로 나타낸 것으로 공정이 안정상태 또는 관리상태에 있는지의 여부를 판별하고 공정을 안정상태로 유지함으로써 제품의 품질을 균일화하기 위한 목적
- 체크시트(Check Sheet): 현장에서 확인된 일련의 데이터에 대하여 일정한 양식을 이용하여 간단히 표기함으로써 쉽게 도수분포를 구하고, 이로부터 여러 가지 정보를 얻어 검사용, 관리용, 해석용 등으로 활용할 수 있도록 만들어진 시트

29 ③
- 우연원인이 생기는 경우: 작업자 숙련도의 차이, 작업환경의 변화, 원자재나 생산설비 등의 제반 특성이 식별하기 어려운 정도의 차이, 종업원의 사기 등 사회나 기술적 요인을 들 수 있다.
- 이상원인(피할수 있는 원인)이 생기는 경우: 작업자의 부주의, 불량자재의 사용, 자재의 변경, 생산설비의 이상, 생산조건의 급격한 변경 등을 들 수 있다.

30 ②
관리도는 공정이 안정상태 또는 관리상태에 있는 지의 여부를 판별하고 공정을 안정상태로 유지함으로써 제품의 품질을 균일화하기 위한 목적이다. Lot로부터 표본을 추출하여 합격·불합격 판정하는 것은 샘플링검사이다.

31 p 관리도

32 수입검사
수입검사(Incoming Inspection)는 납품 업체로부터 제품 입고시 사내 표준 검사기준에 의하여 현장에 투입 전 검사하는 방법을 말한다.

[실무 답안]

1	2	3	4	5	6	7	8	9	10
②	③	①	④	①	③	④	④	③	②
11	12	13	14	15	16	17	18	19	20
③	④	④	②	①	②	③	②	①	③
21	22	23	24	25					
④	④	①	①	②					

[풀이]

01 ② [시스템관리] → [기초정보관리] → [품목등록] 계정구분 선택 후 조회 / 품목별로 MASTER/SPEC 및 ORDER/COST 탭에서 세부사항 확인

02 ③ [시스템관리] → [기초정보관리] → [물류실적(품목/고객)담당자등록] 거래처 및 품목 탭에서 각각 조회하여 확인

03 ① [생산관리공통] → [기초정보관리] → [BOM등록] 모품목, 사용여부 선택 후 조회하여 자품목의 세부사항 확인

04 ④ [시스템관리] → [기초정보관리] → [고객별출력품목등록] 품목 선택 후 조회하여 하단의 고객별 세부사항 확인

05 ① [생산관리공통] → [기초정보관리] → [외주단가등록] 사업장, 외주공정, 외주처 선택 후 조회 / 단가적용비율, 표준원가대비 입력 후 일괄변경 클릭하여 조회 / 품목별로 변경된 외주단가 확인

06 ③ [생산관리공통] → [생산관리] → [생산계획등록] 사업장, 품목군, 작업예정일 입력 후 품목별 탭에서 조회하여 품목별로 세부사항 확인

07 ④ [생산관리공통] → [생산관리] → [작업지시등록] 사업장, 공정, 작업장, 지시기간 입력 후 조회 / 작업지시번호별 생산설비, 작업팀, 작업조 확인

08 ④ [생산관리공통] → [생산관리] → [작업지시확정] 사업장, 공정, 작업장, 지시기간 입력 후 조회 / 작업지시번호별 세부사항 확인

09 ③ [생산관리공통] → [생산관리] → [생산자재출고] 사업장, 출고기간 입력 후 조회하여 해당 출고번호 하단의 품목별 모품목 확인

10 ② [생산관리공통] → [생산관리] → [작업실적등록] 사업장, 지시(품목), 지시공정 선택 후 조회 / 하단의 작업실적번호별로 생산설비 및 작업팀 확인

11 ③ [생산관리공통] → [생산관리] → [생산자재사용등록] 사업장, 구분, 실적공정, 실적작업장, 실적기간, 상태 입력 후 조회 / 작업실적번호별로 선택 후 우측 상단의 [청구적용] 버튼을 클릭하여 잔량 확인

12 ④ [생산관리공통] → [생산관리] → [생산실적검사] 사업장, 실적일, 공정, 작업장, 검사여부 선택 후 조회 / 작업실적별 검사 내역에 대한 세부사항 확인

13 ④ [생산관리공통] → [생산관리] → [생산품창고입고처리] 사업장, 실적기간, 공정, 작업장 선택 후 조회하여 하단의 입고번호별 입고장소 확인

14 ② [생산관리공통] → [외주관리] → [외주발주등록] 사업장, 공정, 외주처, 지시기간 입력 후 조회 / 해당품목의 외주처별 단가 확인

15 ① [생산관리공통] → [외주관리] → [외주발주확정] 사업장, 공정, 외주처, 지시기간 입력 후 조회 / 생산지시번호별 세부사항 확인

16 ② [생산관리공통] → [외주관리] → [외주자재출고] 사업장, 출고기간 입력 후 조회 / 출고번호 하단의 출고대상 품목의 출고수량 확인

17 ③ [생산관리공통] → [외주관리] → [외주실적등록] 사업장, 지시(품목), 외주공정 선택 후 조회 / 작업지시번호별로 하단에 등록된 작업실적별 '적합' 및 '부적합' 실적수량 확인

18 ② [생산관리공통] → [외주관리] → [외주자재사용등록] 사업장, 구분, 실적기간, 상태 선택 후 조회 / 외주품목별 하단의 자재사용 수량을 확인

19 ① [생산관리공통] → [외주관리] → [외주마감] 사업장, 마감일 입력 후 조회 / 상단의 [실적일괄적용] 버튼을 클릭한 후 외주공정, 실적일, 마감일자, 과세구분, 세무구분 선택 후 적용 / 품목별로 반영된 외주마감 자료의 합계액 확인

20 ③ [생산관리공통] → [외주관리] → [회계처리(외주마감)] 사업장, 기간, 외주처 선택 후 회계전표 탭에서 조회하여 부가세대급금 확인

21 ④ [생산관리공통] → [생산/외주/재공현황] → [작업지시/외주발주현황] 사업장, 지시기간 입력 후 조회하여 외주발주 및 작업지시 소계 수량 확인

22 ④ [생산관리공통] → [생산/외주/재공현황] → [자재사용현황(제품별)] 사업장, 사용기간, 지시품목계정 선택 후 조회 / 작업지시번호(품목)별 사용수량 합산하여 확인(마우스 R 클릭 후 정렬 및 소계 설정 기능을 이용하여 품명의 소계를 적용하여 확인)

23 ① [생산관리공통] → [생산/외주/재공현황] → [자재청구대비투입/사용현황] 상단의 [단가 OPTION] 버튼을 클릭하여 구매, 생산 모두 표준원가(품목등록) 선택 / 사업장, 지시기간, 지시구분, 계정 선택 후 조회 / 작업지시번호별로 하단의 사용금액 확인

24 ① [생산관리공통] → [생산/외주/재공현황] → [실적현황] 사업장, 실적기간 입력 후 조회하여 품목별 실적수량 확인(마우스 R 클릭 후 정렬 및 소계 설정 기능을 이용하면 편리함)

25 ② [생산관리공통] → [생산/외주/재공현황] → [생산일보] 우측 상단의 [단가 OPTION] 버튼을 클릭하여 조달구분 구매, 생산 모두 표준원가(품목등록) 체크 / 사업장, 실적기간, 구분, 수량조회기준 선택 후 실적기준 탭에서 조회하여 품목별 부적합금액 확인

생산 1급 | 2024년 2회 (2024년 3월 23일 시행)

[이론 답안]

1	2	3	4	5	6	7	8
①	③	③	②	②	④	①	④
9	10	11	12	13	14	15	16
③	①	②	9	6일	④	④	②
17	18	19	20	21	22	23	24
③	④	2	80%	85%	③	①	①
25	26	27	28	29	30	31	32
①	20,000원	SCM	③	①	②	예방비용	비파괴검사

[풀이]

01 ① 현재 ERP는 기업 내 각 영역의 업무프로세스를 지원하여 통합 업무처리를 추구하는 시스템으로 발전하고 있다.

02 ③ 전통적인 정보시스템의 업무처리 대상은 Task(일 및 기능) 중심이나 ERP는 Process 중심이다.

03 ③ 최소한의 ERP커스터마이징이 필요함을 강조한다.

04 ② 현재의 업무방식을 고수하지 않는다.

05 ②

06 ④
- 생산 및 운영관리의 목표: 원가(비용), 품질, 시간(납기), 유연성

07 ①
[BOM 종류]
- Engineering BOM: 설계자의 시각에서 본 제품의 형상으로 설계의 편이성을 반영
- Manufacturing BOM 또는 Production BOM: MRP 시스템에서 사용하는 BOM으로 생산관리 및 생산현장에서 사용하며 생산공정의 순서를 담고 있다. 필요할 때 가상의 품번을 정의하여 사용
- Planning BOM: Manufacturing BOM 또는 Production BOM을 근거로 주생산일정계획(MPS) 등에서 사용
- Modular BOM: Option과 밀접한 관계가 있으며, 방대한 양의 BOM 데이터관리가 용이하며, MPS 수립 시에도 Option을 대상으로 생산계획을 수립
- Percentage BOM: Planning BOM의 일종으로 제품을 구성하는 부품의 양을 정수로 표현하지 않고 백분율로 표현
- Inverted BOM: 화학이나 제철과 같은 산업에서의 소수의 종류 또는 단일 부품(원료)을 가공하여 여러 종류의 최종제품을 만드는 데 이용된다. 나무가 뒤집힌 형태, 즉 역삼각형 형태의 BOM
- Common Parts BOM: 제품에 공통적으로 사용되는 부품들을 모아 놓은 BOM, 최상위 Item은 가상의 Item Number를 갖음
- Multilevel BOM: 모품목과 자품목의 관계뿐만 아니라 자품목의 자품목까지 보여줌
- Bill of Activity: 부품정보뿐만 아니라 Routing 정보까지 포함하고, 제조·설계·구매 등의 활동까지 표현하고 있는 BOM이며, 주로 금형산업에서 많이 사용

- Phantom BOM: 실제로 존재하는 품목은 아니며 포장자재 등 관리상의 중요도가 떨어지는 품목들을 모아서 가상의 품목으로 BOM을 구성하여 BOM 구조를 좀 더 간단하게 관리하고자 할 경우에 주로 이용

08 ④
[예측의 7단계]
- 1단계: 예측의 목적과 용도
- 2단계: 예측 대상 품목과 단위 결정
- 3단계: 예측 기간의 선정
- 4단계: 적합한 예측 기법의 선정
- 5단계: 필요한 자료의 수집
- 6단계: 예측의 시행
- 7단계: 예측치에 대한 검증(타당성, 정확성)

09 ③
[생산방식의 특징]
- 개별생산방식(Job Shop): 단속생산, 주문에 의한 생산, 범용기계, 공정별 기계배치, 큰 유연성, 숙련공, 공장 내의 물자이송(물류)량이 큼
- 흐름생산방식(Flow Shop): 주로 석유, 화학, 가스, 주류 등 원자재가 파이프라인을 통하여 공정으로 이동되며, 각 공정의 옵션에 따라서 몇 가지의 제품을 생산하는 방식이다. 연속생산, 특수기계의 생산라인, 적은 유연성, 물자이송(물류)량이 작음, 전용기계, 제품별 배치, 비숙련공도 투입, 대량 및 재고생산(make-to-stock)에 해당
- 프로젝트생산방식(Project Shop): 제품은 고정, 설비나 작업자가 이동
- 연속생산방식(Continuous Production): 반복생산, 제품으로써 대량데이터 처리, 시간단축 등으로 효율화시킨 MRP가 적용되고 있으며, 부품조달과 절차개선에 JIT 기법이 광범위하게 이용

10 ① 최대공정 수를 가지는 작업순서로 진행한다.
[작업의 우선순위 결정]
- 납기 우선순위: 납기가 가장 급박한 순서로 작업을 진행한다.
- FIFO: 먼저 작업지시가 내려진 순서대로 작업을 진행한다.
- 전체 작업시간이 가장 짧은 순서로 진행한다.
- 최소공정 수를 가지는 작업순서로 진행한다.
- 여유(Slack) 시간이 가장 작은 순서로 작업을 진행한다.
- 긴급률(CR: Critical Ratio)이 가장 작은 순서로 작업을 진행한다.

11 ②
[PERT/CPM을 이용한 프로젝트 일정계획의 순서]
1. 프로젝트에서 수행되어야 할 활동을 파악한다.
2. 활동 간의 선행관계를 결정하고, 각 활동 및 활동 간의 선행관계를 네트워크 모형으로 작성한다.
3. 프로젝트의 일정을 계산한다.
4. 주공정(critical path)을 결정한다.

12 9
- 주공정(Critical Path)

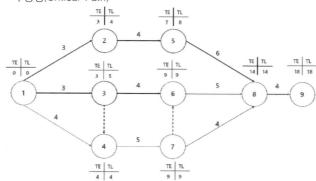

TE_6의 경우, TE_3과 TE_7 선행작업이 있기 때문에, 1) 선행작업이 TE_3인 경우와 2) 선행작업이 TE_7인 경우를 확인한 후 더 오래 걸린 시간을 사용해야 한다.
1) 선행작업이 TE_3인 경우: $TE_6 = TE_3 + 4 = 7$
2) 선행작업이 TE_7인 경우: $TE_6 = TE_7 + 0 = 9$
따라서, TE_6은 9이다.

13 6일
- 기대시간치 = (낙관시간치+4×정상(최빈)시간치+비관시간치) ÷ 6
    = (5+4×6+7) ÷ 6 = 6일

14 ④
[공정관리의 목표]
- 납기의 이행 및 단축
- 공정재고의 최소화
- 기계 및 인력이용률의 최대화
- 생산 및 조달시간의 최소화
- 대기시간의 최소화와 유휴시간의 최소화
- 생산비용의 최소화

15 ④
[공정의 기본분석 기호]
- 가공(○): 원료, 재료, 부품 또는 제품의 형상, 품질에 변화를 주는 과정
- 운반(⇨): 원료, 재료, 부품 또는 제품의 위치에 변화를 주는 과정
- 수량검사(□): 원료, 재료, 부품 또는 제품의 양이나 개수를 세어 그 결과를 기준과 비교하여 차이를 파악하는 과정
- 품질검사(◇): 원료, 재료, 부품 또는 제품의 품질특성을 시험하고 그 결과를 기준과 비교해서 로트의 합격, 불합격 또는 제품의 양, 불량을 판정하는 과정
- 저장(▽): 원료, 재료, 부품 또는 제품을 계획에 의해 쌓아두는 과정
- 대기(D): 원료, 재료, 부품 또는 제품이 계획의 차질로 체류되어 있는 상태

16 ② 사람이나 기계가 유휴상태가 되지 않도록 알맞은 작업량을 할당하여야 한다.
[공수계획의 기본적 방침]
- 부하와 능력의 균형화: 특정된 공정에 부하가 과도하게 집중되지 않도록 조정한다.
- 가동률의 향상: 사람이나 기계가 유휴상태가 되지 않도록 알맞은 작업량을 할당한다.
- 일정별 부하변동 방지: 일정계획과 대비하여 시간에 따라 부하의 변동방지 및 부하의 조정
- 적성배치와 전문화 촉진: 작업의 성질이 작업자의 특성과 기계의 성능에 맞도록 할당한다.
- 여유성: 부하와 능력 두 측면에 적당한 여유를 둔다.

17 ③

18 ④ JIT에서 로트의 크기는 작을수록 좋다.

[JIT 생산방식의 특징]
- 낭비제거(소 Lot 생산): 최소한의 로트사이즈로 생산하며, 철저하게 낭비를 제거하여 생산성을 높이고 원가를 절감
- 풀 시스템(Pull System): 후행공정의 작업자가 부품을 소비한 만큼만 선행공정에서 가져가도록 하는 시스템
- 수요에 의한 생산: 생산이 소시장 수요에 따라간다. 즉 계획을 일 단위로 세워 생산
- 공급업체의 기업내부화 외부 공급업체와 긴밀한 관계를 유지하며, 신뢰를 바탕으로 한 장기적으로 거래
- 생산공정의 신축성 요구: 생산공정의 신축성(flexibility)을 요구한다. 여기서 신축성은 생산제품을 바꿀 때 필요한 설비, 공구의 교체 등에 소요되는 시간을 짧게 함

19 2
- 시간당 노동생산성 = 30,000대 ÷ (50명×6시간×5일) = 2/시간

20 80%
- 이용가능시간 = 5대 × 5시간 × 3교대 × 6일 = 450시간(비가동 포함)
- 실제작업시간 = 이용가능시간 450시간 − 기계불가능시간 90시간 = 360시간
- 이용률 = 실제작업시간 ÷ 이용가능시간 × 100 = 360시간 ÷ 450시간 × 100 = 80%

21 85%
- 라인밸런스 효율(Eb) = $\dfrac{\text{라인(작업)의 순작업시간 합계}(\sum_{ti})}{\text{작업장수}(n) \times \text{애로공정의 시간}(t_{\max})} \times 100$

$$= \frac{44+30+46+50}{4\times50} \times 100 = 85\%$$

22 ③ 많은 양의 재고는 재고관리비용을 높이는 문제가 있기 때문에 필요한 품목을, 필요한 수량만큼, 필요한 시기에 최소의 비용으로 공급할 수 있는 정도의 재고를 보유해야 한다.

23 ①

24 ① 재고기록철, 자재명세서, 기준생산계획은 MRP 입력요소이다.

25 ①

26 20,000원
- 경제적 주문량(EOQ) = $\sqrt{\dfrac{2SD}{H}}$ = $\sqrt{\dfrac{2\times\text{1회 주문비용}(S)\times\text{연간 총수요}(D)}{\text{단위당 연간 재고유지비용}(H)}}$

$$400개 = \sqrt{\frac{2\times\text{1회주문비용}(S)\times6,000}{6,000\times0.25}}$$

양변을 제곱하면, $160,000개 = \dfrac{2\times\text{1회주문비용}(S)\times6,000}{6,000\times0.25}$

따라서, 1회 주문비용(S)은 20,000원

27 SCM

28 ③ 조직의 경쟁력을 향상하고자 최고경영자를 중심으로 조직의 경영을 고객위주의 관리시스템으로 하는 경영 혁신운동이다.

29 ① R 관리도는 계량치을 품질자료 값으로 사용하며, 공정의 변동폭을 관리하는 데 사용하는 특징을 갖고 있음

30 ②

[샘플링 검사가 유리한 경우]
- 다수 다량의 것으로 어느 정도 불량품이 섞여도 괜찮을 경우
- 검사항목이 많은 경우
- 불완전한 전수검사에 비하여 신뢰성이 높은 결과가 얻어지는 경우
- 검사비용을 적게 하는 편이 이익이 되는 경우

- 생산자에게 품질향상의 자극을 주고 싶을 경우
- 제품의 LOT 크기가 클 경우

31 예방비용

32 비파괴검사

[실무 답안]

1	2	3	4	5	6	7	8	9	10
②	①	④	④	③	③	①	④	②	④

11	12	13	14	15	16	17	18	19	20
③	①	④	②	④	③	①	②	②	③

21	22	23	24	25					
①	③	④	④	①					

[풀이]

01 ② [시스템관리] → [기초정보관리] → [품목등록] 품목군, 계정구분 선택 후 조회 / 품목별로 MASTER/SPEC 및 ORDER/COST 탭에서 세부사항 확인

02 ① [시스템관리] → [기초정보관리] → [물류실적(품목/고객)담당자등록] 거래처 탭에서 거래처분류, 외주담당자, 지역 선택 후 조회하여 확인

03 ④ [시스템관리] → [기초정보관리] → [창고/공정(생산)/외주공정등록] 사업장 입력 후 창고/장소, 생산공정/작업장 및 외주공정/작업장 탭에서 각각 조회하여 확인

04 ④ [생산관리공통] → [기초정보관리] → [BOM등록] 모품목, 기준일자, 사용여부 선택 후 조회하여 자품목의 세부사항 확인

05 ③ [생산관리공통] → [기초정보관리] → [외주단가등록] 사업장, 외주공정, 외주처 선택 후 조회 / 단가적용비율, 표준원가대비 입력 후 일괄변경 클릭하여 조회 / 품목별로 변경된 외주단가 확인

06 ③ [생산관리공통] → [생산관리] → [생산계획등록] 사업장, '생산계획등록 품목만 조회' 체크, 작업예정일, 계정구분 선택 후 날짜별 탭에서 조회하여 품목별 세부사항 확인

07 ① [생산관리공통] → [생산관리] → [작업지시등록] 사업장, 공정, 지시기간 입력 후 조회 / 작업장별 작업지시수량 확인

08 ④ [생산관리공통] → [생산관리] → [작업지시확정] 사업장, 공정, 작업장, 지시기간 입력 후 조회 / 작업지시별 세부사항 및 하단의 청구자재 확인
[생산관리공통] → [기초정보관리] → [BOM정전개] 모품목 입력 후 BOM 탭에서 조회 / 작업지시확정 메뉴의 청구자재와 BOM전개 자재를 비교하여 확인

09 ② [생산관리공통] → [생산관리] → [생산자재출고] 사업장, 출고기간 입력 후 조회 / 우측 상단의 [출고요청] 버튼을 클릭 후 [출고요청 조회] 창에서 청구기간, 청구공정, 청구작업장 선택 후 조회하여 품목별 청구잔량 합산하여 확인

10 ④ [생산관리공통] → [생산관리] → [작업실적등록] 사업장, 지시(품목), 지시공정, 지시작업장 입력 후 조회하여 작업지시번호별 세부사항 확인

11 ③ [생산관리공통] → [생산관리] → [생산실적검사] 사업장, 실적일, 공정, 작업장 선택 후 조회 / 작업실적별 검사 내역에 대한 세부사항 확인

12 ① [생산관리공통] → [생산관리] → [생산품창고입고처리] 사업장, 실적기간, 공정, 작업장, 검사구분(1.검사) 선택 후 조회하여 실적번호 확인
   ※ 작업실적등록 시 검사구분이 검사인 경우 생산실적검사 후 생산품창고입고처리를 진행하여야 한다.

13 ④ [생산관리공통] → [생산관리] → [작업지시마감처리] 사업장, 지시일, 공정구분, 공정, 작업장 선택 후 조회하여 세부사항 확인
   ※ 계획 상태에서는 마감처리가 불가능하다.

14 ② [생산관리공통] → [생산/외주/재공현황] → [생산일보] 우측 상단의 [단가 OPTION] 버튼을 클릭하여 조달구분 구매, 생산 모두 실제원가(품목등록) 체크 / 사업장, 실적기간, 구분, 공정, 작업장, 수량조회기준 선택 후 실적기준 탭에서 조회하여 품목별 양품금액 확인

15 ④ [생산관리공통] → [생산/외주/재공현황] → [현재공현황(공정/작업장)] 사업장, 공정, 해당년도, 계정, 품목 선택 후 작업장 탭에서 조회하여 확인

16 ③ [생산관리공통] → [생산/외주/재공현황] → [자재청구대비투입/사용현황] 사업장, 지시기간, 공정, 작업장, 선택 후 조회 / 지시번호별로 하단의 투입수량 합계와 사용수량 합계를 비교하여 확인

17 ① [생산관리공통] → [기초정보관리] → [외주단가등록] 사업장, 외주공정, 외주처 선택 후 조회하여 해당 품목의 외주단가 확인
   [생산관리공통] → [외주관리] → [외주발주등록] 사업장, 공정, 외주처, 지시기간 입력 후 조회 / 해당품목의 외주단가 확인

18 ② [생산관리공통] → [외주관리] → [외주발주확정] 사업장, 공정, 외주처, 지시기간 입력 후 조회 / 생산지시별 하단의 청구자재 확인 / 하단의 품목선택 후 마우스 R 클릭하여 부가기능의 [품목상세정보] 확인

19 ② [생산관리공통] → [외주관리] → [외주자재출고] 사업장, 출고기간 입력 후 조회 / 우측 상단의 [일괄적용] 버튼을 클릭 후 [출고요청 조회 적용] 창에서 청구기간, 청구공정, 청구작업장 선택 후 공정/작업장별 탭에서 조회하여 일괄적용 / 팝업 창에서 출고일자, 출고창고, 출고장소 선택 후 확인 / 품목별 하단의 모품목 확인

20 ③ [생산관리공통] → [외주관리] → [외주실적등록] 사업장, 지시(품목), 외주공정, 외주처 선택 후 조회 / 작업지시번호별로 하단에 등록된 작업실적별 '적합' 및 '부적합' 실적수량 확인

21 ① [생산관리공통] → [외주관리] → [외주자재사용등록] 사업장, 구분, 외주공정, 외주처, 실적기간, 상태, 사용보고유무, 실적구분 선택 후 조회 / 작업실적번호별로 상단의 [청구적용] 버튼을 클릭하여 청구잔량 합계 확인

22 ③ [생산관리공통] → [외주관리] → [외주마감] 사업장, 마감일 입력 후 조회 / 상단의 [실적적용] 버튼을 클릭한 후 외주공정, 실적일, 불량구 선택 후 조회 및 선택적용 / 품목별로 반영된 외주마감 자료의 공급가 확인

23 ④ [생산관리공통] → [외주관리] → [회계처리(외주마감)] 사업장, 기간, 외주공정 선택 후 외주마감 탭에서 조회 / 마감번호 선택 후 상단의 [전표처리] 버튼을 클릭하여 부가세사업장 선택 후 확인 / 회계전표 탭에서 외주마감 건별로 부가세대급금 확인

24 ④ [생산관리공통] → [생산/외주/재공현황] → [품목별품질현황(샘플검사)] 사업장, 검사기간, 검사자, 계정 선택 후 조회하여 품목별 샘플합격율 확인

25 ① [생산관리공통] → [생산/외주/재공현황] → [실적현황] 사업장, 지시기간, 지시공정, 지시작업장, 실적기간, 실적구분 선택 후 조회하여 품목별 실적수량 확인(마우스 R 클릭 후 정렬 및 소계 설정 기능을 이용하여 실적수량의 소계를 적용하여 확인)

저자 약력

임상종

- 계명대학교 경영학박사(회계학)
- (주)더존비즈온 근무
- 한국생산성본부 ERP 공인강사
- 대구지방국세청 납세자보호위원회 위원
- 중소기업청 정책자문위원
- (현) 계명대학교 경영대학 회계세무학과 교수

- ERP정보관리사 회계 1급, 2급 (「삼일인포마인」, 2025)
- ERP정보관리사 인사 1급, 2급 (「삼일인포마인」, 2025)
- ERP정보관리사 물류·생산 1급, 2급 (「삼일인포마인」, 2025)

김혜숙

- 홍익대학교 교육대학원 석사 졸업(상업교육)
- 홍익대학교 일반대학원 박사 수료(세무학)
- 홍익대학교 외래교수
- 한국공인회계사회AT(TAT·FAT)연수강사
- 한국생산성본부 ERP연수강사
- (현) (주)더존에듀캠 전임교수
- (현) 해커스 TAT(세무실무) 1급, 2급 전임교수
- (현) 서울사이버대학교 세무회계과 겸임교수
- (현) 안양대학교 글로벌경영학과 겸임교수

- ERP정보관리사 회계 1급, 2급 (「삼일인포마인」, 2025)
- ERP정보관리사 인사 1급, 2급 (「삼일인포마인」, 2025)
- ERP정보관리사 물류·생산 1급, 2급 (「삼일인포마인」, 2025)
- I CAN FAT 회계실무 2급 (「삼일인포마인」, 2023)
- I CAN FAT 회계실무 1급 (「삼일인포마인」, 2023)
- I CAN TAT 세무실무 2급 (「삼일인포마인」, 2023)
- I CAN TAT 세무실무 1급 (「삼일인포마인」, 2023)
- SAMIL전산세무2급 (「삼일인포마인」, 2011)
- SAMIL전산회계1급 (「삼일인포마인」, 2011)
- SAMIL전산회계2급 (「삼일인포마인」, 2011)

김진우

- 경남대학교 경영학석사(회계전문가 과정)
- 경남대학교 경영학박사(회계전공)
- 한국생산성본부 ERP 공인강사
- 영남사이버대학교 외래교수
- 영진전문대학교 외래교수
- 창원문성대학교 외래교수
- 경남도립거창대학 세무회계유통과 초빙교수
- 거창세무서 국세심사위원회 위원
- 한국공인회계사회 AT연수강사
- (현) YBM원격평생교육원 운영교수
- (현) (주)더존에듀캠 전임교수
- (현) 울산과학대학교 세무회계학과 겸임교수
- (현) 경남대학교 경영학부 겸임교수
- (현) 서원대학교 경영학부 겸임교수

- ERP정보관리사 회계 1급, 2급 (「삼일인포마인」, 2025)
- ERP정보관리사 인사 1급, 2급 (「삼일인포마인」, 2025)
- ERP정보관리사 물류·생산 1급, 2급 (「삼일인포마인」, 2025)
- I CAN 전산세무 2급 (「삼일인포마인」, 2025)
- I CAN 전산회계 1급 (「삼일인포마인」, 2025)
- I CAN 전산회계 2급 (「삼일인포마인」, 2025)
- 바이블 원가회계 (「도서출판 배움」, 2021)
- 바이블 회계원리 (「도서출판 배움」, 2023)

2025 국가공인 ERP 정보관리사 물류·생산 1급

발　　행	▌	2025년 4월 2일(2025년판)
저　　자	▌	임상종·김혜숙·김진우
발 행 인	▌	이 희 태
발 행 처	▌	**삼일피더블유씨솔루션**
주　　소	▌	서울특별시 한강대로 273 용산빌딩 4층
등　　록	▌	1995. 6. 26 제3-633호
전　　화	▌	(02) 3489-3100
팩　　스	▌	(02) 3489-3141
정　　가	▌	30,000원
I S B N	▌	979-11-6784-353-1 13320

저자와의
협의하에
인지생략